上海市浦江人才計劃資助（18PJC076）

大廣益會玉篇

（上冊）

〔梁〕顧野王 撰

呂　浩 校點

中華書局

圖書在版編目（CIP）數據

大廣益會玉篇／（梁）顧野王撰；吕浩校點. —北京：中華書局，
2019.9
（中國古代語言學基本典籍叢書）
ISBN 978-7-101-14073-6

Ⅰ.大…　　Ⅱ.①顧…②吕…　　Ⅲ.漢字-字典-中國-南朝時代
Ⅳ.H162

中國版本圖書館 CIP 數據核字（2019）第 182032 號

書　　名	大廣益會玉篇（全三冊）	
撰　　者	〔梁〕顧野王	
校 點 者	吕　浩	
叢 書 名	中國古代語言學基本典籍叢書	
責任編輯	秦淑華	
出版發行	中華書局	
	（北京市豐臺區太平橋西里 38 號　100073）	
	http://www.zhbc.com.cn	
	E-mail：zhbc@ zhbc.com.cn	
印　　刷	北京瑞古冠中印刷廠	
版　　次	2019 年 9 月北京第 1 版	
	2019 年 9 月北京第 1 次印刷	
規　　格	開本/850×1168 毫米　1/32	
	印張 39¾　插頁 6　字數 893 千字	
印　　數	1-3000 冊	
國際書號	ISBN 978-7-101-14073-6	
定　　價	138.00 元	

叢書出版説明

　　語言文字是人們進行思維、交流思想的工具，是人類文化的載體。我國傳統文化博大精深，要研究、傳承她，首先要掃清語言文字方面的障礙，因爲"六經皆載於文字者也，非聲音則經之文不正，非訓詁則經之義不明"。我國傳統的語言文字學又稱小學，兩千多年來，前人留下了大量寶貴的小學著作，研究它們是研究中國文化的基礎工作。有鑒於此，我們決定出版《中國古代語言學基本典籍叢書》，以整理最基本的文字、音韻、訓詁等典籍，向讀者提供一套可靠而方便使用的通行讀本，對文本加以斷句、標點、精要的校勘和必要的注釋。

　　限於主客觀條件，古籍版本未必搜羅齊備，點校未必盡善盡美，希望讀者向我們提供批評、信息和幫助，一起爲我們的事業而努力。

中華書局編輯部

2018年1月

目　録

校點説明

　　中國文字學肇始於先秦,《周禮》"六書"與《史籀篇》開字學與字書之先,其後之字書《倉頡篇》以下十餘種,至許慎《説文解字》始合字學與字書爲一體,奠定了後世字書的基本面貌。晋吕忱《字林》承《説文解字》之緒,突出了字典之用,展現了現代字典的基本樣式。南朝梁顧野王《玉篇》"總會衆篇,校讎群籍",小學之要備矣。然顧野王《玉篇》卷帙浩繁,至唐上元元年,處士孫强增字減注,修成"唐玉篇"(因唐玉篇亡佚,不知具體書名)。宋真宗大中祥符六年,陳彭年等在孫强本基礎上修訂成《大廣益會玉篇》(簡稱"宋玉篇")。此後,《大廣益會玉篇》繁衍滋生,流布海内外,形成了蔚爲可觀的"玉篇書系",今存版本近60種,在漢語史、辭書史、漢字傳播史上發揮了重要作用。

　　今學界研究《玉篇》多依據澤存堂本《大廣益會玉篇》(學界習稱宋本《玉篇》),該本在清代較爲通行,康熙年間刻本、新安汪氏本、新化鄧氏本、咸豐年間刻本、小學彙函本、上海蜚英館石印本、喻義堂本等都屬於澤存堂本序列,中國書店1983年影印本、中華書局1987年影印本亦即澤存堂本。該本又稱朱序本,朱彝尊《重刊玉篇序》以爲宋槧上元本,學界早已指其謬。澤存堂本既言"重刊",其校讎增改在所難免。朱序中提及《繫傳》《類篇》《汗簡》《佩觿》諸書,更增加了我們對澤存堂本具體改動内容的擔憂。

雖然澤存堂本的底本已經失傳,但日藏宋本《大廣益會玉篇》可以窺見其基本面貌。

日本宮內廳書陵部藏有宋本《大廣益會玉篇》一部,封面題"宋版玉篇",據嚴紹璗《日藏漢籍善本書録》,該本爲宋寧宗年間(1195—1224)刊本。這個宋本《大廣益會玉篇》在日本還有兩個殘本:一是金澤文庫藏《大廣益會玉篇》殘葉(殘存4葉),二是愛知縣寶生院藏宋版《大廣益會玉篇》殘册(殘存自秫部至囧部1册)。此二殘卷在字形、版式、欄框斷綫等方面與宮內廳書陵部藏本基本一致。

一　澤存堂本《玉篇》所做的改動

日藏宋本《大廣益會玉篇》與澤存堂本相較,可以看出澤存堂本所做的改動主要有以下幾個方面:

1.字形改動。宋本《大廣益會玉篇》中成戌、己已巳等不分,澤存堂本相應地做了訂正。宋本《大廣益會玉篇》從衤與從礻不分,澤存堂本相應地做了改定。改動最明顯的是避諱字,宋本《大廣益會玉篇》玄、佷、朗、弘、殷、恒、匡、框、郎、廷、斑、竟、境、敬、儆、撒、禎等避諱字有時缺筆,有時則不避諱,反映了宋代坊刻本避諱的實際情況。而澤存堂本則一律缺筆避諱,避諱極其嚴格,像是宋代官刻本。

2.訂正訛誤。宋本《大廣益會玉篇》距離陳彭年等修定的《玉篇》已過去將近兩百年,其間輾轉翻刻,訛舛難免。澤存堂本具體訂訛情況示例下表:

葉面·行數	宋本《大廣益會玉篇》	澤存堂本《大廣益會玉篇》
5·9	凡八字	凡九字
6·3	帝，古文。	帝，古文。

葉面·行數	宋本《大廣益會玉篇》	澤存堂本《大廣益會玉篇》
6·19	古文榴	古文褵
7·6	從婁亦同	從婁亦同
8·14	璇，同上。又徐宣切。璿，似宣切。美石，次玉。亦作璇。	璿，似宣切。美石，次玉。亦作璇。璇，同上。又徐宣切。
9·4	又音衞也	又音衞
9·15	且禮切	且禮切
10·10	琪珸之金也	琨珸之金也
10·12	孚井旁達	孚尹旁達
10·19	琅玕也	琅玕也
10·20	出西胡中	出西湖中
11·14	七且切	七旦切
12·1	五久	五幺
13·10	俗作垓。坏，同上。	俗作坸。垙，同上。
13·10	又作實	又作實
13·18	上乾也	土乾也
14·1	曰塞補	一曰塞補
14·6	於兵切	於仁切
14·17	太陰塵起也	天陰塵起也
15·8	切壃也	圻壃也
15·13	塵之方大也	壁之方大也
15·14	孝子所思墓之處	孝子所思慕之處
15·14	墳，木防也	墳，大防也
16·4	時垎也	堉垎也
16·9	谿谷狀崩也	谿谷坺崩也
16·12	坑，陌也。	垙，陌也。
16·12	功，土壁	功，土壁
16·15	又苦雄切	又苦紺切
17·1	上埵也	土埵也
17·8	郭漢	郭璞
17·13	與甾同	與畓同

葉面·行數	宋本《大廣益會玉篇》	澤存堂本《大廣益會玉篇》
17·17	田處也	田踐處也
18·3	居義切	居義切
18·4	于紺切	子紺切
18·7	秦襄公坎戎救周	秦襄公攻戎救周
18·8	救作畦時、櫟陽而祭白帝	故作畦時、櫟陽而祭白帝
18·14	以糾切	於糾切
18·18	中央免也	中央色也
18·20	齒菩切	齒善切
19·2	直古切	直占切
19·19	上大夫受縣，下大夫受郡。	下大夫受縣，上大夫受郡。
20·14	伯倫切	相倫切
21·16	費伯帥帥城郎	費伯帥師城郎

　　上表是卷一、二部分宋本《大廣益會玉篇》與澤存堂本的不同之處，澤存堂本對宋本《大廣益會玉篇》的訛舛進行了訂正。當然，從宋本《大廣益會玉篇》看，澤存堂本也有脱漏訛舛者，如"班"字下宋本《大廣益會玉篇》作"分瑞玉也"，澤存堂本作"分瑞也"。"垼"字下宋本《大廣益會玉篇》作"旬人爲垼於西牆下"，澤存堂本作"旬人爲垼於西牆下"。宋本《大廣益會玉篇》"髻"字下："鬙，同上。《儀禮》：鬙用組。鬙，束髮。"澤存堂本作"鬙，同上。《儀禮》：鬙用組。束髮"。

　　3.合併字條。宋本《大廣益會玉篇》"鬃"字分立兩個字條："鬃，孚紹切。鬃，髮白皃。亦作顥。""鬃，符小切，又匹紹切，亂髮。"澤存堂本合併爲"鬃，平紹切。鬃，髮白皃。又匹紹切，亂髮。亦作顥"。宋本《大廣益會玉篇》"捖"字分立兩個字條："捖，乎官切。摶圓也。《周禮》注云：捖摩之工謂王〔玉〕工也。""捖，胡款切。打也。又苦管切。"澤存堂本合併爲"捖，乎官切。摶圓也。《周禮》注云：捖摩之工謂玉工也。

又胡款切,打也。又苦管切"。宋本《大廣益會玉篇》"搷、
搷"分兩個字條:"搷,竹略切。擊也。""搷,張略切。打也。"
澤存堂本合併爲"搷,竹略切。擊也。亦作搷"。宋本《大廣
益會玉篇》"扷、抝"分列兩個字條:"扷,子一、子列二切。
摘也。""抝,阻合切。挈也。"澤存堂本合併爲"扷,子一、子
列二切。摘也。又阻合切,挈也。俗作抝"。宋本《大廣益會
玉篇》"搥"字分列兩字條:"搥,息倫切。""搥,思尹切。拒
也。"澤存堂本合併爲"搥,息倫切,又思尹切。拒也"。

澤存堂本雖然合併了字條,但部首下標注該部字數時未作
改動,如髟部仍舊"凡一百八字"(實一百七字),手部仍舊"凡
六百四十五字"(實六百四十一字)。

4.改動義訓。

葉面·行數·字頭	宋本《大廣益會玉篇》	澤存堂本《大廣益會玉篇》
51·17·咽/咽	吐也	欲吐兒
51·18·嘔	呪也	呪嘔也
52·17·嚃	嚃呔,市人	嚃呔,市人聲
52·18·喭	小語也	喭吟,小語也
52·18·吟	小語也	喭吟也
53·11·听	去聲	听聲也
53·18·喝	喝口	喝,口動
55·7·齝	小兒	小兒齒
55·7·齭齝	齭齝	齭齝,齧也
56·10·髲	髲攘也	髲攘,髮亂

5.增加義訓。宋本《大廣益會玉篇》有音無義,澤存堂
本增補義訓。如"嚪"字下補"吐也","吅"字下補"聲也",
"蟻"字下補"齧","㐱"字下補"巧飾也","捵"字下補"擠
也","攕"字下補"擊也"。宋本《大廣益會玉篇》有音無義,

澤存堂本增加義項，這樣的條目有"眶、蹁、叭、齇、珍、抵、撬、頤、蹢、距、蹹、跰、踤、踴、跤、軀、骸、雊、護、眼、眬、膿、胑、腜、胯、胴、肥、膃、䏠、膝、劻、勦、劫、恔、忉、憨、忞、忌、患、忎、譐、諄、訑、伙、歠、鰖、鰮、鐙、鮊、録、饐、餅、猺、衢、逼、迫、遂、遜、迖、週、迣、辺、凯、幷、尭、窆、苴、蕎、蔻、芇、茧、蔞、茼、莘、荝、莊、莊、蔡、薀、芃、葴、蔓、蔄、笒、籭、筅、簠、管、觪、箔、貌、麷、枝、穆、柏、稀、秡、粔、䊏、䊂、檜、攤、耗、稅、籽、粗、杲、㢴、覀、槀、罟、覉、酳、盔、盂、鹽、餀、罋、餞、罐、硅、斳、覆、扊、猴、羿、刞、劕、劚、屹、剆、鈝、鏒、鑰、鏥、鏄、硅、鐌、鋼、鐧、鉬、鉬、鈇、鐥、鈥、鋤、鑰、鈔、鐲、鑿、扅、瞉、瞉、瞽、厵、㨨、軶、艣、粘、奞、爤、燦、嶵、庍、廄、启、厇、皮、庰、廬、床、斤、庽、座"等174條，所增義訓主要來自《類篇》。

6. 增加"也"字。宋本《大廣益會玉篇》："抯，七个切。遇。"澤存堂本作"揗，七个切。遇也"。宋本《大廣益會玉篇》："扰，于救切。福。"澤存堂本作"扰，于救切。福也"。

7. 增補字條。宋本《大廣益會玉篇》須部凡五字，澤存堂本凡六字。宋本《大廣益會玉篇》："頿，方于、步侯二切。短須，髮兒。"澤存堂本改爲"頿，方乎、步侯二切。短須髮兒。亦作額"。澤存堂本另增字條"頶，詢趨切。待也"。"頶"字見於《正字通》，與"須"同。

以上所列條目只是發凡起例，張士俊在刊刻前確實對底本做了全面整理，上述改動中只有訂訛的部分算是張氏的貢獻，其他改動，尤其是版面字數、刻工、避諱字形、增補義訓、增加字條等，反而遮蔽了宋本《大廣益會玉篇》原來的面貌，弱化了澤存堂本作爲宋本這個名實。

二 關於宋本《大廣益會玉篇》

從現存文獻看,宋本《大廣益會玉篇》有兩個系統:一個與張氏澤存堂本類似,分上中下三冊各十卷,册内各卷之間相接,卷首不另起葉,部内字條首尾相接,不夠齊整。另一個與元明《玉篇》相似,各卷另起葉,部内字條按内容多寡分段式成行排列。

第一個版本系統現存有日本宫内廳書陵部藏宋本《大廣益會玉篇》一部、金澤文庫藏宋本《大廣益會玉篇》殘葉、愛知縣寶生院藏宋本《大廣益會玉篇》殘册。這三種爲同一版本系統,宫内廳書陵部藏本雖偶有元時補刻,其爲全本亦是極爲珍貴。金澤文庫藏殘葉篇下第六十五葉"厄"字下"科厄木節也"與書陵部藏本"科厄切節也"不同,應是元代補刻所致。

宫内廳書陵部藏本個别葉面有墨丁,這些墨丁對應的字爲"里、臨、儴、隱行、倉、頰、弗武、地理俯、嫁丑、賀、均、暇、婢、兵伙、奇龜、南、儚相、舛、載、俠、辝、僅、鴻鴈于飛、丑知切笑也",表現爲無規律挖削,與避諱無關。

第二個版本系統現存有中國國家圖書館藏宋本《大廣益會玉篇》殘卷(殘存卷首《敕牒》《序》《啟》《玉篇總目偏旁篆書之法》《大廣益會玉篇總目》及正文卷一的大部分)、日本國立公文館藏宋本《大廣益會玉篇》殘卷(殘存卷六至卷三十的大部分内容及《分毫字樣》《四聲五音九弄反紐圖序》)。這個版本每半葉11行,因此稱作宋11行本。

日本國立公文館藏本具體殘存情況如下:卷六至卷十五較爲完整,卷十六至卷十九殘缺(只存水部1葉),卷二十存巛部（首殘）至夊部（尾殘）、白部（首殘）、日部（尾殘），卷二十一存大部（首殘）、奢部、火部（尾殘），卷二十二存山部（首殘）、石部（首殘）、磬部、自部、阜部（尾殘），卷二十三存馬部（首殘）、牛部（尾殘）、犬部（尾殘），卷二十四存鳥部（首殘）以下，卷二十五至卷三十較爲完整。

宋11行本是宋本《大廣益會玉篇》式樣向元明分段本式樣過度的橋梁，在《玉篇》版本源流中具有不可多得的價值。分段模式也是字書列字的主流模式之一，唐寫本《説文》、敦煌唐抄本《玉篇》殘卷等都是分段模式。

從類型上講，日本國立公文館藏的宋11行本（分段本）應是晚於宮內廳書陵部藏的宋本《大廣益會玉篇》，但實際情況如何還須進一步梳理。兩個版本的具體差異如下：

1.書陵部本正文前有《序》《啟》，國立公文館本正文前應是有《敕牒》《序》《啟》《玉篇總目偏旁篆書之法》（依據中國國家圖書館藏宋版《玉篇》推定）。從《敕牒》的有無可以推定這個11行本編撰所依據的底本應早於書陵部本。

2.書陵部本每半葉10行，國立公文館本每半葉11行。書陵部本白口，單黑魚尾，版心有字數、篇上/篇中/篇下、葉數、刻工等信息。國立公文館本白口，雙黑魚尾，版心有篇上/篇中/篇下、葉數等信息，無刻工及字數。

3.書陵部本與國立公文館本部首列序一致，部內字條順序迥異。國立公文館本把部內字數相對一致的字條按橫行排列，使得葉面被上下“分割”成四段或五段，字條顯得整齊有序。其具體字條音義差別列表示例如下：

書陵部本	國立公文館本
挩，徒括切，兔奪二切。《説文》解也。	挩，徒括切，又兔奪切。《説文》解也。
揗，息倫切。	揗，息綸切。
捶，都統切。弃也。	捶，都統切。棄。
拆，齒只切。擊也。	拆，齒只切。擊。
扻，側買切。擊也。	扻，側買切。擊。
揎，息全切。捋也。	揎，息全切。捋。
振，直庚切。牚也。	振，直庚切。牚。
摼，口耕切。打也。	摼，口耕切。打。
揀，都籠切。打也。	揀，都籠切。打。
抵，丁弟切。	抵振，二同，丁弟切。
爪，諸養切。《説文》云：亦丮也。从反爪。	爪，諸養切。《説文》云：亦丮也。从反手。
采，古文。	采，古文孚。
爲，于嬀切。	爲，子嬀切。
鬮，居黝、居稠切。	鬮，居黝、居稠二切。
夐，古文申字。	夐，古文申字也。
叉，仄巧切。《説文》云：手足甲也。	叉，仄巧切。《説文》：手足甲。
㕚，于九切。同志爲㕚。今作友。	㕚，于九切。同志爲㕚也。今作友。

　　上表有訂正、致訛、添加或減少非關鍵字如"也"字等。這樣的差異不能否定兩種版本的近親關係。相反，兩種版本的諸多一致性更能説明兩者幾乎是直系親屬關係，具體表現爲：

　　1.二者字條分合相同，部分字條訛誤相同。

書陵部本、國立公文館本	備注
撬，公八、口八二切。刮也。一曰捷也。	"捷也"當作"撻也"。
捖，乎官切。搏圜也。《周禮》注云：捖摩之工謂王工也。 捖，胡款切。打也。又苦管切。	"王"當作"玉"。"捖"字分列兩個字條，二本同。澤存堂本合爲一字條。
摘，竹略切。擊也。 摘，張略切。打也。	"摘、摘"分兩個字條，二本同。澤存堂本合爲一字條。
抯，子一、子列二切。摘也。 扠，阻合切。挈也。	"抯、扠"分列兩個字條，二本同。澤存堂本合爲一字條。
揗，息倫切。（國立公文館本作"息綸切"） 揗，思尹切。拒也。	"揗"字分列兩字條，二本同。澤存堂本合爲一字條。

2.二本都是各卷卷首先出本卷所屬部首目録，各部首之上以小圓圈標識。

三　關於棟亭本

清代曹寅所刊《大廣益會玉篇》，爲棟亭五種之一，有4册、5册、6册之别（南京圖書館藏本稱揚州詩局本，有4册本和6册本兩種，其中4册本書高23.4cm，6册本書高22.4cm，兩種每半葉内框皆16.2×10.8cm，版本相同）。左右雙邊，每半葉8行16字，小字雙行20字，白口。各卷末有"棟亭藏本丙戌九月重刻于揚州使院"。此本在版式上略與澤存堂本不同，版心無刻工名及字數。内容也有不少地方與張氏澤存堂本不同，相對於澤存堂本爲優。具體表現在以下方面：

1.與宋本《大廣益會玉篇》對照，基本保留了原先有音無義的字條，全書只有"籩、筦、簟、斛、箈"5個有音無義的字條增加了義訓，且義訓就一個"竹"或"箱"字而已。不像澤存堂本那樣據《類篇》隨意增入義訓。

2.收録字頭與宋本《大廣益會玉篇》一致，不像澤存堂本那樣進行了字條合併和跨部增删。

3.棟亭本在字形、注音等方面也與宋本《大廣益會玉篇》基本一致。

曹棟亭本爲四庫全書本的底本,文淵閣本、文津閣本及摛藻堂本各有少量差異,爲館臣改定。

如上所述,真正的宋本《大廣益會玉篇》全本藏於日本,現將此宋本校勘整理,使之返國出版,以饗學界。

四 校點凡例

此次校點,以日本宮内廳書陵部藏宋本《大廣益會玉篇》爲底本,校本爲宋11行本、清棟亭本,參校文淵閣四庫全書本、文津閣四庫全書本、張氏澤存堂本、圓沙書院延祐本、圓沙書院泰定本、至正丙申本、至正丙午本、建安鄭氏本、建安蔡氏本、詹氏進德書堂本、四部叢刊之建德周氏藏本等,另外,還參考了《篆隸萬象名義》《玉篇校釋》《廣韻》等相關文獻。

儘量保持底本原貌,底本中有音無義的字條一律不增添釋義,底本中分立兩處的字頭不予合併。

底本中訛、脱、衍、倒之文字,確有把握者徑改正,並説明校勘依據。有多種依據者,依次優先選擇宋11行本、棟亭本、其餘參校本及相關文獻;無明確依據者不作更動,出校記"疑當作"予以説明。

校語中的簡稱宋11行本是指國家圖書館藏宋本《大廣益會玉篇》殘卷及日本國立公文館藏宋本《大廣益會玉篇》殘卷,棟亭本是指清代曹寅刊本《大廣益會玉篇》。

底本中的墨丁或漫漶文字參照宋11行本、棟亭本予以補釋,出校記説明。

底本中的缺筆避諱字徑改回,不出校記。其他缺筆字,如"酋、㗱、皁、鬼、冝"等及其類推字亦徑改。

底本中"叉/又、旦/且、王/玉、千/干/于、大/太、卜/十、儿/几/凡、古/占、文/丈、力/刀、土/士、車/革、今/令"等字形常混同,釋文中徑改,不出校記。其他混同如"礻/衤/木/扌/才/犭、幺/么、耳/目/月、日/曰、平/乎、人/大/犬、佳/隹、叚/段、火/忄/扌/氵、艹/𥫗、束/東、攵/又、田/由、口/厶、丸/九"等所造成的訛誤字徑改,不出校記。

古文字形或異體字形、反切注音在底本與宋11行本、棟亭本之間有異文者,出校記存異文。

字頭及古文、異體字、簡體字等儘量保持原貌,注音及釋義字形一般改爲現代規範字形。

大廣益會玉篇一部并序　凡三十卷

　　梁大同九年三月二十八日，黃門侍郎兼太學博士顧野王撰本。唐上元元年甲戌歲四月十三日，南國處士富春孫强增加字。三十卷，凡五百四十二部。舊一十五万八千六百四十一言，新五万一千一百二十九言，新舊捴二十万九千七百七十言。注四十万七千五百有三十字。

　　昔在庖犧，始成八卦；暨乎蒼頡，肇創六爻。政罷結繩，教興書契，天粟晝零，市妖夜哭，由來尚矣。爰至玄龜龍馬負河洛之圖，赤雀素鱗摽受終之命，鳳羽爲字，掌理成書。豈但人功，亦猶天授。故能傳流奧典，鉤探至賾，揚顯聖謨，耀光洪範。

　　文遺百代，則禮樂可知；驛宣萬里，則心言可述。授民軌物，則縣方象魏；興功命眾，則誓威師旅。律存三尺，政仰八成。聽稱責於附別，執士師於兩造。勒功名於鐘鼎，頌美德於神祇。故百官以治，萬民以察。雕金鏤玉，升崧岱而告平；汗竹裁縑，寫憲章而授政。莫不以版牘施于經緯，文字表於無窮者矣。所以垂帷閉戶而覿邇年之世，藏形晦跡而識遠方之風。遵覽篆素以測九垓，則靡差膚寸；詳觀記錄以游八裔，則不謬毫釐。鑒水鏡於往謨，遺元龜於今體。仰瞻景行，式備昔文；戒慎荒邪，用存古典。故設教施法，無以尚茲；經世治俗，豈先乎此？但微言既絶，大旨亦乖。故五典三墳，競開異義;六書八體,今古殊形。或字各而訓同,或文均而釋異。百家所談,差互不少;字書卷軸,舛錯尤多。難用尋求,易生疑惑。猥承明命,預續過庭,總會眾篇,校讎群籍,以成一家之制,文字之訓備矣。而學慙精博,聞見尤寡;才非通敏,理辭彌躓。既謬先蹤,且乖聖旨。謹當端笏擁篲,以俟嘉猷。

啟

竊聞兩儀俶啟,九皇始君。情性初動,有巢肇制,三聖代立,十紀遞興。龍牒浮河,龜書起洛。八卦既陳,六爻攸敘。篆素之流,是焉而出。至於精課源妙,求其本始;末學敷淺,誠所未詳。雖復研考六經,校讎百氏,殊非庸菲所能與奪。謹依條例同異,具以上呈。

伏惟聖皇馭寓,膺籙受圖,德尚昊軒,功超嬀姒,通妙廣運,乃聖乃神。經天曰文,止戈爲武。百工維理,庶績咸熙。勸以九歌,攄之八柄。修文德以來要服,舞干戚以格有苗。是故仁風所扇,九服蒙靈。正朔可班,四荒懷德。取衣雊樹,則肅慎識受命之興;夷波海水,則越裳知聖人之德。豈但中和樂職,近播岷峨;德廣所覃,旁流江漢。殿下天縱兵[岳]峙,叡哲淵凝。三善自然,匪須勤學;六行前哲,寧以勞喻。是以聲罩八表,譽浹九垓,規範百司,陶鈞萬品,猶復留心圖籍,俛情篆素,糾先民之積謬,振往古之重疑。簡冊所傳,莫令比盛。

野王沾濡聖道,沐浴康衢,不揆愚淺,妄陳狂狷,徒夢收腸,終當覆瓴,空思朱墨,爝必無傳,悚悸交心,罔知攸錯。謹啟。

玉篇上十卷 凡一百三十七部

玉篇卷第一 凡八部

一部第一，凡九字[①]。

一　於逸切。《説文》曰：惟初太始，道立於一，造分天地，化成萬物。《道德經》云：昔之得一者：天得一以清，地得一以寧，神得一以靈，谷得一以盈，萬物得一以生，侯王得一以爲天下正。王弼曰：一者，數之始也，物之極也。又同也，少也，初也。或作壹。

弌　古文。

天　他前切。《説文》曰：天，顛也，至高無上，从一、大。《爾雅》曰：春爲蒼天，夏爲昊天，秋爲旻天，冬爲上天。《詩傳》云：尊而君之則稱皇天，元氣廣大則稱昊天，仁覆閔下則稱旻天，自上降監則稱上天，據遠視之蒼蒼然則稱蒼天。《吕氏春秋》云：天有九野：東方蒼，東南方陽，南方炎，西南方朱，西方顥，西北方幽，北方玄，東北方變，中央鈞。《太玄經》曰：九天：一爲中，二爲羨，三爲從，四爲更，五爲睟，六爲廓，七爲減，八爲

---

① 九，原作"八"，據宋11行本改。

沈，九爲成。《釋名》曰：天，豫、司、兗、冀以舌腹言之：天，顯
也，在上高顯也；青、徐以舌頭言之：天，坦也，坦然高而遠也。

㲅兂　並古文。

元　五袁切。《說文》曰：元，始也。《易》曰：元者，善之長也。《春
秋傳》曰：狄人歸其元。元，首也。《韓詩》曰：元，長也。《公
羊傳》曰：元年春者何？君之始年也。何休云：變一言元，元
者，氣也。《左氏傳》注：凡人君即位，欲其體元以居正，故
不言一年一月也。《漢書》曰：勸元元。師古：元元，善意。

丕　普邳切。《虞書》曰：嘉乃丕績。孔安國曰：丕，大也。或作㔻。

吏　力致切。《說文》曰：治人者也。《夏書》曰：天吏逸德，烈于猛
火。《周禮》八則，三曰廢置以馭其吏。《左氏傳》曰：王使委
於三吏。杜預曰：三吏，三公也。《禮記》曰：五官之長曰伯，
其擯於天子也，曰天子之吏。

兲　竹瓦切。

上部第二，凡九字。

上　市讓切。《說文》云：高也。又居也。《易》曰：本乎天者，親
上。《虞書》曰：正月上日。孔安國曰：上日，朔日也。《老
子》曰：太上，下知有之。王弼曰：太上，大人也。《漢書》云：
望於太上。如淳曰：太上猶天子也。又市掌切，登也，升也。

丄　古文。

帝　丁計切。《說文》云：諦也。王天下之號也。《爾雅》曰：君
也。《白虎通》曰：德合天者稱帝。《商書》云：惟皇上帝。孔
安國曰：上帝，天帝也。《周禮》曰：兆五帝於四郊。鄭玄曰：
五帝：蒼曰靈威仰，太昊食焉；赤曰赤熛怒，炎帝食焉；黃曰含
樞紐，黃帝食焉；白曰白招拒，少昊食焉；黑曰汁光紀[1]，顓頊

----

[1]　汁光紀，宋11行本同，楝亭本作“叶光紀”。

食焉。

帝[①]　古文。

旁　步郎切。旁猶側也，邊也，非一方也。《説文》作㫄，溥也。

雱　籀文。

雱雰[②]　文。

下　何雅切。《易》曰：化成天下。下者，對上之稱也。《説文》曰：
　　底也。《詩》云：下武維周。箋云：下猶後也。《禮記》曰：揖讓
　　而升，下而飲。鄭玄曰：下，降也。杜預注《左傳》云：下猶賤
　　也。《爾雅》曰：下，落也。又何稼切，行下也。《易》曰以貴下
　　賤是也。

示部第三，凡一百四十五字。

示　時至切。《説文》云：天垂象，見吉凶，所以示人也。《易》曰：
　　夫乾，確然示人，易矣；夫坤，隤然示人，簡矣。示者，語也。
　　以事告人曰示也。

示　古文。

神　市人切。神祇。《説文》曰：天神，引出萬物者也。《夏書》曰：
　　乃聖乃神。孔安國云：聖，無所不通；神，妙無方。《易》曰：陰
　　陽不測之謂神。王弼云：神也者，變化之極。《大戴禮》云：
　　陽之精氣曰神，陰之精氣曰靈。《爾雅》云：神，重也，治也，慎
　　也。《廣雅》云：神，弘也。

祇　巨支切。地之神也。《易》曰：無祇悔。韓康伯云：祇，大也。
　　《周禮》亦作示。

齋　側皆切。《易》曰：聖人以此齋戒。韓康伯曰：洗心曰齋，防患
　　曰戒。又敬也。

① 帝，原訛作“旁”，據棟亭本改。
② 雰，宋11行本作“雱”。

齈 籀文。

祕 悲冀切。《説文》云：神也。《廣雅》曰：勞也，蜜也[1]，藏也。

祇 諸時切。敬也。俗作衹[2]。

祭 子滯切。薦也，祭祀也。又側界切，周大夫邑名。

祕 必利切。《説文》云：以豚祠司命也。

祀 徐里切。《周書》八政，三曰祀。《爾雅》云：祭也。又年也。

禩 同上。

祏 殊亦切。廟主石室也[3]。

禋 於神切。敬也。《説文》：絜祀也。一曰精意以亯爲禋。

䄖 同上。

柴 仕佳切。《説文》云：燒柴樊燎以祭天神。亦作柴。《爾雅》曰：祭天曰燔柴。

祡 古文。

祖 子古切。父之父也，道祭也，始也。

禓 布庚切。祭。《説文》曰：門内祭先祖，所以徬徨也。亦作禓。

祊 同上。

祠 似司切。《公羊傳》云：春祭曰祠。祠猶食也。

礿 餘灼切。《公羊傳》云：夏祭曰礿。

禴 同上。

祫 何夾切。合祭也。

禘 徒計切。大祭也，諦也。

祜 胡古切。《詩》云：受天之祜。箋云：祜，福也。

---

① 蜜也，宋11行本、棟亭本皆作“密也”，疑是。
② 衹，原訛作“祇”，據宋11行本改。
③ 《篆隸萬象名義》作“宗廟以石爲主也”，《説文》作“宗廟主也”，疑此有誤。

福　方伏切。禄命也。《説文》:祐也。

禧　許其切。福也。

祐　于救切。助也。《易》曰:自天祐之,吉,無不利。或作佑。

祺　巨基切。吉也。又徵祥也。

禥　籒文。

禄　音鹿。賞賜也。又福禄也。

禛　之仁切。以真受福也。

祉　丑理切。福也。

禔　之移切。福也,安也。又音匙。

祥　似羊切。妖怪也。又福也,善也。

禎　音貞。吉祥也。

禠　息離切。福也。

禨　居衣切。祥也。

祪　居毁切。毁廟之祖也。

禰　年禮切。父廟也。

祢　同上。

祰　口老、公篤二切。禱也,告祭也。

祼　古换切。祼鬯,告神也。

袖　恥雷切。古文褶①。

祝　之六切。祭詞也。

祈　巨衣切。禱也,報也,告也。

禷　力季切。祭也。《爾雅》曰:是禷是禡,師祭也。或作臂。

禱　丁老切。請也,謝也,求福也。

䃻　籒文。

———————————

① 褶,原訛作"榴",據棟亭本改。

裎　古文。

禭　昌芮切。數祭也，重祭也。又此芮切。

禮　力底切。體也，理也。

礼　古文。

祔　扶付切。祖也[①]，合葬也。

禂　除雷切。祝禂也。又力救切。

社　市者切。土地神主也。

袿　古文。

禖　莫回切。求子祭。

禪　市戰切。祭名。又市然切，靜也。

禜　音詠。風雨不時祭名。

祜　胡括切。《説文》云：祀也。又法也。

禳　而羊切。卻變異也。

禬　胡外、古外二切。除災害也，會福祭也。

禕　於宜切。美皃。又歎辭。

禦　魚舉切。禁也。又當也。

祴　古來切。《祴夏》，樂章名。

禶　昨坦切[②]。祭也。

禰　古典切。祇也。

禡　莫駕切。師祭也。又馬上祭也。

祳　時忍切。祭社生肉也，俎實也。

祾　力矜、力登二切。祭名，神靈之威福也。

祚　才故切。禄也，保也。

祱　始鋭切。《博雅》云：祭也。

---

① 祖也，原作“視也”，據宋11行本改。
② 昨坦切，宋11行本作“昨旦切”。

祽　子内切。祭名。

褸　力侯切。飲食祭也,冀州八月,楚俗二月。亦作膄。從簍亦同[1]。

褯　仕駕切。報祭也。古之臘曰褯。亦作蜡。

裯　丁道切。馬祭也。

祧　他幺切。遠廟也。

禰　古文。

禓　與章、書羊二切。强鬼也,道上祭也。

祲　子鴆切。《周禮》有眡祲[2]。鄭玄曰:祲,陰陽氣相侵,漸成祥者。《左氏傳》曰:吾見赤黑之祲。杜預曰:妖氣也。

禊　胡計切[3]。《史記》云:漢武帝禊霸上。徐廣曰:三月上巳臨水被除,謂之禊也。

禍　胡果切。害也,神不福也。

祸　同上。

稰　私呂切。祭具也。

祟　思遂切。神禍也。

禷　籀文。

禆　側慮切。祝也。亦作詛。

祙　音媚。即鬼魅也。

禁　記鴆切。止也,錮也。又記林切。

禰　音屬。無後鬼也。鬼有所歸,乃不爲禰。

祅　於驕切。天反時爲災,地反物爲祅。《説文》作祆。

禫　徒感切。祭名也。《説文》曰:除服祭也。

祩　之俞切。呪詛也。又音注。

襰 力大切。墮壞也。

祤 于矩切。役祤,縣名,在馮翊。又音詡。

禷 丘倦切。祀也。

禲 竹芮切。祭名。亦作醊。

禒 思淺切。秋田祭也。与獮同。

祋 於畢切。禍也。古文殃。

礽 而凌切。福也。又就也。亦作仍。

礁 子誚切。祭名。或作醮。

禂 力弔切。与賽同。

祇 音俄。盛兒。或作娥。

襗 音亦。祭之明日又祭,殷曰肜,周曰襗。亦作繹。

福 市救切。久年也。

禗 息兹切。不安也,欲去意也。

祘 蘇換切。明視也。

禙 以久、以州二切[1]。燎也,祡祭天也。

祹 乞喜切。好貌。

禭 欣居切。耗鬼也。與魖同。

禭 於柳切。福也。

祣 力煮切。祭名。《論語》作旅。

祵 音因。成就也。

禯 於琰切。禯禳也。

祄 質夷切。福也。

祭 居倦切。祭名也。本作羦[2]。

裞 翌制切。祭也。

---

① 以久以州二切,宋11行本作"以久切,又以州切"。
② 羦,原作"養",據棟亭本改。

禬　古穴切。不祥也。

禠　丑歷切。福也。

祗　莫伯切。神也。

祔　方無切。祭跣也。

禤　户光切。祷禤，祭也。

禧　力之切。福祥也。

禗　所宜切。祭名。

禯　尼龍切。厚祭也。

�　所交切。祜也。

祹　徒勞切。福也。

祦　音吳。福也。

禶　丑江切。祭壇不毀也。

禟　徒郎切。祐也。

禨　去言切。祭也。

祌　音仲。神也。

禭　詞類切。祭名。

褬　符容切。神名。

禂　才刀切。豕祭也。

祆　阿憐切[1]。胡神也。

祻　音固。祭也[2]。

祓　音弗。除殃祭也。

禥　之若切。齊地名。

祦　音吳。福也。

覤　匹角切。久視。

---

① 阿憐切，宋11行本作"呵憐切"。
② 祭也，宋11行本作"祭名"。

禆 音畢。竈上祭也。

祓 孚物切。除災求福也。又方吠切，福也。

二部第四，凡一十四字。

二 而至切。《説文》曰：地之數也。《易》曰：天一地二。

弍 古文。

恒 何登切。常也。《易》曰：恒，久也。

㸦 同上。

死① 古文。

亘 思緣切。求亘也。今宣從亘，同。

亟 居力切。急也，疾也。又丘致切，數也。

亝 徂兮切。古文齊。

竺 丁沃切。厚也。又音竹。

亖 古文四。

凡 扶嚴切。凡，計數也。又非一也。《説文》云：最括也。《廣雅》云：輕也，皆也。

臦 弋之切。陽氣也。

圍 音圍。

囝 力擣切。古文老。

三部第五，凡二字。

三 思甘切。《説文》云：天地人之道也。《老子》曰：道生一，一生二，二生三，三生萬物。

弎 古文。

王部第六，凡五字。

王 禹方切。《説文》云：天下所歸往也。董仲舒曰：古之造文者，

---

① 死，原訛作“匹”，據棟亭本改。

三畫而連其中謂之王。三者,天地人也,而参通之者,王也。
孔子曰:一貫三爲王。蔡邕《獨斷》云:皇子爲王。

𠓓　古文。

皇　胡光切。大也,匡也。《爾雅》云:君也。《論語》曰:皇皇后
帝。注謂:大天帝也[1]。《儀禮》:賓入門,皇自莊盛也。

𦣞　古文。

閏　如舜切。閏,餘也。《説文》云:餘分之月,五歲再閏,告朔之禮,
天子居宗廟,閏月居門中。《周禮》云:閏月,詔王居門,終月。

玉部第七,凡二百六十七字[2]。

玉　魚録切。《禮記》曰:君子比德於玉焉。温潤而澤,仁也;縝密
以栗,知也;廉而不劌,義也;垂之如隊,禮也;叩之,其聲清
越而長,其終詘然,樂也;瑕不揜瑜,瑜不揜瑕,忠也;孚筍旁
達,信也;氣如白虹,天也;精神見于山川,地也;圭璋特達,德
也。故君子貴之也。

玊　古文。

玒　欣救、思六二切。玉工也。亦姓也。

璙　力弔、力小二切。玉名。

瓘　古唤切。玉名。

璟　居影切。玉名。

琠　他典切。玉名。

璂　古文。

玘　去里切。玉名。

璏　弋規切。玉名。

璒　奴刀切。玉名。

---

①　天帝,原作"夫帝",據宋11行本改。
②　宋11行本作"凡二百七十七字"。

瓅　郎敵切。玉名。

瑾　奇鎮切。瑾瑜,美玉也。

瑜　弋朱切。瑜玉不揜瑕,玉中美也。《禮記》:世子佩瑜玉也。

璵　弋居切。璵璠,美玉皃。

璠　方袁、房袁二切。美玉皃。

玒　古邦、古紅二切。玉名。

璐　力故切。美玉也。

瓊　渠營切。《説文》云:赤玉也。《莊子》云:積石爲樹,名曰瓊枝,其高一百二十仞,大三十圍,以琅玕爲之寶。

璚　同上。

璅　同上。又音畦。又羊水切,美皃。

璇[①]　似宣切。美石次玉。亦作琁。

琁　同上。又徐宣切。

㻝　力才切。玉屬也。

珦　虚亮切。玉名。

瓎　力達切。玉名。

瓄　徒木切。《史記》云:崐山出瓄玉也。

珵　除荆切。美玉也。埋六寸[②],光自輝。

琳　力金切。玉名。

璿　似緣切。《山海經》云:有沃之國,沃民是處,爰璿瑰瑤碧[③]。《虞書》曰:璿璣玉衡。《孔傳》云:璿,美玉。《穆天子傳》:春山之寶[④],有璿珠也。

---

① 琁、璇二字條原倒,據棟亭本乙正。
② 埋,宋11行本作"理",疑皆當作"珵"。
③ 宋11行本"爰"後有"有"字,是。
④ 春山,宋11行本作"卷山"。

餐　籀文。

璿　古文。

球　巨周切。《虞書》曰：戛擊鳴球。《孔傳》云：球，玉磬也。

珍　奇樛切。美玉也。

珣　奇殞切。齊玉也。

瑅　大兮切。玉名。

瑭　徒郎切。玉也。

珙　居容、居勇二切。大璧也。

瓗　似睡切。玉名。

琛　敕今切。琛，寶也。

環　下關切。繞也。又玉環。《爾雅》曰：肉好若一謂之環。

璧　俾亦切。瑞玉，圜以象天也。

瑗　爲眷切。玉名。

琮　才宗切。琮玉八角，象地。《説文》云：瑞玉，大八寸，似車釭。

瓏　力恭切。禱旱之玉爲龍文也。又音聾，玲瓏，玉聲。

璜　胡光切。半璧也。

瓃　力追切。玉器。又力回切。

琥　呼古切。瑞玉也。《説文》云：發兵瑞玉，爲虎文。

珪　古攜切。古文圭。

琰　弋冉切。璧上起美色也。

璋　之陽切。半珪也。又明也。

玠　音界。珪長尺二寸也。

琬　於遠切。琬珪也。

瑒　雉杏切[1]。珪尺二寸，有瓚，以祀宗廟。又音暢。

_____

[1]　雉杏切，宋11行本作“雉香切”。

瓛 胡官切。《周禮》:公執瓛珪也。

珽 他鼎切。《説文》云:大圭,長三尺,抒上,終葵首。《禮》:天子
搢珽方正於天下也。

瑁 莫到切。珪長四寸,天子執之。又莫對切,瑇瑁也。

珇[①] 古文。

瑇 徒戴切。瑇瑁。或作蝳蝐。

琡 齒育切。《爾雅》云:璋大八寸謂之琡也。

瑞 市耑切。信節也,諸侯之珪也。

瑱 他見切。以玉充耳也。

珥 仁志切。珠在耳。

琫 布孔切。佩刀下飾也[②]。

珌 卑密切。佩刀上飾[③]。

瑿 古文。

璏 雉例切。劒鼻也。又音衞也。

丑 女久切。印鼻。本作鈕。

璫 多郎切。穿耳施珠也。

瑑 持轉切。珪有折鄂也。

瓚 才但、才旦二切。珪頭也,爲器可以挹鬯灌祭。鄭玄注《禮
記》云:瓚形如槃,容五升,以大圭爲柄也。

玦 居穴切。玉佩也,如環而缺不連。

璂 巨基切。飾弁也。

璱 同上,見《説文》。

琪 巨基切。玉屬。

---

① 珇,棟亭本作"玥"。
② 明經廠本作"佩刀上飾也",《説文》作"佩刀上飾"。
③ 《説文》作"佩刀下飾"。

珩　下庚切。《説文》云:佩玉,所以節行步也。

璥　公了切。玉佩也。

珮　步輩切。玉珮也。本作佩,或从玉。

玩　五貫切。玩,戲也,弄也。或作貦也。

鎏　力牛切。《説文》云:垂玉也,冕飾。又美金也,亦作鏐。

璹　市六切。《説文》云:玉器也。

璹　同上。

琋　補抱切。《聲類》云:古文寶字。

珍　張陳切。寶也,貴也,美也。又重也。

珎　同上,俗。

琚　紀余切。玉名。

瓚　側簡切。《説文》曰:玉爵也。夏曰瓚,殷曰斝,周曰爵。亦作盞、醆。

珈　古遐切。《詩》云:副笄六珈。《傳》曰:珈,笄飾之最盛者,所以別尊卑。

璲　徐醉切。玉璲,以玉爲佩也。

瑤　壯巧切。《説文》云:車蓋玉瑤也。

璪　作道切。《説文》云:玉飾如水藻也。

瑚　何孤切。《論語》注云:瑚璉,黍稷之器。夏曰瑚,殷曰璉。或作鍸。

璉　力展切。瑚璉也。或作槤也。

琱　尺羊切。琱玩,蠻夷充耳也。

瑋　禹鬼、以貴二切。《埤蒼》曰:瑰瑋珍琦。或作偉。

璩　其於切。玉名。

琦　渠羈切。《埤蒼》云:琦,瑋也。

璺　亡奮切。《方言》云:秦、晉器破而未離謂之璺。《廣雅》云:裂也。

玟　莫骨切。《穆天子傳》云:采石之山有玟瑶。郭璞曰:玉名。

玷　丁簟切。《詩傳》云:玷,缺也。或作刮、鈷也。

玦　胡犬切。玉兒。

璽　思此切。天子、諸侯印也。籀文作壐也。

璔　力高切。玉名。

璏　式餘切。《廣雅》云:璏、珽,並笏也。又美玉。

璞　普角切。玉未治者。《老子》曰:樸散則爲器。王弼曰:樸,真也。

琢　陟角切。治玉也。《禮記》曰:玉不琢,不成器也。

琱　多幺切。治玉也。一曰石似玉者。

玼　且禮切[①]。玉色鮮也。

理　力紀切。治玉也,正也,事也,道也,從也,治獄官也。

瑳　且我切。玉色鮮白也。《詩傳》曰:瑳,巧笑貌。又七河切。

瑟　所乙切。清淨鮮潔也。《説文》云:玉英華相帶如瑟弦也。

琗　《廣蒼》同上。

瑄　古滿切。舜以天德嗣堯,西王母献其白瑄。

璙　力質切。《説文》云:玉英華羅列秩秩。又《逸論語》曰:玉粲之璙兮,其璙猛也。

瓅　同上。

珇　作土切。《方言》曰:珇,好也,美也。《説文》云:琮玉之瑑。

瑩　烏定、爲明二切。玉色也。《詩》云:充耳琇瑩。《傳》曰:石之次玉。又於坰切。

璊　莫昆切。《説文》曰:玉經色也。禾之赤苗謂之虋,言璊玉色如之。

玧　同上。又以蠢切,蠻夷充耳。

瑛　於京切。美石似玉。《尸子》:龍淵玉光也,水精謂之玉瑛也。

---

① 且禮切,原訛作"旦禮切",據棟亭本改。

琤　楚耕切。《説文》云：玉聲。或作鎗。

瑕　胡加切。《詩傳》云：瑕，過也。《廣雅》云：瑕，裂穢也。鄭玄曰：瑕，玉之病也。

瑒　且楊切。《説文》云：玉聲也。《詩》曰：肇革有瑒。

玎　都廷切。《説文》云：玉聲也。齊太子謚曰玎。《謚法》：義不克曰玎。又竹耕切。

瑀　于矩切。《大戴禮》：佩玉，琚瑀以雜之。《説文》云：石之似玉者。

瑝　胡光切。玉聲也。

瑣　思果切。玉聲也。

玤　布孔、步講二切。《説文》云：石之次玉，以爲系璧。一曰若蛤蚌。

珥　異之切。石之次玉者。《蒼頡》曰：五色之石也。

珢　居恨、魚巾二切[①]。石次玉也。

瑒　余制切。《説文》云：石之似玉者也。

璪　子道切。石次玉。

瑈　子鄰切。石似玉也。

璶　仄金、才心二切。石似玉也。

璁　倉公切。石似玉。

琥　胡到切。石似玉。

瑕　胡戛切。石似玉。

堊　烏灌切。石似玉。

瓗　思協切。石似玉。

珣　音狗。石似玉也。

---

① 居恨魚巾二切，宋11行本作"居恨切，又魚巾切"。

琂　語鞬切[1]。石似玉也。

璑　疾刃切。石似玉。

瑼　弋佳切。石似玉。

瑦　於古切。石似玉。又於都切。

玌　息咨切。石似玉。

瑂　明丕切。石似玉。

璒　得滕切。石似玉。

瑤　余招切。《诗》云：報之以瓊瑤。《説文》云：玉之美者也。

玗　有俱切。玉屬。《爾雅》云：東方之美者，有醫無閭之珣玗琪焉。

珣　思旬切。玉屬也。

瑎　戶皆切。黑玉也。

琨　古魂切。《書》曰[2]：楊州貢瑤、琨、篠簜。琨，石之美者也。

瑻　《説文》同上。

碧　彼戟切。《山海經》云：商山下多青碧。郭璞曰：亦玉類[3]。今越嶲會無縣東山出碧。《莊子》曰：長弘死於蜀，其血化爲碧。《説文》云：石之青美者。

瓐　力胡切。《博雅》云：碧玉也。

珉　靡鄰切。《山海經》云：岐山，其陰多白珉。《禮記》云：君子貴玉而賤珉。鄭玄曰：石似玉。本亦作瑉，或作玟也[4]。

瑉　同上。

瑈　五胡切。琨瑈，劒名。又石次玉。與珸同。

珸　五胡切。《廣雅》云：石次玉者。亦山名，出利金。《尸子》云：

---

① 語鞬切，原作“語韃切”，據宋11行本改。
② 宋11行本“書”前有“夏”字。
③ 亦玉類，圓沙本作“赤玉類”。
④ 玟，宋11行本作“攺”。

琨珸之金也①。

璑　武俱切。三采玉也。

瓔　於盈切。《埤蒼》云:瓔琅②,石似玉也。

玞　甫紆切。《山海經》云:會稽之山下多玞石。郭璞曰:武玞,石似玉,今長沙臨湖縣出之,青地白文,色葱籠不分了也。

琈　吐胡切。《山海經》云:小華山,其陽多琈琈。

琈　扶留切。琈筍,玉采色。《禮記》云:孚尹旁達③。鄭玄曰:讀如浮筠也。

瑌　如兗切。《山海經》云:狀腈之山,其上多瑌石。郭璞曰:白者如冰,半有赤色者。

瑊　古咸切④。瑊瓐,美石次玉也。

玪　同上。米石山有玪、珩、琪。

瓐　力德切。玉名。

玏　同上。

琇　思救、餘受二切。《詩》云:充耳琇瑩。《傳》曰:琇瑩,美石也。

璓　《說文》琇。

玖　居柳切。石次玉,黑色者。

璘　力神切。璘瑌,文皃。又玉色光彩。

瑌　鄙鄰切。璘瑌。

琭　力木切。《老子》云:琭琭如玉,硌硌如石。

瑛　於景切。玉光彩。

瓔　同上。又俱永切。

瓕 於龍切。玉器也。

珠 之俞切^①。《説文》云：蚌之陰精。《春秋國語》曰珠足以禦火災是也。蜀郡平津縣出青珠。

珧 余招切。《山海經》曰：激汝之水，其中多蜃珧。郭璞曰：珧，亦蚌屬也。

玿 力智、力計二切。佩刀飾，蜃屬也^②。

玓 典歷切。玓瓅，明珠色也。

瓅 力的切。玓瓅。

璣 渠氣、居沂二切。《説文》云：珠不圜者也。

玫 莫杯切。火齊珠。一曰石之美者。

瑰 古回切。《説文》云：玫瑰。一曰珠圜好。《子虛賦》云：赤玉玫瑰。《蒼頡》曰：火齊珠也。又音回。

瓌 同上。

玭 蒲蠡、蒲賓二切。珠也。《夏書》作蠙。

珳 同上。

琅 力當切。琅玕，石似玉。《説文》云：琅玕，似珠者。

玕 古寒切。琅玕也^③。

琀 古文。

瓌 古回切。《説文》云：與傀同，大也。

珋 音留。《説文》云：石之有光，璧珋也，出西胡中^④。亦作珋。

瑠 同上。

璃 力支切。瑠璃也。

---

① 之俞切，宋11行本作"之瑜切"。
② 蜃屬，原作"屑屬"，據宋11行本改。
③ 琅，原訛作"琅"，據棟亭本改。
④ 西胡，宋11行本同，棟亭本作"西湖"。

珿　初六切。寸也,齊也。

琲　蒲潠、蒲愷二切。珠五百枚也。亦作蜚。

珊　思安切。《説文》云:珊瑚,色赤,生於海,亦生於山。

珂　丘何切。石次玉也。亦碼磏絜白如雪者。一云螺屬也,生海中。

玆　思律切。珂玆也。劉達曰:老雕入海所化,出日南。

玲　力經切。《太玄經》云:亡彼瓏玲。注謂:瓏玲,金玉之聲。

瑴　古岳切。杜預曰:雙玉曰瑴。亦作珏。

琀　胡紺切。送終口中玉也。

璗　餘周、餘九二切。《説文》云:遺玉也。

鐙　徒黨切。《爾雅》云:黃金謂之鐙。郭璞曰:金之別名。

琙　于淢切。《東觀漢記》:玄菟太守公孫琙。

靈　力經切。《説文》云:以玉事神也。與靈同。《大戴禮》:陽氣爲精,陰氣爲靈。靈,祐也。

珝　吁羽切。《吳志》有薛琮,字珝。

瑈　苦話切。《晉陽秋》有吳興錢瑈亂。

玹　胡涓切。玉色。

琉　齒融切。琉耳也。

瓀　絶緣切[①]。

璔　則僧切。玉皃。

玢　方貧切。玉名。

琮　他胡切。美玉也。

玨　封古切。玉器也。

瓌　古回切。玉也。

_____

① 絶緣切,宋11行本作"絶綫切"。

珻 莫杯切。玉名。

津 子新切。玉名。

瑈 古文。

瑯 魯當切。瑯瑯,郡名,正作琅。

瑘 以遮切。瑯瑘郡,正作邪。

瑄 音宣。《爾雅》云:璧大六寸謂之宣。郭璞曰:《漢書》云瑄玉是也。

珹 時盈切。玉名。

琔 億魚切。玉名。

刉 疎逸切。玉器也。又巨幼切。

斌 亡甫切。石似玉也。與砏同。

瑽 七恭切。瑽瑢,佩玉行皃。

瑢 余恭切。瑽瑢。

琿 戶昆切。玉名。

瑫 他牢切。玉名。

瓓 盧談切。玉名。

珖 古方切。珖瑁也。

皰 縛無切。玉名。

珆 土來切。玉名。

玻 普波切。玻瓈,玉也。

瓈 力堤切。玻瓈。

瑻 亡凡切。玉也。

玕 五甘切。美玉也。

瑒 時羊切。玉也。

珬 阻出切。玉名。

璽　古銜切。玉也[1]。

瑯　色緇切。玉名。

瑛　昱朱切。美石次玉。

璾　節而切。

玶　皮明切。玉名。

玾　借里切。玉名。

瓖　息將切。馬上飾。《東京賦》云：鉤膺玉瓖。

玬　之由切。玉也。

璮　他但切。玉也。

玭　毗名切。玉也。

瑷　仕患切。玉也。

瑙　奴倒切[2]。俗以碼磂作瑙。

瓌　胡古切。玉也。

琭　得魯切。玉名。

玳　音袋。俗以瑇瑁作玳。

玌　息進切。玉名。

琿　扃位切。玉也。

玔　初卷切。玉玔也。

璨　七旦切。玉光也。

璦　烏代切。美玉。

珨　胡甲切。玉珨。一云蜃器。

瓀　居逆切。《埤蒼》云：垂瓀，地名，出美玉。《春秋傳》作棘。

玣　匹角切。玉未成器也。

球　思聿切。玉名。一云珂球。與璙同。

---

①　玉也，宋11行本作“玉名”。
②　奴倒切，宋11行本作“奴到切”。

瑮　彬律切。青白玉瑮也。

玥　五厥切。珠名。

瑇　徒骨切。玉瑱也。

玒　班戞切。玉聲也。

玖　補戞切。左神名。

瓍　思六切。人姓。

珞　郎各切。瓔珞,頸飾也。

琇　許救切。《說文》云:朽玉也。

珀　普百切。琥珀也。

璹　徒到切。玉也。

璀　七罪切。璀璨,玉光。

珏部第八,凡四字。

珏　古岳切。《說文》云:二玉爲一珏。或作瑴。

璶　扶福切。《說文》云:車笭間皮篋,古者使奉玉所以盛之。《東京賦》璶弩重旍是也。

斑　補間切。布文。《禮記》曰:斑白者不提挈。

班　布還切。《說文》云:分瑞玉也。又班,次也。班,賦也。

玉篇卷第二凡一十四部

土部第九②,凡三百五十五字。

土　他户、達户二切。《説文》曰:地之吐生物者也。二象地之下、地
　　之中,物出形也。《白虎通》曰:土主吐含萬物,土之爲言吐也。

墺　於報、於六二切。四方之土可居。《夏書》曰:四墺既宅。本
　　亦作隩。

圸埐　並古文。

地　題利切。《説文》曰:元氣初分,輕清陽爲天,重濁陰爲地,萬
　　物所陳列也。《周禮》:司徒掌土會之灋,辨五地之物生。一
　　曰山林動物宜毛,植物宜皁;二曰川澤動物宜鱗,植物宜膏;
　　三曰丘陵動物宜羽,植物宜覈;四曰墳衍動物宜介,植物宜

----

① 五幺,原作"五久",據棟亭本改。
② 圓沙書院本此部有"壋、壤"二字。

英;五曰原隰動物宜贏,植物宜叢。

墜 籀文。

坤 苦魂切。《説文》曰:从土申,土位在申。

垓 古荅切。《國語》曰:天子之田九垓,以食兆民。《風俗通》曰:十千曰萬,十萬曰億,十億曰兆,十兆曰經,十經曰垓。

壤 如掌切。地之緩肥曰壤。

堣 遇俱切。堣夷,日所出。《虞書》曰:分命羲仲宅堣夷。本亦作嵎。

坡 匹波切。坡,坂也。

墝 口角切。土堅不可拔。又口交切。

坶 莫六切。《説文》曰:朝歌南七十里地。《周書》曰:武王伐紂,至于坶野。《古文尚書》作坶。

堳 同上。

墩 口教、口交二切。《説文》云:磽也。

壚 力都切。《夏書》曰:下土墳壚。壚,疏也。

墝 口交切。《公羊傳》曰:錫之不毛之地。何休云:墝埆,不生五穀曰不毛。

埴 時力切。《夏書》曰:厥土赤埴墳。《孔傳》云:土黏曰埴。

垶 息營切。赤堅土也。

𡐦 同上,出《説文》。

璞 普角切。塊也。

圤 上同。《淮南子》曰:土勝水者,非一圤塞江。

塊 口潰、口迴二切。堛也。《莊子》云:大塊。

凷 同上。

圛 胡昆切。洛陽有大圛里也。

墇 同上。

堵　都魯切。垣也。五版爲堵。又十六尺曰堵。

塥　普遍切。土塊也。

壁　補歷切。垣也。

堞　徒煩切。城上女牆也。《左氏傳》曰：環城傳於堞。

堞　同上。

城　視盈切。《世本》云：鯀作城。《公羊傳》：五版而堵，五堵而雉，百雉而城。何休曰：二萬尺，凡周十一里三十三步二尺，公侯之制。《禮》：天子千雉，受百雉之城十，伯七十雉，子男五十雉。

垣　禹煩切。垣牆。

墉　余鍾切。牆也。

圪　語訖切。《説文》云：牆高兒。《詩》曰：崇墉圪圪。本亦作仡。

塹　七豔切。《左氏傳》注：溝塹也。《字書》云：城隍也。

壍　同上。

壕　力彫切。周垣也。又力召切。

堄　魚禮、魚計二切。《蒼頡篇》云：城上小垣。《廣雅》曰：女牆也。

壘　力癸切。《周禮》曰：營軍之壘舍。注云：軍壁曰壘。

塒　視之切。《爾雅》云：鑿垣而栖爲塒。郭璞云：今寒鄉穿牆棲雞。

墍　虛既切。仰塗也。《書》曰：塗墍茨。又音洎。

堂　徒當切。土爲屋基也。《禮》云：天子之堂高九尺，諸侯七尺，大夫五尺，士三尺。《説文》云：殿也。又容也。

坣壹　並古文。

坫　都念切。反爵之坫。《説文》云：屛也。

垝　居毀切。毀垣也。亦作陒。

塾　殊鞠切。門側之堂。《周書》曰：先輅在左塾之前，次輅在右塾之前。《禮》曰：古之教者，黨有庠，家有塾。

堊　烏洛切。《説文》云：白塗。一曰白土也。《爾雅》曰：牆謂之堊。郭璞云：白飾牆也。

墀　除飢切。《漢書》注曰：丹墀，赤地也。謂以丹漆地。《説文》云：塗地也。

墀　同上。

墐　奇鎮切。塗也。《國語》曰：陵陸墐井。墐，溝上之道也。

塗　力奉切。塗也。《説文》木貢切。

坋　甫問切。《説文》云：除墻也。

壌　古文。

埽　蘇道、蘇悼二切。《周禮》：隷僕掌五寢之埽除糞埽洒之事。注謂：氾埽曰埽。

壎　吁園切。樂器也。燒土爲之，形如鴈卵，上有六孔。

塤　同上。

坑壎　並古文。

墼　居的切。《説文》云：瓴適也。一曰未燒者。

墊　都念切。《虞書》曰：下民昏墊。言天下民昏瞀墊溺，皆困水災。或作蓺。

埝　乃頰、都念二切。下也，陷也。

圣　口骨切。汝、穎之間致力於地也。

均　居迍切。平也，等也，徧也。《周禮》曰：均其稍食。注云：均猶調度也。董仲舒曰：五帝之學曰成均。又燕、齊之北，賦斂平曰均。

坦　唯壁切。陶竈窻也。《儀禮》：甸人爲坦於西牆下。鄭玄曰：塊竈。本亦作埤，又作煗。

埤　同上。

坪　蒲京切。《説文》曰：地平也。亦作坪。又音病。

雦　視陵切。隉也，坲也，畔也。《説文》曰：稻田畦也。亦作塍。

堘　水坲。亦同上。

基　居期切。始也。《詩》曰：基命宥密。又謀也。

址　諸耳切。基也。

坻　直飢切。水中可居曰坻。《方言》云：坻，場也。梁、宋之間蚍蜉、犁鼠之場謂之坻。又音底。《埤蒼》云：坂也。俗作坁①。

坭②　同上。

填　徒堅切。賈逵曰：塞也。又滿也。又作寘。

坴　力竹切。《説文》云：土塊坴也。一曰坴梁。

封　甫龍切。大也，厚也。鄭玄曰：起土界也。《大戴禮》：五十里爲封。《白虎通》曰：王者易姓而起，天下太平，功成封禪，以告太平。封者，金泥銀繩，或曰石泥金繩，封之以印璽。孔子升太山，觀易姓而王，可得而數者，七十餘封是也。

坴　古文封。或作坴。

坎　苦感切。《易》曰：坎，陷也。《爾雅》曰：小罍謂之坎。郭璞曰：罍形似壺，大者受一斛。《詩》云：坎坎伐檀。斫木聲也。或作轗③。

埳　苦感切。陷也。亦與坎同。《楚辭》云：埳軻而留滯。王逸曰：埳軻，不遇也。

璽　昔紫切。《説文》云：王者之印也，以主土。籀文作壐。

坦　他嬾切。寬皃。又平也，明也。《説文》：安也。

埻　之允、之閏二切。《山海經》云：騩山，是埻于四海④。郭璞曰：

---

① 坁，原訛作“坄”，據棟亭本改。
② 坭，原訛作“坏”，據棟亭本改。
③ 轗，原作“贛”，據棟亭本改。
④ 四海，今本《山海經》作“西海”。

埻猶隄也。

墇　同上。

埤　避移切。附也，助也，補也，增也。《詩》云：政事一埤益我。
　　埤，厚也。

型　戶經切。鑄器之法模也。

圮　皮美切。《書》曰：方命圮族。孔安國云：圮，毀也。

垸　後官、胡翫二切。《説文》云：以桼和灰而鬃也。一曰補垸。
　　《考工記》云：殺矢，重三垸。鄭衆曰：量名。亦作浣。

增　作登切。加也，重也。《爾雅》云：益也。

坿　才資、才即二切。《説文》云：以土增大道也。

堲　在力切。疾也。《虞書》曰：龍，朕堲讒説殄行。又音唧，火塾
　　曰堲。《檀弓》曰：夏后氏堲周。又古文垐字。

塏　口亥切。《説文》云：高燥也。《左氏傳》曰：更諸爽塏。

垎　胡格切。土乾也[1]。《説文》曰：水乾也。一曰堅也。《廣雅》
　　曰：垎索，狂也。

墨　莫北切。《説文》云：書墨也。又古罪墨刑。

坿　復俱、扶付二切。《漢書音義》云：坿，白石英。

坁　期致切。堅土也。

壙　苦謗切。空也，塹穴也。

埂　古杏切。《説文》云：秦謂坑爲埂。《蒼頡篇》云：埂，小坑也。

毀　麾詭切。壞也，缺也，破也，虧也。

毀　古文。

壓　於甲切。《説文》云：壞也。一曰塞補[2]。又降也，鎮也。

㙃　呼嫁切。圻也。《爾雅》曰：鷂醜㙃。郭璞云：剖母背而生。

----

[1]　土，原作"上"，據棟亭本改。
[2]　一，原脫，據文意補。

本亦作鏲①。

壞　胡怪切。毀也。籀文作㙣。

㙭　古文。

坱　烏朗、烏堂二切。《楚辭》曰：坱兮軋兮。王逸云：坱，霧昧兒。《説文》云：塵埃也。

坼　恥格切。裂也。

墌　《説文》坼。

霾　武回、莫賀二切。《楚辭》曰：愈氛霧其如霾。王逸曰：霾，塵也。

韭　甫尾切。霾也。又房昧切。

埃　烏來切。塵也。

坅　丘錦切。《既夕礼》曰：甸人築坅坎。注云：穿坎之名一曰坅。《埤蒼》曰：坎也，坑也。

堀　求物切。突也。

在　存改切。《爾雅》云：存也，終也，察也，居也。

垷　古典切。塗也。《蒼頡》云：大阪，在垷西山。又胡典切。

塞　蘇代切。《説文》云：隔也。又蘇得切，實也，滿也，蔽也。

堅　於奚切。塵堅也。又於計切。

塗　達乎切。道也，路也，經也。

培　薄回切。益也。《禮記》曰：墳墓不培。培猶治也。又音部。《方言》云：冢或謂之培。

堙　於兵切②。《書》曰：鯀堙洪水。孔安國曰：堙，塞也。何休曰：上城具。杜預曰：土山也。亦作陻。

埋　同上。

壐　古文堙。

---

① 鏲，棟亭本作"鏲"。
② 於兵切，棟亭本作"於仁切"。

坺 扶厥切。《說文》曰:治也。一曰臿土謂之坺。《詩》曰:武王載坺。一曰塵皃。又音跋。

墢 與坺同。亦耕土也。

壅 於恭、於勇二切。塞也,障也,隔也。《周禮》雍氏掌溝瀆、澮、池之禁。鄭玄曰:雍謂堤防止水者。今從土。

雍 同上。

埆 古鐙切。鄭玄注《禮記》云:埆,道也。

坒 毗利、毗栗二切。地相次坒也。

埵 丁果切。堁也。《說文》云:堅土也。

壿 子公、楚雙二切。《說文》云:種也。

堨 於割切。《說文》云:壁間隙也。又擁堨也。

堤 常支、多礼二切。滯也。劉兆曰:緣邊也。又音低。與隄同。

堪 苦含切。《爾雅》曰:堪,勝也。郭璞云:《書》曰西伯堪黎。又堪,任也。

埐 才心、子心二切。《說文》云:地也。

埱 充叔切。《說文》曰:氣出土也。一曰始也。或作俶。

埒 盧拙切。《淮南》:道有形埒。《說文》云:卑垣也。亦封道曰埒[①]。

堁 苦臥切。塵也。又地名。

坏 摩鉢切。塵壤也。

坏 普梅切。《說文》云:丘再成者也。一曰瓦未燒。又作坯。《爾雅》曰:山一成坏。

堅 秦喻切。土積也。

墇 正讓、止楊二切。隔塞也,壅也,防也。《國語》曰:縣墇洪

---

① 字頭原作"埒",據棟亭本改。卑垣,原作"庳桓",據棟亭本改。

水。亦作障。

埖　充是切。治土地名。

㘖　初力切。遏遮也[1]。

圻　魚斤切。圻，垠也。又巨衣切。《左氏傳》曰：天子之地一圻。杜預曰：方千里。

垠　五根、五巾二切。垠，厓也。《説文》曰：地垠也。一曰岸也。與圻同。

埜　古文。

垢　古偶切。不絜也，塵也。

坸　與垢同。

墠　常演切。《周書》曰：爲三壇同墠。墠，除地也。《説文》云：野土也。

壇　徒蘭切。封土祭處。壇猶坦也，明坦皃也。

埑　五靳切。《爾雅》曰：澱謂之埑。郭璞曰：滓澱也，今江東呼埑。

圿　古八切。垢圿也。

坷　口哿切。坎坷不平。梁國寧陵有坷亭。

堨　於計切。《説文》曰：天陰塵起也[2]。

垤　徒結切。螘冢也。

場　除良切。《國語》曰：屏攝之位曰場，壇之所除地曰場。《説文》云：祭神道也。一曰田不耕。一曰治穀處。

坥　且餘、且絮二切。《説文》云：益部謂螾場曰坥[3]。螾，曲蟺也。

壝　欲癸、欲追二切。壝猶壇也。

場　以尺切。畔也，疆場也。亦道之別名。

---

① 遏遮，原作“遏塵”，據棟亭本改。
② 天陰，原作“太陰”，據棟亭本改。
③ 益部，今本《説文》作“益州部”。

塓　莫歷切。《左氏傳》：圬人塓館。杜預曰：塓，塗也。

圭　古畦切。應劭曰：圭，自然之形，陰陽之始也。四圭曰撮。孟
　　康曰：六十四黍爲圭。亦瑞玉也。

墾　苦很切。耕也，治也。《國語》云：土不備墾。墾，發也。又耕
　　用力也。

圯　弋之切。《史記》曰：張良步游下邳圯上。東楚謂橋曰圯。

境　羈影切。界也。

疆　居良切。境也，邊陲也，界也。又作畺。

壃　同上。

坊　扶方切。障也。秦漢九二坊。又甫良切，坊，巷也。亦州名。

埅　扶方切。《説文》與防同。

堡　補道切。隄也。

壔　丁老切。高土。《説文》云：堡也。

埩　仕耕切。耕治也。

堀　口忽切。堀地爲室也。

域　爲逼切。居也，封也。

坌　蒲頓切。塵也。相如曰：坌入曾宮之嵯峩。

坋　扶粉切。《夏書》曰：厥土黑墳。孔安國曰：色黑而墳起。坋
　　與墳同。《説文》云：塵也。一曰坋，大防也。

坐　疾果、疾卧二切。《公羊傳》曰：食必坐二子於其側，幸曰坐[①]。
　　《説文》作坒，止也。

坒　同上。

坑　苦庚切。塹也，丘墟也，壑也。《莊子》云：在谷滿谷，在坑滿
　　坑。作阬同。

埯 於坎切。泥坑也。

塚 除兖切。耕合也。

疄 力陳切。隴也。

墅 亦者切。古文野。

垼 力救切。疄也，敗也。

圿 居六切。涯也，水外爲圿。

埻 蒲忽切。塵兒。

坲 扶物切。塵起兒。

㙷 徒計、徒結二切。㙷瞖，隱蔽兒。

垕 胡苟切。古文厚。

埒 力哲切。塍也。

堥 亡勞、莫柔二切。前高後平丘名。

圢 他頂、他顯二切。平也，鹿跡也。亦作町。

塍 古文。

堮 五各切。圻堮也[①]。

崿 同上。

垤 卑哲切。《蒼頡篇》：大阜，在左馮翊池陽縣北。

坳 烏交切。不平也。《莊子》云：覆杯水於坳堂之上。

塡 敕管切。鹿踐地。亦作瞳。

堵 徒古切。塡也，塞也。或作敷。

墊 徒見切。堂也。

墻 與贍切。巷也。

㙤 庾俱切。《方言》云：秦、晉之間冢或謂之㙤。

㙬 胡光切。《爾雅》云：無室曰榭。即今堂㙬也。

埰　且載切。《方言》曰：冢或謂之埰。郭璞曰：古者卿大夫有采地，死葬之，因名也。

埏　以旃切。地之八際也。司馬相如《封禪書》云：上暢九垓，下泝八埏[1]。又隙也，地也。

壠　力竦切。《方言》曰：冢，秦、晉之間或謂之壠。郭璞曰：有界埒，似耕壠，因名也。亦作壟。

塿　力狗切。《方言》云：自關而東，小冢謂之塿。又培塿，小阜也。

埌　力盎切。《方言》曰：秦晉或謂冢曰埌。

墦　扶員、普安二切。冢也。劉盟曰：壁之方大也[2]。

嫵　莫胡切。《方言》注云：規度墓地也。

塋　余瓊切。《説文》云：墓地。《廣雅》云：塋域，葬地也。

墓　莫故切。鄭玄曰：墓，冢塋之地，孝子所思慕之處[3]。

墳　扶云切。《爾雅》云：墳，大防也[4]。《方言》曰：冢，秦、晉之間謂之墳。

瘞　猗厲切。幽也，藏也，薶也。《爾雅》曰：祭地曰瘞薶。

陸　同上。

屼　音軋。山曲。

圂　胡犬切。《説文》云：徒隷所居。一曰女牢。一曰亭部。

塴　補鄧切。下棺也。或作窆。亦陂邆。

垗　雊矯切。葬地。《周禮》曰：垗五帝於四郊。鄭玄曰：垗，壇之塋域。亦作兆。

塹　才山切。《埤蒼》曰：塹門聚，在睢陽。

壔　徒闍切。墮也。

塌　古文。

㕰　胡八、口没二切。囚突出也。

墟　去餘切。居也，大丘也。

垂　時規切。《説文》云：遠邊也。

埀　《説文》垂。

塗　楚錦切。土也。陸機《漢高祖功臣贊》曰：茫茫宇宙，上墋下黷。

堆　都回切。聚土也。《楚辭》云：陵魁堆以蔽視。

塠　同上。又塠，落也。

垖①　亦同上。

墅　余庶切。高平也。

堧　奴過、而緣二切。服虔曰：宮外垣也。韋昭曰：河邊地也。張晏云：城旁地也。俗作壖。

坎　呼決切。深也，空也。亦作窞。

埸　治陽切。道也。

壃　古獲切。壃端，國名。

堜　力見切。堜墟，在塼平②。

坍　且田切。《蒼頡篇》：三里曰坍。

塛　壯交、仕交二切。地名。塛陽，在聊城。

墅　齒志切。赤土也。

堅　蒲鑒、奴兮二切。堅，塗也。

塲　始羊切。封塲也。又耕塲。

埋　莫階切。塵也，藏也，瘞也。與薶同。

---

① 垖，原殘，據棟亭本補。
② 塼平，疑當作"博平"。

壏 音檻。疆壏,堅土[1]。

塔 他盍切。《字書》:塔,物聲。《説文》云:西域浮屠也。

壔 胡道切。土釜也。《説文》作壔,土墼也。

墿 餘石切。《博雅》云:墿,街陌道也。

圩 除與切。《字林》曰:塵也。

埢 羈篆切。曲也。《字書》亦作堘[2]、蓁。

堖 丑冢切。《埤蒼》云:堖塕,不安也。

塕 餘冢切。堖塕也[3]。

坎 乃篋切。坎莫也。

垀 乙棘切。邑名。

塷 音魯。作滷[4]。

埆 口角切。墝埆,不平。

坂 甫晩、蒲板二切。坡坂也。

圬 於姑切。泥墁也。杇同。

墁 莫旦、莫干二切。杇也,所以塗飾牆也。亦作鏝。

壑 呼各切。深也,阬也,塹也。《爾雅》云:壑,虚也。謂溪壑也。

壡 餘贅切。智也,明也,聖也。古睿字。

坉 徒混切。坉水不通,不可別流。

堛 扶福切。地窟也。亦音覆。又作復。

壣 虚奇切。毀也。《字書》:險壣,顛危也。

埈 思俊切。阞高也。與陵同。

贏[5] 力果切。古文裸。或爲贏、倮。

---

① 疆,原作"疆",據棟亭本改。堅土,原作"堅大",各本同,據文意改。
② 堘,原訛作"彝",據棟亭本改。
③ 堖塕,原作"時塕",據棟亭本改。
④ 滷,原作"塷",據棟亭本改。
⑤ 此字從土非。當作"贏"。

壝　徒雷切。落也,壊也。與隤同。

堗　徒忽切。竈堗。魯仲連子竈而五堗也。

垺　撫俱切。郭也。正作郛。

堨　奴結切。塞也。

蕽　甫問切。蕽,草土蕽也。本作薶。

坲　扶目切。《漢書》:川塞谿坲。孟康云:谿谷坲崩也①。如淳曰:填塞不通也。

埭　徒賚切。以土堨水。《晉中興書》:求以牛車牽埭,取其海稅。

墱　都倰切。小坎也。

垹　烏弄切。垹牆也。

垿　時夜切。垿器也。

埵　都果切。垂皃。

埨　力尹切。壠土也。

堖　力又切。瓦飯器也。

墑　丁歷切。入射也。

垾　胡旰切②。小隄也。

堈　古昂切。器也。亦作甌。

圾　渠劫切。土圾也。

埵　徒果切。射埵。《說文》云:堂塾也。亦作垜。

壢　力日切。塞也。

塯　魚佶切。小山也。

堲　迪利切。古地字。

垙　古皇切。垙,陌也。

毂　苦谷切。土塹也。

---

① 坲崩,原作"狀崩",據棟亭本改。
② 棟亭本作"胡肝切"。

墭　虚劫切。隁水也。

坅　渠銀切。坅[1]，土壁。

坩　口甘切。土器也。

插　初戢切。插塌[2]，累土也。

坝　必駕切。蜀人謂平川曰坝。

墩　薄賣切。小堤也。

堠　胡遘切。牌堠，五里一堠。

堦　古崖切。土堦。

堝　古和切。甘堝，所以烹煉金銀。

垌　他孔切。缶垌也。

坰　圭營切。郊外曰坰。古作冂。

埪　苦公切。土埪，龕也。

坺　扶滑切。耕也。亦作垡。

垗　而勇切。地名。

墈　口感切。墈坷。又苦紺切[3]。

堀　直輒切。墊也。

隧　辭類切。墓道也。正作隧。

墰　徒含切。甀屬。

墅　余者切。田也。又食與切，村也，田廬也。

壥　之豔切。蔽也。

墡　時戰切。白堊名，白墡也。

壈　力感切。壈坎也。

埥　七盈切。青精土也。

---

① 坅，原訛作"功"，據棟亭本改。
② 插塌，原作"插塌"，據棟亭本改。
③ 苦紺切，原作"苦雄切"，據棟亭本改。

塇　徒禾切。飛壜也。

墝　計堯切。伏土爲卵也。

垟　余章切。土精也。

坲　火烏切。浮坲也。

埦　於阮切，又烏管切。

蟹[①]　户買切。地名。

塘　徒郎切。隄塘也。

墻　疾羊切。垣墻。正作牆。

塈　降角切。土堅也。

墝　口交切。墝土也。

坍　他藍切。水衝岸壞也。

埇　余隴切。地名，在淮泗。

圳　之深切。圳鄾，古國名。

坄　徒朗切。高田也。

塕　烏孔切，又烏公切。塵也。

壕　胡高切。城壕也。

堿　於歸切。堿，決塘也。

塷　食政切。塷，鹽器也。

堉　情迪切。薄土也。

坬　古罵切。土埵也[②]。

塵　除仁切。塵埃。

墌　之亦切。基址也。

坨　羊之切。地名。

垅　博尨切。土精也。

墤　咨容切。土菌也。

坈　而勇切。地名。

壥　鉏減切。壥兆名。

堲　側六切。塞也。

堻　丈井切。通也。

塸　烏侯切。墓也。

㙝　去竭切。㙝界也。

壝　袪韋切。小塠壝也。

塜　知隴切。塜墓也。正作冢。

塚　丑玉切。牛馬所蹈之處。

塢　烏古切。村塢也。

埡　同上。

墏　次養切。墏基。

壥　遲連切。居也。與廛同。

垕　乎狗切。古文厚。

塼　煮緣切。甎甎,亦作塼。

堰　於幰切。壅水也。又於建切。

壒　於蓋切。塵也。

墜　直類切。落也。

垩　與埕同[1]。

堉　音育。地土肥也。

墰　徒含切。

埁　才心切。

---

① 埕,同“埕”,此條當廁上文“埕”字條下。

垚部第十,凡三字。

垚　五幺切。《説文》云:土高也。

堯　五彫切。善行德義曰堯。《白虎通》曰:堯猶嶢。嶢,至高之
　　貌。《廣雅》曰:堯,曉也。

𡶇　古文。

堇部第十一,凡九字。

堇　居隱切。《禮》:堇塗。塗有穠草也。又草也。《説文》又巨巾
　　切,黏土也。

菫　同上。

蓳荃　並古文。

䕒　奴安切[1]。不易之稱也。又乃旦切。《易》曰:蹇,難也。又畏
　　憚也。

難　同上。

艱　居顔切。《爾雅》曰:阻、艱,難也。郭璞云[2]:皆險難也。

囏　同上。

𤎕　籀文。

里部第十二,凡三字。

里　力擬切。邑里也。《周禮》曰:五鄰爲里。《國語》曰:管仲制
　　國,五家爲軌,十軌爲里。

野　餘者切。郊外也。又常渚切。

釐　力之切。《書傳》云:釐,理也。《方言》云:貪也。《蒼頡》曰:
　　賜也。亦祭餘肉也。又音禧。

田部第十三,凡八十一字。

田　徒堅切。土也,地也。《説文》云:陳也。樹穀曰田,象四口。

---

① 奴安切,原作“如安切”,據棟亭本改。
② 璞,原訛作“濮”,據棟亭本改。

十,阡陌之制也。《易》曰[1]:見龍在田。王弼《易通》曰:龍處於地,故曰田也。

甾 側飢切。與畕同。《爾雅》曰:田一歲曰甾。郭璞云:今江東呼初耕地反草爲甾。

畬 與居切。田三歲曰畬。亦作畭。

畭 古文。

疇 直流切。《周書》云:天乃錫禹九疇。孔安國曰:九類也。杜預曰:並畔爲疇。《説文》作𤲃,云耕治之田也。

𤲃 《説文》疇。

壖 仁緣、奴過二切。《説文》云:城下田。一曰壖,郤也。又城外隍内地也。

壖 同上,俗。

輮 如由切。和田也。

𤱗 力周切。田不耕燒種也。

畔 蒲半切。《説文》云:田界也。《左氏傳》曰:如農之有畔。

瘥 在何切。《説文》云:殘田也。《詩》云:天方薦瘥。

畦 胡圭切。《説文》云:田五十畮曰畦。《史記》曰:千畦薑韭。韋昭云:畦猶隴也。

畮 莫走切。《司馬法》:步百爲畮。

畝 同上。

𤱀 《説文》與畮同。

町 徒頂、他頂二切。田踐處也[2]。又他典切,町疃,鹿迹。

𤲢 他典切。餉田兒。亦鹿跡。

疃 吐管切。鹿跡也。

---

① 曰,原作"白",據棟亭本改。
② "踐"字原脱,據棟亭本補。

畽　同上。又他本切。

畹　於遠、於萬二切。王逸曰:田十二畞爲畹。秦孝公二百三十
　　步爲畞,三十步爲畹。

畣　同上。

畎　古莽切。境也,趙、魏陌名也。

畷　豬衞切。《詩》云:下國畷流。畷,表也。本亦作綴。《禮記》
　　云:郵表畷。《説文》云:兩陌間道也,廣六尺。又陟劣切。

畍　耕薤切。《爾雅》云:疆、界,垂也。

畔　同上。

畛　諸引、諸鄰二切。十夫之道也。《説文》云:井田間陌也。

畟　古文。

畖　古泫切。隴中曰畖。《夏書》曰:濬畖澮距川。《孔傳》曰:廣
　　尺深尺謂之畖。《説文》又作甽。

甽　古文。

甸　徒見切。《夏書》曰:五百里甸服。《孔傳》云:規方千里之内
　　謂之甸服。《周禮》云:九夫爲井,四井爲邑,四邑爲丘,四丘
　　爲甸,四甸爲縣。

畿　渠依切。《説文》云:天子千里地,以遠近言之,則言畿也。

畸　居義切[1]。數畸。亦作奇。《説文》云:殘田也。

疄　力振切。轢田也。或爲躙

疄　呼旦切。《埤蒼》云:耕麥地。又作㙩。

畈　普皮切。耕外地。又作𦔻。

甿　莫繃、亡鄧二切。《説文》云:田民也。與氓同[2]。

畦　力才切。田畦。今爲萊。

---

① 居義切,棟亭本作“居羲切”。
② 鄧、氓,原譌作“鄧、眠”,據棟亭本改。

畛 千紺切[①]。十聯也。

䂂 除了切。䁗,田中穴也。

䎃 九陸切。韭畦也。

䀬 居容切。䎃也。

畇 蘇均、徐均、羊倫三切。《詩》云:畇畇原隰。注云:畇畇,墾辟貌。

䀕 同上。

畯 祖峻切。田畯,古之先教田者也。《爾雅》曰:農夫也。《詩傳》云:田大夫也。

畟 楚力切。《説文》云:治稼畟畟進也。《詩》云:畟畟良耜。又音即。

留 略周切。止也,久也。

畤 諸以、時止二切。《漢書》云:秦襄公攻戎救周[②],列爲諸侯而居西,自以主少昊之神[③],作西畤,祠白帝。獻公自以得金瑞,故作畦畤[④]、櫟陽而祭白帝。文公作鄜畤,宣公作密畤,靈公於吴陽作上畤祭黄帝,下畤祭炎帝也[⑤]。

略 力灼切。用功少曰略。又强取也,要也,法也,利也,求也。

畊 古文耕字。

䢅 詳遵切。均也。

當 都郎切。任也,直也,敵也。又都浪切,主當也,底也。

畜 許六切。養也,容也。《説文》曰:田畜也。《淮南子》曰:玄田爲畜。又許又、丑六二切。

---

① 千紺切,澤存堂本"子紺切"誤。
② 攻戎,原訛作"坎戒",據楝亭本改。
③ 主,原作"王",據楝亭本改。
④ 故,原訛作"救",據楝亭本改。
⑤ 下畤,原訛作"下時",據楝亭本改。

薝 《説文》云：同上，《魯郊禮》畜从兹。兹，益也。

畼 敕向切。不生也。

畕 九良切。界也。俗疆字。

睲 于逼切。古文域。邦也。

艜 時升切。古文塍。

畤 直里切。偫儲也。或爲庤。

畞[1] 力救切。古文垊。

頴 去潁切。百畝爲頴。今作頃。

峀 祕江切。《説文》云：古文邦。

畘 如甘切[2]。

畖 防無切。

睥 音碑。睥，田也。

畷 亦溪字。

奮 於容切。鷄頭也。

疵 音兹。地名。

暕 都籠切。地名。

畖 力尹切。墾土也。

旰 火朗切。鹵地名。

畻 子等切。水田名。

畢 恥力切。田器也。

畇 古侯切。畦也。

坳 以糾切。里田也[3]。

曆 於葉切。地名。

---

① 字頭原訛作“畞”，據楝亭本改。
② 如甘切，楝亭本作“奴甘切”。
③ 以糾切，楝亭本作“於糾切”。里田，疑當作“黑田”。

畑　音祖。田也。

畬　音例。陷也。

畱　二典切。高也。

畖畩　上丁淡切，下許儉切。蔭也。

畕部第十四，凡四字。

畕　記良切。《說文》云：比田也。

畺　居良切。《說文》曰：界也。从畕；三，其界畫也。亦作疆。

畾　音雷。田間也。

疊　徒協切。重也，累也。《詩》云：莫不振疊。疊，懼也。《說文》
　　作疊。

黃部第十五，凡二十三字[1]。

黃　胡光切。中央色也[2]，馬病色也。

𡕨　古文。

黚　喜兼切。赤黃色。一曰輕易人黚姁也。

黦　他官切。黃黑色。或作煓。

䴷　胡悔[3]、于鄙二切。黃色也。

䵎　齒隆切。黃色。《大戴禮》：䵎纊，塞耳掩聽也。又音統。

䵊　胡卦、戶圭二切。鮮明黃色。

黁　吐丸、吐門二切。黃色。又魯哀公少子名黁。

䵂　他口切。黃色。或作䊷。

䵐　同上。

黇[4]　他兼切。黃色也。

----

① 二十三，誤。實收二十二字。棟亭本作"二十二"。
② 中央色，原作"中央免"，據棟亭本改。
③ 胡悔，原作"胡海"，據棟亭本改。
④ 字頭原訛作"黇"，據棟亭本改。

黿　齒善切[1]。黃色也。

𪒠　口浪切。黃色也。

黔　居吟切。黃色也。

䵬　胡觥切。《字書》：藤屬，以織也。

䵬　音證。黃色。

顐　云粉切。《說文》曰：面急顐顐也。

齳　同上。又黃皃。

䵟　音霑。黃色。

䵏　力道切。黃色。

䵔　直占切。黃色。

䵢　古對切。病皃。

北部第十六，凡五字。

北　去留切。虛也，聚也，冢也。《夏書》曰：是降丘宅土。孔安國云：土高曰丘。《周禮》曰：四邑爲丘，四丘爲甸。《漢書》云：高祖過其丘嫂食。丘，空也。《廣雅》云：小陵曰丘。丘，居也。

北丘　　並同上。

虛　丘居切。大丘也。今作墟。《爾雅》曰：河出崐崙虛。郭璞云：《山海經》曰：河出崐崙西北隅。虛，山下基也。又許魚切，空也。

坭　奴分切。《爾雅》曰：水潦所止坭丘。本亦作泥。

京部第十七，凡四字。

京　居英切。《爾雅·釋丘》云：絕高爲之京。郭璞云：人力所作。《公羊傳》曰：京者何？大也。

就　才救切。從也，成也，即也，久也。郭璞曰：成就亦終也。

---

① 齒善切，原作"齒苦切"，據棟亭本改。

就　籀文。

㝔　音涼。薄也。

冂部第十八，凡八字。

冂　古螢切。《説文》云：邑外謂之郊，郊外謂之野，野外謂之林，
　　林外謂之冂。象遠界也。

坰　《説文》上同。

冋　《説文》曰：古文冂從口，象國邑。

冊　音琮。冊孔也。

市　時止切。《周禮》曰：五十里有市。《世本》云：祝融作市。

央　於良切。中央也。一曰久也。《詩傳》云：央，且也。亦位内
　　爲四方之主也。

崔　乎沃切。《説文》云：高至也。從隹上欲出冂。

尤　余針切。《説文》云：淫淫，行皃。從人出冂。

章部第十九，凡八字。

章　古穫切。《説文》云：度也。民度所居也。《白虎通》云：郭之
　　爲言廓也，大也。今作郭。

歓　苦穴切。《説文》云：缺也。古者城闕其南方謂之歓。

㙲　于元切。籀文垣。

鞲　都可切。廣也。又垂下皃。今作軃。

䫏　時征切。籀文城。

䮴　都户切。籀文堵。

鞞　毗離切。籀文陴。女垣也。

䡬　餘恭切。古文墉。亦作章。

邑部第二十,凡一百七十八字[①]。

邑　於急切。《説文》云:國也。《周禮》曰:四井爲邑。

邦　補江切。《周禮》:太宰六典以佐王治邦國。鄭玄云:大曰邦,
　　小曰國。亦界也。

鄢　於巘切。鄢陵,縣名。又於乾切。

酇　子管切。《説文》云:百家爲酇。酇,聚也。又子旦切,南陽有
　　酇縣。又在丸切。

鄰　力臣切。《周禮》:五家爲鄰。

郹　丁莽切。《説文》云:地名。《廣雅》云:居也。一曰五百家爲
　　郹。今作黨。

郊　古爻切。《周禮》曰:五百里爲遠郊。《爾雅》曰:邑外謂之郊。

鄙　補美切。《周禮》云:五酇爲鄙。鄙,小國,去都遠。鄙陋。又
　　不慧也。

都　當烏切。《周禮》曰:四甸爲縣,四縣爲都。都,采地也。

鄭　直政切。在滎陽宛陵縣。

郡　求愠切。《説文》云:周制,天子地方千里,分爲百縣,縣有四
　　郡。故《春秋傳》曰:上大夫受縣,下大夫受郡。《史記》云:
　　秦始皇二十六年分天下爲三十六郡。裴駰曰:三十六郡者,
　　三川、河東、南陽、南郡、九江、鄣郡、會稽、潁川、碭郡、泗水、
　　薛郡、東郡、琅邪、齊郡、上谷、漁陽、右北平、遼西、遼東、代
　　郡、鉅鹿、邯鄲、上黨、太原、雲中、九原、鴈門、上郡、隴西、北
　　地、漢中、巴郡、蜀郡、黔中、長沙、內史也。

郵　音尤。《説文》云:境上行書舍也。

郛　芳俱切。《左氏傳》曰:鄭人入其郛。杜預曰:郛,郭也。

---

① 一百,當爲“二百”。棟亭本作“二百”。

郒　所教切。大夫食邑。

窮　渠雄切。《説文》云:夏后時諸侯夷羿國也。《書》曰:有窮后羿。

鄭　姑庚切。周武王封黄帝後於鄭。今作薊。

邰　土臺切。姜嫄邑,帝嚳元妃,邰氏女也。

郂　渠離切。右扶風美陽縣西有郂山。亦作岐。古作歧山。

郁　於六切。右扶風郁夷縣。

郇　杜胡切。左馮翊有郇陽亭。

郿　莫悲切。右扶風縣名。郂陽有郿鄉。又音媚。

邠　補珉切。周太王國,在右扶風郇邑。亦作豳。

鄠　呼古切。地名。

鄠　胡古切。右扶風縣名。

扈　胡古切。夏后同姓所封之國,在鄠,有扈谷、甘亭。

郖　此諸切。右扶風鄠鄉。

郝　呼各、舒石二切。右扶風鄠屋鄉。

酆　孚弓切。酆在始平鄠縣東。

郖　徒透切。《説文》云:弘農縣庾地。又音兜。

邠　奴經、奴顛二切。左馮翊谷口鄉。

酆　扶園切。京兆杜陵有酆鄉。

鄜　芳珠切。左馮翊有鄜縣。

鄜　同上。

邔　音口。京兆藍田鄉也。

邮　與鳩切。左馮翊高陵縣有邮亭。又音笛。

郿　如蜀切。成王定鼎於郟鄏。

酈　力衍切。《説文》云:周邑也。

鄆　爲慍切。魯地名。

郊　側界切。周邑名。

邙 莫旁切。河南洛陽北土山上邑也。

郗 敕梨切。周邑,在河内野王縣西南。

鄐 許六切。晉邑也。

鄩 似林切。河南鞏縣西有鄩中。

邶 蒲内切。紂城東曰衞,南曰鄘,北曰邶也。

鄁 同上。

邘 禹俱切。河内野王縣西有邘城。

郘 力奚切。《説文》曰:商諸侯國,在上黨東北。《書》曰:西伯戡黎。

邵 是照切。晉邑也。

䣤 胡豆切。晉地名。又音侯。

郠 莫丁切。晉邑也。

䣨 蒲必切。晉邑也。《春秋》曰:晉、楚戰于䣨。

郤 去戟切。晉大夫叔虎邑也。

鄢 巨焉切。聚名,在河東聞喜。

鄐 巨諸切。聚名。

郂 渠惟切。河東臨汾地,即漢之所祭后土處。

邢 胡丁切。《左氏傳》:狄伐邢。杜預云:邢國在廣平襄國縣。
　又輕干切,周公所封地,近河内。

邢 同上。

郱 蒲經切。地名,在東莞臨朐縣東南。

郇 伯倫切[①]。郇伯,文王子也。今河東有郇城。

鄔 於古切。晉大夫司馬彌牟邑。又音烏。

鄴 魚怯切。魏郡有鄴縣。

祁 渠夷切。太原縣。《左氏傳》云:晉賈辛爲祁大夫。又多也。

---

① "伯倫切"疑誤,棟亭本作"須倫切",澤存堂本作"相倫切"。

邯　何安、胡甘二切。趙國有邯鄲縣。

鄲　都闌切。邯鄲縣。

鄃　庾娛切。清河郡鄃縣。又音輸。

鄗　許各切。常山縣，光武即位改爲高邑。

鄡　輕彫切。鉅鹿郡有鄡縣。

鄛　苦幺切。豫章郡有鄛陽縣。

郅　諸逸切。北地郡有郁郅縣。

鄚　亡各切。涿郡有鄚縣。

鄋　所留切。狄國名，在夏爲防風氏。

鄋　同上。

邔　口益、古衡二切。《説文》曰：潁川縣。

鄦　欣呂切。甫侯所封，在潁川。

郾　於獻切。潁川縣。又於憚切。

郟　古洽切。洛陽北地。又潁川縣名。

郪　七兮、千私二切。新郪，汝南縣。又廣漢有郪縣。

郪　苦怪切。《説文》云：汝南安陽郷。

鄜　方禹、芳殊二切。汝南上蔡亭。

郋　胡雞切。汝南邵陵里。

鄸　負弓切。國名。

鄧　徒亘切。南陽有鄧縣。

郎　蒲當切。汝南鮦陽亭。

郎　思力切。汝南新郎縣。

郕　古闃切。蔡邑也。

鄾　於牛切。鄧國地也。《春秋傳》曰：鄧南鄙鄾人攻之。

鄗　胡高切。南陽郷名。

酈　郎的切，又音躑。南陽縣。

鄛 助交切。南陽棘陽鄉名。

鄀 如羊切。南陽縣。

鄌 力兜切。南陽鄌縣鄉。

鄧 公達切。《説文》云：南陽陰鄉。

邘 于矩切。南陽舞陰亭。

鄪 力止切。南陽西鄂縣亭。

郢 以井切。故楚都，在南郡江陵北十里。

邧 同上。

邔 丘紀、渠記二切。南郡有邔縣。

鄂 五各切。南陽有西鄂縣，叔虞封也。

鄳 亡庚切。江夏郡有鄳縣。

邧 有軍切。江夏雲社縣東地。

䢵 與恭切。《説文》曰：南夷國。

郧 有軍切。國名。

郫 薄糜切。蜀郡有郫縣。又音脾。

鄑 上留、除留二切。蜀郡江原縣。鄑水首受江。

鄤 亡願切。廣漢鄉名。

那 奴多切。安定有朝那縣。又何也，多也。

鄖 力塩切。地名。

邡 音方。《説文》云：邡，廣漢縣。

鄱 薄波切。豫章鄱陽縣。

郒 百交、百勞二切。地名。

鄨 俾逝切。牂牁郡有鄨縣，鄨水所出。

酃 郎丁切。長沙縣名。

郘 力語切。鄨縣亭名。

耒 力對切。桂陽耒陽縣也。亦作耒。

鄭 莫候切。會稽縣。

鄞 五斤切。會稽縣。

邴 彼景、彼命二切。宋下邑也。

邶 補大切。郡名。亦作沛。

郍 祚柯切。沛郡縣也。亦作酇。

邶 詩沼切。魯地名。

鄑 子斯切。北海都昌縣西有鄑城。

郜 故到切。濟陰成武縣東南城名。

鄄 故縣切。東郡鄄城名。

邸 時真、之刃二切。地名。

鄶 光會切。祝融之後。國名,在鄭地。

鄟 仕咸切。宋地名。

邛 渠恭切。山陽邛成縣。又蜀郡有臨邛縣。

祁 牛遠切。祁,新城。《説文》云:鄭邑也。

郔 與旃切。鄭北地。

鄆 古杏切。《説文》云:琅邪莒邑。《春秋傳》曰:取鄆。

鄒 仄牛切。魯縣也,古扶風附庸國,顓頊之後所封。俗作邾。

鄹 同上。又音聚。亭名,在新豐。

郰 同上,俗。

郰 仄牛切。《説文》云:魯下邑,孔子之鄉。《論語》作鄹。

鄅 記甫、有甫二切。鄅國,今琅邪開陽縣。《左氏傳》云:邾人入鄅。

郖 似諸、達胡二切。《説文》云:邾下邑地,魯東有郖城。

邿 式時切。任城亢父縣有邿亭。

郕 時盈切。東平亢父縣有郕鄉。

郤 烏斂切。周公所誅叛國商奄是也。

鄻　虎官切。魯下邑,濟北蛇丘縣也。

邳　蒲悲切。奚仲之後所封,在魯薛縣。

郎　力當切。魯邑。《左氏傳》曰:費伯帥師城郎[1]。又漢官尚書郎。

郪　魚奇切。臨淮徐地也。

鄣　之羊切。《左氏傳》:紀子奔於紀鄣。鄣,莒邑也。

邗　古寒、戶安二切。《左氏傳》云:吳城邗。今廣陵韓江是。

郇　胡走切。東平無鹽鄉。

郭　古穫切。大也。今作郭。《白虎通》云:所以必立城郭者,示有固守也。

郭　同上。

郳　五奚切。東海昌慮縣有郳城。

鄐　午姑切。朱虛縣東南魯下邑也。

郣　蒲突切。《説文》云:郣海郡。一曰地之起者曰郣。

鄲　徒耽切。地在濟南平陵縣南。

郯　徒甘切。東海縣也。

邪　以遮切。琅邪郡。又音斜。《論語》曰:思無邪。

郲　里該切。滎陽縣東郲城,齊滅之。

鄙　胡圭切。紀邑,在安平縣。

鄑　在陵切。《春秋》曰:鄑子來朝。今琅邪縣也。

邞　方無切。琅邪縣也。

邭　巨俱、居住二切。地名。

戴　子代切。故國,在陳留外黃縣。

郟　家哀切。陳留鄉。

邽　公攜切。京兆有下邽縣,隴西有上邽縣。

---

[1]　師,原作"帥",據棟亭本改。

郵　之由切。故國,黃帝後所封也。

鄺　胡光切。古國名。

鄪　彼冀切。魯季氏邑。《論語》作費。或作鄪。

鄪　同上。

鄉　許良切。五黨名。亦作鄉。

鄟　於田切。地名。

邶　去牛切。地名。

邱　同上。

娜　汝諸切。地名。

鄥　來鳥切。地名。

邘　女九切。地名。

邔　居里切。地名。

鄒　希及切。地名。

邟　渠留切。鄉在陳留。

郢　於盈、於井二切。地名。

郘　始居切。《春秋》曰:徐人取郘。杜預曰:今廬江郘縣。

郖①　呼土切。魯地名。

邩　呼果切。地名。

鄙　爲彼切。地名。《春秋》曰:會于鄙。杜預云:鄭地。亦作隔②。

邖　所閒切。地名。

鄧　徒郎切。《續漢書》云:廣陵鄧邑也。

鄧　同上,出《説文》。

邨　且孫切。地名。亦作村。又音豚。

郃　胡蠟切。地名。

---

① 棟亭本字頭作"郖"。

② 隔,原作"爲",據棟亭本改。

鄐　居大切。地名。

鄭　公安切。地名。

鄮　與金切。地名。

郲　欣陵切。地名。

郇　渠詭切。《山海經》云：綸山東陸郇山。又居委切。

郠　胡經切。鄉名，在高密。《左氏傳》曰：戰於升郠[①]。

鄀　如灼切。《左氏傳》曰：秦、晉伐鄀。秦、楚界小國也。

郰　舒甚切。《左氏傳》曰：敗戎於郰垂。杜預云：周地。河南新
　　城縣北有垂亭。

邱　許斤切。地名。

鄟　諸緣、徒桓二切。邾婁之邑。

郲　七到切。鄭地。《左氏傳》曰：鄭伯卒於郲。

鄸　莫中切。《左氏傳》云：曹公孫會自鄸出奔宋。鄸，曹邑也。

邘　於干切。當陽里。

郼　於畿切。殷國名。《吕氏春秋》曰：湯立為天子，商不變肆，親
　　郼如夏。高誘曰：郼讀如衣，今兖州人謂殷氏皆曰衣。

郞　胥果切。河南亭。

郲　莫郎切。《廣蒼》云：鄉，在藍田。

鄯　時戰切。鄯善，西域國。《漢書》云：本名樓蘭城，去長安
　　六千一百里，元鳳四年傅介子誅其王，更名其國為鄯善。又
　　時演切。

鄑　莊釐切。鄉名。

鄫　才含切。貝丘亭。

邥　胡灰切。睢陽鄉名。

---

① 升郠，棟亭本作“井郠”。

部　傍口切。分判也。《史記》:置大農部丞數十人,分部主郡
　　國。《漢書》:行無部曲。注云:將軍領軍皆有部曲,大將軍營
　　五部,部校尉一人,部下有曲,曲有軍候一人。

邨　子移切。谷口。

酆　苦縛、具縛二切。聞喜縣鄉名。

䣿　步回切。聞喜鄉。

鄰　渠今切[1]。亭名,在重安。

鄉　胡絳切。門外道也。與巷同。

鄆　户光切。古縣名。

郾　時真切。姓也。

郿　烏昆切。鄉名,在蜀。

鄃　口孤切。秦地,在河東當鄃首也。

郱　蒲故切。亭名。

郑　人丘切。鄉名。

郇　徒紅切。鄉名。

鄘　徒郎切。國名。

邶　無沸切。地名。

郚　寄魚切。國名。

郃　侯閤切。左馮翊郃陽縣。

鄗　胡交切。地名。

鄡　九縛切。地名。

郜　徒冬切。古國名。

邿　居一切。地名[2]。一云邿成山。

郮　如舟切。

---

① 今,原殘,據棟亭本補。
② 地名,原作"地呂",據棟亭本改。

郊　此栗切。《説文》云：齊地也。

郔　七課切。山名。

郕　阻生切。國名。

鄢　丁玉切[①]。縣名。

郲　唐盧切。地名。

郻　古熬切。鄉名。

鄟　毗聊切。地名。

鄺　苦昂切。地名。

鄇　胡邁切。縣名。

鄽　直連切。市鄽。俗作㕓。

郔　於京切。地名。

鄺　音荒。姓，出廬江縣。

鄑　子思切。谷名。

鄺　呼光切。縣名。

邟　扶巖切。地名。

郲　七海切。地名。

邸　都禮切。邑名。又邸舍也。

鄗　胡老切。邑名。

鄭　才孫切。鄭鄢縣，在犍爲。

鄢　莫霸切，又音馬。

鄧　知升切。國名。

郢　知盈切。地名。又直盈切。

郵　余舟切。鄉名。

鄯　所間切。地名。

────────────────

① 丁玉切，原作“丁丑切”，據棟亭本改。

郏 古唤切。亭名。

郿 蒲梅切。鄉名。

郕 食盈切。縣名。

郷 於亦切。地名。

郚 語其切。

鄛 昨焦切。地名。

邟 去王切。邑名。

郴 丑吟切。縣名，在桂陽。

酄 去虐切。地名。

邟 徒苓切。鄉名。

邨 且孫切。鄉名。

郲 力之切。鄉名。

郚 五俱切。地名。

郜 祖浩切。邑名，在筑陽。

鄗 九小切。國名。

郇 息俊切。地名。

郪 息典切。國名。

邠 皮變切。邑名。

邢 子省切。地名。

郠 居隕切。邑名。亦亭名。

郚 余之切。地名。

郫 慈夕切。《説文》云：蜀地也。

邾 中廚切。江夏縣。亦魯附庸國。

鄏 音遷。《説文》云：地名也。

鄲 徒紅切。地名。又姓。

鄵 力脂切。國名。

司部第二十一,凡四字。

司　胥兹切。司者,主也。《説文》云:臣司事於外者也。

伺　胥咨、司志二切。候也,察也。《廣雅》、《埤蒼》並作覗。

詞　似兹切。《説文》云:意内而言外也。

嗣　籀文。

士部第二十二,凡四字。

士　事几切。事也。《傳》曰:通古今、辯不然謂之士。數始於一,
　　終於十。孔子曰:推一合十爲士。

壻　思計切。《爾雅》云:女子之夫爲壻。或作婿。

壿　七旬切。《詩》云:壿壿舞我。《爾雅》云:壿壿,喜也。或作
　　鱒①。亦作蹲。

壯　阻亮切。健也,大也。《詩》云:克壯其猷。

---

① 鱒,原作"壿",據棟亭本改。

玉篇卷第三凡一十三部

人部第二十三,凡五百二十一字。

人　而真切。《周書》云:惟人萬物之靈。孔安國曰:天地所生,惟
　　人爲貴。《易》曰:大人者,與天地合其德,與日月合其明,與
　　四時合其序,與鬼神合其吉凶。《禮記》云:人者,五行之端。
　　《太玄經》云:有九人,一爲下人,二爲平人,三爲進人,四爲
　　下禄,五爲中禄,六爲上禄,七爲失志[①],八爲疾瘀,九爲極。
　　《説文》云:天地之性最貴者也。象臂脛之形。

僮　徒東切。僮幼迷荒者,《詩》云:狂僮之狂也。且《傳》曰:狂
　　行僮昏所化也。《廣雅》云:僮,癡也。今爲童。

仁　而真切。《周禮》曰:六德,仁。鄭玄曰:愛人以及物。《左
　　傳》云:不背本,仁也。又曰:參和爲仁。《論語》曰:殺身以

————————

① 失志,原作"火志",據楝亭本改。

成仁。又曰:克己復礼爲仁。孔子曰:人者,仁也。鄭玄曰:仁謂施以恩義也。又曰:郊社之義,所以爲仁鬼神也。鄭玄曰:仁猶存也。《白虎通》曰:仁者好生。《說文》云:仁,親也。古文作忎也[1]。

偨　息移切。偨祁,地名。亦作虒。又池爾、直離二切,仳偨,參差也。

伾　匹眉切。有力也。《廣雅》云:伾,衆也。

弔　丁叫切。弔生曰唁[2],弔死曰弔。又音的,至也。

伄　丁叫切。伄儅,不當也[3]。

儅　丁益切。伄儅。又丁堂切。

候　胡遘切。《說文》曰:伺望也。《周禮》有候人。

偂　則前切,又音翦。

仳　芳止切。《說文》云:別也。《詩》曰:有女仳離。又防脂切。

儂　奴冬切。吳人稱我是也。

侁　式神切。妊身也[4]。

傑　奇哲切。英傑。《詩》曰:邦之傑兮。傑,特立也。

倕　是推切。重也。黃帝時巧人名也。

垂　同上。

保　補道切。《書》曰:明徵定保。保,安也。《說文》:養也。

保　《說文》保字。

俴　古文保,亦作示。

伭　胡田切。很也。

---

①　忎,原作"悉",據棟亭本改。
②　唁,原作"訨",據棟亭本改。
③　棟亭本作"不常也",較可取。
④　妊身,原作"姓身",據棟亭本改。

伜　同上。

企　去智切。《説文》云：舉踵也。《詩》云：如企斯翼。

佂　古文。

俊　子峻切。《説文》云：才過千人也。《書》曰：克明俊德。

儁　同上。俗作雋。

仞　如震切。《周書》曰：爲山九仞。孔安國曰：八尺曰仞。鄭玄曰：七尺曰仞。

仕　助理切。《説文》云：學也。《論語》曰：學而優則仕，仕而優則學。

俅　渠鳩切。《詩》云：載弁俅俅。《箋》云：恭慎也。

儒　如俱切。《説文》云：柔也。

仲　直衆切。《詩》曰：仲氏任只。仲，中也。

伯　博陌切。《説文》云：長也。《曲禮》：五官之長曰伯。謂爲三公者。《周禮》：九命作伯。

佰　莫白切。《説文》云：相十佰也。《漢書・食貨志》云：而有仟佰之得。注云：仟謂千錢，佰謂百錢。

偰　相裂切。高辛氏之子爲堯司徒，殷之先也。亦作契。

倩　此見切。《詩》云：巧笑倩兮。倩，好口輔也。又七性切，假倩也。

伊　於脂切。《爾雅》曰：伊，維也。注謂發語辭兒①。

㑗　古文。

㑞　職容切②。《方言》曰：瀾沭或謂之征㑞也。

征　之成切。《廣雅》云：征㑞，懼也。

儇　呼緣切③。《詩》云：揖我謂我儇。利也。又慧也。

佲　胡改、姑來二切。奇佲，非常也。

---

① 兒，棟亭本作“也”。
② 職，原挖去，據棟亭本補。
③ 切，原訛作“四”，據棟亭本改。

佄　徒甘切。靜也,恬也。《説文》[1]:安也。

倓　《説文》同上。

僙　與攝切。《楚辭》云:衣攝僙以儲與兮。攝僙,不舒展皃。

偞　《字書》僙字。

份　彼陳切。《説文》云:文質備也。《論語》云:文質份份。亦作彬。

僚　旅條切。《書》曰:百僚師師。僚,官也。又同官曰僚也。

佖　皮筆、頻必二切[2]。佖,威儀也。

仜　胡東切。大腹也。

俜　士簡切。《虞書》曰:共工方鳩俜功。俜,見也。又具也。

儸　理攝切。《説文》云:長壯儸儸也。

儦　彼鴉切。《詩》云:朱幩儦儦。盛貌也。

儺　奴何切。《説文》云:行有節也。《詩》云:佩玉之儺。又奴可切。

僓　他罪切。長好皃。又嫺也。又胡對切。

佶　其吉切。正也。《詩》云:既佶且閒[3]。

倭　於爲切。《説文》云:順皃。《詩》云:周道倭遲。又烏禾切,國名。

俁　牛矩切。大也。《詩》云:碩人俁俁。容皃大也。

健　渠建切。《易》曰:乾,健也。天行健,君子以自强不息。

俟　牀史切。《詩》云:儦儦俟俟。獸趨行貌。又候也。又音祈,
　　虜複姓,万俟氏。

倞　渠向、渠命二切。强也。

僵　同上。

傲　五到切。《書》云:嚚子,父頑,母嚚,象傲。傲慢不友也。

仡　語訖切。《説文》曰:勇壯也。《書》云:仡仡勇夫。

---

① 文,原訛作“玄”,據棟亭本改。

② 皮筆,原作“支筆”,據棟亭本改。切,原無,據棟亭本補。

③ 閒,原作“間”,棟亭本作“閑”。

儉　宜檢切。《詩》云：碩大且儉。儉，矜莊貌。

俚　良子切。賴也[1]。《説文》云：聊也。

俺　於劒切。《説文》云：大也。

侚　詞俊切。疾也。

倄　《字書》侚字。

伴　蒲滿切。侣也。又蒲旦切。《詩》云：無然伴换。伴换猶跋扈也。

佳　革崖切。《説文》云：善也。《楚辭》云：妬佳冶之芬芳兮。

僩　下板切。武皃。《詩》云：瑟兮僩兮。僩，寬大也。又音簡。

倬　知角切。明也，大也。

偲　七才切[2]。《詩》云：其人美且偲。偲，才也。

侹　他頂切。正直皃。《説文》云：長皃[3]。一曰箸地。一曰代也。

僗　力告切。伴僗也。

偏　舒繕切。《詩》云：豔妻偏方處。偏，熾也。

儆　羈影切。戒也。《虞書》云：降水儆予。

俶　尺竹切。厚也，始也。《詩》云：令終有俶。

傭　恥恭切。均也，直也。《詩》曰：昊天不傭。又音庸，傭賃也。

優　乙賮切。《詩》云：亦孔之優。優，喝也。

仿　芳往切。仿佛，相似也。

俩　籒文。

佛　孚勿切。仿佛也。又符弗切，又音弼。

㦗　桑截切。小聲也。

偂　《字書》同上。

幾　居希切。精詳也。《月令》云：數將幾終也。

---

① 賴也，原作“賴天”，據棟亭本改。
② 七才切，棟亭本作“士才切”。
③ 長，原訛作“弃”，據棟亭本改。

供　居庸切。祭也，設也，具也。又居用切。

偫　直理切。待也。亦與庤同。儲也，具也。

儲　直於切。偫也。又儲副。

備　皮祕切。預也。

俻　同上，俗。

俻　古文。

偓　於岳切。偓促，拘之見①。

佺　且泉切。偓佺，仙人，食松子而眼方。

儐　卑刃切。出接賓曰儐。《説文》云：導也。

儑　尺涉切。心服也，畏也。

仢　扶握切。《爾雅》曰：奔星爲仢約。即流星也。《説文》音狄，約也。

儕　仕皆切。類也。

侔　莫侯切。齊等也。

倫　力遵切。《説文》云：輩也。一曰道也。《書》曰：無相奪倫。

偕　居骸切。《詩》云：與子偕老。偕，俱也。

忒　恥力切。《國語》曰：於其心忒然。忒猶惕也。

併　補郢、必姓二切。羅列也。《説文》云：竝也。

俱　矩俞切。皆也。

儹　子管切。最也。

傅　方務切。太傅、太保，相天子也。

俌　芳輔切。輔也。

佮　公荅切。合取也。

依　於祈切。怙也，助也。《説文》云：倚也。

---

① 見，疑當作"兒"。建安鄭氏本作"兒"。

伬　且利切。《詩》云：決拾既伬。伬，利也。

倚　於擬切。依倚也。

侰　如志切。貳也，伬也。

仍　如陵切。就也。

侍　時至切。《説文》云：承也。

倢　才獵切。《詩》云：征夫倢倢。倢倢，樂事也。本亦作捷。又音
　　接，倢伃也。

伃　與居切。武帝制倢伃，婦官也。亦作婕妤也。

傾　口營切。《説文》云：仄也。

側　莊色切。傍也。

侒　烏蘭切。《説文》云：宴也。

侐　許域切。《詩》云：閟宮有侐。侐，清淨也。或作閴。

俜　普丁切。使也。

俠　胡頰切。《漢書》云：季布爲任俠，有名。注云：同事非爲俠。
　　又謂任使其氣力，俠之言挾也，以權力俠輔人也。

侁　所臻切。往來侁侁，行聲。《詩》云侁侁征夫也。

儃　達安、達亶、達案三切。疾也，何也。

仰　魚掌切。《易》曰：仰則觀乎天文。反首望也。

侳　子過切。《説文》云：安也。

儽　力罪切。《説文》云：垂兒。一曰嬾懈。又力追切。《家語》
　　云：儽儽若喪家之狗。羸病兒。

傫　同上。

倚　時注切。《説文》作侸，立也。今作樹。

偁　齒繩切。《左氏傳》云：禹偁善人。與稱同。

付　方務切。《書》云：皇天既付。付，與也。

佸　古闊切。《詩》曰：曷其有佸。佸，會也。

傆　牛萬切。黠也。

微　武非切。《書》云：虞舜側微。微賤也。

作　子各切。《說文》云：起也。《周禮》曰：作六軍之士執披。作謂使之也。

假　居馬切。《書》曰：假手于我有命。假，借也。又非真也，至也。又音格。

侵　千金切。漸進也。《穀梁傳》曰：五穀不升謂之大侵。侵，傷也。

償　市亮切。《左氏傳》曰：西鄰責言，不可償也。償，報也。

價　餘祝切。《周禮》：司市以量度成賈而徵價。價，買也。

儀　語奇切。《說文》云：度也。《易》曰：太極生兩儀。

代　達賚切。《說文》云：更也。《書》曰：天工，人其代之。

傍　蒲當切。近也。

僕　瞿龜切。左右視也。

偈　近烈切。武皃。《詩》曰：伯兮偈兮。又其例切，偈句也。

倪　苦見切。《詩》曰：倪天之妹。倪，薦也。

侶　力莒切。《聲類》云：伴侶也。

便　婢仙切。《爾雅》曰：便便，辯也。《書傳》曰：便辟，足恭也。又毗線切。

偆　尺尹切。《說文》云：富也。

任　耳斟切。《說文》云：保也。《爾雅》曰：佞也。又汝鳩切，委任也。

什　時立切。什物也。又篇什也。

優　郁牛切。《說文》云：饒也。一曰倡也。《左氏傳》云：鮑氏之圉人爲優。優，俳也。

僖　虛其切。樂也。

儉　渠儼切。《說文》云：約也。

价　居薤切。《詩》曰：价人維藩。价，善也。

俄 同上。

俗 似足切。習安也。《周禮》十有二教,六曰以俗教則民不偷也。

仔 則之切。《詩》曰:佛時仔肩。仔肩,克也。

偭 縣徧切。《漢書》:偭㺎獭以隱處。偭,面背也。

億 於力切。安也。

徐 詞余切。緩也。

倴 餘證切。送也。呂不韋曰:有侁氏以伊尹倴女。與媵同。

使 所里切。令也。《書》曰:后非民罔使。又疎事切。

伶 來丁切。使也。《説文》云:弄也。益州有建伶縣。

俾 必弭切。《書》曰:有能俾乂。俾,使也。

傳 儲攣、儲戀二切。《周禮》:訓方氏,誦四方之傳道。傳道,世世傳説往古之事也。

併 步定切。僻也。

倌 古宦、古丸二切。《説文》云:小臣也。《詩》曰:命彼倌人。

伸 舒鄰切。舒也。《易》曰:尺蠖之屈,以求伸也。

僭 子念切。《説文》云:儗也。《書》曰:天命不僭。

伹[①] 七閭、祥閭二切。拙也。《廣雅》云:鈍也。

僐 式善、如善二切。《説文》云:意膳也。一曰意急而懼也。一曰襢也。

㑞 而孌、乃亂二切。弱也。

偐 於建切。引爲價也。

儔 直流切。侶也。又大到切,翳,隱蔽也。

倍 步乃切。《易》曰:近市利三倍。倍謂一兩之也。

俴 才見切。《詩》云:小戎俴收。俴,淺也。

---

① 字頭原訛作"但",據棟亭本改。

儀　呼肱切。恨也，迷悟也。

优　公黄、公横二切。《國語》云：优飯不及壺湌①。注云：优，大也，大飯謂盛饌。

俍　敕良切。失道兒。又狂也。《禮記》曰：治國而無禮，譬猶瞽之無相與，俍俍乎其何之。

偏　匹研切。鄙也。《書》曰：無偏無頗。偏，不平也。

佃　同年、同見二切。作田也。《說文》曰：中也。《左氏傳》曰：乘中佃一轅車。

儗　御理切。僭也。

伎　張牛切。《詩》曰：誰伎予美。《爾雅》曰：伎張，誑也。

倜　他激切。倜儻也。司馬相如《封禪書》云：倜儻，窮變也。

僻　匹亦切。《詩》云：民之多僻。僻，邪也。

伈　息紫切。《說文》云：小兒。《詩》曰：伈伈彼有屋。本亦作佌。音此。

侈　昌是、式是二切。《書》曰：祿弗期侈。侈，泰也。

伎　之豉切。《說文》云：與也。《詩》云：鞠人伎忒。又渠紀切。

傲　丈吏切。會物也。《方言》云：傲，會也。

伿　丑利、夷在二切。癡兒。

伿　弋豉切。《說文》云：憛也。

傮　蘇刀切。驕也。

偽　魚貴切。詐也。

倪　魚雞、吾禮二切。《莊子》云：和之以天倪。倪，自然之分也。

伍　吳魯切。行伍。《說文》曰：相參伍也。

仵　吳古切。偶敵也。

---

① 湌，今《國語》作“飧”或“湌”。

佝 公豆切。《楚辭》云：直佝愁以自苦。亦作怐。

倡 齒羊切。《說文》云：樂也。又音唱。《禮》曰：一倡而
三歎。

俳 皮皆切。《漢書》曰：詼笑類俳倡。俳，雜戲也。

御 其虐切。傲御，受屈也。

佻 敕聊切。《詩》云：視民不佻。佻，偷也。

傪 仕咸切。《說文》云：傪互，不齊也。又仕鑒切。

僐 時演切。作姿也。

傜 余招切。傜役也。

傕 同上。

俄 我多切。俄傾，須臾也。

傲 丘其切。醉舞皃。《詩》云：屢舞傲傲。

侮 亡甫切。侮慢也。

㑄 古文。

傷 舒揚切。《說文》云：創也。《爾雅》曰：傷，憂思也。

俙 呼皆切。解也，訟也。

傶 秦栗切。《廣雅》云：賊也。

偒 以豉切。輕也。

僄 匹妙切。《說文》云：輕也。又僄狡，輕迅也[1]。

傞 思何、古何二切。舞不止皃。《詩》云：屢舞傞傞也。

僨 甫運切。僵也。

僵 舉良切。《莊子》：推而僵之。說僵也[2]。

偃 乙蹇切。《論語》云：草上之風必偃。偃，仆也。

---

① 僄狡、輕迅，原作“僆狡、輕迫”，據棟亭本改。
② “說僵”疑有誤。

仆　芳遇切。傾倒皃[1]。

俲　下交切。刺也。一曰痛聲。

俑　餘種切。《禮記》曰：孔子謂爲俑者不仁。俑，偶人也。《説文》又他紅切，痛也。

係　何計切。《爾雅》曰：繼也。又音計。

伏　扶腹切。匿也。《易》曰：坎爲隱伏。

促　且足切。速也，迫也。

催　且回切。迫也，相擣也。

伐　扶厥切。征伐。又自矜曰伐。《書》曰：汝惟弗伐。

仇　渠牛切。《書》曰：萬姓仇予。仇，怨也。

俘　芳符切。《説文》云：軍所獲也。《左氏傳》曰：以爲俘馘。

傴　郁禹切。《説文》云：僂也。《左氏傳》曰：再命而傴。

夭　乙小切。《字書》云：尫也。

儡　力回切。相敗也。

僇　力救、居幼二切。《説文》云：癡行僇僇。一曰且也。

俢　公勞、渠久二切。毀也。

催　許維切。《淮南》曰：嫫母仳催。《説文》：仳催，醜面也。

俑　與蚩切[2]。《漢書》：俑華，婦官名。又音勇，不安也。

傅　子損切。《説文》云：聚也。《詩》云：傅沓背憎。

侂　恥各切。侂，寄也。《論語》云：可以侂六尺之孤。

倦　渠眷切。猒也。《説文》云：罷也。《書》曰：老期倦于勤。

僂　力矩切。《説文》云：尫也。周公韈僂，或言背僂也。

僧　子牢切，又祀牢切[3]。終也。

---

① 傾，原作“頃”，據棟亭本改。

② 與蚩切，棟亭本作“與恭切”。

③ 祀牢切，原作“祀牛切”，據棟亭本改。

像　似兩切。《説文》云：象也。

偶　吾苟切。《爾雅》曰：合也。《説文》云：桐人也。

僊　司連切。《説文》曰：長生僊去也。《莊子》曰：千歲猒世，去而上僊。

僲　《説文》僊。

仙　《聲類》云：今僊字。

佋　時昭切。《説文》云：廟佋穆。父爲佋，南面；子爲穆，北面。

倳　丁退切。市也[①]。

伋　居及切。孔鯉子名伋，字子思。

佼　古爻切。交也。又音絞。

佩　蒲對切。大帶佩也。

傪　七感切。《説文》云：好兒。又倉含切。

俒　五昆切。姓也。

侗　吐公、敕動二切。《論語》曰：侗而不愿。侗謂未成器之人。

伉　去浪切。《左氏傳》云：已不能庇其伉儷。伉，敵也。

儷　呂詣切。偶也。

儺　《字書》上同。

僑　渠消切。高也。

僎　士卷切。具也。又將倫切。

傀　古回切。《周禮》曰：大傀裁。注云：傀猶怪也。

儽　《聲類》傀字。

儋　丁談切。任也，何也。

僤　大旦切。《説文》云：疾也。《周禮》曰：句兵欲無僤。

何　胡可切。克負也。又乎哥切，辭也。

---

①　市，原作“帀”，據棟亭本改。

佗　達何切。《説文》云:負何也。凡以驢馬載物謂之負佗。

他　吐何切。誰也。本亦作佗。

侯侵　二同。符歷切。古文辟。

佚　余一切。《書》曰:無教佚欲有邦[1]。佚,豫也。

值　除利切。《詩》云:值其鷺羽。值,持也。

伀　渠往切。《楚辭》曰:魂伀伀而南征兮。伀伀,遑遽皃。

健　里薁[2]、力見二切。雞鴨成健。《文字音義》云:江東呼畜雙産謂之健。

佾　餘質切。《論語》曰:八佾舞於庭。佾,列也。

莅　力致切。《詩》云:方叔莅止。莅,臨也[3]。

佇　除吕切。《詩》云:佇立以泣。佇,久也。

侑　禹救切。《周禮》曰:王以樂侑食。侑,勸也。

儴[4]　爾羊、先羊二切。因也。

偪　鄙力切。迫也。與逼同[5]。

佪　胡雷切。佪佪,惛也。

傖　仕衡切。《晉陽秋》云:吴人謂中國人爲傖。

儫　力庖切。盛也。

儓　達該切。輿儓也。《左氏傳》云:僕臣儓。

能　他代切。意恣從也。《説文》云:意也。與態同。

仉　扶形、孚劍二切。《方言》云:仉,輕也。

傑　渠凶切。《方言》云:傑㑶,罵也。燕之北郊曰傑㑶[6]。謂形小

---

① 教,原作"救",據棟亭本改。
② "里"字原挖去,據棟亭本補。
③ "臨"字原挖去,據棟亭本補。
④ 字頭原挖去,據棟亭本補。
⑤ 同,原作"回",據棟亭本改。
⑥ 傑㑶,原訛作"傑㑲",據棟亭本改。

可憎之皃。

傇　蘇容切。《方言》云：庸謂之傇，轉語也。

刎　武粉、武弗二切。離也。《博雅》云：斷也。

佻　他達切。《方言》云：逃也，叛也。

㪍　蒲没切。㪍，强也。一曰佷也。

傃　桑故切。向也。孔子曰：傃隱行怪^①。

俖　扶九切。像也。

侀　音形。《禮記》曰：刑者，侀也；侀者，成也。一成而不可變。

偎　烏回切。愛也。又北海之隈有國曰偎人。

倅　倉憒切^②。《周禮》：戎僕掌王倅車之政，正其服。倅，副也。

價　古訝切^③。價，數也。

俛　無辯切。俯，俛也。《説文》音俯，低頭也。亦作頫^④。

俯　弗武切。《易》曰：俯以察於地理。俯謂下首也^⑤。

仂　六翼切。勤也。又音勒^⑥。

傁　思口切。老也。與叟同。

俊　《説文》傁。

倇　於阮切。勸也。

借　子亦切。假借也。又子夜切。

倰　力曾切。長也。

傺　敕屬、子例二切。《楚辭》曰：忳鬱邑余侘傺兮。侘傺，失志皃。

---

① “隱行”原挖去，據棟亭本補。怪，原訛作“恠”，據棟亭本改。
② “倉”字原挖去，據棟亭本補。憒，原訛作“價”，據棟亭本改。
③ 訝，原訛作“評”，據棟亭本改。
④ “頫”字原挖去，據棟亭本補。
⑤ “弗武、地理俯”原挖去，據棟亭本補。
⑥ 勒，原訛作“勤”，據棟亭本改。

佗 都嫁、丑家二切①。佗傺。

佐 子賀切。助也。《周禮》曰：以佐王均邦國②。

傹 渠營切③。特也。古嫈字。

倮 力果切。赤體也。

偟 胡光切。《爾雅》曰：暇也④。

佹 武婢切。《周禮》：小祝掌佹裁兵。佹，安也。本作彌。注作敉⑤。

偷 吐侯切。盜也。《爾雅》曰：佻，偷也。謂苟且也。

傂 奇龜切⑥。使也。

僻 尺兗切。《淮南》：分流僻馳。僻，相背也。與舛同⑦。

住 雉具、徵具二切。立也。

侻 他活切。《博雅》曰：可也。一曰輕也。

儢 力莒切。儢拒，心不欲爲也。

傤 古載切。佀主也⑧。

僸 牛錦切。《文字音義》云：仰頭皃。

儻 他朗切。倜儻不羈。又他浪切，倖也。

傒 下介切。俠也。又《楚辭》云：何文肆而質傒⑨？

佯 余章、似羊二切。詐也⑩。《博雅》云：弱也。

傎 都田切。殞也，仆也，倒也。

---

① "嫁丑"原挖去，據棟亭本補。

② "賀、均"原挖去，據棟亭本補。

③ 字頭原訛作"傑"。切，原訛作"力"，據棟亭本改。

④ "暇"字原挖去，據棟亭本補。

⑤ "婢、兵佹"原挖去，據棟亭本補。敉，原訛作"數"，據棟亭本改。

⑥ "奇龜"原挖去，據棟亭本補。

⑦ "南、僻相、舛"原挖去，據棟亭本補。兗、流、背，原訛作"克、注、昔"，據棟亭本改。

⑧ "載"原挖去，據棟亭本補。佀，棟亭本作"假"。

⑨ "俠、辭、傒"原挖去，據棟亭本補。此處引《楚辭》爲揚雄《反離騷》文。

⑩ 詐，原訛作"註"，據棟亭本改。

偵 同上。

倒 丁老切。《書》云:前徒倒戈。《説文》云:仆也。

侹 他井切。侹也。

僬 子曜切[1]。《曲禮》云:庶人僬僬。鄭玄曰:行容止之貌也。又昨焦切。

侣 力莒切[2]。伴也。陸機《草木疏》云:麟不侶行。

佟 大冬切。《廣蒼》云:人姓。

伫 古唐切。古岡字[3]。

侄 之栗切。牢也,堅也。

伬 魚音切。急也[4]。

俓 牛耕、牛燕二切。急也。

仟 七堅切。《文字音義》云:千人之長曰仟。

俙 口禮切。《聲類》云:開衣領也。

倗佣 思育切。並古文鳳字[5]。

侲 之仁、之仞二切。《説文》云:僮子也。《方言》云:燕、齊之間謂養馬曰侲。

仉 之養切。梁四公子姓也[6]。

僑 渠出切。《甘泉宮賦》曰:捎夔魖而扶僑狂。本亦作獝[7]。

倥 口貢切。倥傯,窮困也。

傯 子貢切。倥傯。

---

[1] 子曜切,棟亭本作"子曜切"。
[2] 力莒切,原作"白莒切",據棟亭本改。
[3] 《玉篇校釋》改"岡"爲"剛"。
[4] 伬、音、急,原訛作"仟、音、争",據棟亭本改。
[5] 佣、育切、文,原訛作"佣、信一、主",據棟亭本改。
[6] 四,原訛作"庳",據棟亭木改。
[7] 甘、扶、獝,原訛作"山、芒、僑",據棟亭本改。

倱　户本切。帝鴻氏有不才子[①],天下之民謂之倱伅。

伅　徒損切。倱伅。

傱　先鞚切。傱傱,走皃。

偂　丈減切。偂偂,齊整也。

傼　丑減切。癡也。

仗　直亮切。器仗也。莊子以劍見,問曰:夫子所御仗。

伈　悉枕切。伈伈,恐皃。

侴　楚洽切。《字書》云:侴傇小人。一曰侴恓,鬼黠也[②]。

傄　莫刮切。傄偣,健也。

偣　呼八切。傄偣。

袜　摩葛切。袜健事濟。

俹　烏訝切。俹,倚也。

低　丁泥切。垂也。

伍　同上,俗。

儸　力柯切。傀儸,健而不德也。

傀　之車切。傀儸。

俸　補孔切。屏俸,小皃。又房用切,俸禄也。

僦　子祐切。僦,賃也。

俰　和臥切。和也。

傿　于詭切。傿謂之仡仡,不安也。

傋　公項切。傋侻,不媚也。

侻　母項切。傋侻。

佔　丁兼切。《字書》云:佔侸,輕薄也。

侸　丁侯切。佔侸。

偠 於了切。偠㒟,細腰也。

㒟 乃了切。偠㒟,舞者㒟身若環也。

𠊲 陂髲切。邪也。

傌 莫亞切。齊大夫名。

佫 下各切。人姓。

𠑙 渠往切。載器也。

儭 千刃切。至也。又初吝切,裹也。或作襯。

佑 于究切。《書》云:皇天眷佑。佑,助也。

僋 他紺切。僋俕,老無宜適也。

俕 先紺切。僋俕。

佄 胡甘切。佄酒。與酣同。

仠 何旦切[1]。衛也。

㑟 夷世切。亦作笧。所以合版際也。

倖 胡耿切。徼倖。亦作幸。

俾 卑吉切。止行也。本作趩、蹕。

僯 力軫切。慙恥也。

俈 苦篤切。或嚳字。俈焉,暴也。

㑳 壯救、休救二切。任身也。

㑗 博堅、步堅二切。或蹁字。足不正也。

㒋 息移切。賤也,役也[2]。與廝同。

金 甫劫切。古文法。

偵 恥慶切。候也。《東觀》[3]:使先登偵之。

𠊷 遐雅切。古文夏。

---

① 旦,原譌作"且",據楝亭本改。

② 《玉篇校釋》改"賤也,役也"爲"賤役也",《篆隸萬象名義》作"賤役"。

③ "東觀"後疑脱"漢記"二字。

叐　女孝切。與鬧同。

俤　都計切。俤儶也①。

儶　下桂切。俤儶。

傝　他盍切。傝儑，惡也。一曰不謹皃。

儑　先盍切。傝儑也。

但　達亶切。語辭也。

傴　求敏、口宥二切。賈誼《鵩鳥賦》云：傴若囚拘。謂肩傴傴也。

偯　於豈切。哭餘聲。《禮記》曰：大功之哭，三曲而偯。

侇　與脂切。夷也。

倗　音朋，又音倍。《漢書》：南山群盜倗宗等數百人。亦作䣀。

傛　同上。又都柯切。

伶　渠廉切。古樂名。

僥　魚彫切。《山海經》云：僬僥國在三首國東。郭璞曰：僬僥氏，
　　長三尺，人短之至也。

侏　諸儒切。侏儒，短人。《國語》曰：侏儒不可使援。

俐　力計切。怒也。

儈　古會切。合市也。

僰　平勒切。屏之遠方曰僰，僰之言偪也。《説文》云：犍爲蠻夷也②。

佒　於郎、於良二切。體不伸也。

倅　力刀切。倅，大也。

儑　許驕切。傲也。

伻　普萌切。使人也。又急也。

佉　去茄切。神名也。

儮　力却切。神名也。

---

①　計、儶，原殘，據棟亭本補。
②　犍，原訛作“捷”，據棟亭本改。

倧　祖冬切。仙人也。

傊　都官、他官二切。人名。

佬　力彫切。佬佬[①]，大皃也。

佼　火交切[②]。大皃。

伽　求迦切。伽藍也。又《後漢書》云：伽倍國在莎車西。

倲　都聾切。儱倲，儜劣皃。亦姓。

儾　奴回切。偄也。

倠　息維切。偏也。

僺　孚公切。倥僺，仙人也。

傉　烏江切。傉降，不伏也。

僧　悉層切。師僧也。

仯　彌小切。仯，小皃。又初教切。

侉　苦瓜切。奢也。《書》云：驕淫矜侉。又安賀切，痛呼也。

偦　而勇切。衆也。

优　徒感切。《詩》云：髧彼兩髦。或作优。

傿　居偃切。偃傿，不伏也。

傸　初講切。衆齊也。

佒　於項切。戾也。

儰　筆委切。停也。

侸　奴擣切。姓也。

俋　于藴切。優也。

佲倛　二同。彌頂切。

傒傒　二同。户禮切。待也。本作傒。

傽　仕山切。傽儊，惡罵也。

---

① 佬佬，原作"佬老"，據棟亭本改。

② 火交切，原作"大交切"，據棟亭本改。

僽　仕救切。偈僽。

伱　乃里切。尔也。

㒟　羊煮切。謹也。

儛　亡甫切。慢也。

佁　匹亥切。不肯，誒妄也。

倘　他朗切。倘然。出《南華真經》。

仹　魚俺切。掩仹，癡也。

佌　七紙切。小舞皃。

佷　戸懇切。戾也。本作很。

儫　密彼切。無麻也[1]。

偰　思主切。姓也。

侣似　二同。祥里切。像也。

估　居午切。估價也。

倗　匹肯切。不也。《説文》步崩切，輔也。

倣　甫罔切。倣，學也。

僥　居曉切。僥，行也。

侃　口旱、口汗二切。樂也。又强直也。

偘　同上。

倅　蒲倅切。倅，直也。又俱也。

例　力世切。類例也。

㑏　去仲切。小皃。

僜　都鄧切，又徒亙切。倰僜，不著事。

儱　力用切。儱偅，行不正也。

偅　章用切。儱偅。

---

[1]　無麻，棟亭本作“無儫”。

伈　私進切。古文信。

傂　側吏切。置也。

佹　許氣切。怒佹也。

伷　直宥切。伷系也。

傲　許鑑切。逴皃。又覽傲，高危皃。

僅　巨鎮切。《説文》云：材能也。

傜　余證切。鈍也。

儾　奴浪切。寬儾也。

僰　呼旴切。姓也。

佪　胡慣切。佪臣也。

傝　去戰切。傝，開也。

侂　丑訝切。嬌逸。又湯洛切。

偠　乙孝切。很偠也。

傔　去念切。侍從也。

偌　人夜切。姓也。

傶　子句切。傶促也。

倸　力對切。亞也。

傄　徒混切。仙傄也。

佌　私列切。佌侈也。

俟　欺忌切。俟儗，不行。

昏　火困切。老忘也。

偭　莫教切。好皃。

傚　胡教切。學傚也。

儵　常裕切。儵，神也。

僕　薄沃切。僮僕。《説文》云：給事者也。

倸　力質切。廟主也。本作栗。

催　苦角切。姓也。

伆　五活切。地名。

俗　渠戟切。倦也。

偧　張略切。姓也。

偶　宗禄切。邑名。亦姓。

儵　時束切。儵倲,動頭兒。

倲　舒緑切。儵倲也。

復　風木切。

儥　知力切。古文陟。

儸　師立切。不及也。

倄　九委切。戻也。《春秋》云:晉侯倄諸。

偉　于鬼切。大也。《説文》云:奇也。

俉　五顧切。《史記・天官書》云:鬼哭若呼,其人逢俉。注云:俉,迎也。

份　五兮切。份侔,伴不知兒。

倱　胡困切。《説文》云:完也。《逸周書》曰:朕實不明,以倱伯父。

仚　許延切。輕舉兒。《説文》云:人在山上也[①]。

㑑　胡光切。作力兒。與趪同。

儜　女耕切。困也,弱也。

儚　徒登切。陵儚,長兒。

偤　以周切。侍也。出《文字辨疑》。

件　其輦切。《説文》云:分也。从牛,牛大物,故可分。

以　余止切。用也,與也,爲也。古作㠯。

儑　五甘切。不慧也。

---

① 山,原訛作"止",據棟亭本改。

俵 波廟切。俵散也。

倈 叉丈切。惡也。

儚 莫登切。《爾雅》曰:儚儚、洄洄,惛也。郭璞云:皆迷惛。

個 加賀切。偏也。鄭玄注《儀禮》云:俗呼个爲個。

儲 丁計切。俊也。或與偙同。

僿 蘇代、式志二切。《史記》云:小人以僿。

俬 音夙。慉俬[①],不伸。

傉 奴篤切。虜三字姓有庫傉官。

倔 巨勿切。倔强。

咎 其久切。《説文》云:災也。从人从各,各有相違也。

位 于僞切。《説文》云:列中庭之左右曰位[②]。

傷 他莽切。直也。

仒 俗攀字。

儿部第二十四,凡十字。

儿 而真切。仁人也。孔子曰:人在下,故詰屈。《説文》曰:古文奇字人也。象形。

兀 五忽切。《説文》曰:高而上平也。从一在人上[③]。

兒 如支切。《説文》云:孺子也。从儿[④],象小兒頭囟未合。

允 惟蠢切。《易》曰:允升大吉。允,當也。又信也。

兊 徒外切。説也。

兑 《説文》兊。

充 齒戎切。行也,滿也。

---

① 慉俬,字亦作“傗俬”。
② 中庭,原作“中作”,據楝亭本改。
③ 人上,原作“二以”,據楝亭本改。
④ 儿,原訛作“几”,據楝亭本改。

亮　力尚切。朗也。又信也。

兗　俞轉切。《書》曰:濟河惟兗州。

免　靡蹇切。去也,止也,脱也。

父部第二十五,凡五字。

父　扶甫切。《易》曰:有夫婦然後有父子。《説文》云:父,矩也。
　　家長率教者也。

爹　屠可切。父也。又陟斜切。

爸　蒲可切。父也。

奓　之邪切。父也。

爺　以遮切。俗爲父爺字。

臣部第二十六,凡四字。

臣　時人切。《易》曰:有父子然後有君臣。《白虎通》曰:臣者,繵
　　也,屬志自堅固也。《説文》云:臣,牽也,事君也。象屈服之
　　形。《廣雅》云:臣,堅也。孔子曰:仕於公曰臣,仕於家曰僕。

臦　居況切。《説文》曰:乖也。从二臣相違。

臧　則郎切。《説文》云:善也。

臧　籀文。

男部第二十七,凡四字。

男　奴含切。《易》曰:有萬物然後有男女。《白虎通》曰:男者,任
　　也。《説文》云:丈夫也。字从田、力,言男用力於田也。《夏
　　書》曰:二百里男邦。孔子曰:男,任也。任王者事。《周禮》
　　曰:方千里曰王畿,其外五百里曰侯服,又其外五百里曰甸
　　服,又其外五百里曰男服。《禮記》曰:王者之制禄爵,公、侯
　　田方百里,伯七十里,子、男五十里。

舅　巨九切。《爾雅》云:母之晜弟爲舅。作舅同。

甥　所庚切。《左氏傳》注:姊妹之子曰甥。

嬲　奴曉切。戲相擾也。

民部第二十八，凡二字。

民　彌申切。《説文》云：衆氓也。《書》曰：民非主罔事，主非民罔使。

氓　莫耕切。《説文》云：民也。《詩》云：氓之蚩蚩。

夫部第二十九，凡四字。

夫　甫俱切。《説文》云：丈夫。從一、大，一以象簪。周制八寸爲尺，十尺爲丈。人長八尺，故曰丈夫。又夫三爲屋，一家田爲一夫也。又音扶，語助也。

扶　蒲滿切。竝行也。

替　吐麗切。《書》曰：弗敢替上帝命。替，廢也。

規　癸支切。《世本》：倕作規矩。準繩也。規，正圓之器也。

予部第三十，凡三字。

予　以諸切。予者，我也。又音與《説文》云：推予前人也。

舒　式諸切。舒，敘也。《説文》云：伸也。一曰舒緩也。

𠄔　胡慢切。相詐惑也。從倒予。今作幻。

我部第三十一，凡四字。

我　五可切。《説文》云：施身自謂也。《易》曰：我有好爵。

戉　古文我。

義　魚奇切。己之威儀也。又宜寄切，仁義也。

羛　墨翟書義字從弗。

身部第三十二，凡二十八字[①]。

身　式神切。《説文》云：躬也。象人之身。《易》曰：近取諸身。

軀　去迂切。《説文》云：體也。

---

① 二十八，當作“二十七”。

躯　同上,俗。

躳　止移切。四躳體也。亦作肢、胑。

躸　只兒切。亦用爲四躸字[1]。

躴　力當切。躴躿,身長皃。

躿　口岡切。躴躿。

躭　丁含切。俗耽字。

軁　力句切。屈己也。

躺　匹政切。俗聘字。

躽　五拜切。人名。

躱　丁果切。躱身也。

軆　下哀切。《字書》云:躴軆,體長皃。

骻　丘華切。骻䠿,以體柔人也。《爾雅》作夸毗。

䠿　薄彌切。骻䠿。

軀　於建切。軀體,怒腹也。

躬　居雄切。《説文》曰:身也。

躬　同上。

軃　之善切。裸形也。

軄　之力切。俗職字。

躶　力果切。赤體也。亦作裸。

躰軆　他禮切。並俗體字。

軂　他甘切。俗聘字。

躵　力登切。躵身也。

軅　蒲末切。

躸　居宜切。躸,身單皃。

---

① 四躸,原作"四躯",據棟亭本改。

兄部第三十三,凡三字。

兄　詡榮切。昆也。《爾雅》曰:男子先生爲兄。

兢　冀徴切。兢兢,戒慎也。《説文》云:競也。

競　同上,見《説文》。

弟部第三十四,凡五字。

弟　大禮切。《爾雅》曰:男子後生爲弟。又大例切。《説文》云:
　　韋束之次弟也。

㢸　古文。

第　大例切。今爲第幾也。

罤　古昏切。《説文》云:周人謂兄曰罤也。今作昆,同。

舅　同上。

女部第三十五,凡四百一十八字。

女　尼與切。《説文》云:婦人也。象形。《易》曰:有萬物然後有
　　男女。又女者,如也,如男子之教。又女,從也,女子有三從
　　之義。又尼慮切,以女妻人曰女。

姓　思政切。姓氏。《書》曰:平章百姓。

姜　居羊切。炎帝居姜水,以爲姓。

姞　渠乙切。姞氏爲后稷元妃,南燕姓也。

姚　俞招切。舜姓也。

嬀　矩爲切。水名。《書》云:釐降二女于嬀汭。亦姓。

嬴　余征切。姓也。

好　呼道切。《説文》云:美也。又呼導切,愛好也。

妞　呼道切。姓也。亦作妌。

娸　去疑切。姓也。一曰醜也。

娧　他外切。好皃。

嬿　於典、於見二切[1]。《説文》云:女字也。《詩》曰:嬿婉之求。
　　本或作燕。

娙　胡丁、五耕二切。身長好皃。武帝所幸邢夫人号娙娥。

孂　作旦切。好容皃。

婉　於遠切。婉媚。《説文》云:順也。

夗　同上。

姛　徒孔切。項直皃。

嫣　許乾切,又於建切[2]。長美皃。

姰　如斂切。長皃。

嬝　奴了、如酌二切。姰嬝,長也。

孅　思廉切。細也。

嫇　亡丁切。《説文》曰:嬰嫇也。一曰嫇嫇,小人皃。又亡鼎切,
　　嫇奵,自持也。

奵　丁冷切。嫇奵。

婬　余針切。喜也。《説文》云:私逸也。

嬛　巨營切。《詩》云:嬛嬛在疚,家道未成。嬛嬛然,亦孤特也。

婷　同上。

媄　牛委切。《説文》云:閑體,行媄媄也。

姤　尺涉切。輕薄。一曰多技藝也。

媠　烏果切。媠姤也。

婑　乃果、五果二切。委皃也。

委　於詭切。委屬也,棄也,曲也。

婝　丑廉切。婝妗也。

妗　許兼切。婝妗,美笑皃也。

_____

① 二,原作“一”,據棟亭本改。
② 於建切,原作“於建二切”,據棟亭本改。

孎　居夭、居黝二切。竦身兒。

婧　財姓、疾井、子盈三切。竦立兒。

姃　音靜。靜也。

姂　房法切。《説文》曰：婦人兒。

嫙　徐緣切。好兒。

姡　胡括、户刮二切。多詐也。《爾雅》曰：覥，姡也。

齎　阻皆切。有齎季女。《説文》子奚切，材也。

嬥　徒了、徒聊二切。嬥嬥，往來也。

娞　衢癸、娶惟二切。盛兒。《説文》云：媞也。秦、晉謂細腰曰娞。

媞　徒奚切。安詳也。《説文》承旨切，諦也。一曰江、淮之間謂母曰媞。

嫠　亡句切。婦人兒。

娛　魚俱切。樂也。

嫻　胡間切。嫻，雅也。

嫛　吁基切。善也。

娭　虛基切。戲也。又婦人賤稱。

娓　亡利、眉鄙二切。美也。又音尾。

媅　都含切。樂也。

妉　同上。

嫡　丁歷切。孎也[1]。又正也。

孎　知玉切。女謹兒。

嫰　烏斂切。女有心嫰嫰。又音諳。

媃　而閃切。媞也。

---

[1] 孎，原作"屬"，據棟亭本改。

嬿　同上，見《說文》。

嫥　之緣切。專一也。又可愛之皃。

如　仁舒切。而也，往也，若也。

嫧　初革、側革二切。嫧嫧，鮮好皃。

婩　楚角切。謹也。又音賴，好皃。

嬠　同上。

妯　側角切。辯也。

嬐　桑廉、牛檢二切。敏疾也。

摯　之利、之立二切。《說文》云：至也。

嬪　毗民切。妃嬪也。

姘　古文。

婨　他合切。倢伏也。

晏　烏澗切。

嬗　時戰切。緩也。

婥　公奴切。苟且也。《說文》曰：保任也。

婆　蒲寒切。婆婆，往來也。《說文》薄波切，奢也。

娑　桑多切。娑娑，舞者之容。

婆　蒲河切。婆婆。又婆母也。

姰　息匀切。狂也。又音縣。

姷　于救切。偶也。

婺　且賷、子兒二切。《說文》曰：婦人小物也。《詩》曰：屢舞婺婺。

妓　其綺切。婦人小物也。

嬰　一盈切。《蒼頡篇》云：男曰兒，女曰嬰。《說文》云：頸飾也。

姦　青旦切。三女爲姦。又美好皃。

奻　同上，見《說文》。

媛　爲眷切。美女也。

娉　匹逞切。娶也。

娽　力谷切。顓頊妻。《説文》云：隨從也。

妝　阻良切。女字。又飾也。

嫡　力沈切。《説文》曰：順也。

孌　力轉切。慕也。亦同上。

媟　思列切。慢也，嬻也。

娃　同上。

嬻　徒卜切。易也，媟也。

妎　胡計切。《説文》云：妒也。又音害。

嬱　與妎同。

窒　知密切。短面兒。

窫　丁滑切。《説文》云：短面也。

嘄　口賣切。難也。

嬖　補俤切。《説文》云：便僻也。《春秋傳》曰：賤而獲幸曰嬖。

妒　丹故切。爭色也。

妬　同上。

嫉　慈栗切。妬嫉也。

媦　云貴切。楚人呼妹。《公羊傳》曰：楚王之妻媦。

媢　莫報切。《説文》云：夫妬婦也。

妖　乙嬌切。媚也。

媄　同上。

佞　奴定切。口材也。

嫪　力高、力報二切。難也。《説文》云：姻也。

姻　胡故切。嫪也，戀也。

嫭　胡故切。好兒。《楚辭》曰：嫭目宜笑。或作嫮。

嫭　子庶切。嬌兒。

婼　丑略切。不從也。又音兒，婼羌。

妄　武況切。婭也①。

妨　孚方、孚放二切。害也。

婾　他侯切。巧黠也。又婾，薄也。

娋　所效切。小娋，侵也。

媒　當果切。量也，揣也。

嫌　胡謙切。《説文》曰：不平於心。一曰疑也。

妯　直六切。妯娌也。又敕流切，擾也。

娌　良士切。妯娌也。

婞　胡頂切。很也。

嫭　之善切。伎也。

娺　陟滑切。怒也。

嬐　烏廉、五感二切。含怒也。又魚檢切。

婀　烏何切。婀嬰也。

妍　吾堅切。好也。

嫳　匹蔑切。《説文》云：易使怒也。

陵　失冉切。不媚也。前卻陵陵然也。

娃　烏佳切。美兒。

妜　於決切。憂妜也。

嬧　右尔、尤卦二切。愚戀多態也。

婕　縈利切。不悦也。

嫼　莫勒切。奴也。

娍　于厥切。輕也。

嫖　匹招、匹妙二切。輕嫖也。

----

① "婭"未詳，疑當作"誣"。

娿 子戈切。主也。

媈 於歸切。自恣也，美也。

娃 呼維切。醜也。

媥 匹連切。輕也。

媶 初洽切。《説文》云：疾言失次也。

嬬 如殳切。下妻也。

婄 妨走、蒲回二切。婦人皃。

嬯 大來切。鈍劣也。

婰 胡連切。所望也。《説文》云：有守也。

嬕 式祉切。貪頑也。

嬠 倉含切。嫛嬠也。又七感切。

婪 力男切[1]。貪也。

嬾 力但切。懈惰也。

妜 許列切。喜也。

婁 力侯切。《説文》云：空也。一曰婁務也。

㛯 同上，出《説文》。

𡛗 古文。

㛍 丘協切。得志也。又呼協切，少氣也。

孃 女良切。母也。又如常切。

娘 女良切。少女之號[2]。

嬈 奴了切。苛也。又擾，戲弄也。

媀 許委切。《説文》云：惡也。一曰人皃。

姍 先干切。誹也。

嫫 莫胡切。《説文》云：嫫母，鄙醜也。亦作嬤。

---

[1] 男切，原殘，據棟亭本補。

[2] 號，原作"号"，據棟亭本改。

斐　芳肥切。往來斐斐皃。又大醜也。

嬋　市然切。嬋媛也。

嬈　如嬰切。《說文》:好皃。又奴困切,與嫩同。

媕　於劒切。婢也。

嬾　力暫切。過差也。

嫯　五高、五到二切。侮慢也。

婉　無遠、亡辯二切。婉婉也,媚好也。

妥　湯果、湯回二切。女字。《爾雅》云:坐也。

姤　古候切[①]。遇也。

嬇　胡內切。女字。

嬌　居搖切。嬌姿也。

嫘　力追切。嫘祖也。

㜪　方木切。昌意妻。

妺　莫葛切。妺喜,桀妻也。

嫸　魚踐切。好也。又午漢切,齊也。

嬶　卑溢切。《廣雅》云:母也。

媓　胡光切。母也。

嫂　所交切。姊也[②]。

姒　徐里切。娣姒。長婦曰姒,幼婦曰娣。

娣　徒屬切。娣姒。

娟　於緣切。嬋娟也。

妦　孚庸切。妦,容好皃。

烽　同上。

孀　所莊切。孤孀,寡婦也。

---

① 候,原作"猴",據棟亭本改。
② 姊,原訛作"娕",據棟亭本改。

妙　彌照切。神妙也。《老子》曰：衆妙之門。

嬙　在梁切。嬪嬙，婦官名。又音色，女字也。

婿　思計切。夫婿。與壻同。

媵　以證、實證二切。送女從嫁。《爾雅》曰：媵，將送也。亦作䜍。

媴　具員切。好兒。

㜷　同上。

嬼　力受切。姣嬼也。

媉　乙角切。好也。

嬚　力兼切。

嬉　許依切。樂也。

嬬　如欲切。懦惰也。

娗　子俞切。少也。又娗觜，星名。

婸　地朗切。戲婸也。

姘　匹耕切。急也。

㛤　丘倚切。《博雅》云：㛤，好也。

妠　奴紺切。取也。又奴荅切，始妠，聚物也。

嫌　胡減切。健也。

㜞　充之切。侮也。

契　公節切。契，清也。

嫭　許急切。莊嚴也。

娏　莫江切。《埤蒼》云：女神名。

嘏　古雅切。好也。

娷　竹恚、女恚二切。飢聲。

妽　甫九、普來二切。好兒。

姓　布美切。《纂文》云：人姓也。《説文》又匹才切，不肖也。

孈　胡乖切。和也。

妧 五館切。好也。

妶 丁候切。妶孺，詀說也。亦作諨。

婪 火含切。貪婪也。又許今切。

婼 充陟切。女子態。

娞 力薛切。美也。

婱 下鵰切。婪婱也。

媽 莫補切。母也。

姆 音茂。女師也。

娒 同上。《說文》又莫后切。

嫐 奴道切。《說文》云：有所恨痛也。亦作嬈[①]。

嬰 於月切。嬰肥兒。

奸 公安切。亂也。

婞 徒鼎、達丁二切。《說文》云：女出病也。

媿 居位切。《說文》云：慙也。亦作愧。

妶 女間切。《說文》云：訟也。

姦 古顏切。姦邪也。

奸 同上，俗。

姥 莫古切。老母也。

媧 女刮切。小兒肥媧也。

娪 吾駭切。喜樂也。

嬭 莫奚、莫移二切。齊人呼母。亦作嫛。

嬭 乃弟切。母也。女蟹切，乳也。

妳 同上。

姘 普耕、普經二切。《說文》云：漢律，齊人與妻婢姦曰姘。

娝 匹半、博慢二切。婦人污。又傷孕也。

---

① 嬈，原作"嬈"，據棟亭本改。

妃　芳菲切。《説文》:匹也。又音配。

婥　齒約切。女疾也。又婥約,好皃。

娀　息弓切。有娀氏女簡狄爲帝嚳次妃,吞乞卵而生契。

姮　胡登切。姮娥也。

娼　齒羊切。婸也,婬也。

嫡　舒赤切。嫡女也。

姣　户交切。婬也。又音狡,妖媚也。

嬀　苦危切。

嬣　女耕切。姘嬣也。

嫜　之羊切。夫之父母也。

妐　之容切。夫之兄也。

娝　普梅切。孕也。與肧同。

媸　尺之切。婬也。

姬　居之切。黄帝居姬水以爲姓。又弋之切。

嫞　市庸切。嬾女也。

嫠　力之切。寡婦也。

姿　子思切。姿態也。

婟　何古切。婟嫪,貪也。

嫀嫀　二同。色臻切。有嫀國。

嫼　許宜切。婦人之稱也。

媥　蒲緜切。媥娟,美女皃。

嬛　於緣切。美女也。

嫖　匹遥切。漢公主名。

姿　古巧切。古文姣。

婋　火交切。女心佼。

孋　力移切。孋姬。本亦作驪。

妩　方無切。貪皃。又於牛切，面目間恨。

媕　於甘切。女不淨。

媖　於京切。女人美稱。

姼　日之切。姼，媚也。

姱　古華切。女名也。

妑　栢麻切。女名也。

嬪　白民切。嬪眉也[1]。本作矉。

婼　直牙切。美也。

娿　古何切。女師也。又於何切。

㛟　德紅切。國名。

娃　口蛙切。女娃也。

姱　苦瓜切。姱奢皃。

婘　牛昆切。女婘也。

婷　徒寧切。和色也。

妔　苦庚切。美女也。

嬁　得棱切。美女皃。

婟　女皆切。婟女也。

嫲　博盲切。嫲，謹也。

嫪　息遊切。女名也。

媃　如舟切。女名也。

姼　普布切。美女也。

婑　式匀切。

嫝　俎含切[2]。女嫝也。

娌妮　　二同。力與切。婦人醜皃。

---

①　嬪，原訛作“嬪”，據棟亭本改。
②　含，原作“舍”，據棟亭本改。

姌　莫砲切[1]。好皃。又力首切。

妚　方酉切。好皃。

嫩　奴好切。嬈嫩也。

嫵　亡甫切。美女。《説文》云：嫵媚也。

斌　同上。

孃　魚撿切[2]。好女皃。

姛　他重切。姛，齊皃。

嬏嬟　二同。七感切。好皃。

姀　而煮切。魚敗也。

妸　一何切。女字也。

婀　於可切。婀娜，美皃。亦作妸。

娜　奴可切。婀娜。

娞　烏罪切。娞媁，好皃。

媁　乃罪切。娞媁。又思惟切。《尚書》爲古文綏。

婇　七宰切。婇女也[3]。

婠　母敢切。鄉名也。

嫛　奴斗切。嬭異名。又古候切，取乳也。

姊　將仕切。《爾雅》曰：男子謂女子先生爲姊。

嫂　蘇老切。兄之妻也。

嫂　同上。俗又作㛐。

婪　郎感切。好皃。

姐　兹也切。《説文》云：蜀人呼母曰姐。又祥預切，姐，嬹也。

她　同上。古文亦作媻。

---

① 莫砲切，棟亭本作“莫鮑切”。
② 魚撿切，棟亭本作“魚檢切”。
③ 婇女，原作“婬女”，據棟亭本改。

姫　章引切。姫,慎也[1]。

嫤　居隱切。好皃。

婋　胡告切。女名。

娍　食政切。長好皃。

婭　於訝切。姻婭也。

婂　薄汗切。嫇婂,無宜適也。

嫇　他旦切。嫇婂。

妌　恥下、竹亞二切。美女也。又音妬。

姹　同上。又河上姹女,水銀也。

孌　力絹切。孌,從也。

婻　奴紺切[2]。美皃。又小肥也。

娩　孚万切。産娩也。《説文》云:兔子也。

娩　同上。《説文》云:生子齊均也。

嬎　同上。

妣　必媚切。女名。

婰　女世切。姥嬉也。

姐　疾恣切。妲姐也。

嫏　補曠切[3]。妨嫏也。

姶　於鴈切。女字。

姢婘　二同。奴見切。美女。

㜣　奴見切。《説文》云:人姓也。

妛　昌逸切。女不謹。

嫲　子列切。好嫲也。

娟婿　上於急切,下女立切。婦兒。

炸　張略切。靜炸也。

妾　士接切。妾,接也,得接於君者也。

嬰　於吉切。嬰嫛也。

妲　多剌切。妲改①,紂妃。

改　音紀。妲改②。《説文》云:女字也。

妭　蒲活切。天子射擊也。《説文》云:美婦也。《文字指歸》曰:女妭秃無髮,所居之處天不雨也。

媪　烏老切。女老稱。又烏骨切,媪妠,小肥也。

婿　息節切。小兒。

姪　徒結切。《爾雅》曰:女子謂晜弟之子爲姪。又音帙。

嬝　同上。

姝　弋質切。淫姝也。亦音帙。與姪同。

嫚　乙縛、于故二切。惜也。

嬰　壹奚切。人始生曰嬰婗。

婗　五兮切。嬰婗。

姨　余脂切。《爾雅》曰:妻之姊妹同出爲姨。

婢　步弭切。《説文》云:女之卑者。

媚　明秘切。嫵媚也。

媄　音美。《周禮》云:一曰媄宮室。

妎　於希切。女字也。

姝　尺朱切。《説文》云:好也。

妹　同上,亦見《説文》。

嫋　仕于、仄鳩二切。婦人妊身也。《周書》曰:至于嫋婦。

---

①②　妲改,原作"姐改",據棟亭本改。

嫂　相俞切。女字也。

嫗　烏遇切。老嫗也。《説文》云：母也。

媲　匹計切。《爾雅》曰：媲，妃也。

妻　千兮切。《説文》云：婦與己齊者也。

妛　古文。

嫯　音奚。《説文》云：女隸也。

媧　古娃切。女媧氏。

𡜟　籕文。

媒　音梅。《説文》云：謀也，謀合二姓也。

始　式子切。《説文》云：女之初也[1]。

妊　汝鴆切。妊身，懷孕也。

娠　失人、之刃二切。妊娠也。

姻　音因。《説文》云：壻家也。女之所因，故曰姻。

婣　籕文。

妘　王分切。《説文》曰：祝融之後姓也。

𡜲　籕文。

婚　呼昆切。《説文》云：婦家也。《禮》：娶婦以昏時，婦人，陰也，
　　故曰婚。亦作昏[2]。

𡞶　籕文。

嫄　愚袁切。姜嫄，帝嚳元妃。

婠　一丸切。《説文》云：體德好也。

婐　音鴉。婐婉，美也。

姺　色臻切。《説文》云：殷諸侯爲亂，疑姓也。《春秋傳》曰：商有
　　姺邳。

---

[1]　“女”字原脱，據棟亭本補。
[2]　昏，原作“婚”，據棟亭本改。

嬋　子移、昨千二切。《甘氏星經》曰:太白上公妻,号女嬋,居
　　南斗。

娃　口間切。《説文》云:美也。

媌　莫交切。《説文》云:目裏好也[1]。《方言》云:自關而東,河、濟
　　之間謂好爲媌。

姼　是支切。姼,母也。《説文》曰:美女也。又音侈。

妭　同上。

嫁　古訝切。《説文》云:女適人曰嫁。

姎　烏浪、一郎二切。《説文》云:女人自稱我也。

嬹　許應切。悦也。

㜝　烏莖、一郎二切。《説文》云:小心態也。

𡣪　郎丁切。《説文》云:女字也。

婤　職流切。女字。《左氏傳》:衛襄公有嬖人婤姶[2]。

姶　烏合切。女字。

媨　羊久切。醜也。

姩　仍吏切。女字。

妣　必爾切。《爾雅》曰:母爲妣。

㚷　籒文。

妤　以諸切。女字。

娶　七諭切。《説文》云:取婦也。

妵　他口切。女字。

娥　五何切。《説文》云:帝堯之女,舜妻娥皇字也。秦、晉謂好曰
　　婬娥。

姑　古胡切。《説文》云:夫母也。《爾雅》曰:父之姊妹爲姑。又

---

① 目,原作"自",據棟亭本改。
② 婤姶,原作"婤姶",據棟亭本改。

且也。

嫷　湯卧、徒果二切。《説文》云：南楚之外謂好曰嫷。

媠　同上。

媘　所景切。《説文》云：減也。

婦　符九切。《説文》云：服也。从女持帚洒埽也。

㚺　音久。女字也。亦作妏。

娡　之侍切。有莘之女，鯀娶之[①]，謂之女娡。

妹　莫背切。《爾雅》曰：女子後生爲妹。

嬒　烏會切。《説文》云：女黑色也。

嫚　莫晏切。《説文》云：侮易也。

嫽　力弔切。《説文》云：女字也。《方言》云：青、徐之間謂好爲嫽。

媾　居候切。《説文》云：重婚也。《易》曰：匪寇，婚媾。

奴　乃都切。《説文》云：奴婢皆古之罪人。《周禮》曰：其奴，男子入于皋隸，女子入于舂稾籥。

伮　古文。

㜒　於協切。《廣雅》云：好也。又一鹽切。

嫋　丑六切。《説文》云：媚也。又許六切。

威　於韋切。威儀。《説文》云：姑也。

妁　之若切。《説文》云：酌也，斟酌二姓。又音杓。

嬫　以灼切。《桂苑》云：嬫，媄皃也。又音爍。

嫿　呼麥、乎麥二切。《説文》云：靜好也。

妀　音翼。《説文》云：婦官也。

婕　即葉切。婕妤，婦官也。

妤　以諸切。婕妤。

① 鯀，原譌作"䲛"，據楝亭本改。

玉篇卷第四凡二十部

頁部第三十六，凡一百九十九字[1]。

頁　下結切。《説文》云：頭也。

頭　達侯切。《説文》云：首也。《禮記》曰：頭容直。鄭玄曰：不傾
　　顧也，謂必中也。

顏　吾姦切。《國語》云：天威不違顏咫尺。顏謂眉目之間也。

碩　徒木切。《説文》曰：碩顱也。又徒落切。

顱　力胡切。《博雅》曰：碩顱謂之髑髏。

頂　丁領切。《易》曰：過涉滅頂凶。頂，顛也。《廣雅》云：上也。

---

[1]　原作“凡一百十九字”，據棟亭本改。

顱　籀文。

額　雅格切。《方言》云：中夏謂之額，東齊謂之顙。《釋名》曰：額，鄂也，有垠鄂也。

頟　同上。

顒　魚怨切。顛也。

願　同上。《爾雅》云：思也。《廣雅》云：欲也。

顛　都堅切。頂也，山頂爲之顛。

顙　蘇朗切。額也。《易》曰：其於人也爲廣顙。

題　達兮切。額也。《楚辭》云：彫題黑齒。

頞　惡葛切。鼻莖也。《孟子》曰：蹙頞相告。亦作齃[①]。

頯　渠追、丘軌二切。《爾雅》云：蚆博而頯。注云：頯，中央廣，兩頭銳。

頰　居牒切。《說文》云：面旁也。《山海經》云：其爲人小頰赤眉。

䪴　公典、公很二切。《說文》云：頰後也。

頷　公荅切。《公羊傳》：絕其頷口也。《方言》：頷、頤，領也。《說文》乎感切，顄也。

顄　胡耽切。《說文》云：頤也。

顲　同上。又下感切。

頷　戶感切。《莊子》曰：千金之珠，必在九重之淵而驪龍頷下。又音含。

頤　以之切。《易》曰：頤中有物曰噬嗑。又頤養也。《說文》曰：顄也。與臣同。

項　胡講切。頸後也。

領　良郢切。《詩傳》云：領，頸也。又《禮》：領父子、君臣之節。

---

① 齃，原作“顒”，據棟亭本改。

玄曰[1]：領猶理也。

頸　吉郢切。《説文》云：頭莖也。

煩　諸甚切。《説文》云：項煩也。《蒼頡》云：垂頭之皃。

頧　直追切。出頟也。

碩　薄諧、蒲回二切。《説文》云：曲頤也。

顩　有衮切。《説文》云：面急顩顩也。

顩　五檢切。《説文》云：䶃皃。《蒼頡》云：狹面鋭頤之皃。

䫏　於倫切。《説文》云：頭䫏䫏大也。亦楚君名。

顩　五咸切。頭頰面長皃。

碩　市易切。大也。

頒　扶云切。《詩》云：有頒其首。頒，大首皃。一云衆也。又音班。

顡　火幺、口幺二切。《蒼頡》云：頭大也。

顒　牛凶切。《爾雅》曰：顒顒、卬卬，君之德也。《説文》云：頭大也。

䫴　牛姚切。高長頭皃。又五弔切。

頢　口骨、口回二切。《蒼頡》云：相抵觸。《廣雅》云：頢，醜也。

顤　五高切。高大也。

頎　渠衣切。《詩》云：碩人頎頎。《傳》云[2]：長皃。又頎頎然佳也。

頶　五角切。面前頶頶。

顙　防圜切。大醜皃。

顆　莫佩切。《説文》云：眛前也。

頩　在姓切。《説文》云：好皃。《詩》所謂頩首。

顟　郎丁切。《説文》云：面瘦淺顟顟也。

顭　娉緣、有矩二切。《説文》云：頭妍也。

顗　牛豈切。靜也。《説文》云：謹莊皃。

---

① "玄"前疑脱鄭字。下同，不再出校。
② 云，原訛作"具"，據棟亭本改。

顡　五怪切。頭蔽顡也。

頑　五環切。鈍也。《左氏傳》曰:心不則德義之經曰頑。

頴　吉惟切。《説文》云:小頭頴頴也。

顈　同上。

顆　口火切。小頭皃。

頢　古活、户活二切。短面皃。

頲　他領切。《爾雅》曰:直也。《説文》云:狹頭也。

頠　五罪、牛毀二切。《爾雅》曰:靜也。《説文》云:頭閑習也。

頍　丘婢切。舉頭皃。

頝　莫骨、烏骨二切。内頭水中也。

顧　古布切。瞻也,迴首曰顧。

顾　同上,俗。

頯　之忍切。《説文》云:顔色頯顟,慎事也。亦作頿。

顟　來軫切。頯顟。一云頭少髮皃。亦作顠。

頷　牛感切。《説文》云:低頭也。《左氏傳》云:逆於門者,頷之而已。杜預曰:頷,搖其頭。亦作頜。又音欽,曲頤也。

顓　諸緣切。《世本》:昌意生高陽,是爲帝顓頊。顓者,專也;頊者,正也。言能專正天之道也。

頊　虚玉切。顓頊。又頊顥。

顥　同上。

頫　靡卷切。低頭也。《説文》音俯。

頓　都鈍切。《説文》云:下首也。《周禮》九拜,三曰頓首。

頤　式忍切。舉眉視人皃。

顩　之善切。俖視人也。

頡　紅結切。蒼頡,古造書者。《詩傳》云:飛而上曰頡。《説文》曰:直項也。

頏　之劣切。漢高祖隆頏龍顏。又之出切。

顠　胡曷切。白皃。《楚辭》曰：天白顠顠。

顅　苦閒、居研二切。《考工記》曰：數目顅脰。玄曰：顅，長脰皃。《説文》云：頭鬢少髮皃。

頽　口本、口没二切。秃也。

頛①　力罪切。《説文》云：頭不正也。

頦　下計切。伺人也。一曰恐也。又去結切。

頛　匹米切。傾首也，不正也。

頵　苦昆、苦鈍二切。頭無髮也。一曰耳門也。

頠　五罪切。頭不正也。

頗　普波切。不平也，偏也②。又匹跛切。

頄　有救切。顛也。又病也。亦作疺。

頄　渠周切。《易》曰：壯于頄。王弼云：頄，面顴也。又音逵。

頩　普經、普冷二切。頩色也。

顱　彌仙切。《方言》云：雙也。故《淮南》曰顱偶。又雙生也。

顭　神仁切。憤㦗也。

顫　之延切。頛也。《方言》云：江、淮之間謂顅爲顫。

顫　之扇切。頭不正也。又顫動也。

顦　昨焦切。顦顇，憂皃。亦作憔。

顇　疾醉切。顦顇。亦作悴。

顑　口感、呼可二切③。飯不飽，面黃起行也。

顣　來感切。《説文》云：面顑顣皃④。《聲類》云：面瘠皃。

---

①　字頭原訛作“頛”，據棟亭本改。

②　偏，原作“徧”，據棟亭本改。

③　字頭原訛作“顁”，據棟亭本改。呼可，棟亭本作“呼紺”。

④　顑顣，原作“顁顣”，據棟亭本改。

煩　扶園切。憤悶煩亂也。

纇　力外切。《廣雅》云：疾也。《説文》云：難曉也。一曰鮮白皃。

顝　莫昆切。《莊子》云：問焉則顝然。顝，不曉也。亦作惛。

頦　胡來切。頤下。又記在切。

頟　牛既、五壞二切。癡頟[1]，不聰明也。

顡　丘之切。醜也。今逐疫有顡頭。

龥　俞注切。《書》曰：率龥衆戚[2]。龥，和也。

頯　視均切。古脣字。

頯　莫丁切。《詩》云：猗嗟頯兮。頯，眉目間也。本亦作名。

顴　距員切。《廣雅》云：顁也。

顳　仁涉切。在耳前曰顳。

顬　仁于切。顳顬，耳前動也。

頪　柔流切。《詩》：戴弁俅俅。鄭玄云：恭順皃。或作頪。

顒　口倒切。大頭也。

顥　孚紹切。髮白皃。

頋　許可切。傾頭視皃。

頴　公老切。廣大皃。

纇　又兩切。醜也，滿也。

頲　乙敬切。睇盼皃。又美容皃。

頗　視盈切。頸也。

頏　戶郎切。《詩傳》云：飛而下曰頏。又苦浪切，咽也。

頲　徒激切。好也。

頵　五柯切。或爲俄。

頖　五舌切。面醜也。

---

① 癡頟，原作“癡頭”，據棟亭本改。
② 戚，原作“風”，據棟亭本改。

頰　口交切。頰薄，不媚也。

預　餘據切。宴也，樂也。

頎　丘耽切。醜也。

頗　丘飲切。醜皃。

顑　牛飲切。頗顑，醜皃。

頡　公盍切。領車骨也。

顄　丑甚切。顄顉，懓劣皃。

顉　距錦切。顄顉。又怒也。

䪼　胡絹切。題後也。

須　丁可切。醜皃。

頲　都定切。題頲也。

皤　蒲何切。《説文》與皤同。老人白也。

䫀　户吾切。牛領垂也。與胡同。

顊　扶武切。頰骨也。

頿　甫越切。《説文》古髮字。

顒　於紅切。頸毛也。亦作翁。

顎　五各切。嚴敬也。

頮　呼憒切。面肥皃。《聲類》頮字。謂洗面也。

顉　達禄切。《埤蒼》云：顉顋，頭骨。

顋　吕侯切。顉顋。

須　孟教切。容也，咢也，見也。《説文》與皃同。

頕　丁甘切。頰緩也。或儋字。

顓　先全切。圓面也[1]。亦作團。

顜　霍肱切。《字書》云：惛也。或作儳。

────────────────

[1]　《廣韻》作“頭圓也”。

頌　與恭切。形容也。又似用切,歌其盛德。《禮》:爲人臣,頌而無諂。

頟　籀文。

顯　虛典切。《詩》云:天維顯思。顯,光也。又見也,明也,覲也,著也。

顤　思移切。顤靦,頭不正也。

頲　子庭切。顤頲。

頠　助轉切。《説文》曰:選具也。或爲僎。古文作選。

頋　莫邦切。頭也。

頯　普眉切。大面。

傾　胡鉤切。傾頯,言不正也。

頤　胡加切。傾頤。

顱　五孤切。大頭也。

頹　徒回切。頰下。

頵　余準切。面不平也。

頇　胡官切。

赬　丑盈切。赤也。本作頳䞓。

顋　息來切。頰顋。

顢　莫安切。顢頇,大面。

頇　許安切。顢頇。又五旦切,頭無髮,頇頷也。

頙　渠公切。

頞　於交切。頭凹也。

頷　口咸切。顣頷也[1]。

顆　古花切。短頭也。

———————

[1]　字頭原訛作"鴿";顣頷,原訛作"鵜鴿"。皆據棟亭本改。

頍　呼塊切。大首也。

頣頭　上烏鉤切，下奴兜切。面折。

頩　徒含切，又余占切。面長也。

頵　舒酉切。人初産子。

頗　桑感切。動頭也。

頔　諸甚切。低頭皃。

顲　火感切。動首。

頧　都雷切。或作追。毋追，冠名。

頹　徒困切。頹顇，秃。

顝　五困切。秃也。

頭　他嬾切。面平也。

頃　去穎切。田百畝爲頃。

顊　奴頂切。頂顊也。

預　丘檢切。預頷，不平也。

頙　昌旨切。面大也。

頌　尺勇切。充也。

頂　他頂切。

頮　荒佩切。洗面也。

顖顋　二同。息進切。頂門也。

頯　薄變切。冠名。

頼　力載切。頼，蒙也。

頺　勿沸切。面前也。

頿顤　二同。力弔切。顤顡，頭長皃。

頄　火豆切。勤也。

顎　胡割切，又呼割切。健皃。

頨　丑滑切。强皃。

頯　蒲結切。頯頯,短皃。

頳　初貞切。正也。

顁　爭索切。頭不正。

顤顥　二同。音愕。面高皃。

頛　力篤切。頛,項也。

順　食潤切。從也。

頖　剖半切。《禮記》曰:頖宫。亦作泮。

顣　七錦切。皃醜。

頻部第三十七,凡三字。

頻　毗賓切。《詩》云:國步斯頻。頻,急也。《説文》作瀕,水厓也。人所賓附,顰蹙不前而止也。

瀕　同上。

顰　毗賓切。顰蹙,憂愁不樂之狀也。《易》本作頻,曰:頻復,厲,无咎。注謂:頻蹙之貌。

百部第三十八,凡二字。

百　舒西切。《説文》云:人頭也。象形。

䐊　如由切。《説文》云:面和也。野王案:柔色以蘊之,是以今爲柔字。

𩠐部第三十九,凡十字。

𩠐　舒西切。《説文》與百同,古文首也。巛象髮。謂之鬊,鬊即巛也。《廣雅》云:首謂之頭也。《易》曰:乾爲首。《書》云:元首起哉。元首,君也。《方言》云:人之初生謂之首。又書授切,自首罪也。

首　同上,今文。

䭫　苦禮切。《周禮》太祝辨九拜,一曰䭫首。玄曰:首至地。今作稽。

顡 諸兗切。《説文》云：截也。《廣雅》云：斷也。或劓同。

𩑶 餘之切。籀文頤。

𩒻 語間切。籀文顔。

𩒋 都冷切。顛也。今作頂。

𩓾 居㯟切。面傍也。今作頰。

𩠜 甫月切。古文髮。

馘 古穫切。截耳也。《詩》云：攸馘安安。馘，獲也。不服者殺而獻其首曰馘。《禮記》云：以訊馘告。鄭玄曰：所生獲及斷首者。或爲聝。

県部第四十，凡二字。

県 古堯切。《説文》云：倒首也[1]。賈侍中曰：謂斷首倒縣也。野王謂：縣首於木上竿頭，以肆大辜，秦刑也。

縣 胡涓切。《説文》云：繫也。《易》曰：縣象著明，莫大乎日月。《周禮》：小胥掌樂縣，王宮縣，諸侯軒縣，大夫判縣，士特縣。今俗作懸。又胡絹切。《周禮》云：九夫爲井，四井爲邑，四邑爲丘，四丘爲甸，四甸爲縣。鄭玄曰：方二十里。又曰五家爲鄰，五鄰爲里，四里爲酇，五酇爲鄙，五鄙爲縣。

面部第四十一，凡二十九字。

面 彌箭切。《説文》作面[2]，顔前也。《書》云：汝無面從，退有後言。《左氏傳》曰：人心之不同，猶若面焉。又私覿也。《曲禮》曰：爲人子者，出必告，反必面。告、面同耳。

酺 扶矩切。《説文》云：頰也。《左氏傳》曰：酺車相依。亦作輔。

𦜌 於協切。《淮南》：𦜌輔在頰前則好。《楚辭》曰：𦜌輔奇牙。

靦 他典切。《詩》云：有靦面目。靦，姡也。又靦，慙皃。

---

① 倒，原殘，據棟亭本補。
② 面，原訛作“圓”，據棟亭本改。

靦 《埤蒼》同上。

靤 《字書》靦字。

顫 同上。

醮 在遥切。《説文》云：面焦枯小也。《楚辭》云：顔色醮顂。

䫌 力小切。面白䫌䫌也。

䫀 於遠切。眉目之間美皃。《韓詩》云：清揚䫀兮。今作婉。

黤 魯甘切。黤黯，面長皃。

黯 在咸切。黤黯。

黇 竹咸切。黇黔，小頭也。

黔 呼咸切。黇黔。

酢 側板切。酢醆，老也。

醆 女板切。酢醆。又慙愧也。或爲赧。

䫄 眉可切。面青皃。

䫂 力可切。䫄䫂。

䫁 火含切。面紐皃。

䫆 徒弔切。䫆習也。

䫼 音悔。洗面也。與頮同。

䫷 蒲兒切。面瘡也。

䫶 彌吉切。《爾雅》云：䫶没，勉也。

醅醆　上烏感切，下倉感切。面醅醆色也。

䫸 音妹。

䫲 彌結切。面小也。

䫹 音溺。愁面。

䫨 音活。面小。

色部第四十二，凡十三字。

色 師力切。《書》云：施于五色。此謂采色也。《禮記》云：色容顦顦,色容屬肅。此謂人面顏色也。

艴　蒲没切。《説文》曰:色艴如也。《孟子》曰:曾西艴然不悦。

𩇯　同上,俗。

縹　普經、普冷二切。《説文》云:縹色也。《楚辭》曰:玉色頩以晚顏兮。

頩　於丈切。氣流皃。

𩔈　普朗切。𩔈𩔈,無色。

𩔉　莫朗切。𩔉𩔈。

𩔇𩔈　二同。許奚切。黄病色。

䫄　千定切。䫄䫒,青黑色也。

䫒　亡定切。䫄䫒。

赧　許力切。大赤色。

艷　羊念切。俗豔字。

囟部第四十三,凡四字。

囟　先進切。《説文》云:象人頭會腦蓋也。或作顖、𩕾。

出　古文。

毗　婢時切。《説文》云:人臍也。从囟从比,取其氣所通也。

𩖉　閒涉切。《説文》云:毛𩖉也。象髪在囟上及毛𩖉之形也。亦作鬣。

臣部第四十四,凡三字。

臣　以之切。《説文》云:臣,顄也。象形。篆文作頤。籀文作𦣝。

𦣞　與之切。廣臣也,長也。《字書》云:美也。

賾　仕革切。《易》曰:聖人有以見天下之賾。賾者,謂幽深難見也。

亢部第四十五,凡五字。

亢　户唐、古郎二切。人頸也。又苦浪切,高也。

𣨶　弋灼切。仰也。

尨　下朗切。《説文》云：直頸尨尨。从彡。彡，倨也。

毨　丘召切。毨尨，不安也。

尨　牛召切。毨尨。

鼻部第四十六，凡二十七字。

鼻　毗至切。《説文》云：引气自畀也。《白虎通》曰：鼻者，肺
　　之使。

齃　烏曷切。《説文》云：鼻莖也。與頞同。

齅　喜宥切。《説文》云：以鼻就臭也。《論語》曰：三齅而作。亦
　　作嗅。

齀　渠牛切。《月令》云：人多齀嚏。《説文》云：病寒鼻塞也。

齁　或齀字。

齀　下旦切。臥息也。

齂　呼介切。鼻息也。

齆　烏貢切。鼻病也。

齅　丘救切。齅齀，仰鼻也。

齆齇　二同。都計切。鼻噴氣。本作嚏。

齀　牛弔、牛救二切。仰鼻也。

齇　壯加切。鼻上皰也。

齂　他計切。鼻齂。本作涕。

齂　呼几切。臥息聲。

齃　子心切。高鼻也。

齂　呼洽切。齂齁，鼻息也。

齁　同上。

齁　火侯切。齂齁。

齇　鋤咸切。鼻高兒。

齆　烏快切。喘息也。

䶊　魚小切。鼻折也。

鮑　傍孝切。皰，面瘡。

䶀　音兀。仰鼻。

齀　同上。

齈　奴東切。鼻齈也。

齅　紐六切。

自部第四十七，凡五字。

自　疾利切。鼻也，象形。又由也，率也。

㔾[①]　古文。

㬒　眉然切。不見也。

臭　赤又切。惡氣息。

㺜　同上，俗。

目部第四十八，凡三百四十字。

目　莫六切。眼目也。目者，氣之精明也。《説文》云：人眼。象形。重瞳子也。

囧　古文。

眼　五簡切。目也。《易》曰：其於人也，爲多白眼。

㠺　《字書》眼字。

䁓　方辯切。小兒初生蔽目也。

眩　胡徧、胡蠲二切。目無常主。《書》云：藥弗瞑眩。

眥　靜計切。目際也。又才賜切。

睫　子葉切。目旁毛也

睫　同上。

縣　户犬、户蠲二切。目瞳子也。

---

① 㔾，棟亭本作"㔾"。

矊 同上。

瞦 虛之切。目瞳子精也。

瞞 莫緣切。《説文》曰:目旁也。《爾雅》曰:密也。

眥 方巾、芳微二切。大目也。

睅 何版切。《左氏傳》云:睅其目。出目皃也。

瞞 眉安切。平目也。

睆 胡管切。大目睅也。又況晚切。

睴 公困切。大出目也。又音混。

矕 馬板切。《説文》云:目矕矕也。

睔 古遜切。大目也。又盧本切。

盼 普莧切。《詩》云:美目盼兮。謂黑白分也。

盰 公旦切。目白皃。

眅 普板、普班二切。多白眼也。

宎 烏了、烏苞二切。《説文》云:深目皃。

睍 下顯切。目出皃。《詩》云:睍睆黄鳥。

睆 華縮切。出目皃。

睗 式赤切。視也。

瞵 力辰切。《説文》云:目精也。《蒼頡篇》云:視不了也。

瞳 光旦切。轉目視。

眊 莫到、莫角二切。《孟子》曰:眸子眊焉。眊,不明皃。

矘 他朗切。目無精直視。

睒 式冉切。《説文》云:暫視皃。

眮 大孔、大貢二切。轉目視。

眣 鄙利、莫八二切。直視也。

瞴 亡于、亡禹二切。瞴瞜,微視也。

睳 去倪、胡圭二切。《説文》:蔽人視也。一曰直視也。

晉　盷目或在下。

覠　亡限切。晚覞，目視皃。

覞　音限。晚覞。

睨　魚計切。《説文》云：衺視也[1]。

瞀　莫報、莫六二切。低目視也，細視也。

瞲　呼達切。視高皃。

逪　餘連切。相顧視而行也。

䢔　同上。

眈　當含切。《説文》云：視近而志遠也。

睎　許機切。盰望也。

眛　莫蓋切。目不明。

瞽　步安切。轉目視也。

辬　匹莧切。小兒白眼。或曰視之皃。

矎　衢并切。目驚視。

矆　止善切。《説文》云：視而止也[2]。

瞔　同上。

盱　休俱切。舉眼也。燕、代、朝鮮列水謂盧瞳子爲盱。

眗　同上。

眄　亡拜、亡撥二切。目冥遠視。一曰久也。

眕　之忍切。重也。又目有所限而止。

瞟　匹昭切。瞟瞭，明察。又匹小切。

瞟　戚細切。視也。又音察。

睩　盧谷切。視皃。

睹　東魯切。見也。與覩同。

---

① 衺視，原作"哀視"，據棟亭本改。

② 《廣韻》引《説文》作"視而不止"，是。

眔　大合切。目相及也。

瞸　枯攜切。乖也,目少精。

眽　莫革切。相視也。眽眽,姦人視也。

脈　同上。

眰　來各、來灼二切。盼也。

瞤　之閏切。謹鈍目。

瞜　敕周、他狄二切。失意視皃。

瞤　如倫切。目動也。

瞋　裨身切。恨張目。

瞀　於桓、於元二切。目無明也。

矆　許縛切。大視也。

矆　同上。

睢　許佳切。睢盰,視皃。又胥維切,水名。

眴　胡絹切。目摇也。

眴　同上。

睦　莫六切。《書》云:九族既睦。睦,和也。

崫[1]　古文。

瞇　莫佳切。小視也。

瞀　莫遘、亡角二切。目不明皃。

眱　與脂、大奚二切。《説文》云:目小視也。南楚謂眄曰眱。

盯　古眱字。

瞻　諸廉切。視也。

矙　耕懺、耕讒二切。視也。

瞉　口戾切。窺也。

---

① 崫,原訛作"崟",據棟亭本改。

瞗　丁胥切。目熟視。

相　先羊切，又先亮切。《詩》云：相彼鳥矣。相，視也。

瞋　昌真切。《説文》云：張目也。

䀼①　同上。

瞁　式赤切。目疾視也。

睊　公縣切。視皃。《孟子》曰：睊睊胥讒。

眢　一決切。目深皃。

睼　土系、徒奚二切。迎視也。

䁘　一活、女刮二切。目深皃。

暖　烏澗、烏殄二切。《説文》云：目相戲也。

瞫　尸甚切。深視皃。

眷　古援切。眷屬。《説文》云：顧也。

睠　同文。

督　都谷切。正也。《説文》云：察也。一曰目痛也。

看　苦安、苦案二切。睎也。

翰　同上。

瞚　式閏切。目動也。《莊子》曰：終日視而不瞚。

瞬　同上。

眒　亦同上。《公羊傳》：郤克眒魯衛之使。又式荏切。

眙　敕吏切。《説文》云：直視也。

盻　下計、吾計二切。恨視也。

瞶　扶未切。目不明。

睸　同上。

眝　直旅切。張目也。

———————————

① 䀼，疑當作"瞋"。

睡　殊惴切。坐寐也。

瞑　眉田切。寐也。《説文》云:翕目也。又音莫莢。

眠　同上。

眚　所景切。《説文》云:目病生翳也。《書》云:眚災肆赦。眚,過也。

瞥　匹烈切。目瞥見。

眵　充支切。目傷眥也。

瞖　莫結切。《説文》云:目眵也。

瞙　同上,俗。

瞲　居穴切。明目也。

眯　莫禮切。物入目中。《莊子》曰:播糠眯目。

眼　理尚切。目病皃。

眿　同上。

眜　莫達切。目不明。

瞷　胡間切。眄也。

眺　丑弔切。眺望也。

睞　力代切。目瞳子不正也。

脩　湯勞切。眣也。

盷　九小切。目重瞼也。

眣　丑乙、達結二切。目不正也。

盰　古文。

睇　達計切。傾視也。

膡　以證、大登二切。美目也,大視也。亦作媵。

谿　呂計切。視也。

眕　之忍切。眕眩,懣也。

聏　爾急切[①]。耳目不相信也。

① 爾急切,棟亭本作"爾志切"。

貼　敕驗切。視也。

眇　彌紹切。《説文》云：一目小。《易》曰：眇能視。

睺　胡鉤、胡遘二切。半盲爲睺。

矇　莫公切。《詩》云：矇瞍奏公。《傳》云：有眸子而無見曰矇。

盲　莫耕切。目無眸子也。

瞽　公五切。無目也。《周禮》：大師之職有瞽矇。

瞍　蘇走切。無眸子曰瞍。

瞍　同上。

䀡　口洽切。目陷也。

眄　莫見切。《説文》云：目偏合也。一曰裹視也。秦語。俗作盶[1]。

瞤　唯并、胡亭二切。《説文》云：惑也。

眸　莫侯切。目瞳子也。

睿　余芮切。智也，明也，聖也。

瞳　徒公切。目珠子也。《大傳》：舜四瞳子也。

䁲　烏括切。揩目也。

睉　昨戈切。《説文》云：小目也。

眐　之盈切。獨視皃[2]。

瞭　力條切。目明也。

眒　書刃切。《子虚賦》：倏眒倩浰。皆疾皃。

瞺　烏外切。眉目間皃也。

眳　彌頂、莫并二切。眳睛，不悦皃。

睛　子盈切。目珠子。又七井切。

睠　壯拳切，又自緣切[3]。目瞬也。

---

① 盶，原作“眄”，據棟亭本改。
② 獨，原訛作“儞”，據棟亭本改。
③ 自緣，原作“目緣”，據棟亭本改。

瞦　呼聿切。目深皃。又呼決切。

晠眛　並同上。

瞏　呼玄切。直視也。

瞡　千才、子來二切。睽也。

䁈　同上。

䁤　葵季切。視也。又居悸切。

瞶　居畏切。《蒼頡篇》云：極視也。

䁛　莫彬切。視皃。

瞴　同上。

眛　火刮切。視也。

盯　直庚切。瞷盯，視皃。

矒　亡幸切。視也。又音萌。

瞎　火轄切。一目合也。

瞷　同上。

瞟　弋照切。眩瞟也。

䁢　子弄切。伺視也。

映　呼換切。《山海經》：有壐映國，在崑崙墟之東南流沙中也。

瞪　直耕切。怒目直視皃。

矃　五泠切。直視也。

䀩　呼光切。目不明。又狼䀩，南夷國名，人能夜市金。

眿　丑亮切。失志皃。

眭　胥規切。人姓。又下圭切，目深惡皃。

眻　餘向、餘章二切。美目。又眉間曰眻。

瞡　壯立切。目出淚。

瞘　烏侯、口侯二切。深目皃。

睳　呼圭切。瘦皃。又目瞢[①]。

瞠　丑庚、丑郎二切。《蒼頡篇》:直視也。

䁩　同上。

睐　力末切[②]。目不正。

䁹　式冉、式涉二切。䁹䁹,目皃。

瞛　亡結切。汗面也。

睥　普計切。左睥右睨。

眎　時至切。語也。亦作示。又承矢切,亦古文視。

眡　時旨切。古文視。

眂　上支切。視也。

睴　庚鞠切。目明。又望也。

眴　徒賢切。《大戴禮》:人生三月而眴。又胡涓切[③]。

䱉　語居切。《爾雅》:馬二目白魚。或作䱉。

曄　余涉切。瞼也。

睙[④]　力佳切。視也。亦作矅。

膠　口交切。窅膠,面不平也。

瞙　莫朗切。無一目曰瞙。

瞥　古冷切。瞥眳,有餘視也。一曰喜也。

眳　眉冷切。瞥眳。

婉　一阮切。小撫媚也。

曠　苦謗切。目無朕。

睈　丑郢切。睈睈,照視也。

---

① 目,原作"自",據楝亭本改。《篆隸萬象名義》作"眊皃也",疑此當作"瘦眊皃"。
② 力末切,原作"方末切",據楝亭本改。
③ 胡涓切,原作"胡消切",據楝亭本改。
④ 睙,原訛作"睸",據楝亭本改。

眛　補太、普蓋二切。不明皃。

瞞　莫悲切。伺視也。

眆　芳往切。古仿佛，見似不諦。

瞡　古換、古桓二切。古觀字。

瞡　同上。

瞰　苦暫切。楊雄《解嘲》云[1]：鬼瞰其室。瞰，視也。

睼　達雞切。視也。或作睇。

瞮　古學切。明也。

瞞　力蕩切。古朗字。

睯　眉力切。暫視也。

瞣　摩筆切。瞣瞣，不可則也[2]。

瞚　他則切。瞚瞢，欲臥。

瞢　莫北切。瞚瞢。

瞒　丑㞕切。澤眼。

晢　丑世切。瞥也。又諸裔切。

眥　同上。

睂　莫飢切。《說文》云：目上毛也。

眉　今睂字。

瞦　丁結切。瞦瞴，惡皃。

瞴　火決切。瞦瞴。

睜　丈莖切。安審視也。

眑　於皎切。幽靜也。

睟　思季切。視也。又潤澤皃。《孟子》曰：其色睟然。

瞢　莫公切，又墨登切。

---

① 解嘲，原作“解朝”，據棟亭本改。
② 則，疑當作“測”。建安鄭氏本作“測”。

矄　子召切。目冥也。

瞛　七恭切。目光也。

督　瞢歷切。視也。

眖　羽向切。視也。

眴　古于切。左右視也。

賾　爭革切。張目也①。

䁘　許決、許聿二切。直視也。

矋　離怗切②。目暗也。

昇　渠句切。《説文》云：共置也。

具　同上，今文。

䀏　古花切。眼也。

瞵　力隍、力帝二切。視也。

睚　五懈切。睚眦。又裂也。又五皆切。

眦　士介切。睚眦也。

睐　同上。

眹　矢其切。眴也。

晙　子迅切。視也。

瞙　無肝切③。張目也。

瞙　於京切。深目也。

瞍　市專切④。目動。

瞛　祖困切。赤目也。

矑　力都切。視也。亦目瞳子也。

---

① 目，原訛作“日”，據楝亭本改。
② 怗，楝亭本作“涉”，澤存堂本作“活”，圓沙書院本作“怗”。
③ 肝，楝亭本作“昭”，建安鄭氏本作“肝”。
④ 市，原作“古”，據楝亭本改。

矄　火麥切。目病也。

睋　吳哥切。《公羊傳》注曰：睋，望也。

矇　莫江切。目暗也。

昕　許斤切。喜也。

曖　烏蓋切。隱也。

瞗　都侯切。瞗瞘，目深也。

瞘　口侯切，又音歐。

眵　弋之切。視也。

瞇　莫俾切。眇目也。

眶　去王切。眼眶也。

睗　之曳切。目明也。

瞟　匹表切。視也。

瞋　火貢切。瞀瞋。

睥　薄異切。眥也。

聘　匹徑切。視也。

睿　食刃切。古文慎。

睶　古花切。睶眼。

瞲　許季、許癸二切。恚視也。

瞪　苦改切。明也。

眶　都侯切。眶眵，目汁凝。

眕　真日切。視也。

眪　筆皿切，又孚皿切。親也[1]。

朒　尼六切。視也。

眗　九羽切。視也。

---

[1]　親也，疑當作"視也"。《集韻》作"視也"。

瞁　於皎切。遠視也。

瞷　自廉切。閉目也。

瞁　於顯、於見二切。仰視也。

瞤　尺尹切。大目也。

瞜　力頭切。視也。

睞　災葉切。目睞。

瞁　女栗切。小目也。

眨　仄洽切。目動也。

瞸　居業切。急視也。

䁝　許畎切。視也。

䀪　魚遠切。目視。

睸　卜古切。

矆　古岳切。目動也。

䀶　息咨切。奸視也。

明　莫兵切。視也。

瞌[1]　苦合切。困悶眼。

瞌　苦合切。眼瞌也。

矃　女紅切[2]。目不明。又奴冬切，怒目也。

睲　息頂切。視也。

瞨　普角切。眼暗也。

眪　補木切。目骨。

盻　許乙切。視也。

眣　他田切，又他佃切[3]。

---

① 瞌，原訛作"瞌"，據澤存堂本改。
② 紅，棟亭本作"江"。
③ "又"字原脱，據棟亭本補。

瞴　莫卑切。眇目。

䁘　余昭切。美目也。

瞑　而緣切。目垂也。

䁢　辭緣切。好皃。

曦　虛儀切。目動也。

矔　居韋切。目也。

䀽　徒領切。目出也。

睷　古言切。數也。

矂　子規切。矂眭也。

䁖　所緘切。見也。

矃　乃頂切。

矖　色滓切。視也。

昭　齒沼切。昭目弄人。

䁥　多佞切。見也。

䁻　危委切。目䁻䁻也。

瞼　九儉切。眼瞼也。

䀹　古例切。

映　於郎切。目不明。

䁶　丘郎切。映䁶,目皃。

晻　烏感切。目也。

䀿　七例切。視也。

䀪　古鐙切。目起也。

瞖　於計切。眼疾也。

暇　胡駕切。閑暇視也。

䂂　助咸切。

曅　于劫切。目動。

瞔 火或切[1]。睡目皃。

瞔 耕責切[2]。目不正也。

瞔 呼革切。目赤也。

䁗 舒灼切。美目也。

䁃 七歷切。見也。

瞙 忙落切。《字統》云:目不明。

睩 古禄切。目開也。

睊 知朔切。目明也。

䀴 古狎切。眼細暗。

䁊 火協切。閉一目也。又音牒[3]。

矆 呼郭切。驚視也。

瞁 思獵切。閉目。

瞟 必昭切。惡視。

肞 胡玩切。脱肞也。

瞁 許役切。驚視也。

省 思井切。署也[4]。《説文》云:視也。又所景切。

𥄩 古文。

盾部第四十九,凡四字。

盾 殊尹切。《周禮》司兵掌五盾。盾,干櫓之屬。《説文》云[5]:瞂也,所以扞身蔽目也。象形。又徒損切。

瞂 扶發切。盾也。《詩》曰:蒙瞂有苑。本亦作伐。鄭玄云:伐,中干也。

---

① 火或切,棟亭本作“火惑切”。
② 耕責切,原作“耕青切”,據棟亭本改。
③ 閉、音,原訛作“閗、竒”;“一”原脱。據棟亭本改、補。
④ 署也,棟亭本作“善也”。
⑤ 説文,原作“説又”,據棟亭本改。

戯　同上。

䀤　苦圭切。盾握也[1]。

䀏部第五十,凡十三字。

䀏　荆遇切。左右視也。亦與瞿同。又音拘。

圌　俱嫒切。《説文》云:目圍也。从䀏。古文以爲醜字。

奭　居于切。目邪也。

叟　舒仁切。引目。

瞿　巨俱切。姓也。《説文》九遇切,鷹隼之視也。

矍　許縛、居縛二切。急視也。

㒼　彌連切。視也。

奭　吉潁切[2]。大目也。

舁　居遇切。恐也。

舅　徒郎切。舅視也。

罱　雖一切。罪止也。

瞁　許尤切。目多汁。

晶　莫剝切。美目也。

舅部第五十一,凡四字。

旻　火域切,又火滅切。舉目使人也。

夐　翊政、霍見二切。深遠也。《説文》云:營求也。

闌　武分切。低目視人也。弘農湖縣有闌鄉,汝南西平有闌亭。

夐　巨員切。大視也。

見部第五十二,凡九十七字。

見　古薦切。視也。

視　時止切。看也。《洪範》五事,三曰視。視謂觀正也。

----

① 盾握也,原作"蔽盾握切",據棟亭本改。
② 潁,原訛作"頮",據棟亭本改。

覞　魚計切。旁視也。

覣　烏爲切。好視也[1]。

矖　力計切。索視之皃。又師蟻切。

貼　都含切。内視也。

覶　力和切。好視也。又覶縷，委曲也。

覡　來卜切。共視也。

覞　胡管切。大視也。又音烜。

覝　陵兼切。察視也。今作廉。

覴　王問切。外博衆多視也。

觀　古換切。諦視也。又古桓切。

尋　丁勒切。取也。今作尋，亦作尉。

覽　力敢切。視也。

覶　力代切。内視也。

覗　此咨切。見也，盜視皃也。

覣　妨饒切。目有察省見也。又方小切。

覰　此居、士據二切。拘覰，未致密也。

覯　公候切。《詩》曰：我覯之子。覯，見也。

覭　暮丁、亡狄二切[2]。小見也。

覘　敕廉、恥豔二切。窺也。《春秋傳》曰：公使覘之。

瞿　丘韋、渠追二切。目駐視也。

題　達兮、達麗二切。視也。又顯也。

覛　莫悲切。司也。

覢　式冉切。暫覢也。

覕　匹刃、匹仁二切。暫見也。

----

① 也，原作“忠”，據棟亭本改。

② 狄，原作“秋”，據棟亭本改。

覮　扶園切。覵覮也。

覞　丑心、丑蔭二切。私出頭視。

覞　莫奚切。病人視。

覦　以周切。下目也①。

覮　羈致切。見也，覵覮也。

覯　庚俱切。欲也。

覓　莫勒切。突前也。

覵　丑江、丑巷二切。視不明也。

覷　弋照切②。視誤也。

覜　他的、才歷二切。目赤也。

覰　七亦切。觀也。

靚　才性切。裝飾也。《說文》：召也。

親　且因切。至也。《虞書》曰：以親九族。

覲　奇靳切。見也。

覿　達寂切。見也。

覩　都扈切。古文睹。

覛　莫到切。《詩》曰：左右覛之。覛，擇也。本亦作芼。

覕　莫結、補日二切。覓也。

覤　莫狄、莫獲二切。衺視也。

覢　籀文。

覺　古樂切。寤也。《詩》曰：有覺德行。覺，大也。

覢　丁侯切。目蔽垢也。

規　且狄切。規覦，面柔也。

覦　式支切。規覦。

----

① 《說文》作"下視深也"，《篆隸萬象名義》作"下視也"。

② 弋照切，原作"弋開切"，據棟亭本改。

覗 時遠切。見也。

覓 莫狄切。索也。

覔 同上,俗。

覭 古刀切。見也。

覮 于并切。覮然能聽。

覘 尸甚切。深視也。或作瞫。

覵 古莧切。視也。

覞 牛買切。視也。

覰 巨尸切。視也。

覛 於革切。善驚也,視也。

覗 息咨切。視也。

覵 口閑切。視也。

覼 洛侯切,又力主切。

覕 莫崖切。

覰 七余切。伺視也。

覶 五圭切。視也。

覲 牛昆切。視也。

覵 吉倫切。

覕 匹連切。斜視。

覴 都稜切,又丑證切。久視也。

覸①呼光切。視也。

覰 縛尤切。視也。

覿 思充切。見也。

覷 祇涙切。視也。

———

① 覸,原訛作"頑",據棟亭本改。

覾　之忍切。視也。

覤　蒲朗切。

覰　所景切。

覮　於景切。

覝　匹典切[①]。

覘　丑蔭切。視也。

覒　鷄淚切。

覽　側鑒切。逞皃。

覶　力刃切。親也。

覬　吉緣切。視皃。

覢　古到切。久視皃。

覭　烏計切。視皃。

覯　多貢切。視皃。

覤　口計切[②]。見也。

覛　力制切。

覗　之吏切。

覜　無沸切。見也。

覢　呼格切。見。

覍　大結切。見。

覕　普列切。瞥見。

覤　許逆切。出《莊子》。

覞　五各切。久視。

覜　之日切。視也。

覜部第五十三,凡三字。

覜　昌召、弋召二切。並視也[1]。

覸　苦閑切。佷視也。

霈　火利切。《説文》云[2]:見雨而止息。

旨部第五十四,凡五字。

旨　亡達切。《説文》云:目不正也。从丿从目。

莫　莫結切。《説文》云:火不明。《周書》云:布重莫席[3]。

瞢　莫登、莫中二切。目不明也。

蔑　莫結切。勞目無精也。

覆　武郎切。《周書》云:汝乃是弗覆。覆,勉也。

耳部第五十五,凡九十七字。

耳　如始切。《説文》云:主聽也。象形。《易》曰:坎爲耳。《白虎通》曰:耳者,腎之候也。《論語》云:汝得人焉耳乎。孔安國曰:耳,辭也。

聸　丁兼切。《説文》云:小耳垂[4]。《埤蒼》曰:亦同。

耴　豬涉切。《説文》云:耳垂也。秦公子名耴者,其耳下垂,因以爲名。

耽　丁含切。耳大垂也。《詩》云:士之耽兮。耽,樂也。

聃　他甘切。《説文》云:耳曼也。老子名曰老聃。又奴甘切。

耼　《説文》聃,同。

瞻　丁藍切。《説文》云:垂耳也。南方有瞻耳之國。

聑　書入切。耳動搖之皃。

---

① 《篆隸萬象名義》作"普見",《廣韻》作"普視"。
② 云,原訛作"方",據棟亭本改。
③ 莫席,原作"莫庶",據棟亭本改。
④ 今本《説文》作"小垂耳也",《篆隸萬象名義》作"耳小垂也"。

聯　力然切。連也。《周禮》八灋治官府，三曰官聯，以會官治。玄曰：國有大事，一官不能獨共，則六官共舉之。聯爲連事通職相佐助也。

職　支力切。《説文》云：記微也[1]。《爾雅》曰：主也，業也。

聰　女江切。《淮南子》曰：聽雷者聰。注云：耳中聰聰然。《埤蒼》云：耳中聲也。

聊　力彫切。《説文》云：耳鳴也。《詩》云：聊與之謀。聊，願也。又且略之辭。

聖　舒政切。《書》曰：睿作聖。《孔氏傳》云：於事無不通謂之聖。又《風俗通》云：聖者聲也，聞聲知情，故曰聖也。

聭　胡骨切。耳聲。《埤蒼》云：春秋地也。

聰　青公切。聰，明也，察也。《書》云：聰作謀。

聡　同上，俗。

聽　他丁、他定二切。《尚書》五事，四曰聽。《孔氏傳》云：察是非。

聆　郎丁切。《蒼頡篇》：耳聽曰聆。

聒　公活切。《説文》云：讙語也[2]。《左氏傳》曰：聒而與之語。

聇　紀禹切。《説文》云：張耳有所聞。《蒼頡篇》：聇，驚也。

聞　武云切。《説文》云：知聲也。《書》云：予聞如何。又音問。

䎶䎱　並古文。

聲　書盈切。《説文》云：音也。《書》曰：聲依永，律和聲。

聘　匹正切。《説文》云：訪也。《禮記》云：諸侯使大夫問於諸侯曰聘。

聾　力東切。《左氏傳》云：耳不聽五聲之和謂之聾。聾，不聞

---

① “微”字原挖去，據棟亭本補。
② 今本《説文》作“䜱語也”。

也。亦作矓。

聨　子亥切。《方言》云：半聾也。梁、益之間謂之聨，秦、晉之間聽而不聰、聞而不達謂之聨。

聤　達零切。聤，耳病也。

聳　須奉切。《國語》曰：聽無聳也。《方言》云：陳、楚、江、淮、荆陽山之間聾謂之聳。

聉　牛乙、五滑二切。《説文》云：無知意也。

聵　五怪切。《説文》云：聾也。《國語》曰：聾聵不可使聽。

聲　同上。

聰　五滑切。聾之甚者曰聰。吳、楚無耳者謂之聰。

馘　古獲切。《説文》云：戰而斷耳也。亦作聝。

聭　恥列、徒安二切。《説文》云：軍法以矢貫耳也。《司馬法》曰：小罪聭，中罪刖，大罪剄。

耵　五刮切。《説文》云：墮耳也。

聮　匹妙切。《廣雅》云：聽裁聞也。又行聽也。

麘　美爲、亡彼二切。《説文》云：乘輿金馬耳也。

聆　其林、其廉二切。《國語》曰：回禄信於聆遂。闕。又地名。

聅　諸襄切。入意也。一曰聞也。《字書》亦作聏。

聭　千世切。聽也[1]。

聸　才焦、才高二切。《埤蒼》云：耳鳴也。

聱　五苞、魚幽二切。《廣雅》云：不入人語也。《埤蒼》云：不聽也。

聰　奴陸切。《埤蒼》云：聰，惄也。《説文》作愵。

聏　如志切。以牲告神，欲神聽之曰聏。

瞑　莫田切。《廣雅》曰：聽也。《埤蒼》曰：注意聽也。

---

① 《類篇》作“聰也”。

聇　之忍切。《埤蒼》云:告也。《禮記》曰:聇於鬼神。亦作聺。

聊　力彫、力高二切。《埤蒼》曰:耳鳴也。

耵　都領切。耵聹,耳垢也。

聹　乃頂切。耵聹。

聜　知栗切,又丁米切。不聽也[1]。

聚　牛戒切。不聽也。

耺　侯萌切。《博雅》云:聾也。《字書》云:耳語也。

耘　禹君切。耳中聲。

聒　儀點切。纇聒也。

聅　之付切。聅,纇也,源也,聲也。

聤　壯交切。耳鳴也。

聥　才周、子由二切。耳鳴。

聸　之善切。耳門也。

睛　子盈切。聽聰也。

聣　先口切。《字林》云:聰惚名也。

聰　同上。

聦　他見切。《詩》云:玉之瑱也。瑱,充耳也。亦作瑱。本亦作瑱。

聛　魚乙切。左思《吳都賦》云:魚鳥聲聛。乃物蠢生也。

聵　俱位切。《説文》與媿同[2],慙也。

聤　古活切。無知皃。

聟　同上。

聯　丁簟切。《説文》云:安也。《埤蒼》云:耳垂。

奄　丁盍切。大耳也。

聎　力木切。聎聽,似蜥蜴,出魏興,居樹上輒下齧人,上樹垂頭

---

[1]　《篆隸萬象名義》作“耳膿也”。
[2]　媿,原作“婢”,據澤存堂本改。棟亭本作“愧”。

聽,聞哭聲乃去。

聶 如獵、女涉二切。《説文》云[①]:附耳小語也。

聉 子由切。耳鳴也。

䶐 去奇切。側耳也。

聠 匹名切。耳閉。

聉 丘古切[②]。耳也。

聧 苦圭切。耳不相聽也。又私叶也。

聐 職救切,又之酉切。耳注。亦明也。

聸 都郎切。耳聸也。

聎 他刀切,又他凋切。耳鳴。

聕 胡老切。耳聞[③]。

耶 羊遮切。俗邪字。

聖 桑經切。

聮 自焦切。耳鳴。

耕 古莖切。神名。

耾 古紅切。耳聞鬼[④]。

聄 之忍切。聄,聽也。

聥 匡主切。目往。

聡 於檢切。耳也。

聇 縛無切。望也。

聵 他最切。癡也。又五刮切。

聺 子小切。耳鳴。

① 文,原脱,據四庫本補。
② 丘古切,澤存堂本作"丘言切"。
③ 楝亭本無"聞"字。
④ 聞,原作"間",據楝亭本改。

䎲 烏鴈切。耳戲也。

聓 所亞切。人姓。

䎋 胡没切。耳聲。

䎎 之涉切。耳也。

䎵 尼止切。指物皃。

䏁 古霍切。大耳也。

玉篇卷第五凡十部

口部第五十六,凡五百二十三字。

口　苦苟切。《説文》云:人所以言食也。象形。《書》云:惟口出
　　好興戎。

𠙵　《聲類》古文口字。

噣　竹救切。《説文》曰:喙也。《詩》曰:不濡其噣。亦作咮。

咮　同上。

喙　詡穢切。口喙。《左氏傳》曰:深目而豭喙。

吻　武粉切。口吻。亦作脗。《考工記》曰:銳喙決吻。

𦝤　古文。

嚨　力公切。《爾雅》曰:亢,鳥嚨。嚨謂喉嚨,亢即咽。

咽　於肩切。咽喉也。

喗　同上。

喉　胡鉤切。咽也。

嗌　於亦切。《説文》云:咽也。

嘛　籀文，本亦作𦬸。

喗　牛隕切。大口也。

啺　同上。

噭　吉弔切。《説文》曰：吼也。一曰噭呼也。

叫　同上。《説文》曰：呼也。

喌　吉弔切。《説文》曰：高聲也。一曰大呼也。又《爾雅》：大塤謂之喌。

哆　處紙、尺寫二切。張口也。《詩傳》云：哆，大皃。

呱　古胡切。小兒啼聲。

啾　子脩切。《楚辭》云：鳴玉鑾之啾啾。王逸云：啾啾，鳴聲也。

喤　胡彭、胡光二切。小兒啼聲。

咺　呼遠切。《説文》曰：朝鮮謂兒泣不止曰咺。

哴　丘尚切。《説文》云：秦、晉謂小兒泣不止曰哴。

哴　力尚切。啼極無聲謂之哴哴也。

嶷　牛力、牛忌二切。《説文》云：小兒有知也。

咷　徒勞切。《易》曰：先號咷而後笑。

喑　於金、於甘二切。啼極無聲也。

噲　苦夬切。咽也。

咳　何來切。《説文》云：小兒笑也。《禮》曰：父執子右手，咳而名之。又苦代切。

嗛　胡簟、苦簟二切。《説文》云：口有所銜也。《淮南》：至味不嗛。嗛，銜也。

咀　才與切。《上林賦》曰：咀嚼菱藕。

嚵　士咸切。小嚛也。一曰喙也。

啜　昌悦、常悦二切。茹也。又音輟。《詩》云：啜其泣矣。啜，泣貌。

喋　子立切。嚛也。

噬 視制切。嚙噬也。《易》曰:頤中有物曰噬嗑。

嚌 在細切。《周書》曰:太保受同祭嚌。嚌,至齒也。

唪 古文。

噍 才笑切。嚼也。侍食於君子,數噍。

啐 山劣、山芮二切[①]。小飲也。

嚼 疾略切。噬嚼也。

㗦 同上。

吮 食允、徂兗二切。欶也。《史記》曰:吳起,卒有疾疽者,起爲吮之。

啖 徒敢切。啖,食也。亦作啗。

啗 同上。

啿 達濫切。《説文》云:食也。

嗒 吐合切。《莊子》云:嗒然似喪其偶。

哈 五合切。魚多皃。

嘰 居祈切。紂爲象箸而箕子嘰。嘰,唏也。又小食也。

嗼 補洛切。噍皃。

吞 他恩切。咽也。《子虛賦》曰:吞若雲夢者八九。

含 户耽切。《莊子》云:含哺而熙,鼓腹而遊。

哺 薄路切。口中嚼食也。

噪 火沃切。大啜曰噪。伊尹曰:酸而不噪。

味 武沸切。五味:金辛、木酸、水鹹、火苦、土甘。

窞 竹滑切。口滿食也。

噫 乙㠯、乙介二切。飽出息也。又於其切,痛傷之聲也。

嘽 他丹切。馬喘息皃。

咦　弋之、喜夷二切。南陽謂大呼曰咦。又笑皃。

呬　火利切。息也。

喘　充兖切。《説文》云：疾息也。

呼　火胡切。《説文》云：外息也。又火故切。

吸　許及切。《説文》云：内息也。《詩》云：維南有箕，載吸其舌。吸，引也。

喟　丘愧切。《説文》云：太息也。《論語》曰：夫子喟然歎曰。

嘳　苦怪切。太息也。亦與喟同。

嘘　香居切。吹嘘。《聲類》曰：出氣，急曰吹，緩曰嘘。

吹　齒規切。出氣。又齒僞切。

哼　徒孫、徒昆二切。《詩》云：大車哼哼。哼哼，重遅之皃。

噸　同上。

嘖　之日切。野人之言也。

唫　巨錦切。《説文》云：口急也。亦古吟字。

噤　巨錦、巨禁二切。《説文》云：口閉也。

嚏　丁計切。噴鼻也。《詩》曰：願言則嚏。

名　彌成切。号也。《書》曰：名言兹在兹。

召　馳廟切。呼也。又音邵。

吾　五都切。《爾雅》曰：吾，我也。

哲　智列切。哲，智也。《書》曰：明作哲。

嚞　同上。

譶　古文。

君　居云切。尊也。《書》曰：爲天下君。

命　靡競切。教令也。又使也。《書》曰：乃命羲和。

咨　子祇切。謀也。《書》云：帝曰：咨！汝羲暨和。又咨，嗟也。

問　亡冀切。訊也。《周禮》：待聘曰問。

和　胡戈切。《書》云：協和萬邦。又胡過切。《易》曰：其子和之。

咊　古文。

唯　俞誰切。《書》曰：唯予一人。唯，獨也。又以水切，唯，諾也。

叶　胡牒切。合也。古文協。

唱　充向切。導也。《禮記》曰：一唱而三歎。作倡同。

噱　渠略切。嘔噱也。《説文》云：大笑也

嚄　同上。

咥　虚記、虚吉二切。《詩》曰：咥其笑矣。又大結切。《易》曰：不咥人，亨。咥，嚙也。

唏　許几、許既二切。《説文》云：笑也。一曰哀病不泣曰唏[1]。

听　魚隱切。仰鼻[2]。《説文》云：笑皃。

呭　餘世切。呭呭猶沓沓也。亦作咵。

噭　古弔切。聲也。亦作叫。

咄　丁骨切。叱也。

唉　於來切。應聲也。

噂　子損切。《詩》云：噂沓背憎。噂噂沓沓，相對談語也。

嗒　徒合切。噂沓，或作嗒。

咠　七入、子立二切。咠咠，口舌聲也。

嗕　女間切。語聲也。

呷　呼甲切。《説文》云：吸呷也。《子虚賦》曰[3]：翕呷萃蔡。衣裳張起之聲也。

嘒　許惠切。《詩》云：鳴蜩嘒嘒。嘒嘒，小聲也。

嚖　同上。

---

① 哀病，棟亭本作“哀而”。

② 仰，原作“仲”，據棟亭本改。

③ “子”字原脱，據棟亭本補。

唪　薄孔切。大聲也。又方孔切。

吕　居矣切。説也。

嗔　達堅切。盛聲也。《詩》云：振旅嗔嗔。本亦作闐。

嘌　匹遥切。《詩》云：匪車嘌兮。謂嘌嘌無節度也。

嘷　火吴、火故二切。《周禮》云：雞人掌大祭祀，夜嘷旦以嘂百
　　官。亦大聲也。

喓　由六切。音聲也。

嘯　蘇弔切。《詩》云：其嘯也歌。蹙口而出聲也。

喓　與昭切。《説文》：喜也。

呈　馳京切。解也，平也。

嘘　許羈切。吹嘘，口聲。

噆　他感切。《詩》云：有噆其饁。噆，衆皃。

咸　胡讒切。皆也。《書》云：庶績咸熙。

启　康禮切。《書》曰：胤子朱启明。启，開也。本亦作啓。

唌　乎典切。不顧而吐也。

呀　同上。

右　禹救切。《書》曰：予欲左右有民。左右，助也。又于九切[1]。

吉　居一切。《説文》云：善也。《周書》曰：吉人爲善。

啻　詩豉切。買賣云不啻也。

嚋　除留切。誰也。又陟流切，嚋張，誑也。

周　諸由切。《説文》云：密也。《論語》云：雖有周親。

嗢　乙骨切。嗢，咽也。

唐　達當切。堯稱唐者蕩蕩，道德至大之皃[2]。

啺　古文。

---

① 于，原作“平”，據棟亭本改。
② 大，原作“文”，據棟亭本改。

嚂 徒感切。《莊子》云：大甘而嚂。

吐 他古切。口吐也。又他故切。

噎 於結切。《説文》云：飯窒也。《詩》曰：中心如噎。謂噎憂不
　　能息也。

咈 甫物切。《易》曰：咈經于丘。咈，違也。

嚘 於求切。《老子》曰：終日號而不嚘。嚘，氣逆也。

嗜 食利切。嗜，欲也。《書》曰：酣酒嗜音。

唟 古文。

嘐 火苞切。《説文》云：誇語也。又古包切，鷄鳴也。

喌 竹包切。《説文》云：喌，嘐也。《楚詞》曰：鵾雞喌哲而悲鳴。

嘲 陟交切。言相調也。

哇 於佳[1]、居攜二切。《説文》云：諂聲也。

啐 魚葛切。言相呵岠也。

噸 丁煩切。噸哴[2]，多言也。

哴 丁侯切。噸哴也[3]。

呇[4] 同上。

呰 祖爾切。口毀也。

嗻 之夜切。遮也。

唊 古協切。妄語也。

嗑 公盍切。多言也。又音盍，嗌嗑，卦名。

嗙 補庚切。訶聲也。

嘅 呵芥、他曷二切[5]。高氣多言也。

---

[1] 佳，原訛作“住”，據棟亭本改。
[2][3] 哴，原作“没”，據棟亭本改。
[4] 呇，原作“呇”，據棟亭本改。
[5] 他，原作“也”，據棟亭本改。

𠮳 巨周切。高氣也。臨淮有𠮳猶縣。

叴 同上。

呶 女交切。喧呶也。《詩》云:載嚎載呶。

叱[①] 齒逸切。呵也。

噴 普寸切。《戰國策》:驥俛而噴[②]。鼓鼻也。

吒 知加、陟嫁二切。噴也,叱怒也[③]。《禮記》曰:無吒食。謂嫌薄之。

咤 同上。

嗻 亦同上。

噊 余出切。危也。

嘮 丑加切。《説文》云:嘮呶[④],讙也。

啐 倉快、倉憒二切。嘗也。又子律切,吮聲。

唇 之人切。驚也[⑤]。

嘵 許幺切。《詩》云:予維音之嘵嘵。嘵嘵,懼也[⑥]。

吁 虚于、往付二切[⑦]。疑怪之辭也,驚語也。

号 古文。

嘖 壯革切。嘖嘖,鳥鳴。

嗸 王高切。《詩》云:鴻鴈于飛,哀鳴嗸嗸[⑧]。又衆口也。

唸 丁見、丁念二切。唸吚,呻吟也。

㕨 同上。

---

① 字頭原訛作"吐",據楝亭本改。
② 驥,原作"饌",據楝亭本改。
③ 叱怒,原作"吐怒",據楝亭本改。
④ "呶"字原脱,據楝亭本補。
⑤ 驚,原作"攜",據楝亭本改。
⑥ 維、懼,原訛作"堆、擢",據楝亭本改。
⑦ 往付,原作"住何",據楝亭本改。
⑧ 王高切,楝亭本作"五高切"。"鴻鴈于飛"原挖去,據楝亭本補。

呎　許梨切。唸呎，呻也。亦作屎。

嘰　牛衫切，又宜戟切①。呻也。

呻　舒神切。呻吟也。

吟　午今切。《楚辭》曰：行吟澤畔。亦作唫、詒②。

喻　俞句切。《論語》曰：君子喻於義。喻，曉也。

嗞　子詞切。嗟也。

呝　於勒切③。雞聲。亦作呃。

哪④　丑知切。笑也。

哤　莫江切。《國語》曰：雜處則哤。哤，亂兒。又異言也。

嘅　苦載切。《詩》云：嘅我寤歎。《廣雅》云：嘅，滿也。

吡　五或切。《詩》云：或寢或吡。吡，動也⑤。

嘆　敕旦、敕丹二切。況也，太息也。與歎同。

喝　乙芥切。嘶聲也。

嗌　同上。嗌噎也。

哨　且醮切。大胷哨後。哨，小也。又先焦切。

噆　錯感、子感、子合三切。《莊子》云⑥：蚉蝱噆膚。噆，銜也。

吝　力進切。《論語》云：改過弗吝。吝，惜也。

咳　古文。

各　何洛切⑦。《說文》云：異辭也。

否　蒲鄙切。《易》曰：天地不交，否。閉不行也。又方九切。《說

---

① 又，原作“文”，據楝亭本改。
② 午今切，楝亭本作“于今切”。“詒”字原脱，據楝亭本補。
③ 於勒切，楝亭本作“於革切”。
④ 此字音義原挖去，據楝亭本補。
⑤ 五或切，楝亭本作“五戈切”。動，原訛作“勒”，據楝亭本改。
⑥ 莊子，原作“莊十”，據楝亭本改。
⑦ 何洛切，楝亭本作“柯洛切”。

文》云：不也。

喑　宜箭切。《穀梁傳》云：弔失國曰喑。

唁　同上。又魚旰切。《論語》曰：由也唁。

哀　烏來切。哀傷也。

嗁　達奚切。號也。《左氏傳》曰：豕人立而嗁。

啼　同上。

觳　許角切。《左氏傳》曰：君將觳焉。觳，嘔吐皃。

咼　口淮切。口戾也。

喎　同上。

啾　前歷切。啾嘆而無聲，言安靖也。

嘆　亡格切。靜也。

昏　下刮切。《說文》云：塞也。

嗾　蘇走、先奏二切。《左氏傳》曰：公嗾夫獒焉。《方言》云：秦晉冀隴謂使犬曰嗾。

嗽　倉候切。或與嗾同。

吠　扶廢切。《詩》云：無使尨也吠。吠，鳴也。

嗥　胡高切。《左氏傳》云：犲狼所嗥。嗥，咆也。

哮　呼交切。豕驚聲。又哮嚇，大怒也。

喔　乙角切。雞鳴也。

喈　古崖切。《詩》云[1]：其鳴喈喈。喈喈，和聲之遠聞也。

嚶　於耕切。鳥鳴也。

啄　丁角切。鳥食也。又丁木切。

唬　呼交切。虎聲也。又古伯切。

呦　音幽。《詩》云：呦呦鹿鳴。亦作怮。

---

[1]　詩，原作“許”，據棟亭本改。

嘆　牛府切。《詩》曰:麀鹿嘆嘆。亦作麌。

喁　魚凶切。衆口也。

嘫　吕干切。嘫哗,撜挐。

哗　盧高切。嘫哗,嗹嘍。

唥　盧高切。唥嘈,聲也。

嗹　閒前切。嗹嘍,多言也。

嘍　力口切。嗹嘍。

喊　呼麥、於六二切。聲也。或作歗。

嗳　呼亂切,又虚元切。嗳呼。又嗳,哀也。

嗎　許連切。嗎嗎,喜也。

唆　去連切。唆唆,歡樂皃。

喊　呼減切。聲也。

嚂　力暫切。荊吴芬香以嚂其口。嚂,貪也。

喓　於遥切。《詩》云:喓喓草蟲。喓喓,聲也。

嗟　則邪切。嗟,歎也。

嗉　思故切。《爾雅》云:亢鳥嚨,其粻嗉。嗉者,受食之處。

嚇　呼駕切。以口距人謂之嚇。又呼格切。

噮　他帀切。《曲禮》曰:無噮羮。噮謂不嚼菜。

叵　普可切。不可也。

嶠　丘遥、渠堯二切。《埤蒼》云:不知是誰也。

啌　火腔切。咄也。

台　與時切。我也。又音胎[①]。

唶　子夜切。《廣雅》云:唶唶,鳴也。

嘈　才刀切。聲也。

––––––––––––––

[①]　音,原作"嗏",據棟亭本改。

嘈　才割切。嘈嘈也。

局　其玉切。《詩》云:謂天蓋高[1],不敢不局。局,曲也。

凼　以爨切。《説文》曰:山澗陷泥地。从口,从水敗皃[2]。

咡　而志切。《禮記》曰:負劍辟咡詔之。口旁曰咡。

旨　莫桑切。使人問而不肯荅曰旨。

咷　丑消切。《埤蒼》曰:喉鳴[3]。

噈　火曷切。訶也。亦作喝。

呫　他叶、昌涉二切。《榖梁傳》曰:未嘗有呫血之盟[4]。呫,嘗也。

啐　先楷切。《字書》云:啐啐,醜也。

唵　一曷切。吃也。

吨　達昆切。《字書》云:吨吨,不了。

吶　五葛[5]、才曷二切。嘈嘈吶吶。

嘛　同上。

囁　之涉切。口無節。亦私罵。又而涉切,囁嚅,多言也。

嗃　呼格切[6]。《易》曰:家人嗃嗃。嚴大之聲也。

哰　火角切。哰嘍,恚呼皃。

嘃　胡麥切。嘃嘖,叫呼。

咟　同上。

哇　魚佳切。狗欲齧。

呼　繂決切。雞鳴也[7]。

---

① 蓋,原訛作"嗑",據楝亭本改。
② 澗,原作"陽";敗,原作"收"。均據楝亭本改。
③ 喉鳴,原作"喉喝",據楝亭本改。
④ 呫血,原作"占血",據楝亭本改。
⑤ 五葛,原作"正葛",據楝亭本改。
⑥ 呼格切,楝亭本作"呼洛切"。
⑦ 決,原作"使",據楝亭本改。"雞"字原挖去,據楝亭本補。

啮　魚艱切。犬相啮也。亦爭訟之辭。

嬀　許爲切。口不正也，醜也。

嘩　采老切。嘩嘹，無人兒。

嘹　盧皓切。嘩嘹①。

呀　虚牙切。大空兒。又唅呀，張口兒。

唭　丘吏切。唭嶷，無聞見②。

嘻　欣基切。嘻嘻，和樂聲。

嘡　地亥切③。嘡唅，言不正。

唅　達改切。嘡唅。

嚳　乙學切。誇聲也④。

呼　匹尤切。吹聲也。

善　是囅切。吉也。《書》曰：作善降之百祥。《説文》作譱。

哲　火夬⑤、胡割二切。息也。

曠　火横切。曠，嘖聲⑥。

售　視祐切。《詩》曰：買用不售。賣物不售也。

嚊　普利切。喘息聲⑦。

咖　蘇曷切。音變也。

啅　陟渥切⑧。衆口兒。

吲　九埈切⑨。吐也。

---

① 嘹，原作“嗛”，據棟亭本改。
② 無聞見，疑當作“無聞兒”。
③ 地亥切，棟亭本作“他亥切”。
④ 誇，原訛作“訐”，據棟亭本改。
⑤ 火夬，原作“火史”，據棟亭本改。
⑥ 嘖聲，疑當作“嘖聲”。
⑦ 喘息，原作“瑞息”，據棟亭本改。
⑧ 陟渥切，棟亭本作“陟握切”。
⑨ 九埈切，棟亭本作“九峻切”。

唚　七浸切。犬吐也。亦作唚。

嚵　山咸切。口㗱嚵物也。

哣　渠隕切。吐也[1]。

咼　古禾切。小兒應也。

唆　蘇戈切。咼唆，小兒相應也。

呝　乙佳切。呝嘔，小兒語也。亦作哇。又音兒。

嘔　乙侯切。呝嘔也[2]，歌也。

呥　而廉切。呥呥，噍皃。

喞　子六切。喞咨，慼也。

歔　又快切。齧也。

齮　同上。

喎　古兀切。憂也。

唼　子合切。《楚辭》云：鳧鴈皆唼夫梁藻兮。

唼　所甲切。唼喋，鴃食也。亦作唼。

喋　丈甲切。鴃唼食。又徒叶切，便語也。

噞　宜檢、宜豔二切。噞喁，魚口上出皃。

唵　一感切。含也。

噢　乙六切。噢咻，內悲也。

咻　許主切。噢咻，痛念之聲也[3]。又許流切。

咿　於祇切。《楚辭》云：吾將喔咿嚅呢以事婦人乎。喔咿嚅呢，
　　謂強笑噱也。

嘰　子廉、子豔二切。嘰啾，不廉也。

嘹　落蕭切。嘹亮。又力弔切。

嗑　五合切。衆聲也。

噽　火佳切。笑皃。

唹　乙余切。笑皃。

噴　余輦切。大笑也。

㗁　火下切。笑也。

吵　彌沼切。雉鳴。

嘶　先奚切。噎也，馬鳴也。

嚇　于白切。自是皃。或作讍，言疾皃。

哂　式忍切。《論語》曰：夫子哂之。哂，笑也。

唉　思曜切。俗笑字。

呣　莫侯切。呣，慮也。

咏　爲命切。《書》曰：搏拊琴瑟以詠，祖考來格。或作咏。

暮　莫奴切。古文謩。謀也。

叨　他勞切。《説文》與饕同，貪也。

噈　子合、子陸二切。《聲類》云：嗚噈也。

嘿　莫北切。與默同。

映　許劣切。《莊子》云：劒首一映而已矣。映，小聲也。《説文》
　　云：與歔同。

嚾　荒旦切。與喚同。

吼　呼垢切。牛鳴也。

吽　上同。又于今切。

咽　户姑切。牛頷垂也[1]。與胡同。

呵　許多切。責也。與訶同。

哈　所洽切。以口歃飲。

---

[1]　牛頷，原作"牛領"，據棟亭本改。

嘁　疾離切。嘁，嫌也。或作餐。

嘬　楚夬切。《禮記》曰：無嘬炙。嘬謂一舉盡臠。

嚥　於縣切。《吕氏春秋》云：伊尹曰甘而不嚥。謂食甘。

听　呼垢、呼遘二切。厚怒聲。又胡口切，吐也。

唻　子累切。或作觜、觜。識也。一曰鳥噭也。

訥　奴骨切。《論語》曰：君子欲訥於言。訥，遲鈍也。或作呐。

唁　古環切。開閧，和鳴也，或爲唁。

咋　側革切。聲大也。《考工》曰：鍾侈則柞。鄭氏云：柞讀爲咋咋然之咋，聲大外也。

咇　蒲結切。芳香也。又毗必切。

嘛　孚願切。

響　虚丈切。或作響。應聲也。

味　之六切。或作㕭。呼雞聲也。

噯　柯猛切。語爲人所忿疑也。

哽　同上。

唷　禹六切。吐也。

哈　詞臺切。笑也。

䬠　所律切。飲也。《史記》曰：楚先有熊䬠，是爲蚡冒。

嚅　汝俱切。《埤蒼》云：囁嚅，多言也。

呿　祛遮切。張口皃。《莊子》曰：公孫龍口呿而不合。又丘居切，卧聲。

呴　呼俱、呼具二切。呴，亦噓吹之也。《老子》曰：或呴或吹。

噧　彌解切。羊鳴也。

嗚　於胡切。嗚呼，歎辭也。

嗕　如屬切。羌別種也。

嗊　胡冬、徒弄二切。多言也。

叮　都苓切。叮嚀，囑付也。

嚀　奴丁切。叮嚀。

呢𠴫　二同。女知切。呢喃，小聲多言也。

喃　女銜切。呢喃。

噪嘈　二同。先到切。呼噪也。

咻　諸由切。亦呼雞聲。

呞　式之切。牛嚼也。

嗤　尺之切。笑皃。

鳴　眉兵切。聲出也。

吆　於交切。嬈聲[1]。

啉　力耽切。貪也。

咬　古爻切。鳥聲也。俗亦爲齩字。

喧　許員切。大語也。

嗁　子延切。嗁嗁也。

唌　似延切，又徒坦切。歎也。

嚗　必角切。怒聲。

唧　子栗切。啾唧也。

咆　蒲茅切。咆哮也。

吭　户郎、户浪二切。鳥嚨也。

哦　吾哥切。吟哦也。

嗬　火牙切。口嗬嗬也。又許下切。

唈　丁龜切。口滿皃。

噌　楚耕切。噌吰，市人聲[2]。

吰　胡觥切。噌吰。

———————————

[1]　嬈，當作“婬”。

[2]　“聲”字原脱，據棟亭本補。

嚬　蒲民切。笑皃。

哃　徒工切。妄語也。

嶸　于兄切。啼嶸。

唒　伊青切。小語也。

呤　力丁切。小語也[①]。

喍　仕皆切。哐喍也。

喂　於韋切。恐也。

嗺　子雖切。撮口也。

吣　古紅切。衆口也。

吽　火紅切。呵也。

吱　指移切。吱吱也。

噥　女冬切。多言不中也。

嚭　胡堅切。難也。

吙　許戈切。呼氣。

噇　直雙切。喫皃。

噯　胡垓切。笑也。

唾　他胡切。吐也。

嚄　虎佳切。口戾皃。

嗫　蒲門切。吐也。

嚤　蒲毛切。鳴也。

吰　烏橫切。牛聲。

嗡　烏紅切。嗡吰。

喔　烏和切。小兒啼。

噷　許今切。吽也。

---

① 小語，棟亭本作"唒呤"。

咃　吐多切。出《陀羅尼》。

咁　乎甘切。乳也。

㕟　胡求切。犬吠也。

吽　匹侯切。吸吽也。

唀　素回切。口唀也。

㕟　莫杯切。唀㕟也。

噅　古回切。噅,呼也。

啡　普梅切。唾聲也。

㖑　古横切。能言也。

嚟　力之切。言不正。

唻　力皆切。歌聲也。

唴　七相切。鳥食。

喥　于歸切。失聲。

峰　胡公切。峰聲。

嚅　丘引切。脣瘡。

嗊　呼孔切。囉嗊,歌曲也。

哠　胡孔切。鳴聲哠哠也。

嘬　初瓦切。惡口也。

喠　之勇切。不能言。

喏　人者切,又如酌切。敬言。

卟　吉兮、羌禮二切。問卜也。

呠　匹本切。噴也。

嗹　丁動切。多言也。

哷　香國切[1]。殷冠名。亦作㕙。

---

① 香國切,棟亭本作“香圉切”。

唖　彌演切。

哶　莫者切。羊鳴也。又民婢切。

嚕　力覩切。語也。

嘽　居聿切。嘽,吃也。

啞　於雅切。不言也。又烏格切,笑聲。

吴　胡罵切。大聲也。

嗽　桑奏切。咳嗽也。

另　音痹。另,別也。

叩　苦候切。叩擊也。

唵　胡感切。嘇也。

嚙　五佼切[1]。齧也。正作齩。

唂　徂本切。大口也。

吐　敕主切。口不正。

吁　五苟切。和吁也。

啠　色景切。緘口也。

噀　而尹切。吮也。

嚷　乃等切。多言也。

呧　多禮切。呵呧也。正作詆。

唍　胡板切。小笑皃。

唇　尺尹切[2]。吹唇也。

㗫　息寸切。溢水也。

咔　力凍切。言咔也。

否　他豆切。唾也。《說文》云:相與語唾而不受。

音　同上。

---

① 五佼切,棟亭本作"五狡切"。
② 尺尹切,原作"天尹切",據棟亭本改。

噦　火外切。鳥鳴也。又於月切，逆氣也。

唳　力屑切。鳥鳴也。又郎計切。

咳　許戒切。喝咳也。

姤　古候切。幼姤也①。

囀　知戀切。鳥鳴也。

唄　薄賣切。梵音聲。

嚥　於見切。吞也。亦作咽。

吘　去尤切。吘，聲也②。

唾　他臥切。口液也。

嗀　普兒切。唎也。

嘶　初覲切。嘶，施也。

噴　匹問切。怒也。

喿　五弔切。叫也。

噯　烏蓋切。噯氣也。

咦　熟臭切。口咦也。

嗄　所訝切。聲破。

呲　去鳳切。問罪。

哄　胡貢切。哄，市人。

嚟　丑利切。詐言也。

哩　力忌切。出《陀羅尼》。

唭　渠義切。喫唭。

囄嚹　二同。力泰切。聲也。

嚱　魚計切。笑嚱也。亦睡語。

對　多末切。對荅也。今作對。

---

①　幼姤，楝亭本作“呦姤”。
②　吘聲也，原作“去聲”，據楝亭本改。

哼　許更切。利害聲。

呰　藏賜切。口小也。

呔　徒介切。嘗呔也。

嗩　所戢切。舁嗩，口聲。

唈　於列切。怒也。

囑　止屬切。付囑也。

喽　力篤切。笑也。

嗖　所六切。笑皃。

唷　俞六切。出聲也。

嘻　于月切。辭也。本作粵。

呲　普必切。唾呲呲。

吡　毗必切。鳴吡吡。

嗾　秦悉切。嗽嗾。

嗶　補密切。鳴嗶。

哦　息必切。吹口皃。

呲　則屑切。呲，鳴也。

蠿　子六切。口蠿也。

啤　力述切。鳴也。

喇　力葛切。喝喇，言急。

噪　祖郭切。噪噪，聲也。

嚜　知立切。鳴也。

嗝　古厄切。雉鳴也。

唹　魚隙切。歐唹也。

嗒　丁盍切。嗒口[1]。

---

[1]　嗒口，棟亭本作"嗒，口動"。

唈 阻洽切。豕食。

呭 余質切。牛羊咽草皃。

嶎 許劫切。吸嶎也。

唊 子渌切。呰唊也。

嗮 古或切。口聲。

嘝 仄瑟切。咇嘝也。

嘁 子悉切。蟲鳴也。

嗽 許勿切。氣也。

吃 居一切。語難也。

啴 山涉切，又叱涉切。多言也。

噎 於八切。噎聲。

嘁 千結切。小語。又子細切。

喠 知栗切。《博雅》云：喠，咄也。

唰 所劣切。鳥治毛衣也。

嚇 力葉切。齧骨聲。

呷 子合切。魚食。《風俗通》云：入口曰呷。

唎 力至切。聲也。

囃 七盍切[1]。助舞聲。

喫 去擊切。啖喫也。

噄 同上。

嗑 先立切。忍寒聲。

噱 渠逆切。唱噱，笑不止也。

叭 普八切，又匹活切。

哱 匹活切。妄說也。

---

[1] 七盍切，原作"十盍切"，據楝亭本改。

嗢　呼骨切。憂也。

唃　胡告切。多言也。

喣　魚矩切。欲笑也。

嘻　胡戛切。大開口。又胡蓋切。

唎　補戛切。唎，鳴也。

嗒　多臘切，又他臘切。舐也。

唈　烏合切。嚘也。《爾雅》云：僾唈也。

咭　巨吉、許吉二切。笑兒。

意　於力切。快也。

嗫　阻立切。喻也。

哉　祖才切。語助。《説文》从弋。

谷部第五十七，凡五字。

谷　渠略切。《説文》云：口上阿也。从口，上象其理。

喰　同上。

冏　他念切。舌兒。从谷省。象形。一曰竹上皮，音他感切。

囧　古文。

釀　如隴切。闞釀，不肖也。

舌部第五十八，凡十三字。

舌　時列切。《説文》云：在口中，所以立言者。从干从口。

舓　神爾切。《説文》云：以舌取物也。

舐舚　並同上。

舚　通荅切。大食也。

舚　吐盍切。義同上。

譂　他干切。譂誔，言不正。

誔　他連切。譂誔。

舚　他兼切。舚舑，吐舌兒。

舚 他甘切。齰舚也。

牒 湯蠟切。犬食也。

舲 渠蔭切。牛舌病。

舑 胡快切。古文話。

齒部第五十九，凡九十二字。

齒 昌始切。《説文》曰：口齗骨也。《周禮》大司寇之職云：自生齒以上，登于天府。鄭玄曰：人生齒而體備。男八月，女七月而生齒。

𪘲𪘖　並古文。

齔 叉謹、初靳二切。《説文》云：毀齒也。男八月生齒，八歲而齔；女七月生齒，七歲而齔。俗作齓。

齗 魚斤切。齒根肉。

齘 叉革切。《説文》云：齒相值也。一曰齧也。

齜 仕佳切。齹齜。

齞 研繭切。《説文》云：口張齒見。宋玉賦云：齞脣歷齒。

齦 牛銜、魚欠二切。齒差也。

齘 何介切，嚵齘切。齒怒也。

齰 七角[①]、壯留二切。無牙名也。《説文》云：齒擽也。一曰齰也。一曰馬口中橛也。

齵 五溝、牛俱二切。齒不齊也。

齟 莊加、莊居二切。齒不正也。又鋤牙切，齟齖。

齖 五加切。齟齖，齒不平。

齺 側游切。齺齵也，齒聚皃也。

齹 此何切。齒齹趺者。又楚宜切，齒參差也。

———

① 七角，棟亭本作“士角”。

籤　在何切。齒差跌皃。

齹　胡夾切。齹齒。一曰曲齒。亦作齞。

齳　午忿切。無齒皃。

齫　同上。

齾　魚轄切。齒缺也。又音柿。

齟　九與、巨與二切。齗腫也。

齯　五奚切。《爾雅》云：黃髮齯齒，壽也。謂齒隋更生細者。

齸　丁立切。齸，齒也。

齮　魚綺切。《說文》云：齧也。

齫　士乙切。齧也。《說文》云：齘齒也。

齰　仕革切。《說文》云：齧也。

齚　同上。

齗　口很切。齧也。

齞　五板、五偃二切。齒見皃。

齰　在骨切。齘也。

齧　力曷切。齒分骨聲。

齩　五狡切。齧骨也。

齛　呼轄切，又胡瞎切。齧堅聲。

齝　七結切。治骨也。

齚　五哀切。齚，齒也。又音該。

齝　丑之、式之二切。《爾雅》曰：牛曰齝，食已久，復出嚼之。

齝　同上。

齕　痕沒、下結二切。齧也。《禮》：爲削瓜，庶人齕之。

齫　渠柳切。老人齒如齫。一曰馬八歲曰齫也。

齻　力錢切。齒見皃。

齬　牛莒切。《說文》云：齒不相值也。

齲　丘禹切。《説文》云：齒蠹也。

齸　於亦切。《爾雅》曰：麋鹿曰齸。齸者，齘食之所在。

齩　五狡切。齩，齧也。

齡　吕經切。古謂年齡也。

齟　才與切。齧也。又牀吕切，齟齬。

齥　大結、竹一二切[1]。齧堅兒。

齛　直離切。齒斷見。

齚　竹加切。齚齚，大齒也。

齰　補洛切。齚聲。

齘　卓皆切。齚齧聲也。

齖　客牙切。大齧也。

齝　丘之切。齧也。

齔　丁千切。牙也。

齪　叉渥切。齒相近聲。又齷齪也。亦作齪。

齗　牛引切。笑也，齒齊也。

齘　胡八切。齧骨聲。亦作齝。

齛　力盍切。齧聲。

齗　吕及、吕合二切。齚燥物聲。

齾　渠圓切。《説文》云：缺齒也。一曰曲齒。

齡　渠蔭切。舌病。

齝　胡市切。食也。

齦　五街切。齒不正。

齦　同上。

齙　步交切。露齒。

---

① 竹一，棟亭本作“竹栗”。

齢　莫丁切。齒。

齮　巨依切。齒危也。

齱　七良切。小齒。

齘　必茗切。齘齒。

齼　初舉切。齒傷醋也。

齭　同上，又音所。

齜　士眼切。齒不正。

齴　魚蹇切。露齒皃。

齳　空衮切。齧也。

齮　魚倚切。

齤　初産切。小兒齒[1]。

齠　丁陷切。剔齒。

齛　私列切。羊噍草。亦作齥。

齯齯　　上俎詣切，下五計切。齯齒[2]。

齴　魚欠切。好皃。

齺　初夬切。剔齒。

齰　古沃切，又胡谷切。齒聲。

齷　於角切。齷齪。

齰　初八切。齒利也。

齧　魚結切。噬也。

齘　口洽切。齧也。

齶　五各切。齗也。

齾齰　　上盧葛切，下胡葛切。齧物聲。

齤　音歷。齒病。

————————————

① "齒"字原脱，據棟亭本補。

② 齯齯，棟亭本作"齧也"。

牙部第六十,凡五字。

牙　牛加切。牡齒也[1]。《詩》云:祈父維王之爪牙。

𠚕　古文。

猗　丘奇切。虎牙也。

㸦　丘禹切。齒齫也。

䶤　口限切。齧也。

須部第六十一,凡五字。

須　思臾切。面毛也。

䰅　如廉切。頰須也。

頿　子移切。口上須也。《左氏傳》曰:周靈王生而有頿。或作髭。

頪　方支切。須髮半白。《聲類》云:䰅皃。

頯　方于、步侯二切。短須髮皃。亦作頯[2]。

彡部第六十二,凡二十四字。

彡　先廉切。毛飾畫文也。象形。又所銜切。

彬　鄙陳切。《論語》曰:文質彬彬。《説文》云:古文份。

形　户經切。《説文》作形。象形也。

髟　莫禄切。細文也。

㐱　之忍切。稠髮也。亦作鬒。

修　胥遊切。治也。《書》云:六府三事孔修。《説文》云:飾也。

彭　徐井切。《説文》云:清飾也。

彰　諸楊切。《説文》云:文彰也。

彲　力旦切。鮮明也。

彫　東堯切。《説文》云:琢文也。《書》曰:峻宇彫牆。

---

① 牡,原作“壯”,據棟亭本改。
② 字頭原作“頯”,據棟亭本改。方于,棟亭本作“方乎”。“亦作頯”據棟亭本補。棟亭本另有“頯”字條,作“詢趨切。待也”。

髵　如時切。煩須也,又獸多毛。

弱　如藥切。尫劣也。

彧　於六切。文章皃。《詩》曰:黍稷彧彧。彧彧,茂盛皃。

影　於景切。形影。《書》曰:從逆凶,惟影響。

彫　余鍾切。重影也。

豖①　丑玉切。豕絆行皃。

彪　筆院切。古文變。

骖　七孕切,又七曾切。毛張。

㢟　七卧切。

彩　七宰切。文章也。

彨　章余切。古文諸。

髟　匹妙切②。髟,畫也。撫招切。

玒　古紅切。

彲　丑知切。獸名。

彣部第六十三,凡三字。

彣　亡分切。《説文》:䤨也。

彦　魚箭切。《書》曰:旁求俊彦。美士曰彦。

彥　上同,《説文》彦③。

文部第六十四,凡十字。

文　亡分切。文章也。《書》云:聰明文思。

斐　孚尾切。《詩》曰:有斐君子。斐,文章皃。

辬　補顏切。《説文》曰:駁文也。亦作斑。

嫠　力詩切。微畫也。

---

① 豖,原作"豖",據棟亭本改。

② 匹妙切,原作"四妙切",據棟亭本改。

③ 説文彦,原殘,據棟亭本補。

瀳　方間切。爛瀳①,文也。

爛　力寒切。爛瀳。

斕　同上。

斌　鄙鄰切。文質皃。亦作份、彬。

炭　他旦切。炭斒,無采色也。

斒　莫爛切。炭斒。

髟部第六十五,凡一百八字。

髟　比聊、所銜二切。長髮髟髟也。

髮　府月切。首上毛也。《孝經》云:身體髮膚。

䰋　卑刃切。頰髮也。

髯　五割切。

䰎　徒合切。髮也。

䰒　亡肝切。髮長皃。

䰐　力甘切。髮多也。

鬈　渠袁、丘袁二切。髮好也。

䰈　亡先切。燒煙畫眉。

鬌　奴禮切。髮皃。

鬃　同上。

鬒　千河切。鬒,好也。又昨何切。

鬴　芳于、芳武、薄侯三切。髮好也。或作鬴。

髦　莫高切。髦,俊也。

鬘　莫高切。《説文》曰:髮至眉也。

髳　同上。

鬋　子淺切。鬋截也。

───────────────

① 《廣韻》:"瀳,瀳爛,色不純也。"此處"爛瀳"疑當作"瀳爛",下同。

鬑　力兼切。髮長皃。

鬔　直由切。髮多也。

髲　且利切。首飾爲髲。

鬏　作結切。束髮。

髢　達計切。髮髢也。

鬄　同上，又先歷切。

髲　皮寄切。鬄也。

髻　胡括、古活二切。《説文》曰：絜髮也。

鬠　同上。《儀禮》：鬠用組。鬠，束髮。

鬢　薄桓切。卧髻也。

鬘　亡亞切。帶結飾。

鬊　方五切。髻也。

鬒　丘位切。屈髮也。

髻　居濟切。髮結也。

髻　同上。《説文》古拜切，簪結也。

鬣　力葉切。長須也。

鬕　來都切。鬣也。

髹　補蕩切。髹攘也。

鬖　補牧切。忽見也。

鬙　女卬切。亂髮也。

髣　芳往切。髣髴也。

髴　芳勿、芳味二切。髣髴。

鬈　舒閏切。鬈髮也。

髽　都果、徒果二切。小兒翦髮爲髽。又直垂切。

鬅　苦閑、口瞎二切。鬅禿也。

髡　徒感切。髮垂皃。

鬓　且代切。帶,幓頭。又音采。

髻　丁兼切。髻髿,鬓髪踈薄皃。

髼　部公切。髪亂皃。

鬃　子宗切。高髻皃。

髻　匹育、匹宥二切[1]。《周禮》:追師,掌王后之首服爲髻。本亦
　　作副。

髯　士行切。髯髶,髪亂

鬤　《字書》或髯字。

髶　女耕切。髯髶也。

鬆　先凶、私宗二切。亂髪皃。

髿　同上。

髬　普悲切。被髪走皃。

髻　渠衹切。髻,鼠也。

鬙　子旦切。髪光澤也。又子曷切,多毛也。

鬜　子困切。頂上無髪。

髠　渠匈切。髪亂。

鬑　先廉切。髪也。

鬢　孚紹切[2]。鬢,髪白皃。亦作顥。

髵　如時切。多毛皃。亦作髵。

髤　他歷切。《説文》云:鬈髪也。

髡　口昆切。鬈髪也。

髫　他計切。《説文》云:髫髪也。大人曰髡,小兒曰髫,盡及身毛
　　曰髤。

鬌　側瓜切。《禮記》曰:男子免而婦人鬌,以麻約髻也。

髴　孚勿切。婦人首飾也。

髻　五繕切。髻髮，禿也。

髡　口八切。禿也。

髮　子公切。毛亂也。

鬌　直追切。髻也。

鬈　而由切。馬之繁鬣。

鬖　胡彎切。結鬖。

髹　助庚切。髹鬖，亂髮。

鬆　子紅切。馬鬣。又作孔切。

髿　所加切。髮髿，垂皃。

鬖　楚今切，又色減切。亂髮也。

鬙　字由切。接髮也。

鬃　莫紅切。馬垂鬃也。

鬋　先才切。小髮。

羲　息隆切。細髮也。

鬡　曲王切。鬡鬤，亂髮也。

鬤　如羊切。亂髮。

鬛　余封切。髮長。

鬞　女龍切。毛多也。又女江切。

鬎　力之切。髮卷。

鬒　之忍切。稠髮也。亦作㐱。

髶　側下切。多毛。

髲　都果切。髮垂也。

髵　都爾切。

鬃　符小切，又匹紹切①，亂髮。

---

① 匹，原訛作“四”，據棟亭本改。

髤 七二切。漆也。《説文》音休。

髹 許求切。赤黑漆也。

𩬆 同上。

髧 胡覽切。短髧。

𩬓 息利切。與肆同。極陳也。

鬖 千旦切。髮光。

𩭐 古暗切。青𩭐。

𩰎 仕懺切。髮。

𩯦 符沸切。髮。

𩬌 九六切。亂髮也。

𩭜 昨没切。髺𩭜也。

𩯊 補各切。𩬰𩯊。

𩯿 必末切。𩯿𩯦,𩯦多毛。

鬚 息俞切。髭鬚也。本作須。

髭 子移切。口上須。本作頿。

𩬷 女鎋切。細毛。

髫 徒聊切。小兒髮。

髯 汝占切。頰須也。本作䫇。

玉篇卷第六凡十部

手部第六十六，凡六百四十五字。

手　舒酉切。《説文》云：拳也。《易》曰：艮爲手。

𠂿　古文。

挐　七咨切。挐也。

掌　諸養切。《論語》曰：指其掌。掌，手中也。

拳　渠員切。屈手也。

掔　於煥切。《儀禮》曰：鉤中指，結于掔。掌後節中也。

捥掔　　並同上。

搴　居輦切。取也。

攐　同上，出《説文》。

挐　居勇切。擁也。

牂　千羊切[①]。扶也。今作將。

搇　同上。

―――――――――

① 千羊切，宋11行本作“子羊切”。

掑　苦結切。提掑也。

摯　諸貳切。持也。《周禮》以禽作六摯。摯之言至也。

拏　力甘、力敢二切。手拏取也。

攬　同上。

挐　尼牙切。手挐也。

厴　烏協切。指按也。亦作擫。

摲　山湛切。斬取也。又才甘切。《説文》云：暫也。

瘛　充世切。牽也。《説文》曰：引縱曰瘛。

摯揅　　並同上。

掌　疾寄切。《詩》曰：助我舉掌。掌，積也。

掔　卻閑、去賢二切。固也。

舉　居與切。《説文》曰：對舉也。今作舉。

擁　於勇切。《儀禮》云：擁簀梁。擁，抱也。作擁，同。

攤　同上。

拹　古文。

擊　步波、步丹二切。手不正也。

攣　力全切。攣，綴也。《易》曰：有孚攣如。

撆　普滅切。擊也。

撇　同上。

研　魚賢切。研，摩也。

摩　莫羅切。研也。

擵　同上。

擘　補革切。擘，裂也。

摹　莫奴切。規摹也。亦作摸。

擊　經歷切。打也。《書》曰：擊石拊石。

掔　口弔切。《説文》曰：旁擊也。

挐　女豬切。《説文》云:持也。

摩　呼爲切。指摩也。

攀　普姦切。援引也。

扳　同上,又布間切。

爻　五爻、五高二切。擧兒。

擎　渠京切。持也。

挈　力葛切。研破也。

承　署陵切。次也,奉也,受也。

擊　許委切。擊,壞也。

掣　色角切,又相邀切。長也。又長臂兒。

拱　居勇切。恭也。

扷　居竦切。《説文》云:與収同。

拳　胡瞎切。手拳。

攕　所咸切。《説文》曰:好手兒。《詩》曰:攕攕女手。

指　諸視切。手指也。《春秋傳》曰:食指動。謂第二指也。

摳　苦溝切。挈衣。《曲禮》曰:兩手摳衣去齊尺。

揖　伊入切。《説文》曰:攘也。一曰手著胷曰揖。《周禮》:司儀掌詔王儀,南鄉見諸侯,土揖庶姓。

捃　居運切。拾也。

攘　仁尚切。揖攘也。又汝羊切,攘竊也。

攓　起焉切。縮也。

攐　丘連切。《説文》云:摳衣也。

揖　姻利切。拜,舉手下手。

拱　記冢切。《書》曰:克拱明刑。拱,執也。

撿　良冉切。《説文》曰:拱也。

揢　於活切。搰揢也,拱也。

搯　他勞切。搯搰也。

拇　莫口切。手指拇。

推　出唯、他雷二切。排也。《易》曰:剛柔相推。

捘　子寸切,又子對切。《左氏傳》曰:捘衞侯之手。捘,擠也。

扶　防無切。扶持也。又府俞切。《公羊傳》曰:扶寸而合。側手曰扶。

持　直之切。握也。

拑　渠廉切。脅持也。

攫　九縛切。搏也。

操　七刀切。把持也。又倉到切。

捡　渠林切。急持衣衿行也。

攕　同上。

搏　補洛切。手擊也。

據　居豫切。依也。又持也。

拹　人詹、乃含二切。併持也。

拵　卜路切。相持也。

攝　書涉切。引持也。

挾　戶頰切。懷也,持也。《儀禮》曰:兼挾乘矢。

捪　亡巾切。撫也。

捫　莫昆切。《詩》曰:莫捫朕舌。捫,持也。

擥　力甘、力敢二切。持也。

擸　吕盍切。擇持也。

握　於角切。搢持也。

撢　徒安切。觸也。《太玄經》云:遭逢並合,撢繫其名。撢,觸也。

攜　戶圭切。貳也。又持也。

把　百馬切。把握也。

提 徒兮切。挈也。

捯 竹涉切。拈也。

拈 乃兼切。指取也。

摛 恥離切。舒也。

捨 尸社切。施也，去也。

按 於旦切。《詩》曰：以按徂旅。按，止也。

控 枯洞切。《詩》曰：控于大邦。控，引也。

捋 力括切。《詩》曰：薄言捋之。捋，取也。

撩 力條切。手取物。又撩，理也。

插 初洽切。刺入也。

措 且故切。頓也，置也。

掾 與絹切。公府掾史也。又曰太尉屬。

揗 食尹、詳遵二切。摩也。

拍 普挌切[①]。拊也。

拊 芳武切。拍也。《書傳》云：拊，亦擊也。

掇 豬劣、都活二切。《詩》曰：薄言掇之。掇，拾也。

掊 蒲溝切。把也。《易》曰：君子以掊多益寡。掊猶減也。本亦作裒。

抔 步侯切。手掬物也。

捊 步溝切。《説文》曰：引聚也。《詩》曰：原隰捊矣。捊，聚也。本亦作裒。

抱 《説文》同上。今薄保切。

拾 時立切。掇也。《詩》曰：決拾既佽。拾，所以引弦也。

揩 居焮切。清也。《説文》：拭也。

---

① 普挌切，宋11行本、棟亭本皆作"普格切"。

授　時雷切。付也。

撿　衣撿切。《説文》曰：自關以東謂取曰撿。一曰覆也。

掩　於斂切。《説文》曰：斂也。小上曰掩。

攩　胡廣切。搥打也。

抵　之刃切。抑也。《爾雅》云：清也。

挏　達孔切。《吕氏春秋》云：百官挏擾。挏，動也。

招　諸遥切。招要也。

擇　儲格切。簡，選也。

接　子葉切。《説文》：交也。

撫　孚武切。《説文》云：安也。一曰循也。

捉　側角切。搤也。一曰握也。

搤　於責切。握也。

挺　丑連、式連二切。長也。

揃　子踐切。搣也。《史記》：西夷揃剌。

批　子爾、子米二切。《説文》：捽也。又仄氏切。

搣　民烈切。摩也。《莊子》云：揃搣，拔除也。

掬　居陸切。撮也。

匊籟　並同上。

撢　丁計切。撮取也。

𢶍　或撢字。又兩指急持人也。

揣　初委、丁果二切。度高下曰揣。又試也。

摜　古患切。習也。又帶也。

投　徒侯切。《説文》：擿也。《詩》曰：投我以木桃。

挶　居足切。戟持也。

搔　蘇牢切。刮也。

擿　雉戟切。投也。《莊子》曰：擿玉毁珠。

擲　同上。

拮　居鐵切。手口共有所作也。

据　據於切。戟挶也。《詩》曰:予手拮据。拮据,手病也。

摽　匹叫、孚堯、怖交三切。摽,擊也。又符少切,落也。

抉　一穴切。《説文》:挑也。

挑　他堯切。撥也。《詩》曰:蠶月挑桑。枝落之采其葉。本亦作
　　條。又徒了切,挑戰也。

搚　枯瞎切。《説文》云:搚也。

搉　公八、口八二切。刮也。一曰撞也[①]。

摘　多革切。拓果樹實也。一曰指近之也。

抲　火何切。撝也。

摺　吕闔、虚業二切。摺也。

拹　同上。

摺　力合、之涉二切。敗也,折也。

拉　力荅切。折也。《左氏傳》曰:拉公幹而殺之。

擖　同上。

摟　力珠切。《詩》曰:弗曳弗摟。摟,亦曳也。本亦作婁。又落
　　侯切。

抎　于粉切。有所失也。

掉　徒弔切。搖也。

披　敷羈切。開也。又彼寄切。《禮》:大喪,士執披。持棺者
　　也。又匹美切。

擢　達卓切。去也,舉也[②]。《説文》云:引也。

拒　公鄧切。引急也。

① 撞也,原訛作"捷也",據棟亭本改。
② 舉也,宋11行本作"徹也"。

摇　餘昭切。動也。

搈　與種切。動搈也。

撌　直異切。當也。亦作值。

揫　子由切。《爾雅》[1]：聚也。《說文》：束也。

揂　子由切。聚也。

擣　丁道切。《說文》云：手椎也。一曰築也。

拲　扶容切。灼龜觀兆也。又扶用切。《說文》云：奉也。

攑　丘言切。舉也。

揚　與章切。舉也。

攈　居運切。拾也。

揭　起計、起竭、渠列三切。《詩》曰：淺則揭。謂揭衣也。

抍　音蒸，又上聲[2]。救助也。

撜拯　並同上。

氶　《聲類》云：抍字。

扛　古龙切。橫關對舉也。

扮　伏粉切。握也，動也。

揄　與珠切。揄，揚也。又杼臼也。又音由。

捎　所交切。《周禮·輪人》：以其圍之防捎其藪。捎，除也。

撟　紀消、几小二切。《說文》云：舉手也。一曰撟擅也。

擩　而專、而誰、而主三切。《說文》云：染也。《周禮》九祭，六曰擩祭。鄭司農云[3]：擩祭，以肝肺菹擩鹽醢中以祭也。

摭　之石切。取也，拾也。

拓　同上。又他各切。

---

① 雅，原訛作“稚”，據宋11行本改。
② 音蒸又上聲，當從宋11行本作“音蒸之上聲”。
③ 司，原作“同”，據宋11行本改。

攎　黃路切。擘攎也。一曰布攎也。又乙蒦切[1]。

拊　皮援切。《説文》云:拊手也。

抙　同上。

攆　方問切。埽除也。亦作拚。《禮記》曰:埽席前曰拚。

擅　視戰切。專也。

揆　渠癸切。《詩》云:揆之以日。揆,度也。

擬　魚理切。《説文》曰:度也。《易》曰:擬諸形容。

損　孫本切。減少也。

失　舒逸切。《説文》云:縱逸也。《周書》曰:時哉,弗可失。

擐　胡慢、公患二切。《左氏傳》曰:擐甲執兵。擐,貫也。

挩　徒括、兔奪二切[2]。《説文》:解也。

挹　於入切。《詩》曰:不可以挹酒漿。挹,斟也。

抒　神旅切。《説文》云:挹也。又大圭抒上,終葵首。

擾　如紹切。《書》曰:俶擾天紀。擾,亂也。

挺　達鼎切。《説文》:拔也。

探　他含切。《書》曰:探天之威。探,取也。

撢　他甘、他紺二切。《周禮》有撢人,掌誦王志。主探序王意[3],
　　以語天下。

挼　儒佳、奴和二切。《説文》云:摧也。一曰兩手相切摩也。

摶　如專切。摧物也。

摎　九山、丘山二切。相摎也。

搹　於責切。《儀禮·喪服傳》曰:苴絰大搹[4]。鄭氏云:盈手曰

---

①　乙蒦切,宋11行本作“乙獲切”。
②　徒括兔奪二切,原作“徒括切,兔奪二切”,據棟亭本改。
③　主探序王意,原作“王探序主意”,據宋11行本改。
④　苴絰,疑當作“苴絰”,今本《儀禮》作“苴絰大搹”。

搹。又音隔。

挖　同上。《史記》曰：天下之士，莫不挖捥而言之。

撼　胡感切。搖也。

搦　女卓、女革二切。正也，持也。

捛　如容切。推而擣也。又而勇切。

掎　居蟻切。偏引也。

揮　詡歸切。《易》曰：發揮於剛柔而生爻。揮，動也。

攪　古巧切。《詩》曰：衹攪我心。攪，亂也。

捁　同上。

扞　何旦切。衞也。

捍　同上。

搊　丑由切。引也。

抽捒　並同上。

搄　蒲結、普雞二切。反手擊也。《左氏傳》曰：搄而殺之。

批　普迷切。擊也。

撞　徒江切。擊也。

捆　於身切。就也。

摧　在回切。折也。《詩》曰：室人交徧摧我。摧，沮也。

排　薄階切。推排也。

擠　子詣、子稽二切。排也。

抵　多禮切。擲也。《説文》云：擠也。

扔　人蒸切。《説文》云：因也。

括　古奪切。《易》曰：括囊，無咎。括，結、否、閉也。

援　禹璠切。引也。又音瑗。

挮　呼虢切。裂也。

撝　呼皮切。《説文》：裂也。一曰手指也。

扐　陵得切。《易》曰：歸奇於扐。凡數之餘謂之扐。

技　渠綺切。《禮記》曰：毋作奇技淫巧。技，藝也。

搎　所六切。《説文》曰：蹴引也。

拙　之説切。不巧也。《書》曰：作僞心勞曰拙。

搭　達荅切。韋韜也。

摶　徒桓切。《周禮·矢人》：凡相笴欲生而摶。摶謂圜也。

搵　侯本切。手推也。

撮　子活、士活二切①。三指取也。

捄　居于切。《詩》曰：捄之陾陾。捄，虆也。

搰　胡没切。掘也。《左氏傳》曰：搰褚師定子之墓，焚之。本亦作掘。

扣　亦搰字。穿也。

掘　渠勿、其月二切。《易》云：掘地爲臼。

摡　許氣切。《詩》云：傾筐摡之。本亦作墍。又古代切，滌也。

揟　相如切。取水具。

播　補過切。揚也，種也。《周書》曰：乃屑播天命。播，棄也。

挃　竹栗切。《説文》：穫禾聲。《詩》云：穫之挃挃。

摯　知利切。挃也。

抌　虞厥、午骨二切。《詩》曰：天之抌我。抌，動也。

拐　午厥切。折也。

摎　力周、居由二切。絞也。《喪服傳》曰：殤之絰，不摎垂。不絞其帶之垂者。

摺　上同。

撻　他達切。笞也。《書》曰：撻以記之。

𨘷 古文。

挫 祖過切。摧也。

捲 渠員切。《説文》曰:氣勢也。《國語》曰:予有捲勇[①]。

抨 普耕、補耕二切。撣也。

拼 同上。

摷 側交切。擊也。

扱 初洽切。婦拜扱地,手至地也。

抶 丑栗切。擊也。

抰 於掌切。以車鞅擊也。

抵 之是切。側擊也。《戰國策》曰:抵掌而言。

捊 布垢切。擊也。

捭 補買切。兩手擊也。

擺 同上。

捶 諸縈切。以杖擊也。

搉 苦角切。敲擊也。

挨 乙駭切。推也。

摼 苦耕切。撞也。

拂 撫勿切。去也,擊也。

擏 乙慶切。傷擊也。

撲 普鹿切。《書》曰:其猶可撲滅。又音雹。

捕 蒲布切。逐也。

抗 可浪切。舉也,扞也。

籍 初格、疾弈二切。《周禮》:鼈人掌以時簎魚、鼈、龜、蜃。鄭司農云:簎,謂以杈刺泥中搏取之。

---

① 今本《國語·齊語》無"予"字。

挔　胡根切。輓也。

扚　丁激切。引也。

撚　乃殄切。蹂也。

挂　古賣切。懸也。

拽　余世切。數也。又羊列切。

拽　同上。

扡　託何切。扡,曳也。

拖　同上,俗。

捈　他胡、同都二切。臥引也。

揤　子翌、俎栗二切。拭也。

揙　甫善、甫延二切。搏也,擊也。

撅　居越切。《說文》曰:手有所把也。

攎　力胡切。張也。

捽　存兀切。擊也。

揾　烏困切。沒也。

挌　柯額切。舉也,擊也,止也。

捐　余專切。棄也。

掤　祕矜切。《詩》曰:抑釋掤忌。所以覆矢也。

扜　於娛、口孤二切。持也。《說文》曰:指摩也[1]。

掍　胡本切。同也。

扣　枯後切。擊也。又音寇。

捷　疾葉切。剋也,勝也。

搜　色流切。數也,聚也,求也,勁疾也,閱也。

搜　同上。

---

[1]　今本《說文》作"指麾也",是。

戁 古文。

換 胡館切。易也,貸也。

掖 余石切。扶持也,小掖門也,以手持人臂也[1]。又臂下曰掖。

擗 脾役切。拊心也。《詩》曰:寤擗有摽。亦作辟。

挍 古效切。報也。

抑 於陟切。美也,意也,冤也,疑辭也,損也,按也。

掃 敕細切。《詩》云:象之掃也。所以摘髮。又都悌切。

撤 直列切。剥也,治也,警也[2]。

撰 助纘切。數也。又持也。

摠 子孔切。將領也,合也。

揔 同上,俗。

趨 祖本切。《曲禮》曰:君子恭敬撙節。撙猶趨也。

揫 側九、子侯二切。行夜設火以備也。

拭 書翌切。清淨也。

搢 子信切。插也。

摝 力穀切。《周禮》曰:三鼓摝鐸。謂掩上振之為摝。

掠 力尚、力酌二切。掠劫財物。

挴 莫改切。貪也。

撏 徐林切。取也。又視占切[3]。

撌 居垂切。裁也。

攍 余征切。擔也。《莊子》云:攍粮而趣之。本亦作贏。

拂 扶畢切。推擊也。

---

① 以,原作"从",據宋11行本改。

② 《左傳·宣公十二年》:"且雖諸侯相見,軍衛不徹,警也。"此處"警也"為誤訓。

③ 切,原作"也",據宋11行本改。

揔　苦忽切。推擊也。

拚　普槃切。弃也。又音泮[1]。

撈　路高切。取也，辭也。

搪　達郎切。搪揬也。

摏　舒庸切。《左氏傳》云：以戈摏其喉。摏，衝也。

摋　蘇割切。側手擊曰摋。

攤　奴旦切。按也。又他丹切，開也。

捌　補別切。物不捌。又音八。

搂　力翦切。運也。

攖　伊成切。結也。

掜　吾禮切。《莊子》曰：兒子終日握手而不掜。

扒　鄙殺切。擘也。

攄　丑於切。擬也。

攡　力支切。《太玄經》云：玄者，幽攡萬物而不見其形。攡，張也。

抆　武粉切。拭也，拒也[2]。

捽　蒲骨切。拔也。

擽　郎的切。捎也，舒也。

扢　柯礙、何代二切。摩也，取也。

押　古狎切。輔也，檢也。又烏甲切，押，署也。

掐　口洽切。掐，抓也。爪按曰掐。

扽　都困切。引也，撼也。

捏[3]　丈生切。舉也。

摍　所育切。擊也。

─────────────

① 泮，宋11行本作“伴”。
② 《玉篇校釋》改“拒”爲“拒”，是。
③ 字頭原訛作“捍”，據宋11行本改。

撽　記邵切。《漢書》注云：撽謂拘持之也。

攇　虛偃切。疑也。

㧊　先全切。引也。

捻　乃協切。指捻。

揌　於旅切。擊也。

揈　呼宏切。擊聲。

拘　呼縣切。擊也。

抾　丘之、丘居二切。兩手抾也。

抛　普交切。擲也。

搓　吾可切。差也。

抮　火典切。引戻也。

揀　力見切。擇也。又音簡。

搦　女角切。搵也。

抐　乃兀切。搵抐也。

揞　於感切。藏也。

揩　千計切。挑取也。

扭　竹有切。按也。又音紐，手轉皃。

攉　口淮切。摩拭也。

挸　胡改切。撼動也。

摐　七凶[1]、楚江二切。《子虛賦》云：摐金鼓。摐，撞也。

擡　大才切。動振也[2]。

摓　口居切。擊也。

搐　普力切。擊也。

抹　莫葛切。抹搦，滅也。

---

① 七凶，宋11行本作“士凶”。

② 動振也，宋11行本作“擡起也”。

掾　蒲角切。擊也。又匹角切。

摺　側林切。急疾也。

捍　子篤切。早熟。

擿　普麥切。《西京賦》云：流鏑擿擽。謂中物聲也。

揰　俞桂切。裂也，挂也。

擨　子藥切。摑也，捎也。

捴　達骨切。衝捴也。

摸　亡胡切。手摸也。又音莫，摸捼也。

捼　素各切。摸捼也。

挮　他弟切。去涕洟。

揢　吳角切。抨也。

撍　下結切。束縛也。

撻　紀善切。捵撻，醜長皃。

捵　丑善切。捵撻。

捆　口袞切。取也，齊等也，織也，抒也，纂組也。

捌　古八切^①。捌擊枳敔，所以止樂也。本亦作戞。

搎　蘇昆切。捫搎猶摸捼也。

抈　于筆切。抈揘，擊也。

撆　亡結切。撆揳，不方正也。

揘　胡盲切。抈揘，拔也。

搇　呼麥切。搇，裂也。

撯　都管切。轉篗也。

撝　禹鬼切。逆追也。

抓　古華切。引也，擊也。

攡　莫規切。攡拘，山名。

搙　苦攜切。中鉤也。

搂　子人切。琴瑟聲。又音臻。

揳　下街切。挾也，扶也。

抌　如甚、女甚二切。搦也。

扏　渠鳩切。緩也。

㧀　古文。

揩　可皆切。摩拭也。

𢭂　七没切。摩也。

扨　與紙、與支二切。加也。

㧻　舒育切。拾也。

擾　乃鳥切。擿也。

搋　先火切。揣擊也。

抁　弋選、弋贄二切。動也，搖也。

挽　同上。

㧀　徒結切。擿也。

捖　乎官切。摶圓也。《周禮》注云：捖摩之工謂玉工也。

搀　充野切。搀，開也。

揸　諸野、尺野二切。擊也。

搧　渠列切。猛暴也。

搉　先盍切。破聲。

撨　先弔、先凋二切。擇也。

摕　竹略切。擊也。

搰　公殄切。拭面。

掍　同上。

搨　他德切。拳打。

挕　乃結切。捻也。

捺　乃曷切。搦也。

擷　恪穎切。竟也。

擖　五曷切。擊也。

揌　先才切。振也，擡揌也。

扼　乃果切。扼摘，趙、魏云也。

揭　渠列切。負揭也。

扴　公八切。刮也。

授　寺劣切。拈也。

擔　丁甘切。負也。

拡[1]　公壞切。擾也。

挌　莫格切。擊也。

扭　尼倚切。掎扭。

扑　普卜切。打也。

捱　下哀切。觸也。

抵　丁弟切[2]。

抄　素何切。《禮記》注：煮鬱和以盎齊，摩抄涷之，出其香汁。亦作莎。

揎　達年切。揚也。

扨　子一、子列二切。擿也。

抯　壯加、才野、子野三切。取也。

擉　初朔切。指也。《莊子》曰：冬則擉鼈于江。刺鼈也。

帗　九矜切。以巾覆物。

摸　亡殄切。塗也。

---

① 拡，棟亭本同，宋11行本作"抎"，《廣韻》作"抎"，未詳。

② 宋11行本作"抵、抵，二同。丁弟切"。

摞　力戈切。理也。

撖　口檻切。挂也。一曰危也。

捶　當果切。量度也。

撓　乃飽、乃教二切。撓亂也。又音蒿。

擷　何結切。扱衽也。

捚　口耕切。琴聲。《論語》曰：捚爾，捨瑟而作。與鏗同。

挽　亡遠切。引也。與輓同。

攘　公壞切。毀也。

担　丁但切。拂也。

捩　吕結切。捘也。

擯　卑振切。相排斥也。

攅　子幹切。解也。

捏　宅耕切。剌也，撞也。

㧻　知朔切。剌木也，擊也。

揪　呼高切。除也。亦拔田草。或作薅、茠。

捂　吾故切。受也。又斜挂也。

揀　初革切。馬筴也。又扶揀。

藻　子了切。剽截也。

擴　古莫切。引張之意①。

搉　同上。

抦　悲景切。執持也。

搥　丁回切。摘也。

揕　知鴆切。右手揕其胷。揕，摏也。

搋　囚絹切。長引也。

———————

① 引張之意，宋11行本作“張引之意”。

攙　仕銜切。攙捔,貫刺之也。又楚銜切。

扐　苦絞切。古文巧。

捵　次然切。遷徙也。

揀　先勇切。古悚字。敬也。

扐　書由切。古收字。聚也。

掎　俱爲切。戴也。

撎　古會切。收也。

揁　且定切。捽也。

摵　子育、所六二切。到也。

掃　蘇道切。除也。《禮記》曰:汎掃曰掃。作埽同。

捅　先孔切。搏捅,引也。

折　士列切。斷也。又之舌切。

捧　孚勇切。兩手持。

摣　仄加切。取也。

搄　如勇切。推車也。

掮　余忍切。《西京賦》曰:掮地絡。掮,謂申布也。

攏　力同切。馬攏頭。

摠　子公切。數也。

撦　余遮、弋之二切。撦撤,輕笑皃。

撤　弋朱切。撦撤。

挼　奴和、奴迴二切。擊也。

抹　止臾切,又章喻切。

掄　力昆、力均二切。擇也。

抝　客加切。將也。

扠　楚牙切。橫扠也。

攞　力多、力可二切。揀攞也。

摵　丑皆切。以拳加人也。

抓　側交切。抓痒也。

振　之仁切,又之刃切。動也。

掀　許言切。舉也。

攐　扶袁切。攐捼也。

挐　丑魚切。挐蒱也。

攤　他丹切。攤蒱,賭錢也。

批　許誇切。批,攦也①。

揅　吉研切。縣名。又胡堅切。

捫　息倫切。

搓挪　上七何切②,下奴多切。搓挪也。

揎　息全切。捋也。

摜　古郎切。摜舉。又古浪切。

摖　桑孤切。摸摖也。

撾　陟瓜切。打鼓也。

捵　直庚切。牚也。

搶　初庚切。攙搶,妖星也。又七良切。

撐　丑庚切。撐拄。又丑孟切。

摼　口耕切。打也。

搊　楚尤切。手搊也。俗作揫。

搎　力瞻切。打鼓也。

搯　徒聊切,又去周切。

摱　莫辦切。打也。

搟　居言切。挐蒱彩。

① 攦,原作“爲”,據棟亭本改。
② 七何,宋11行本作“士何”。

攔　力丹切。遮攔也。

撯　他丹切。擎也。

揁　知盈切。揁，引也。

拎　力丁切。手懸捻物也。

掔　去賢、去見二切。掔，挽也。

揀　都籠切。打也。

掾　余專切。把掾也。

撬　去蕘切。撬，舉也。

攲　去寄切。擎也。

攂　力堆切。研物也。

撫　芳無切。張也。

搓　蒲摩切。斂聚也。

搒　博忙切。搒，略也。《説文》北孟切，掩也。

抧　日之切。羍也。

攦　許宜切。

抷　匹眉切。披也。

揃　竹萌切。引也。

揉　筆永切。執也。

抪　側九切。執抪也。

揻　口減切。不安。

扡　口犯切。取也。

揰　都統切。弃也。

抮　丑忍切，又他典切。

捹　方刜切。動捹也。

攈　苦卯切。攈，捉也。

捈　語鬼切。懸也。

揣　他果切。俗云落。又羊捶切。

攁　羊水切。攁弃。

撅　許繭切。戾也。

擵　匹眇切。落也。

拷　苦老切。打也。

㨔　奴感切。㨔，搦也。

㨪　户猛切。横也。

撻　丑善切。擊撻也。

揗　思尹切。拒也。

揔　居偃切。屋上揔也。

捖　胡款切。打也。又苦管切。

拃　側板切。摸拃也。

拂　芳隴切。拂，搯也。

搜　先勇切。執也。

拆　齒隻切。擊也。

撢　巨隕切。撢束。

拄　張庾切。指拄也。

扺　側買切。擊也。

捒　阻色切。打也。

㩖　居影切。

撓　下巧切。擾也。

㧖　苦敢切。打㧖也。

採　七宰切。採摘也。

㧈　烏狡切。㧈折也。

撍　子感切。

拶　子葛切。逼拶也。

摀　火講切。擔摀也。

摻　所斬切。又執袂也[1]。

祼　烏果切。

扰　丁感切。擊也。

挭　古杏切。挭櫟也。

捧　蒲本切。車弓也。

挏搖　上烏可切，又烏寡切，下力可切。搖也。

抖擻　上多口切，下思口切。抖擻，起物也。

搗　他浪切。推。

攂　力對切。攂鼓也。

捛　力刃切。扶也。

撎　於覲切。撎，劑也。

拒　强舉切。抵也。

掟　陟猛切。揮張也。

摒　必政切。摒除。

擋　丁浪切。摒擋。

挏　胡化切。寬也。

撕　初鑑切。投也。又山攬切。

挎　去鳳切。捼挎也。

攦　力帝切。攦，裂也。

挼　而稅切。扟也。

搋摘　二同。式至切。把兒。

挀　徒鐙切。

掓　丁亂切。打掓。

***

[1]　又執袂，原作"反執抉"，據棟亭本改。宋11行本作"執抉"。

攥　初患切。攢攥也。

揸[①]　七个切。遇。

攃　力宕切。擊。

扲　渠嚴切。記也。

揍　七奏切。投。

扰　于救切。福。

授　子鳩切。

搧　式戰切。動也。又失然切。

搞　口告切。

搭　多蠟切，又他蠟切。摸搭。

搨　他蠟切。拹搨也。又都盍切，手打也。

撲　丈甲切，又時列切。數著也。

扻　阻合切。挈也。

掋　慈昔切。擊也。

掮　息節切。出物也。

攕　前薛切。

捌　他歷切。伐捌也。

挵　他谷切。杖指。

撔　使育切。擊也。

撖　序六切。打甚兒。

捔　古岳切。掎捔。

撥　補末切。《説文》曰：治也。

扎　州戛切。俗札字。

捽　古鐥切。改也。

撶　彬密切。刺也。

搤　彌必切。拭也。

托攪　二同。他落切。推也。

攎　徒撖切。排。

擸搙　二同。乃叶切。撇擸也。

攉　火郭切。揮攉。

捇　張略切。打也。

捐　于勿切。擲捐也。

捽　力没切。捽也，捋也。

技　匹角切。打也。

捩　力計、力結二切。拗捩也。

㧞　普活切。《説文》曰：推也。

拔　蒲八切。擢也。又蒲未切。

授　子結切。斷絶也。

擽　力的切。指劃。

撽　七葉切。飯㮣也[1]。

搋　初責切。扶搋也。

搕　口合切。打也。

摑摑　二同。古獲切。掌耳。

掴　古獲切。批掴也。

揠　烏拔切。《孟子》云：宋人有閔其苗之不長而揠之者。揠，拔也。今呼拔草心爲揠也。

扸　星歷切。俗析字。

扟　所巾切。從上挹[2]。

---

① 㮣，宋 11 行本作 "操"。
② 挹，原作 "捉"，據楝亭本改。

掏　徒刀切。掏擇。

収部第六十七,凡二十六字。

収　居竦切。《説文》云:竦手也。亦作𢬲。

𥮐　多曽切。籀文登。

𡴩　公到切。古文告。

𥛝　豬吏切。古文置。

奉　扶拱切。承也。

丞　侍陵切。繼也。《説文》:翊也。

奐　呼舘切。《禮記》曰:美哉,奐焉。奐,衆多也。

龕　於檢切。蓋也。又古南切。

𥝥　古文。

弄　余六切。《説文》曰:兩手盛也。又居六切。

兵　彼榮切。《説文》曰:械也,从斤。斤,兵也。

罧　余石切。引給也。《説文》作𦥑①。

舁　渠記、渠基二切。舉也。

异　余吏、余之二切。舉也。

𢍀　記倦切。《説文》曰:搏飯也。

弄　良棟切。玩也。《詩》云:載弄之璋②。

戒　居薤切。防患也。

𢎺　渠追切。持弩閑拊也。

𦥔　紀庸切。

弈　余石切。《説文》云:圍棊也。

具　渠句切。《説文》云:共置也。

弃　去至切。古文棄。廢也。

---

① 給、文,原殘,據棟亭本補。

② 弄、璋,原殘,據棟亭本補。

弉　子養切。助也。

獘　毗制切。俗獘字。

弆　渠京切。舉也。

罤　猪利切。置也。

䜌部第六十八，凡三字。

䜌　普姦切。《說文》云：引也。

變　力全切。攀戀。

燊　輔袁切。《說文》云：驚不行也。今作樊。

舁部第六十九，凡八字。

舁　與居切。共舉也。

𦥌　且延切。《說文》云：升高也。

𦥑　同上。

𦥧　古文。

與　余舉、余據二切。用也。《說文》云：黨與也。

异　古文。

臾　苦魂切。古文坤。

興　虛凝切。盛也，起也。又許應切，託事也。

臼部第七十，凡四字。

臼　居六切。叉手也。兩手捧物曰臼。

要　於宵切。《說文》曰：身中也。象人要自臼之形。今為要約
　　字。又於笑切。

𦥞　同上。

嬰　古文。

爪部第七十一，凡六字。

爪　壯巧切。《說文》云：丮也。覆手曰爪。象形。

爫　諸養切。《說文》云：亦丮也。从反爪。

孚　撫俱切。《説文》云：卵孚也。一曰信也。

采　古文。

爲　于嬀切。《爾雅》曰：造作爲也。俗作為。

𤔔　古文。

丮部第七十二，凡十字。

丮　居逆切。《説文》云：持也。象手有所丮據也。

𠬝　居玉切。《説文》云：亦持也。从反丮。

埶　魚制切。種也。

巩　記奉切。抱也。或爲𠬬。

孰　示六切。《説文》云：食飪也。《爾雅》云：誰也。

𩚳　咨代切。始也，設食也。

𨑊　其虐、紀逆二切。相踦𨑊也。

𡙇　朱立切。古文埶。拘也。

𢧕[1]　胡瓦切。擊踝也。

斲　竹角切。斫也，削也。亦作𣃗。

鬥部第七十三，凡十二字。

鬥　都豆切。《説文》云：兩士相對，兵仗在後[2]，象鬥之形。今作門，同。

鬭　當候切。鬥，爭也。

鬪　上同，俗。

鬩　胡絳切。鬩也。

鬩　呼狄切。爭訟也，很也。

鬮　匹賔切。爭亂也。

---

① 字頭原訛作"踝"，據澤存堂本改。

② 仗，原作"伏"，據棟亭本改。

鬮　居黝、居稠二切[1]。手取也。

鬫　莫氏、乃弟二切。褊狹也。

闄　吉了、力求二切。殺也。

閿　乎犬切。試力士錘也。

闞　撫文切。《說文》云：鬭連結闞紛相牽也。

閟　同上。

丩部第七十四，凡二字。

屮　作可切。《說文》云：左手也。今作左。

卑　補支切。下也。《易》曰：天尊地卑。

又部第七十五，凡三十九字。

又　有救切。《說文》云：手也。象形。

右　于救切。《說文》曰：手口相助也。又于久切。

厷　古薨切。《說文》云：臂上也。亦作肱。

厶　古文。

叉　測加切。指相交也。

叉　仄巧切。《說文》云：手足甲也。

取　且宇切。資也，收也。

父　符府切。《說文》云：矩也，家長率教者也。

叟　莫骨切。古沒字。《說文》曰：入水有所取也。

曼　亡販切。長也。《呂氏》云：目不視靡曼之色。

叜　蘇后切。老也。或作叟。

宨　籀文。

燮　素協切。和也，大熟也[2]。

燮　籀文。

---

① “二”字原脫，據宋11行本補。
② 《篆隸萬象名義》作“火熟也”。

曟　古文申字。

尹　于準切。治也。

㞶　古文。

夬　公快切。決也，《易》卦名。

叝　側家切。取也。

㪬　所劣切。拭也。

叝　力尸切。引也。

叚　扶目切。改治也。

反　非遠切。反覆也。

𠬡[①]　古文。

及　渠立切。逮也。

弓　古文。

秉　布永切。持也。

叜　救勞切。滑也。一曰取也。

叡　諸芮切。卜問吉凶曰叡。

叔　舒六切。《說文》云：拾也。俗作尗。

度　徒故切。尺曰度。《說文》云：法制也。又徒各切，揆也。

叐　于九切。同志爲叐。今作友。

友　同上。

羿䎜　並古文。

彗　祥歲切。掃竹也。或作篲。

叚　居馬切。借也。

叚　同上。

叞　苦壞切。叞，息也。

────────────

① 反，原訛作"叐"，據棟亭本改。

玉篇卷第七凡十一部

足部第七十六，凡二百九十一字。

足　子欲切。《説文》云：人之足也，在體下。从止、口。《易》云：震爲足。

躔　徒奚切。《説文》云：足也。

蹄　同上。

跟　柯恩切。《説文》云：足踵也。亦作䟈。

踝　胡瓦切。足踝也。

跖　之石切。《説文》曰：足下也。

蹠　同上。又楚人謂跳曰蹠[①]。

跪　渠委、丘委二切。拜也。《聲類》云：跽也。

踦　居綺、丘奇二切。恐人踦乃身，迂乃心。踦，曲。迂，避也。

跽　奇几切。擎跽，曲拳也。

---

① 跳，原訛作"蹠"，據棟亭本改。

跱　蒲故、蒲各二切。蹈也。

跡　達的切。《説文》云：行平易也。《詩》云：跡跡周道。又子六切。

躍　渠俱切。《説文》云：行皃。《楚辭》云：右蒼龍之躍躍。

踖　子石切。踧踖也。

蹟　在亦切。踐也。亦作踖。

蹌　七羊切。行皃。

蹡　同上。

躡　女涉切。登也。《説文》云：蹈也。

踽　九禹、區禹二切。獨行皃。《詩》曰：獨行踽踽。

躺　他卯切。踐處也。又行速也。

趴　芳付切。趣越皃。亦作赴。

踰　與俱切。《詩》云：無踰我里。踰，越也。

跀　詞月切。走皃。

蹟　子亦切。小步也。

蹻　渠略、居略二切。《説文》曰：舉足行高也。《詩》云：小子蹻蹻。

躩　丘縛、居縛二切。足躩也。

傄　舒育切。疾也。

蹌　七羊切。《説文》曰：動也。《書》云：鳥獸蹌蹌。相率舞也。

躋　子兮切。登也。

踴　俞冢切。跳也。《左氏傳》云：曲踴三百。

跧　莊攣切。《説文》云：蹴也。一曰卑也，縈也。

躍　余灼切。跳躍也。《詩》云：踊躍用兵。

蹙　七六、子六二切。蹴蹋也。

蹴　同上。

蹋　徒闔切。踐也。

蹈　徒到切。踐也。

躔　直連切。踐也。

踐　慈翦切。《詩》云：籩豆有踐。踐，行也。

踔　敕卓切。跛也。踔踔，跛者行。

踸　丑甚切。踸踔。

跊　同上。

踵　之勇切。足後。《禮記》云：舉前曳踵。

蹛　都賴、直例二切。踶也。

跊　時紙切。樹也。

蹩　蒲結切。蹩躠，旋行皃[1]。一曰跛也。

躠　私列切。蹩躠。

踕　大叶切。踕足也。

蹢　丈隻切。蹢躅，行不進。又都歷切，蹄也。

躑　丈隻切。亦躑躅。

躅　馳録切。蹢躅也。

躔　同上。

踶　徒計切。蹋也。《莊子》云：馬怒則分背相踶。

踤　財律切。觸也，駭也。

踃　餘昭切。跳也。

跳　徒彫切。《説文》：蹶也。一曰躍也。

蹶　渠月、居月、居衛三切。《説文》：僵也。一曰跳也。

蹷　同上。

躙　《説文》同上。

趻　之仁、之刃二切。動也。

躇　徒加切[2]。躇跱不前。

---

① 皃，原作“見”，據棟亭本改。
② 徒加切，宋11行本同，棟亭本作“陳如切”。

跁[1] 補艾切。步行獵跛也。

踏 他合切。踏跋也。

跋 先荅切。進足有所拾。

跲 渠劫、居業二切。躓也。

跮 翼世、丑世二切。超踰也。

蹎 丁千切。蹎跋也。

跌 徒結切。仆也。

踢 徒郎切。跌踢也。

蹲 在昆切。《説文》云：踞也。

踞 記恕切。《大戴禮》曰：獨處而踞。踞，蹲也。

踣 蒲北、匹豆二切。凡殺人者，踣諸市。踣，僵尸也。

跛 布火切。跛足。又碑寄切。《國語》云：立無跛。跛，不正也。

蹇 羈演切。跛也。

蹁 蒲堅切。足不正。

跻 渠追切。脛肉也。一曰曲脛也。

踒 於臥切。足跌也。

跣 蘇殄切。跣足。《書》曰：若跣不視地。

跂 蹝跂切。有跂踵國，其人行，腳跟不著地。

跔 渠俱、居朐二切。天寒足跔。寒凍，手足跔不伸也。

踾 口宨切。瘃足也。

躧 所倚、所買二切。《説文》云：舞履也。

蹝 同上。

跟 何加切。足所履也。

跸 扶謂切。刖足也。《書》曰：跸辟疑赦，其罰倍差。 亦

---

① 字頭原作“跟”，宋11行本同，據棟亭本改。

作刞。

踼　《字書》云：亦跰字。

跀　五刮、五厥二切。司寇掌跀罪五百。跀，斷足也。亦作刖。

䠞　同上。

䟸　甫亡、蒲庚二切。《説文》云：曲脛馬也。

距　渠吕切。雞距也。

趹　古穴切。疾也。

跰　魚見切。《爾雅》曰：騆蹄趼。謂蹄如趼而健上山。

䠾　禹㧻切。《説文》云：衛也。

蹼　補木切。《爾雅》曰：鳬鴈醜，其足蹼。

路　吕故切。道路。

踀　丑屬切。踰也。

蹙　子陸切。《詩》曰：政事愈蹙。蹙，促也。

踇　莫后切。踇偶山。

踧　所陸切。《論語》曰：足踧踧如有循。

跂　亡遇切。長跪也。

捷　才協切。足疾也。

蹪　徒雷切。仆也。

蹕　比栗切。《周禮》：隸僕掌蹕宮中之事。蹕，謂止行者。

蹯　輔袁切。熊掌也。《左氏傳》曰：宰夫胹熊蹯不熟。

蹞　同上。

躍　餘灼切。登也，拔也。

躊　直留切。躊躇也。

躇　直於切。躊躇猶猶豫也。

跦　陟俱切。行皃。

蹶　渠勿切。足多力也。

躐　良涉切[1]。踐也。

跬　羌棰切。舉一足。

頍　同上。

躄　俾亦切。跛躄，不能行也。

躁　子到切。《易》云：震爲決躁。躁，動也。

踆　且遵切。退也。

趾　諸市切。足也。

蹉　采何切。蹉跎也。

跎　達何切。蹉跎。

蹟　子亦切。《詩》曰：念彼不蹟。不蹟，不循道也。

跡　子昔切。《左氏傳》曰：車轍馬跡焉。

跱　除几切。《爾雅》曰：室中謂之跱。跱，上也[2]。

蹀　徒篋切。躞蹀。

躞　蘇協切。躞蹀。

趹　褚律切。獸跡也。《山海經》云：赤水之西，流沙之東有獸，左右有首，名趹踢。

蹊　遐雞切。徑也。

跗　方俱切。《儀禮》曰：綦結于跗。跗，足上也。

趺　同上。

踞　女輒切。兩足不相過，楚謂之踞。

蹲　才含、才合二切。止也。

躒　令的切。動也。《大戴禮》曰：騏驥一躒，不能千步。

踉　吕唐切。踉蹡，欲行兒。

蹡　蒲唐切。踉蹡。

---

①　良涉切，原作“口涉切”，據棟亭本改。
②　上也，疑當作“止也”。

蹲　姝允、尺轉二切。蹲駮，色雜不同。

蹣　薄安切。蹣跚，旋行皃。

跚　先安切。蹣跚。

蹮　蘇田切。蹁蹮猶蹣跚也。

躇　如藥切。蹃足皃。

躦　徒頹切。走聲也。

跑　蒲篤切。蹴也。又蒲包切。

趵　方卓切[1]。足擊聲。

躇　才他切。蹋聲。

蹟　同上。

跙　才與切。行不進也。《太玄經》云：四馬跙跙。

踾　普力切。蹋地聲。

跐　祖解、子爾二切。蹋也。

𠌯　且欲切。迫也，速也。或作促、趗。

蹸　乃珍切。蹀跡也。

踊　普胡切。馬蹀跡。

趽　補孟切。散走也。《史記》云：歲星晨出爲趽踵。或作趜。

躂　他達切。足跌也。

蹳　呂絶切。踰也。

躟　仁羊、仁養二切。躟躟，行疾皃。

蹍　女展切。足蹈皃。

跁　蒲瓦切。跁跒，不肯前。

跒　口瓦切。跁跒。

跈　乃珍切。蹈也。

---

[1]　方卓切，原作“方車切”，據棟亭本改。

躝　阻流切。獸足。

踚　且獵切。踚踚,往來皃。

踏　他币切。足著地。

跣　公朗切。伸脛也。

踃　芳昭切。輕行也。

踡　具員切。踡跼,不伸也。

跼　渠足切。踡跼。

趴　渠幼切。趴䠀,䠀蹌皃[1]。

䠀　丘幼切。趴䠀。

跕　餘斂切。疾趨也。

肆　他忽切。蹂也。

跰　達堅切。蹋地聲。

躘　吕恭切。躘蹱,小兒行皃。

蹱　職凶切。躘蹱。

跉　力呈切。跉跅,行皃。

跅　丑丁切。跉跅。

踊　舒庸切。蹋也。

䠐　丘役切。踞皃。

踠　於合切。跛踠。

跮　丑利、丑栗二切。跮踱,乍前乍卻。

踱　丑略切。跮踱。又田各切。

蹔　徂濫切。不久也。與暫同。

蹂　仁柳切。踐也。

跾　丁戾切。蹋也。

---

[1] 趴䠀,棟亭本作“行”。

踓　千水切。蹩也。亦趡字。

薨　莫仲切。薨趥,疲行皃。

躝　六安切。踰也。

躁　子采切。走皃。

踃　先聊切。跳踃。

蹖　丘盛切。一足行皃。

跟　仕良切。東郡謂跪曰跟。跟蹬,拜也。

踑　普計切。偶也。

踔　補爾切。古髀字。股外也。

蹼　先卷切。冒獸足网。

顑　閭几切。古文履。踐也,禮也。

踁　何定切。腳踁。與脛同。

蹭　七亘切。蹭蹬。

蹲　時兖切。腓腸也。正作腨。

踂　胡唐切。獸迹。與远同。

蹸　丑世切。渡也。

蹴　徵劣切。跳也。

躪　吕振切。躪,轢也。

躝　同上。

趼　何諫切。脛骨也。與骬同。

跤　苦交切。脛也。亦作骹。

躔　他殄切。行皃。

跕　都牒、他協二切。跕,屟也。

踹　都館、市兖二切。足跟也。

蹤　子龍切。迹也。

跆　達來切。蹋跆也。

䟊 去俱切。跛行也。

跜 女時切。躨跜,虯龍動皃。出《靈光殿賦》。

躨 渠追切。躨跜。

踈 色魚切。慢也。

踟 直知切。踟躕,行不進也。

躕 直朱切。踟躕。

踽 舉愚切。足冷痛。

踰 相俞切。

踚 力迍切。行也。

蹳 步般切。蹳跚。

跘 步般切。

蹝 千來切。

蹻 口交切。

跓 曲王切。

跛 策涉切。踏。

蹭 七由切。

跼 他紅切。走皃。

踶 他兮切。踶蹋。

蹁 布眠切。行不正。

蹮 相然切。行。

踤 在魂切。

踺 式延切。行。

蹺 去堯切。舉足。

跠 羊脂切。跠踞。

跏 古牙切。結跏坐。

踶 都妻切。跌。

踜　魯登切。蹶也。

蹦　步登切。走。

蹲　士今切。

蹻　巨皎切。行。

趌　寺羊切。趨行。

躝　魯甘切。急行。

踤　烏賈切。行不正。

跁　蒲郎切。

蹼　去弭切。足開兒。

跓　直主切。勇足①。

躙　丑犯切。跂足。

跟　密云切。踔。

踩　都果、他果二切。行兒。

踴　與恐切。

躕　測角切。齒相近聲。又初六切,謹慎兒。

踹　尺兩切。踞也。

踇　莫后切。大踇指。

踠　於遠切。曲腳也。

蹊　葵淚切。足。

躇　初産切。騎馬。

躓　知利切。跲也。

跨②　口故切

跢　丁泰切。倒也。又丁佐切,小兒行也。

踵　胡困切。

───────────────

① 《廣韻》:"跓,停足。"此"勇足"疑當作"停足"。
② 字頭原作"跨",宋11行本同,據澤存堂本改。

踥　則倿切。蹋踥也。

䠞　盧倿切。蹋也。

蹌　昌占切。馬急行。

䠗　牛幼切。跛行。

跡　匹貝切,又蒲末切。急行皃。

䠅　户愛切。

𨁎　甫味切。急行皃。

䟹　落帶切。跛行也。

䠞　七外切。行皃。

䠧　徒故切。不履也。

𨀣　古狎切。行聲。

䟶　他各切。䟶弛。亦作跅。

䠠　多則切。行皃。

䟆　彼律切。走皃。

䟿䟍　二同。力谷切,又力玉切。行皃。

䟯　苦活切。䠐也。

𨇤　力交切。走。

踘　九六、其六二切。踘,蹋也。

䠱　九六切。足也。

䟵　魚曲切。行不正。

䠦　徒沃切。行不正。

䟽　許吉切。行。

䠇　圭律切。跛皃。

𧾷　初角切。行𧾷也。

踛　力竹切。翹踛也。

䟛　普末切。行也。

蹴　直列切,又癡列切。足。

跙　女六切。行。

踿　父六切。行皃。

跫　苦紅切。蹋聲。

跫　子力切。蹙也。

跨　苦瓦切,又苦化切。越也。

跋　步末切。跋躃,行皃。

蹬　徒亘切。蹭蹬。

疋部第七十七,凡四字。

疋　山居、山慮二切。《説文》云:足也。上象腓腸,下从止。《弟子職》曰[①]:問疋何止。古文以爲《詩·大疋》字。亦以爲足字。一曰疋,記也。

𤴡　山於切。門户青疏窻也。

𤴢　山於切。𤴢,通也,達也。《月令》云:其器𤴢以達。今作疏。

𤴣　之世切。姓也。王莽時有𤴣惲。

𠦬部第七十八,凡四字。

𠦬　公懷切。𠦬,背吕。今作乖。

脊　子亦切。背脊也。今作脊。

傘　音散。蓋也。

𠦬　苦媧切。𠦬,斜也。

骨部第七十九,凡八十六字。

骨　古没切。《説文》曰:肉之覈也。

髑　徒木切。髑髏,頭也。

髏　力侯切。髑髏。

---

① 曰,原作"也",據宋11行本改。

髃　牛口切。《説文》曰：肩前也。

髆　補各切。《説文》曰：肩甲也。

髀　補爾切，又步米切。股也。

骿　步田切。骿脅也。

髁　口卧、口禾二切。髀骨。又胡瓦切。

臒　渠月切。臀骨也。

髖　苦官、苦昆二切。髀上。

臏　蒲忍切。膝端也。《大戴禮》曰：人生朞而臏。

骺　光末切。骨端也。

髁　丘愧切。膝脛間骨。

骹　苦交切。脛也。《爾雅》曰：馬四骹皆白驓①。

骭　遐諫切。脛也。《爾雅》曰：骭瘍爲微。亦作骬。

骸　何皆切。骨也。《左氏傳》曰：析骸而爨。

骾　柯杏切。食骨留嗌中也。

髓　先委切。骨中脂也。

䯝　同上，出《説文》。

骼　丑歷切。骨間黄汁也。

體　他禮切。形體也。

骳　亡何切。痲病。

骼　柯額切。《説文》曰：禽獸骨曰骼。

骴　前賜切。《周禮》：蜡氏掌除骴。死人骨也。作胔同。

骴　前賜切。腐骨也。《聲類》云：此亦骴字。

鬠　公外切。五綵束髮。《説文》曰：骨擿可會髮者。《詩》曰：鬠
　　弁如星。

　　────────────────

　①　白，原作"曰"，據宋11行本改。

髂　於老切。膌骨。

髑　胡葛切。髑骱,肩骨。

骱　羽俱切。髑骱,缺盆骨。

骫　口亞切。膌骨。

骼骰　　並同上。

膋　乙吕切[①]。肩骨也。

骯　五丸切。骼骯也。

骶　丁計切。背謂之骶。又臀也。

鰲　五高切。蟹鈐也。

骲　蒲交、平剥二切。骨骲也。又蒲校切,骲擊也。

髎　力條切。髖也。

髊　於力切。胃髊。亦作臆。

髕　亡八切。髕骱,小骨。

骱　古八切。髕骱。

骭　口圭切。六畜頭中骨也。

髀　蒲益切。弓弨。

髁　口瓜切。髁骩,髂上骨。

骩　五瓜切。髁骩。

骹　下溝切。骺骹也。

骹　蒲葛切。肩髆也。

髇　呼交切。髇箭。

骽　他罪切。骽,股也。

臀　徒昆切。與臀同。

髑　虚玉切。《聲類》云:亦作頊。髑顱也,謂髑髏也。

髗　力胡切。頭髗也。

髁　公本切。《世本》：顓頊生髁，髁生高密，是爲禹也。

骰　孤魯切。或股字。脛本也。俗又音投。

骩　胡骨切。膝病。《聲類》云：骨差也。

骭　居岸切。《左氏傳》云：拉公骭而殺之。以手拉折其骭。

膺　於仍切。凶也[1]，親也，受也。亦作膺。

骲　口高切。骨。

骻　苦光切。骻骾，股骨也。

骾　魯唐切。股骨也。

髐　火交切。髐箭也。

脛　户經切。骨也。

軀　去俱切。

骼　式車切。骨。

骬　五加切。髂也。

髈　浦朗切。股也。又音旁。

骸　徒對切。

䯙　口會切。愚兒。

腔　苦紅切，又口江切。

骑　巨綺切。小骨也。

骳　百罵切。刀骳也。

髖　府貢切。灼[2]。

髂　胡代切。骨。

骻　口化切，又口瓦切。胥骻。

骳　與力切。小骨也。

---

① 凶，疑當作"胷"，建安鄭氏本作"胷"。
② 灼，疑當作"灼龜圻"。

髉　匹角切。骨箭也。

骱　都骨切。鳥鳴豫知吉凶。

骱　七没切。小骨也。

骲　北角切。

骴　知劣切。續骨也。

骽　胡郭切。

臆　於力切。骨。

劼　口骨切。用力也。

骯　口朗切。骯髒，體盤。

髒　子朗切。骯髒。

骩　郁詭切。骨曲也。

血部第八十，凡二十三字。

血　呼穴切。《説文》云：祭所薦牲血也。《易》曰：龍戰于野，其血玄黃。

衁　呼黃切。血也。《左氏傳》曰：士刲羊①，亦無衁。

衃　匹尤、匹才二切。凝血也。

盡　子仁切。氣液也。

峑　達零切。《説文》云：定息也。

衄　女鞠切。鼻出血也。

衈　奴冬切。《説文》云：腫血也。亦作膿。

醢　吐感切。《周禮》：醢人掌朝事之豆，其實醓醢。醓，肉汁也。又曰深蒲醓醢。

盬　同上。

薀　俎於切。《周禮》醢人掌供七菹。薀酢清菜。

---

① 刲，原作“封”，據棟亭本改。

衊　同上。

衊　居衣切。《説文》曰：以血有所別塗祭也。

衈　如志切。耳血也。

衈　思律切。憂也。

衊　許力切。傷痛也。《周書》曰：民罔不衊傷心。

衉　空紺切。羊凝血。

衊　同上。

盍　乎獵切。《説文》曰：覆也。又何不也。

盍　同上。

衊　莫結切。汙血也。

衈　虛鎮切。牲血塗器祭也。亦作衊。

澅　補胡切。申時食。籀文餔字。

盉　之承切。菹也。

肉部第八十一[1]，凡四百十七字。

肉　如六切。骨肉也。《説文》云：胾肉也。象形。

肉　同上。

月　同上。

朜　莫回切。《説文》曰：婦始孕朜兆也[2]。

肧　匹尤、普回二切。婦孕一月。

胎　他來切。婦孕三月。

肌　居夷切。肌膚也。

膚　府隅切。皮也。《易》曰：噬膚滅鼻。

肤　同上。

肫　之春切。面頯也。又鳥藏也。

---

① 八十一，原作"八十"，據棟亭本改。
② 切、曰，原殘，據棟亭本補。

騰　巨衣、居衣二切。頰肉也。

脣　食倫切。口脣也。

頤　古文,出《説文》。

脰　徒姤切。《公羊傳》曰:宋萬搏閔公,絶其脰。脰,頸也。

肓　呼光切。《説文》曰:心上鬲下也。《左氏傳》曰:居肓之上①。

腎　是忍切。水藏也。

肺　芳吠切。金藏也。《太玄經》云:火藏。肺之言敷也。《詩》
　　云:自有肺腸。

胃　禹貴切。《白虎通》曰:胃者,脾之府。

䀇　《説文》胃。

脾　步彌切。土藏也。《白虎通》曰:脾之爲言裨也。

肝　居寒切。木藏也。《白虎通》云:肝之爲言行也②。

膽　都敢切。肝之府也。

腸　直良切。腸胃也。

脬　普交切。膀胱也。

膏　公勞切。《説文》曰:肥也。《周禮》曰:春行羔豚膳膏香。

腴　與俱切。腹下肥。

肊　於力切。臆也。

臆　同上。

膰　扶袁切。膰,肝也。

膺　於陵切。臆也。

膀　步方切。《説文》:脅也。亦作髈。

胱　古黄切。膀胱也。

胷　許恭切。膺也。亦作匈。

---

① 居肓之上,棟亭本作“病在肓之上”。
② “行”字疑誤,棟亭本作“幹”,澤存堂本作“扞”。

背 補對切。背脊。又步内切。

脅 虚業切。身左右兩膀也[①]。

脟 力輟切。《説文》曰:腸間肥也。

肋 魯得切。脅骨也。

胂 舒仁切。夾脊肉。

脢 莫回切。《易》曰:咸其脢。脢者,心之上口之下。

脥 同上。又莫載切。

肩 居妍切。肩髆也。

胳 公洛切。腋下也。

胠 去劫、丘慮、丘閭三切。腋下也。

臂 補致切。手臂也。

臑 奴到切。臂節也。

肘 張柳切。臂節也。

肚 同上。

肪 府防切。脂肪。

臍 在奚切。膍臍。《左氏傳》曰:後君噬臍。亦作齎。

腹 弗鞠切。腹,肚。

胯 口故切。《史記》曰:不能死,出我胯下。胯,股也。

膲 子遥切。三膲。

脽 是惟切。尻也。

胅 古穴切。胅,孔也。

股 公户切。髀也。《易》曰:巽爲股。

脛 胡定切。腓腸前骨也。《史記》曰:斮朝涉之脛。

腳 紀略切。腳脛也。

---

① 兩膀,原作"膀胱",據楝亭本改。

胻　户當切。《説文》曰：脛耑也。

肶　至移切。體四肶，手足也。

肢　同上。

腓　扶非切。脛腨也。

腨　時兖切。腓腸也。

肖　先醮切。似也。《書》曰：説築傅巖之野，唯肖。

肥　扶非切。《説文》云：多肉也。

胤　余振切。嗣也。

胤　古文。

胄　直又切。裔也。

膻　徒亶切。肉膻也。

肸　呼乞切。振眒也。

䑋　如掌切。《方言》：䑋，肥也。

腊　口駭、公埋二切。臞也。

脙　呼尤、渠尤二切。瘠也。齊人謂瘠腹爲脙。

膌　同上。

臠　力兖切。肉臠也。又力官切，臠臠，瘠皃。

腈　才亦切。臞也。

臞　渠駒切。少肉也。

脱　徒活、吐活二切。肉去骨。《左氏傳》曰：無禮則脱。脱，易也。

胗　之仍切。駮也。

胗　章忍切。脣瘍也。

肒　胡玩切。《説文》曰：搔生創也。

胼　步田切。皮厚也。《史記》曰：手足胼胝。

胝　竹尼切。胼胝。

肬　羽流切。贅也。

胅 大結切。骨差也。

腫 之勇切。《説文》云：癰也。

𦜗 香靳切。腫起也。

朋 餘忍切。脊肉也。又丈忍切。

臘 來盍切。《説文》云：冬至後三戌爲臘，祭百神也。

膢 力侯切。飲食祭也。冀州八月，楚俗二月。

朓 通堯、他召二切。祭也。

胙 在故切。《説文》曰：祭福肉也。

肴 户交切。俎實。又啖肉也。

脤 時忍切。以脤膰之禮親兄弟之國，皆社稷宗廟之肉也。

隋 他果切。《説文》曰：裂肉也。又徒果切。

腬 爾由切。肥美也。

膳 時扇切。《説文》曰：具食也。《周禮》膳夫掌王之食飲膳羞。膳之言善也。又云膳，牲肉也。

腆 他殄切。厚也。

䐆 古文。

腯 徒骨切。豕曰腯，肥也。

胡 護徒切。何也。《書》曰：弗慮胡獲。《説文》云：牛頷垂也。

胈 蒲結切[1]。肥肉也。

胘 何千切。牛百葉也。

膍 婢脂切。鳥膍胵。

肶 同上。

胵 充脂切。鳥胃也。

膘 扶小、孚小二切。牛脅後髀前革肉[2]。

---

① 蒲結切，原作"巷結切"，據棟亭本改。
② 革，原作"草"，據棟亭本改。

膟　力述切。膟膋,腸間脂也。

臂　同上。

膋　力彫切。《詩》曰:取其血膋。膋,脂膏也。

膫　同上。

胊　渠俱切。脯也。《禮記》曰:左胊右末。

脯　方武切。脯,腊也。

腊　思亦切。乾肉也。《周禮》腊人掌乾肉。

腒　巨於、記於二切。乾雉也。

膊　普各切。《周禮》掌戮掌斬殺賊諜而膊之。膊謂去衣磔之。

膞　《字書》同上。

鱐　所流切。《周禮·庖人》:夏行腒鱐。鱐,乾魚也。

胥　思餘切。蟹醢也。

肍　渠留切。熟肉醬也。

脠　始蟬切。生肉醬也。

臡　奴雞切。麋臡,肝髓醢也。又有骨醢也。

脰　蒲候切。豕肉醬。

膹　扶吻切。《説文》曰:膹也。

臇　子選、子遺二切。膹,少汁也。亦作燡。

胹　尔之切。煮熟也。

朘　桑衮切。熟肉内於血中和也。

腥　桑丁切。豕息肉也。

胜　桑丁切。犬膏臭也。

臊　蘇刀切。豕膏臭也。

膡　同上。

膮　呼幺切。豕肉羹[1]。

[1] 幺、豕,原殘,據宋11行本補。羹,原作"也",據棟亭本改。

腏　虛羊切。今肉中生息肉也。

臐　呼雲切。《儀禮》注云：臐，今時膗也，羊曰臐。

脂　之伊切。脂膏。《詩》云：膚如凝脂。

膩　女致切①。垢膩也。

膜　密各切。肉間膜也。

胾　側吏切。大臠也。

脿　治輒切。薄切肉也。

腌　於瞻、於劫二切。漬肉。《蒼頡篇》云：酢淹肉也。

臛　呼各切。羹臛也。

䐑　如灼切。肉表革裏。

脆　青歲切。《說文》曰：小兒易斷也。

脃　同上，俗。

膬　亦同上。又七絕切。

散　蘇旦切。《說文》曰：雜肉也。

膎　戶皆切。《說文》曰：脯也。

腩　良仰切。膎腩也。

腏　知劣切。挑取骨間肉也。

脂　胡監切。食肉不猒也。

肎　口等切。《說文》曰：骨間肉肎肎著也。一曰骨無肉也。

　　《詩》曰：惠然肎來。肎，可也。今作肯。

肯　同上。

肰　而旃切。犬肉也。然字從此。

剏　古文肰。

膪　充人切。起也。《埤蒼》云：引起也。

---

① 女致，原殘，據宋11行本補。

肽　他感切。《説文》曰：肉汁滓也。

胆　此據、且居二切。蠅乳肉中也。俗作蛆。

膠　古爻切。膠者，《考工記》注云：皆謂煮用其皮，或用角。

肙　烏衒切。小蟲。一曰空也。

臝　郎戈、郎果二切。獸名。

腐　扶甫切。《説文》曰：爛也[1]。《月令》云：腐草化爲螢。

脡　敕鼎切。脯胊也。

臚　力居切。鄭玄注《周禮》云：臚，陳也。

腍　如甚切。熟也。

臅　齒欲切。狼臅膏，謂臆中膏也。

脎　千代切。《山海經》云：耳鼠，食之不脎。脎，大腹也。

肱　古薨切。臂也。《書》曰：臣作朕股肱耳目。

胒　如志切。筋腱也。

腠　倉奏切。膚腠也。

脹　豬亮切。《左氏傳》：將食，脹，如廁。脹，痛也。《字書》亦
　　作痕。

膂　力佇切。脊骨也。《書》曰：爲股肱心膂。古與呂同。

腋　於亦切。胳肉也。《埤蒼》云：豕伏槽。

胖　普半切。牲之半體。《周禮》：臘人掌共膴胖。胖宜爲脯而腥。
　　胖之言半也。

𦙃　居義切。肉四𦙃也。

膒　於侯切。久脂也。

骰　胡木切。足跗也。

腩　奴坎切。煮肉也。

---

① 爛，原作"欄"，據宋11行本改。

腫 同上。

脰 餘之切。豬脰也。

胋 徒兼切。大羹也。

臉 初減切。臉臘，羹也。

臉 七廉切。臉臃。又力減切，臉臘。

膹 匹備切。盛肥也。

胺 乃罪切。魚胺。他罪切。腇胺。

腇 烏罪切。腇胺，肥皃。

膔 相力切。膔肉。

胔 疾移、七移二切。人子腸。

臄 渠略切。口上阿也。《詩》曰：嘉肴脾臄。

脢 苦禮切。肥腸也。東有無脢國人。

臀 徒昆切。《聲類》云：尻也。《易》曰：臀無膚。

膄 於六、於告二切。鳥胃也。《禮記》：鴇膄弈骨。膄，膈脛。

腩 之力切。《周禮》注：膠腩之類不能方，如脂膏敗腩。腩，黏也。

斦 渠衣切。俎也，敬也。

膳 詳廉切。《禮記》曰：三獻膳。沈肉於湯中也。

脞 倉果切。《書》曰：元首叢脞哉。叢脞，細碎無大略也。

臘 之力切。油敗也。《儀禮》曰：薦脯五臘，臘長尺有寸。臘猶脡也。

膝 思疾切。脛頭也。亦作㹈。

胉 普各切。脅也。

胍 力戈、古華二切。《聲類》云：手理也。

腋 羊益切。肘腋也。

臀 郎狄切。臀腿，强脂。

腿 丁奚切。臀腿。

臎 倉淚切。鳥尾上肉也。

腶　丁貫切。腶，籤脯也。

膭　胡對切。肥大皃。

胞　補交、匹交二切。胞，胎也。

腕　無阮、無怨二切。色肥澤也。又音問，新生草也。

䐴　記兩切。筋䐴也。

臅　烏酷切。膏臅。

膊　先臥切。膏臅。

脀　之丞切。俎實也。

膴　故胡切。大脯。

胿　先結切。臆中脂。

胐　同上。

膉　乙闃切。臆也。

胺　一曷切。肉敗也。

胅　達濫切。肴也。

腝　丈入、治輒二切。腝，灡也，生熟半也。《禮記》云：腥也。

肨　普江、普降二切。肨，脹也。

䐈　子力切。䐈臟，膏澤也。

臌　子六切。䐈臌。

膱　《埤蒼》同上。

朘　子雷切。赤子陰也。亦作㞊。《聲類》又作𡱝。

腸　竹賣切。𦞩肉也。

膔　匹遙、甫遙二切。膔膘，腫欲潰也。

膘　虛聊切。膔膘。

胮　薄江切。胮肛，脹大皃。

肛　呼江切。腫也，胮肛也。

臌　渠圓切。臌膗，醜皃。

朕 渠追切。朧朕。

臍 多計切，又徒黎切。臍胿，胅腹也。

胿 古攜切。臍胿。

肚 丁胡切。肚胍，大腹也。

胍 故胡切。肚胍。

盬 餘聲切。魯大夫名。

膾 古外切。肉細切者爲膾。

脁 虛放切。水名。

跚 先安切。脂肪。

胴 徒棟切。大腸也。

肨 蒲京切。肨胼，牛羊脂。

胼 上列切。肨胼。

肚 徒古、都古二切。腹肚。

膕 戈麥切。曲脚也。

脂 都罪切。脂脄，大腫兒。

脄 火罪切。脂脄。

膕 渠隕切。腹中膕脂也。

臗 口丸、孔昆二切。尻也。正從骨。

膨 蒲行切。膨脝，脹兒。

脝 許庚切。膨脝。

脖 蒲骨切。脖胦，胅臍。

胦 於良切。脖胦。

胲 古才切。足指毛肉。

膻 丁安切。膻胡，大腹。

豚 腊朔切。尻也。

膈 丘及切。胸脯也。或臆，乾也。

肎　餘職切。缺盆骨。

胈　蒲末切。禹治水,腓無胈。胈,股上小毛也。

臖　許證切。腫痛也。

膒　烏郭切。善肉也。

腯　尺尹切。腯,肥也。

腲　五哀切。腲,肥也。

胶　下交切。骹也。

膠　下結、下計二切。喉膜也。

肶　苦骨切。臀也。一曰胅出也。

臔　胡典切。肥也。

胥　古服切。胥膝,不密。

膝　知架切。胥膝。

膃　乙八、烏没二切。膃肭,肥也。

肭　女滑、奴骨二切。膃肭。

肺　匹見切。半體。

胭　於田切。胭喉也。

朦　莫孔切。大也,豐也。

朧　同上。

䁱　呼役切。䁱,視也。

㖊　似金切。古姓。

脗　莫粉切。口邊也。與吻同。

腱　渠言、渠建二切。筋本也。

腺　同上。

肑　伯卓切。手足指節之鳴。亦作𦙫①。又音的,腹下肉也。

---

① 節,原作"筋";𦙫,原作"䈄"。皆據棟亭本改。

膿　乃公切。癰疽潰也。亦作醲。

膟　先恣、先進二切。肉膟,腦蓋也。

朡　同上。

腯　陟於切。豕也。亦作豬。

脈　莫革切。血理也。《周禮》:瘍醫齘以養脈。

脉　同上。

肕　如振切。堅肉也。

腅　他紺切。食味美。

賤　在安切。獸食之餘也。

殘　同上。

臋　渠月切。尻也。亦作㞘。

脵　許梨切。臋之別名。或呻也。

脥　居協切。俗頰字。

腰　居杏切。或髚①。食骨留咽中也。本從魚。

臚　壯加切。鼻上皰也。本作皶。

膗　除有切。小腹痛也。

腢　俎立切。和也。

腎　時至切。俗嗜字。

肦　扶云切。大首兒。

臖　於井切。頸腫也。或作癭。

膇　思流切。或羞字。

脾　余證切。或孕字。

臂　直基切。古治字。理也。

胅　達冬切。古疼字。痛也。

———————————

① 髚,原作"骷",據棟亭本改。

臎 大各切。肫臎，無檢限。

臋 公對切。腰痛也。

腑 扶付切。《太玄經》：肺腑之行。

胛 古狎切。背胛。

肕 丁定切。肕，食也。

腥 於角切。厚脂也。

臗 魚矜切。肥臗也。

腔 去江切。羊腔也。

眶 去王切。眶腔也。

腬 如由切。腬，頓也。

䐄 余真切。脊肉也。

䏍 戶恩切。

膭 力賄切。膭膭，腫皃。

肝 許于切。鄉名。

膪 諸盈切。醋煮魚也。

膎 胡皆切。膎，脯也。

膴 亡古切[1]。土地腴美，膴膴然也。又訶姑切，無骨腊。

䏶 莫江切。

腤 於含切。煮魚肉。

䐶 子含切。腤䐶。又子荏切，䐶，脣病也。

肣 胡男切。舌也。又胡敢切，牛腹也。

胱 呼光切。

膇 七公切。病也。

朧 力董切。肥皃。

---

[1] 古，原作“吉”，據宋 11 行本改。

膉　七恭切。肥病。

膧　丑容切。均也。

腧　式注切。五藏腧也。

胒　烏茄切。足病也。

瘷　莫波切。漏病也。

膁　魚兼切。美也。又口簟切,膂左右虛肉處。

腈　子盈切。腈肉也。

䐏　古鴟切。腸病也。

腪　奴多切,又乃邪切。

腗　古魂切。穴蟲。

腈　七由切。曲腈①。

腜　市金切。病也。

胕　莫浮切。脊胕也。

腂　力水切,又作膟。皮起也。

膧　徒聾切。肥皃。

肌　扶聾切。妸肌。

腗　側師切。腊腗也。

膠　力由切,又去聲。

臅　弋佳切。肥也。

膊　補角切。皮破。又蒲角切,肉胅起。

膅　徒郎切。肥也。

膅　他郎切。肥皃。

脱　户繭切。腹脱也。

䐛　古横切。肥皃。

---

①　曲腈,原作"典腈",據棟亭本改。

脀　徒苓切。脯也。

臁　力鹽切。穴臁也。

腝　奴海切。肥腝也。

䐺　羊水切。䐺孔也。

腴　羊改切。肥也。又音與。

胼　同上。

脘　古卵切。胃脘。

朊　同上。又人陰異呼。

膬　初産切。皮起。

臎　七小切。脅臎。

腰　於消切。䯏也。本作要。

腑　方武切。藏腑。本作府。

胣　弋紙切。引腸也。

胹　而煮切。魚敗。

腿　他偎切。腿，脛也。本作骽。

膞　蘇本切。切肉也。

臏　毗忍切。臏骨也。又去膝蓋刑名。

腦　奴倒切。頭腦也。

𦜕　同上。

膦　呼講切。肥皃。

朣　多桶切。朣，肥也。

髓　相觜切。骨髓。本從骨。

𦝢　波美切。

膦　力民切。皮也。

腌　烏價切。腌臍，肥也。

膌　陟嫁切[1]。脛膌。

胈　蒲半切。肉。

膃　烏孔切。肥也。

腗　必忍切。腱子肉。

膡　羊水切。瘡也。

腜　都弄切。

腕　烏段切。手腕。亦作捥。

膇　直僞切。重膇病。

胅　女下切。

膈　亻究切。膈，脯也。

膱　之曳切。魚醬。

膝　息兔切。肥也。亦與㻛同。

腪　于郡切。膜。

膭　于貴切。皮。

膮　胡灌切。肥。

肧　普密切。吹肉也。

肦　許訖切。肦臠。

肐　許訖切。身振也。

腒　苦骨切。臋。

胊　居六切。

肶　普栗切。

肊　丑一切。滑皃。

腟　丑一切。肉生。

胳　下革切。肉。

---

① 陟，原訛作"脀"，據宋11行本改。

膈　女洽切。

胹　叱涉切。肉動也。

脄　力矚切。脂也。

膈　古額切。肎膈。

胳　古滑切。

婕　慈叶切。接。

腼①　初夾切。肉膪膪。

欨　許律切。牛肉也。

膊　北角切。

臙　縷迦切。驢腸胃②。

炙　之夜切。炙肉也。

膭　之日切。膭胇也，刀箭瘡藥。

脩　息流切。脯也。又長也。

腄　竹垂切。《説文》：瘢腄也。又馳僞切，縣名。

脞　楚佳切。脞胺，脯腊也。

膞　旨沇切。《説文》云：切肉也。

胏　仄里切。脯有骨也。《易》曰：噬乾胏。

胔　同上。又《説文》云：食所遺也。

筋部第八十二，凡三字。

筋　居勤切。《説文》曰：肉之力也。《周禮》：瘍醫以辛養筋。

筋　伯角切。手足指節鳴也。或作肑。

笏　渠建、巨言二切。筋之本。亦作腱。

力部第八十三，凡八十五字。

力　呂職切。勳也，强也。《説文》曰：筋也。象人筋之形。

---

① 字頭原訛作“腄”，據棟亭本改。
② 驢，原作“臙”，據棟亭本改。

勳　許軍切。《説文》曰:能成王功也。《書》曰:其克有勳。

勛　古文。

功　古同切。《説文》曰:以勞定國也。《書》曰:惟帝念功。

助　鉏據切。佐也。

勴　吕庶切。助也。

勖　同上。

劼　苦八切。固也。

務　亡句切。强也。《書》曰:樹德務滋。

勑　力代切。《説文》曰:勞也。

勖　莫夬切。勉也。《書》曰:勖相我邦家。

劂　渠月切。《説文》曰:强力也。

勍　渠京切。彊也。《左氏傳》曰:勍敵之人。

勁　吉聖切。彊也。《左氏傳》曰:中權後勁。

劭　上召切。勉也。

勉　彌辨切。强也。

勗　呼玉切[①]。勉也。《書》曰:勗哉,夫子。

勸　丘萬切。勉也。《書》曰:勸之以九歌。

勝　舒陵切。任也。又舒證切,强也。

劣　儲列切。發也。

勠　吕竹切。《書》曰:聿求元聖,與之戮力。陳力於人也。

動　徒孔切。作也。《易》曰:六二之動,直以方也。

勥　餘掌切。緜緩也。又勉也。

勱　力對切。推也。一曰懷也。

劣　力拙切。劣,弱也。

---

① 呼玉切,原作"呼五切",據宋11行本改。

勮　渠據切。務也。

勊　枯勒切。勊,勝也。

勩　與制切。勞也。

勜　同上。

勦　楚交、子小二切。勞也。

劵　巨眷切。勞也。

劬　渠俱切。劬,勞病也。

勤　渠斤切。勞也。

募　莫故切。求也。

勬　九員、九媛二切。勤也。

加　古瑕切。益也。

勪　方結切。大也。

勢　吾高切。健也。

勇　俞種切。果決也。

勃　蒲没切。卒也。

勡　匹照切。劫也。

劫　居業切。强取也。

飭　丑力切。正也。

勵　吕勢切。勸也。

勢　舒曳切。形勢也。

勘　苦紺切[1]。覆定也。

勔　彌淺切。勉也。

𪵑　方萌切。大也。

劮　餘質切。豫也。

---

[1]　紺,原譌作"緋",據宋11行本改。

劤 居僅切。《埤蒼》云:多力也。

劺 莫侯切。勸勵也。

勖 苦兀切。勤也。

劢 吕緇切。勥也。

劯 居偃切。難也,吃也。或作謇。

劥 疾來切。《聲類》云:古材字。

劾 力徵切。俗陵字。侵也。

勑 苦乖切。劥也。

劥 口庚切。勑也。

旌 祖賀切。助也,副也。

勣 子亦切。功也。

勜 符沸切。勇壯也。

勇 皮筆切。古弼字。

勜 於孔切。屈强也。

肐 倚黠切。勜肐也。

劮 與章切。勸也。

勯 曲王切。勯勷,遽也。

勷 如羊切。走皃。

勆 魯當切。

勨 余兩切。勸也。

勭 何滿切。勤也。

劸 竹甚切。用力也。

劾 胡蓋、胡勒二切。推劾也。

勬 居員切。

勴 力御切,又力胡切。助。

勮 胡割切。勤力也。

勒　盧得切。抑勒也。

劫　力竹切。

勘　何瞎切。用力也。

䏶　莫角切。勤也。

劥　巨兩切。《説文》曰：迫也。

劧　同上。

勞　力刀切。《説文》曰：劇也。又力到切。

勞　古文。

団　户卧切。牽舡聲。

効　胡孝切。俗效字。

劦部第八十四，凡三字。

劦　胡頰切。同力也。《山海經》云：惟號之山，其風若劦。急也。

勰　乎頰切。《説文》云：同心之和也。

恊　胡頰切。合也。《書》曰：恊和萬邦。

吕部第八十五，凡二字。

吕　良渚切。《説文》作吕，脊骨也。象形。昔太嶽爲禹心吕之臣，故封吕侯。亦作膂。

躳　居雄切。躳，身也。《易》曰：不有躳无攸利。或作躬。

寢部第八十六，凡十八字。

寢　莫洞切。《説文》云：寐而有覺也。《周禮》太卜掌三寢之法。寢者，人精神所寤。

寢　且荏切。寢，卧也。《論語》曰：寢不言。

寑寑　並同上。

寐　彌冀切。卧也。

寤　牛故切。《説文》云：寐覺而有信曰寤。一曰晝見而夜寢也。

寤　籀文。

癑　明彼、莫禮二切。寐不覺曰癑。

癪　渠季切。孰寐也。

窉　補命、況命二切。臥驚病也。

寱　牛世切。瞑言也。

癠　同上。

癰　思鄧切。新覺。

寱　呼骨切。臥驚也。一曰小兒啼寱寱也。

瘷　呼甘切。瘷，傴也。一曰寐不脱冠帶也。

寢　莫桑切。寢言也，眠言也。

瘖　午含切。寐語。

癢　人渚、乙庶二切。《説文》云：楚人謂寐曰癢。

玉篇卷第八凡三部

心部第八十七,凡六百二十九字。

心　思林切。《説文》云:火藏也。

忄　同上。

性　思淨切。命也,質也。《説文》曰:人之陽氣性善者也。

恉　之以切。意也。

慎　市振切。謹也,思也。

快　苦夬切。可也,喜也。

愷　空改切。樂也,可也。

忻　喜斤切。察也,喜也。

惲　紆憤切。謀也,議也。

惇　丁昆切。樸也,信也,大也,厚也。

憞　同上。

悃　苦本切。志純一也。

愊　普力切。悃愊,至誠也。

忼　苦莽切。忼慨,壯士不得志也。

慷　同上。

慨　可載切。太息也。

憭　力繞、力彫二切。惠也，意精明也。

悰　昨宗切。樂也。一曰慮也。

恢　苦回切。大也。

恬　徒兼切。安也，靜也。

恭　居庸切。法也，事也，恪也。本作恭。

怡　翼之切。悦也，樂也。

惎　居薤切。疾也，老也，飾也。

懃　渠斤、居近二切。憂也，煩也，愍也。

恂　思巡切。信也，均也，慄也，溫恭皃也。

忱　時林切。誠也。

怞　丈又切。朗也，憂恐也。

懷　胡乖切。歸也，思也，安也，至也。

愮　余招切。憂也。《詩》曰：憂心愮愮。

怙　胡古切。恃也。《詩》曰：無父何怙。

恃　時止切。賴也。《詩》曰：無母何恃。

懼　渠句切。恐也。

愳　古文。

慔　亡斧切。愛也。《説文》曰：撫也。

惰　相旅切。才智之稱也。

慬　叉限切。全德也。

悟　魚故切。覺悟也，心解也。

憖　古文。

愧　余世切。習也，明也。

忕　同上。

怕　普罵切。恐懼也。《説文》匹白切，無爲也。

慕　莫故切。思也[1]，習也。本作慕。

懀　莫固切。《爾雅》曰：戀戀、懀懀，勉也。

悛　且泉切。改也。又敬皃。亦止也。

㤼　去逆切。疲力也。《説文》其略切，勞也。

恤　思律切。憂也，救也。

懽　呼官切。悦也。又公玩切，《爾雅》曰：懽懽、愮愮，憂無告也。

悖　蒲突切。逆也，亂也。又蒲輩切。

恆　居力切。《説文》：疾也。一曰謹重皃。

恌　他彫切。《爾雅》曰：恌，偷也。

愞　乃亂、乃過二切。弱也。

悒　於急切。憂也。

懮　於九切。懮受，舒遲之皃。

愐　武桓切。惑也。

愺　七到切。《禮》注云：守實言行相應之皃。

悍　胡旦切。勇也。

慢　莫諫切。輕侮也，不畏也。

怭　蒲必切。慢也。

懈　古賣切。倦也，嬾也，怠也。

惰　徒果切。怠也，易也。

憜　同上。

憜　古文。

怫　扶勿切。意不舒冶也[2]。

懊　於報切。悔也。又於六切，貪也。

懣　莫蘭切。忘也。

---

① 思，原作“恐”，據宋11行本改。

② 冶，疑當作“洽”。

怗　他頰切。服也，靜也。

憿　古堯切。行險也。

恑　居毁切。異也。

儶　胡圭切。變也，異也。

惏　力南切。貪也。

寒　先則切。《說文》曰：實也。

燽　丈又切。愁毒也。

惛　呼昆切。亂也，癡也。

悶　莫昆切。悶也，不明也。

憾　胡紺切。恨也。

慟　徒貢切。哀也。《論語》曰：顏淵死，子哭之慟。

恎　待結切[①]。惡性也。

㤉　徒各切。忠也，正也。又池陌切。

忲　同上。

懬　同上。又忖懬也，懲也。

恗　虎姑切。恐也，怯也，憂也。

懫　之日切。止也，塞也，滿也。

㒱　力支切。多端也。

㒱　同上。

悱　孚匪切。口悱悱。

忋　公在切。恃也，仰也。

悌　徒計切。孝悌。又徒禮切，愷悌也。

憎　子登切。惡也[②]。

憒　公對切。亂也。

---

① 待結切，宋11行本作“徒結切”
② 惡也，原作“態也”，據宋11行本改。

恨　胡艮切。怨也。

憍　居高切。逸也。

悔　呼對切。改也,恨也。

悁　於緣切。《説文》曰:忿也。一曰憂也。

㥜　籀文。

憤　扶粉切。懣也。

惆　敕周切。惆悵,悲愁也。

怩　女飢切。忸怩,慙也。

忸　女六切。忸怩。

悵　敕亮切。惆悵,失志也。

愴　楚亮切。悲也,傷也。

惻　楚力切。悲也,痛也。

懌　羊石切。悦也,服也,改也。

懠　在細切。怒也,疾也。

忉　都勞切。憂心皃。

慅　蘇勞切。憂心也,愁也。又音早①。

愔　於斟切。安和皃,悦皃。

忧　于救切。心動也。

惽　亡善、亡婢二切。屬也,止也。

惴　之睡切。憂懼也。

惔　徒甘切。憂也。

惄　奴的切。思也。又憂皃。

憔　昨遥切②。憔悴。

悴　存季切。《説文》曰:憂也。又七没切,心急也。

---

① 早,宋11行本作“草”。

② 昨遥切,棟亭本作“胙遥切”。

慄　西足切。承上顏色也。

慼　且的切。親也,痛也。

懹　人向切。憚也,相畏也。

怦　普耕切。心急也。

憚　徒旦切。難也,畏憚也。

𢥘　同上。

慹　之涉切。懼也。

怵　恥律切。悚懼也,悽愴也。

恐　記奉切。恐也。

惶　胡光切。憂惶也,恐也。

恘　下代切。恨苦也。

怖　普布切。惶也。

怖　同上。

忝　聽簟切。辱也。本作忝。

憊　蒲戒切。極也。

㦅　莫達切。忘也。

憢　呼條切。懼也。

怍　疾各切。慙也,顏色變也。

憬　九永切[①]。遠行皃。

憐　力田切。矜之也,撫也。

惵　徒頰切。恐懼也,盈也。

愎　蒲逼切。很也。

怊　敕憍切。悵恨也。又尺昭切。

慴　章涉切。怯也,懼也。

---

① 九永切,棟亭本作“几永切”。

恦　徒昆切。悶也,亂也,憂也。

憏　祇佳、祇癸二切。悸也,悚也。

忕　普行切。滿也,忼慨也。

忪　齒終切。心動也。

㦎　丘廉、丘減二切。不安皃。

㥓　去奇、去倚二切。㦎㥓,儉急。又儉意也。

悻　胡頂切。恨也。

懘　他對、他没二切。肆也,忘也,忽也。

忕懛　並同上。

悃　古混、古魂二切。悟也,亂也。

愅　公翮切。更也,變也,飭也。或作諽。

憶　牛力切。有所識也。又五溉切。

忬　餘據切。緩也,安也,早也。

劣　力拙切。少也。與劣同。

悜　丑井切。悷悜,意不盡也。

情　疾盈切。《説文》曰:人之陰气有欲者。

懲　直陵切。心平也。又直庚切,失志也。

㦎　直勇切。《説文》曰:遲也。

恔　吉了切。憭也。又胡巧切,黠也。

忯　渠支、是支二切。敬也。亦愛也。

悛　且緣切,又子眷切。謹也。

憯　昨遭切。亂也。又殂冬切,謀也。又慮也。又音囚。

愃　許遠切。寬心也。又息緣切,語快也。

惀　力迍切,又力尹切。思也。

惟　弋佳切。思也,有也,辭也,爲也,謀也,伊也。

㥜　雖遂切。意思深也。

愻　同上,見《説文》。

愪　丑六切。恨也。又許六切,興也。

憀　力周、力彫二切。賴也,且也。

懙　胡郭切。驚也。

愯　息拱切。《説文》曰:懼也。

慃　同上。又所江切。

㥈　胡溝切。恐也。

悚　息拱切。懼也。

憮　無斧切。憮然,失意皃。又不動皃。又荒烏切。

怋　彌究切。想也。又勉也。

惗　乃叶切。愛也。又暗聲憶也。又音線。

憺　徒敢、徒監二切。安也,靜也。

忓　古安切。擾也。又胡旦切,抵也,善也。

憸　七廉、息廉二切。《説文》曰:誠也。憸利於上,佞人也。

愒　去例切。貪羨也。《説文》曰:息也。

㤑　畢沔切。憂也,急也。

愃　火還切。慢也,輕也。又古縣切,心急也。

慓　匹姚、蒲小二切。疾也,急也。

憪　户間切。戾也。《説文》曰:愉也。

採　七海切。恨也,急也。

愉　弋朱切。悦也,顔色樂也。又羊豎切。

懱　莫結切。輕也,易也,侮也。

懞　莫公切。憗也,不明也。又武亘切。

慯　徒朗切。《説文》曰:放也。

忮　支敊切。懁忮,害心。又不媚勁恨[1]。

_____

① 恨,宋11行本作“很”。

怚　秦呂切。驕也。又子御切。

惕　他的切。憂也,疾也,懼也。

惖　同上。

愓　杜朗切。《説文》曰:放也。一曰平也。

愵　彌井切。愵惺。

傷　式諒切。憂也,痛也,念也。

恍　火廣切。恍惚。

惚　呼骨切。恍惚也。

憶　於力切。意不定往來念也。

憧　昌容切。行意往來不定皃。又直巷切,愚也。

悝　力止切。憂也,悲也,疾也。又口回切。

憰　古穴切。變詐也。

怳　吁往切。《説文》曰:狂之皃。又怳忽。

悸　其季切。心動也。

忨　五亂切。貪也,愛也。

慊　口玷切。齒恨也。

恢　女交切。亂也。《詩》曰:以謹惽恢。

愠　於吻、於問二切。恚也,怒也,恨也。

怖　孚吠、普大二切。怒也。

憖　故皆切[①]。恚也,恨也,怨也。

恒　徒候切。候也,誑也。

怏　於兩、於亮二切。懟也,不服也。

愾　口代、許氣二切。太息也。

懆　七刀、七老二切。憂愁也,不樂也。

---

① 故,澤存堂本作"胡",是。

悽　七奚切。悽愴也，傷也。

慘　七感切。痛也，愁也，恨也。《説文》曰：毒也。又初錦切。

憯　七感切。《説文》曰：痛也。

怛　丁割切。悲也。

恫　他東切。呻吟也，痛也。又徒弄切。

惜　私積切。吝也，貪也。

憫　眉殞切。憫，默也。又憂也。

怡　余氏、余支二切。不憂事。又徒低切，怍也。

愠　於虯切。憂懣也。

忦　古黠切。恨也。又公大切，懼也。又五拜切。

惙　陟雪切。疲也。又憂也。

惂　口感切。《説文》曰：憂困也。

悷　力志切。憂也。

忓　況于切。痛也，憂也。

忡　丑中切。憂也。

恦　巨營切。憂也。

怲　兵永切。憂也，懼也。

恇　曲王切。怯也，怖也。

悄　七小切。心無愮也。又憂也。

怊　同上。

愜　起頰切。服也。又快也。

愿　同上。

悼　徒到切。懼也，傷也。《禮》云：七年曰悼。

惉　他點切。弱也。

怪　古壞切。異也，非常也。

恠　同上，俗。

恴　之吏切。忘也。

悾　苦工切。愨也。又空弄切,誠心也。

慄　力質切。謹敬也,懼也,不怠也。

悢　力黨切。懭悢,不得志也。又力尚切,悢悢,惆悵也。

悦　余拙切。樂也。經典通用説。

懍　力荏切。危懼也,敬也。又巨禁切,心怯也。

㥄　力升切。憐也,哀也,慄也。

愧　居位切。慙也。亦作媿。

愢　女力切。媿也。《方言》曰:梁、宋之間謂媿曰愢。

俺　於檢切。愛也。俺憸,多意氣也。又甘心也。

憸　同上。

惝　尺掌切。惝怳,失志不悦兒。

悇　丑慮切。憂也。又他姑、余庶二切。

憛　他紺切。憛悇,懷憂也。

憺　力低切。楚云慢言輕易也。

他　呼奚切。憺他,欺慢之語。

懞　楚革切。小痛也。

愇　羽魏切。怫愇,不安兒。

惛　去宮切。憂兒。又作㤀。

怵　竹律切。憂心也。又丑律切。

恜　恥力切。從也,慎也。

悆　羊殊切。憂也。

崔　昨回切。悲傷也。

恂　居遇切。恐也。又苦候切,恂愁,愚兒。

憅　力甘切。貪憅也。

悏　苦協切。快也。

佟　徒冬切。憂也。恞佟，惶遽也。

懧　同上。懧懧，憂也，出《楚辭》。

愊　公厄切。智也。

忴　竹與切。知也，愚也。

憉　步行切。憉悙，自强也。

悙　許庚切。憉悙。

恀　尺紙切。怙恀也。

恞　羊脂切。悦也，忻也。

恿　與恐切。怒也，忿也。

憎　烏外切。惡也，憎也，悶也。

戃　他朗切。戃慌，無思兒。

慌　呼幌切。戃慌。亦慌忽。

憸　胡典切。意難也。

惈　古火切。勇勝也，敢也。

悷　盧帝切。悷悷，多惡。又懫悷，悲吟。

懫　盧董切。悷悷。

愀　字秋切。悒也，憿也。又子由切，慮也。

懕　呼麥切。乖戾也，頑也。

愇　韋鬼切。怨恨也。

惸　葵營切。獨也，單也。或作煢。

惶　巨王切。進取兒。古文狂字。

怯　去劫切。懼也，畏也。

怓　芳萬切。惡心也，急性也。

懶　力旱切。俗嬾字。

性　必迷切。誤也。又匹比、博計二切，慎也。

諶　市任切。信也。

愕　五各切。驚也。

愄　許袁切。恨也,忘也。

愱　秦栗切。毒也。或作誄。

洣　彌婢切。安也。或作侎。

愮　食陵切。正譽也。或作諥。

憽　職容切。心動不定,驚也,遑遽也。

懥　陟利切。怒也,恨也。

愜　楚革切。情也,耿介也。

愡　七弄切。愡恫,不得志。

僂　洛侯切。謹敬也,不輕也,下情也。又力朱切。

僂　同上。

憅　丑葉切。心動皃。又休也。

恒　胡登切。常也,久也。古作悡。

愲　古忽切。憂也,慮也,悶也,心亂也。

懗　几利切[1]。北方名强直爲懗。又懗,忮也。

愭　承紙切。審也。

怵　尺隴切。恐也。

愪　烏項切。很戾也。

懪　蒲角、匹角二切。煩悶也,悖也。

恀　翹移切。敬也,順也。

恟　許邛切。恐也。

愩　古紅切。心動也。又古弄切。

慪　口侯切。恪也,惜也。

愽　徒桓切。《爾雅》曰:愽愽,憂也。

---

① 几,原殘,據棟亭本補。

怜　魯丁切。心了也。

慵　是容切。慵,嬾也。

慆　他刀切。喜也。又慢也。

憤　王分切。憂也。又于敏切。

忼　胡交切。快也。

懅　巨魚切。心急也。

㤤　口牙切。恐懼也。

慞　之羊切。慞惶也。

愍　畢民切。伏也。又匹人切,敬也。

忙　莫郎切。憂也。

忙　同上。

怔　之成切。怔忪,懼皃。

懰　力尤切。怨也。

恈　莫侯切。貪愛也。

惆　寺周切。慮也。

㤿　巨淹切。心急也。

懺　士咸切。悋也。

㤿　居吟切。利也。

懰　力尤切。怨也。

㤼　孚亡切。忌也。

㤥　步行切。㤥惸,好怒也。

惸　呼宏切。㤥惸。

惺　桑經切。惺憁,了慧也。

憁　蘇公切。惺憁。

悕　許祈切。念也,願也。

慮　力魚切。憂也。

憲　去魚切。怯也。

偲　息台切。意不合也。

悂　孚悲切。恐也。

悾　古巷切。恨也。

忓　古紅切。心急也。

恘　普皮切。

悚　德紅切。愚也。

愲　方迷切。通也。

恆　戶剛切。悅也。

悔　莫胡切。受也。

慳　口閑切。慳惛也。

愿　於典切。愿惼，性狹。

惼　方顯切。不傾之皃。

悓　呼典切。悻悓也。

愀　在九、子小二切。色變也。

偁　尺拯切。偁僳。

僳　丑拯切。愚皃。

恅　胡老切。心動也。

悻　胡耿切。怨也。

忟　符彼切。劣也。

憤　房吻切。思也。

悑　芳九切[1]。怒也。

忕　彌遭切。想也。

憉　尺養切。憉悅，驚皃。

------

[1]　芳，原殘，據宋11行本補。

悿 他典切。憗兒。

忉 都了切。憂也。又之藥切,痛也。

恛 於六切。心動也。

怮 之爽切。不悅。

恀 布亥切。恃也。

儞 女里切。快性也。

懴 息淺切。慚也。

憁 初卯切。心懰也。

慌 胡壙切。心明。

怉 布絞切。悖也。

忏 七典切。怒也。

懿 乙利切。古文懿。

恞 許異切。忻也。

悞 五故切。與誤同。

忤 五故切。逆也。

慣 古患切。習也。

憓 胡桂切。愛也,羨也[1]。

愊 孚救切。怒也。

忲 他蓋切。奢也。

憗 於靳切。依止也。

憒 古對切。心亂也。

泫 戶絹切。賣也。

恡 力刃切。鄙也。俗又作悋。

愋 烏貫切。驚歎也。

_____

[1] 羨,原作“美”,據棟亭本改。

悇　巨眷切。悶也。

傲　五告切。慢也。

懞　莫奉切。懞心也。

㤊　力割切①。㤊惡。

㦿　初又切。

懵　牟孔切。心亂,心迷也。

忭　皮面切。喜悅也。

㥊　烏定切。恨也。

恦　尸樣切。念也。

㥦　私箭切。憐念也。

愋　息戀切。稅也。

懍　子妙切。急性也。

悢　訴到切。快性也。

忨　七鳩切。惻也。

忯　初詡切。

㤒　古夏切。不安也。

懩　余亮切。恨也。

惜　囚歲切。謹惜也。

㥎　巨記切。敬也。

懪　初去切。心利也。

㥣　胡代切。快也。

怟　都替切。悶也。

惹　而灼切。亂也。

懼　許縛、具縛二切。驚也。又遽視也。

---

① 力,原作"刀",據宋11行本改。

憎　所力切。恨也。

忕　與力切。心動也。

懘　巨錦切。懃也。又音金。

懱　子結切。心貞皃。

悄　與六切。心動也。

恄　許吉切。怖也。

怢　徒結切。不安也。

惆　池卓切。心不安。

悷　呂恤切。憂悶也。

怷　營隻切。用心也。

扐　盧得切。

悐　許激切。心不安。

憪　同上。

恪　口各切。敬也。

愙　《說文》同上。

恧　于屋切。痛心也。

憯　許劫切。以威力相恐憯。

怴　許律切。怒也。

懆　七老切。懆佬，心亂。

佬　力造切。懆佬。

忖　倉本切。思也。

愝　許急切。心熱也。

怦　戶甲切。怦，樂也。

忔　許乞切。喜也。

恰　苦洽切。用心也。

悠　弋周切。思悠悠皃。

態　他戴切。意美也，容態也[①]。亦作愻。

忿　呼介切。不和皃。《説文》：忿也。

懘　同上。又尺制切。恜懘，音不和也。

懬　同上。

恜　尺霈切。恜懘也。

忘　無方切。不憶也。《説文》曰：不識也。又無放切。

懣　莫本、亡困、亡旱三切。煩也。

蕄　同上。

忹　九放切。誤也，詐也。又巨望切。

愋　古活切。愚人無知也。《説文》曰：善自用之意也。

愆　去乾切。過也，失也。

寋　《説文》同上。

愆　同上，俗。

慫　息勇切。悚也，動也，敬也，惡也，怨也。

惡　於各切。不善也。又烏路切，憎惡也。

悪　同上，俗。

惪　得漢切。爽也，忒也。

懟　直類切。《説文》云：怨也。又徒對切，愚也。

恿　與恐切。猛也，氣，果也。《説文》云：古文勇。

悲　筆眉切。痛也。

愷　衣豈切。痛聲也。

恙　余亮切。憂也，病也。又噬蟲，善食人心。

愁　仕尤切。憂也。

恧　奴的切。憂皃。

---

① 容態也，宋11行本作“嬌態也”。

懘　女版切。俗赧字。

惸　巨營切。憂也。

懮　於牛切。《説文》云：懮，愁也。

患　户慣切。禍也，疾也，憂也。

悶悤　　並古文。

恐　去拱切。懼也。又丘用切。

志　古文。

慹　之涉切[1]。司馬彪《莊子注》云：慹，不動皃。又之入切，怖也。

憇　諧計切。備也，極也，怖也。

恧　女六切。慙皃。

慙　昨酣切。慙媿也。

慚　同上。

㦛　力延切。泣血也。

懲　直陵切。戒也[2]，止也，畏也。

忲　魚肺切。困患也。又懲也。

愈　余主切。差也。又勝也。孔子謂子貢曰：汝與回也，孰愈？

志　之吏切。意也，慕也。

恖　古文。

懝　莫皆切。慧也。

惹　人者切。亂也。

惹　同上。又音若。

愗　莫候切。恂愗也。

戀　羊季切。忘也[3]。

――――――――――――――――

① 涉，原作"步"，據棟亭本改。
② "戒"字原殘，據宋11行本補。
③ 忘，原作"志"，據宋11行本改。

憨 火含切。愚也，癡也。

憑 皮明切。投託也[1]。

劙 力牛切。定意也。

恕 古俄切。楷也，知也，法也。

悊 知列切。智也。與哲同。

愍 眉隕切。悲也。《説文》曰：痛也。

懑 同上。

勞 力高切。心力乏也[2]，疾也。

恧 而真切。親也，仁愛也。

慶 丘映切。《説文》云：行賀人也。吉禮以鹿皮爲贄，故从鹿省。

倏 式六切。疾也。

愍 巨月切。强也，直也。或作劈。

愖 皮筆切。輔也。或與怫同[3]。

恕 時羊切。古常字。

恧[4] 而欲切。古辱字。

志 胡故切。護也，漏也[5]，堅也，常也，安也。

戀 力絹切。慕也。

憼 居影切。敬也。

惑 户國切。迷也。《説文》云：亂也。

忌 渠記切。畏也，惡也。

恚 於睡切。恨怒也。

忿 孚粉切。恨也，怒也。

---

① 託，原作“記”，據宋11行本改。
② 乏，原作“之”，據棟亭本改。
③ 怫，原作“佛”，據棟亭本改。
④ 字頭原作“恧”，據棟亭本改。
⑤ 漏，原作“滿”，據棟亭本改。

怨　於願切。恨望也，恚也。

𢘓　古文。

怒　奴古切。《説文》云：恚也。

愬　蘇故切。譖也。又斯革切，驚兒。《説文》與訴同。

慇　於斤切。慇懃，憐兒。《説文》云：痛也。

懃　巨斤切。慇懃。

𢢉　古限切。《説文》云：存也。或作蔄。又音萌。

念　余庶切。豫也，悦也。

忲　他得切。差也。《説文》云：失常也。

忒　他得切。疑也。《説文》云：更也。

恥　敕理切。恥辱也。

惎　渠記切。教也。《説文》云：毒也。

忥①　古文。

忽　呼没切。輕也，忘也。

惄　力結切。憂兒。

愂　蒲骨切。悖也，迷亂也。

急　居立切。迫切也，盡也。《説文》作㤅，褊也。

㤅　《説文》急。

憝　徒對切。惡也，怨也。

憞　同上。

㤚　力之切。恨也②。一曰怠也。

愳　渠久切。怨愳也。

怠　徒改切。懈怠也。

恣　子利切。《説文》云：縱也。

---

① 忥，原譌作“恋”，據棟亭本改。澤存堂本作“忈”。
② “恨”字原脱，據棟亭本補。

悃　戶困切。患也，憂也。

惆　同上。

慳　何堅切。急也。

忢　魚既切。怒也。

憋　禈列、匹列二切。急性也。

悶　莫頓切。懣也。

慀　戶界切。傾心也，果敢也。

忠　陟隆切。敬也，直也。

懇　口很切。悲也，誠也，信也。

戁　女板切。忌也，敬也。

惄　先歷切。憋也，憂也。

憖　魚覲切。《説文》：閼也。一曰説也。一曰且也。《左氏傳》
　　曰：昊天不憖。

慈　疾之切。愛也。《左氏傳》曰：父慈子孝。

應　口朗、苦謗二切。大也，寬也。

懭　同上。

忞　莫巾切。自勉强也。

懕　於廉切。安也，靜也。

悹　古桓切，又公玩、公緩二切。悹悹，憂無告也。

悺　同上。

愳　余呂切。《説文》曰：趣步愳愳也。又以諸切，謹敬皃。

忥　古文。

恞　芳俱切。悦也，僖也，樂也。

慇　衣近切。憂也，謹也。

愿　娛萬切。謹也。

懤　直由切。懤，箸也。

簋　同上,見《説文》。

息　思力切。喘息也。

意　於記切。志也,思也。

惄　乃歷切。飢意也,憂也。

恁　如針切。信也。又如甚切,念也。

惷　呼骨切。寢熟也。

偲　息廉切。利口也。

慝　他得切。惡也。

慤　空角切。謹也,愿也,誠也,志也。

悳　都勒切。《説文》曰:外得於人,内得於己。今通用德。

悥　古文。

應　於陵切。《説文》作應,當也。又於證切。

念　奴拈切①。思也。

懿　於計切。密也,疾也,靜也。

愛　於代切。《説文》:惠也。今作愛。

慰　於貴切。安也,居也,問也。

惠　許氣切。息也。《説文》云:古文惡②。

愸　楚芮切。謹也。

慾　余玉切。貪也。

愢　初力切。古惻字。

憲　許建切。法也,誠也,制也。《説文》曰:敏也。

憲　同上。

懋　莫候切。勉也。《書》曰:時惟懋哉。

孞　同上。

---

① 拈,宋11行本作"砧",棟亭本作"玷"。
② 惡,原作"怨",據宋11行本改。

憊　蒲拜切。病也。

憇　丑力切。從也。

㤪　桑戈切。縣名。

慔　莫補切。

怗　尺占切。不和皃。

憖　力之切,愁憂皃。又力置切。《説文》云:楚潁間謂憂曰憖。

懸　户涓切。挂也。本作縣[1]。

惌　於元切。惌枉。又於院切[2]。

恔　苦交切。恔忴,伏態。

恨　户加切。懡恨,難語。

懡　莫芭切。懡恨。

惬　苦協切[3]。《説文》曰:思皃。

惀　力本切。睡惀,行無廉隅。

愚　魚俱切。戇也。

想　息兩切。思也。

懈　古械切。古文。

惿　私列切。不安皃。

惕　他歷切。勞也。《説文》與惕同。

惄　奴歷切。思也,愁也。或作惄。

愬　丁割切。驚也。

愒　古的切。

愒　去計切。心事也。

奞蒠　二同。胡桂切。

---

① 縣,原作"懸",據宋11行本改。
② 於院切,棟亭本作"於阮切"。
③ 苦,原作"芰",據棟亭本改。

感　古坎切。傷也。

忿　奴古切。

愗　市由切。

恿　去勇切。

惗　奴店切。

悞　五故切。

慼　且的切。憂也。

㥽　卑沔切。憂也，迫也。

惷　丑江、尸容二切。愚也。

愵　普狄切。急速也。

惷　充允切。擾動也，亂也。

愸　五代切。惶也，病也，駭也。

懬　于例切。寐言也。

忥　許氣切。癡也。

忍　如軫切。含忍也，仁也，强也。

意　於力切。度也，安也，仁也。《説文》:滿也。十萬曰意。今作億。

慳　古顔切。私也，慢也。古奸字。

戁　直絳切。憨戁，兇頑皃。

戀　陟絳切。愚戀。

贛　同上。

憙　許記切。樂也。

恩　烏痕切。惠也。

憩　去例切。安息也。

思部第八十八,凡五字。

思　息兹切。願也，念也。深謀遠慮曰思。

恖　古文。

慮　力據切。謀也,思也。

崰　子改、山皆二切。《方言》云:江、湘之間凡言是子曰崰。

愢　眉殞切。傷也,痛也。古文愍。

惢部第八十九,凡二字。

惢　桑果切,又才累、才規二切,心疑也。

蘂　如蘂切。聚也,垂也。《左傳》曰:佩玉蘂兮。注云:蘂然,服飾備也。

玉篇卷第九凡二十九部

言部第九十，凡三百八十二字。

言 魚鞔切。言辭也，我也，問也。《説文》云：直言曰言，論難曰語。

屮 古文。

舜 古义。

語　魚巨切。言語也,説也。

嚶　於耕切。《説文》曰:聲也。

謦　枯鼎切。欬聲也。

談　徒甘切。論言也,戲調也。

謂　禹沸切。信也[1],道也。《説文》曰:報也。

諒　力尚切。信也,相也,助也。

詵　所陳切。衆多也。《説文》曰:致言也。

請　且井、疾盈二切。問也,求也[2],乞也。又疾性切。

謁　於歇切。告也,白也。

讖　楚蔭切。讖言也。《説文》曰:驗也。

許　虚語切。進也,聽也,從也。

諾　那各切。荅也。《説文》曰:應也。

諸　至如切。非一也,皆言也。

譬　匹臂切。喻也。

詩　舒之切。《詩序》云:詩者,志之所之也。在心爲志,發言爲詩。

諷　方鳳切。諷誦也,譬喻也。

誦　徐用切。暗誦也。

讀　徒鹿切。讀誦也。

訓　許運切。教訓也,誡也。

誩　古文。

誨　呼續切。教示也。

譔　仕卷切,又此專切。專教也。

諼　魚園切。徐語也。

諜　於竟、於仗二切。早知也。

---

① 信,疑當作"言",《廣韻》作"言"。
② 求,原作"未",據棟亭本改。

詖　彼寄切。佞諂也，辯論也，慧也。

諄　之閏、之淳二切。佐也，可惡也，告曉之熟也。

諆　同上。

訰　之閏切，又之純切。亂也。

詻　魚格切。論訟也，教令嚴也。

誾　魚巾切。《論語》曰：誾誾如也。誾誾，中正之皃。又和敬皃。

嚚　同上。

謨　莫胡切。《說文》曰：議謀也。

暮　同上。

諮　子辭切。問也，謀也。

訪　孚望切。謀也，問也。《周書》曰：王訪于箕子。孔安國曰：問大道也[①]。

詢　息遵切。咨也。

諄　同上。

諏　子須切。問正事也，聚謀也。

訂　他丁、唐頂二切。平議也。

論　力昆、力困二切。思理也，議也。

諫　且錄切。從也。

議　魚寄切。法有八議也，謀也，語也。

詳　似良切。審也，論也，諟也。又音羊，詐也。

諦　都計切。審也。

識　詩力切。識認也。《說文》云：常也。一曰知也。

訊　思進切。問也，辭也。

讯　古文。

---

① 大道，棟亭本作“天道”。

訜　如陵切。厚也，就也，重也。

謹　居隱切。敬也，慎也。

諶　恃林切。信也，誠也。

訦　時林、市荏二切。信也。亦與諶同。

諴　是征切。審也，信也，敬也。

信　思刃切。明也，敬也。《論語》曰：信近於義，言可復也。

訫　古文。又作伈。

誡　居拜切。警也，命也，告也。

譣　虛儉、息廉二切。問也，詖也。

誥　古到切。《爾雅》云：誥，告也。

謇　楚點切。《説文》曰：言微親謇。

誓　時世切。命也，謹也。《説文》曰：約束也。

詁　姑五切。訓故言也。

謄　達曾切。傳也。

藹　於害切。止也，臣盡力也。

諧　胡荅切。諧也。

証　之盛切。諫也。

諗　尸枕切。念也，告也。

諫　柯鴈切。正也，間也，更也。

課　枯過切。議也，試也。又苦訛切。

詟　與周切。從也。

詮　七全切。具也，治亂之體也。

訢　許殷切。樂也，喜也。

諧　胡階切。和也，合也，調也，偶也。或作龤[1]。

---

[1] 合、偶、龤，原作“舍、隅、鍇”，皆據宋11行本改。

計　居詣切[1]。會也，筭也，課也。

調　徒聊切。和合也。又大弔切，選調也。又度也，求也。

話　胡卦切。善言也，調也。

䛅　同上。

譮　許界切。怒聲。《説文》云：籀文譮。

謚　竹恚切。託也。《爾雅》曰：譴謱，累也。

謱　女恚切。謚謱。

警　居影切。戒也，敕也。

誼　宜寄切。理也，人所宜也。

謐　莫橘切。靜也。

謙　苦嫌切。輕也，讓也，敬也。

訏　虛甫切。普也，大也，徧也，人語也[2]。

諓　疾箭、疾翦二切。巧言也。

謥　且送切。謥詷，言急。

詷　徒貢切。謥詷[3]。又共同也。

譞　呼緣切。慧也。

諰　思理切。思之意也。

設　尸熱切[4]。置也，合也，陳也。

讀　胡退切。中止也，譯也。

託　他各切。寄也，依憑也。

譽　余怒切。稱也，聲美也。又音余。

記　居意切。録也，識也。

---

① 詣，原作“謂”，據宋11行本改。
② 原本《玉篇》殘卷引《説文》作“人語也”，今本《説文》作“大言也”。
③ 詷，原作“詞”，據宋11行本改。
④ 尸，原作“凡”，據棟亭本改。

謝　詞夜切。辭也,去也。

誱　《説文》謝。

謡　與招切。獨歌也。徒歌曰謡。

訖　居迄切。畢也,止也。

謳　於侯切。喜也,齊歌也。

諍　側迸切。諫諍也,止也。

詠　爲命切。長言也,歌也。亦作咏。

諺　魚建切。傳言也。

謼　火吳切。唤也。

訝　魚嫁切。《説文》曰:相迎也。與迓同。

詣　魚計切。往也,到也,至也。

訒　而振切。難也,鈍也。

講　古項切。論也,習也。

訥　奴骨切。遲鈍也,言難也。

謯　子斜切。録也。又側雅切,謯訝,訶兒。

讎　視周切。匹也,對也。《詩》曰:無言不讎。讎,用也[①]。

啓　下啓切。待也。

僁　祛言切。過失也。籀文愆字。俗作僁。

謷　古弔切。大呼也。又痛呼也。

詧　余瓊切。往來兒。又小聲也。

譊　女交切。爭也,恚呼也。

譟　桑到切。群呼煩擾也。

諛　與珠切。諂也。

譖　千紺切。《説文》曰:相怒使也。

---

① 用,原作"刑",據宋11行本改。

讇 丑冉切。佞也。

諂 同上。

謷 五勞、五交二切。不肖人也。一曰哭不止,悲聲謷謷也。

諼 許園切。忘也,詐也。

訹 思聿切。誘也。

詑 湯何切,又達可切。詑謾而不疑。兖州人謂欺曰詑。俗作訑。

謘 直梨、直利二切。語諄謘也。

謾 莫般、馬諫二切。欺也。

讋 之涉切。拾也。

詐 仕亞切。慙語也。

謰 力前切。謰謱繁拏也。

謱 洛由切。謰謱[①],嘱咵也。

詒 與司切。《説文》曰:相欺詒也。一曰遺也。

謵 叱涉、丑涉二切。謵讋,言不正也[②]。

譺 魚記、五界二切。欺也,啁調也。

誑 俱放切。惑也,欺也。

諆 古罵切。欺也。

譖 莊賃切。讒也。《説文》曰:愬也。

訕 所晏切。毁語也。

譏 居依切。嫌也。《説文》曰:誹也。

誣 武虞切。欺罔也。

誹 甫尾切。誹謗也。

謗 補浪切。毁也,誹也,對他人道其惡也。

譸 竹尤切。譸張,誑也。

---

① 洛,原作"治",據楝亭本改。謂謱,疑當作"謱謂"。
② 此字條注音與釋義原倒,據宋11行本乙正。

誅　時遊切。誅荅也。《説文》職又切，詛也。

尳　去牛、渠牛二切。迫也。

詛　側助切。《周禮》注云：盟詛，主於要誓，大事曰盟，小事曰詛。

詶　丈又切。祝也。

誤　牛故切。謬也。

謻　舒紙切，又直移切。離也。

謻　同上。

誖　補潰、步没二切。亂也，逆也。

孛　同上。

䜌　力官、力全二切。亂也，理也，不絶也。

詿　古賣切。誤也。

誒　虚宜切。可惡之辭也。

譆　許其切。懼聲也，敕也，悲恨之聲也。

詯　胡内切。膽氣滿，聲在人上也。又胡市切。

讈　力支、力泥二切。欺慢之言也。

訾　子爾切。不善皃也，不思稱其上也。又毁也。

呰　同上。

詍　餘世切。多言也。

詍　同上。

詢　道刀切。往來言也。又小兒未能正語也。

詨　同上。

詉　他刀切。詉詢，言不節也。

諄　丑脂、丑利二切。不知也。

諫　同上。又力代切，誤也。

譅　達合切。譅譫，語相及。

譫　徒合切。譅譫，妄語也。

訮 呼田切。訶也。又五閑切,訟也。

謋 胡麥切。疾言皃。

訇 呼宏切。駭言聲也。又鄉名。

匐 籀文。

諞 步連、符善二切。巧佞之言也。

訆 空後切。《說文》曰:扣也。

詴 女佳切。詴詴,言不正。

詁 陟咸切。多言也。又知陷、尺占二切。

譄 子恒切。加也。

詄 徒結切。忘也。天門開詄蕩也。

諅 渠記切。忌也。《書》曰:上不諅于凶德。

譀 戶濫切。《說文》曰:誕也。又火鑑切,叫譀,怒也。

誟 同上。

謞 火界切。譀謞,諍罵怒皃。又音邁。

譁 同上。

訌 胡東切。敗也,潰也,諍訟相陷人之言也。

誕 徒旱、徒旦二切。大也,天子生曰降誕。

諊[1] 籀文。

謔 虛虐切。喜樂也。

譮 呼會切。聲也。

讙 虛元、呼丸二切。讙譅之聲。

諠 虛袁切。諠譁。

譁 呼瓜切。諠譁。

誇 同上。

---

[1] 諊,原作"這",據宋11行本改。

譮　呼卦切。疾言也。

譴　徒回切。譟也。

訌　公弓切。妄言也。

譬　符真切。多言。

誂　徒了切。弄也。《説文》曰：相呼誘也。

譌　五戈切。化也，僞也，動也，妖言曰譌。

訛　同上。

嚗　蒲剥切。《説文》曰：大呼自冤也。

誑　虚光、呼晃二切。夢言也。

訬　楚交切。擾也，健也，疾也。

謬　靡幼切。誤也，亂也，詐也。

諆　居疑切。謀也，欺也。又去其切。

諅　渠記切。禁也，告也，誡也。

譎　公穴切。詐也。譎諫依違，不直言也。

訏　況俱切。大也，張口鳴也。

嗟　子邪切。咨也，憂嘆辭也。

嗟　同上。

讋　章葉切。言不止也。

讘　同上。

訾　虚規切。言相毀。

訩　詡恭切。訟也。

詗詾　並同上。

訟　似縱切。爭訟也。

詥　古文。

瞋　昌仁切。怒也，恚也。今作嗔。

讘　之涉切。多言也。

䜈 同上。

䛉 之耳切。訐也。

訐 居謁切。攻人之陰私也。

訴 蘇故切。訟也，告訴冤枉也。《論語》曰：公伯寮訴子路。亦
作愬。

愬 同上。

譴 詰戰切。謫問也，責也。

謫 知革切。咎也，罪也，過也，怒也。

訶 呼多切。怒也，大言而怒也。

諯 尺絹、至緣二切。數也，又相讓也。

誚 才妙切。責也。

讓 如尚切。責讓。又謙讓，《書》曰：允恭克讓。

諰 息移切。諒也，數諫也。

誶 息醉切。言也，問也，罵也，讓也。

詰 溪吉切。治也，譴也，問罪也。

誆 勿放切。相責也。

䛷 於万、於阮二切。慰也，從也。亦作婉。

詭 懼毀切。欺也，責也，怪也，謾也。

證 諸孕切。證驗也。《論語》曰：其父攘羊而子證之。

譫 徒盍切。讝嗑，言也。

詘 丘物切。枉曲也。

誳 同上。

詗 呼政、火迥二切。知處告言之也。

譞 呼縣切。流言也，有所求也。

詆　都禮切。訶也,法也,呰也[1]。

誰　是推切。何也,不知其名也。

諻　柯核切。《説文》云:飾也。一曰更也。或作慏。

讕　落干、力但二切。誣言相加被也。

譋　同上。

診　除刃、之忍二切。視也,驗也。

訉　同上,俗。

誅　知俞切。責也,殺也,罰也,討也。

討　他倒切。治也,誅也,去也。

讄　力水切。禱也,累功德以求福也。

讙　同上。

諡　時志切。諡之言烈也。諡者,行之跡也。

謚　同上。又伊昔切,笑兒。

謚　《説文》諡。

誄　力水切。累也。《周禮》大祝作六辭,六曰誄。《禮記》曰:賤
　　不誄貴。

諱　許貴切。隱也,避也,忌也。

訧　有求切。過也。

謑　胡啓切。謑詬,恥辱。

謴　同上。

詬　許遘、胡遘二切。罵也,恥辱也。

訽　同上。

該　古來切。盛也,皆也。《説文》曰:軍中約也。

諜　徒頰切。伺也。

諄　之神切。敬也。

詔　諸曜切。告也，教也，道也。

誘　余手切。誘引也，進也，相勸動也。

譖　同上。亦作羑。

譀　他盍切。謂謚，多言也。

謚　胡臘切。靜也。又古盍切，多言也。

謖　山六切。起皃。

註　之喻、竹喻二切。疏也，解也。

諂　於劍切。匿也，言輕也。

諑　豬角切。訴也，責也。

誕　他丹切。誕謾，欺也，慢言也。

諟　於題切。是也，發聲也。

謇　居展切。難也，吃也。

謇　同上。

諓　同上。

讚　子旦切。解也，哀也，發揚美德也。

諻　呼橫切。音也。

譚　徒耽切。大也，著也，誕也。

謏　蘇口切。小也。又思了切。亦作諉。

診　力丁切。衒也。

謌　葛羅切。長言也。亦作歌。

讜　丁朗切。直言也，善言也。

譡　丁浪切。言中也。

瞡　古衒、古陷二切。視也，臨下見也。

謷　先斛切。言疾也。古文。

訡　魚金切。呻也。或爲吟。

誎　自栗切。毒苦也。又作悚。

䛩　許孟切。瞋語也。又下孟切。

䛦　視陵切。譽也。

諭　羊照切。誤言也。

評　皮柄切。平言也。又音平。

訶　呼甲切。多言也。或作嗑。

諊　居六切。諊窮也，治罪也。

誯　初障切。導也，發歌句也。亦作唱。

詆　呼歷切。私訟也，恨也，内侮也。亦作鬩。

訞　於嬌切。災也。又巧言皃。

譀　《說文》訞。

詥　古協切。妄語也。

媿　居位切。慙恥也。與媿同。

譖　以醉切。恨言也。

詎　其吕、渠據二切。止也，至也，格也。

響　許亮切。不久也。

訲　知與切。智也。

讆　爲劇切。夢言不諟也。

諀　必奚切。誤也，謬也。

諤　五各切。正直之言也。

譋　公核切。智慧也。

讞　魚烈、牛箭二切。獄也。《說文》作灋，議辠也。

詨　許教切。大嘆也，呼也，唤也。又呼交切。

譓　胡桂切。材智也，察也。

譓　同上。

訃　芳付切。告喪也，又至也。

譵　直類切。怨也。或作憨。

譚　卑密切。止行也。本作趯、躂。

譈　徒對切。怨也，惡也。又作憝。

讀　側革切。怒也，讓也。

訣　呼決切。怒呵也。

誕　達鼎切。詭言也。

暀　丁回切。讁也。

諑　力足切。譴也。

誅　居宥切。《文字音義》云：止也，禁也，助也。

諳　烏含切。記也，知也，誦也，大聲也。或作暗。

譖　同上。

譫　之閻切。多言也。

譩　於熙切。不平之聲也，恨辭也。作噫同。

謏　楚交切。代人説也。與勦同。

諵　女函切。語聲也。

詎　丁近切。詎譳，詀説也。作短同。

譳　奴豆切。詎譳。

諦　大計切。諟諦，審諦。

諟　於計切。諟諦。

訐　魚刮切。怒也，訶也。

諸　昌脂切。訶怒也。

詆　他狄切。詆詆，狡猾也。又音底，訶也。

詆　他鹿切。詆詆。

諜　於報切。語也。

譾　居夭切。多言也。

誀 如志切。誘也。

謣 羽俱切。妄言也。

訵 匹示切。具也。今作庀。

詃 之豉切。何爲不知也[①],快也。

譍 於甑切。譍對也。

訠 式忍切。況也。或作矧。

諀 匹爾切。呰也。

諰 丑利切。陰知也。

訽 居俟切。欺也。

謢 達各切。欺也。

詅 筆云切。人不知[②]。

譆 呼乞切。語聲。

譜 布魯切。屬也,牒也,布列見其事也。

訑 弋支切。訑訑,自得也。

譙 之藥切。讁也。

譒 補過切。敷也,謡也。

詫 丑嫁切。誇也。

誃 同上。

訅 渠留切。安也,謀也。

讙 以隹、十惟二切。就也。

訋 都叫切。挐也。

詼 口回切。調戲也。

謟 他勞切。疑也。

---

① 原本《玉篇》殘卷:“詃,之豉反。《孟子》:詃而不知。劉熙曰:詃,何也,爲言何爲不知。”此處“何爲不知也”疑有衍文。

② 人,原作“入”,據楝亭本改。

競　渠竟切。强爭也,逐也。古文競。

諆　尺支切。多言。

詠　他前切。詞也。

譙　慈焦切。國名。

謀　莫浮切。謀,計也。

諞　彌連切。欺也。

譀　土禾切。慧也。

誇　口瓜切。逞也。

夸　古文。

諴　胡讒切。和也。

誙　口莖切。拀也。

詃　女林切。多言。

譌　古蛙、五乖二切。不正。又譌也。

讒　士銜切。佞也。

諔　殂冬切。謀也。

戇　宅江切。質也。

誧　普布切。諫也。

訃　附夫切。詞也。

誜　丑林切。善言。

諁　奴刀切。喜也,謎也。

誜　蘇戈切。佞也,動也。

誜　息移切。諒也。

詷　烏回切。呼人也。又户罪切。

誻　如詹切。多言。

詿　奴奚切。呼人也。

諄　匹丁切。言也。

詀 方凡切。言急也。

訸 胡戈切。平也。

譲 宜巾切。頑也。

譺 五駭切。謹也。

詋 陟由切。多言也。

譟 初卯切。弄人言。

諝 相吕切。才智之稱也。

説 始悦切。言也,釋也。又音税,談説也。又余輟切,懌也。

謞 火角、火各二切。讒慝也。

譯 餘石切。傳言也。

訬 疾歷切。靜也。

訆 他口切。訆誘。

譁 何滿切。多言也。

詒 以喘切。笑皃。又善言。

譭 許委切。謗也,怒言也。

訨 諸是切。詐也。

言 去偃切。言言[1],脣急皃。

言 魚鄢切。言言。

讉 以隹切。譯惡言也。

諨 乎典切。諍語也。

譇 知加切。譇拏,羞窮也,怒也。

誽 女加切。譇誽,言不可解也。

訤 古犬切。誘也。

誷 無紡切。誣也。

① 言,原作"言",據楝亭本改。

詪　戶衮切。謀詪也。

誺　丑利切。笑也。

詷　之勢切。語不正。

譁　五困切。弄言。

詪　古恨、古很二切。難語皃。又乎典切。

諏　子就切。臾也。

譀　火禁切。

許　于禁切[1]。怒言。

欪　同上，啼不止也。

訽　魚向切。止也。

譨　胡遘切。言皃。

譋　火个切。譀譋。

謵　莫駕切。多言。

詬　胡故切。誌也，認也。

詐　之訝切。詐偽。

謝　司夜切。話謝。

譛　七个切。麿也。

誹　府味切。多言。

謬　先護切。諮謬。

訡　胡介切。善也。

諫　七賜切。數諫也。

誡　七賜切。謀也。

認　而振、而證二切。識認也。

誌　之吏切。記誌也。

_____

① 于，原作“子”，據棟亭本改。

謎　米閉切。隱言也。

謕　火訝切。誳也。

譁　同上。

諫　初稼切。異言。

誏　郎宕切。閑言。亦與朗同。

讌　烏見切。讌設也。

譹　胡到切。相欺也。

誑　巨妄切。狂言也。

諏　所化切。俊言。

詺　名聘切。詺謚也。

誨　火內切。伏市。與誨同。

譅　色立切。言甚多也。

譅　同上。

詋　職救切。詋咀也。

詍　力制切。言美也。

護　胡故切。救護也。

訊　扶泛切。多言。

訣　古穴切。死別也。

剒　兵列切。分契也。

諿　七入切。和也。

謚　許及切。疾言也。

護　許縛切。妄言也。

誣　居力切。訥言也。

詨　許交切。

謉　力約切。歎美言也。

辯　扶件切。俗辯字。

諹 與章切。譽也,讙也。又余亮切。

詗 户對切。胡市也。

嘶 蘇奚切。聲振也,呻也。

誐 五歌切。吟也。又牛可切。

諭 楊樹切。譬諭也。又他口切,諭誘也。

諟 承紙切。審也,諦也。

誧 滂古切。大言。又匹布切,謀也。

諽 烏古切。相毁皃。

訡 於禮切。謷聲。

試 始志切。嘗也,用也。

謼 荒烏切。大叫也。

諮 巨久切。毁也。

嶻 俄寒切。山形出皃。又人名。

剞 直嚴切。言利美也。

諕 虎伯切。諕然。亦作號。

詰部第九十一,凡七字。

詰 虔仰切。競言也。

譱 是闡切。大也。《說文》曰:吉也。

善 同上。今作善。

競 渠慶切。彊語也。一曰逐也。

競 同上。

譖 徒木切。謗讟。《說文》曰:痛怨也。《左氏傳》曰:民無怨讟。

譶 徒荅切。疾言也。

曰部第九十二,凡十二字。

曰 禹月切。言辭也,語端也。

曹 楚革切。告也。

曶　籀文。

曷　何葛切。何也,逐也,盍也。《爾雅》曰:止也。

朁　且感切。曾也,發語辭也。又音潛。

沓　徒沓切。重疊也,多言也,合也。又縣名。

瞾　昨勞切。共也,輩也,群也。《説文》曰:獄之兩瞾也。

曹　同上,今文。

馨　乃經、乃定二切。告也。

遭　思廉切。進也,長也。

曶　呼没切。出氣詞也。

旬　同上,見《説文》。

乃部第九十三,凡八字。

乃　奴改切。大也,往也。《説文》曰:曳䪨之難也。

㐸　古文。

孕　籀文。

迺　亦與乃同。

卤　如乘切。往也。《説文》曰:驚聲也。

卥　古文。

迈　同上。

卤　以周切。《説文》曰:气行皃。

丂部第九十四,凡四字。

丂　苦道切。《説文》曰:气欲舒出,丂上礙於一也。古文以爲亏字,又以爲巧字。

粤　普經切。《説文》曰:亟詞也。或曰粤,俠也。三輔謂輕財者爲粤。《爾雅》曰:粤夆,掣曳也。謂牽拕也。

寧　奴庭切。願詞也。

叵　呼多切。反丂也。

可部第九十五,凡四字。

可　口我切。肯也。

奇　竭羈切。異也。又居儀切,不偶也。

哿　公可切。嘉也。《説文》曰:可也。

哥　古何切。《説文》曰:聲也。古文以爲謌字。

兮部第九十六,凡五字。

兮　胡雞切。兮,語所稽也。

羿　先尹切。驚詞也。

羲　虚奇切。羲和氏《説文》曰:气也。

亏　户枯切。《説文》曰:語之餘也。

乎　同上,今文。

号部第九十七,凡二字。

号　胡到切。號令也,召也。太祝掌辨六号。

號　胡高切。哭痛聲也。亦同上。

亏部第九十八,凡七字。

亏　禹俱切。於也,曰也,歎也。

于　同上,今文。

虧　去爲切。毀壞也。《説文》曰:气損也。俗作䚦。

粵　有月切。《説文》曰:于也,審慎之詞者。

丂　皮并切。成也,正也,齊等也,和也,易也,直也,舒也,均也。

平　同上,今文。

釆　古文。

云部第九十九,凡四字。

云　于君切。言云也。《説文》曰:古文雲字。

𠃑　古文。

霒　於今切。《説文》曰:雲覆日也。今作陰。

㑄　古文。

音部第一百,凡十六字。

音　於今切。《説文》曰:聲也。生於心有節於外謂之音。宮、商、角、徵、羽,聲也;絲、竹、金、石、匏、土、革、木,音也。

響　虚兩切。應聲也。

韽　於林、於南二切。聲小不成也。

韶　視招切。繼也,紹也,舜樂名也。

竟　几慶切。終也。

章　諸羊切。章句也。又明也,采也。《書》曰:天命有德,五服五章哉。

韸　薄公切。和也,鼓聲也。

韹　胡觥切。樂聲也。

訡　牛金切。呻訡也。與吟同。

訑　除奇切。黄帝樂名。亦作池。

頀　胡故切。湯樂名。亦作濩。

韺　於迎切。帝嚳樂名《六韺》。亦作英。

硻　駭耕切。硻刑也,顓頊樂名《五硻》。亦作莖。

䪛　才帀切。斷聲。

韽　乙堲切。聲也。

韻　爲鎮切。聲音和曰韻。

告部第一百一,凡二字。

告　公号切。語也,請告也。《説文》曰:牛觸人,角著横木,所以告人也。又公篤切。《易》曰:初筮告。

嚳　口篤切。高辛氏爲嚳也。《説文》曰:急告之甚也。

凵部第一百二,凡一字。

凵　口范切。張口也。象形。

叩部第一百三,凡十六字。

叩　火袁切。囂也,驚呼也。與讙通。

叢　女耕切。《説文》云:亂也。一曰窒穰。

??　籀文。

毀　古文。

嚴　魚枕切。威也,畏也,敬也。

嚴　古文①。

哭　口木切。哀之發聲。

喌　支六切。呼雞聲。

咢　魚各切。驚咢也。

吅　《説文》咢。

單　丁安切。大也,一也,隻也。

??　乃多切。除疫也。與儺同。

嚚　魚巾切。頑,語聲。古囂字。

嚻　許驕切。聲也。或囂字。

喪　思浪、思唐二切。亡也。

??　《説文》喪。

品部第一百四,凡四字。

品　披錦切。齊也,官品也。《説文》曰:衆庶也。

曐　蘇丁切。曐辰也。今作星。

喦　女涉切。曳喦,爭言也。

參　所金切。星名。又七耽切。今作參。

喿部第一百五,凡三字。

喿　先到切。鳥群鳴也。又七消切。畾屬,今作臊。

———————

① 嚴古文,原在"哭"字條後,據澤存堂本乙正。

䮃　部巧切。䮃地也[1]，鈍刀也。

鈓　才心切。掘地也，臿屬也。亦作銛。

龠部第一百六，凡八字。

龠　余酌切。樂之所管三孔，以和衆聲也。《詩》云：左手執龠。
　　今作籥。

籥　充垂、充瑞二切。樂人以吹管中氣。今作吹。

䶵　直離切。或篪字。

龢　胡戈切。籥音龢。今作和。

龤　胡皆切。《說文》曰：樂和龤。今作諧。

䶵　古學切。樂器之聲。東方音。今作角。

龡　思條切。龡韶。今作簫。

龣　充尚切。導也，先也。今作唱。

冊部第一百七，凡五字。

冊　楚責切。立也，簡也。《說文》曰：符命也。諸侯進受於王也，
　　象其札一長一短，中有二編之形。

籣　古文。

嗣　似利切。嗣，續也，繼也，習也。

扁　補淺切。署門户之文也。又音篇，音辮。

霝　力丁切。空也。

㗊部第一百八，凡十一字。

㗊　壯立切。衆口也。

嚚　彦陳切。語聲也，又愚也。《書》曰：父頑母嚚。

㗊　古文。

囂　許朝切。喧譁也。又五高切。

---

① 䮃地也，原作“䮃地色”，據澤存堂本改。棟亭本作“䮃耕也”。

嚾　荒貫切。呼也。與唤同。

詽　古弔切。大呼也,高聲也。

喪　思唐切。亡也。古喪字。

器　袪記切。《説文》曰:皿也,象器之口,犬所以守之。

噐　同上,俗。

嚾　荒旦切。呼也。或唤字。

噩　魚各切。驚也。

只部第一百九,凡二字。

只　之移、之尔二切。《説文》曰:語已辭也,从口,象气下引之形。

甹　乎丁切。聲也。

肏部第一百十,凡六字。

肏　奴没切,又女滑、如劣二切。下聲也,言不出口也。

矞　余出切。出也。又況出切,飛兒也。

商　舒羊切。五音,金音也。

矞　籀文。

矞矞　　竝古文。

欠部第一百十一,凡一百四十八字。

欠　丘劍切。張口氣悟也。

欽　去金切。敬也。《説文》曰:欠兒。

戀　力丸切。欠兒,一曰不解理。

㰱　泥娛、吁禹二切。吹㰱,又笑意也。

歔　虚胡切。出氣息也,出曰歔,入曰哈。或呼字。

欥　火麥、於六二切。吹氣也。

歟　羊於切。語末辭。

欪　火一切。喜也。

歙　欣業切。翕氣也。

歃　子合、才六二切。鳴歃也。亦作嗽。又俎敢切，菖蒲，蒩也。

歂　視專、視兗二切。口氣引也。

歆　普門、普悶二切。歆氣也，口含物歆散也。

欫　居乞切。幸也，口不便也。亦作吃。

歇　虛謁切。竭也，臭味消息散也。

歡　呼官切。喜樂也。

㰦　許之切。戲笑皃。

欣　虛殷切。喜也。

㰼　呼來切。笑不壞顏也。

款　口緩切。誠也，叩也。俗作欵。

欵　同上。

欻　呼物切。忽也。

欲　余燭切。貪也，願也，邪婹也[1]。

歌　古何切。詠聲也。與謌同。

歛　呼南切。含笑也，貪欲也。

㰨　呼恬切。義同上。

歘　同上。

歋　以離切。人相笑也，相歋歈也。

㰻　同上。

歊　呼驕切。歊歊，氣出皃。

歒　餘饒切。氣出皃。

歋　同上。

歠　穌弔切。蹙口而出聲。

歖[2]　欣疑切。卒喜也。

---

[1] 婹，當作"婹"。
[2] 字頭原訛作"歖"，據澤存堂本改。

歎　他旦切。吟也,歎美也。

歎　同上。

欪　子移、子賜二切。歐也,嗳也,嗟歎也。

欶　烏來切。歎也,告也。一曰聿聲。

歔　欣居切。歔欷也。又啼兒。

欷　欣衣、欣既二切。悲也,泣餘聲也。

歜　尺燭切。怒氣也。

歈　余九切。言意也。

歌　公的、公弔二切。所歌也。

渴　可達切。欲飲也。今作渴。

歃　所力切。悲意。

釂　子妙切。盡酒也。亦作釂。

𣢰　呼兼、公廉、公函三切。堅持意,口閉也。

欨　時忍切。指而笑也。

𣢞　公溫切。𣢞于,不可知也。

𣢞　同上。

歇　於骨切。咽中氣甚不利也。

欼　所洽切。欼血也。

欶　所角切。吮也。

歁　口感切。食不滿也。

欦　口感、口含二切。貪惏曰欦。

欱　呼合切。歙也。

歉　口簟切。恨不出也,食不飽也。

歐　於利切。聲不平。

歐　於口切。吐也。

歈　屋徒切。口相就也。

𣢈 口載切。上欬也。

歗 呼狄切。《説文》曰:且唾声。一曰小笑也。

歙 呼及、尸葉二切。縮鼻也。又縣名。

欲 平表、於姤二切。歐吐也。《説文》其久切,蹴鼻也。

𣣊 於糾切。愁皃。

𣢎 丑律切。訶也。

次 且吏切。敘也,近也。

歉 苦岡切。飢虚也。

欺 去其切。欺妄也。

歆 羲今切。歆羨也,貪也。

欥 由律切。詮辭也。

歛 呼濫、呼甘二切。欲也。

弞 式忍切。笑不壞顔也。又音引。

歈 大侯切。歌也。又羊朱切。

歑 呼世切。欸歑[1],笑意也。

欥 於雅切。歐欥,驢鳴。

欱 呼洽切。氣逆也。

欯 呼飢切。欱欯。

歖 呼勒切。欬也。

呿 丘庶切。欠呿,張口也。

㰤 丘暇切。大張口笑也。

歕 妨走、他豆二切。歕,唾也。

歖 虚紀切。樂也。

欮 居月切。掘也。

---

① 欸,原作"㰦",據澤存堂本改。

欸　於佳切。欸聲。又居攝切。

欣　丘凡切。多智也。

歑　呼昆切。不可知也。

歄　古蛙切。歄欨猶歄妮也。

欨　五瓜切。歄欨。

呎　許脂切。呻吟也。

欤　同上。

軟　舒臣切。軟吟也。亦作呻。

㱿　許角切。嘔吐也。

欥　恥南切。欣也，惏也。

歕　於宜切。歕歀，歎辭。

歈　於牛切。逆氣也。

歔　於建切。大呼用力也，怒腹也。或作歍。

欯　息均切。信也。又逆氣也。

欨　虛娛切。喜樂也。

欦　去斤切，又口孕切。嚏也。

　　來當切。欨欯，貪兒。

欯　火郎切。欨欯。

欨　羊朱切。欨欨，呼犬聲。

歁　同上。

歈　客加切。出氣也。

歆　口莖切。咳也。

歍　徒來切。歍。

歍　尺脂切。笑也。

歍　呼分切。歎息也。

歁　戶甘切。沅湘人言也。

歘　助咸切。笑也。

歍　一辛切。人名,方歍,能相馬者。

欻　許來切。歙。

㰨　胡沼切。出氣也。

欥　烏口切。吐也。

歅　於郢切。怒氣也。

歛　一錦切。古文飲。

㰘　普口切。

欮　居委切。疲極也。

吹　余耳切。歎。

惗　丁鍊切。呻也。

歐　同上。

歄　口怪切。太息也。

款　思萃切。問也。

欼　詡政切。含笑皃。

歋　五困切,又奇逆切。

猋　去劍切。古文。

欱　呼介切。

歃　秦力切。汁錯喉。

歍　於伯、胡陌二切。吐聲。

歠　昌悅切,又嘗悅切。大歙也。

欼　許狄切。出鼻涕。

欨　苦協切。欲也。

歈　余六切。驚辭也。

歡　丑歷切。痛也。又知力切。

欨　子律切。吮也。

欣　年支切，又匹婢切。

欻　私律切。鳴也。

欷　毗必切。吹也。

欫　古勿切。飲聲。

欥　許勿切，虛記切。

欽　輕歷切。吹聲也。

欨　子六切。欨悲皃。

歊　於六切。愁皃。

欨　許迪切。笑皃。

歁　火盍切。歁啜。

㤅　秦力切。錯喉。

歋　於業切。

歡　去斳切，又丘云切。

食部第一百十二，凡二百二十字。

食　是力切。飯食。《説文》曰：一米也。

飠　《説文》食。

饙　甫云切。半蒸飯。

饡餴　　並同上。

餾　力救切。飯氣蒸也。

飡　思流切。饙也。

飧　同上。

飪　如甚切。大熟也。

餁　同上。

饔　於恭切。熟食也。

飴　翼之切。餳也。

饋　同上。

粂　籀文。

飤　古文。

䊆　先但切。䊆飯。《説文》曰：熬稻粻程也。

餳　徒當切。飴和䊆也。

餅　卑井切。劧餐也。

餱　胡溝切。乾食也。

饘　之延切。糜也。

飦　同上。

餴　甫鬼切。《説文》曰：餱也。陳、楚之間相謁食麥飯曰餴。又甫違切。

饎　充志切。酒食也，黍稷也。

餏　同上。

饡　子旦切。以羹澆飯也。

屑　古文。

養　餘掌切。育也，守也，樂也，畜也，長也。又弋尚切，供養也。

鈕　女又切[1]。雜飯也。

飯　扶晩切。餐飯也。又符萬切，食也。

餙飰　　並同上，俗。

餉　式掌切。晝食也。

餳　同上。

餔　補胡切。日加申時食也。亦作脯、餔。

餰　力冉切。《説文》云：㵸也。一曰廉絜也。

饐　爲輒切。餉田食。

饟　式尚、式章二切。饋食也。

餉　式亮切。饋也。

---

[1] 女又切，棟亭本作"女久切"。

饛 莫東切。《説文》曰:盛器滿皃。《詩》曰:有饛簋飧。

饗 許掌切。設盛禮以飯賓也。

飵 在各、族故二切。楚人相謁食麥曰飵[①]。

飴 女兼切。相謁而食麥曰飴。

饐 於寸、於恨二切。食欲飽也。

饐 五恨、五寸二切。饐也。

餫 于問切。野饋曰餫也。

餬 户吾切。寄食也。或作糊、粘。

飴 同上。

飶 蒲結、蒲必二切。食香也。

飽 補狡切。飽滿也。

餜饕 並古文。

餶 於縣切。猒也。

饒 如燒切。多也,飽也,豐也,厚也,餘也。

餘 與居切。殘也,饒也,非也,皆也。

餀 呼帶切。食臭也。

餽 胥弋切。氣息也。

餞 自翦切。送也。

館 古换切。舍也,送旅名。

饕 敕高切。貪財也。

饕 籀文。

飻 他結切。貪食也。

餮 同上。

饐 於利切。饐餲,臭味變。

① 謁,原作"謂",據楝亭本改。

饚　古文。

餲　於利、於介二切。飯臭也。

饉　奇振切。蔬不熟也。

飢　几夷切。餓也。

飤　古文。

饑　紀衣切。穀不熟也。

餓　五賀切。飢也。

餟　張芮切。祭酹也，餽也。亦作醊。

餕　始鋭切。小餟也。又力外切。

饡　同上。

秣　莫達切。食馬穀。

䬪　力甑、力蒸二切。馬食穀多，氣流四下也。

飺　夕恣切。食也。

飼　同上。

餗　思穀切。鼎實也。

餤　弋廉、徒甘二切。進也。

餌　如至切。食也，餅也，餥也。

餫　餘障切。餌也。

饡　子敢切。無味也。又慙濫切。

飣　力丁切。餌也。

餣　於劫切。饚也。

飩　徒昆切。餛飩也。

餛　户昆切。餛飩。

餭　户光切。乾飴也。

餦　豬良切。餌曰餦餭。

餄　古來切。飴曰餄餏。

餀　於勿、於月二切。餢也，飴和豆也。亦作登。

餐　同上。

餚　思累、弋累二切。豆屑雜糖也。

餹　徒當切。餹餳，餌也。

餳　徒兮切。餹餳。

饟　女江切。饟饟，强食也。

饟　奴耕切。内充實。

餧　普力切。飽也。

飴　公洽切。餌也。

餼　虛氣切。饋餉也。

䬣　五丸切。餌也。

飵　徒奚切。飵餬也。

饐　乙景切。飽滿也。

餲　同上。

餝　尸野切。餂飫也。

餄　同上。

餪　奴管切。餽女也。

饉　記言切。粥也。

飦　同上。

飫　於仰切。一飽也。

饝　蒲突切。饝餫①。

養　金媛切。祭也。

饎　余石切。祭之明日又祭曰饎。

餗　之庶切。豕食也。

---

① 餫，原訛作「餫」，據棟亭本改。

饁　胡郭切。無味也。

䏨　子也切。無味也。

饍　去善切。噍也，乾麵餅。

飠　力拾切。糂也。《説文》云：古文粒。

饘　視豔切。亦瞻也。

䰞　子荏切。或作膬、醋。

餂　達兼切。古䑑字。

糝　思敢切。羹糝也。

嗜　視利切。貪慾也。與嗜同。

䭁　苦到切。勞也。

䐈　亡鬼切。微也。

鬻　居六切。饘也。

饐　於結切。或噎字。食不下也。

飲　於錦切。咽水也。亦歠也。

龡　古文，亦作歠。

餩　於北切。噎也。

餕　子殉切。熟食也。

飧　蘇昆切。水和飯也。

餐　七安切。《説文》曰：吞也。

湌　同上。

飫　於據切。食多也。

餰　同上。

餙　於革切。飢聲也①。

饖饐　　並同上。

---

① 飢聲，原作“飽聲”，宋11行本同，棟亭本作“飢皃”。

餫 丁回切。蜀人呼蒸餅爲餫。

餶 同上。

餲 猗及切。餲濕也。

餽 居位、求位二切。《説文》曰：吴人謂祭曰餽。

餒 奴罪切。飢也。一曰魚敗曰餒。又於僞切，餒，飼也。

餈 疾移切。嫌食兒。

餈 疾資切。餈餻也。

餈 同上。

餧 於元切。貪也。

饌 士卷切。飯食也。

籑 同上。

餂 杜刀切，又他刀切。

餮 之例切。臭敗之味。

饝 莫波切。饝食也，出《異字苑》。

饢 莫彼切。哺小兒也。

餚 胡交切。饌也。

餠 止盈切。

餬 户烏切。餅也。

餻 古刀切。餻糜。

餇 徒紅切。

餿 色求切。飯壞也。

餿 同上。

餖 都滕切。

饞 士咸切。不嫌也。

饁 蜀容切。饞饁也。

䤛[①] 古侯切。牛飽也。

䬞 杜刀切。餌也。

饇 於遇切。飽也。

餒 素回切。飯也。

飴 直知切。飴飴也。

餜 古火切。餅子。

䭅 口敢切。飢也。

餉 古迥切。飽也。

餒 奴罪切。餓也。

䬣 丑善切。長味。

䭒 郎外切。門祭名。

飣 丁定切。貯食。

餖 徒候切。飣餖。

饇 烏告切。妬食。

餽 渠位切。餉也。

餥 鋤吏切。嗜食。

餺 同上。

饐 於利切。飽也。

饎 尺志切。酒食多。

饍 時戰切。食也。與膳同。

饚 火蓋切。食臭。

饜 於豔切。飽也。

飳 之句切，又竹句切。

䬤 九右切。飽也。

————————————

① 字頭原訛作"鉤"，據宋 11 行本改。

饡　居戀切。饌也。

餾　奴倒切。熟食。

餜　古臥切。食也。

餗　人又切。餾也。

飢　去毅切。食怒

餼　許氣切。同上訓。

銀　五艮切。餒也。

敘　魚據切。以酒食送客也。

餌　而至切。

録　力谷切。

餬　徒屋切。粥也。

餟　直六切。食兒。

餲　胡瞎切。飽也。

餳　都臘切。餳餉。

餉　奴盍切。食兒。

餺　蒲莫切。餺餅。

餑　蒲沒切。麵餑。

飭　恥力切。謹兒。

餠　古洽切。餅。

餜　同上。

飾　舒弋切。修飾也。

餝　同上，俗。

餛　卑吉切。餛飩。

飩　洛河切。餛飩。

餺　補各切。餺飥。

飥　他各切。餺飥。

饊　昨結切。食也。

饖　昨糟切。

饁　女厄切。炙餅餌。

餰　方滿切。

餭　而勇切。食也。

餮　徒敢切。無味也。

餧　如枕切。飽也。

甘部第一百十三，凡十二字。

甘　古藍切。甘心，快意也，樂也。《説文》曰：美也。從口含一。
　　一，道也。

旨　《説文》甘。

甛　徒兼切。美也。

甝　古三、紅談二切。和也。

猒　於豔、於鹽二切。足也，飽也。又於冉、於甲、於涉三切①。

猒　同上。

甞　徒戴切。甘也。

甚　市荏切。孔也，安樂也，劇也。

邑　古文。

醰　徒紺、徒含二切。長味也。或作醰。

嫌　呼兼切。香也。或作馦。

甞　市揚切。試也，又祭也。

旨部第一百十四，凡四字。

旨　支耳切。美也，意也，志也。

匕　古文。

---

① 　於冉於甲於涉三切，原作“方冉切於甲切於涉三切”，據棟亭本改。

香　古文。

嘗　市羊切。《説文》曰：口味之也。與甞同。

次部第一百十五，凡五字[①]。

次　徐仙切。《説文》曰：慕欲口液也。亦作涎、㳄。

㰱　籀文。

羨　徐箭切。饒也，貪欲也，道也。

盗　徒到切。逃也。《説文》曰：私利物也。

欻　弋之切。歠也。

幸部第一百十六，凡八字。

幸　女涉切。盗不止也。《説文》曰：所以驚人也。一曰大聲也。
　　今作幸。

睪　余石切。伺人也，捕罪也。睪睪，生也，樂也，好也。

執　之入切。持也，守也，結也。

圉　魚距切。養馬者。又垂也，退也，禁也，使也。

報　補到切。酬也，荅也。

鞠　居六切。窮治罪人也。

鞫　同上。

盩　張流切。引擊也。又盩厔，縣名。

夲部第一百十七，凡九字。

夲　丑高切。往來見皃。《説文》曰：進趣也。从大从十，大十猶
　　兼十人也。

夲　同上。

奔　呼物、呼貴二切。疾也。

暴　步到切。暴猶耗也，猝也。今作暴。

---

① 五，原作“六”，據棟亭本及實收字改。

皋 古刀切。澤也。

皐 同上。

靴 余準切。進也。或作允。

奏 子漏切。進奏也,書也。

䇦 《説文》奏。

夰部第一百十八,凡六字。

夰 公道切。放也。

具 居遇切。舉目驚具然也。

臩 午到切。慢也,亦作傲。

臦 俱永切。驚走也,又往來皃。

昦 乎老切。昦天,元氣廣大也。

昊 同上。

玉篇卷第十 凡十九部

彳部第一百十九，凡一百十字。

彳　丑亦切。小步也。

徎　力整、丈井二切。徑也。

德　都勒切。惠也，福升也。

徑　古定切。小路也。

徎　女九切。復也，習也，忕也，正也。或與狃同②。

復　符六、扶救二切。重也，返復也。

---

① 第，原無，下十六"第"同。

② 忕，原作"快"，據棟亭本改。狃，原作"扭"，據宋11行本改。

往　禹倣切。古往也,行也,去也。

徍　古文。

衢　居遇、渠虞二切。行皃。

彼　補靡切。對此之稱。

徼　古幺切。要也,求也。相如《封禪書》:徼麋鹿之怪獸。徼,
　　遮也。又古弔切,邊徼也。

彶　居及切。急行也。

徑　先荅、且立二切。行皃。與趿同。或趿字。

循　似遵切。次序也。

微　無非切。不明也。《説文》曰:隱行也。

徥　丈爾切。則也。又行皃。

徐　似居切。威儀也。《説文》曰:安行也。

徟　與而切。行平易也。

艴　匹丁切。使也。

徖　同上,俗。

徥　孚逢切。使也。

徙　疾淺切。跡也,履也。

徬　蒲郎、蒲益二切。附行也。

徯　胡啓切。待也。《書》曰:徯我后。或爲蹊。

待　徒改切。擬也,候也①。

宙　除又切。古往今來無極之名也。與宙同。《説文》徒歷切,行
　　宙宙也。

徧　甫見切。周帀也。

𢓜　他對切。古退字。

---

① 候,棟亭本作“俟”。

衲　同上。

很　柯額、公雅二切。至也，來也。

佫　柯額切。至也。

徯　大奚切。久也。

後　胡苟切。前後也。《説文》：遲也。

很　胡懇切。很戾也，諍訟也。

徸　之勇切。相迹也。亦作踵。又古文動字。

得　都勒切。獲也。

襄　先羊切。襄徉也。《楚辭》曰：聊逍遙以襄徉。

徛　丘奇、居義二切。舉足以渡也。

徇　辭峻切。徇師宣令也。《説文》曰：行示也。

徇　似閏切。止也。亦同徇字。

徉　余章切。彷徉也。

律　力出切。六律也，始也。

徂　在胡切。往也。

御　魚據切。治也，侍也。

彷　薄光切。彷徨也。《詩》曰：彷徨不忍去。

徨　胡光切。彷徨。

征　之盈切。行也。《書》曰：南征北狄怨。

彽　除飢切。彽徊，徘徊也。

徙　思爾切。移也，遷也，避也。

徝　竹志切。施也。

徒　達胡切。衆也，步行也。

彴　之約切。徛渡也。

彶　甫晚切。還也，歸也。

徊　胡灰切。徘徊猶彷徨也。

徘　步回切。徘徊。

俾　方示切。使也。與俾同。

倈　力哀切。就也,還也。今爲來。又力代切,勞也。

氾　音范。浸也。古文犯字。

佔　余箴切。行皃。亦作尤。

縻　靡彼切。縻縻猶遲遲也。今作靡。

傯　子紅切。數也。《詩》曰:越以傯邁。

繇　以周切。行繇也。

徜　食羊切。徜徉猶徘徊。

儦　甫遥切。行也。

彽　直知切。行也。

佻　徒凋切。獨行。

徭　余招切。

役　營隻切。使役也。

優　於尤切。優游也。

揄　羊朱切。行皃。

往　羽狂切。急行皃。

徥　諸脣切。行不正。

儳　士咸切。不齊。

狥　息兮切。行也。

趲　昨丸切。失途皃。

阮　五丸切。趲阮。

倲　德紅切。行皃。

從　先恭切。小行恐皃。

徸　昌容切。行皃。

儇　相然切。行皃。

徜　相焦切。行皃。

徺　巨夭切。行皃。

徴　七尒切。行皃。

徨　巨往切。扇徨也。

㣯　湯果切。行皃。

徖　力郢切。雨後徑。

徆　古禮切。行。

從　才用切。隨行也。又在蹤切。

㣼　于習切。古文[1]。

㣻　他可切。安行。

彴　巨小切。行皃。

㣾　尺主切。行。

徿　良用切。行不正。

復　古文復字[2]。

㣵　火陷切。

俺　於劒切。匿也。

徖　祚紅切。安也。

㣽　職救切。行。

㣪　松贖切。行不住。

彿　皮律切。

徸　疏聿切。行。

㣟　于屈切。行。

㣲　七役切。小行皃。

御　巨略切。倦。

① 于習切古文,楝亭本作"雨阮切。古文遠"。

② 此條當次上文"復"字後。

彾　與力切。行。

彶　蘇合切。行皃。

佮　他合切。行皃。

徶　山洽切。行皃。

彴　七入切。行皃。

亍　恥録切。彳亍。《説文》曰：步止也。从反彳。

行部第一百二十，凡二十一字。

行　下庚切。《説文》曰：人之步趨也。又胡岡切，行伍也。又胡孟切，行迹也。又乎浪切，次第也。《論語》曰：子路行行如也。行行，剛强之皃。

術　食聿切。法術也。《説文》曰：邑中道也。

街　古隈切。四通道也。

衢　近虞切。四達道也。

衝　齒龍切。交道也，向也，突也，動也。

衝　同上。

術　徒東切。下也。亦通街也。又徒弄切。

衍　疾演切。蹈也。

衙　魚加切。衙參也。又牛居、魚舉二切。行皃。《楚辭》曰：導飛廉之衙衙。又疏遠皃。

衒　胡絹切。賣也。《説文》曰：行且賣也。

衒　同上。

衎　口旦切。樂也。《詩》曰：嘉賓式宴以衎。

率　所律切。循也，導也。今或爲率。

衛　韋穢切。護也，垂也。

衜　徒老切。古文道。

衖　胡絳切。《爾雅》曰：衖門謂之閎。亦作巷。

衏 古鮪切。衏跡也。古文軌字。

衞 古縣切。車檐。

衟 魯丁切。道也。

術 戶經切。行皃。

衞 火衞切。開皃。

尢部第一百二十一,凡二字。

尢 余針切。尢尢,行皃。

尩 徒含切。尩尩,宮室深邃皃。

夊部第一百二十二,凡六字。

夊 竹几切。從後至也。

夆 胡蓋切。相遮要害也。新野有夆亭。

夆 赴恭、扶恭二切。《爾雅》曰:粵夆掣曳也。

夃 公覩、公乎二切。且也。《說文》曰:秦以市買,多得爲夃。《論語》曰:求善價而夃諸。今作沽。

夅 胡江切。伏也。今作降。

夂 口化、口瓦二切。跨步也。與跨同。

久部第一百二十三,凡二字

久 居柳切。遠也,長也。《易》曰:有親則可久。

乆 同上。

夊部第一百二十四,凡二十一字。

夊 思佳切。行遲皃。《詩》云:雄狐夊夊。今作綏。

夋 且旬切。行夋夋也。一曰倨也。

夏 扶菊切。行故道也。今作復。

夌 力蒸切。越也,遲也。今作陵。

愛 烏代切。仁愛也。《說文》作㤅,行皃。

夓 《說文》愛。

夃[1] 蒲卜切。行夃夃也。

夙 同上。

憂 於尤切。愁也。

竷 苦感切。和悦之響也。今作坎。

夏 胡假切。中國也,大也。又胡嫁切,冬夏也。又加下切,陽夏縣名。

夓 《説文》夏。

𡕾 古文。

畟 初力切。《説文》曰:治稼畟畟進也。《詩》曰:畟畟良耜。

夔 巨追切[2]。夔夔,悚懼也。黄帝時獸也,以其皮爲鼓,聲聞五百里。

𡖀 同上,俗。

夎 子公切。飛而斂足也,聚也,最也。

夒 奴刀切。貪獸也。一曰母猴似人。

夎 子對、祖卧二切。拜失容也。又詐也。亦作䞂。《禮記》云:無䞂拜。

致 陟利切。至也。《説文》曰:送詣也。

夃 亡范切。《説文》曰:腦蓋也。

舛部第一百二十五,凡四字。

舛 尺兖切。相背也。《説文》曰:對卧,从夂㐄相背。

舞 亡禹切。足相背也。

舝 遐戛切。車軸端鐵也。

舜 古雅切。玉爵也。

走部第一百二十六,凡一百五十七字。

走 子后切。去也,奔也,僕也。又子豆切。

---

① 字頭原訛作“夃”,據楝亭本改。説解同。
② “切”字原脱,據宋11行本補。

趛　牛欽切。低頭行疾。

趨　且俞切。疾行皃。《禮》曰:堂上不趨。

趍　直離切。《説文》曰:趍趙,夂也。

趙　除小切。《説文》曰:趍趙也。

趫　去驕切。善緣木之工也,善走也。又舉足也。

赴　匹遇切。告也,奔也。或作訃。

趣　且句切。趨也,遽也。又蒼后切。《詩》曰:來朝趣馬。言早且疾也。鄭玄曰:馬七十二匹也。

趌　渠之切。趌趌,鹿走也,緣大木也,行皃也。

超　恥驕切。超越也,出前也。

赳　居柳切。武也,輕勁有才力也。

趏　子到切。疾也。

趚　廬歷切。跳踊也。

越　于厥切。遠也,踰也。又胡括切。《左氏傳》曰:大路越席。

趷　居越切。跳起也。

趉　同上。

趁　除珍切。躁也,履也。又丑刃切。

趍　同上,俗。

趕　除連、張連二切。移也,趣也。

趠　且藥切。《説文》曰:趠趒也。一曰行皃。

趫　牽遥、丘照二切。起也,高也。《説文》曰:行輕皃。一曰趫,舉足也。

趌　胡千切。急走也。

趒　千尺、千私二切。倉卒也。

趭　芳消切。輕行也。

趣　去忍、巨人二切。行皃。

趙　且仲、千牛二切。行皃。

趥　之玉切。小兒行。

趤　公節切。走意也。

趍　丘愈切。走意。

趰　許建切。走皃。

趢　於杜切。走輕也。

趉　于救切。走皃。

趩　渠俱切。走顧皃。

趎　同上。又丘甫切，使也，治也，近也[①]，健也。

趷　丘言、虛言二切。走皃。

趖　千才、楚皆二切。疑之，等趖而去。

趍　雌紙切。淺渡也。

趯　弋渚切。安行也。

趕　乎來切。留意也。

起　丘紀切。興也，發也，立也，作也。

趧　香仲切。行也。

趩　起逸切。趩趭，怒走也。

趭　起遏切。趩趭也。

趲　呼泉切。疾行也。

趠　丑世切。渡也，超特也。

趐　同上。

趟　弋約切。趟趟也。

趫　几縛切。大步也。

趨　居依切。走也。

---

① 近，疑當作“匠”。

趀　扶勿切。走皃。

趐　余律、居聿二切。狂走也。

趚　子亦切。小行皃。《詩》曰：謂地蓋厚，不敢不趚。今作蹐。

趨　莫頑、莫官二切。行遲也。

趉　渠詘、九勿二切。卒起走也。

趜　九六切。窮困也。

趑　七私切。趑趄，行不進皃。

趄　七余切。趑趄也。

趨　求閒切。小走也。

越　去虔切。蹇行。

趬　巨員切。行趬趩也。一曰曲脊也。

趩　力足切。趩趬，小兒。《東京賦》曰：狹三王之趩趬。

趫　渠月切。行越趫也。

趌　丘弭切。半步也，舉一足也。與跬同。

趠　直知切。趠騺，輕薄也。

踣　蒲北、孚豆二切。僵踣也。或作踣。

趯　令的切。動也。或作躒。

趡　且水切。動也，走也。又地名。

趄　禹煩切。趄田易居也。

趕　卑逸切。止行也。與躄同。

趼　都年切。《説文》曰：走頓也。

踊　余腫切。喪蹕踊也。與踊同。

趈　都奚切。趈鞮氏，四夷之樂也。

趲　才濫、才冉二切。不久也，超忽而騰疾也。又進也。

趒　他弔、徒聊二切。雀行也。

趕　渠言切。舉尾走。

趋　他胡切。趯趋,伏地也。

趭　補胡切。匍匐也。

趐　胡百切。狂走也。又趐趐,僵仆。

趆　山格切。趍趆。

趭　竹交、竹教二切。趭趭,跟趐也。

趜　竹庚、竹孟二切。趜趭。

趲　藏但、子旦二切。散走也。

趍　七含切。趍趑,驅步。

趑　徒含切。趍趑。

趙　方孟切。走也。

趘　同上。

趩　才結切。傍出前也。

趨　九劣切。小跳也。

赽　居語切。行皃。

趲　且雷切。進皃。

赽　丑律切。走也。

趰　時曳切。踰也。

趥　丑足切。小兒行。

趘　式句切。馬跳也。

趑　且足切。迫也,速也。或作促。

趪　胡光切。《西京賦》曰:猛虡趪趪。謂作力皃。又趪趪,武皃。

趌　孚務切。疾也,及期也。亦作赴。

趲　力的切。趲趲,行皃。

趰　同上。

趢　力登切。趢也。

趥　直連切。移也。

趡　七回切。逼也。

趖　先過切。走皃。

遳　初緇切，又七才切。走也。

趫　之陽切。走也。

趬　落迢切。腳長皃。

趜　巨營切。獨行皃。

趚　慈樣切。行皃。

趬　揆扃、九聿、呼衒三切。走意。

趞　丑孝切。行皃。又丑角切。

趤　五和切。

趟　他郎切。前走。

趁　古藍切，牛錦切。

趍　直知切。走也。

趪　胡該切。走。

趫　巨詭切。

趭　子妙切。走皃。

趇　他旱切。行。

趰　與恐切。行。

趔　丘謹切。行謹皃。

趭　子禮切。走。

趙　徒孔切。走也。又徒弄切。

趉　孚句切。到也。

赿　丑亦切。超也。

赿　尺夜切。怒也。一曰牽也。又丑格切，半步也。

趡　祀傳切。走也。

趒　他念切。疾行也。

趆　都替切。走皃。

趄　胡遘切。蹇行。

赵　他鬫切。走也。

越　許聿切。走也。

遥　弋笑切。走皃。

趭　所六切。走也。

趏　古滑切。走皃。又户栝切。

趉　魚曲切。跛也。

趰　户八切。走也。

趃　徒結切。大走也。又夷質切。

趇　韋筆切。走也。

赺　則各切。走皃。

趭　詐交切。起也。

趈　莫百切。走皃。

趐　許劣切。

趚　丑力切。走皃。《説文》曰：行聲也。一曰不行皃。

趁　烏合切。趁趀,走皃。

趀　子合切。走皃。

趄　烏合切。跛也。又胡甲切。

趏　私立切。走皃。

趭　山洽、士洽二切。行疾也。

趌　其乞切。行皃。

趗　所留切。欲跳皃。

趏　相活切。走皃。

趍　子昔切。

趐　居劣切。走也。

趔 移力切。趨進皃。

趜 胡谷切。走也。

越 市玉切。晉時四公子名。

趆 山狎切。行越越。

辵部第一百二十七,凡二百五十五字[1]。

辵 丑略切。乍行乍止也。又走也。

達 山律切。先道也,引也。今爲帥。

迹 子亦切。跡也,理也。

速[2] 籀文。

邁 莫芥切。往也。《説文》曰:遠行也。

遷 同上。

巡 似倫切。徧也。又巡守也。《説文》曰:視行也。

迲 達乎切。步行也。今作徒。

㢟 止盈切。行也。今作征。

隨 辭惟切。隨從也。

迂 尤放切。《説文》曰:往也。《春秋傳》曰:子無我迂。又具往切。《詩》云:人實迂女。迂,誑也。

逛 具往切。走皃。

逝 視制切。去也,往也。

退 昨胡切。往也。與徂同[3]。

遣 籀文。

述 視律切。循也,作也。《論語》曰:述而不作。

遹 籀文。

迧　古爻切。會也。今作交。

過　古貨、古禾二切。度也,越也。

遵　子倫切。循也,率也,行也。

遷　古文。

適　尸亦切。之也,女子出嫁也。又之赤切,得也,往也。又音滴,從也。

遺　古患切。習也。或作串。

遺　徒鹿切。遺也,易也,數也。亦爲媟嬻字。

進　子信切。前也,升也,登也。

邁　古文。

造　祖皓切。爲也。又七到切,至也。

迨　胡荅切。迨遝,行相及。

遝　徒合切。迨遝。

逾　與朱切。越也,遠也,進也。

迮　子各切。起也。今爲作。又阻格切,迫迮也。

遣　且各切。亂也,迣遣也。今爲錯。

遄　視專切。疾也,速也。

速　思鹿切。疾也,召也。

遬　籕文。

迅　綏閏切。疾也。又音信。

适　古活切。疾也。

逆　魚戟切。迎也,度也。又不從也。

迎　宜京切。逢迎也。

遭　祖勞切。遇也。

遇　娛句切。見也,道路相逢也。

遘　古侯切。遇也。

逢　扶恭切。遇也，迎也。

迪　徒的切。作也，教也，導也，進也，道也。青州之間相正謂之
　　迪也。

迻　餘之切。徙也，遷也。今作移。

通　替東切。達也，無所不流曰通也。

遷　且錢切。徙也，去也，易也，移也。

運　于愠切。動也，轉也。

返　甫晚切。還也，復也。

還　胡關、徐宣二切。退也，返也，復也。

選　先兗切。擇也，迅也，數也。又先絹切。

邌　力奚切。徐也，遲也，小兒也①。

送　蘇貢切。《説文》云：遣也。《詩》曰：遠送于野。

遬　籀文。

遣　去善切。送也，去也。又去戰切。

邐　力紙切。邐迤也。

逮　徒載切。及也。又徒計切。

遲　除梨切。晚也，舒行皃也。

遟　籀文。

迡　同上。又奴計切，近也。

遰　徒計切。迢遰也，往也，去也。

遹　竹句切。不行也。又丑凶切。

迟　丘戟切。迟，曲行也。

逗　徒鬬切。留也，住也，止也。

遛　力周切。逗遛。

---

① 《篆隸萬象名義》作"小息也"，可從改。

逶 於危切。逶迤。又逶迆，行皃。

遹 以出切。循也，述也，自也，迴也，避也。

眡 丁計切。驚不進也，向不及也，驚也，駭也。

避 婢致切。迴避也，去也。

遴 旅振切。行難也，貪也。

达① 他計切。達也，迭也。亦與達同。

達 他割切。通也。又音闥。

逯 力谷、力屬二切。行也，衆也，行謹逯逯也。

迭 徒結切。代也，更迭也。

迷 莫雞切。惑也，亂也。

迆 余紙切。邐迆，水曲流也。又以支切，逶迆也。

連 力錢切。合也，及也。

逑 渠鳩切。匹也，合也。

退 蒲邁切。壞也，散走也。

逌 余六切。轉也，行也。

逭 胡館切。逃也，迭也，易也，轉也，步也，行也。

遯 古文。

邋 力涉切。《説文》曰：憦也。

遜 先困切。遁也，去也。

遰 知栗切。近也，重也，至也。

逋 補胡切。亡也，竄也，不到也。

逋 籀文。

近 其謹切。不遠也。又其靳切，附近也。

遺 余佳切。亡也。又余恚切，貽也。

---

① 达，宋11行本作"达"。

遂　辭類切。進也，久也，安也，信也。

逑　古文。

邇　而紙切。近也，移也。

迩　同上。

遳　渠級切。至也，連也。古文及字。又乍洽切。

逃　徒勞切。亡也，避也。

追　株佳切。及也，送也，救也。又都雷切，治玉名也。《詩》曰：追琢其璋。

詭　綺虔切。過也。亦作譽。

逐　除六切。競也，追也，從也。

遒　疾留切。固也，終也，追也，盡也，迫也，忽也。

逎　同上。

逼　碑棘切。迫也。

迫　補格切。逼迫也，附也，急也。

遏　於葛切。止也，遮也，病也。

遮　之蛇切。冒也，斷也。

遷　余戰切。移也，遮也。

迣　之世切。迾也，超踰也。古文以爲迾字。

迾　旅際、旅結二切。《說文》曰：遮也。

遱　力侯切。連遱也。

迁　且堅切。行進也。

迁　古寒切。進也。

遾　口點切，竹季切。前頓也。

迦　古遏切。迦牙，令不得進也。

迦　古牙、居伽二切。釋迦如來。

遫　胡厥切。散走也。

逞　丑井切。快也，極也，盡也，解也。《説文》云：通也。楚謂疾行爲逞。《春秋傳》曰：何所不逞。

遼　力條切。遠也。

遠　于阮切。遐也，極也。又于勸切，離也。

遑　古文。

逖　託歷切。遠也。

逷　古文。

迥　胡頂切。遠也。

逴　敕角切。驚也，蹇也。又丑略切。

逮　子千切。至也，自進極也。

迂　羽俱切。避也，廣大也，遠也，曲也。又憶俱切。

遵　魚袁切。《説文》曰：高平之野，人所登。或作原。

道　徒老切。理也，路也，仁義也。

远　胡郎切。迹也，長道也。

逕　同上。

迍　丁狄切。至也。又都叫切。

遽　渠庶切。急也，疾也，卒也。

迄　呼乙切。至也。

遁　徒頓、徒混二切。逃也，退還也，隱也。

遯　同上。

遐　乎家切。遠也。

逍　思遙切。逍遙也。

遞　時世切。逮也，遠也。

遊　余周切。遨遊也。與游同。

逰　古文。

迨　徒改切。及也。

透　他候切。跳也。又式六切，驚皃。

遡　蘇故切。行也，逆流而上也。與泝同。

遻　魚偃切。行皃。

敕　丑力切。張也。

邂　胡懈切。邂逅，不期而會也。

逅　胡遘切。邂逅。

迣　丘致切。避也。

邈　亡卓切。遠也。

邈　同上。

迴　胡雷切。轉也，迴避也。

逨　力材切。來也，至也，就也。又力代切。

退　他潰切。卻也，去也。

復迟　　並古文。

逡　且旬切。逡巡也，退也，卻也。

迿　無弗切。遠也。又呼骨切。

後　胡苟切。古文後。

起　丘紀切。古文起。

逛　禹兩切。古文往。

遳　他達切。古文撻。

邅　張連、除連二切。轉也，移也。

運　徒董切。古文動。

逵　奇歸切。九達道[1]。

這　宜箭切。迎也。

邁　乎果切。過也。

***

[1] 達，原作"達"，據棟亭本改。

逫　茅教切。古文皃。

迕　吳故切。遇也。

遻　同上。

遾　丑歷切。躍也。

逎　思俊切。出表詞也。

迒　古鮪切。古文軌。

迓　烏詐切。次也。或作亞。

迸　彼諍切。散也。

迓　午嫁切。迎也。

邀　於堯切。遮也。

迸　補耕、補幸二切。

遹　余述切。分布也，又行皃。

迕　吾故切。干遻也。

逌　余周切。氣行皃。

迺　奴改切。與乃同。

迱　徒何切。逶迱。

迤　同上，俗。

遌　五加切。遠皃。

遳　七禾切。行皃。

薖　苦禾切。寬大也。

迍　張倫切。迍邅也。

遄　於緣切。行皃。

遨　五高切。遨遊也。

迢　徒遼切。迢遞。

遑　胡光切。急也。又暇也。

違　于威切。背也。

途　度胡切。途,路也。

遹　以周切。疾行也。又音遥。

鹬　同上。

逿　徒浪切。過也。

逿　丑羊切。過也。

迵　徒東切。通達也。

迩　七爾切。與趰同[1]。

邁　胡貝切。遠也。

遒　居祐切。恭謹行皃。

遥　翼招切。遠也。又弋周切。

遰　徒禮切。遠也。又徒戾切。

遞　同上。

迻　斯子切。移也。今作徙。

迻　同上。

迓　五價切。迎。

迈　防罔切。急行也。

迎　於忍切。迎遜,走也。

遜　許忍切。迎遜。

蓮　以手切。

遄　丑善切。行。

邀　寺兩切。行也。

蓮　爲委切。姓。

進　子小切。走皃。

運　力罪切。

_____

[1]　字頭原訛作“迚”;趰,原訛作“趱”。皆據棟亭本改。

逵　魚幾切。進也。

遒　初救切。

迶　以喘切。

遄　丑絹切。

適　胡外切。匝也。

遉　丑聖切。邏候也。

邏　力佐切。遊兵也。

篷　初救切。篷倅。又齊也，充也。

该　戶愛切。走也。

遉　吉定切。路逕也，近也。

逛　火決切。走也。

傪　千合切[①]。裏傪也。

迶　于救切。行。

遽　殊句切。走。

迬　之句切，又竹句切。

邊　補眠切。畔也，邊境也。

遏　吐盍切。穩行皃。

逽　女略切。走逽。

迠　叱涉切。行。

邇　而涉切。行皃。

遉　時職切。行。

趣　千后切。走。又七庾切。

逐　丑六切。行皃。

造　居列切。跳。

逮　疾接切。逮,疾走。

迣　博未切。急走。

遝　徒合切。遝遝,行皃。

逾　以斫切。逴也。

迡　陟栗切。近。

迌　他没切。祗诱皃。

遹　吉穴切。遠。

逢　士洽切。行書皃。

遴　布千切。

迅　孚武切。

週　職由切。

逝　尸制切。

迉　居忌切。

遳　初側切。古文。

迻　與章切。進退皃。

廴部第一百二十八,凡六字。

廴　余忍切。長行也。今作引。

延　諸盈切。行也。

廷　徒廳、徒聽二切。朝廷也。

建　居堰切。竪立也。

延　余旃切。進也,長也。

延　丑延切。延延,安步也。

癶部第一百二十九,凡四字。

癶　補葛切。《説文》作址,足有所剌也。

發　匹葛、扶葛二切。以足蹋夷草也。

登　都稜切。升也,上也,進也。

𡕢　古文。

步部第一百三十,凡二字。

步　蒲故切。步行也,六尺爲步。

歲　思惠切。載名。《説文》曰:木星也,越歷二十八宿,宣徧陰
　　陽,十二月一次。

止部第一百三十一,凡三十字。

止　之市切。止息也,住也,容止也。

屮　他達切。《説文》曰:蹈也,从反止。

歱　之隴切。《説文》曰:足跟也。今作踵。

峷　直庚切。歫也。

跱　直里切。躇也,止不前也。

歫　渠吕切。違也,戾也,至也。《説文》云:止也。一曰搶也。一
　　曰超歫。

歬　在先切。不行而進也。今作前。

歷　郎的切。歷遠也,過也。

躄　補赤切。人不能行也。

歖　充祝切。至也。

歸　居暉切。還也。《説文》曰:女嫁也。

婦　籀文。

疌　辭接切。疾也。

𣥈　女輒切。機下足所履者。

𣥠　良與切。古文旅。

𣥚　巨謹切。古文近。

䟧　古恩切。足歱也。

睟　疾醉切。待也。

歰　山立切。難轉也。《説文》曰:不滑也。

歧　翹移切。歧路也。

蹲　七旬切。舞也。

嗅　香幽切。

蟦　徒沃切。不止皃。

瓄　符逼切。止也。

歬　子淺切。古文前。

歬　之膳切。古文戰。

讻　武放切。谷,在京。

岯　胡古切。古文。

岥　被義切。

岢　呼多切。古文訶。

處部第一百三十二,凡三字。

處　充與切。居也,止也。

魖　古胡切。魖息也。

繫　胡計切。子孫相繫也。《說文》曰:與系同。

立部第一百三十三,凡四十九字。

立　力急切。《說文》曰:住也。《易》曰:立天之道曰陰與陽。

竦　力季、力至二切。臨也,從也,疏也。

墫　丁罪切。磊墫,重聚也。

端　都丸切。緒也,直也。

竱　旨兗切。等齊也。

靖　疾郢切。謀也。

竫　疾郢切。亭安也。

竦　息隴切。敬也。

竢　事紀切。待也。亦作俟。

妃　同上。

竘　丘垢、丘甫二切。健也。

竵　呼蝱切。不正也。

竳①　力臥切。痿也。

竭　巨列切。敗也，盡力也。

竢　相史切。待也。

竢竢　並同上。

竣　且旬切。止也，退伏也。

㛼　且略切。疎也，驚也。

䜅　摩筆、扶福二切。見鬼皃。

竲　子登、仕耕二切。巢也。《説文》曰：北地高樓無屋者。

竧　普支切。行不正也②。《説文》傍下切，短人立竧竧皃。

竛　力丁切。竛竮，行不正。

竚　除呂切。企也，久也。今作佇。

竦　力涉切。竦竳③，行不正。

竨　於臥切。竳也④。

竒　居委切。掎也，載也，枕也。

墼　古薤切。埂也。

徯　胡奚切。待也。亦作徯。

儀　魚奇切。古儀字。

竴　七旬切。喜皃。

竘　叉六切。等也。

竰　徒凍切。鍾聲。

---

① 竳，原訛作“竳”，據宋11行本改。
② 正，原作“止”，據棟亭本改。
③④　竳，原訛作“竳”，據棟亭本改。

竑　胡萌切。廣也，量度也。又古弘切。

竜　力鐘切。

掎　居綺切。立正也。

跓　直庚、直句二切。

竬　丘主切。立也。

踮　他點切。

竑　胡改、胡代二切。

凯　昌御切。

竎　方又切。

跁　匹馬切。短皃。

趄　七雀切。恐懼。

�尭　魚遠切。

埻　匹没切。按物聲。亦作靜。

峨　房越切。竚也。

竻　房六切。邪也。

竮　扶丁切。竛竮。

竑部第一百三十四，凡四字。

竝　毗茗切。竝坐也。又縣名。

竝　同上。

朁　他計切。廢也。今作替。

暜　同上。亦作朁。

此部第一百三十五，凡四字。

此　七爾切。止也。

啙　子亦、子爾二切。《史記》云：啙窳偷生。謂苟且也。

些　息計切。此也，辭也。又息簡切。

觜　子累切。觜，口也，鳥喙也。《説文》云：識也。一曰藏也。

正部第一百三十六,凡六字。

正　之盛切。長也,定也,是也。又音征。

正𣣈　同上,並古文。

𣎳　扶法切。文反正爲𣎳。又無資曰𣎳。今作乏。

𧗿　助革切。正也,齊也,好也。或作𧗿。

整　之郢切。整齊也。

是部第一百三十七,凡四字。

是　時紙切。是非也。《説文》曰:直也。

𣆞　古文。

𩥉　于匪切。是也。

尟　思踐切。《説文》曰:是少也。尟,俱存也。

新加偏旁正俗不同例

北　丘同。

儿　人同。

百　𦣻皆首,同。

𠂇屮　皆左,同。

辵　辶同。

肉　月同。

鬥　鬭同。

類隔更音和切

嘆　敕旦切。今他旦切。

啄　丁角切。今中角切。

膘　　扶小、孚小二切。今頻小、疋小二切①。

---

① 　此條原殘脱,據宋11本補。

玉篇中十卷

竹知六切第一百六十六　箕居疑切第一百六十七　才在來切第一百六十八
市甫味切第一百六十九　毛竹戶切第一百七十　巫市規切第一百七十一
雩火于切第一百七十二　華胡瓜切第一百七十三　禾五溉切第一百七十四
稽古奚切第一百七十五　桼且栗切第一百七十六　举仕角切第一百七十七
美方屋切第一百七十八　丂胡感切第一百七十九　東胡感切第一百八十
卤徒幺切第一百八十一　束七漬切第一百八十二　米匹刃切第一百八十三
㣺匹賣切第一百八十四　麻莫加切第一百八十五　末書六切第一百八十六
韭居有切第一百八十七　瓜古華切第一百八十八　瓠胡故切第一百八十九
㞢柯邁切第一百九十　來力才切第一百九十一

卷第十五凡三十九部

麥莫革切第一百九十二　黍式与切第一百九十三　禾胡戈切第一百九十四
秝郎的切第一百九十五　耒力對切第一百九十六　香許良切第一百九十七
皂許良切第一百九十八　鬯敕亮切第一百九十九　米莫禮切第二百
毇許委切第二百一　臼渠九切第二百二　倉且郎切第二百三
向力甚切第二百四　嗇使力切第二百五　人疾立切第二百六
會胡外切第二百七　亯虛掌切第二百八　旱胡苟切第二百九
畐普逼切第二百十　入如立切第二百十一　一莫歷切第二百十二
冂亡道切第二百十三　冃莫到切第二百十四　兩力掌切第二百十五
㡀婢世切第二百十六　而於架切第二百十七　网無倣切第二百十八
華俾蜜切第二百十九　冓古候切第二百二十　厶丘於切第二百二十一
去羌據切第二百二十二　北補默切第二百二十三　西先分切第二百二十四
鹵力古切第二百二十五　鹽余占切第二百二十六　壬他井切第二百二十七
皿明丙切第二百二十八　臥五過切第二百二十九　冎於機切第二百三十

卷第二十凡二十七部

水之水切第二百八十六　　〈公泫切第二百八十七①　〈〈古會切第二百八十八

〈〈〈齒緣切第二百八十九　　井子郢切第二百九十　　泉自緣切第二百九十一

蟲似均切第二百九十二　　永于丙切第二百九十三　　辰匹賣切第二百九十四

谷古木切第二百九十五　　彡碑凌切第二百九十六　　雨于矩切第二百九十七

雲于君切第二百九十八　　風甫融切第二百九十九　　气區既切第三百

鬼居委切第三百一　　　　由甫勿切第三百二　　　　白步陌切第三百三

日如逸切第三百四　　　　旦多汗切第三百五　　　　晨是人切第三百六

軌公旦切第三百七　　　　晶子情切第三百八　　　　月魚越切第三百九

有于九切第三百十　　　　明靡京切第三百十一　　　冏俱永切第三百十二

----

① 泫，原訛作"注"。

玉篇卷第十一凡十九部①

宀部第一百三十八，凡一百三十二字。

宀　彌仙切。交覆深屋也。

家　古牙切。居也。家人所居通曰家。

㝓　古文。

宅　除格切。人之居舍曰宅。

宊　古文。

宣　思元切。《説文》曰：天子宣室也。

---

① 玉篇卷第十一，原作“卷第十一”，據全書例補“玉篇”二字。
② 第，原無，據例補，下18處同。

宣　古文。

室　舒逸切。《説文》曰：實也。《吕氏春秋》：高元作室。

向　許亮切。《詩》曰：塞向墐户。向，窻也。又舒尚切，地名。

宏　胡萌切。大也。

宧　亦之切。《爾雅》曰：東北隅謂之宧。

宎　於弔、於鳥二切。《爾雅》曰：東南隅謂之宎。宎，亦隱闇。本亦作窔。又户樞聲。

窔　同上。

宊　同上，俗。

奥　於報切。《爾雅》曰：西南隅謂之奥。謂室中隱奥之處。《論語》曰：寧媚於奥。

宸　時真切。賈逵曰：室之奥者。《説文》云：屋宇也。

寷　孚雄切。大屋也。

宇　于甫切。方也。四方上下也。又屋宇。

寓　籀文。

寏　户官切。周垣也。或作院。

宖　户萌切。安也。《説文》曰：屋響也。

寪　胡彼切。屋皃。

宬　是征切。屋所容受也。

康　苦郎切。虚也，空也。

寍　奴庭切。安也。今作寧。

定　徒聽切。安也，住也，息也。

寔　時弋切。止也。

安　於寒切。安定也。

宓　明筆切。止也，靜也，默也。今作密。

寠　於細切。《蒼頡篇》云：安也。

宴　於見切。安也。

宋　前的切。無聲也。又作誄。

寂宨　並同上。

察　楚黠切。覆也。或作詧。

窺　且仁切。至也。又且僅切。

寀　同上。

寎　亡田切。冥寎不見。一曰不省人也。

完　戶端切。保守也，全也。

寶　補道切。珍也。

寚　古文。

富　甫霤切。豐於財。

宲　補道切。藏也。或作寶。

實　時質切。不空也。

㝙　古文。

容　俞鍾切。容儀也。

㝐　古文。

宭　九文、仇文二切。群居也。

宰　子殆切。治也，制也。

宷　古文。

㝠　莫見切。冥合也。

宂　如勇切。宂，散也。

宦　胡串切。仕也。《漢書》：天有宦者星，故閹官名宦人。

宜　魚奇切。當也，所安也。今作冝。

冝　同上。

㝣宐　並古文。

宥　禹究切。寬也。

竉　丑冢切。《説文》曰:尊居也。

守　舒售、舒酉二切。收也,視也,護也。

寫　思也切。盡也,除也,置物也。

寬　苦完切。緩也。

宿　思六切。夜止也,住也,舍也。又思宙切,星宿也,宿留也。

㝛　古文。

寑　且審切。臥也。或作寢。

寢　籀文。

宵　思搖切。夜也。

宯　五故切。寤也。

寡　古瓦切。少也。

宛　於阮切。屈草自覆也。《爾雅》曰:宛中,宛丘。注云:中央隆高。又於原切,縣名。

窓　《説文》同上。又《周禮》注云:窓,小孔貌。

家　丑院切。

寯　子峻切。才寯也。

寕　奴定切。姓也。

甯　《説文》寕。

寇　苦候切。賤寇也。亦姓。

宝　吉娃切。宝樓也。

寏　火訝切。寏隙也。

㫄　步忙切。古文旁。

宀　卑民切。古文賓。

㝢　寄魚切。㝢舍也。

寀　力針切。寀深也。

宲　食質切。古實字。

寙　莫儦切。古文苗。

寁　魚基切。

寏　户官切。周地名。

求　渠留切。索也。與求同。

索　式白切。《説文》曰：入家搜也。與索同。

寮　力彫切。官寮也。與僚同。

寙　烏價切。懸皃。又於加切。

寀　恥價切。寙寀，嬌態皃。又宅加切。

寥　力雕切。空也，寂也，廓也。

寱　徂曾切。

寠　力豆切。寠，地也。

寭　穴桂切。

合　口合切。合寍也。

寔　支義切。置也。

寑　尸枕切。古文審。

寱　積省切。舍寱也。

客　口格切。賓也。

寄　居義切。託也。

寓　愚句切。寄也。亦作庽。

寠　瞿庚切。貧陋也，空也。

窊　居舊切。疾窊也。《説文》曰：貧病也。

寒　何丹切。冬時也。

宕　達浪切。過也。一曰洞屋也。

害　何賴切。傷也。俗作㝬。

窡　居陸切。窮也。或作窸。

宄　古洧切。《説文》曰：姦也。外爲盜，内爲宄。

𡧢𡩁 並古文。

𥨵 丁念、丁甲二切。下也。或爲墊。

宗 子彤切。《説文》曰:尊祖廟也。

𡫑 千外切。塞也。

宔 之庾切。宗廟宔祏也。今爲主。又砫字。

宙 除霤切。居也,往古來今曰宙。或爲伷。

宋 蘇洞切。《説文》曰:居也。亦國名。

官 古丸切。官宦。

寰 胡絹、胡關二切。王者封畿内縣也。

宺 呼晃切。宺,㝗也。《蒼頡篇》:宺,廣也。

㝗 力蕩切。空虚也。又魯堂切,屋康㝗也。

寯 其驕切。寄也,客也。與僑同。

宊 羈蓮切。《方言》:宊,待也[①]。畜無偶曰宊。郭璞云:逢澤有宊麋也。

寠 古候切。夜。《詩》曰:中寠之言。中夜之言也。本亦作冓。

宀亡 無鞅切。古文罔。

穷 皮彬切。古文貧。

𡫦 於田切。古文煙。

宨 居毁、居僞二切。毁也。或作垝。

𡪢 居宥切。古文究。

寀 七改切。寮寀。

宔 禹俱切。窻迂也。

寁 子感切。速也。《詩》云:寁不故也。

---

① 待,疑當作“特”。《方言》第六:“介,特也……物無耦曰特,獸無耦曰介。”郭璞注:“逢澤有介麋。”

宮部第一百三十九,凡二字。

宮　居雄切。室也,中也,人所居也。

營　弋瓊切。度也,帀居也。

宁部第一百四十,凡三字。

宁　治旅、治居二切。《爾雅》云:門屛之間謂之宁。

䒥　竹與切。《説文》曰:䔖也,所以盛米。

㯢　同上。

門部第一百四十一,凡一百三十字。

門　莫昆切。人所出入也。在堂房曰户,在區域曰門。《説文》
　　曰:聞也。从二户,象形。

𨳆　古文。

閼　乙甲切。《説文》曰:開閉門也。

閶　尺羊切。閶闔,天門也。《説文》云:楚人名門曰閶闔。

闔　户臘切。《説文》云:門扇也。一曰閉也。

闈　户歸切。宮中之門也。

閻　余占切。《語林》云:大夫向閻而立。《説文》曰:閻謂之橺。
　　橺,廟門也。

閣　公苔切。小閨謂之閣,門旁户也。

閨　古攜切。宮中門小者曰閨,特立之門也,上圜下方。

閣　公鄂切。樓也。楊雄校書於天禄閣。《説文》曰:所以止
　　扉也。

閈　胡旦切。垣也,居也。《説文》曰:閭也。汝南平輿里門曰
　　閈。《左氏傳》曰:高其閈閎。

閎　胡觥切。巷頭門也。

闧　徒臘切。樓上户也。又敕臘切,定意也,下意也。

閼　於達切。《説文》曰:遮擁也。又於虔切。《漢書》云:閼氏,單

于妻。

閭　旅居切。里門也。《周禮》曰：五家爲比，五比爲閭。閭，侶也。二十五家相群侶也。又船首之閭，今江東呼船頭爲飛閭也。

閬　胡對切。市外門也。

閻　余占切。巷也。《説文》曰：里中門也。

闉　於神切。城曲重門也。《詩》曰：出其闉闍。

闍　市遮、當胡二切。城門臺也。

闕　袪月切。象魏闕也。又失也，少也。又仇月切，《左氏傳》曰：若闕地及泉。

閞　皮變切。門樞櫨。

閟　胡計、胡介二切。門扇也。

闑　魚列切。門橜也，亦門梱也。

閾　雨逼、況域二切。門限也。

閾　古文。

闢　步役切。開也。

闢　古文。

開　口垓切。張也。《説文》作闓。

闓[①]　古文。

闁　苦亥切。開也。又音開。

閜　呼雅切。大也。《説文》曰：大開也。大杯亦爲閜。

閟　鄙冀切。慎也，閉也。

冄　除刃切。登也。

阿　於可切。《説文》曰：門傾也。《上林賦》云：坑衡閜砢。

閒　居閑切。隙也。又居莧切，迭也。又音閑。

---

① 闓，棟亭本作“開”。

閒　古文。

闛　徒郎切。《説文》曰：闛闛，盛皃。又他郎切[1]。《上林賦》云：
　　闛鞈。鼓聲也。

闗[2]　之羨、止兖二切。開閉户利也。

閜　於鐯切。門聲也。

闃　苦壁、古覓二切。靜無人也。

闌　力安切。遮也，牢也。又酒闌。

閑　駭山切。闌也，遮也，暇也。

閡　五載切。止也。與礙同。

閉　必計切。闔門也，塞也。

閈　同上，俗。

關　古鐶切。以木横持門户也，扃也。

関　同上，俗。

闇　於紺切。閉門也，幽也。與暗同。

闓　口體切。與啓同。

鑰　余酌切。固關令不可開。或作籥。

閹　於檢切。宦人也，閉門者也。

闐　徒堅切。《詩》云：振旅闐闐。闐闐，盛皃。或作窴。

闌　力安切。妄也。無符傳出入爲闌。今作闌。

闚　丘規切。相視也。與窺同。

閃　式斂切。闚頭門中也。或作睒。

閽　呼昆切。《周禮》注云：閽人，司晨昏以啓閉者也。刑人墨者，
　　使守門囿御苑也。

闋　苦穴切。止也，訖也，息也，終也。

---

① "切"字原脱，據宋11行本補。
② 字頭原訛作"闗"，據宋11行本改。

閥　余説切。簡軍實也。《史記》云：人臣功有五，明其等曰伐，積伐曰閥。

闞　口濫切。視也，望也，臨也。又呼減切。《詩》云：闞如虓虎。

闊　口活切。遠也，疏也。

闔　胡結切。闔閡，鄭城門。《左傳》作桔柣。

閡　徒結切。闔閡。

悶　眉隕切。病也，傷痛爲悶。

闛　敕蔭切。馬出門兒。《公羊傳》曰：開之則闛然。何休云：闛，出頭兒。或作犸。

閌　恪浪切。閌閬，高門兒。《詩》云：高門有閌。本亦作忼。

閫①　苦本切。門限也。

闥　他曷切。門内也。飛闥，突出方木也。

閇　補行切。宮中門也。亦巷門也。

閿　亡云切。《説文》曰：低目視也。弘農湖縣有閿郷，汝南西平有閿亭。

閺　同上，俗。

楗　其偃切。古文鍵。門木也。

閝　徒丁切。門閝也。

閄　于救切。古祐字。

闛　徒浪切。門不開。

閶　七羊切。門聲也。

闤　胡關切。市垣也。

閽　孚微切。門火氣。

闔　先合切。閉也。

---

① 字頭原訛作“間”，據宋11行本改。

閖　所進切。

闠　在蕢切。門次也。

閏　而睡切。内入也。

閰　呼瓜切。開門也。

閜　地胡切。地名。

閧　余腫切。門人也。

閕　博古切。閕，門也。

閞　式旨切。閞，門也。

閫　苦乖切。門不正也。

闖　夕醉切。門偏也。

閷　叱終切。閷，關也。

閶　圭熒切。不開也。

閳　徒昆切。闌門也。

闟　羊朱切。窺也。

闔　烏古切。闔，門也。

闙　語居切。闙，門名。

閘　故敢切。閘，門也。

闥　許勿切。小門也。

闚　匹限切。門中視也。

閦　余支切。門臼也。

閆　丑占切。獲也。

閄　側銜切。立待也。

閉　火加切。門閉也。

閣　所景切。水府也。

閗　女九切。門闗閗也。又女犳切。

閒　先揔切。門臼也。

閧　胡官切。

閶　祛王切。門閶也。

閧　於迎切。門中也。

閥　扶月切。在左曰閥，在右曰閱。

閷　於鮪切。門高也。

閺　敕尹切。中門也。

閄　呼急切。戟名。

闉　他但切。闌也。門傍橛，所以止扉也。

閦　初六切。眾也，出《字統》。《釋典》有阿閦。

閗　同上。

閫　戶簡切。俗爲門限字。

闛　直連切。市門。

閏　丑住切。直開也。

關　胡慣切。古文患。

闛　徒郎切。高門也。

閾　古了切。喪之降殺也。

閌　他頂切。閉上關。

闞　許尚切。門頭也。《説文》曰：門響也。

闟　音孰。與塾同。

閄　呼麥切。門聲。

闡　昌善切。大也，開也，明也。

閭　盧宕切。高門。又地名，在蜀。

闈　于委切。闢也。

闋　古穴切。闋閴，無門户也。

閴　呼決切。闋閴。

閛　普耕切。門扉聲。

户部第一百四十二,凡二十一字。

户　胡古切。所以出入也。一扉曰户,兩扉曰門。

戻　古文。

扇　尸戰切。扉也。又箑也,或竹或素,乍羽乍毛,用取風。

扉　甫違切。《爾雅》曰:闔謂之扉。《説文》云:户扇也。

房　扶方切。室在旁。

庡　余染切。庡庣,户壯①。

启　同上。又徒忝切,閉門也。

庣　余之切。庡庣。

庖　同上。

屒　弋之切。屒外也。

麏　七萌切。屋上也。

戽　羌據、公苔二切。閉户聲。

戾　徒泰、他厲二切。《説文》曰:輜車旁推也。亦作軑。

扃　古熒切。《説文》曰:外閉之關也。

厄　倚革切。困也,災也。亦作厄。

戽　治矯切。始也,謀也。

宸　於蟻切。鄭玄注《儀禮》:宸如綈素屏風,畫斧文以示威②。亦天子所居也。

扱　渠立切。户壯也③。

戽　牀巳切。砌也。《爾雅》曰:落時謂之戽。亦作戽。

扃　書掌切。户耳也。

盍　苦合切。

---

① 户壯,當作"户牡",《廣韻》作"户牡"。
② 畫,原作"晝",據宋11行本改。
③ 户壯,疑當作"户牡",《博雅》作"户牡"。

尸部第一百四十三,凡五十三字。

尸　式脂切。主也。《説文》曰:陳也。象卧之形。

居　舉魚切。處也,安也。

凥　古文。

眉　許介切。卧息也。

屓　許器切。贔屓,作力也。

展　知演切。轉也,由也,適也。

屢　《説文》展。

屑　先結切。絜也,碎也,勞也,敬也[1]。

屑　《説文》屑。

届　居薤切。至也,極也。

尻　苦高切。髖也。《説文》曰:脽也[2]。

屍　徒昆切。與臀同。

屍　同上。

眉　詰地、口奚二切。尻也。

尼　奴啓、女飢二切。安也,止也,和也,息也。

屆　楚立、所甲二切。從後相躡也。

屈　直立切。屆屈也。

屍　儒尭切。弱也。或爲奺。

屍　時仁切。重屑也。《説文》竹忍切,伏皃。一曰屋宇也。

屍　丁挺、大練二切。重也,屍也。

屖　先啼切。屖,遲也。今作栖,亦作犀。

屠　達胡切。殺也,剐也。

屍　弛祇切。在牀曰屍。

---

① “也”字原殘,據棟亭本補。
② 脽也,棟亭本作“膥也”。

屟　先篋切。《説文》曰：履中薦也。或作屧。

屋　於鹿切。居也，舍也。

屋　籀文。

層　自登、子登二切。重也，累也。

屏　蒲冥、必郢二切。屏蔽也，放去也。又卑營切。《廣雅》云：屏營，怔忪也。《國語》云：屏營猶彷徨也。

𡳭　古巷切。差也。今爲降。

㞨　去罽切。心息也。今爲憩。

屎　施視切。糞也。與矢同，俗又作屎。

屎　許夷切。呻也。

屧　弋之切。踞也。

屨　此踞切。與覷同。

屒　此咨切。屒屨，盜視。與覷同。

屍　口卧、口外二切。臀骨也。亦作髁。

𡰥　餘脂切。古文夷字。《説文》曰：古文仁字。

屪　子雷切。赤子陰。亦作㞪。

屢　力諸切。

屖　士連切。不肖也。

届　徒連切。届穴也。

屙　烏何切。上廁也。

屋　同上。

屋　苦永切。屋，穴也。

屣　初簡切，又初現切。出《釋典》。

屪　博美切。屖屪也，臀也。

屓　火天切。屓，尻也。

屁　匹避切。泄氣也。

𡰪 都谷切。俗豚字。

𡲉 余隻切。交𡲉也。

𡰿 兹力切。理也。

屢 良遇切。數也,疾也。

屝 扶沸切。草屩也。

尾部第一百四十四,凡七字。

尾 無匪切。鳥獸魚蟲皆有之,又末後稍也。又星名。

𡲵 古文。

屎 乃弔切。人小便。今作尿。

𡲾 尾孕切。出《釋典》。

𡳀 微曳切。出《釋典》。

屈 巨律切。短尾也。

屬 時欲、之欲二切。《説文》曰:連也。俗作属。

尺部第一百四十五,凡二字。

尺 齒亦切。尺寸也。十寸爲尺。

咫 之爾切。中婦人手長八寸也。

履部第一百四十六,凡十七字。

履 力几切。皮曰履。又踐也,禄也。《詩》云:福履將之。

𡳐 《説文》履。

𡳳 居芋切。履屬。麻作謂之𡳳也。

𡳯 令的切。履下也。

屐 渠戟切。履屐也。

屩 居略切。草履也。《史記》云:躡屩。

𡳓 他回切。履也。西南梁、益謂履曰𡳓。

𡳔 同上。

𡳃 余去、徐吕二切。《説文》曰:履屬。

屣　所倚、所解二切。履也。亦作躧、鞾。

靴　盱戈切。或靴字。

鞾　同上。

屨　渠虞切。履頭飾也。或爲絇。

屩　居倚切。赤舄也。

屜　他厲切。履中薦也。

屩　同上。

屧　先叶切。履中薦也。

老部第一百四十七，凡十四字。

老　力道切。壽也。《説文》云：七十曰老。从人、毛、化，言須髮
　　變白也。

耊　徒到切。七年曰耊。今爲悼。

壽　食呪、食酉二切。《説文》曰：久也。

𠺮　古文。

耇　皆後切。《説文》曰：老人面凍梨若垢也。

𦒎　視句切。老人行財相逮也。

考　口老切。壽考，延年也。亦瑕釁，《淮南子》云：夏后之璜，不
　　能無考。《釋名》云：父死曰考。

耆　渠伊切。長也，老也。《詩》曰：耆定爾功。

孝　呼教切。孝順也。《説文》曰：善事父母。從子承老省。

耋　達結切。八十曰耋。亦作𦒻。

黗　都忝切。老人面如墨點也。

耄　莫報切。邁也。九十曰耄。

𦒔　同上。亦作耄。

者　之也切。語助也。

疒部第一百四十八,凡二百七十二字。

疒　女厄切。《説文》曰:倚也。人有疾病也。象倚著之形。又音狀。

疔　籀文。

疾　才栗切。患也,速也。《説文》曰:病也。

𤕫　古文。

病　皮命切。疾甚也。《説文》曰:疾加也。

痒　餘兩切。痛痒也。《説文》曰:瘍也。

癢　同上。

疘　古紅切。下病也。

瘝　直余切。瘢也。又治庶切。

瘥　丈加切。瘢瘥也。

瘤　余周切。病也。

痡　芳俱、普胡二切。病也。《詩》云:我僕痡矣。

痛　聽棟切。病也,傷也。

痬　胡罪切。病也。《詩》云:譬彼痬木。

疴　於何切。病也。

痾　同上。

瘽　渠謹切。病也。

瘵　側界切。病也。

瘨　都賢切。狂也。

瘼　謨洛切。病也。

疵　疾資切。病也。亦瑕疵。

瘖　於深切。不能言。

瘏　唐胡切。病也。《詩》云:我馬瘏矣。

瘦　於郢切。頸腫也。

瘰　力闚切。瘡也。

疣　羽求切。結病也，今疣贅之腫也。

疢　尤咒切。頭搖也。與頻同。

癗　匹備切。氣滿也。《説文》作癳，音備。

癳　《説文》癗。

瘀　於豫切。積血也。

疛　除又切。心腹疾也。《吕氏春秋》云：身盡疛腫。又知有切。

瘹　同上。又覩老切，病也。

疛　附俱、夫禹二切。腫也，俛病也。

痀　渠俱切。曲脊也。

瘚　俱越切。逆氣也。與欮同。

痱　扶非、步罪二切。風病也。《詩》云：百卉具痱。

疿　同上。

悸　瓊季切。氣不定也，心動也。亦作悸。

痤　徂和切。癤也。《説文》曰：小腫也。

疽　且余切。癰疽也。

瘰　力計、力翅二切。癧也。一曰瘦黑也。

癰　於恭切。癰，腫也。

癕　同上。

瘜　思力切。寄肉也。亦作膆。

癬　思踐切。乾瘍也。

疥　公薤切。瘙也。

疝　居幽切。腹中急。

瘨　尤問、尤粉二切。病也。

癲　亥間切。小兒瘨病。

疙　魚没切。病也。又斷也。

痂　古瑕切。瘡疥也。

瘤　力周切。腫也,瘜肉也。

瘕　公遐、公詐二切。久病也,腹中病也。《説文》本音遐。

癘　力誓切。疫氣也。《説文》本力大切,惡病也。

痢　力誓切。《公羊傳》曰:大痢。何休云:民病疫也。

瘧　魚略切。或寒或熱病。

痁　始廉切。瘧疾也。

痎　公諧切。瘧疾,二日一發。

痳　力金切。小便難也。

痔　治里切。後病也。

痿　於危切。不能行也。痺濕病也。《説文》音蕤。

痺　卑利切。濕病也。

瘴　脾至切。足氣不至,轉筋也。

瘃　陟玉切。手足中寒瘡也。

㿄　同上。

偏　匹仙切。半枯也。

瘇　時種切。足腫也。《詩》云:既微且瘇。籀文作𤻊。或作𤺜。

瘂　於盍切。跛病也。又口盍切。

疧　之移、之氏二切。毆傷也。

痏　胡軌切。疻痏。又瘡也。

瘍　羊水切。創裂也。一曰疾也。

痁　齒占切。皮剝也。

疲　籀文。

癑　乃送切。痛也。

痍　餘脂切。傷也。

疢　恥刃切。熱病也。《左氏傳》曰:季孫之愛我,如美疢也。

疹　俗。

瘢　薄官切。瘡痕也。

痙　渠井切。風強病也。

疼　徒冬切。痛也。

痋　徒冬切。動病也。

瘦　所又切。損也。《説文》曰：臞也。

痠　同上。

癉　丁佐切。勞病也。又徒丹切，風在手也。又丁寒切，火癉，小兒病也。

疹　之忍切。癮疹，皮外小起也。《説文》曰：籀文胗。

痃　丘恊切。病息也。

疸　多但切。黃病也。《左氏傳》云：荀偃疸疸，生瘍於頭。疸疸，惡創也。亦作癉。又音旦。

痞　補被、平几二切。腹內結病。

痜　虛没切。狂走皃。

瘍　羊赤切。脉病也。又病相染也。

疿　壯里切。瘕病也。

疲　被爲切。乏也，勞也。

疧　呼合、荆立二切。病劣也。

疧　渠支、丁禮二切。病也。《詩》云：俾我疧兮。

瘛　尺世、胡計二切。瘷也。小兒瘛瘲病也。

瘲　同上。

疣　徒活切。馬脛傷也。

瘏　吐安切。力極也。《詩》云：瘏瘏駱馬。亦爲嘽。

痼　古護切。久病也。

疸　同上。又小兒口瘡。

療　力劭切。《説文》曰：治也。

療　同上。

癋　於之、於賣二切。呻聲也。

瘙　力中切。病也。

瘙　同上。

疫　俞壁切。瘋鬼也。

瘌　力達切。辛也。亦痛瘌也。

癆　力到切。癆瘌。

瘥　楚懈切。疾愈也。又才何切，病也。

痠　所惟切。痠損。《說文》云：減也。一曰耗也。今作衰。

瘳　敕周切。病愈也。

瘉　弋乳切。小輕也。又音俞，病也。

痗　莫隊切。病也。《詩》云：使我心痗。又音悔。

癡　丑之切。不慧也，騃也。

痯　力子切。病也。《詩》云：悠悠我痯。

疚　居又切。病也。

瘑　古緩切。病也。《詩》云：四牡瘑瘑。瘑瘑，罷皃。

瘀　式與切。病也。

痯　孚萬切。惡也，吐痯也。

瘐　愈乳切。病也。

瘖　是箴切。腹病也。

疣　同上。

瘁　秦醉切。病也。

瘯　且谷切。瘯蠡，皮膚病。《左傳》云：不疾瘯蠡也。注云：皮毛無疥癬。

癳　力果切。瘯癳。

瘰　同上。

疛　詡于切。病也。

瘝　公玩切。病也。

瘵　在細切。病也，物生不長也。

痐　呼回切。馬病。

瘄　竹世切。牛頭瘡也，赤白痢也。又音帶，瘄，下病也。

瘇　先到切。疥瘇。

瘶　同上。

瘭　火聊切。腫欲潰。

癤　子結切。癰也，瘡也。

瘤　同上。

瘭　布昭切。瘭，疽病。

疛　竹故切。乳癰也。

痥　力代切。惡病也。

瘣　古和切。

痠　先丸切。疼痠。

癄　弋灼切。病也。

瘗　思移、思兮二切。痠瘗也。

瘖　於歇切。中熱。亦作暍、煬。又音渴。

癖　匹辟切。食不消。

癮　於近切。病也。

痴　丑之切。痴癡，不達也。

瘑　古洽、苦洽二切。羊蹄間瘑疾。

疻　之移切。病也。

瘄　莊校切[1]。物縮也。

───────────────

[1]　校，原作“枝”，據宋11行本改。

癃　於劫切。癃殜,半卧半起病也。亦作㿚。

瘥　仕皆切。瘦也。

㿺　於綺、於解二切。尫也。

瘪　步結切。不能飛也,枯病也。

疠　奴亥切。病也。

疙　魚乞切。癡皃。

痡　薄故切。痡癧,痞病。又音怖。

癧　力故切。痡癧。

瀝　同上。

瘨　直偏切。《埤蒼》云:病也。《左傳》云:有重瘨之疾。與膒同。

癎　弋廉切。瘡也,病走也。

痎　山革切。瘆痎,寒病。

瘆　山錦切。寒病。

痒　同上。

癇　戶徒切。癇瘦,瘷也,物蛆咽中也[1]。

瘦　乎郭切。癇瘦也。

瘷　呼兼切。癇瘷也。

瘝　奴曷切。痛皃。

痀　力與切。《埤蒼》云:晉大夫冀叔痀也。

痭　牛具切。疣病也。

瘹　都叫切。狂也。

痓　充至切。惡也。

癑　扶吻切。病悶也。

痞　匹杯切。痲也,瘡也,弱也。

---

[1]　蛆,疑當作"阻"。四部叢刊本作"物咀咽中不下也"。

瘦　扶又切。勞也,再病也。亦作復。

瘂　於假切。瘖瘂也。

癄　才充切。大痒也。

瘈　慈翦切。小痒也。

瘷　莊救切。瘷,縮也。

癙　渠軍切。痹也。

瘠　才亦切。瘦也。

痄　古文。

憊　蒲戒切。極也,疲勞也。或作憊。

痕　知釀切。痕滿也。亦作脹。

瘶　許穢切。困極也。亦作喙。

瘭　向靳切。創肉反腫起也。亦作胯。

臠　力員切。體臠曲也。

癴　同上。

痆　女才切。病也。

痌　敕公切。痛也。亦作恫。

痗　徒木切。怨痛也,誹也。亦作讟。

疕　女黠切。瘡病也。

疫　治兩切。病也。

疳　居酣切。疾也。

瘖　武巾切。病也。

癏　古頑切。病也,恥也。

癉　都旱切。病也。

癀　徒回切。下腫也。

瘡　楚羊切。瘡痍也。古作創。

痕　戶恩切。瘢痕也。

癀 胡光切。癀疽病也。

痃 胡堅切。痃癖也。

瘑 渠員切。手屈病。

癥 知陵切。腹結病也。

瘨 烏玄切。骨節疼。

痊 七緣切。病瘳也。

痟 思燋切。痟渴病也。

疴 古禾切。瘡也。又古花切。

癧 古禾切。疽瘡也。

痳 許尤切。痳息，下痢病也。

瘯 桑孤切。病也。

癥 役征切。病也。

痒 余針切。病也。

瘊 胡鉤切。疣病也。

瘒 披盤切。死也。

瘣 都雷切。瘣腫也。

疻 補回切。癥結痛也。

痎 呼來切。病也。

瘑 息邪切。癢也。

疹 渠吟切。寒也。

痄 仕加切。痄疨，病甚也。

疨 五加切。痄疨。

痭 北騰切。婦人癥血不止也。

痣 五圭切。癡兒。又五皆切。

疿 甫未切。熱生小瘡。

痿 於幾切。痿弱也。

痈　思將切，又息獎切。痈疾也[1]。

瘡　都稜切。病也。

瘰　力罪切。皮起也。

疛　直高切。疛疾也。

瘑　知有切。腸痛也。

癇　眉隕切。癎病也。

疬　尸類切。病也。

癙　式與切。癙熱疾也。

瘟　烏古切。疾也。

疺　符法切。疺瘦也。

痍　古黤切。痍痛也。

騃　五才切。癡疾也。本作獃。

癗　許偃切。病也。

瘣　巨右切。病也。

痢　力地切。瀉痢也。

瘁　思醉切。風瘁也。

瘴　之亮切。瘴癘也。

疶　思烈切。痢也。

疱　薄教切。疱瘡也。

瘄　薄寐切。手冷也。

痴　而於切。痴病也。

癐　古會切。病也。

癌　口蓋切。喉疾也。

癧　力箇切。病也。

---

[1]　痈，原作"痫"，據宋11行本改。

瘷　苦卧切。禿瘷病。

癙　時夜切。多病也。

瘒　尼夜切，又女下切。瘒病也。

癧　力竹切。病也。

瘱　祛叶切。病少氣。

瘄　私習切。小痛也。又詞什切。

瘕　火麥、火域二切。《說文》曰：頭痛兒。

瘝　五合切。病寒也。

瘂　口金切[①]。疾瘂，惡寒振也。

瘣　呼郭切。瘣亂也。

癔　於識切。病也。

瘄　都勒切。瘄病也。

癈　方吠切。痼病也。

瘲　子用切。病也。又瘲瘲，小兒病。

瘍　以章切。《說文》曰：頭創也。

疕　補履切。頭瘍也。

瘋　莫怕切。牛馬病。《說文》云：目病。一曰惡气箸身。一曰蝕創也。

瘑　于彼切。口喎也。

疝　所間、山諫二切。病也。

痐　莫六切。病也。

痐　呼骨切。多睡病也。

瘔　古忽切。膝病。與膃同。

---

① 金，原作“合”，據棟亭本改。

叔部第一百四十九,凡七字。

叔 在安切。殘穿也。

攺 同上。

叡 呼各切。溝也。與壑同。

叡 居載切。深堅意也,偶也。

叡 以芮切。明也,聖也,智也。與睿同。

叡 才正切。坑叡也,穿地捕獸也。亦作穽。

叡 苦怪切。太息也[①]。

歺部第一百五十,凡一百七字。

歺 午達切。剡骨之殘。一曰瘢也。

歺 同上。

户 古文。

矮 於爲切。病也。亦作瘻。

殙 呼温切。《説文》曰:瞀也。

殤 詩羊切。《説文》曰:不成人也。人年十九至十六死爲長殤,十五至十二死爲中殤,十一至八歲死爲下殤。

殰 徒木切。《説文》曰:胎敗也。《禮記》曰:胎生者不殰。鄭玄云:肉敗曰殰。

殂 在乎切。死也。今作徂。

歾歮 並古文。

殛 居力切。《説文》曰:殊也。《書》曰:殛鯀于羽山。

殞 子律切。死也,終也。

殸 亡各切。死宗殸也。

殭 同上。

---

① 太息,原作"犬息",據棟亭本改。

歿　莫骨切。死也，落也，盡也。今作没。

殁　同上。

殊　時朱切。絶也[1]，死也。《廣雅》云：殊，斷也。《蒼頡》云：殊，
　　異也。

殨　胡對切。爛也。

殪　於計切。死也。

殮　俾刃切。殮斂也。

殣　思利切。埋棺坎下也，瘞也。亦假葬於道側曰殣。

殔　羊至切。《説文》曰：瘞也。

殭　奇合切。路冢也。

殠　齒售切。物傷氣也。

歺　虚九切。腐也。或作朽。

殃　於良切。凶咎也。

殘　昨安切。賊義也，惡也，食餘也。或爲歼。

歼　昨安切。禽獸所食餘也。或作餕、殙。

殰　午哀、公哀二切。殺羊出其胎也。

殄　徒典切。絶也。

殄　古文。

殲　子廉切。盡也，死也。亦作殲。

殫　多安切。盡也。

殬　都路、同故二切。敗也。《書》云：彝倫攸殬。亦作斁。

殨　力外、力卧二切。畜産疫病。

殖　時力切。長也，生也，種也。《詩》云：殖殖其庭。言平正也。

殆　苦胡切。殆乾。《説文》曰：枯也。

---

①　“絶”字原殘，據棟亭本補。

𣦵　古文辜字。

殨　丘知切。《說文》曰:棄也。俗語死曰大殨。又居綺切。

殉　辭峻切。用人送死也。亦求也,營也,亡身從物爲殉也。

殈　況璧、呼昊二切。《禮記》曰:卵生者不殈。殈,裂也。

戌　許劣切。盡也。

殍　蒲狄切。殍殈,欲死兒。

殈　先狄切。殍殈。

殐　古鹿切。殐殊,死兒。

殊　思祿切。殐殊。

終　之戎切。殁也。今作終。

殏　渠尤切。終也。亦作求。

殺　壯殺切。夭殺也,瘔病也。

殨　千六切。終也。

殨　子邪切。小疫也。

殀　倚兆切。殁也。短折曰殀。亦作夭。

殑　力升切。殑殨,鬼出兒。又魯蹬切。

殑　巨升切。殑殑,挛縮也。

殑　色兢切。殑殑,欲死兒。

殨　徒亘切。殑殨,困病兒。

殍　孚彼切。殍,折也。

殕　方九切。敗也,腐也。又步北切,斃也。

殨　才賜切。病也,獸死也。又與殨同。

殨　於罪切。殨殊,不知人也。

殨　大計①、天計二切。極困也。

————————

① 大,原作"火",據棟亭本改。

殗　於劫切。殗殜病。

殦　同上。

殜　余檝切。病也。

殯　方問切。殯也。

歺　宜及切。危也。

殢　他計切。喘也。殢殢，困極也。

殨　公惠切。殨殨。

殀　徐羊切。女鬼也。

殥　於太切。死也。

殪　慈罟切。今作骴。

殌　丑利切。鬼魅也。亦作魅。

殰　子牢、祀牛二切。終也。亦作僔。

殩　力翰切。敗也。亦作爛。

列　力祭切。病也。

殞　爲閔切。歿也。

殭　胡果切。與禍同。

殕　力各切。零也。或作落。

殍　撫俱切。餓死也。又平表切。

气　居希、居對二切。古文刉。

甡　色爭切。死而更生。

殟　巨勿切。殟殭也。

殍　蒲行切。死人時也。

殑　蒲盲切。殑殍也。

殝　呼庚切。

殈　虛顋切。古文凶。

殝　側詵切。死也，盡也。

殟　詞由切。殘也。

殀　於舉切。殆也。

殙　奴到切。恨也。

殨　胡罪切。殨殘，不平也。

殘　土罪切。不平也。

殆　徒改切。危也。

澌　息次切。死也，盡也。亦作漸。

殭　居良、居亮二切。死不朽也。

歽　丁故切。死敗也。又死病也。

殟　力會切。病也。

殮　力贍切。殯殮也，入棺也。

殨　先外切。瘦病也。

羅　力箇切。瘦病也。

殟　烏歿切。《說文》云：胎敗也。又音溫。

殙　奴沒切。殟殙，心亂也。

殊　丁臥切。貧殞。

殗　苦甲切。殆殗也。

殮　力的切。殫殮也。

殢　呼穢切。困極也。或作瘝。

姍　《漢書》云：稽侯姍。應劭音訕，李奇又音山。

死部第一百五十一，凡八字。

死　息姊切。神盡也，窮也。《說文》曰：澌也。人所離也。

冘　古文。

薨　呼肱切。亡也。

薨　同上。

欪　資利、七四二切。《說文》曰：戰見血曰傷，或爲惄死而復生爲殀。

薨　呼勞切。薨里,黃泉也,死人里也。

殪　於計切。古殪字。

斃　卑世切。仆也,頓也,上也[①],敗壞也。

歺部第一百五十二,凡四字。

歺　古瓦切。剔人肉置其骨。

冎　同上。

剫　補解切。別也。

別　蒲列切。離也。又彼列切,分別也。

凶部第一百五十三,凡二字。

凶　許恭切。短折也,惡也,咎也。

兇　許鞏切。懼聲也。又音凶。

穴部第一百五十四,凡一百十字。

穴　胡決切。孔穴也。亦土室也,冢壙也。

復　扶福切。地室也。《詩》云:陶復陶穴。或作墣。亦作復。

竈　子到切。炊竈也。

竃　同上。

窖　牛故切。《廣雅》云:窖謂之竈。《蒼頡》云:楚人呼竈曰窖。

窰　餘招切。燒瓦竈也。

突　式林切。竈突也。

窐　胡圭、古攜二切。甑孔也。亦作甈。

穿　充緣切。通也,穴也。

窫　於決切。穴兒也,空也,穿也。

突　於穴、呼穴二切。穿也,空也。或爲胅、関。

窾　口弔切。穴也,空也。

竇　徒遘切。水道也,決也,空也。

空　口公切。盡也,大也。亦窾也。

窒　口定切。空也。或作磬。

窠　口和切。《説文》曰:空也。穴中曰窠,樹上曰巢。

穵　乙八切。深也,空也。

窨　呼穴切。深皃。或作坎。

窻　初雙切。助户明也。在牆曰牖,在屋曰窻。

窓　同上,俗。

窨　一鴆切。《説文》曰:地室也。

窳　俞矩切。邪也,器空中也。《説文》曰:污窬也。

窐　同上。

宂　一瓜切。《説文》曰:污衺下也。

窞　徒敢切。旁入也,坎中小坎也。

窌　普孝切。穿也,窖也,藏也。又力救切,地名。

窖　古孝切。地藏也。

窵　都料切。窵宨,深也。

窡　竹刮切。穴中見也。

窬　羊朱、徒構二切。《説文》曰:穿木户也。《禮記》曰:蓽門圭窬。

窺　丘垂切。小視也。亦作闚。

窋　知律切。物在穴中皃。又空也。周不窋,后稷子也。

窴　徒堅切。塞也。今作填。

窒　知栗切。塞也。

窣　蘇骨切。勃窣,穴中出也。

竄　葱玩切。匿也,逃也,隱也,放也,藏也。

突　徒骨、他骨二切。穿也。《說文》曰:犬从穴中暫出也。一曰滑也。

窘　群尹切。困也,急也。

窈　於鳥切。窈窕,幽閒也,深遠也。

窕　徒鳥切。窈窕也,深極也。

邃　思類切。窮也。《說文》曰:深遠也。

究　居宥切。深也,窮也,盡也。

窱　他弔、他了二切。杳窱也,深也。

窔　於弔切。幽深也。

突　同上,俗。

穹　丘弓切。高也。《說文》曰:穹,窮也。

窺　丑庚切。《說文》曰:正視也。

窮　渠躬切。極也。

竆　同上。

窅　烏皎切。遠望合也,冥也。亦作窈、窅、杳。

窀　豬輪切。《左氏傳》曰:唯是春秋窀穸之事。杜預云:窀,厚也。穸,夜也。厚夜猶長夜也。

穸　辭赤切。窀穸。

竁　充芮、充絹二切。穿地也。一曰小鼠聲。

窆　保驗切。下棺也。

窏　補鄧切。束棺下也。亦作堋。

窅　於甲切。入脉刺穴謂之窅。

窾　口管切。空也。

窌　蒲角切。土室也。又窖也。

窄　側格切。迫也,陿也。或作迮。

窋　陟厄切。兔窟也。

窫 丈加切。窊窫,深皃。

竂 胡霸切。橫木不入也。又寬也。或作瓠。

籃 力甘切。籃潒,薄而大也。

潒 他甘切。籃潒。

究 由心切。深也。

宙 似僦切。山穴也。籀文岫。

宏 胡泓切。宏窘,大屋也。又屋深響也。

窘 杜萌切。宏窘。

竤 胡萌切。屋聲。

窇 竹萌切。窇宏,闊大皃。

窫 居六切。窮也。亦作窫。

窛 時聲切。屋所受。

寞 奴丁切。大也,明也。

岨 七居切。亦岨字。

窒 口典切。不動也。

宁 除耕切。小突也。

窞 口荅切。窞合也。

窟 口骨切。窟,室也,穴也。

窞 徒東切。通窞也。又音洞。

寮 落蕭切。穿也。

突 弋質切。突,穴也。

窪 烏瓜切。深皃。

康 苦郎切。空也。

窞 力唐切。穴也。

窶 巨魚切。空也。

窊　那胡切[1]。窊,窐也。

窋　於吁切。山穴也。

盦　莫永切。《說文》曰:北方謂地空因以爲土穴爲盦户。

瑄　胡官切。與垣同。

窗　昌容切。空也。

宇　羽俱切。宇牖也。

竊　千結切。穴也,盜也。又淺也。

窪　徒形切。窪穴也。

窸　息咨切。窸穴也。

窊　力丁切。窊井也。

窨　居委切。穴也。

窗　徒候切。陷窗也。

竇　古候切。竇穴也。

窂　力刀切。窂實也。與牢同。

寵　力董切。孔寵也。

穽　烏敢切,於檢切。穽,閉也。

审　恥中切。穿审也。

穽　慈井切。坑穽也。

窎　筆永切。穴也。

宪　五丸切。宪,窟也。

宥　于究切。空也。

竅　千外切。塞也。

甬　他弄切。穴也。

窫　色淬切。

───────────────

[1]　那,原作"郡",據楝亭本改。

窵　丁見切。山下穴。

丨部第一百五十五，凡七字。

丨　思二切。《説文》曰：下上通也。引而上行，讀若囟；引而下
　　行，讀若退。又古本切。

扵　陟陵、丑善二切。旌旗杠皃。

个　古賀切。明堂四面偏室曰左个[1]。

中　致隆切。半也，和也。又丁仲切。《禮》：射矢至的曰中。

𠁩𠁥　並古文。

串　古患切。《爾雅》云：習也。或爲慣、遺。

屮部第一百五十六，凡八字。

屮　雌列切。草木初生也。古文或爲艸字。《説文》丑列切。

屯　陟倫切。萬物始生也，厚也，難也。

芚　力竹切。圈芚，地蕈，生田中也。

蓲　籀文。

毐　莫佩、莫罪二切。草上生也。又雖也，事屢也。今作每。

芬　芳云切。草初生，香芬布也。今作芬。

毒　徒篤切。苦也，害人草也。今作毒。

熏　詡軍切。熱也，煙上出也。今作熏。

---

① 四，原作“回”，據棟亭本改。

上海市浦江人才計劃資助（18PJC076）

大廣益會玉篇
（中册）

〔梁〕顧野王 撰
呂　浩 校點

中華書局

玉篇卷第十二凡五部

木部第一百五十七，凡八百二十二字。

木　莫穀切。位居東方甲乙也，燧人氏鑽出火也。《說文》曰：冒也。冒地而生，東方之行。从屮，下象其根。

橙　除耕切。橘屬。《上林賦》云：黃甘橙楱。

樤　徒彫切。柚樤也。亦作條。

條　徒彫切。小枝也。

樝　側加切。似梨而酸。

柤　同上。

棃　力之切。果名。

梨　同上。

檖　力枝切。山梨也。

棯　而兗切。紅藍。一曰棗，似柿也。

楅　居賣切。大車軛也。

柹　鉏几切。赤實果。

柟　奴含、而鹽、而剡三切。葉似桑，子似杏而酸。《爾雅》云：梅柟。

楠　同上，俗。

梅　莫回切。《説文》:枏也。

楳　同上。

柰　那賴切。果名。又柰何也。

榛　同上。

樸　猗明切。樸,梅也。

櫻　於耕切。含桃。《上林賦》云:櫻桃也。

李　力子切。果名。又《左氏傳》云:行李。

杍　古文李。又音子,木工也。

亲　側詵切。實似小栗。

榛　同上。

桃　達高切。毛果也。

楸　息移切。山桃也,似桃而小。

楸　莫刀切。冬桃也。

枆　同上。

棓　胡諳切。今謂之櫻桃也。亦作含。

楷　口駭切。木名,孔子冢蓋之樹。又楷式也。《禮記》曰:今世之行,後世以爲楷。又音皆。

棠　達郎切。棠梨木。

桂　古惠切。木名。

梁　所加切。棻棠,華赤,實味如李,無核,食之使人不弱,可衞水。

杜　徒古切。赤棠也。又塞也。

榴　似立切。堅木也。

樿　之善切。木名。白理者可爲櫛。

樟　禹鬼切。木名,皮如韋,可屈以爲盂。

楢　以周、赤沼二切。《説文》曰:柔木也。工官以爲頓輪。

枊 渠容切。枊，柜柳①。

柜 居旅切。柜柳也。

楡 理均切。木名。

柣 疾賫切。無柣木。

樧 同上。

楈 先吕切。木名。

柊 之戎切。柊樗，椎也。

樗 渠惟切。柊樗。

楮 公道切。木名。

樝 之幼切。木名。

桋 余脂切。木名。

楸 桑屋切。《詩傳》云：樸楸，小木也。

樕 同上。

槲 胡木切。槲楸木。

采 千代切。槲也。

梣 昨今切。青皮木。

檽楷 並同上。

欘 亦同上。又音岑。

棳 之悦切。梁上棳也。

梲 同上。

虢 胡劳切。木名。

椯 市專切。木名。又丁果切。

棠檔 並同上。

棶 力才切。椋也。

椋　力將切。材中車輞也。

檍　於力切。木名。

欇　芳味切。木名。

栵　力制、力薛二切。栵,栭也。

栲　苦道切。山樗也。

槑　同上。

棪　餘冉切。實似柰,色赤,可食。

樗　敕於切。惡木也。

㯽　俱禹、于矩二切。木名。

藟　力軌切。木名。

槀　同上。

䪍　籀文。

梍　餘脂切。杞梍也。

柀　碑詭切。杉木也。埋之不腐。

樲　所咸切。木名。

杉　同上。

栟　俾名切。栟櫚木。

楸　且留切。梓屬。

櫕　柯雅切。山楸也。

榎　同上。

椅　於宜切。楸也。

椿　丑倫切。木名。《莊子》云:上古有大椿,以八千歲爲春,八千
　　歲爲秋。

橁　相倫切。《説文》曰:杶也。亦丑倫切。

杶　敕倫切。木似樗。

櫄　同上。

楢　於力切。梓屬。

榛　仕銀切。木叢生。

梓　咨里切。木名。

榟　同上。

杞　袪己切。苟杞也。

桵　如隹切。小木也。

棫　胡逼切。白桵也。

椐　京於、丘於二切。樻也。

樻　丘貴切。木可爲杖。

栩　吁羽切。《説文》云：柔也。一曰樣也。

柔　時渚切。栩也。今爲杼。

樣　辭兩切。栩實也[1]。

橡　同上。

杙　余力切。果名，如梨。又櫟也。

枇　婢脂切。枇杷，果木，冬花夏熟。《上林賦》云：枇杷橪柿。

桔　居屑切。桔梗，藥名。

柃　力丁、力井二切。木名。可染。

柞　才落、子各二切。木名。

楮　丑呂切。木名。

柠　同上。

枂　力説、力活二切。木名。

楈　子賤切。《説文》曰：木名。《書》曰：竹箭如楈。

橪　於堅切。橪皮，香草也。《説文》而善切，酸小棗也。一曰染也。

欏　力多切。槤木也。

――――――――――

① 栩，原作“相”，據宋11行本改。

椵　加馬切。《説文》曰:木可作牀几。

梏　胡古切。木中矢筥。

櫅　子兮切。白棗,可以爲大車軸。

槥　胡桂切。木名。

樲　如至切。酸棗。《孟子》云樲棘是也。

樸　補木、普木二切。堅也,苞也,叢也。又步卜切,樸樕,小木也。亦作朴。又縣名。

朷　如陵切。木名。

栺　至而切。木名。

椸　才見切。木名。

梞　女几、奴禮二切。木名。又絡絲柎。

梢　所交切。木也。小柴也。《淮南》:曳梢肆柴。

櫏　婢賓切。木名。

櫞　里計切。木名。

樥　俾質切。木名。

㭉　力達切。木名。

椇　俱禹切。枳椇也。

梭　且泉切。木名。又先和切[1],織具也。

枸　俱禹切。其木可以爲醬[2],出蜀中。亦作蒟。

樜　之夜、舒預二切。大木,出發鳩山。

枌　扶云切。白榆也。

樺　胡霸、胡郭二切。木名。

㯉　同上。

枋　甫亡切。木可作車。

---

① 先,原訛作"元",據棟亭本改。

② 木,疑當作"子"。

檗　補革切。黄木也。

椴　所黠切。似荣荑。

楊　余章切。楊柳也。

樕　子六切。木可作大車轅。

檉　敕貞切。《説文》云：河柳也。

楊　徒郎切。棣也。

柳　力酒切。小楊也。

桺　《説文》柳字。

楯　以荀切。木可以爲鉏柄。

栘　余支、成兮二切。棠棣也。

欒　魯官切。木似欄。

權　具員切。黄英木也。又稱錘也。亦作𣝕。

棣　徒計切。《詩》曰：唐棣之華。唐棣，栘也。

枳　居紙、諸氏二切。似橘也。

榖　古斛切。惡木也。

楇　古和切。車釭盛膏者。又紡車收絲具。

枯　去諸切。枯极也。

檵　故詣切。枸杞也。

檀　達丹切。木名。

枒　魚嫁切。木名。又弋賒切，木出交阯，高數千丈，葉在其末也。

櫟　來的切。木名。《左氏傳》曰：鄭伯突入于櫟。杜預曰：鄭別都也。又舒灼切，又余灼切，櫟陽，縣名。

捄　渠鳩切。《説文》曰：櫟實。一曰鑿首也。

楝　來見切。木名，子可以浣衣。

柘　之夜切。木名。亦作樜。

檿　於簟切。山桑也。

櫡　千栗切。木可以爲杖。

欘　徐沿切。欘味,棯棗①。

橎　甫袁、甫遠二切。木名。

榮　爲明切。華榮也。又桐木也。

梧　午徒切。梧桐也。

桐　徒東切。木名。

榆　庾朱切。白枌也。

棻　妨云切。香木也。

樵　昨焦切。薪也。

梗　柯杏切。梗,直也。又桔梗。

松　徐容切。木名。

窠　古文。

櫹　武官、莫昆二切。木名。《左傳》又音朗。

檜　古會切。栢葉松身。

樅　子庸、七恭二切。松葉栢身。《詩》云:虞業維樅。樅,謂崇牙也。

栢　補白切。木名。《詩》曰:汎彼栢舟。

机　飢雉切。木出蜀中。

桥　力棟切。木名。益州有桥棟縣。

楰　俞主切。楸屬,鼠梓也。

梔　之移切。黄木,實可以染。《爾雅》曰:桑辦有葚、梔。

枛　如振切。木名。

楮　胡苔切。楮楒,果名,似李。又音荅。

楒　杜苔切。楮楒。

---

① 棯,原作"稔",據《爾雅》改。

栯　於六、禹九二切。《山海經》：太室山有木，葉狀如梨而赤理，名曰栯木，服之不妬。

榣　餘招切。木名。又樹動兒。

櫾　余舟切。木名。

某　莫回切。酸果也。又音母，不知名者云某。

楳　古文。

朱　之瑜切。赤心木，松柏屬。

樹　時注切。木摠名。

尌　籀文。

本　補袞切。始也。《説文》曰：木下曰本。

楍　古文。

株　陟俱切。木根也。

末　莫曷切。端也，顛也，盡也。《説文》曰：木上曰末。

柢　丁計切。根也。

根　柯恩切。株也。

枝　之移切。枝柯也。

櫻　子力切。木名，似松有刺，細理也。

樀　皮祕切。木名，出蜀中，八月中吐穗如鹽狀，可食，味酸美也。

果　古禍切。木實也。又果敢也，信也，能也。

杈　楚加切。枝也。

椮　所錦切。木實也。《爾雅》曰：椮謂之涔。注云：今之作罧者，聚積柴木於水中，魚得寒入其裏藏隱，因以薄圍捕取之。作罧，同。又楚今、史今二切，木長兒。

朴　普角、普木二切。本也。

枚　莫回切。枝也。又箇也。

槮　口寒切。《説文》云：槎識也。《夏書》曰：隨山槮木。

枼　同上。

欇　時葉切。豆也。一名虎欇。

欈　同上。

槵　如甚切。木弱皃。

枖　於驕切。木盛皃。

柳　五浪、五郎二切。繫馬柱也。

朵　都果切。木上垂。

朶　同上。

梃　達頂切。木也。

標　俾饒切。木末也，顛也。又標舉也。又卑小切。

棦　力唐切。高木也。

欁　所臻切。《説文》曰：衆盛也。《逸周書》曰：欁疑沮事。

榍　下板切。大木皃。

柚　羊宙切。似橘而大。《吕氏春秋》：果之美者，有雲夢之柚。

枵　許朝切。玄枵，虚危之次。亦木皃。

柖　時昭切。樹摇皃。《淮南子》：死而弄其柖貴。絡牀爲柖[1]。

樛　居秋切。《詩》曰：南有樛木。木下曲曰樛。

朻　同上。《爾雅》曰：下句曰朻。

枉　紆往切。衺曲也。

杏　胡梗切。果也。

橈　奴教切。《説文》曰：曲木也。《易》云：棟橈，本末弱也。又如
　　昭切，小楫也。

扶　輔虞切。扶疏，四布也。

杪　子了切。木忽高也。

榾 呼骨切。高也。

榾 同上。

橚 息六切。木長皃。

梴 丑連切。木長皃。《詩》曰:松桷有梴。

狄 徒計切。木盛皃。

檹 於宜切。長皃。《説文》曰:木檹施也。賈侍中説:檹,即椅也,可作琴。又檹橠,不正皃。

欃 仕杉切。木蘭也。又楚咸切。《爾雅》云:彗星爲欃槍。又鋭也。

槖 同上。《説文》音託,落也。與橐同。

格 柯額切。式也,量也,度也,至也,來也。

榶 魚制切。木相摩。

橚 同上。

槀 苦道切。木枯也。

槁 同上。

樸 普角切。真也,木素也。

楨 知京切。堅木也。《山海經》曰:太山多楨木。郭璞云:女楨也,冬不凋。又楨榦,築垣版也。

㭙 他洛切。擊木也。《爾雅》云:木謂之㭙。今江東斫木爲㭙。亦作柝。

櫱 同上。

柔 如周切。弱也。木曲直也。

榑 附俱切。榑桑,神木,日所出也。

枌 旅得切。《韓詩》云:如矢斯枌。木理也。平原有枌縣。

杲 公老切。明也,白也,高也。

杳 於鳥切。深廣寬皃。《説文》曰:冥也。

楋 何格切。角械也。一曰木也。

栽　子來切。《説文》云:築牆長版也。《左氏傳》曰:楚子圍蔡里而栽。杜預云:設板築。又昨代切。

築　徵六切。擣也,刺也。古文作𥶬。

構　古候切。架屋也。

檥　義奇、儀倚二切。《史記》曰:烏江亭長檥舟待項羽。應劭曰:檥,正也。孟康曰:檥,附也。

榦　柯旦切。《書》曰:杶榦栝柏。榦,柘也。亦楨榦,築垣版也。又柄也。

模　莫奴切。法也,規也。

橅　同上。

桴　芳無、扶留二切。屋檼也。又《論語》曰:乘桴于海。注云:編竹木,大者曰筏,小者曰桴。

棟　都貢切。屋極也。

檼　於靳切。棼也,棟也。

極　渠憶切。棟也。《書》曰:建用皇極。極,中也。又至也,盡也,遠也,高也。

樘　達郎、丑庚二切。柱也。又車樘也。

橕　同上。

柱　雉縷切。楹也。又株主切,塞也。

楹　餘成切。柱也。

梔　之移切。柱也。

棨　子結切。《説文》曰:槏櫨也。

櫨　來都切。柱上柎也。《吕氏春秋》曰:果之美者,箕山之東,青鳧之所[1],有甘櫨焉。一曰宅櫨,木出弘農山。

---

[1]　鳧,原作"馬",據棟亭本改。

枅　結奚、結賢二切。方木也。

栟　皮變切。門柱上欂櫨也。亦作閇。

楣　母悲切。《説文》云：秦謂屋樀聯也，齊謂之檐，楚謂之栺[1]。

梾　慈栗切。栟也。

栭　如之切。栭栗也。又屋枅上標也。《爾雅》曰：栭謂之楶[2]，即櫨也。

椽　馳宣切。榱也。

桷　古學切。榱也。

橑　梁道切。榱也。《楚辭》曰：欄橑。以木欄爲榱也。

榏　彌堅切。屋樀聯也。

榱　所龜切。《説文》曰：秦名爲屋椽，周謂之榱，齊魯謂之桷。

栺　力語切。《説文》曰：楣也。

棍　婢脂、裨低二切。屋栺也。

檐　余瞻切。屋檐也。

櫩　同上。

樘　大砧切。屋栺前也。一曰竈橙。又大耽切，木名。

樀　都歷切。檐也，屋栺也。

槏　去減切。戶也。

植　時職切。根生之屬也，樹也，置也。又除吏切，養蠶器也。

橽　同上。

宋　武方、莫當二切。屋大梁也。

樞　齒朱切。戶樞也。

櫙　於侯切。木名。《爾雅》云：櫙荎，今之刺榆。

櫳　力同切。房室之疏也。亦作櫳。

---

① 榏聯，原作“聯榏”，據棟亭本乙止。栺，原訛作“栺”，據棟亭本改。
② 楶，原訛作“桼”，據宋11行本改。

楯 時允切。闌檻也。《漢書》有鉤楯，主近苑囿。本亦作盾。

樓 落侯切。重屋也。

櫺 力庭切。屋栨也。《説文》曰：楯間子也。

棫 山革切。赤棫木。

棁 丑足、七足二切。短椽也。亦木名。

椳 郁回切。户樞也。

槾 莫干、亡旦二切。杇槾也。

杇 於胡切。《説文》曰：所以涂也。秦謂之杇，關東謂之槾。《論語》曰：糞土之牆不可杇也。

楣 莫到切。門樞之横梁。

欂 補各、弼戟二切。欂櫨，枡也。

薄 弼戟切。《説文》曰：壁柱也。

槈 奴遘切。《説文》曰：薅器也。《國語》曰：挾其槍刈耨鎛。

榍 先結切。木名。《説文》曰：限也。

楔 同上。

楂 侯加切。水中浮木也，柴門也，柵也。亦作查。

楗 渠偃切。關楗也。與鍵同。

櫼 子廉切。楔也。或𣠵字。

栅 楚格切。編豎木。

楔 革鎋切。荆桃也。亦門兩傍木。又先結切。

桓 胡端切。桓木，葉似柳，皮黄白色。

杝 直紙切。《詩》云：析薪杝矣。謂隨其理也。又音移，木名。

楃 烏角切。木帳也。

橦 徒江切。《説文》曰：帳極也。《西京賦》：都盧尋橦。橦，竿也。或作幢。

杠 古龙切。《爾雅》曰：素錦綢杠。以白地錦韜旗之竿。又石杠，今之石橋。又牀前横也。

槊　所銀切。《方言》云：杠，東齊海岱之間謂之槊。

桱　戶經、他丁二切。牀前几也。

榻　恥臘切。牀狹而長謂之榻。

枕　之甚切。臥頭所薦也。又車後横材。又之賃切。

橀　於歸切。橀脼，褻器。又決塘木也。

枱　居業、公苔、渠業三切。劒枱。《莊子》云：枱而藏之。

櫝　徒穀切。匱也。亦木名。又小棺也。

椟　同上。

櫛　側瑟切。梳枇之揔名。

椰　同上。

梳　所於切。理髮也。

梱　苦本切。門橜也。

椵　句娛切。枲耑也。

相　詳里切。枲也。與耜同。

梩　同上。

枲　胡瓜切。兩刃枲也。今爲鏵。

枱　弋之切。耒端木也。亦作鉛。

鋅　籀文。

柯　似咨切。鎌柄也。

楎　呼歸切。杙也，在牆曰楎。又犂轅頭也。

櫌　於求切。《説文》曰：摩田器也。《吕氏春秋》曰：鉏櫌白梃。櫌，椎也。

欘　知錄切。枝上曲。一曰斤柄也。又斫也。或作劚。

椴　胡的切，又胡革切。燒麥枔椴也。

杷　步牙切。收麥器也。

栰 甫物切。連枷也,所以打穀者也。

槩 柯愛切。平斗斛也。又梗槩。

杚 同上。《説文》古没切,平也。

杫 思漬切。肉几也。

棤 同上。又思井切。

樵 同上。

桮 博回切。《説文》曰:𠤷也。

杯 同上。

柶 思至切。角匕也。《周禮》曰:大喪共角柶。

槃 步干切。器名。或作盤、鎜。

柈 同上。

檈 似宣切。圜案也。

梋 古玄切。椀謂之梋,盂屬也。又辭玄切。

椷 古咸、胡緘二切。木名。又杯也,篋也。

槭 同上。

案 於旦切。几屬也,食器也。

杓 甫遥、都歷二切。斗柄也。又市若切。

杵 齒與切。舂杵也。

桱 公定切。桯也。又木名。

櫑 力回切。刻木爲雲雷象謂之櫑。又作罍。

榼 苦閤切。酒器也。

椑 薄雞切。齊人謂斧柯爲椑。又圓榼也。《漢書》曰:美酒一椑。

橫 胡廣切。所以支器。一曰帷橫,屏風屬。

檹 敕果切。狹長也,車笭中檹器也。

梮 俱録切。舉食者。

檕 公悌切。繘耑木也。

槌 紂愧切。植也,蠶槌也。

持 陟革切。槌横木也,關西謂之持。

栺 同上。

櫎 古文。

样 餘章、子郎二切。槌也。

𣙎 直荏切。横槌也。

櫺 奴底切。木也,絡絲柎也。

機 居衣切。弩牙也。

梭 先和切。織梭也,緯也。亦作梭。

滕 詩證切。機持經者。

杼 持吕切。機持緯者。

榎 扶富切。機持繪者。

棪 吁萬切。履法也。

楦 同上,俗。

棚 皮莖、部登二切。閣也,棧也。

核 爲革、户骨二切。果實中也。

栫 在見切。木也,柴木壅水也。

㭝 古誨切。筐也。

梯 他奚切。木階也。

根 宅行切。門兩傍木也。

桊 居媛切。牛鼻環也。一曰牛桋。

楢 楚愁切。牛桊也。

樴 之力、徒得二切。杙也,所以繫牛。

椎 直追切。木椎也。

楅 蒲禮切。《周禮》:掌舍設楅柵。楅柵,謂行馬也。《家語》:周
  楅。王肅曰:獄牢也。

栩 胡故切。楛栩。

棧 仕板切。《説文》云：棚也。一曰竹木之車曰棧。《詩》曰：有棧之車。

槿 渠巾切。柄也。又居隱切，木槿，朝生夕隕，可食。

欀 人向切。道木也。

栯 乙交切。桐也。

椏 於皮切。田器也。

樑 音桀。杙也。

楱 且豆切。橘類也。

朽 虛柳切。腐也。

框 去狂切。棺門也。

櫒 先葛切。櫒，聲也。

村 千昆切。聚坊也。

頴 古迵切。篋也。

楷 思亦切。楷㪔也，謂皮甲錯。

栒 思尹切。栒虡[1]，縣鍾磬，横者曰栒。亦作簨。

槦 同上。

椴 大館切。木似白楊。

杭 胡剛切。州名。

柭 蒲葛切。矢末也。

櫖 距於切。藩落籬。

梛 扶木切。木出崏崵也。

檣 才羊切。船檣帆柱也。

楷 胡獺切。所以輔木轉也。

---

[1] 栒虡，原作"栒虛"，據楝亭本改。

枺 武賴切。木名。

柎 附俱切。江東人呼草木子房爲柎。

柢 上支切。碓衡也。

檣 時燭切。木名,大葉似柳而赤。

欋 具俱切。齊魯謂四齒杷也。

樢 丁了切。亦蔦字①。

棉 彌氈切。木名。

柄 同上。

樠 亦同上。

梢 下交切。梢桃,梔子也。

椚 無兩切。車椚。與輞同。

橇 丘喬切。《史記》曰:泥行乘橇。孟康云:橇形如箕,擿行泥上。亦作鞽。又子絶切。

樺 紀録切。《史記》:山行乘樺,謂以鐵如錐頭,長半寸,施之屐下,以上山。又丘喬切。

楓 甫紅切。楓,香木。

椀 於管切。小盂也。

楺 如酉切。屈木。《易》曰:楺木爲耒。

柚 弋周切。木更生也。與由同。

樟 之揚切。木名。

椞 待骨切。植也。

朱 口頓切。古文困。

樗 五各切。穽也。

桭 之仁切。屋梠也。

---

① 蔦,原殘,據宋11行本補。

柜　同上。

柍　於兩切。木實。

朮　時聿切。穀名。又直律切，藥名。

艛　牛狄切。艛舟。亦作艍。

㮶　於可切。㮶橠，木盛皃。

橠　乃可切。㮶橠。

㭞　居奉、居辱二切。兩手同㭞。亦作捧。

梱　公路切。梱斗，可以射鼠也。

樏　力追切。山行所乘者。又力詭切，扁榼謂之樏。

桄　古黃切。充也。《廣志》云：桄榔樹如椶葉，木中有屑如麪。

朾　徒丁切。橦也。又音汀。

榷　吉學切。水上橫木渡，今之略彴也。《漢書》云：初榷酒酤。注謂榷者步渡橋。

橋　巨驕切。梁也。又居召切。《禮記》曰：奉席如橋衡。

梭　先刀切。船總名。或作艘。

㮹　同上。

橃　補達切。海中大船也，泭也。亦作艬。

楫　才立、子葉二切。行舟具也。

欚　力底、力計二切。小船也。又梁棟名。又所宜切。

轣　力底切。江中大船也。又作艫。

橫　胡觥、胡孟二切。閑木也。

梜　公洽切。檢梜也。

檇　遵爲、子遂二切。《左氏傳》曰：越敗吳於檇李。

楟　徒丁切。《上林賦》云：楟柰厚樸。楟柰，果名也。

槎　什雅切[1]。《國語》：山不槎蘗。槎，斫也。亦與查同。

椓　都角切。擊也。《詩》云：椓之橐橐。

柧　古胡切。柧棱木也。

棱　力增切。柧棱。

枰　皮兵、皮柄二切。枰仲，木名。《上林賦》曰：華楓枰櫨。又博局也。

蘗　魚割切。餘也。

櫱柮椊梆　並同上。

柮　當骨切。榾柮，木頭。《説文》五滑切，斷也。一曰給也。

榾　古忽切。枸榾，木中箭笴。

杌　五骨切。樹無枝也。又《春秋傳》曰：檮杌。

檮　徒勞切。斷木也。

析　思狄切。分也。

㭰　又垢、側九二切。木也，柴也。

梡　口管、胡管二切。木名。又束薪。

楎　胡本切。木未破也。

楪　餘涉切。牖也。又楪榆，縣名。

枼　與涉切，薄也。亦同上。

楄　扶田切。《左氏傳》曰：唯是楄柎。謂棺中笭牀也。又方木也。

楅　甫六切。持牛不令觝觸人也。《説文》又彼力切，以木有所逼束也。

柜　古鄧切。竟也[2]。今作亘。

橾　仕交切。澤中守草樓也。

休　虛鳩切。息也，定也。

杻　敕九切。械也。

杽　同上。

械　亥誡切。器仗也。又桎梏也。

桎　之實切。在足曰桎。

梏　古篤切。在手曰梏。

樥　禹煩切。絡絲籰也。或作篗。

校　胡教切。械也。《周禮》校人掌王馬之政。又古效切。

采　且在切。色也,事也。又取也。

柿　蒲會、孚吠二切。削朴也,枝附也。

櫪　力狄切。櫪撕,枊指也。

撕　先奚切。櫪撕也。

枠　始神切。木自斃曰枠。

槍　千羊切。岠也,木兩頭銳也。《莊子》:槍猶抵也。《漢書》云:
　　見獄吏則頭槍地。又楚庚切,欃槍也。

櫳　力東切。檻也,牢也。

柙　胡甲切。檻也。

檻　下黤切。闌也,櫳也。《楚辭》云:檻,楯也。

棺　古丸切。棺椁。棺之言完,所以藏屍令完也。又古亂切,棺
　　斂也。

棲　思奚切。鳥棲也。亦作栖。

櫬　楚鎮切。親身棺也。

槥　爲綴、才芮二切。《漢書》曰:給槥櫝葬埋。師古云:槥櫝,謂
　　小棺。又音歲。

栯　居六切。栢栯也。

椁　古莫切。棺椁。

槨　同上。

楬　渠列切。有表識謂之楬櫫也。

籅　竹余切。楬也。

橽　瞿龍切。小舟也。亦作艭。

橰　子兩切。楫屬。

櫂　馳效切。檝也。

棹　同上。

檮　他刀、他活二切。山榎也。

椒　子姚切。木名。《爾雅》云:樶,大椒。

𣛒　同上。

樧　欣詭切。大椒也。

樗　古胡切。木名,木四布也。

櫰　古回、戶乖二切。槐別名。

櫔　力制切。木名。實如栗也。

栱　居冢、渠恭二切[1]。《爾雅》曰:杖大者謂之栱。

榭　辭夜切。臺有木曰榭。

橜　巨月、居月二切。門梱也。

椹　豬金切。鈇椹,斫木櫍也。或作碪。又時枕切,桑子也。

橧　才陵切。豕所寢也。又子登切。

桊　去權切。屈木盂也。又居媛切,拘牛鼻。又亦作桊。

楎　步本切。即羍車也。又拘簟,車弓也。

襟　居蔭切。格也[2]。

板　補簡切。片木也。與版同。

柩　渠救切。尸在棺曰柩。

---

① 居冢渠恭二切,原作"居冢切渠恭二切",據棟亭本改。
② 格,原作"恪",據宋11行本改。

棜　於據切。几屬也[1]。

椻　是支切。匕名。今作匙。

槇　子忍切。盂也。

栵　思計切。栵陽山。

枻　余世切。楫也。

栧　同上。

檡　舒亦、徒革二切。樗棗也。

槔　古刀切。桔槔也[2]。

楸　徒的切。臧槔也。

枘　而銳切。枘枘。《楚辭》曰：不量鑿而正枘兮。

槤　力煎切。籇也。又横關木。又木名。

桁　下庚切。屋桁也。又胡岡切，大械也。

欹　虛奇切。杓也，蠡爲欹也。

梀　所六切。櫪也，養馬器也。

檸　女閒切。涙檸，杷也。

梐　蒲骨切。今連枷，所以打穀也。又榲梐，果名。

抉　古穴切。椀也。亦盂也。

梮　居録切。輿食器也。又土轝也。

欚　力葉、弋涉二切。柶木端也[3]。

檳　卑民切。檳榔木。

梗　鼻綿切。梗木，似豫樟。

槐　達胡切。木枝四布。

樝　丈加切。刺木也。

---

① 几，原作“兀”，據宋11行本改。
② 桔，原訛作“枯”，據棟亭本改。
③ 木端，原作“大端”，據棟亭本改。

棞 居云切。棞櫏，木出交趾，子如雞子。

櫏 且連切。棞櫏木。

樿 同上。

樧 遏雞切。樧楤木，細葉似檀，今江東有之。又山樧也。

楤 呼奚切。樧楤木。

檜 同上，俗。

欄 力寒切。木欄也。

㮼 猗儉切。㮼，奈也。

㮛 囚廉切。木細葉。

梈 普庚切。木弩也。

欓 多朗切。茱萸類。

橨 扶云切。枰仲，木別名。

橋 古勞切。進船。

樽 子昆切。酒器也。亦作罇。

㮯 戶孤切。今江東呼棗大而銳上者曰㮯。亦作壺。

柧 弋之切[1]。船戽斗。

栓 山全切。木丁也。

橌 巨列切。木釘也。

橉 公棟切。小杯也。亦作甌。

㭯 昨骨切。柱頭內。

榳 於胡切。榳楠，木中箭笴。

楠 余鐘切。木名。

椐 俱彼切。黃木可染也。又五回切，舡上檣竿。

柁 丁格切。柁櫨也。

---

[1] 切，原作“物”，據宋11行本改。

㯚　力煮切。木名，中箭笴。

樭　子狄切。樫木別名。

杆　公旦切。檀木也[1]。

槧　子田切。古文𣕹。

擬　午載切。與礙同。

櫚　竹華切。策也。《魏志》：櫚折其腳。與𥴩同。

橄　大回切。棺覆也。

榭　思野切。案之別名。

櫍　之逸切。椹也。

构　子咨切。凡織，先經，以构梳絲使不亂。出《埤蒼》。

杙　丑力切。局也。

桺　力桃切。木名。

榴　息流切。木名。

槥　佳買切。松檞也。

槸　於兮切。槸槸，弩楔木也。

樹　是之切。樹木立也。

桗　都和切。木林也。

橠　子移切。橠橇，木實可食。

橞　俞規切。橞橞也。

槆　池力切。古直字。

橕　且接切。飯桌也。

橄　古覽切。橄欖，果木，出交趾。

欖　盧敢切。橄欖。

𣒐　都慣切。車箱。亦作轊。

_____

① 《篆隸萬象名義》作“橿木”，《集韻》作“僵木”，疑此當作“橿木也”。

櫖 力豫切。止㯕也,似葛而麤大。

樌 古換切。木叢生也。今作灌。

橳 達感切。木名。

橸 渠京切。鑿柄。

橜 公節切。橜橰,所以汲水①。

杺 才心切。木葉也。

杬 魚袁切。木名,出豫章,煎汁,藏果及卵不壞也。

榞 魚袁切。木皮可食,實如甘蕉。

樾 禹月切。楚謂兩樹交陰之下曰樾。

檰 之善切。木瘤也。

枠 公八切。枠,鼓也。

橉 力進、力盡二切。木名。又楚人呼門限曰橉。

橠 亡結切②。

櫧 之餘切。木名,冬不凋。

橤 乃豆切。木名,皮可染。

櫞 尹全切。枸櫞,出交趾。《埤蒼》云:果名,似橘。

楉 如灼切。楉榴,柰屬。

榴 力周切。石榴。

棚 所角切。木名。

橗 亡公切。木名,似槐,葉黃③。

棑 皮拜切。船後棑木也。又步街切,棑,筏也。

欷 虛衣切。木名,汁可食。

---

① "水"後原衍一字,據宋11行本刪。

② 亡結切,原作"立結切",據宋11行本改。

③ 《篆隸萬象名義》作"似槐,黃華也"。此"似槐,葉黃"疑當作"葉似槐,華黃"。

枤　渠鳩切。《爾雅》曰:枤,檕梅。

枍①　於計切。枍栺,宫名。

栺　五計切。枍栺。又旨夷切,栺栭木。

蠃　力戈切。木中箭笴。

橛　渠月切。橛株,山名。亦作欮②。

槎　丈加切。苦槎也。

椑　扶支切。椑榩,木下枝也。又方奚切。

榩　斯兮切。椑榩也。

檕　亡質切。香木也。取香皆當豫斫之,久乃香出。

橀　同上。

櫍　弋占切。木膠,可作香。

榅　於渾切。柱也。又於勃切,榅桲,木名。

椗　又耕切。木束也。

榱　力追切。木實也。

榠　亡零切。榠楂,果也。

柉　扶嚴切。木皮可以爲索。

杺　思林切。木名,其心黄。又車鈎心木。

枘　如神切。屋上間枘也。

桗　才戈切。櫼李。亦作桏。

楞　力登切。木楞也。亦作棱。

槬　奴多切。或郍字。

棎　時占切。果名,似柰而酸。

桶　他董切。木桶。

枂　扶嚴切。北木皮俗呼爲水桴木也[1]。

樬　士紅切[2]。尖頭擔也。

椶　祖東切。椶櫚也，一名蒲葵。

櫚　力居切。椶櫚，亦曰栟櫚也。

椿　陟江切。椿，橛也。又書容切，橦也。

桻　芳容切。木上也。

极　其輒切。驢上負版。

槻　吉維切。木名。

柁　徒可切。正船木也。

椛　與支切。椛，船名。

橿　寄良切。柌橿，鉏柄。

樬　自兹切。相樬木。

櫋　彌連切。櫋木，有子似栗。

栴　章延切。栴檀，香木。

檇　子回切。木檇節也。

椔　側師切。木枯死。

槐　户灰切。《爾雅》云：槐大葉而黑爲櫰。又守宫，槐葉晝日聶合而夜炕布者。又户乖切。

檭　魚巾切。木名。

櫰　所還切。木櫰。

檣　作蒿切。木名。

檃　户恩切。平量也。

槽　徂毫切。馬槽。

槙　多蓮切。樹梢也。又之忍切，木密也。

---

① 北，疑當作"此"。一説"此木皮"爲"柴皮"。

② 士紅切，楝亭本作"七紅切"。

欑　昨官切。木叢也。

梛　余遮切。梛子木。

樋　徒郎切。車樋。

枹　縛謀切。鼓槌也。《爾雅》曰：楊枹薊，似薊而肥大。又百交切。《爾雅》曰：枹，遒木，魁瘣。謂樹木叢生，枝節盤結磈磊。

檎　其吟切。林檎，果似柰。

橃　巨營切。木名。

檴　居言切。檴子，樗蒲彩。

㯏　先胡切。㯏枋，可染緋。

㮈　七精切。木名。

㮰　古郎切。

榜　蒲萌切。《説文》曰：所以輔弓弩也。又北孟切，榜人，船人也。

杬　于牛切。木名。

栝　古活切。木名，栝葉松身。

楛　《説文》曰：㰊也。

楏　古營切①。木名。

橮　詞林切。木名。

枚　許嚴切。鍬屬。

櫸　同上。

橮　力舟切。扶橮，藤名。

劉　力舟切。木名。

樏　息邪切。木名。

椏　於加切。木椏杈。又烏可切，橋椏樹斜。

---

① 古，原作“王”，據澤存堂本改。

檑 盧可切。檑椑。

材 昨來切。木梃也。

枮 思尖切。木名。

梢 竹旨切。枝梢也。

橗 莫耕切。木心。

朷 都勞切。木名。

櫺 朗丁切。長木也。

梇 直流、側鳩二切。姓也。又士久切,木名。

枔 詞倫切。木名。一云鉏柄。

橒 于軍切。木文也。

橯 渠言切。廩也。《爾雅》曰：㮚謂之橯。

橑 胡昆切。木名。

枯 苦胡切。木名。

橁 時春切。木名。

栶 於真切。木名。

梭 子回切。梭節木。亦作橵。

枘 而諸切。木名。

檯 徒來切。木名。

櫑 力堆切。木名。

榕 余鍾切。木名。

梇 必龙切。木名。

櫋 踈窓切。棹船羽。

柿 時旴切。木也。

薪 息咨切。木柴。

梡 魚稽切。車轅端持衡木。與軶同。

梓 則此切。木名。

椹　而審切。果木。《爾雅》曰：還味，椹棗。

檴　呼覽、胡黶二切。《周禮》曰：彊檴，謂彊堅者。

栞　息典切。栞木，子赤如大豆，俗云雷鳴子也。

榘　居羽切。與矩同。

欅　居語切。木名。

枸　吉口切。枸杞也，根爲地骨皮。本作枸。

枴　古杷、乖買二切。枴子，老人杖也。

柺　同上。

柄　于丙切。木可用爲笏。

櫂　苦角切。枳木，有實似柚。

楰　余圉切。木名。

枓　覩口切。栱枓。

棒　步項切。杖也。

棒　同上。

棓　同上。又連枷也。

樗　以整切。樗棗，似柿而小。

櫓　力覩切。城上守禦望樓。《説文》曰：大盾也。

樐　力古切。彭桿也。亦同上。

楮　丑吕切。《説文》曰：穀也。

柄　力掌切。松脂。

櫹　戶巧切。器名。

欓　都郎切。牀也。又木名。

椹　士荏切。木名。又子禁切。

樣　色養切。木名。

榥　胡廣切。讀書牀。

榯　式荏切。木名。

楷　呼改切。酒楷也。

榣　如累切。木名。

樧　色盞切。木名。

檕　吉忍切。檕木。

柲　筆媚切。戟柄也。

櫃　巨位切。櫃篋。

概　古會切。概杖。

檇　夕醉切。木名。

㮹　同上。

柄　必命切。柯柄也。

棅　同上。

槵　胡慣切。木名。

榪　莫霸切。牀頭橫木。

榨　側嫁切。打油具。

樺　胡化切。木皮可以爲燭。又戶瓜切。

杺　息進切。木名。

抓　側孝切。木刺也。

橴　余宙切。積木燎以祭天也。與㮶同。

㮚　力帝切。果似枇杷子。

椿　側吏切。木名。

栝　他念切。木杖也。

栝　《說文》栝字。

榗　式志切。木名。

櫼　息銳切。小棺也。

柂　唐左切。船尾小梢也。

榝　吉戀切。木皮似絹，可以爲衣。

㯕　郎卧切。木名。

檓　子眠切。小栗名。

槤　口練切。槤木。

楥　烏縣切。木曲也。

橉　力渡切。橉,桐也。

棔　薄計切。木名。

樳　式閏切。木名。

楋　胡夾切。楋,檻也。

槤　力篤切。木名。

槅　尼革切。木名。

栿　符目切。梁栿也。

槸　他禄切。杖指也[①]。

棋　音其。博棋也。

梁　音良。水橋也。

渿　古文。

柴　仕佳切。《説文》曰:小木散材。

杪　彌紹切。木末也。

棨　音啓。兵闌也。《説文》曰:傳信也。

枯　苦胡切。《説文》曰:稾也。

牀　仕良切。《説文》曰:安身之坐者。

床　同上,俗。

枷　音加。枷鎖。又連枷,打穀具。

杖　音丈。《説文》:持也。

柯　音哥。枝也。《説文》曰:斧柄也。

―――――――――

① 杖指,原作“扶指”,據宋11行本改。

椸 音移。衣架也。

棑 音木。《説文》曰:車歷録也。《詩》云:五棑梁輈。

檢 居儉切。《説文》曰:書署也。

栚 力合切。才也。《説文》曰:折木也。

樀 陟略切。《説文》曰:斫謂之樀。

櫽 於謹切。《説文》:栝也。

椌 口江切。椌楬,柷敔也。

屎 丑利切。篗柄也。

屎 同上。《説文》女几切。

槧 才敢切。削版牘也。又七豔切。

栙 下江切。《説文》曰:栙雙也。

柎 方無切。花蕚足也。《説文》曰:闌足也。

檄 户狄切。符檄。《説文》曰:二尺書也。

柷 昌六切。柷敔,樂器。

杰 渠薛切。梁四公子名。

梲 朱説切。柄也①。

楱 子捷切。《説文》曰:續木也。

橄 直舌切。棗也。

朳 兵拔切②。無齒杷也。

栈 户狄切。鍾栈。

欑 徂活切。木錐也。

寨 柴夬切。羊宿處。

柣 馳栗切。門限也。又音佚。

棐 方尾切。輔也。

---

① 柄也,原作"柄也",據宋11行本改。
② 兵拔切,原作"兵板切",據宋11行本改。

橘　規述切。大曰柚,小曰橘。《吕氏春秋》曰:果之美者,有江浦之橘。

東部第一百五十八,凡二字。

東　德紅切。春方也。

楝　昨遭切。《説文》曰:二東也。曹从此。

林部第一百五十九,凡十八字。

林　力金切。《説文》曰:平土有叢木曰林。

楚　初舉切。《説文》曰:叢木。一名荆也。又國名。

鬱　於屈切。木叢生也。

欝　同上,俗。

歯　且賴切。古文蔡。

棼　扶云切。複屋棟。

橑　巨尤切。荆橑,亭名。

森　所今切。長木皃。或作槮。

楙　莫遘切。木瓜。又木盛也,亦作茂。

棽　烏候切。地名。又市由切。

埜　移者切。古文野。

麓　力木切。山足也。《説文》曰:守山林之吏也。一曰林屬於山爲麓。

𣏓　古文。

颿　甫弓切。古文風。

梵　扶風、扶泛二切①。木得風皃。

橆　文甫切。繁橆,豐盛也。今作無,爲有無字。

棽　敕林切。《説文》曰:枝條棽儷皃。

———

① 泛,原作"乏",據宋11行本改。

薺　指兒切。木盛也。

巢部第一百六十,凡二字。

巢　仕交切。《説文》曰:鳥在木上曰巢。

𢀩　悲儉切。貶損也。與貶同。

叒部第一百六十一,凡五字。

叒　而灼切。《説文》曰:日出東方湯谷所登榑桑,叒木也。

𠦼　籕文。

桑　思郎切。蠶所食葉。俗作桒。

𦯉　丑利切。蠶𦯉。

𦮖　力見切。奠蠶也。

玉篇卷第十三凡一部

艸部第一百六十二，凡一千五十四字。

艸　七老切。百艸緫名。《説文》曰：百卉也。今作艹。

草　同上，《説文》音皁，草斗櫟實。一曰樣斗。

芝　敕留切。芝，芝也，一年三秀，爲瑞草。

蓏　力果切。草實。《説文》云：在木曰果，在地曰蓏。

藿　呼郭切。豆葉。《説文》曰：尗之少也。

藿　同上。

蓂　所洽切。蓂莢，瑞草也。王者孝德至，則蓂莢生於廚。其葉大如門，不搖自扇，於飲食中清涼助供養也。

莢　方禹切。蓂莢。

薰　許軍切。似蘼蕪，香草也。

蕙　胡桂切。香草，生下濕地。

蘼　靡飢、亡彼二切。薔蘼，虋冬。

蘭　力干切。香草。《易》曰：其臭如蘭。

蘺　力支切。香草，芎藭苗也。

蘭　許嬌切。香草也。《楚辭》曰：芳蘭兮挫枯。亦臣也。

葯　於略切。白芷葉，即蘭也。

芷　支視切。白芷，藥名。一名蔚。

蓀 息昆切。香草也。

薞 同上。

冀 莫丁切。冀莢也。歷得其分度，則冀莢生於階。月一日一莢
　　生，十六日一莢落。又音覓，菥冀，大薺。

蘅 胡庚切。杜蘅，香草。

虋 莫溫切。《詩傳》云：赤苗也。即今赤粱粟也。

虋 同上，俗。

萁 居疑切。菜也。又渠疑切，豆莖也。

薗 奇卷切。鹿豆莖。

葅 女紏切。鹿藿實。

苴 同上。

蘇 先胡切。荏屬。

莧 胡辨切。菜名。

葵 渠追切。菜名。

葵① 同上。

荏 而錦切。荏菽豆。又蘇屬。

薑 居良切。辛而不葷也。

薑 同上。

茝 齒改切。香草也。

萍 部丁切。萍草無根，水上浮。

蓱 同上。

蕫 私力切。非蕫菜，似蕪菁。

苹 皮明切。萍也。又藾蕭也。

藻 毗招切。萍屬。

---

① 葵，原作"葵"，據棟亭本改。

蕸　同上。

萹　布緬切。萹竹草。《爾雅》曰:竹萹蓄。郭璞云:似小藜,赤莖節,好生道旁,可食。又殺蟲。

藒　去竭切。藒車,香草。

藒　同上。

芞　去訖切。香草也。

荶　古豪切。草名。其實似瓜,食之治瘨。又云白荶草,食之不飢。

茖　音格。山葱也。

萇　除良切。《詩》曰:隰有萇楚。萇楚,銚弋也。

薊　古麗切。芙也。

蓟　同上,俗。

銚　余招切。銚芅,羊桃也。《詩》亦作銚。

芅　餘識切。銚芅。《詩》亦作弋。

芄　胡官切。芄蘭草。

藍　力甘切。染草。

蒲　薄胡切。草也。

苺　亡救、亡佩二切。實似桑椹,可食。又音梅,苺苺,美田也。

苺　莫罪切。《説文》曰:馬苺。又音戊。

苷　古醬切。苷草。

蔘　所金切。人蔘,藥。

蓡　同上。

萯　桂攜切。萯盆,即覆盆也。又音睽。

蕀　苦決切。蕀盆也。

蒻　如灼切。蒲蒻。

藗　始音切。蒲蒻也,生水中。

葦　禹鬼切。大葭也。

莞　古桓、胡官二切。似藺而圓，可爲席。《詩》曰：上莞下簟。

莞　胡緄、胡官二切。《爾雅》曰：莞，夫蘺，其上蓠。

芜　丁敢切。草也。又除林切，薚，芜藩，生山上，葉如韭。一名知母。

茂　同上，見《爾雅》。

薚　徒含切。薚，茂藩。

蕁　同上。

菼　他敢切。雚初生也。一曰薍也。

萪　同上。

薍　魚患切。烏蕌也。

蒹　古廉切。蒹薕也。

薕　力鹽切。荻也。

蕌　於于、去尤二切。烏蕌也。

薍　徒歷切。雚也。

荻　同上。

雚　胡官切。細葦。

蘆　力胡切。葦未秀者爲蘆。

葭　古遐切。葦未秀也。李陵《與蘇武書》云：胡葭互動。卷蘆葉吹之也。今作茄。

菔　扶福切。蘆菔也。江東呼菘菜。

茅　亡交切。草名。

葵　他忽切。蘆服也。

菘　思雄切。《方言》云：豐，江東曰菘，蕪菁也。

芥　假拜切。菜名。

葱　且公切。葷菜也。又淺青色。

苁　同上，俗。

荷 賀多切。荷，芙蕖。

蕸 何加切。荷葉也。

菡 胡敢切。菡萏，荷華也。

𦹧 同上。

荅 同上。又花開。

萏 徒敢切。菡萏。

𦸈 同上。

芙 附俱切。芙蓉。

蓉 俞鍾切。芙蓉。

蓮 力堅切。荷實也。

茄 古遐切。荷莖。又巨迦切。

芍 都歷切。蓮子也。又時灼切，芍藥也。又七略切，芍陂也。又下了切，蔈芘也。

菂 胡激切。菂薂，蓮實也。

菂 丁歷切。菂薂。亦作的。

蔤 美筆切。荷本也，莖下白蒻在泥中者。

茲 同上。

藕 五後切。荷根。

蕅 同上。

菁 子丁切。蕪菁也。

𦼫 祁招切。蚍衃也，今荆葵。

菅 賈顏切。茅屬也。

菺 居賢切。茙葵也，今蜀葵。

茙 如終切。茙葵也。

薔 所力切。虞蓼也。

蓷 敕雷切。萑蓷，茺蔚也。《詩》曰：中谷有蓷。

萑　至維切。萑菼。

茉　伏丘切。茉苢，馬舄。一名車前。又名蝦蟇衣。

苢　余止切。茉苢。

苢　同上。

舄　思亦切。馬舄，車前。

蕮　同上。

莙　其隕、俱云二切。牛藻也。一云馬藻。

蒿　良激切。山蒜。又蒲蒿，謂今蒲頭有臺，臺上有重臺，中出
　　黄，即蒲黄。又曰山蒿也。

藩　輔園切。蕣，芫藩。又甫煩切，屏也，籬也。

薲　杜含切。海藻也。又名海羅，如亂髮，生海水中。

蕡　房久切。小荳四月生。蕡，秀也。

芺　烏老切。苦芺也。《說文》曰：味苦，江南食之以下氣。又乙
　　矯切。《爾雅》曰：鉤芺。郭璞云：大如栂指，中空，莖頭有臺，
　　似薊，初生可食。

蕒　餘紳、余善二切。菟瓜也。

蕕　與周切。臭草也。

蕨　勤之切。紫蕨，似蕨，可食。

蕯　欣衣切。蕯菟葵，似葵而葉小。

茯　音伏。茯苓，藥也。又車茯兔。

苓　郎丁切。茯苓。

菖　甫鞠切。菖蒫，大葉，白華，根如指，可食。

蒫　甫又切。菖蒫。

覆　扶福切。似菊。

蒬　居力切。棘蒬，葽繞，今遠志也。

蒬　於元切。蒬蒬。

蒒　自移切。《爾雅》曰：芍，鳧茈。郭璞云：生下田，苗似龍須而細，根如指頭，可食。或從疵。

茈　積豕切。草可染。又音疵。

茜　此見切。《説文》曰：茅蒐，可以染緋。

蒨　同上。

蒨　此見切。青葱之兒。

藐　亡角切。茈草。又彌紹切，遠也。

艾　五大切。蕭也。又老也，長也。

芒　岡方切。杜榮也，今芒草。

苦　枯魯切。苦菜。《説文》曰：大苦，苓也。

苞　博交切。叢生也。又積也，豐也。

蔽　苦怪切。草中爲索。《左氏傳》云：無菅蔽。

蒯　同上。

藨　平表切。蒯屬，可爲席。

蘵　諸身切。《爾雅》云：苀蘵，豕首。郭璞云：《本草》曰彘盧。一名蟾蜍蘭。今江東呼豨首，可以爆蠶蛹。

蔦　都了切。寄生也。《詩》曰：蔦與女蘿。

苦　公活切。苦蔞也，齊人謂之瓜蔞。

董　德孔切。藕根。又正也。

蘽　公詣切。狗毒草。樊光云：俗語苦如蘽。

葑　匪庸切。蕪菁也。《詩》曰：采葑采菲。

菲　孚尾切。菜名。又薄也。《論語》云：菲飲食而致孝於鬼神。又芳肥切，芳菲也。又父未切。

芴　亡弗切。菲芴，即土瓜也。

蓨　相俞切。蓨蕪，似羊蹄。

蓯　子孔切。葑蓯也。

茦 楚革切。《説文》:蒴也。

蒰 蘇昆切。《爾雅》曰:蘠,烏蒰。

莿 七漬切。芒也,草木針也。

䓕 陵出切。似葛有刺。

蓬 薄紅切。蒿草也。

𦭼 籀文。

菫 阻力切。菫子,藥名。一歲爲菫子,二歲爲鳥喙[①],三歲爲附子,四歲爲烏頭,五歲爲天雄。或楚力切。

募 吐郎、丑良二切。蓫募、馬尾,蔏陸也。《説文》曰:枝枝相值,葉葉相當。

蕩 同上。

薋 疾兹切。蒺藜也,三角,刺人。

蒺 慈栗切。蒺藜。

藜 力脂切。蒺藜。

藜 旅題切。蒿類。

萩 且留切。蒿也。《左氏傳》曰:伐雍門之萩。又七肖切。

蘴 孚雄切。蕪菁苗也。

蔏 舒羊切。《字書》:蔏陸,蓫募也。

薛 胥列切。莎也。

辥 《説文》薛字。

蔮 來伍切。杜蔮也。郭璞曰:杜衡也,似葵而香。

薈 《説文》同上。

薜 補革切。山芹也。又蒲細切,薜荔也。

荔 力計切。薜荔,香草也。又《説文》曰:似蒲而小,根可爲刷。

---

① 喙,原作"啄",據棟亭本改。

蒳　奴荅切。《字統》云：香草。《異物志》云：葉似枅櫚而小，子似檳榔。

芹　渠斤切。芹菜。

蘆　千古切。《爾雅》曰：蕳蘆。郭璞云：作履苴草。

苄　胡古切。地黃也。又何嫁切，蒲苹草。

菀　於遠切。紫菀，藥名。又菀，茂木也。

苑　於遠切。養禽獸園也。

蒟　俱羽切。蒟醬，出蜀，其葉似桑，實似葚。《漢書》云：蜀唐蒙。

蕣　師閏切。木槿花，朝生暮落。

茱　時朱切。茱萸。

萸　與朱切。茱萸。

芽　語家切。萌芽也。

萌　麥耕切。始也。《説文》曰：草木芽也。

茁　側劣、側滑二切。草出皃。

莖　余更切。枝本。《説文》曰：草木幹也。

莛　特丁切。《説文》曰：莖也。東方朔曰：以莛撞鍾。言其聲不可發也。

茂　弋芮切。草生狀。

藒　居偈切。藒蕫，似芹。

葨　是支切。葨母草，即知母也。

苻　芳扶切。華盛也。

蘧　其居切。蘧麥。

蕖　直居切。蘧蕖。又黃蕖也。

茾　五都切。草似艾。

薯　胡刹切[1]。長沙人呼野蘇爲薯。

菜　汝游切。香菜菜,蘇類也。

菈　洛合切。《方言》云:東魯人呼蘆菔爲菈蘧子。

蘧　度合切。菈蘧也。

郎　力當切。莠也。《説文》曰:禾之穗生而不成謂之童郎。

䔖　扶沸切。枲實也。或作䕃。

莠　余受切。草也。

芓　詳餌切。麻母也。《説文》:一曰芓即枲也。

荸　同上。

異　餘記切。連翹草。

襄　如章切。襄荷。

蒜　蘇亂切。葷菜也。俗作蒜。

葫　户都切。大蒜也。

葷　呼云切。《禮記》云:膳於君,有葷桃苑。葷葉,所以辟凶邪也。

蘐　虛袁切。令人善忘憂草。

蕙萱　並同上。

营　去弓切。营藭,葉似江蘺也。

芎　同上。

藭　巨弓切。芎藭。

藋　徒叫切。藜藋也。

蘿　同上。

葰　救立切。葰,葷也。

葷　丑力切[2]。一名葰,似冬藍,食之醋也。又丑六切。

蕡　扶云切。草木多實。

---

① 胡刹切,原作"胡利切",據宋11行本改。

② "切"字原脱,據宋11行本補。

若　如灼切。杜若，香草。又如也，汝也。

鄀　籀文。

蓴　作緄切。本蓴，草叢生。

芑　去紀切。白粱粟。《爾雅》曰：芑，白苗。又菜也。

蔗　之夜切。甘蔗也。

藷　之餘切。藷蔗也。

萍　薄丁切。萍，馬帚。又《楚辭》注云：萍翳，雨師名[1]。

莔　莫耕切。苕可爲帚也。

夢　莫公切。草可爲帚也。

蔞　力俱、力侯二切。蔞蒿也。

葴　至諶切。馬藍也。一曰寒蔣。

蘘　何蘭切。蘘蔣也。

茴　力主切。小蒿草。

芌　居隱切。蔓蒿也。

蔦　于委切。草也。

藟　力水切。藟藤也。

荃　趨緣切。香草也。

芸　右軍切[2]。香草也。《説文》曰：似目宿。

蒷　同上。

苜　莫六切。苜蓿。《漢書》：罽賓國多苜蓿，宛馬所嗜。本作目宿。

蓿　私六切。苜蓿。

蔡　且蓋切。草芥也，法也，草際也。

萃　疾醉切。集也。

菹　側於切。淹菜爲菹也。

---

① 雨師，原作“羽師”，據《廣韻》改。
② 右軍切，原作“古軍切”，據宋11行本改。

菹　同上。

蘫　來甘切。瓜菹也。

藤　來道切。乾梅也。

蒙　莫公切。唐蒙，女羅別名。

萎　於危切。《說文》於僞切，食牛也。

薵　直流切。薵葱也。

蔬　所居切。菜蔬也。

蕘　汝豬切。草也。

萼　五各切。花萼也。

萸　徐與切。酒之美也。《詩》云：釃酒有萸。亦作醜。

蓑　素和切。草衣也。又素回切，草垂皃。

葶　都挺切。毒魚草。熊耳山有細草，名曰葶藶。又音亭，葶藶也。

蓷　舒移切。卷施草，拔心不死。

歊　呼到切。耗也，縮也。

莌　古突切。不實草。

蕘　餘招切。蒲葉也。

茫　莫唐切。速也。

蕤　汝誰切。葳蕤，草木實垂皃[1]。

茀　方味、方大二切。蔽茀，小皃。《詩》曰：蔽茀甘棠。

葆　他彫切。苗也。

苗　他六、徒歷二切。葆也。

蓨　他笛切。葆也。

藣　補爲、彼僞二切。草也，旄牛尾也。

苙　閭及切。白止也。又音及。

---

[1]　《說文》作“草木華垂貌”。

茓　渠周切。白芷也。

薄　蒲各切。厚薄。《説文》曰：林薄也。一曰蠶薄。

荅　都合切。小豆也。又當也。

葅　俎加切。葅菜。

蓷　以追切。菜名，似韭而黄。

苣　時人切。草名。

葰　相維切。《説文》曰：薑屬，可以香口。

薚　冬毒切。蔨筑草。

蕫　同上。

芧　直與切。草可以爲繩。

苧　同上。

蒢　莫屋、莫老二切。毒草也。《説文》云：卷耳也。

蔞　莫候切。《説文》云：毒艸也。

莪　莫老切。細草叢生。

薑　疾刃切。進也。《詩》曰：王之藎臣。一曰草名。

茇　來密切。草也。

荏　如軫切。似蘇，有毛。江東呼爲隱荏。

虊　力官、力卷二切。蔨葵也。

虋　同上。

莀　來計切。紫草也。

薁　于矩切。草也。

莊　鼻姿切。蒿似蓍。

萁　居衣、渠之二切。草也。又縣名。又音芹。

菽　公狄切。草也。

莘　姑但切。草莖也。

虌　狃庚切。羊虌，可以作縻緪也。

藬 致如切。藬葦草。又音除。《爾雅》曰：味莖藬。郭璞云：五味也。蔓生，子叢在莖頭。

苹 陟隆、直隆二切。草名。

蔄 胥漬切。草名。

芰 平表、毗小二切。落也。正作受。

弦 後堅切。《説文》云：草名。

荸 芳俱切。葭荸，葭中白皮也。

藺 有救切。草名。

藟 同上。

菩 防誘切。香草也。又音蒲。

荌 於旦切。草也。

藡 公禪、公棟二切。草名。

蕾 乙吏切。蕾苡，又蓮的中。又音億。

薏 同上。

菓 疾立切。菓菩草。

葦 之羊切。葦柳，當陸別名。

蔽 叉力切。草名。

芪 巨支切。芪母也。

薰 公魂切。香草。

菎 同上。

菁 與鞠切。草名。

蒢 如旃切。草名。又蓺也。

藷 同上。又呼旦切，草也。

葚 市枕切。桑實也。

茮 子消切。茮也。與椒同。

莍 渠牛切。茮實也。

蔩　奴禮切。草盛皃。

芭　卜加切。芭蕉。又香草也。

蕉　子消切。芭蕉。

荎　弋支切。草荎荎。

蒝　五袁切。莖葉布也。

蒪　不後切。花葉布。

茭　所交切。草根。又相遥切。

葯　牛斤切。草也。又江夏郡有葯亭。

茲　子支切。草木多益也。

薿　九利切。草多皃。

蔫　於焉切。菸也,蹶也。

蕪　亡孚切。薉也。

薉　於吷切。行之惡也。又作穢。

苛　賀多切。小草生皃。又政煩也,怒也,妎也。

落　郎閣切。墮也。草曰零,木曰落。又始也。

蔽　甫制切。障也,隱也,暗也。

蔡　於營切。萎蕤也。

茷　符廢、博賴二切。草葉多也。

茀　敷勿切。茀離猶蒙籠也。又草多。

薛　舒列切。香草也。

蓆　祥亦切。大也。

蕝　子悅、子芮二切。束茅以表位。

麗　力計切。《易》曰：百穀草木麗乎地。麗,附著也。本亦作麗。

菡　故殁切。刷也。

醋　康路切。醋菹也。

菹　諸尸切。菹也。

蓋 同上。

茵 丈例切。草補軼。或爲綴。

蓴 匹各切。襄何，苴也。

蓴 常倫切。蓴菜。

荲 莊里切。《説文》云：羹菜也。

葌 婢赤切[1]。雨衣。一曰蓑。

虆 青五切。草履也。

帬 炙久切。俗帚字。

茵 於仁切。茵蓐。《詩》曰：文茵暢轂。文茵，虎蓐。

茹 而預、而與、而諸三切。柔也，貪也，菜茹也，度也，飯牛也。
　　又相牽引皃。《易》曰：拔茅連茹。

苣 勤侣切。苣蕂，胡麻也。

茻 之列切。斷也。今作折。又常列切。

靳 同上，出《説文》。

薶 莫皆切。瘞也。與埋同。

菡 舒理切。糞也。亦作矢，俗爲屎。

苟 公后切。菜也。又苟且。

曹 在勞切。草也。

范 音犯。草名。

蔖 與周切。草也。

蔮 《説文》蔖。

莤 市昭切。草也。

蓋 雇后切。草也。

蔴 亡候切。草也。

---

① 婢赤切，棟亭本作"婢亦切"。

苳　丁彤切。草也。

蓉　齒允切。雜也。

茸　而容切。尨茸，亂皃。又草生也。又而勇切，不肖也。

荈　尺兖切。茶葉老者。

葆　補道切。草茂盛皃。又羽葆也。

茗　冥頂切。茗荈。

茶　杜胡切。苦菜也。又《爾雅》曰：檟苦茶。注云：樹小似梔子，冬生，葉可煮作羹飲。又除加切。

菆　阻留切。草也，叢生也。

茠　呼豪切。除田草。

薅　同上，出《説文》。

莀　奴冬切。古文農。

薤　胡拜切。烏殘草。

荳　惟嶲切。雀弁也。

蒝　落見切。白薇也。

蘬　胡罪、公回二切。懷羊也。

藬　閭遂切。蕭葦，似蒲而細也。

蕭　都領切。藬蕭葦。

莙　居輦切。莙藭。

藭　扶發切。莙藭。

芎　胡唐切。芎藭蘮。

蘈　力蓋切。蘈蕭也，蒿也。

莉　同上。

莛　奴結切。菜似蒜，生水旁。

薌　許良切。穀氣。亦作香。

莘　所巾切。衆也。亦長皃。又地名。

蒼　丁敢切。金谷多蒼棘。

菳　扶文切。菳葿，盛兒。又蒲昆切，覆菳草。

葿　於云切。菳葿，盛兒。

葮　胡墾切。草名，似蓍，花青白。

苪　巨凶切。蕶莢實也。

芳　郎得切。蘿芳，香菜。亦云胡荽屬。

藏　慈郎切。藏郎，草名。又隱匿也。又才浪切，庫藏。

蔀　步口切。《易》曰：豐其蔀。王弼云：蔀①，覆曖鄣光明之物也。

芊　七年切。草盛兒。

蔻　呼候切。荳蔻，藥名。

蘩　輔袁切。白蒿也。

蕭　蘇條切。香蒿也。

蒿　呼豪切。蒿，菣也。

秄　息夷切。茅秀也。

蘞　力檢切。白蘞也。

薟　同上。

莪　五高切。《爾雅》：莪，蘿蔵。注云：今繁蔞也。一曰雞腸草。

蔜　素老切。莪，蘿蔞。

蔞　力主切。莪，蘿蔞。

芩　渠炎、渠今二切。黃芩也。《詩》云：食野之芩。

菳　同上。

藘　魚激切。小草，有雜色，似綬。《詩》曰：邛有旨藘②。

蒚　同上。

芡　渠斂切。雞頭也。《周禮》：加邊之實，蔆芡栗脯。

---

① 蔀，原作"蓓"，據宋11行本改。
② 藘，原作"藘"，據棟亭本改。

茷　弋筆切。《方言》云：茷，雞頭也，北燕謂之茷。

芰　巨寄切。蔆也。

芗　《説文》云[1]：杜林説，芰从多。

蔆　力升切。芰也。

薩　同上。司馬相如説：蔆从遴。

陵　同上，亦作菱。

薢　古諧、庚買二切。《爾雅》：薢茩，英光。郭璞云：英明也。葉黄鋭，赤華，實如山茱萸。或曰蔆也，關西謂之薢茩。

茩　古后切。薢茩。

藋　余灼切。雀麥也。

蔌　桑卜切。菜茹之揔名。

藬　桑鹿切。白茅也。

芀　都聊切。葦花也。

苕　徒彫切。草也。《詩》云：邛有旨苕。

薔　所力切。澤蓼也。一曰虞蓼。又音牆，薔薇也。又東薔，實如葵，似蓬草。《子虚賦》曰：東薔彫胡。

藏　才良切。《爾雅》曰：藏薐蘼冬。一名滿冬。又茈茢殺藏。一名白蕢。

苑　來桀切。萑苕也。《禮記》注云：桃苑可以爲埽，除不祥也。

蔿　同上。

茚　五唐切。菖蒲也。

蘢　盧功切。馬藻也。《爾雅》曰：紅蘢古文[2]。又音龍。

萓　與蛇切。草名。

葥　子賤、子踐二切。王蔧草，可爲帚。又音前。

---

① 説文，原作"説林"，徑改。

② 紅蘢古，棟亭本作"紅蘢古"。"文"字爲衍文。

蒲　同上。

莊　阻陽切。草盛皃。又莊敬也。又六達道曰莊。

蕼[1]　古文。

蓍　舒夷切。《説文》云:生千歲三百莖。《易》以爲數。天子九尺,諸侯七尺,大夫五尺,士三尺。

菩　古文。

菊　居六切。《説文》云:大菊蘧麥。

蘜　居六切。《説文》云:日精也,似秋華。

軗　同上。

蘜　居六切。治廧也。《爾雅》注云:今之秋華菊。

蘋　扶藩切。青蘋也,似蘋而大。

朮　儲律切。朮,山薊。與术同。

蒁　同上。

薪　思擊切。薪冀,大薺。又息移切,葴薪草,似燕麥。《子虛賦》曰:高燥則生葴薪。

蕲　思移切。草生水中,其花可食。

茉　無貴切。莖藘也。

莖　雉之切。莖藘。

葍　功勞切。如葛,白華也。

葛　功遏切。蔓草也。

苍　何梗切。苍菜也。俗呼爲豬蓴。

荇　同上。

菨　子葉切。菨蕘,水草,叢生水中,葉圓在莖端,長短隨水深淺,江東食之。

---

① 蕼,棟亭本作"蕼"。

薙[1]　臺雞切。薙茦，地生穢草也。

茦　徒結切。薙茦。

蕺　同上。

蔓　亡怨切[2]。蔓延也。

萊　旅灾切。藜草也。

蘦　來丁切。大苦菜。或云蘦似地黃。

芋　禿鼎、禿霝二切。芋燊也。

蒟　渠俱切。蒟，芋燊。

芫　牛袁切。芫花，藥。

荑　大奚切。始生茅也。又荑桑也。又音夷，葈荑也。

苽　古胡切。《禮記》曰：魚宜苽。鄭玄曰：彫胡也。

菰　同上。

蔣　子羊切。其實彫胡也。又子兩切，國名。

莨　來唐切。草也。亦粱也。

葽　於燒切。草也。《詩》：四月秀葽。

薖　苦戈切。草也。又寬大皃。

蕈　慈荏切。地菌也。

荊　景貞切。荊楚。亦木名。

莉　古文。

菌　奇隕切。地菌。

檽　而兗切。木耳，生枯木也。

菭　徒來切。生水中，綠色也。

苔　同上。

萋　且稽切。草茂皃。

---

① 字頭原作“薙”，據說解改。
② 亡怨切，棟亭本作“忘怨切”。

菶　補動切。菶菶,多實也。

蓁　疾陳切。衆也。又草盛兒。

薿　言紀切。薿薿,茂盛兒。又牛力切。

蔥　子公切。木細枝。

蕺　子習切。茅牙也。又草木生兒。

蒔　石至切。植立也,更種也。又音時。

芼　莫報切。拔取菜。

藥　與灼切。《説文》曰:治疾之草總名。

蘀　他落切。落也。

蘀　同上。

芃　扶戎、步同二切。草茂盛兒。

蕰　紆文切。積也,聚也,蓄也,聚草以蓺火也。

蘊①　於粉切。藏也,積也,聚也,蓄也。又菜也。

菸　於去切。臭草也。《楚辭》曰:葉菸邑而無色兮。菸,鬱也。

蔓　巨營切。蔓茅也。

茸　讓之切。草多兒。又亭名。

藪　桑後切。澤無水曰藪。《周禮》有九藪。大澤曰藪。

蔪　疾斂切。草相蔪苞裹也。

蘫　同上。

菿　都角切。《韓詩》:菿彼甫田。《毛》作倬。又音到。

菑　阻飢切。一歲田也。又子來切,害也。

薔　同上。又側吏切,輻入轂也。

莱　來潰切。耕多草。

芟　所嚴切。除草也。

---

① 字頭原作"蕰",承前訛,據棟亭本改。

蓋　胡臘切。苫蓋也。又古害切。

苫　舒鹽切。茅苫也。

藹　於蓋切。腌藹,樹繁茂。

茨　疾資切。以茅覆屋也。

葦　舒鹽切。葦猶苫也。草自藉也。或作苫。

芻　楚俱切。茭草。《説文》云:刈艸也。俗作蒭。

薆　魚既切。《禮記》云:三牲用薆。鄭玄云:煎茱萸也。

藾　同上。

莜　徒叫切。《論語》曰:以杖荷莜。草器名。

蕢　奇愧切。《爾雅》云:蕢,赤莧。又草器也。又枯怪切。

莝　且臥切。斬草。

茭　古爻切。草可供牛馬。又下絞切。

皎　古文。

芳　蒲故切。牛馬草,亂藁也。又音蒲。

䅘　所革切。以穀和草餧馬也。又小言皃。

蔟　青木切。巢也。亦蠶蓐也。

蕘　乳燒切。草薪也。《詩》云:詢于芻蕘。

薪　息秦切。柴也。

蒸　章繩切。麤曰薪,細曰蒸。又炬也,衆也,君也,塵也。

烝　同上。

芜　勤牛切。《詩》云:至于芜野。遠荒之野曰芜。

萄　丘玉切。萄植也,養蠶器也。

卋　許胃、許偉二切。草揔名。

卉　同上。

薁　與六切。山韭也。

葶　丁殄切。《爾雅》云:葶,亭歷,實葉皆似芥。一名狗薺。

蔗　力狄切。葶藶也。

莎　素戈切。草也，藹，雜樹也。

藹　胡屬切。藹莎草。一名莎侯。

蕨　居越切。菜也。

虌　畢列切。蕨虌也，紫繁也，初生無葉，可食。

藻　子道切。水中菜也。

薻　同上。

荥　間燭切。荥蓐也。今呼鷗腳莎。

筑　豬鞠切。萹筑也，似小藜，赤莖節，好生道旁，可食。亦作竹。

藋　與招切。茂也。

蕢　似玉切。牛脣也。《詩傳》曰：水舄也。

蜃　時均切。牛蜃也。

茄　間西切。茂盛皃。又鳧葵也。《詩》云：言采其茄。或亡絞切。

茆　同上，出《說文》。

蘱　丘非、丘誄、丘追三切。大蘱古也。

藈　古文。

荭　胡公切。荭蘢古。

茢　榮窘切。茢薂也。今江東人呼藕根爲薂。《說文》曰：茅根也。

蕃　縛袁切。滋也，息也。又甫煩切，蕃屛也。

茋　居政、其聲二切。茋，山韮。又茋，鼠尾，可以染皁。

蘼　補位、補婢二切。蘼鼠，莞也。纖細於龍須，可爲席。

藺　旅進切。似莞而細，可爲席。

肆　相利切。菫也。

蘆　旅居切。茹蘆，茅蒐。

芨　居及切。芨菫草，即烏頭也。

蒐　所留切。茅蒐也。又春獵爲蒐。

厎　之履切。鬂也,苊實也。《書》云:敷重厎席。孔安國曰:厎,
　　鬂莚也。本作厎。

苊　奴禮切。薺苊也。

苻　輔俱切。鬼目也。

蒲　庾俱切。澤瀉也。

薒　昨何、祖邪二切。薺實也。

蓼　力鞠切。《詩》曰:蓼彼蕭斯。蓼,長大皃。又音了。

蓼　同上。

蓫　抽陸切。《詩》曰:言采其蓫。牛蘈也。又音逐,馬尾草也。

蓄　丑六切。蓄積也。

蘈　他雷切。牛蘈也。江東有,高尺餘,葉長而銳,花紫縹色,可
　　淋以爲飲。

藏　諸翼切。藏草,葉似酸漿。

藏　同上。

萴　亡此切。春草。

芏　他護、徒扈二切。生海邊,似莞藺,越人以爲席也。

蕎　居妖切。蕎,邛鉅,大戟也。又音喬,蕎麥也。

戟　居逆切。大戟,藥名。

菧　古活切。菧麋舌,春生,葉似舌。

蓶　丘遠切。江東人呼蘆笋爲蘆蓶。

芛　惟畢、羊箠二切。芛,華榮也。草木華初生者。

葦　古文。

葩　普華切。華也。

荂　許俱、妨俱二切。草華別名。又荂,榮也。

薫　芳燒切。黃花也。

葟　胡光切。葟榮。亦花之美也。

花　呼瓜切。今爲華荂字。

菝　蒲達切。菝葀，瑞草。又蒲八切，菝葀，狗脊根也。

葀　古活切。菝葀。

葀　苦八切。菝葀。

茇　蒲達切。草木根也。又補末切，董茇。

英　猗京切。華也，榮而不實曰英。

蘤　爲詭切。華榮也。

薳　爲彼切。薳章，楚大夫。

葴　敕展切。解也，備也。《左氏傳》曰：寡君願以葴事。葴，敕也。

蓽　補密切。以荊爲户謂之蓽[1]。

荅　他帀切。菜生水中也。

菜　古文。

菴　倚廉切。菴藺，蒿也。又音諳。

荓　古文。

藺　呂居切。菴藺。

蕓　禹軍切。蕓薹菜。

藟　力牛切。香草。

菆　在會切。小兒。

蘆　渠與切。今之苦蘆，江東呼爲苦蕒。又音渠。

蔂　力戈切。盛土草器也。或作虆。

菝　蒲骨切。荸菝，繁母也。又作菥[2]。

茣　公幸切。芋莖也。

藈　古畦、苦畦二切。鉤藈姑。一名王瓜。

菇　故吳切。藈菇。

荶　竹亞切。荶蒘,黃芩也。

蒘　亡悲切。荶蒘也。

葅①　材餘切。

蓋　禹俱切。葅蓋②,草似韭。

藺　力益切。藺蕩,藥。

蕩　荼益切。藺蕩。

藤　達曾切。蘲也。今揔呼草蔓莚如蘲者。

葒　胡肱切。藤葒,胡麻也。

欝　達潰切。草木茂也。

薙　才帀切。户簾也。

菊　九出切。草也。

芣　疾來切。草也。

藅　力豆切。藅蘆,藥。

莒　舉魚切。苴莒草。

藗　囚纖切。菜也。

蓎　恥亮切。草木盛。

莁　武俱切。莁荑。一名白蕢。

薂　胡鹿切。薂菜,生水中。

薺　子移切。薺菜,生水中。

薛　口羊切。菜也。

蘿　力戈切。菜生水中也。

薝　於亦切。薝母草。本作益。

茺　齒戎切。茺蔚,即益母也。

蔚　烏貴、於勿二切。茺蔚。

---

① 字頭原作"苴",據棟亭本改。
② 葅,原作"苴",據棟亭本改。

蔄 餘鼊切。葉似竹,生水中。

蔓 一丘切。菜也。

藟 孚陸切。藟子也,可食。

蕲 虛言切。蕲于,猶草也,生水中。

藸 直居、上余二切。根似茅,可食。

蒕 於元切。敗也,萎蒕也。

蕈 奇金切。草生水中,根可以緣器。

蓼 力凋切。草木莖葉疏也。

菜 仕街切。

芁 居包切。秦芁,藥。

尤 同上。

蓻 吕橘切。草子甲。

菢 呼角切。草聲也。

菕 乙卓切。英蓲也。

賈 埋解切。苦賈菜。

苘 口穎切。草名。亦作蔜。

蕡 同上。

藬 余憂切。麻莖也。又音皆。

芛 牛金切。似蒜,生水中。

蘮 古文。

萳 乃感切。草長弱皃。

莔 亡更切。狼尾草。

蕒 俞主切。草名。

蓪 他公切。藥草。

蕎 餘世切。似蘇而赤。

薏　諸餌切①。遠薏也。

蒾　莫禮切。蒾子菜。

莋　才亦、才各二切。如草。

薼　力胡切。薼薈，藥。

菥　且己切。即菓耳。

蕑　下間切。堅也，葌餘草莖也②。又下辨切。

蓡　九轉切。蓡耳也。

莽　古文。

薦　才千切。草茂根。

芚　徒昆切。菜似莧，可食。

菗　丈牛切。菗蒤菜。

藒　餘割切。似蕨，生水中。

莨　與良切。莨蓂，藥名。

蓂　音泉。莨蓂。

蓊　烏公、烏孔二切。木茂也。

葺　似入切。葺茵，水草也。

莪　以遮切。枲屬，皮可以爲索。

茣　莫侯切。草也。

菅　公玄切。菅明草。

菮　直閒切。味莖菮。又中恕、馳略、知略三切。

蔽　下校、古鮑二切③。江東呼藕根爲蔽也。

葞　甫尾切。江湖之間兄卒相謂之葞也。

嘗　撫俱切。嘗蔱，花皃。

---

①　切，原脱，據文例補。
②　葌餘草莖也，當作“莝餘草莖也”。
③　二，原作“一”，據宋11行本改。

蒟 庾俱切。菩蒟。

藭 同上,又音育。

虋 亦同上。

蕩 普莫切。落也。

蓫 徐類切。禾秀。與穟同。

苪 祕永切。明著也。

芺 徐雉切。蒿也。

苄 胡故切。草名。

蕾 子登切。蔖蕾草。

蓟 徒篤切。古文毒。

菩 魚鞭切。草名。

莒 居吕切。草也。亦國名。

芵 古穴切。芵光,芵明也,花黄。

茯 同上。

芫 古黄切。芵芫。

薩 力鞠切。蔄薩。

苊 他活、徒活二切。草生江南。

蔝 同上。

蒗 力當切。蒗毒草。

蒜 他甘切。葱也。

蓁 且栗切。葉似蘇。

藺 甫俱切。地藺,藥草。

藆 除格切。藆鳶,藥。

荋 奴加切。諸荋。

葵 何雞切。繁莬,葵也。

蕠 力振、力因二切。鬼火。或作燐。

蔠　同上。

蘱　莊卓切。蘱,菫毒,即附子也。

蕊　去用切。蕊,藺蕩。

蕗　力故切。蕗葵,蘩露。

蔠　音終。蔠葵。

苶　奴結切。《莊子》云:苶然疲役而不知其所歸。又乃莢切。

藼　徐季切。蘧藼也。亦作蔧。

蔫　悅宣切。蔫尾,射干也。

藸　升諸切。魚藸也。

葳　於歸切。葳蕤也。

蕁　達胡切。蕁虎杖,似紅草,可以染赤。

醜　充受切。菝菥也。

蕢　有貴切。草也。

蓷　他口切。好兒。

蔓　亡泛切。草木無蔓也。

薜　弋蛇切。穗也,蓄積也。又似嗟切。

藝　魚制切。種蒔也。

蒧　思俠切。草名。又徒協切。

薂　所戞切。似茱萸。

薆　於戴切。隱也。

薫　許往切。懒薫也。又許永切,薫草。

荳　音豆。荳蔲。

藍　他盍切。藍布也。

蒹　徒兼切。藥草。

莎　彌紹切。草細。

茭　於皎切。草長。

藻　子了切。似薺菜。

葽　之仁切。茚也。

菨　音詵。地名。

芚　音龍。古文。

童　音童。草名。又多動切。

葓　音洪。水草也。

蘢　音龙。草也。又火角切。

蕛　音提。草也。

蕛　同上。

藂　在紅切。草藂生皃。

藜　同上，俗。

茳　音江。茳蘺，香草。

莩　音苻。莩茈。

荽　音綏。胡荽，香菜。

荽芕　　並同上。

萁　音基。

茹　音如。絮蘆草也。亦作茹。

芘　防脂切。蕃也。

蕖　音渠。荷，芙蕖。

蔚　香于切。草華。

蔽　音孚。花蔽。

薟　古洽切。薟草。

菩　薄胡切。菩薩。又步亥切，草也。

蒲　音蒲。雉有蒲肉。

茂　莫遘切。草木盛。

劼　音劼。

萉　邊兮切。萉麻。

薠　同上。

薹　音臺。蕓薹,菜名。

莏　素和切。挼莏也。

蘋　音頻。大萍也。

蠙　同上。

荄　古采切。草根也。又音皆。

茵　音盲。貝母也。

菅　同上。

蝩　同上。

蘋　得田切。草頭。

蒂　都計切。草木綴實也。

芼　音毛。藥名。

葂　音爻。黃茅根,煎取汁,治消渴也。

芰　同上。

蓮　音陳。茵蓮也。

芒　罔良切。稻麥芒也。

萄　徒勞切。蒲萄也。

菓　苦過切。菓藤,生海邊。

莪　五哥切。草似斜蒿。

菏　乎哥切。菏菔草。又音柯,菏澤名。

蘿　盧多切。女蘿,托松而生。

菖　尺良切。菖蒲也。

藏[1]　慈郎切。隱也。又慈浪切,庫藏。

---

[1]　此條重出。上文作"藏,慈郎切。藏郎,草名。又隱匿也。又才浪切,庫藏"。

蕄 莫耕切。《爾雅》云:存存、蕄蕄,在也。

薴 同上,本或作萌。

蓎 徒郎切。蓎蒙,女蘿。

莤 余留切。水草,一名軒于。又所六切,苞茅莤酒也。

蕕 祥由切。液也。亦與糟同。

芝 止而切。瑞草。

虆 力垂切。蔓也。又音累。

藤 音登。金藤草。

菾 徒廉切。菜名。

菠 博何切。菠薐。

薐 勒登切。菠薐。

苸 火烏切。草名。

芋 或虞切。草盛皃。又王遇切。

蒩 得盧切。草。

蒖 五姑切。蒖草。

菲 古懷切。草也。

菴 食均切。草也。

蘹 户乖切。草。

莪 作才切。草。

萮 律春切。草。

蘡 於盈切。草。

戈 古和切。草。

藷 識余切。草也。

蒢 祥余切。草也。

蓃 子隨切。地蒸。

萎 汝佳切。蕫萎。

芜　亡夫切。

菀　許俱切。芋。

苤　鋪悲切。花盛。

薺　鋤邪切。水草也。

䔹　羽鳩切。

芋　同上。

虃　渠焉切。草。

苦　苦婁切。草。

藪　徒侯切。草。

蓼　力彫切。草。

蕔　博蒿切。草。

茉　胡戈切。草名。

茆　祝由切。草。

葙　蘇將切。青葙子。

萱　魚飢切。

蓈　奴含切。

藉　借清切。仙草。

薑　居良切。山草。

蔓　莫半切。草。

薂　昨寒切。薂草。

藗　祇堯切。連翹草。

蕾　都昆切。草。

蔏　都官切。

蔲　古桓切。

芺　古文天字。

蘸　藥征切。蘸菊花。

蓥 同上。

苀 都蘭切。

薲 徒闌切。

茋 時盈切。草。

蒔 余舟切。草。

芉 魚丘切。芉草。

薑 杭姑切。

葨 烏回切。草。

茴 胡魁切。茴香。

菄 得洪切。

茧 遲隆切。

莖 苦礱切。莖心草。

茏 辭龍切。

虁 戍江切。

薥 古牙切。草。

衔 胡監切。草。

荪 直离切。草。

莉 力奚切。草。

穛 與章切。草。

蓮 徒頓切。藥草。

芸 音祛。草器。

苁 自容切。古文從。

嶽 息离切。嶽草。

薅 乃侯切。草。

蓩 防無切。人姓。

蔏 時羊切。

蒛　胡溝切。蒛草。

蒃　防久切。

荞　夕預切。

萭　于矩切。

芦　胡古切。

茉　莫後切。草。

芀　私沼切。芀草，遠志也。

蘲　都朗切。草。

蒩　息紫切。草。

蘦　力瓦切。蘦蓌，不中皃。

蓌　除瓦切。蘦蓌。

薙　遲至切。草。

薇　張里切。

蒔　式止切。草。

蒽　胥里切。畏懼也。

甕　九輦切。甕草。

藠　胡了切。草名。

苲　阻假切。草也。

蓁　之兩切。蓁草。

蓴　奴領切。葶蓴，毒草。

莊　蒲蠓切。

莥　而勇切。

蕂　巨錦切。

蕆　胡降切。似葵也。

蔮　虛鬼切。蔮草。

顄　胡感切，又胡紺切。

蘺　息觜切。蘺草也。

茼　古郎切。茼草。

爽　史養切。草。

蔃　渠兩切。儉年，人食其根。

茄　語兩切。草出池水邊。

芠　無分切。芠草。

蓼　六九切。蓼，章薩。

苣　渠救切。

芍　舒小切。芍草。

萀　呼古切。草。

芾　奴低切。草根露。

蕅　七選切。

蒢　夕兩切。草。

肴　于九切。

荮　音紂。

蕃　尸枕切。

薩　徒罪切。草。

苬　移軫切。草。

芴　無粉切。

茾　胡但切。草。

苯　畢袞切。苯蓴，草叢生也。

蕉　之少切。蕉子，藥。

薍　苦管切。薍冬。

茫　亡匪切。草。

菲　蒲栖切。菲草。

蕖　巨矩切。蕖草。

蔽 蘇翦切。草。

虋 亡板切。虋草。

蘟 於謹切。

芁 莊巧切。

苴 徒爛切。苴草。

苪 亡典切。草也。

蒼 七狼切。春爲蒼天。

苗 靡驕切。田苗。又夏獵曰苗。

苾 蒲結切。芬香也。

芳 孚方切。芬芳,香氣皃。

荒 呼黄切。荒蕪也。

莘 仕耕切。莘薴,草。

薴 狃耕切。草亂也。

葻 負弓切。草動皃。

菜 且賚切。草可食者皆名菜。

芝 孚劒切。草浮出水皃。

薙 託計切。《周禮》:薙氏掌殺草。謂以鉤鐮迫地芟之也。

蕺 俎及切。蕺菜也。

苴 七閭切。苴,麻也。又子閭切,苞苴也,又苴杖。又子旅切,履中薦也。

葙 資都切。茅葙藉封諸侯。葙之言藉也。

藉 牆亦切。狼藉也。又疾夜切。

荐 在見切。重也,數也,再也。

芮 而鋭切。芮,草生皃。又芮國名。

芤 苦侯切。《徐氏脉訣》云：按之即無，舉之來至，兩傍實[1]，中央空者名曰芤。

翼 與職切。藕翹也。

莔 胡慣切。草名。

瞢 莫報切[2]。草。

蒡 盧到切。蒡，蕣也。

菦 古幸切。草也。

蔵 煮扇切。

蒻 舒戰切。草。

莚 以扇切。蔓莚。

蔢 傍个切。蔢蘭也。

蘭 火个切。蔢蘭。

蒒 居欠切。蒒草，時人取根呼爲蜀夜干，含治喉痛。

菪 徒闒切。草名。

蔀 步鉤切。萴也。

蒄 居競切。草。

藉 子合切，又音雜。草名。

葺 七入切。修補也。又子入切，茨也。

薟 奴佔切。草名。

莋 麤各切。草聲。

蔡 桑落、色責二切。草名。

莋 慈作切。草名。

蒅 渠列切。

蔵 千歷切。

---

① 傍，原作“倚”，據棟亭本改。
② 莫，原訛作“英”，據澤存堂本改。

蔓　古八切。

莿　楚戛切。莿草。

蓂　音覓。

蒯　先結切。

茇　側刮切。菜也。

藜　胡木切。水草可食。

蒴　胡鹿切。石草。

麁　郎谷切。麁蹄草。又麁蔥也。

茇　莫勃切。

沫　母卜切。草也。

蔐　甫禄切。草。

蒨　子昔切。

菓　力質切。

蜜　冥栗切。

鬱　於律切。香草。

搝　伊立切。草。

葹　於立切。葹抐。

抐　尼立切。葹抐。

蕆　殂勒切。草。

萄　傍北切。蘆萄。

莩　普木切。草生兒。

蔡　初戛切。蔡草，有毒，用殺魚。

菽　升六切。豆名也。亦作未。

奭　於六切。蔓奭也。

莜　莫卜切。菜名。

蒴　始卓切。蒴藋，有五葉。

蘿　仗卓切。蔀蘿。

蓳　池革切。蓳葛。

荚　公協切。豆荚也。

莂　彼列切。種穊移蒔也。

蕶　胡咉切。草也。

莔　許決切。草名。

蓲　居滑切。草名。

䪥　渠立切。冬瓜也。

䒶　於及切。茹熟。

蒫　呼歷切。草盛。

潎　徒的切。《詩》云：旱既太甚，潎潎山川。潎潎，旱氣也。本亦作滌。

薈　烏會切。草盛皃。《詩》曰：薈兮蔚兮。

茬　仕之切。草盛皃。濟北有茬平縣。

蔭　於鴆切。《說文》曰：草蔭地也。

蘪　音縻。蘪蕪，香草也。

虉　呼規切。黃花。又果實見皃。

薇　音微。菜也。

莅　力至切。臨也。與涖同。

薺　才禮切。甘菜也。

蓲　丘刃切。《爾雅》曰：蒿蓲。

蔤　同上。

蘘　女亮切。菜也，葙也。《說文》而丈切。

芬　音紛。芬芳。

蕊　如累切。草木實節生。

荀　相倫切。草名。亦姓。

萱　音桓。蓳類。

芿　而證切。草芟陳者，又生新者。

蔲　又救切。草根雜也。

菵　方莧切。姓也。

莬　音問。草木新生者。

菟　音兔。菟絲，藥名。又音徒，地名。

茢　音祇。繰絲鉤緒也。

蒏　悦吹、羊箠二切。《説文》曰：藍蓼秀也。

蔪　色淄切。草名。

蘮　音機。渣蘮草。

蔦　音烏。蔦藘，荻也。

蘄　寒、翰二音。白蘄草也[1]。

苐　音題。《説文》：草也。

茾　音仙。草名，似莞。

蒲　音凋。蒲葫[2]，莢實。

蘙　音瓊。草旋兒。與藑同。

芿　音仍。《説文》曰：舊草不芟，新草又生曰芿。

蓓　薄亥切。蓓蕾。又黃蓓，草名。

蕾　落猥切。蓓蕾，花綻兒。

藪　音樓。菰藪[3]，土瓜也。

蓘　音衮。藨蓘，壅養苗也。

藨　音表。草名也。

蔓　音寢。《説文》曰：覆也。

---

①　白，原作“曰”，據棟亭本改。

②　蒲，原脱，據棟亭本補。

③　藪，原訛作“藪”，據棟亭本改。

蔪　音漸。《埤蒼》云：麥秀皃。

薺　才歲切。《爾雅》：荊[1]，王薺。王帚也。

薯　音署。薯蕷，藥。

蕷　音預。薯蕷。

薤　胡戒切。菜似韭。亦作韰。

茷　音佩。山韰。

葷　音潰。《説文》曰：菜之美者，有雲夢之葷。又音豈。

蕽　于縛切。蕽子菜。

藤　詩證切。苣藤，胡麻也。

蘸　仄陷切。以物内水中。

蠰　子廉切。百足也。

藤蒸　二同。音悉。牛藤，藥名。

薩　桑葛切。《釋典》：菩薩也。

芆　尺加切。

---

① 荊，原作"箭"，據棟亭本改。

玉篇卷第十四凡二十七部

蓐部第一百六十三,凡三字。

蓐　乳屬切。厚也,薦也。《説文》曰:陳草復生也。一曰蔟也。

薅　呼勞切。拔田草也。《詩》云:以薅荼蓼。或作茠。

————————————

① 第,原無,據例補。下諸“第”同。

薧^① 籀文。

茻部第一百六十四,凡六字。

茻 莫朗切。草木冬生不死。《説文》云:衆艸也。

茻 同上。

莽 莫黨切。茂草,可以毒魚也。《説文》曰:南昌謂犬善逐兔於艸中爲莽。

莫 無各切。無也。今作莫。《説文》音慕。

葬 子浪切。藏也。

𦵹 古文。

舜部第一百六十五,凡四字。

舜 尸閏切。仁聖盛明曰舜。《説文》作蕣,艸也,楚謂之葍,秦謂之藑,蔓地連華。象形。

䑞 《説文》舜字。

� 古文。

蕐 胡光切。草木華榮也。

竹部第一百六十六,凡五百六字。

竹 知六切。《説文》作竹,冬生艸也。象形。下垂者,箁箬也。

箭 子賤切。矢也。

箘 奇隕切。竹名。《説文》曰:箘簬也。一曰博棊也。又音困,桂也。

箟 同上。

篒 亦同上。《楚辭》音古魂切。

簬 力固切。美竹中箭也。

簵 同上。

---

① 字頭原訛作"薢",據宋11行本改。

筱　先鳥切。筱,箭也,小竹也。

篠　同上。

簜　徒黨切。大竹也。

薇　亡非切。竹名。

簸　籀文。

筍　先尹切。竹萌也。

箰　同上。又箰律,以捕鳥也。

簨　古文筍。

簨　先尹切。簨虡,所以縣鍾鼓也。

簴　同上。

簾　其舉切。簾簾。

箁　蒲侯切。竹箁也。

簵　力各切。籠簵也。

箈　徒改切。筍皮也。又竹萌也。又音臺。

篗　亡支切。竹篾也。

籬　同上。

筂　亡忍切。竹表也。

節　子結切。竹約也,竹木不通。

簝　達胡切。竹中空也,亦析竹。又丑於切。

笨　蒲本切。竹裏也。

箹　於孔切。竹皃。

簭　子兩切。剖竹未去節謂之簭。

箋　子堅切。表識書也。與牋同。

簙　餘涉切。簙篇也。

簡　居限切。牒也。

箈　芳後、蒲口二切。竹牘也。

箾　同上。

箮　居疑切。蟻蝨枇[1]。

筴　楚革切。謀也，籌也。又古協、古洽二切，箸也。

等　都肯、都息二切。類也，輩也。

笵　音范。楷式也。與範同。

符　父于切。符節也。分欲兩邊，各持其一，合之爲信。

笄　古奚切。婦人之笄，則今之簪也。女子許嫁而笄。

筡　撫于切。筳也。

籰　于縛切。榬也，所以絡絲也。

筳　徒丁切。小破竹也，小簪也，籠也。

笁　古短切。《説文》曰：筡也。

管　古短切。樂器，如箎，六孔。亦作琯。

篝　古侯切。籠笿也。

簀　側革切。牀簀。又棧也。

笮　側格切。狹也，迫也，壓也，矢箙也。亦作筰。又仄乍切，笮酒也。

簾　力占切。編竹帷也。

笫　壯几切。牀簀也。

筵　餘旃切。席也。

簟　徒點切。竹席也。

篷　距於切。篷篨，竹席也。江東人呼籧也。

篨　直於切。篷篨。

籭　所街、所飢二切。竹器也。可以除麤取細。

簁　同上。

篩　同上。

籓　甫袁切。蔽也。亦箕也。

鄱　同上。

奧　於六切。炊奧，所以漉米也。

算　補計切。甂算也。

筲　所交切。飯帚也。

筲　同上。又斗筲，竹器。

簇　力渚切。盛飯器也。

匬　同上。

筥　九吕切。盛米器也。方曰筐，圓曰筥。

簁　山奇、所綺二切。簁算，竹器也。

笥　思吏切。盛飯器。圓曰簞，方曰笥。

箄　必匙、必是二切。江東人呼小籠爲箄。

簞　丁安切。葦器也。《論語》曰：一簞食。

筹　口各切。栖也。筹籠也。

笿　古弄切。栖笿也。

箸　除庶切。筴也，飯具也。又陟慮切。

簙　之緣切。楚人謂折竹卜曰簙。亦圓竹器也。

䈰　力桑切。籃也。

籃　力三切。大籠也，筐也。

籢　力鹽切。器名也，鏡籢也。《列女傳》云：置鏡籢中。

籫　子短切。竹器也，箸筲也。

籯　弋成切。箸筲謂之籯。《漢書》云：遺子黄金滿籯。籯，竹器也。亦作籝。

籂　所間、蘇干二切。竹器也，似箱而麤。

簠　方武、甫娛二切。黍稷圜器。

簋　古美切。黍稷方器。

籩　補堅切。竹器也。

笢　徒本切。篚笢也。

篅　市規、市專二切。笢也。《説文》曰[1]：以判竹圜以盛穀。

籯　徒東切。竹籯也。

籚　力木切。《説文》曰：竹高篋也。

篆　同上。

籔　徒黨切。竹器也。可以盛酒。

篟　婢連切。竹輿也。

筊　女家、乃胡二切。籠筊也。《楚辭》云：鳳皇在笯兮，雞鶩翔舞。

笍　陟衞切。小車具也。

竿　公安切。竹竿也。

篧　苦郭、陟角二切。魚籠也。《爾雅》云：篧謂之罩。又仕角切。

籗　同上。

箇　古賀切。凡竹笈也，數之一枚也。

籠　力公切[2]。竹籠也。又力董切。

笮　才各切。竹索也，引舟竹笈也。又作笮。

笅　胡交切。小簫也。十六管，長尺二寸。又竹索也。

籈　同上。

箑　所洽切。扇也，自關而東謂之箑，自關而西謂之扇。

篓　同上。

筶　胡故切。可以收繩也。

箞　才田、子田二切。《説文》曰：蔽絮簀也。又昨鹽切。

籤　同上。

籔　如張切。籔奠,漉米竹器也。

篢　居渚切。養蠶器也。又臥牛筐也。亦作筥。

篼　丁侯切。飼馬器也。

篗　力甫切。車弓籠也。又落侯切。

簵　力胡切。筐也,籃也。

箱　思羊切。車箱也,竹器也。

笭　力丁切。籔也,籠也,舟中牀也。

篰　特甘切。馬篰也。所以刮馬。

策　楚革切。馬箠也。

箠　之蘂、市委二切。擊馬箠也。

簡　力單切。所以盛弩矢,人所負也。

箙　扶福切。矢器也,藏弩箭爲箙。

筂　充俱切。筂策也。

笘　丁帖切。折竹箠也。

篜　竹瓜切。箠也。亦作樝、策。

策　同上。又徒果切,竹名。

笪　丁但切。笘也。又丁達切,䕶簁篸也。

笞　丑之切。擊也。

籤　七尖切。貫也。

簛　大昆切。榜也。

篊　同上。

箴　之深切。規也,戒也,刺也。或作鍼。

筒　音洞。簫無底也。又音同。

篛　於卓切。小籭也,籟也。又乙孝切,竹節也。

箾　山卓切。以干擊人也[①]。又蘇堯切,舜樂。

竽　禹俱切。三十六簧樂也。

笙　音生。十三簧樂也。

簧　戶光切。笙中簧,女媧作也。

箎　上支切。簧屬。

簫　先幺切。仲吕之氣,樂器,象鳳之翼。

籟　力大切。三孔籥也。

篎　亡小切。小管也。

笛　徒的切。七孔筩也。

篴　同上。

筑　張六切。拾也,樂器也。《説文》曰:以竹曲五弦之樂也。

箏　側耕切。似瑟,十三弦。

筇　公都切。竹名。又吹鞭也。

籀　七周、七召二切。吹簫也。

篙　呼擊切。籬屬,形小而高。

筄　餘照、餘昭二切。屋危也。

簑　於載切。隱也,蔽也。亦作薆。

籌　除牛切。筭也,筴也。

籞　先岱切。行棊相塞謂之籞。

搏　補各切。簙弈,局戲也,謂行棊也。亦作博。

篳　布質切。荆竹織門也,蔽也,藩也。《春秋傳》曰:篳門圭窬。
　　亦作蓽。

籎　音嚴。籋也,鬋也。

籞　魚吕切。《説文》曰:禁苑也。《漢書》注:籞者,折竹,以繩綿

---

① 干,棟亭本作"竿"。

連,禁禦,使人不得往來。

籫　同上。

筭　蘇亂切。計筭也,數也。

竿　同上。亦竹器。

算　桑管切。數也,擇也。

籔　先后切。十六斗曰籔。又炊籔也。

籓　同上。

籖　同上。

箘　眉隕切。竹中空。

簸　同上。

籮　力多切。竹器也。

籊　他的切。《詩》云:籊籊竹竿。

篃　美祕切。竹長節深根,筍冬生。

䇠　力鎮切。竹實中也。

箞　去中、去龍二切。箞,姑籙也,即車弓也。

筑　叉卓切。絫帶。

䉁　翼諸切。竹名。

籈　口淺切。籈籛,户籍也。

籛　先遣切。籈籛。

笆　補雅切。竹有刺。

籒　力周切。竹名。

笳　古牙切。卷葭葉吹之。

筶　古酣切。竹名。

䇃　古斬切。竹名。

籂　丁胡切。竹名。

䈑　莫耕切。竹名。

䈊 護都切。竹名。

䈀 口禾切。竹名。

箉 之人切。竹箭也。

䇓 苦怪切。竹箭也。

篂 弋林切。竹名。

𥱻 力之、力兮二切。織竹爲𥱻笓,障也。

篶 於田切。竹名。

㮕 如㮹切。竹名。

䈤 徒奚切。竹名。

箽 如鍾切。竹也,頭有文。

籇 莫胡切。竹名。

篨 扶留切。竹名。

籈 古禫切。竹也。又箱類。

䈒 扶非切。竹名。

笻 之恭切。長節竹也。

䇌 丁丸切。竹名。

篝 古侯切。篝䇞,桃枝,竹屬。

䈞 公達切。䈞籔,桃枝竹。

籔 蘇旱切。䈞籔。又桑葛切。

答 胡男切。答䈎,竹實中。

䈎 同上。

䈮 徒果切。竹名。

笰 甫勿切。輿後笰。《詩》曰:簟笰朱鞹。

篊 如琰切。竹弱也。

蒨 七見切。棺車上覆也。

簡　力印切。損也[1]。

籤　子含切。籤,篋也。

篖　徒故切。籤也。

篷　步公切。舩連帳也。亦幸也。

篶　同上。

第　徒計切。次第也。

箵　先鼎切。笭也。

篗　莊雅切。炭籠,束炭爲篗也。又音齹。

雙　所江切。桴雙也。

竚　直與切。織竚也。亦作柠。

簸　補丹切。篾也。又捕魚筍也。

笈　楚洽、奇立二切。負書箱也。

籛　子踐切。姓也。

笶　於莽切。笶,無色。

篏　時盈切。竹名。

籚　甫六切。織籚也。

箲　卑星切。箲篁,車輻。

篁　桑經切。箲篁。

簹　都郎切。車簹管。又箵簹,竹名。

箘　王分切。箘簹竹。

簃　余之切。樓閣邊小屋[2]。《爾雅》云:連謂之簃。又音池。

籫　子六切。笡,逆槍也。

筑　同上。

笡　七夜切。籫也。

---

[1]損,《篆隸萬象名義》作“植”,此當作“植也”。

[2]　樓,原訛作“慺”,據宋11行本改。

筬　移世切。合板際^①。

符　胡庚切。符簹,竹筐。

簹　徒當切。符簹。

簫　几妖切。大管也。

笑　私召切。喜也。亦作咲。

稿　口鎋切。枳攲也。亦作楬。

甄　之人切。割木長尺櫟攲背。《爾雅》曰:所以鼓攲謂之甄。

笑^②　他計切。車笢。

篢　徒郎切。罩也。

箬^③　之若切。盪米具。

筭　步庚切。籠也。

笪　都臘切。竹相擊也。

籥　于歲切。箭也。

籍　山樞切。《説文》曰:飯筥也,受五升。秦謂筥曰籍^④。

笉　七忍切。笑皃。

篪　除奇切。管有七孔也。

箷　同上。

筐　去王切。蠶筐,方曰筐。

匭　公誨切。筐也。亦作榐。

筴　同上。

篲　詳惠切。掃帚。

箒　古文篲。

---

① 板,原作"根",據宋11行本改。
② 字頭原訛作"笨",據宋11行本改。
③ 字頭原訛作"荓",據澤存堂本改。
④ 籍,原訛作"箱",據宋11行本改。

簇　口叶切。筒也。

箕　丁殄切。經也。

篴　豬六切。古文築。

罜　豬效切。捕具也。又作罩。

筏　布達切。箄也。又音伐。

篼　都總切。竹器也。

篸　子公切。木枝細。

笓　毗利切。次也。又禪之、步雞二切，箈也。

笪　丈例切。以竹補缺也。

笛　去玉切。養蠶具也。

簙　蒲各切。笛也。又裴古切①。

篙　古勞切。竹刺舩行也。

笲　蒲變切。竹器也。

簺　禹煩切。簋也。亦作桸。

笎　丘於切。闌也，山谷遮獸也。又飯器也。

筯　直據切。匙筯。與箸同。

簇　楚角切。矢金也。又七木切，小竹也。

筪　音任。單席也。

筀　古惠切。竹名，傷人則死。

筌　且沿切。捕魚笱。

篹　先管切。器名。

篞　奴結切。《爾雅》曰：大篪曰篞，其中曰篞。

箖　力尋切。箖箊，竹名。

箊　狹魚切。箖箊。

————————————————

① 又，原作"大"，據宋11行本改。

簰 白佳切①。簰筏。

籬 渠言切。筋鳴也。

籉 徒來切。笠子。

籬 力支切。藩籬。

管 語軒切。管長一尺四寸。

筬 步悲切。古文皮②。

箆 方迷切。釵箆也。

葸 息兹切。竹有毒，傷人即死，生海畔，有毛。

簎 息魚切。竹也。

筋 居勤切。俗筋字。

簝 力彫切。宗廟盛肉器③。又竹也。

籗 莫遙切。竹門也。

簕 力託切④。竹名。

篖 側交切。大笙，有十九簧。

箈 託勞切。牛筐也。

潚 胡南切。竹名。

簪 側林切。冠簪也。

管 莫庚切。竹也。

筑 姑郎切。似琴，有弦。《爾雅》曰：仲無筑。竹類也。

籝 莫耕切。竹也。

笄 音并。竹也。

篘 初婁切。酒籠。

---

① 白，原作"曰"，據宋11行本改。
② 文，原作"又"，據宋11行本改。
③ "盛"字原脫，據宋11行本補。
④ 力託切，宋11行本作"力彫切"。

箜 苦紅切。箜篌，樂。

籭 辭爲切。籠也。

箔 蒲涸切。簾也。

籥 以灼切。樂器，似笛。

簦 都滕切。蓋也。

簷 余廉切。屋簷。與檐同。

蒸 之升切。竹。

䈄 梨登切。竹。

箵 慈棱切。箵箵，笠也。

簩 音曹。竹名。

籐 徒棱切。籙器。

筅 語袁切。竹。

萱 虛袁切。竹花也。

筊 胡交切。管也。

箖 寺林切。竹長千丈，爲大舩也，生海畔。

䇞 祝融切。竹。

簀 古紅切。笠名。

筰 古缸切。

籠 盧冬切。筐也。

篊 胡公切。引水也。

簇 殂紅切。籠也。

鐘 之容切。竹也。

箏 戶烏切。竹也。

筩 都宗切。竹也。

簯 居希切。竹也。

笯 汝余切。竹笯，以塞舟。

簡　力魚切。竹。

箮　五姑切。竹。

籛　七然切。竹。

篈　府逢切。竹。

籈　側鳩切。竹黄也。

筅　相然切。竹也。

簿　蒲包切。竹。

篏　士和切[1]。織物。

籯　魯丁切[2]。

籋　莫箪切。竹箧也。

箻　力求切。竹。

筧　色求切。竹。

笭　丑弓切。竹。

堃　七和切。竹。

籬　蒲彌切。籠也。

箂　魯台切。竹。

箇　於人切。竹。

筎　欺求切。竹。

箮　尺之切。竹。

籄　杜回切。竹筆也。

笐　穌典切。笐帚。

篷　力中切。篁。

箮　七羊切。

箽　莫悲切。竹。

---

① 士和切，楝亭本作"蘇和切"。
② 楝亭本訓"竹"。

篁 常式切。筀。

笌 五加切。筍。

筆 余良切。竹。

篨 式余切。竹。

笉 余軫切。竹。

篈 扶願切。竹作。又持晚切。

篊 而兖切。竹。

竾 他頂切。函。

箒 之有切。俗帚字。

籓 士冉切。竹。

笶 丘下切。竹。

篨 所簡切。大籥。

篨 自移切。竹。

籑 息卷切。竹緣。

箔 之少切。竹。

篙 王委切。筍皮。

籛 魚綺切。竹作也。

筂 兹耳切。竹。

篃 直利切。竹。

篨 女委切。筍初生。

笶 羊委切[①]。生筍。

篨 巨規切。竹名。

笫 脂市切。竹。

笏 呼骨切。《字書》云:珽也。

---

① 羊,原作"知",據澤存堂本改。

� 有旻切。如竹箭之有筠。

箷 翼支切。衣架。

籔 甫吙切。籢籔。

筧 古典切。以竹通水也。

篘 先夜切。笞篘。

篾 亡結切。竹皮也。

箛 古胡切。破箛爲圓。

籬 力計切。篤也。

篣 莫伴切。竹器也。

筮 時世切。蓍曰筮。

簭 同上。

籌 《説文》筮。

笠 力及切。簦笠，以竹爲也。

箵 之屬切。簟也。

筱 先果切。竹名。《漢書》有筱人縣。本作筱。

箟 亡匪切[1]。

盍 胡藹切。籢篝也。

篁 直經切。筳。

篔 于鬼切。竹。

簜 徒朗切。竹。

籭 所解切。瑟。

篦 乎罪切。竹膚節[2]。

篆 力委切。法也。

笶 式氏切。俗矢字。

---

① 棟亭本訓“竹”。

② 竹膚節，棟亭本作“竹高節”。

篸　思怠切。竹。

筺　方尾切。筐筺。

箋　于眷切。斷。

箶　口魯切。竹。

籆　盧啓切^①。

箹　武粉切。

箷　直遇切。壇纂竹。

斡　各旱切。箭斡。

笴　上同。又公但切。

篆　直兗切。史籀造篆書，似符。

簩　直柳切。竹易根而死。

範　扶錢切。法也。

笅　初雅切。竹。

簄　呼古切。竹大，高百丈。

笪　丘己切。簨。

箷　之養切。竹。

簵　郎古切。竹。

簯　胡買切。竹。

箺　尺尹切。

籤　七忍切。小竹。

笖　施忍切。竹。

箵　陟利切，又之日切。

簨　息亂切。器也。

篒　七養切。竹。

---

① 楝亭本訓"竹"。

笭　力到切。

篲　初税切。重擣也。

笅　仄校切。笅籬。

筶　陟孝、貞角二切。捕魚具。

篽　直衆切。竹。

笰　之利切。竹。

簊　其利切。竹。

籔　魚器切。竹節。

篷　叉又切。衝也。

篆　似醉切。

篵　千弄切。竹名。

簣　其貴切。土籠也。

簁　失御切。筐。

篘　居遇切。織具。

簰　簿計切。竹簰也。

䇺　音豆。禮器。

籲　居偈切。竹海邊。

箳　匹賣切。竹片也。

篍　同上。

籆　疾外切。竹。

簍　桑豆切。小竹。

籘　詰殄切。籠。

䉣　力卧切。牀。

筑　胡浪切。竹竿。

籅　府救切。竹籅以蓋也。

筅　丁紺切。竹。

𥶳 胡諫切。枯。

𥴰 烏縣切。竹。

𥳶 式戰切。

𥳊 丘卞切。曲竹。

䈒 奴感切。竹弱。

䈚 古政切。筋竹。

笲 虚誑切。覓魚具。

䉀 蘇見切。竹。

䈴 千見切。竹。

䈇 滴侫切[1]。器。

䈖 子線切。

䉅 其句切。

䉂 之聖切。竹。

䈬 五各切。桂。

䉆 音躡。箝也。又音捻[2]。

笏 盧得切。竹根。

䈉 尼愠切。竹。

䈓 丑涉切。

䇲 乃叶切。

䈋 徒合切。竹。

䉓 殂匝切。簾。

䈑 胡夾切。竹。

䉐 徒盍切。窻。

䈆 慈緝切。覆。

① 侫,原訛作"佞",據宋11行本改。
② 捻,原訛作"捈",據宋11行本改。

箿　伊入切。杓。

籗　王縛切。取魚具。

籰　同上，絡絲具。

籭　池卓切。竹。

箮　吕恤切。箮角，以射鳥。

箻　同上。

箤　才恤切。笭。

笛　丁律切。筍。

簂　烏谷切。

簏　古木切。籠。

斛　胡谷切[1]。

簶　音禄。胡簶，箭室。

篦　莫辟切。筋篦，鞾帶也。

箳　七余切[2]。

籜　他各切。竹籜。

筬　音域。

簭　所力切。篩簭。

筏　余織切。竹索。

箙　符木切。

箬　而灼切。竹大葉。

篛　同上。

箹　江學切。椽。

箾　兵列切。分。

籍　慈昔切。簿籍也。

_____

① 棟亭本訓"箱"。

② 棟亭本訓"竹"。

笮　側格切。屋上版。亦作笮①。

蓬　士洽切。行書。

剳　竹洽切。以針刺。

箛　古忽切。刷也。

筶　口括切。箭筶。

筏　普末切。篁。

篨　音屐。

箝　渠廉切。鎖頭。

筘　同上。

篸　楚金切。篸差不齊也。又子紺切,針篸。

篁　音皇。竹名。《説文》云:竹田也。

籀　直救切。《説文》云:讀書也。又史籀,周太史,造大篆。

篇　匹連切。篇什也。

䈯　徒敢切。竹。

䈎　力低切。竹。

箕　居其切。竹名。

弅　同上。

箕部第一百六十七,凡八字。

箕　居宜切。簸箕也。

㠱具笸㠱　　並古文。

其　籀文。

簸　補我切。去穅也。

籭　以獵、徒協二切②。簸也。

---

① 笮,原訛作"筰",據宋11行本改。

② 二,原作"一",據宋11行本改。

才部第一百六十八,凡一字。

才　在來切。《説文》曰:草木之初也。又才能也。

市部第一百六十九,凡十字。

市　甫味切。蔽市,小兒。《説文》普活切,艸木市市然。象形。

㡿　有未切。草木,㡿字也。

棗　同上。

朿　嗟似切。止也。姉、梀字從此。

孛　步對切。彗星也。孛字,不明皃也。

南　奴含切。方名。

峯　古文。

㭭　巨宜切。木別生。

掭　步背切。紆絺取物曰掭。

索　蘇各切。散也。又繩索。又山責切,求也。

毛部第一百七十,凡一字。

乇　竹戹切。草葉也。託、宅字從此。

巫部第一百七十一[1],凡二字。

巫　市規切。草木華葉巫。象形。今作垂。

㼌　古文。

乺部第一百七十二,凡二字。

乺　火于、芳于二切。草木華也。

鞻　禹鬼切。盛皃。

華部第一百七十三,凡三字。

華　胡瓜切。榮也。三千五百里曰華夏也。今作華。又呼瓜切。

蕐　《説文》華。

曅　于劫切。草木花。

[1]　巫,原訛作“乺”,據梀亭本改。“巫”字條同。

禾部第一百七十四，凡三字。

禾　五溉、古兮二切。《説文》曰：木之曲頭止不能上[①]。亦作䅨。

穚　居是切。《爾雅》：有枳首蛇，兩頭也。又曲支果。今作枳。

秵　居庚切。木曲支也，果名也。今作棋。

稽部第一百七十五，凡三字。

稽　古奚切。留也，治也，考也[②]，合也，計當也。

稯　都角切。《説文》曰：持止也。

䅩　胡道切。《説文》曰：䅩䟒而止也[③]。賈侍中説：稽、稯、䅩三字
　　皆木名。

桼部第一百七十六，凡四字。

桼　且栗切。木汁，可以髤物。今爲漆。

柒　俗。

髹　火尤切。桼赤黑色也[④]。

䊶[⑤]　步交切。《説文》曰：桼垸已復桼之。

丵部第一百七十七，凡六字。

丵　仕角切。《説文》曰：叢生艸也。象丵嶽相並出也。

叢　在公切。草木叢也。俗作藂。

業　魚劫切。業業，危懼也，高大也，動也。又大版。

䇂　古文。

對　都内切。荅也。

對　同上。漢文帝以爲責對而爲言多非誠，故去其口以從土。

---

① 止，原作“正”，據棟亭本改。
② 考，原作“者”，據宋11行本改。
③ 䟒，疑當作“跙”。今本《説文》作“秵”。
④ 桼，原作“黍”，據宋11行本改。
⑤ 字頭原訛作“䊶”，據棟亭本改。

粪部第一百七十八,凡四字。

粪　方屋、步卜二切[1]。潰粪也。

㸈　補顏、甫尾二切。賤事也。

僕　步穀切。馭車也。

暯　古文。

弓部第一百七十九,凡六字。

弓　胡感切。《説文》曰:嘾也。草木之華實未發函然。象形。

圅　胡男切。舌也。

𠂹　弋周切。草木更生條。

甬　余隴切。鍾柄也。又斛也。

弖　胡先切。草木盛。

㐜　胡閣切。會也。

朿部第一百八十,凡三字。

朿　胡感切。《説文》曰:草木垂華實。

𣐔　于非切。束也。

𣐀　公殄切。小束也。亦作棘[2]。

卤部第一百八十一,凡七字。

卤　徒幺切。草木實垂卤卤然也。

𠧪　籀文。

粟　思録切。穀也。今作粟。

𥞆　古文。

𥼶　叉萬切。礦粟也,舂米未精也。

栗　力日切。榛栗也。今作栗[3]。

---

①　卜,原作“十”,棟亭本作“木”,據本書例改。
②　棘,原訛作“萊”,據宋11行本改。
③　力、榛、栗,原訛作“九、捧、粟”,據宋11行本改。

橐　籀文。

束部第一百八十二,凡三字。

束　士瀆切[1]。木芒也。

棗　子老切。果名。俗爲棘。

棘　居力切。急也。棘箴也。

宋部第一百八十三,凡十三字。

宋　匹刃切[2]。《説文》曰:分枲皮也。今作朩。

枲　司子切。麻也。有子曰苴[3],無子曰枲。

檾　籀文[4]。

繳　除利切。編繳也。

勞　力到切。施絞於編。

綣　渠眷切。緣編也。

紴　除栗切。帆索也。

紉　尺人切。繼也。

㰮　子由、似由二切。收束也,堅縛也。

緅　子侯切。麻屬。

編　扶善切。履底編。

逮　徒改切。及也。《説文》与迨同。

㹁部第一百八十四,凡四字[5]。

㹁　匹賣切。《説文》曰:葩之總名也。今作枾。亦與麻同。

㪔　先旦切。分離也,放也。亦作散。又先但切。

檾　口穎、口迥二切。枲屬。

---

① 士,宋11行本作"七"。
② 匹,原作"四",據宋11行本改。
③ 子,原作"于",據宋11行本改。
④ 文,原作"又",據宋11行本改。
⑤ 四,當作"三"。

麻部第一百八十五,凡十四字。

麻　莫加切。枲屬也。

檾　大侯切。綀屬。一曰麻,一絜也。

廥　同上。

繰　空木切[①]。未練治繀也,結枲也。

藨　仄留切。麻莖也。

廇　古文。

黂　扶沸、父云二切。枲實也。

緆　先的切。細布也。亦作緆。

麿　步本切。麻麿也。

槾　靡五切。

麾　許爲切。指麾也。亦作摩。

麀　丘久切。

麃　力牛切。麻麃也。

麁　音宛。

朩部第一百八十六,凡三字。

朩　書六切。豆也。

叔　同上。又叔伯也。

尗　市眞切。以調五味也。今作豉。

韭部第一百八十七,凡七字。

韭　居有切。菜名。一種而久者,故謂之韭。

齏　子兮切。薑蒜爲之。

韲　同上。

薤　胡戒切。菫菜也。俗作薤。

---

① "空木"二字原殘,據宋11行本補。

肇　唐對切。蠚萐。

䕚　扶袁切。百合蒜。

䪝　思廉切。山韭。或作䪨。

瓜部第一百八十八，凡二十六字。

瓜　古華切。《説文》曰：蓏也。

㼌　蒲卓切。小瓜也。

瓟　同上。

瓞　大結切。小瓜也。

瓝　同上。

絲　尸姚切[1]。瓜名。

瑩　于屑切。小瓜也。

瓣　白莧、力見二切。瓜中實。

瓡　公侯切。瓡瓤，王瓜也。

瓤　力侯切。瓡瓤。

蓏　渠立切。冬瓜也。

瓬　乃罪切。傷熱瓜。

瓥　力玷切。瓜子。

瓩　於魂切。瓩瓨，瓜名。

瓨　徒門切。瓩瓨。

瓻　扶田切。白瓻瓜。

瓞　苦攜切。瓡瓞子。

瓳　古胡切。瓜也。亦菇字[2]。

瓠　婢饒切。瓠瓜也。

瓓　丁郎切。瓜中實。

---

[1]　尸姚切，棟亭本作“余昭切”。

[2]　菇，原作“茹”，據棟亭本改。

颮　蒲包切。颮杓也。

瓤　女良、汝陽二切。瓜實也。

甌　魚偃切。瓢也。

瓤　落都切。瓠甌。

瓜　弋主切。勞病也。

瓬　口括切。瓜。

瓠部第一百八十九，凡二字。

瓠　胡故切。匏也。

瓢　婢姚切。蠡也。或作瓢。

丯部第一百九十，凡二字。

丯　柯邁切。草丯也，草莽也。

挌　柯領切。枝柯也。

來部第一百九十一，凡三字。

來　力該切。來麰，瑞麥也，行來也，歸也。又力載切，勤也。

来　俗。

徠　助紀切。竢也。

玉篇卷第十五 凡三十九部

---

① 第，原無，據例補。下諸"第"同。
② 反切原無，據下文補。
③ 世，原譌作"出"，據下文改。
④ 反切原無，據下文補。
⑤ 去，原譌作"云"，據下文改。

麥部第一百九十二,凡五十三字。

麥　莫革切。有芒之穀也,秋種夏熟②。

麦　同上,俗。

麰　莫侯切。春麥也。亦作秠。

䄫　同上。

䴽　先果切。䴬麥屑。

䃺　祚何切。《説文》曰:䃺麥也。一曰擣也。

䴬　下没切。堅麥也。孟康曰:麥穊中不破者也。

麩　妨娛切。麥皮也。

䴯　同上。

䵚　徒赤切。麥屑也。

麪　亡見切。麥屑③,蜀以桄榔木屑爲麪。

麺　同上。

䴴　芳充、芳鳳二切。熬麥曰䴴。

䴘　古麥切④。餅麴也。

麮　丘舉切。煮麥也。

䴼　禹八切。麴麥。

麷　鼻支切。細餅麷。

麵　先忽切。麥屑也。

䴸　同上。

䴴　婢之切。䴴䵃,麨。

䵃　力尸切。䴴䵃也。

䴱　古頟切。麥碎也。

鏊　午刀切。亦熬字。煎也。

䴞　所諫切。䴱䴞也。

䴽　胡昆切。麥麵也。又户版切。

䵎　莫公切。有衣麵也,女麵也。

䵖　力堅切。䵖䵂,餅也。

䵂　力口切。䵖䵂。

䴾　力該切。小麥也。

䴰　同上。

䴹　余諫切。

䴵　莫達切。䴵也。今呼米屑爲䴵。

䵏　胡瓦切。麵也。

麴　丘竹切。麴蘖。

鞠　同上。

麮　充小切。糗也。

麨　同上。

䴺　蒲口、蒲没二切。䴺䵐,餅也。

䵐　他口切。䴺䵐。

䵗　同上。

麩　芳無切。俗麩字。

�糊　户姑切。俗黏字。

勑　殂來切。麴也。

勑　力尸切。麥酒也。

麲　胡關切。麲餅也。

麩　博領切。索麩也。

麭　古猛切。大麥也。

麳　同上。

麳　初簡、初鴈二切。麳麥也。

麯　丘竹切。俗麴字。

麳　與力切。麥麳。

麳　呼谷切。麥[1]。

麳　乃帖切。麳頭。

黍部第一百九十三，凡二十三字。

黍　式與切。禾屬也。

香　許羊切。香芳也。今作香。

穈　亡皮切。穄也。

穈　口見、口殄二切。穈也。

黏　女廉切。相著也。

秠　平懈、必尔二切。黍屬。

黏　户都切。黏也。

黏　女栗切。黏也。

黏　同上。

黎　力兮切。衆也。亦作黎。

黼　步北切。黍豆也[2]。

---

[1]　谷、麥，原殘，據宋11行本補。宋11行本"麥"後有"也"字。

[2]　《説文》："黼，治黍豆下潰葉。"《篆隸萬象名義》作"治黍豆本下潰葉也"。此處"黍豆也"疑誤省。

糦　竹革切。黏飯也。

粚①　張俱切。黏也。

𥟖　而与切。黏也。

𥣫　丘遠切。博也。

䅽　步結切。香也。

𥣟　所儞切。亦作曬②。

𥼚　力支、丑知二切。黏也。

𥝔　居近切。黏也。

𥞦　方奉切。

𥡡　乃董切。

𥠖　奴禮切。黏也。

䆝　旅典切。轑禾。又音連。

禾部第一百九十四，凡二百三十五字。

禾　胡戈切。嘉穀也。

秀　思救切。出也，榮也③。

稼　古暇切。樹五穀。

穡　所力切。斂曰穡。

穜　除恭切。先種後熟曰穜。又音童。

稙　竹力切。早種也。

稺　力竹切。後種先熟曰稺。

穋　同上。

稺　除致切。幼禾也。

稚　同上。

---

① 字頭原訛作"秼"，據宋11行本改。
② 作曬，原訛作"惟曬"，據宋11行本改。
③ 榮，原訛作"榮"，據宋11行本改。

稦　同上。

概　居致切。稠也。

稹　之忍切。叢緻也。又之仁切。

稠　直留切。密也。

穊　亡結切。禾也。

稀　香衣切。稀踈也。

穆　莫卜切。和也。古文作㣎。

穆　《説文》穆。

穮　扶畏、扶非二切。稻紫莖不黏也。

私　息夷切。不公也。又禾也。

稷　子力切。五穀長也。

䄶　古文。

秫　通古切。秫稻也。

齋　子黎切。黍稷在器曰齋。亦作粢。

秫　時聿切。《説文》曰:稷之黏也。

穄　子曳切。關西麊,似黍不黏。

稻　徒老切。秫也。

稬　乃喚切。黏也。又乃卧切①,秫名。

糯　同上,俗。

秔　胡兼、胡緘二切。稻不黏。

穬　古猛切。獷粟。《説文》曰:芒粟也。

耗　呼到切。減也,敗也。《詩》云:耗斁下土。又稻屬。

秜　力尸切。小麥也②。

秜　力該切。或作秥。

---

①　切,原脱,據宋11行本補。

②　《篆隸萬象名義》作"今落,來年自生稻也",疑此有誤。

穋　敘類切。穋苗。

稗　蒲懈切。稗，秕也。琅邪有稗縣。

穎　役餅切。禾末也。

移　余支切。易也。《説文》曰：禾相倚移也。

䄨　同上。

采　徐醉切。禾成秀也。

穗　同上。

秒　亡紹切。禾芒也。

秒　丁皎切。禾危穗。亦懸物也。

稬　丁丸、丁果二切。禾垂皃。

稭　居孽、居遏二切。長禾也。

稉　同上。

穮　亡紹切。

穖　居豈切。禾也。

秠　披鄙切。一稃二米。

稃　妨俱切。穬也，甲也。

䄩　徐各、徐故二切。禾搖皃。

穮　彼調切。耘也。

秄　兹里切。壅禾本。

租　子乎切。田賦也。

穧　子計、才計二切。穧穫也。

穫　胡郭切。刈禾也。

稽　在資切。積也。

稇　口本切。成熟。

秩　除室切。積也，程也，品也。

秳　胡栝切。舂粟不潰也。

秃 下没切。秸也。

穭 公卧切，又公外切。穭龘穄也。

稸 之弱、古督二切①。禾皮也。又齊地名。

秕 卑几切。穀不成也。

稈 古旱切。稾也。穰謂之稈。

秆 同上。

稾 公道切。禾稈也。又稾草。

科 口和切。程也。

稭 公八切。稭稾也，去其皮，祭天以爲席也。

鞂 古八切。祭神席也。

秸 同上。

稍 公淵切。麥莖也。

穅 步唐切。穅稷，穄名。

稶 胡光切。穅稷。

秜 良計切。黍穰。

劙 同上。

穭 同上。

穰 如羊切。黍穰也，豐也，衆多也。又如掌切。

秧 於兩切。禾苗秧穰也。

秦 疾津切。國名。亦禾名。

秊 奴顛切。載也，禾取一熟也。

年 同上。

稔 如枕切。年熟也。

穀 古禄切。五穀也。又生也，善也。

---

① 古，棟亭本作“枯”。

稅　尸銳切。租稅也,含車也,放置也。

䄟　呼光切。凶年也,空也,果不熟也。今作荒。

㪏　徒到切。㪏,一莖六穗,瑞禾也。

秬　渠與切。黑黍也。

稍　所教切。漸也。

秌　且周切。《説文》曰:禾穀熟也。

秌　同上。

穐　籀文。

程　除京切。法也,式也。

穌　先乎切。穌,息也,死而更生也。

秭　咨李切。數億至萬曰秭也。

稱　齒證切,又齒陵切。《説文》云:銓也。

种　直中切。人姓。亦稚也。

稯　子公切。禾束也。

䅓　籀文。

秮　視亦切。百二十斤曰秮。鈞衡也,四鈞爲一秮。

秅　丁故切。四百秉爲秅。

穳　在官切,又在管切。禾稛也。

纂　同上。

稘　居之切。稈也。又周年。今作朞。

種　之勇切。種類也。又之用切,種植也。

稰　相吕切。食也。

秴　胡各切。似黍而小。

穝　力公切。穝穧也,禾病也。

稪　扶甫切。禾積也。

稴　普胡切。豆稴也。

種 時偶切。小積也。

樸 蒲木切。贏積也。

秎 扶問切。秎穧也。

稜 息唯切。禾四把也。

稕 之閏切。稕緣也，束稈也。

稕 同上。

穲 力支切。長沙云禾把也。

稹 之善切。禾束也。

稷 壯力切。稹也。

秠 蒲骨切。秠，禾秀不成聚向上皃。

稡 子骨切。秠稡也。

穐 丑向切。穐穧也。

稴 士林切。禾欲秀。

秖 竹尸切。穀始熟也。

秈 息延切。秔稻也。

秞 餘周切。禾黍盛也。

穚 羈遥切。禾長也。

秳 口篤切。禾大熟。

楽 巨恭切。稆也。

穈 亡禾切[1]。黑也，禾傷雨也。

積 蒲本切。穏積，穀未簸皃。

秛 普陂切。禾租也。

稠 直就切。稠，税也。

穩 於本切。蹂穀聚[2]。

---

[1] 亡禾切，棟亭本作“亡載切”。

[2] 蹂，原作“持”，據棟亭本改。

穅　口郎切。米皮也。

稬　如勇切。稻稬也[1]。

稞　口東切。稻稈也。

穭　士于切[2]。稷穭也。

穭　力與切。自生稻。

稂　力當切。稂[3],童粱,禾秀不成也。

秔　古殄切。十把曰秔。

穢　於吠切。不淨也。

稢　側角切。小也。又早熟。亦作糳。

稑　抽陸切。稑,聚也。

稑　竹栗切。稑,穮也。

秣　莫葛切。秣,養也。

藶　同上。

秢　力經切。年也。

秲　時至切。亦作蒔。

稠　徒聾切。禾盛皃。

穠　而容切。花木盛也。

馧　紆云切。香也。

稨　博眠切。籬上豆。又方顯切。

桃　託勞切,又廳聊切。稻也。

秙　胡戈、户卧二切。棺頭也。

藞　力科切。穀積也。

穭　同上。

---

①　稬,原作"稝",據楝亭本改。
②　士,宋11行本作"上",楝亭本作"七"。
③　稂,原作"稂",據楝亭本改。

稜　盧登切。俗棱字[1]。

桂　古攜切。田器也。

秂　而真切。欲結米。

秥　女占切。禾也。

橫　胡光切。野穀也。

棚　蒲庚切。禾密也。

秖　女魚切。臭草也。

秩　方無切。再生稻。

穬　渠元切。禾黃也。

穚　丑江切。禾不秀。

穟　汝錐切。禾。

秓　章移切。

秔　古衡切。秔稻也。

秆　羽俱切。不秀也。

稆　側移切。禾死也。

稇　於鄰切。花。

稵　力周切[2]。䄏。

穧　息咨切。穧，治禾。

禃　先主切[3]。草。

穤　人久切。粟穤也。

穩　祖弄切。

秕　側買切。禾。

---

① 棱，原作"稜"，據宋11行本改。
② 力周切，原殘，據宋11行本補。
③ 主，原作"生"，據楝亭本改。

穌　支用切。古文①。

粨　匹各切。

稞　苦梡切。禾穭。

秠　方尾切。穗兒。

稇　丘院切。禾相近②。

秥　他點切。鄉名。

煥　火貫切。禾也。

穳　祖殿切。草。

穉　直利切。稠。

穏　安很切。草。

稇　戶袞切。草。

秺　得路切。束。

稛　勿利切。饐稛也。

秙　口故切。秙穁。

稧　羊列切。禾稈。

秜　力帝切。長禾。

穧　子計切。穧穫也。

稄　息俊切，又阻力切。草。

稰　時預切。草。

蹌　七浪切。禾蹌頃也③。

稒　古護切。縣名。

穛　日角切。禾先熟也。

稬　子笑切。物縮小也。

---

① 棟亭本作"古文種"。
② "禾"字原脫，據棟亭本補。
③ 禾蹌頃也，棟亭本作"禾頃也"。

秨　徂悶切。

秡　蒲活切。

穇　莫半切。不蒔田。

䅶　徒卧切。積也。

秫　式聿切。咒。

穋　余力切。穋,蕃蕉。

穭　力出切。麤米也。

秮　古蠟切。秮,秸也。

稯　子入切。稠稯也。

稆　烏禄切。芒。

稄　初乙切。稠稄也。

稪　方木切,又音復。

穲　丁歷切,又直炙切。

穀　苦谷切。禾熟。

稝　阻瑟切。生稻也。

秕　蒲結切。禾香。

秇　羊職切。穀。

稝　居笏切。莖稯也。

稫　丕力切。稫稜①,滿皃。

穁　如叔切,又如勇切。

秮　初立切。種也。

秶　子辭切。秶益也。與滋同。

秅　武姜切。或作芒。

稴　於占切。稴稴,苗美也。

————————————

① 稜,原作"棱",據宋11行本改。

粱 力畺切。米名。

糜 亡皮切。糜粥也。

穲 力支切。穲苗也[1]。

稶 於鞠切。茂盛。

稬 餘渚切。美。

穟 言紀切。穟然[2],黍稷盛皃。

稧 居協切。稧穧也。

稅 直家切。張開屋。

案 於旦切。轢禾也。

秝部第一百九十五,凡三字。

秝 郎的切。稀疏,秝秝然。

𥝩 昨鄰切。籀文秦。

兼 古甜切。并也,兩也。《說文》云:兼持二禾,秉持一禾。

耒部第一百九十六,凡五十三字。

耒 力對切。耕曲木也[3]。

耕 古萌切。牛犂也。

耦 午后切。不畸也。又二耜也。

耡 俟據、俟居二切。《說文》云:殷人七十而耡。耡[4],耤稅也。

耤 才亦切。耤,借也。

耓 古攜切。田器也。

䢵 禹軍切。除草也。

耘䒙 並同上。

---

① 穲苗也,楝亭本作"禾苗也"。
② 穟,原作"擬",據宋11行本改。
③ 楝亭本作"耕田曲木也"。
④ 耡,原作"耤",據宋11行本改。

耟　詳以切。耒端木[1]。

耨　乃豆切。耘也。

掩　於劫切。犂種也。

耩　公項切。𢮷也。

釋　余石切。耕也。

𣓪　徒兀切。耕禾開[2]。

耛　側飢切。耕也。亦田一歲也。

耤　余力切。耕也。

耛　渠録切。耕麥地。

𥟊　步溝切。耟屬。

耥　他的切。種也。

𥞃　亡旦切。不蒔田也。

𥠍　仕革切。灰中種。

𥝹　叉江切。種也。

耡　上祇切。種麥。

𥝌　山校切。耰種。

𥡴　楚棘切。耟也。亦與翠同。

𥡓　方朝切。𥟇也。

𥝙　匹皮切。亦作畈。耕也，小高也。

𥡐　呼旦切。冬耕也。

耠　胡荅切。耕也。

耘　於爲切。田器也。

耬　力兜切。耬犂也。

耰　於尤切。覆種也。

---

① 木，原作"不"，據棟亭本改。宋11行本作"耒端也"。
② 《篆隷萬象名義》作"耕禾間也"，疑是。

穖　音機。耕也。

秤　昌蠅切。耒也。

耤　側耕切。犁上木。

棘　六臺切。耕也。

䐣　骨本切。

綸　力尹切。束禾也。

稇　臥尹切。

耩　伏路切。

秨　以斂切。耕也。

籽　借以切。壅苗本。

穎　力外切。鮮皃。

耗　虎告切。正作秏。

繪　骨外切。

撤　上黠切，又音徹。

攤　莫个切。

耛　袪乙切。

耨　盈歷切。耕。

穫　戶郭切。禾。

稫　符逼切。禾。

耤　庚伯切。耕。

香部第一百九十七，凡十七字。

香　許良切。芳也。與𪏽同。

馨　虛廷切。香之遠聞也。

馦　許兼切。香味。

䶱　呼含切。香也。

醃　於含切。香氣。

馥　皮逼、扶福二切。香也。

馝　蒲結切。大香也。或作䬓。

馛　蒲骨切。大香也。

䬊　匹結切。小香。

馞　扶末切。大香。

馤　於蓋切。香也。

馦　同上。

䭈　步結切。

馪　匹民切。香氣衝也。

馤　匹結切。小香。

秎　同上。

馧　於云切。䭈馧。今作菀。

皀部第一百九十八，凡四字。

皀　許良、方立二切。穀皀也。

皍　詩亦切。飯堅柔調也。今作適。

卽　子弋切。就也，今也，食也。今作即。

既　居毅切。小食也。又已也。

鬯部第一百九十九，凡六字。

鬯　敕亮切。香草。

鬱　於物切。芳草也。鬱金香也。亦鬱陶。

鬰　同上。

䵫　山吏切。䵫，烈也。

爵　子削切。竹器，所以酌酒也。今作爵。

𥣫　音巨。黑黍也。今作秬。

米部第二百，凡一百二十五字。

米　莫禮切。粟實也。

粱　力羊切。米名。

糳　側角切。早取穀也。

粲　且旦切。鮮好皃。

糲　力葛切。麁糲也。

精　子盈切。《説文》曰：擇也。

粗　在古、采胡二切[1]。麁大也。

粊　鄙冀切。惡米也。

粒　良揖切。米粒也。

粺　蒲賣切。精米也。

糱　魚列切。麴也，牙生穀也。

釋　式亦切。漬米也。

槃　譜革、妨亦二切。飯半生也。

糝　息感切。以米和羹。

糂　古文。

糣　籀文。

糝　徒感切。糜和也。

粈　亡丁切。漬米也。交阯有粈泠縣。又音彌。亦作麊。

麊　莫卑切。見上注。

糟　子刀切。酒滓。

麴　丘六切。酒母也。今作麴。

糒　蒲秘切。乾飯。

粡　同上，俗。

糗　丘九、尺沼二切。糒也。

臬　渠九切。舂糗米。

---

① 采，原作“米”，據棟亭本改。

糈　先旅切。祠神米。

糧　力畺切。穀也。

粮　同上。

粉　甫憤切。可飾面。

粗　女救切。雜飯也。

糅　同上。

糴　徒的、徒弔二切。穀也。

糔　亡達切。麫也。或作䴬。

粹　先類切。精也。

氣　虚既切。《説文》曰:饋客芻米也。今豈既切,氣息也。

槩①　《説文》同上。亦作餼。

粠　胡同切。陳臭米也。或作紅。

粃　補履切。不成穀也。俗秕字。

糗　丘遠切。粉也。

粍　同上。

糈　思列切。糈粲也。

粲　先達切。粲,放也。《書》作蔡字。

竊　且結切。竊,盜也。

糜　二皮切。糜,碎也,屑也。

糧　微良切。糧也。

粔　其吕切。粔籹,膏環也。

籹　尼吕切。粔籹。

粀　同上,俗。

粥　之育切。糜也。

_____

①　字頭原訛作"槩",據宋11行本改。

粉　匹願切。粉粉。

籼　山人切。粥凝也。又粉滓也。

糜　亡原切。糜粉澤。

㶷　亡畏切。粥粖也。

粔　同上。

糦　時翅切。糦,黏也。

粖　亡達、亡結二切。糜也。《説文》作䵋。

糷　力旦、落旱二切。《爾雅》注云:飯相著。亦作糷。

糫　同上。

粢　在兹切。稻餅。又音咨,稷米也[①]。

糠　口郎切。俗穅字。

糩　徒到切。覆也。

粕　普各切。糟粕也,酒滓也。

秄　扶牛切。糙也。

糳　且罪切。糳粗也。

糲　力的切。雜糅食也。

糦　充志切。與饎同。

糑　陟厄切。糑粘也。

粘　女廉切。與黏同。

粳　柯彭切。不黏稻。亦作秔。

秿　撫俱切。與秄同。

粷　丑厄切。《字書》云:糩粷,損米。又所責切,餅相粘。

䊬　力外切。鮮白也。

粣　之延切。亦作饘。

糧 同上。

粸 力割切。亦作𥽑。

粠 午堅切。亦作研。

粙 子又切。亦稓字。

粯 胡兼、胡緘二切。亦稴字。又赤黍。

𥺜 胡黤切。饘也。

粰 力鳩切。粰粰,糈饊也。

粪 胡減切。粪,塗也。

糠 女亮切。雜也。

糉 子貢切。蘆葉裹米。

粽 同上,俗。

糟 孚謂切。失氣也。

粘 亡結切。粖也。

糫 音環。餅也。

粡 徒聾切。

糫 莫官切。糫頭。

糖 徒郎切。飴也。

粷 居六切。粷粉也。

粠 胡公切。

粺 莫并切。漬米也。

粧 側牀切。飾也。

粱 渠顒切。粱,精米。

粺 莫杯切。酒母也。

糨 巨希切。小食也。

粧 於迎切。

粯 呼官切。白米也。

粚　渠梨切。赤米也。

糤　先旱切。糤米。

粄　補滿切。米餅。

粿　古火切。淨米。

楊　徒郎切。精米。

糔　息酉切，又音脩。

糞　夫問切。穢也。

糥　奴過切。俗稬字。

糙　七竈切。粗米未舂。

粊　必媚切。惡米。

糗　莫片切。屑米。

飣　迪寗切。米食。

粩　蒲鵑切。米粩。

粷　徒纇切。

籺　胡骨切。

穡　仕革切。白米。

糏　先結切。碎米也。

糥　之亦切。糤營也。

糧　胡達切。白米也。

粍　竹革切。黏也。

糲　力達切。麤也。

栖　桑來切。碎米。又音西。

糰　徒丸切。糰糭。

糚　得迴切。

柲　音秘。《説文》曰：惡米也。又地名。

柒　同上。

毇部第二百一,凡二字。

毇　許委切。米一斛舂爲八斗也。

糳　子各切。《左氏傳》云:粢食不糳。糳,精也,一斛舂爲九斗也。

臼部第二百二,凡二十一字。

臼　渠九切。《説文》:臼,舂也。古者掘地爲臼,其後穿木石。象形。中米也。

舂　舒庸切。雍父作舂,黄帝臣也。又擣也。

酋　普各切。齊謂舂爲酋。

舀　翼珠、弋周二切。抒臼也。亦作揄。又以沼切。

舂　楚洽切。舂麥也。

䂧　同上。

舳　孚穢切。舂穢,暘。

臽　音陷。坑也。

阽　同上。

䂼　之睡切。杵擊也。

䃼　同上。

函　胡耽切。函,鎧也。又胡緘切,函書也。

擣　丁老切。舂也。亦作擣。

瑳　才何切。舂擣也。

皇　移鄰切。古文也。

䃘　初眼切。小舂也。

䫈　羊少切。臼也。

䞘　七漏切。半舂。

膊　匹各切。舂也。

䶕　初夾切。米去皮也。俗舀字。

暘　徒黨切。舂也。

倉部第二百三,凡三字。

倉　且郎切。倉庾也。

仝[①]　古文。

牄　七羊切。鳥獸來食穀聲。

靣部第二百四,凡四字。

靣　力甚切。藏米室也。亦作廩。

稟　補錦切。賜穀也[②]。

啚　逼几切。啚,嗇也。

亶　都但切。誠也,信也,厚也,多穀也。

嗇部第二百五,凡六字。

嗇　使力切。愛也,慳貪也。又嗇夫,農夫也。

䨛　古文。

牆　疾將切。牆垣也。

廧　同上。

𤖄　籀文。

牆　古文。

亼部第二百六,凡八字。

亼　疾立切。《説文》云:三合也。

合　胡荅切。同也。又古荅切。

僉　且廉切。皆也。

侖　力旬切。思也。

𠉞　籀文。

今　居林切。是時也。

舍　舒夜切。宮也,處也。

---

①　仝,原作“全”,據棟亭本改。

②　穀,原無,據棟亭本補。

畣　都合切。當也,對也,然也。今作荅。

會部第二百七,凡五字。

會　胡外切。歲計會也,對也,合也。又古外切。

㑹屷　並古文。

睥　婢支切。增也,益也。又作埤。

曟　時真切。日月會也。今作辰。又音會。

亯部第二百八,凡七字。

亯　虛掌切。獻也,當也,獻也。《孝經》曰:祭則鬼亯之。今作享。

亨　同上,俗作享。又許庚、匹庚二切。

亯　籀文。

𦎝　市倫切。熟也。

𦎝　同上。

管　都沃切。厚也。又作笁、篤。

𦎜　余鍾切。今作庸。

㫄部第二百九,凡三字。

㫄　胡苟切。厚也。

覃　大含切[①]。長味也。今爲覃。

覃　篆文。

畐部第二百十,凡四字。

畐　普逼、扶六二切。腹滿謂之涌,腸滿謂之畐。

良　力張切。良善也。

𪞶筤　並古文。

入部第二百十一,凡八字。

入　如立切。納也,進也。

---

① 切,原脱,據楝亭本補。

糴 徒的切。入米也。

全 疾緣切。具也,完也。

仝 同上。

𠤎 古文。

㝁 士林切。入山谷之深也。

从 力掌切。《説文》云:二入也,兩字從此。

内 奴對切。裏也。

宀部第二百十二,凡五字。

宀 亡狄切。覆也,以巾覆物。今爲冪。

冠 古完切。冠冕也。又古亂切。《禮記》:二十曰弱冠。

冋 徒籠切。冋,圓蓋。

夊 息累切。夊,並頸。

冟 丁故、丁嫁二切。《周書》曰:王宿三祭三冟。孔安國曰:王三進爵、三祭酒、三奠爵。本或作吒。

冃部第二百十三,凡四字。

冃 亡保、亡救二切。重覆也。

同 徒東切。共也。

𠕄 口江切,又口握切。幬帳也。

冡 莫公切。覆也。

冂部第二百十四,凡十五字。

冂 亡報切。小兒蠻夷頭衣也。或作帽。

冃 莫得切。突前也。

冞 側狡切。

冑 除救切。兜鍪也。

最 子會切。齊也,聚也。

冕 靡璉切。冠冕也。

冐　亡到切。覆也,食巾也。

𡅓　古文。

帍　況羽切。覆也,殷之冕也。

㡱　丘權切。小兒帽。

冪　翌句切。冪𢅠,面衣。

𢅠　餘豉切。冪𢅠。

㡓　口洽切。帽也。亦作帢。

𢂷　市紙切。古文㡇[1]。

𢁫　同上。

冂部第二百十五,凡三字。

冂　力掌切。再也。今作兩。

兩　同上。《易》曰:兼三才而兩之。又匹耦也。又二十四銖爲兩也。

㒳　亡殄、亡安二切。平也,欲明也,當也。

冂部第二百十六,凡三字。

冂　脾世切。敗衣也。與敝同。

敝　上同。壞也,敗也,極也,頓仆也。或作獘。

弊　同上,俗。

襾部第二百十七,凡八字。

襾　於嫁切。覆也。又許下切。

覂　方腫切。《漢書》:大命將覂。謂覆也。或作㢀。

覆　孚六切。反覆。又敷救切,蓋也。又扶富切,伏兵也。

覊　蒲北切。農夫之賤稱也,南楚罵賤謂之覊。

覈　胡革切。考實事[2]。

---

①　㡇,原訛作“㡇”,據宋11行本改。
②　考,原作“老”,據宋11行本改。

罜　穴羈切。鄙也。

酉　莫靈切。

壴　時注切,又徒候切。

网部第二百十八,凡九十三字。

网　無倣切。羅罟揔名。

䍡　同上,今作網。

罔冈　並同上。

𦉞　古文。

罟　故户切。魚罔也。或爲𦌔。

罨　烏荅、於撿二切。罜也,以罔魚也。

罤　公縣切。羂,罔也。一曰綰也。

罕　呼旱切。网也,旌旗也。又稀疎也。俗作罕。

罭　居屬切。魚罔也。亦作綱[1]。

罞　亡支切。罟也,置也。

罞　同上。

罞　亡乳切。雉罔也。

罠　先卷切。罔也。

罪　祚隗切。犯法也。

罩　都教切。取魚具。

罘　縛謀切。兔罟。

罦　同上[2]。

罾　子登切。取魚罔。

罛　公胡切。魚罟也。

罶　力九切。《詩》云:魚麗于罶。罶,曲梁也。

----

① 綱,原作“鋼”,據宋11行本改。
② “罞、罞”字條原作“罞,同上”,多所漏脱,據宋11行本補。

罻 同上。

罻 同上。

罜① 徒木切。罜麗,魚罔。

麗 力主切②。罜麗也。

罿 尺容切。幡車罔。

罧 力金切。積柴於水中取魚。又所禁切。

罠 亡巾切。鈎也。

羅 力多切。鳥罟也。

罬 竹劣、巳劣二切。連也,幡車上覆罔。

罦 扶游切。覆車罔。

罦 同上。

罻 於貴切。小罔也。

罟 胡故切。罔也。

罝 子邪切。兔罔也。

罝 同上。

罝 籀文。

罘 亡娯、亡矩二切。牖中罔也。

罨 於感切。覆也。

罷 皮解切。休也。又音疲,極也。

署 常恕切。置也,書檢也,部署也。

置 竹利切。立也。又安置。

罾 力翅切。罵罾。

罵 莫霸切。罾也。

罤 補革切。置也。

---

① 字頭原訛作"罜",據宋11行本改。
② 主,宋11行本作"卜",楝亭本作"谷"。

羈　居猗切。羈旅也，寄止也。又馬絡頭。

羈　《說文》同上。

羇　居宜切。寄也。

罺　壯交切。今之撩罟也。又初教切。

罶　子禮切。手出其汁。亦作擠。

罥　古泫切。挂也，係取也。

絹　同上。又罔張獸。

罯　他領切。罯䍲，小空兒。

䍲　力頂切。䍲罯。

罭　爲逼切。九罭，魚罔也。

罼　卑蜜切。罔小而長柄也。

罞　公育切。索也。

麗　所羈切。溼也。

罦　渠與切。罟也。

羉　力官切。麤罟也。

罠　武忍切。俗䍍字。

罳　昔茲切。罘罳，屏樹門外也。《釋名》曰：罘，復也。罳，思也。臣將入請事，於此復思也。

罹　力之切。憂兒。

罞　徒犁切。兔罔。

罍　落搥切。罾也。

䍦　古吳切。舟上罔。

罞　莫聾、莫交二切。麋罟也。

簾　居廉切。罔也。

罛　古橫切。罔滿也。

纙　徒犁切。罔繩也。

罱　力之切。羃罱也。

罞　無魯切。窓也。

罱　女感切。夾魚具。

罳　穴絹切。罳罥。

罣　古畫切。罣礙也。

罦　丁孝切。《說文》曰：覆鳥令不得飛也。

罞　莫厚切。

罞　音牙。兔罔。

罟　郎據切。

罹　奴旦切。

罾　息纘切。罔也。

罞　千面切。魚罔。

罧　所禁切。罔也。

罿　徒穀切。魚罔。

罜　同上。

罣　丁歷切。繫也。

羃　莫歷切。蓋食巾。

罹　郎的切。蓋食巾。

罜　知校切。小罔。

罺　普革切。罔也。

服　蒲特切。

罪　房背切。籧笒。

罜第二百十九，凡五字。

罜　俾蜜切。箕屬，弃糞器。又方干切。

棄　丘至切。遺也。古作弃。

罜　方問切。除也，物污穢也。

畢　俾謐切。弋也，掩兔也。又星名。

畢　《説文》畢。

冓部第二百二十，凡三字。

冓　古候切。交積材也。

再　齒陵切。舉也。又尺證切。與稱同。

再　子代切。兩也，重也，仍也。

厶部第二百二十一，凡一字。

厶　丘於切。飯器也。

去部第二百二十二，凡六字。

去　羌據切。除也，違也，行也。又丘與切。

厺　《説文》去。

扐　居力切，又力繩切。去也。

朅　丘列切。去也。

魝　方丹切。卻也。

㚁　方爾切。羇客也。

北部第二百二十三，凡四字。

北　布墨切。方名，軍敗走曰北。

冀　居致切。冀州也，北方州，故從北。

兾　同上。

乖　古懷切。睽也，戾也，背也。

西部第二百二十四，凡五字。

西　先兮切。方名。

㢴　《説文》西。

卥　古文。

卤　籀文。

栖　音西。鳥栖宿。又作棲。

鹵部第二百二十五,凡二十六字。

鹵　力古切。鹹也。車駕出有鹵簿。

鹺　在河切。鹹也。亦作醝。

滷　昌石切。苦地也。《書》曰:海濱廣滷。本亦作斥。又音虜。

鹹　乎緘切。苦也。《爾雅》注:苦即大鹹。

䶒　公陷切。鹹味也。

䶊　几陵切。苦也。

齌　才計切。鹹也。

醖　於昆切。醖釀,戎狄之鹽。

釀　胡乖切。醖釀也。

䤑　同上。

䅈　且豆切。夷狄鹽。

鮎　竹減切。鹹也。

鮹　思遥切。煎鹽也。

䰧　扶殄切。鹽也。

鹺　士恢切。南方呼醬。

鹻　公漸切。鹵也。

鹼　同上。

䃅　音投。鹵地。

䟭　同上。

䵹　乙乖切。

鯧　音昌。

圇　力古切。

䟰　各黨切。鹽澤。

壐　音魯。沙也。

齷　工暫切[1]。

齻　巨聿切。醬也。

鹽部第二百二十六，凡四字。

鹽　弋占切。宿沙煮海爲鹽。

鹵　同上。

塩　同上，俗。

鹽　公户切。鹽也。又蒼猝也，姑也，不堅固也。

壬部第二百二十七，凡八字。

壬　他井切。善也，證也，召也，成也，驗也，審也，虛也。

現　胡殄切。大坂也。亦作垷[2]。

徵　陟陵切。召也。又陟里切，宮徵也。

望　無放切。《説文》曰：月滿與日相望，以朝君也。

朢　古文。

室　無昉切。誣也。今作罔。

呈　余箴切。濫貪也。

重　直冢切。不輕也。又直容切，疊也。

皿部第二百二十八，凡七十一字。

皿　明丙切。《説文》曰：飯食之用器也。

盄　余救、余九二切。小甌也，抒水器也。

盉　同上。

盂　羽俱切。飯器也。

盧　力胡切。當盧酒肆也，以土壘酒甕，四邊爲盧也。亦飯器也。

盧　同上。

盍　公户切。器也。

---

① 棟亭本作“貢暫切。鹹也”。
② 垷，原作“現”，據棟亭本改。

罋　同上。

盆　步魂切。盎也。

㿿　除與切。器也。

㿻　山縷切。戴器也。

盄　諸姚切。器也。

盛　時正切。多也。又時征切，在器也。

盌　於卵切。小盂。亦作椀。

齍　子犁切。黍稷在器也。

盎　於浪切。盆也。

盨　胡巧、公巧二切。器也。

盄　同上。

盉　戶戈、胡臥二切。調味也。今作和。

益　於亦切。加也。

盅　除隆切。器虛也。

盈　余成切。滿也。

盦　於含切。覆蓋也。

盡　疾引切。終也。又即忍切。

盡　同上。

盪　徒黨切。搖動也，滌器也。

盪　於魂切。和也。或作溫。

盈　《說文》盈。

盥　公緩切。洗物曰盥。又澡手也。又公玩切。

盠　渠驕切。椀也。

䕉　莫加、莫多二切。梧也。

盞　壯限切。杯也。

盋　於干切。盋盨，大盂也。

盨　才丹切。盋盨。

盉　魚下切。杯也。

榋　餘章切。杯也。

盌　五田切。椀也。

盜　扶淹、孚梵二切。杯也。

盜盬盜　並同上。

醓　渠既切。獸似蝟，毛赤。

盤　薄干切。器名。

蠱　力回切。亦作櫑。

盜　莫公切。豐盜，滿也。

盌　同上。

盝　力潰切。瀝也，竭也。

盪　同上。

篠　徒弔切。草器。與篠同。

盂　公安切。盤也。

盎　丘拳切。盂也。

蓋　故大切。掩也，覆也。

盍　同上。

盧　博胡切。籀文舖。

醬　張流切。醬屋縣[1]。

盌　之遙切。器也。

盉　徒回切。

盬　黃孤切。器也。

盆　許奚切。小盆器。

---

[1] 醬屋，原作"醬屋"，據棟亭本改。

盔　苦回切。鉢也。

盃　補梅切。盞也。

盉　火牙切。

盎　呼改切。器盛酒。

盬　神夜切。器。

盀　音起。器。

盭　魯帝切。綠色綬也。

盠　力制切。器。

盫　空紺切。

盍　胡臘切。何不也。

盡　許力切。痛甚也。

盜　彌必切。《説文》云：槭器也。

臥部第二百二十九，凡七字。

臥　魚過切。眠也，息也。

監　女厄切。楚人謂小嬾曰監。

監　公衫、公陷二切。視也。

監　古文。

臨　力針切。尊適卑也，視也。

臦　他今切。臥也。

臨　同上。

旡部第二百三十，凡二字。

旡　所沂切[①]。《説文》云：歸也。从反身。

殷　乙斤切。樂之盛稱殷。《易》曰：殷薦之上帝。又乙山切。《左氏傳》曰：左輪朱殷。杜預云：今人謂赤黑爲殷色。

---

① 所，疑當作“於”，澤存堂本作“於”。《廣韻》作“於謹切”，又作“於希切”。

玉篇卷第十六凡二十四部

琴部第二百三十一，凡八字。

琴　巨林切。《説文》及《新論》云：神農造也。琴之言禁也，君子守以自禁也。《風俗通》曰：琴七弦，法七星也。《琴操》云：長三尺六寸，法象三百六十六日，廣六寸，象六合也。

珡　篆文。

瑟瑟　並古文。

瑟　所櫛切。庖犧造也。弦多至五十，黄帝使素女鼓瑟，哀不自

---

① 第，原缺，據例補。下諸“第”同。

勝,破爲二十五弦也。

瑟　古文。

琵　房脂切。《風俗通》云:琵琶,近代樂家所制,不知所造。長三
　　尺五寸,象三才五行,四弦象四時。《釋名》云:推手前曰琵,
　　引手卻曰琶,所以呼爲琵琶,本胡家馬上彈也。

琶　步巴切。琵琶。

喜部第二百三十二,凡四字。

喜　欣里切。樂也,悦也。

𠸺　古文。

歖　古文,出《説文》。

嚭　普鄙切。大也。吳有太宰嚭。

壴部第二百三十三,凡六字。

壴　竹句切。陳樂也。

𪔌　且的切。夜戒守鼓也。又作鼜。

彭　蒲衡切。多皃。又盛也。

尌　雉具、竹具二切。立也。又作駐。

𪔛①　他郎切。大声也。

嘉　柯遐切。美也,善也。

鼓部第二百三十四,凡二十一字。

鼓　姑户切。瓦爲椌,革爲面,可以擊也。

瞽　籕文。

鼛　公刀切。大鼓也。

鼙　步兮切。騎鼓也。

鼘　於巾、於玄二切。鼓聲也,鼓節也。

----

① 字頭原訛作"𪔛",據澤存堂本改。

鼞　他堂切。鼓聲。

鼜　七立、他叶二切。鼓無声也。

鼞　他盍切。鼓鼝声。或作鞈。

鼝　口盍切。鼓聲。

鼖　扶云切。大鼓也。

鼗　徒刀切。似鼓而小。亦作鞀。

鼘　力弓切。鼓聲。

鼟　他登切。鼓声。

鼞　丑良切。鼓声。

鼟　音帖。寬也。

鼞　七盍切。鼓聲。

鼞　音鰼。鼓寬。

鼛　音戚。守夜鼓也。

鼜　同上,俗。

鼞　音帖。鼓無聲也。

鼞　徒各切[1]。鼓声。或作鼙。

豈部第二百三十五,凡三字。

豈　羌顗切。安也,焉也。《書》云:怨豈在明。

譏　巨依切。且也,欲也,危也,訖事之樂也。

凱　空改切。凱樂也。或作愷。

豆部第二百三十六,凡二十五字。

豆　徒鬭切。量名。《說文》云:古食肉器也。

荳　古文。

梪　同上。木豆謂之梪,薦羞菹醢也。

---

[1]　徒各切,疑當作"徒冬切",澤存堂本作"徒冬切"。

䘾　居隱切。合䘾瓢也。

豋　於物、於月二切。豆飴也。

巻　九免、九媛二切。豆屬。

䀁　力刀切。豆也。

䁫　同上。

豋[1]　莫卜切。豆箕也。

豌　於丸切。豆也。

䕸　力周切。豍豆也。

豍　方迷切。䕸也。

毢　莫猥切。碎箕也。

䇎　胡江切。䇎𥰪也。

𥰪　所江切。

嗛　胡斬切。豆半生。

䃀　叉白切。磨豆也。

叕　七林切。野生豆。

喑　於林切。叕豆也。

𧯾　弋朱切。豆也。

豉　市眞切。亦作尗。

萁　渠飢切。豆萁。

䮳　都騰切。

呴　音兜。小裂。

㞚　初六切。小豆也。

豊部第二百三十七，凡二字。

豊　力弟切。行禮之器也。

———————————————

① 字頭原訛作"鋆"，據棟亭本改。

醨　雉栗切。爵之次弟也。

豐部第二百三十八，凡三字。

豐　芳馮切。大也。俗作豐。

豈　古文。

豔　弋贍切。美也，好色也。俗作艷。

盧部第二百三十九，凡三字。

盧　欣宜切。古陶器也。

號　胡道切。土釜也。

臚　除渚切。器也。或作盄。

重部第二百四十，凡三字。

重　直隴切。不輕也，厚也。又直龍切。

量　力姜、力尚二切。《説文》云：稱輕重也。

量　古文。

鼎部第二百四十一，凡五字。

鼎　丁冷切。所以熟食器也。

鼐　奴代切。大鼎也。

鼒　子思切。小鼎也。

鼏　亡狄切。覆樽巾也。又鼎蓋也。

鬺　式羊切。煮也。亦作鬺。

瓦部第二百四十二，凡一百五字。

瓦　午寡切。土器也。

瓬　方往切。《周禮》有瓬人爲簋。

甄　居延切。陶人作瓦器謂之甄土也。又至神切。

甍　眉耕切。屋棟也。

甋　同上。

瓵　余之切。小甖也。

甋　牛偃切。無底甎也。

甓　丁益切。盆也。

瓮　於貢切。大甖也。

甕　同上。

甌　於侯切。椀小者。

瓨　戶江切。長頸瓶。

䀀　烏緩切。器也。亦作盌。

瓴　力丁切。瓴甋,礕也。

甋　丁歷切。瓴甋。

瓿　蒲後切。瓿甊,小甖也。

甊　力口切。瓿甊。

瓱　補玄切。小盆大口而卑下。

礕　並的切。甈也。

甈　丘滯切。瓠壺也,破甖也。

甄①　同上。

甑　側胃切。井甑也。

㼚　古文。

甒　所兩切。半瓦也。

甀　同上。

甐　力煩切。甐甐,蹋瓦聲。

㼚　丘劒切,又胡耽切。似瓶有耳。

䃺　桑對切。《說文》云:破也。亦作碎。

瓬　伯限切。牝瓦也。

---

① 甄,棟亭本作"㼤"。

瓨　古郎切。罌也,大瓮也。

甒　無甫切。盛五升,小罌也。

瓹　仕江切。罌也。

甀　除政切。罌也。

𤭖　與朱切。瓶也。

瓨　是朱切。小罌也。

甈　牛志切。大罌也。

䭯　除向、除香二切。瓶也。

甔　丁甘切。小罌也。

甌　牛口切。盎也。

𤬪　思移切。缾也。

題　徒啓切。小盆也。

瓬　胡梗切。瓬甎,缾有耳。

甎　山梗切。瓬甎也。

甄　都滕切。瓦豆也。

瓵　丑口切。瓶也。

瓵　居隓切。缾也。

𤭛　苦結切。瓶受一斗。

瓠　胡寡切。大口也。

瓵　口郎切。瓠也。

瓿　同上。

瓵　丁弄切。甁甌。

甐　初鑑切。器也。

瓷　在思切。瓷器也。亦作甆。

瓵　徒果切。甌也。

瓵　古縣切。瓮底孔下取酒也。

甉　胡監切。大盆也。

甎　時扇切。器緣也。

瓸　補格切。甄瓸，井甃也。

饡　徒河切。瓦盌也。

坉　徒古切。瓶也。

甒　普安切。甒瓳，大甋甎也。

瓳　戶徒切。甒瓳。

甐　力木切。甉也。

甎　之緣切。甐甎。

瓬　徒丁切。甎也。

甎　丁桑切。題瓦也①。

甕　力公切。築土礱。今作礱。

甐　力救切。屋檐也。

甑　古諧切。牡瓦也。

瓺　徒公切。牡瓦也。

甋　女刮切。甑也。

甐　同上。

瓈　子協切。半瓦也。

甉　胡監切。瓦屋也。

甎　七計切。

瓺　丁昆切。器似甌也。

甐　力的切。瓦器。今作鬲。

瓫　於浪切。亦作盎。

瓶　蒲并切。汲器也。

---

① 題，原作"起"，據棟亭本改。

甀　胡圭、古畦二切。甀下空也。亦作窐。

瓹　同上。

瓶　胡經切。酒器，似鐘而項長。

甄　同上。

甇　於耕切。長頸瓶也。

甋　徒郎切。瓷也。

甑　子孕切。甋也。

瓻　丑希切。酒器。

甂　五合切。

甖　烏莖切。坯也。

瓵　余之切。瓶也。

甀　池爲切。甖也。

瓶　徒奚切。瓷也。

甋　勒當切。器也。

瓨　呼光切。器也。

甗　許飢切。

瓿　五姑切。甌也。

甒　力華切。瓦。

甋　力胡切。酒器。

甋　扶汎切。瓦。

甐　力震切。器也。

瓦　五化切。

甐　胡谷切。坯。

瓺甋　並音容。甖也。

瓭 丁感切。瓦屬[1]。

缶部第二百四十三,凡四十三字。

缶 方負切。盎也。《詩》曰:坎其擊缶。

缻 同上。

㱿 苦谷切。未燒瓦器也。

罌 於庚切。瓦器也。

匋 徒刀切。作瓦器也。今作陶。

𦉥 是規、丈睡二切。小口罌也。

𦉭 古文。

䍂 步侯切。小缶也。亦作瓿。又步後切。

罋 於貢切。器也。

罋 同上。

䍃 余周切。瓦器也。

䍅 力丁切。瓦器,似瓶有耳。

𦈢 都簟切。缺也。

罅 呼嫁切。裂也。

缺 袪決切。虧也,破也。亦作䂄。

缾 蒲丁切。汲水器。

𦈡 他盍切。下平缶也,缾也。

缸 胡江切。與瓨同[2]。

罃 於耕切。長頸缾。

䍐 禹逼切。瓦器。

𦉜 七鈍、先見二切。瓦器也。

罊 口計切。器中盡也。

---

① 《玉篇校釋》謂"瓦屬"有誤,疑當訓瓶、罌。
② 瓨,原訛作"瓬",據澤存堂本改。

鈲　胡講切。如瓨[1]，可受板。《書》：簡令密事。亦受錢器也。又大口切。

罏[2]　力胡切。罍也。

皎　公的切。吹器也[3]。

罍　力回切。樽也。

䍤　籀文。

研　胡經切。酒器，似鐘而項長。

鏲　時扇切。器緣。亦作甂。

瓷　在咨切。亦作瓷。

鍉　徒啓切。亦作題。

䋎　羌吕切。

罈　戶暫切。

錢　側板切。

罊　五鎋切。缺也。

罇　子昆切。與樽同。

罐　蘇回切。

鞋　革鞋切。

�　知駭切。缺也。

䍩　畢裴切。缶也。

鍋　音帚。

罄　可定切。盡也，器中空也。

罐　古段切。瓶罐。

---

① 瓨，原訛作“瓨”，據澤存堂本改。
② 字頭原訛作“鑪”，據棟亭本改。
③ 器，原作“缺”，據棟亭本改。

鬲部第二百四十四,凡二十三字。

鬲　郎的切。鼎足曲也。《說文》作鬲,云:鼎屬,實五觳。斗二升曰觳。又音革,平原有鬲縣。亦作鬲。

瓹　同上。

鬹　居垂切。三足釜。

鬵　似林、才心二切。釜屬。

甗　牛建切。鬲屬。

鬻　許朝切。炊氣皃。

融　余終切。長也。《說文》云:炊氣上出也。

䰜　籒文。

鬴　扶甫切。鍑屬。或作釜。

鬲　公禾切。秦名土釜曰鬲。亦作鬲。

鬸　子孕切。鬵屬。亦作甑。

鬻　柯行切。亦作羹。

鬺　式羊切。煮也。亦作鬺。

鬺　同上。

鬻　方未切[①]。亦作沸。

融　魚倚切。釜也。

融　亡分切。摩也。

鬷　蒲悶切。起。

鬲　工定切。隔也。

鬲　胡圭、古攜二切。甑下空。

鬲　如之切。熟也。亦作胹。

鬲　楚狡切。熬也。

① 未,原作"朱",據楝亭本改。

鬷　子公切。釜屬。

鬲部第二百四十五，凡二十一字。

鬲　郎的切。歷也。亦作鬲。

鬻　先録切。鼎實。或作鰊。

鬻　楚絞切。熬也。或作爝。

鬺　似林切。釜屬。

鬻　户徒切。鍵也。或作糊。

鬻　之六切。糜也。又以六切。或作粥。

鬻　同上。

鬻　亡達、亡結二切。涼州謂粥爲鬻。或作粖。

鬻　居言切。粥也。或爲鍵。

鬻　諸延切。粥也。

鬻　羊六切。鬻賣也。又音祝。《説文》又音糜。

鬻　如至切。粉餅也。或作餌。

鬻　余灼切。内肉及菜於湯中。

鬻　步忽切。釜湯溢。

鬻　之與切。或作煮。

鬻　同上。

鬻　子孕切。炊器。亦作甑。

鬻　如燭切。大鼎也。

鬻　古行切。煮也。

鬻　同上。

鬻　側皆切。敬也。

斗部第二百四十六，凡二十二字。

斗　丁口切。十升曰斗。

枓　俗。

斝　古雅切。爵也。

料　力弔切。數也，理也。又音寮。

斞　余甫切。量也。今作庾。

斠　古琢切。量也。今作角。

斡　烏活切。轉也，柄也。又音管。

斟　止任切。取也，計也，酌也。

斜　徐嗟切。抒也，散也，不正也。

斞　九娛切。挹也，酌也。

料　補叛切。量物分半也。

斣　丁豆切。物等也，角力競走也。

斛　他幺切。斛䥯，古田器也。亦音鰲。

𣁋　乎古、火故二切。抒水器也。

斣　九萬切。抒也，量也。

斛　胡穀切。十斗曰斛。

枓　之庾、多後二切。有柄，形如北斗星，用以斟酌也。《詩》云：唯北有斗。亦飲水器也。

斜　匹郎切，又薄郎切。量溢也。

升　舒承切。十合爲升。

㪳　公洽切。入也。亦音帢。

斜　呼活切，又烏活切。抒也。

斛　丁狄切。量也。

勺部第二百四十七，凡二字。

勺　時灼切。飲器也。十勺爲升。亦作杓。

与　羊舉切。賜也，許也，予也。亦作與。

几部第二百四十八，凡五字。

几　居履切。案也。亦作机。

凥　舉魚切。處也。與居同。

処　充與切。止也。與處同。

凳　瞿營切。單獨也。與榮同。

凭　皮冰切。依几也。又皮證切。

且部第二百四十九，凡五字。

且　七也、子余二切。語辭。又七序切。《詩》曰：有萋有且。

且　古文。

俎　莊呂切。斷木四足也，肉俎也。

覷　才布切。且往也。

疊　亡匪切。疊疊猶微微也。

匚部第二百五十，凡三十九字[①]。

匚　甫王切。受物之器也。

𠥓　籀文。

匠　似亮切。木工也。

㔶　口頰切。緘也。或作篋。

匜　弋支切。沃盥器。

匡　去王切[②]。方正也，飯器也，筥也。亦作筐也。

匩　同上。

匴　先管切。澱米藪。

㲃　似沿切。澱米籔也。

匫　公棟切。小栖也。

匪　甫尾切。非也，彼也。又竹器，方曰匪。

匟　此郎切。古器也。

㢼　徒弔切。田器也。

---

① 三十九，原作"二十九"，據棟亭本改。
② 去，原作"公"，據澤存堂本改。

匷　羊式切。大鼎也。又田器。

㔬　余主切。器受十六斗。

匱　渠愧切。匣也。

匵　徒鹿切。匱也。

匣　胡甲切。匵也。

匫　呼骨切。古器也。

匛　渠救切。棺也。亦作柩。

匶　籀文。

匯　胡罪、口乖二切。回也，器也。

匪　丁安切。宗廟盛主器也。

甌　古鮪切。匣也。

甄　同上。

㴷　胡耽切。船没也。

匾　皮變切，又作笲。

籩　補堅切。竹豆。亦作籩。

匸　籀文。

匥　居疑切。籀文箕。

匦　布迴切。籀文栖。

匹　古文。

医　方娛切，又弗武切。祭器。今作簠。

匰　呼韋切。亦古幃字。

㽄　作郎切。古臧字。

匼　補是切。籠也。今作算。

匳　力占切。盛香器。亦作籢。

匲　同上。

匵　且緣切。竹器也。

曲部第二百五十一,凡四字。

曲　丘玉切。枉也,章也,不直也。

凵　籀文。

凷　丘玉切。鼈薄也。或作笛。

𠙹　他刀切。古器也。

壺部第二百五十二,凡八字。

壺　户徒切。盛飲器也,圓器也,瓦鼓也。

壴　篆文。

曲　籀文。

𧯳　口盍切。古榼字。酒器也。

𪔛　先朗切①。鼓材也。

壹　於芬切。壹壹。

𡔷　篆文。

壹　音一。《説文》云:專壹也。

匠部第二百五十三,凡三字。

匠　之移切。酒漿器也,受四升。

𠤳　時奕切。小匠有蓋也。

𤮁　之奕切,又之縈切。小匠也。

甴部第二百五十四,凡十五字。

甴　側持切。缶也。此古文。今作甾。亦作由。

𠚓𡇁　並古文。

甾　今文。

𡴯　楚洽、千廉二切。古文𠂹。

𡴩　同上。

----

①　先朗切,原作"先廟切",據楝亭本改。

盧　力胡切。飲器也。

鑪　籀文。

畚　補衮切。盛糧器也。

䕷　同上。

䕲　之庶切。畚也。

䍡　口奚切。䍡䍥，大籅也。

䍥　古惠切。䍡也。

䍱　附娛切。小畚也。

䍬　蒲丁切。竹器也。

玉篇卷第十七凡十四部

㫃部第二百五十五，凡三十八字。

㫃　於寒切。《説文》云：旌旗之斿，㫃寒之皃。又㫃寒，舞皃。今爲偃。

旗　巨基切。熊虎爲之旗也。又旗亭，市門樓表也。

旚　匹遥切。旖旗旚摇之皃。

旐　除矯切。《周禮》曰：龜蛇爲旐。

斾　蒲貝切。《爾雅》曰：繼旐曰斾。

旌　子盈切。《周禮》曰：析羽爲旌。

旍　同上，見《禮記》。

旟　弋於切。《周禮》曰：鳥隼爲旟。

旓　與昭切。旌旗之旒也。

---

① 第，原無，據例補。下諸"第"同。

旑　於我切，又於蟻切。旌旗旑旎皃。

旎　女綺切。旑旎。

斿　渠衣切。縣旌於竿。

旞　似醉切。全羽爲旞。

旆　同上。

旝　胡外切。《左傳》曰：旝動而鼓。

旃　之延切。《周禮》曰：通帛爲旃。

旜　同上。

旇　普皮切。旗靡也。

施　舒移切。施，張也。又式豉①、以豉二切。

斿　弋周切。旌旗之末垂者。或作游。

旒　力周切。旌旗垂者。

旄　莫刀切。旄牛尾也，舞者持。

旋　徐緣切。周旋也。

旛　妨園切。旌旗摠名也。

旅　力與切。衆也。

㫃　古文。

族　徂鹿切。類也。

旓　所交切。旌旗之旓。

旒　於業、於儼二切。掩光也。

於　央閭切。居也。又倚乎切，歎辭也。

烏鳥　並古文。

旐　文屈切。州里所建旗也。亦作勿。

旜　許非切。動也。亦作揮。

---

① "式豉"後原有"切"字，據楝亭本删。

顲　居起切。失容也。

旐　必姚切。旌旗飛揚皃。

旍　於檢切。

㫍　於了切。旗屬。

勿部第二百五十六，凡三字。

勿　無弗切。非也。又旗也。

昜　弋章切。飛也。

杤　吕至切。古文利。

矢部第二百五十七，凡三十字。

矢　尸視切。箭也。古者牟夷作矢。

㚢　同上，俗。

侯　胡鉤切。射侯。又君也，侯也，何也。

医　古文。

躲　時柘、時益二切。躲弓。今作射。又亦、夜二音。

矯　几兆切。強也，詐也，揉箭箝皃。

短　丁緩切。不長也。

弞　尸忍切。況也。

矧　同上。

㲋　同上。

矰　子登切。結繳於矢也。

矧　式羊、且羊二切。傷也。

矲　蒲楷切。短也。

知　豬移切。識也，覺也。

矣　諧几切。已語辭也。

㚤　牙冷切。小兒。

矮　丘吷切。矮矬，短小兒。

矏　呼吠切。矊矏。

矬　才戈切。短也。

䠰　職劣切。短也。

䠋　必分切。䠋䠜,短小兒。

䠜　子兮切。䠋䠜。

妀　孚法切。矢也。

矔　呼官切。短。

矩　拘羽切。法也。圓曰規,方曰矩。

榘　同上。

矲　丁幺切。犬短尾。

矯　於己切。短兒。

姚　徒了切。矢也。

弓部第二百五十八,凡七十五字。

弓　居雄切。黃帝臣揮作弓。

弭　亡尔切。息也,忘也,止也,安也,滅也。又弓無緣也。

兒　同上。

弴　丁幺、丁昆二切。天子弓也。

弤　同上。畫弓也。又丁禮切,舜弓名。

弲　火玄切。角弓也。

弨　尺遥切。弓弛兒。

弧　戶都切。木弓也。

彏　渠員切。弓曲也。

彄　苦侯切。弓弩端,弦所居也。

彉　弋招切。弓便利。

張　陟良切。施弓弦也。

彎　於關切。引也。

引　余忍、以振二切。《説文》云:開弓也。

弘　羊忍切。挽弓也。

彄　九縛切。張弓急。

弸　悲矜切。弓強皃。又普耕切。

彊　巨章切。堅也。《説文》云:弓有力也。又其兩切。

強　同上。

弙　於孤、口孤二切。弓滿也,持也,指麾也,引也,張也。

弘　胡肱切。大也。

彌　亡支切。大也,偏也[①]。

瓕　同上。

弥　亦同上。

弛　尸紙切。去離也,弓解也。

弿　同上。

彀　古豆切。張弓弩也。

弢　他刀切。弓衣也。

弩　奴户切。弓有臂者。

彉　古鑊切。張也。《説文》:滿弩也。

彍　同上。

彈　比益切。射也。

發　甫越切。明也,進也,行也,駕車也。

羿　乎計、午悌二切。《論語》云:羿善射。又作羿。

彈　達旦切。行丸也。又達丹切。

弸弓　並同上。

弢　皮僞切。弢弢[②],所以張弩也。

---

①　偏,疑當作"徧",建安鄭氏本作"徧"。
②　弢弢,原作"弢發",據棟亭本改。

𢏗 女恚切。㢰𢏗也。

弽 虚葉切。弓𢐀也。

弰 山交切。弓使箭。

彋 禹萌切。弸彋,帷帳起皃。

㢨 於玄切。弓上下曲中。

彇 先幺切。弭頭謂之彇。

彆 卑結、卑計二切。弓戾也。

𢏋 同上。

𢐀 尸涉切。或作韘。

𢐗 豬吏切。青州爲彈曰𢐗。

𢏸 居掾切。𩯭也。

𢏶 五責切。束弓弩。

弣 孚主、芳夫二切。弓也[1]。

弔 都狄切。射也。又作的。

弦 奚堅切。弓弦也。

弶 巨尚切。施置於道也。

弙 胡旦切。《史記》:拒弙關之口。

㢶 司俊切。彇也。

張 吝女切。

弤 彌賓切。施也。

㢲 與魚切。

𢐔 去堯切。引也。

弚 徒東切。弓飾。

𢏳 必耕切。弓也。

① 《篆隸萬象名義》作"弓把也",疑是。

弸 普庚切,又作絣。

㔙 平忙切。弦急。

弻 同上。

彏 女兩切。弓曲。

彁 殖敢切。弓强。

弫 之忍切。弓强。

弮 居阮切,又去圓切。古縣名。

弹 余章切。弓曲也。

弝 必駡切。弓弝也。

弸 陟迸切。引搒也[①]。

弡 巨魚切。

弦 古穴切。

弡 巨勿切。彊勇。

弜部第二百五十九,凡六字。

弜 渠良切。彊也。又巨兩切。

弼 皮密切。左輔右弼也。

彌 同上。

弻 古文。

弼 今文。

鬻 弋粥切,又扶袁切。養生也。

斤部第二百六十,凡三十一字。

斤 居垠切。斫木也。又十六兩爲斤。

斧 方禹切。刀斧也。

斨 且羊切。方銎斧也。

① 搒,楝亭本作"榜"。

斫　之若切。刀斫。
斪　巨俱切。鋤屬。
斸　竹足切。斫也。或作钃。
斲　竹角切。斫也。
斵　同上。
釿　牛引切。劑也。
斮　側略切。斬也，斷也，削也。
所　師吕切。伐木聲也。又處所。俗作庎。
斯　思移切。析也。又此也。
𣂑　古文。
斷　丁管、徒管二切。截也。又丁亂切，決也。
㫁　古文。
断　同上，俗。
斫　力可切。擊也。
斨　思的切。破也，分也。
新　思人切。初也。
斬　俎減切。斷也。
斱　知略切。破也。
斾　叉刮、叉芮二切。斷也。
斻　同上。
斱　古額切。亦作䤋。
斱　時世切。古文誓。
斦　魚斤切。二斤也。
斦　他凋切。斫也。
斦　博棱切。斸也。
斪　其愚切。

貚　知朔切。

斸　枯婁切。

矛部第二百六十一，凡二十八字。

矛　莫侯切。酋矛，長二丈，建兵車。

釨　古文。

稂　力當切。矛屬。

穚　口大切。矛屬。

稩　叉白、側白二切。矛屬。

穳　千喚切。鋋也。

欈　同上。

秎　女六切。刺也。

穜　渠巾切。矛柄也。

矜　同上。又居陵切，自賢也。

矞　呼的切。長矛也。

殳　呼役切。矛也。

稨　几偃切。矛也。

稌　丈買切。矛也。

稍　山卓切。矛也。

稢　扶容切。稢稢，矛有二柄。

穜　同上。

稩　如容切。稢稩。

䄴　大冬切。刺矛也。

秜　時奢切。短矛。亦作鏇。

稷　子心切。錐也。

穫　居縛切。

種　尺鍾切。短矛也。

緫 楚雙切。矛也。

絁 式之切。

緱 胡鉤切。

羿 許进切。

矠 去的切。矛也。

戈部第二百六十二,凡五十一字。

戈 古禾切。平頭戟,長六尺六寸。

肇 池矯切。長也,始也。

戎 如終切。《説文》作戎,兵也。

戒 同上。

㦝 渠隹切。戟屬。

戜 古寒切。戜盾也。

戟 居逆切。三刃戟也,雄也。《説文》作戟,有枝兵也。

戟 同上。

戛 古札切。戟也,常也。

賊 在則切。盜也,傷害人也。《説文》作賊,敗也。

賊 同上。

戍 舒樹切。守也,遏也。

戰 之膳切。鬪也。

戲 忻義切。兵也。又戲笑。又虚奇切。

或 胡國切。有疑也。

戜 徒結切。利也,常也。國名也,在三苗東。

戭 余忍、余淺二切。長槍也。

截 在節切。齊也,治也,斷也。亦作截。

戕 苦眈切。殺也。

戕 在良、七良二切。殘也,殺也。

戮　力竹切。辱也,殺也。

戡　竹甚切。小斫也。又苦耽切。

𢦏　子廉切。田器。又盡也。

𢦔　子來切。《説文》曰:傷也。

戩　子踐切。福也。亦滅也。

武　亡禹切。健也,跡也,力也。

戢　側立、楚立二切。聚也,斂也。

𢧜　之力切。

矛　莫侯切。古文矛。

戫　如欲切。戟也。

戵　五勞切。戟鋒也。

𢧵　充允切。亦蠢字。

甬　余種切。古勇字。

戮　子感切。古寁字。

戜　古額切。鬬也。

戢　詞立切。古襲字。輕師不備也。

戕　楚良切。古創字。

戠　莊略切。古斮字。

戈　古獲切。割耳也。

戔　在安切。傷也,賊也。

戔　賊安切。多。

𢦙　各何切。

戲　荒姑切。

戩　思廉切。細也。今作韱。又山韭也。

𢧀　音誅。戈也。

𢧌　與章切。戈也。

戫 余鍾切。戮也。

䣕 詰廉切。矛也。

㦿 巨尤切。矛飾。

瓨 胡瓦切。《説文》曰：擊踝也。

䣉 徒弄切。船板木。

殳部第二百六十三，凡二十八字。

殳 時珠切。長丈二尺而無刃。

柲 時朱切。軍中所持也。

殼 空角切。物皮空。

瑴 公狄切。係也。

㲉 巨今、竹甚二切。治也，制也。

毼 丁外、丁括二切。殳也。

毃 市流切。縣物殼擊也。

殹 同上。

毆 於口切。捶擊也。

瞉 口交、口卓二切。擊頭也。或作敲。

䤺 市真切。喜而動兒。又音藤。

段 徒亂切。投物也。

殽 胡交切。雜亂也，和也。

殹 烏計切。擊中聲。

毃 大宗切。擊聲。

毅 魚記切。致果也。

殽 居又、去流二切。揉屈也。

毇 公才切。毇者，剛卯也。

殿 徒見切。大堂也。又丁見切。

毃[1]　丈耕切。推也。

築　中六切。亦作築。

㱮　息俊切。

毃　居小切。

毄　居藝切。

毚　初万切。

毚　在各切。穿毚也。

毀　音終。

投　徒透切。遥擊也。古爲投。

殺部第二百六十四，凡六字。

殺　所札切。斷命也。又所界切，疾也。

布𣪠徽　並古文。

殺　籀文。

弑　式吏切。亦作殺。

戉部第二百六十五，凡二字。

戉　禹月切。黄戉，以黄金飾斧也。又作鉞。

戚　千的切。戉也。或作鏚。

刀部第二百六十六，凡一百九十六字。

刀　都高切。兵也，所以割也。亦名錢，以其利於人也。亦名布，分布人間也。又丁幺切。《莊子》云：刀刀乎。亦姓。俗作刁。

鈵　孚至切。刀握也。或爲鉍。

剽　五各切。刀劍刃也。

削　思略切。刻治也。又思妙切，所以貯刀劍刃。

刉　古侯切。鐮也。

---

① 字頭原訛作"毃"，據澤存堂本改。

剞　居蟻切。刃曲也。

刘　同上。

剴　公哀、五哀二切。切也，動也，摩也。

刜　九勿、九月二切。剞刜也。

劂　同上。

利　力至切。義之和也，善也，剡也，銛也。

剡　以冉切。削也。又剡剡，光皃。

初　楚居切。始也。

則　子得切。法也。

𠞋　古文。

勑　籀文。

刻　苦則切。鏤也，怠也，割也。

剋　古文。

割　柯曷切。截也。

创①　古文。

刌　怱混切。切斷也。

切　妻結切。治骨也，斷也，急也。又七計切，一切也。

判　普半切。分散也。

劈　先列、魚乙二切。斷也。

劌　居衛切。利傷也。

刉　九祈切。切刺也。又公外切。

副　普逼切。坼也，破也。又芳富切，貳也。

疈　籀文。

剖　普后切。判也，中分爲剖。

---

① 创，棟亭本作“刅”。

列　力泄切。《説文》作刿,分解也。

刿　同上。

劈　普辟切。裂破也。

辨　皮莧切。具也。又音片。《爾雅》云:革中絶謂之辨。

剗　竹劣切。削也。

劇　達各切。治木也,分也。

刊　口干切。削也,定也,除也。

削　於玄切。挑也,剜也。

刵　古文。

剐　公八切。去血也,割也。

劵　力咨切。剥也。

劽　同上。

刷　所刮切。鬝剃。又刷拭也。

劃　乎麥切。以刀劃破物也。

劃　古文。

刮　古猾切。摩也。

删　所姦切。定也,剗也。

刲　口圭切。屠也,刺也。

刲　同上。

剽　孚妙切。《史記》云:行剽殺人也。削也,截也。

刖　五厥、五刮二切。斷足也。

剉　子臥、士臥二切。去芒角也,斫也。

劖　士咸切。斷也。

剿　子小切。絶也。

剿　同上。

刾　楚乙切。傷割也。又割聲也。

刜 扶弗、孚弗二切。斫也,擊也。

刓 五元切。削也。

制 之世切。法度也,裁也,斷也,折也。

㓞 古文。

㓠 都忝切。缺也[1]。或作玷。

釗 之姚切。遠也,剽也。周康王名。又古堯切。

刺 且利切。殺也。又七亦切,針刺也。

劓 魚器切。割也,截鼻也。

劓 同上。

刵 而至切。截耳也。

刳 口孤切。空物腸也[2],判也,屠也。《易》曰:刳木爲舟。

罰 扶發切。罪罰也。

刑 户丁切。法也,罰揔名也。

荆 同上。

剄 古泠切。以刀割頸也。

剸 子本切。減也,斷也。

㓦 乙牙切。刎也。

券 丘萬切。契書也。

創 楚良切。傷也。又楚亮切,始也。

劉 力牛切。鉞殺也,陳也。

劑 才細切。剪齊也。

刎 亡粉切[3]。割也。

𠠎 於溝切。剜也。

---

① 缺,原作"鈌",據楝亭本改。
② "口孤切空"原脱,據楝亭本補。
③ 切,原作"也",徑改。

劃　徒溝切。副也。

刻　下千切。到也。

剔　丁盍切。著也。

舂　尺庸切。刺也。亦作劋[①]。

扮　力活切。削也。

剌　力達切。戾也,恥也。

劗　又亂、又芮二切。斷也。

剢　力一切。斷也,削也。

軔　同上。

剝　丑全切。削也,去枝也。

劙　力支切。解也,分割也。

剜　於丸切。剜削也。

劦　力涉切。減削。

劊　胡圭切。減也,削也。

剚　又律切。割斷。

剅　丁侯切。小裂也。

劇　唯芮切。籀文銳。

劃　公臥、公禍二切。鐮也。又刈劀。

刌　古紅切。銍也。

剻　補護切。裁刀也。

劀　音監。劀聚,細切也。

剸　旨善切。攻也。

刈　魚廢切。穫也,取也,殺也。

劀　郎石切。劙開也。

劐　呼鑊切。裂也。

劆　口號、口郭二切。解也。

劘　籀文。

剽　才候切。斷也，細切也。

刎　莫鹿切。刎桑也。

劁　才焦切。刈穫也。

剗　楚簡切。剗削也。

刐　丁幺切。斷取也。

刟　同上。

劇　巨戟切。甚也。

劋　魚劫、七葉二切。接續也。

剬　仕弓切。鍤屬。

剸　都管切。古斷字。

剃　他計切。鬍也，除髮也。亦作鬀。

剝　叉丈切。皮也。

剳　力各切。剔也。

剔　他狄切。解骨也。

㓹　同上。屠也。

劗　之善切。伐擊也。

剅　丁奚切。刲也。

剭　乙角切。形也[①]。

剋[②]口得切。勝也。

剠　力向切。奪也。亦作掠。

劘　莫何切。削也。

① 形，疑當作"刑"，《博雅》作"刑"。
② 字頭原訛作"剋"，據通例改。

劗　子踐、子丸二切。鬄髮也，減也，切也。或作揃。

剒　且落切。《爾雅》曰：犀謂之剒。亦作錯。

劊　口怪切。斷也。

剻　丁幺切。剻琢也。

劍　居欠切。籀文劒。

朁　徂感切。剆劗也，刺也。

剒　楚佳切。剆剒。

剆　力可切。擊也。亦作斫。

剝　北角切。剝削也。《説文》曰：裂也。

刌①　同上。

剈　烏玄切。與淵同②。

剺　力之切。直破也。

剆　素奚切。剌也。

剬③　多丸切。齊也。

劇　居言切。剔也。

剓　匹迷切。削也。

刨　薄茅切。削也。

劙　力竹切。削也。

剸　徒官切。截也。又旨兗切。

剔　他凋切。剔也。

刮　古花切。割也。

劀　盧兜切。穿也。

劊　山俱切，又公節切。割也。

---

① 刌，原訛作“切”，據棟亭本改。
② 同，原作“之”，據棟亭本改。
③ 字頭原訛作“剬”，據澤存堂本改。

劕 匹奚、匹計二切。劕斫也。又方蔑切。

𠛱 力珍切。削也。

劦 歷低切。姓。又力脂切。

剛 古郎切。强也。

剦 於嚴切。刑也。

㔙 北朋切。斫也。

𠚵 力九切。

𠛵 莫忍切,又草賔切[1]。𠛵削。

刐 得旱切[2]。割也。

㓴 而兖切。刺也。

㓻 於景切。刺也。

𠛅 古火切。割也。

𠞽 音鎖。切也。

𠛓 匹鉛切[3]。鈞也。

𠛰 符沸切。刖也。

𠛸 丁臥切。斫。

刋 七見切。切也。

𠠊 魚弔切。削也。

𠛝 所鑑切。刀剣。

𠛲 七鴆切。剋也。

㓹 所罵切。刺也。

劃 去近切。

𠞰 力計切。

---

① 草賔切,疑當作"莫賔切"。

② 得旱切,原作"得草切",據楝亭本改。

③ 匹鉛切,原作"匹鋭切",據楝亭本改。

剳 丁盍切。剳剅也。

刮 口八切。與刦同。

劅 貞角切。刑也。

𠛬 魚乙切。

刹 初八切。刹柱也。

㓤 而利切。削也。

刟 北角切。

劀 古滑切。去惡肉。俗劀字。

劽 俗列字①。

剗 仕鏟切。剗草刀。俗又直叶切。

劅 普末切。劅刺。

劀 先活切。

刏 古穴切。剔也。

劊 古活切。斷也。又古會切。

㓤 所流切。刈也。

剿 思録切。細切也。

刢 初洽切。切聲。

剩 時證切。不奢也。

劋 符碑切。剥也。

剪 俗翦字。

𠝫 慈賤切。古文前。

劖 戶關切。《地理志》：樸劖縣，在武威。

刷 古瓦切。剔肉値骨也。《説文》作㕊。

刖 五骨切。舩在水不安謂之刖也。

---

① 字，原作“切”，據棟亭本改。

韧部第二百六十七,凡四字。

韧　口八切。巧韧也。

挈　苦結切。開也,别也,其約即作契。

㓼　力灼切。今作略。又籀文剠。

㓼　公八切。骱㓼,刷刮也。

刃部第二百六十八,凡六字。

刃　如振切。刀刃也。

劍　居欠切。軍器,所帶兵也。

㓜　布角切。古文剥。

刵　楚良切。刃傷也。或作創。

劅　徒木切。

刅　楚良切。《説文》云:傷也。

玉篇卷第十八凡十六部

金部第二百六十九，凡四百七十三字。

金　居音切。《説文》曰：五色金也，黄爲之長，久薶不生衣，百鍊
　　不輕，從革不違。西方之行，生於土。

釡　古文。

銀　語巾切。《爾雅》云：白金謂之銀。

鐐　力彫、力弔二切。《爾雅》云：銀美者謂之鐐。

鋈　烏篤切。白金也。

錫　思的切。鉛錫。又與也。

鈏　羊刃切。白錫也。《爾雅》曰：錫謂之鈏。

銅　徒東切。赤金也。

---

① 第，原無，據例補。下諸“第”同。

鏈　力仙切。鉛礦也。

鍇　器駭、古諧二切。《說文》云：九江謂鐵曰鍇。

鐵　他結切。黑金也。

鐡　俗。

銕　古文。

鍊　力見切。治金也。

鏊　大幺切。鐵也。又彎首銅也。

銑　先典切。金也。

錄　力玉切。貝文也。《說文》曰：金色也。

鏗　古田、古甸二切。剛也。

鑗　力脂切。金屬。

黎　同上。

鑄　之樹切。鎔鑄也。

銷　思樵切。鑠金也。

鑠　式灼切。銷鑠也[1]。

鑲　女羊、汝羊二切。鉤鑲，兵名。

鋏　古協切。劍也。

鋌　達鼎切。《說文》曰：銅鐵樸也。

鐼　扶分切。鐵也。又音訓。

鍛　多亂切。椎也。

鐃　呼皎切。鐵文也。

鏡　居映切。鑑也。

銤　尺爾切。《說文》曰：曲銤也。又曰鬻鼎也。

鈲　同上。

鈃　胡丁切。《説文》曰：似鐘而頸長。

鐘　職容切。樂器也。

鍾　之容切。聚也，酒器也。

鏗　胡經、下冷二切。温器也。

鑊　胡郭切。鼎鑊。

鑒　古銜、古懺二切。察也，形也，式也，盆也。

鑑　同上。

鑴　呼規、胡圭二切。大鑊也。

鐆　似醉切。陽鐆，可取火於日中。

鐩　同上。

鍪　莫侯切。鍑屬。

鍑　方宥切。似釜而大也。

鉁　他殄切。小釜也。

銼　才戈切。銼鑪，鍑也。

鑪　力戈切。銼鑪也。

鉶　何經切。羹器也。

鎬　胡道切。温器也。又鎬京。

鏕　力木切。鉅鹿，郷名。俗作鏕。

鑘　於刀切。《説文》曰：温器也。

銚　弋昭切。温器也。

鐎　子消切。温器有柄也。

鎧　大口切。《説文》曰：酒器也。亦作罌。

鋗　呼玄切。小盆也。

鑂　無非切。鉤也。

鐀　于桂切。銅器。三足有耳也。

鉉　胡犬切。鼎耳也。

鋊　余玉、余鍾二切。銅屑也。

鑥　力古切。釜屬。

鎣　余傾切。器也。又烏定切。

錡　宜倚切。三足釜也。又渠儀切。

錜　丑涉、楚洽二切。長鍼也。

鉥　時橘切。長針也。

鍼　之林切。《説文》曰：所以縫也。又渠廉切。

針　同上。

鈹　普皮切。大針也。又劒如刀裝者。

鑱　仕衫、仕懴二切。刺也，鑿也。

鏨　才敢切。小鑿也。

鑿　在各切。穿也，鑿也。又子各切。

鑿鑿　　並同上。

鈕　女九切。印鼻也。

銎　去恭切。斤斧空也。又銎銎，擊皃。又許顒切。

鐅　普結切。鐅刃。

銛　思廉切。銛利也。

錢　子踐切。田器也。又疾延切，財也。

鈐[1]乎潭、巨廉二切。耕類也，車鐕也。

錇　大罪、大果二切。犁鐴也。

鏺　浦末切。鎌也，兩刃，有木柄，可以刈草也。

鎌　力詹切。刈劬也。

鐮　同上。

鉏　仕菹切。田器。又仕吕切。

---

[1]　字頭原訛作“鈴”，據棟亭本改。

鋤　同上。

鑼　彼皮切。耜屬。

鍥　古節切。鎌也。又口結切。

鏧　同上。

鉊　之姚切。鎌也。

銍　知栗切。刈也。《説文》曰：穫禾短鎌也。又之一切。

鎮　知刃切。安也，重也，壓也。

鉆　其沾切。鐵銸也。又敕淹切。

銸　女輒切。拔髮也。

鑷　同上。又車綦也。

鈇　特計、直賴二切。鉗也。

鉗　奇炎切。以鐵束物。又奴所著。

鋸　居庶切。解截也。

鐕　子南切。無蓋釘。

錐　之惟切。鍼也。

鏝　亡干切。泥鏝也，大戟也。

鑽　子亂、子丸二切。所以穿也。

鑢　力庶切。錯也。

鋁　同上。

銖　市朱切。十二分也。

鋝　力輟、所劣二切。量名。

鋒　同上。

鈀　補加切。候車也。又普加切。

鍰　乎關切。六兩也。

錘　直危切。稱錘也。

鈴　力丁切。鈴鐸也。

錙　仄飢切。八兩爲錙。

鈞　古純切。三十斤也。

銞　古文。

鎔　弋鍾切。鎔鑄也。

鏞　弋鍾切。大鐘也。

銿　同上。《説文》與鐘同。

鐲　丈角切。鉦也[1]，形如小鍾[2]。又音蜀。

鐃　女交切。似鈴無舌。

鉦　之盈切。鐃也，鉦以静之，鼓以動之。

鐸　達洛切。所以宣教令也。文事木鐸，武事金鐸。

鎛　旁各切。似鍾而大[3]，四時之聲也。又補各切。

鈁　甫王切。鍾也[4]。

鏄　布各切。田器也。又鏄，解獸似人，懸鐘橫木也。

鍠　胡觥切。鐘聲也。亦作韹。

鎗　楚庚切。金聲也。

錚　同上。

鏜　他當切。鼓聲也。

鏓　且公切。大鑿，平木器。

鏊　丘并、去政二切。金聲也。

鐔　徒含切。劍鼻。又夕林、時占二切。

鍛　所界、所點二切。長刃矛。

鏌　靡各切。鏌鋣，劍名。

鋣　以蛇切。鏌鋣。

鄒　同上。

----

① 鉦，原作“征”，據澤存堂本改。
②③④ 鍾，澤存堂本作“鐘”。

鏢　匹燒切。刀削末銅也。

鈒　所及切。鋋也。又穌合切。

鋋　市然切。小矛也。

銳　徒會切。矛也。又弋稅切。

鉈　市邪切。矛也。

鏦　楚江切。矛也，撞也。

鏒　同上。

錟　大甘切。長矛也。又他甘切。

鐏　在困切。《說文》曰：秘下銅也[1]。

鏐　力幽切。紫磨金。

鐵　大對切。鐏也，矛戟下銅也。

錞　同上。又市鈞切。

鍭　平溝、平豆二切。鏷箭也。

鏑　丁狄切。矢鋒也。

鋧　丁兮切。鋒也。

鎧　口代切。甲也。

錏　乙加切。錏鍜，頸鎧也。

鍜　下加切。錏鍜也。

釬　何旦切。《說文》曰：臂鎧也。

銲　同上。又銲器也。

鐧　古鴈切。車軸鐵。

釭　古紅、古雙二切。車釭。

釳　許乙切。鐵孔也。

鏏　時世切。車樘結。又銅生五色也。

---

[1]　今本《說文》作“秘下銅也”，是。

鑾　力完切。鑾和以金爲鈴也。

鍚　餘章切。鏤鍚，馬面飾。

錫　同上。

銜　下監切。馬銜鐵。

鈛　居業切。《説文》曰：組帶鐵也。

鑣　彼苗切。馬銜也。

鈇　方于、方宇二切。鈇鉞。又剉斫刀也。

鐅　先列切。田器也，椊也。又之二切。

釕　都脁切。釕魚也。

銀　力當切。銀鐺，鎖也。

鐺　音當。銀鐺。

鋂　莫回切。大鐶，一鐶貫二也。

錗　於罪切。錗鑘，不平。或作磈。

鑘　力罪切。或作礧。

鑛　許氣切。怒戰也。

鋪　普胡、撫俱二切。陳也，張也。

鐉　此全切。門鉤也。又所劣切，六兩也。

鈔　楚教、楚交二切。强取也，掠也。

錫　他點切。取也。

錔　他荅切。器物錔頭也。

鐥　之善切。割也。

鈌　古穴、於穴二切。刺也。

鏉　山近切。鐵銹也。

鎘　力近切。鏉鎘也。

鐕　眉巾切。鐕業也，箄税也。

鏃　子木切。箭鏃也。

鎦　力牛切。古劉字。

鉅　强語切。大也。今作巨。

鎕　徒郎切。鎕鍗，火齊也。

鍗　大兮切。鎕鍗。

鈋　五戈切。削也。

鐓　徒對切。千斤椎。

鍒　如周切。《說文》曰：鐵之耎也。

錭　大刀切。鈍也。

鈭　子奚、徂奚二切。刀利也。

鎝　同上。

鈍　大困切。頑鈍也。

銶　奇休切。析也。又鑿屬。

鈚　普的、普賜二切。裁名也。

鏀　公兮切。堅也。

鏵　胡瓜切。鏵鍫也。

釫　同上。

鍏　于非切。臿也。

鍵　奇蹇切。壯也。又管鑰。

鑓　同上。

釵　楚街切。婦人歧笄也。

鏷　步桔切。鏷鏺，矢名。《春秋》作僕姑。

鏺　古胡切。鏷鏺也。

鎭　弋脂切。戟無刃。

錫　都丸切。鑽也。

鎞　渠追切。與戣同。

鐫　胡桂切。銳也。

鋖 竹劣、竹芮二切。針也。

鈌 居列切。鉤鈌也。

錕 公本切[1]。車釭也。

鉀 古狎切。鉀鑪，箭。

鍋 古和、公禍二切。車釭，盛膏器。

鐹 公臥切。刈釛也。

鍫 七消切。臿也。

鐰 同上。又才刀切。鐵剛折。

鋡 胡耽切。受也。

鍮 他侯切。鍮石似金也。

鋀 同上。

鉐 音石。鍮鉐。

鏳 仕萠切。玉聲也。

鎢 於胡切。鎢錥，小釜也。

錥 余六切。温器也。

鈳 於河切。鈳鏻，小釜也。

鈷 柯魯切。鈷鏻也。

鏻 莫朗切，又莫補切。

釜 扶甫切。鍑屬。亦作鬴。

釴 餘力切。鼎附耳外也。

鐪 力古切。釜也。

鑋 方皮切。鉏也。

鉾 力刀切。鉾鑪，錍也。

鏌 莫鄧切。鐶也。

① 本，原作“木”，據楝亭本改。

鋇　布外切。鋒也[1]。

鉰　辭理切。亦作耜。

鉿　公合、古洽二切。聲也。

鑀　亡結切。小鋌也。

鉒　竹句切。器也，送死人具也。

鑅　大頰切。鋌也。

鐴　補狄切。犂耳也。

鋂　丁果切。缺也。

釤　山鑒切。大鎌也。

鑲　亡支切。青州人呼鎌也。亦作鑒。

鈑　布綰切。餅金也。

鐇　甫園切。廣刃斧也。

鏻　力丁、力仁二切[2]。健兒。

鈈　扶侯切。鈈鏂，籢飾也。

鏂　於侯切。鈈鏂也。

鍝　牛于切。鋸也。

钁　渠月切。磨也。

鎜　步安切。古文盤。

錜　乃頰切。小釵也。

鉇　才夜切。鏡鉇也。

錭　丑善切。長也。

鎡　子辭切。鎡錤，鉏也[3]。

錤　渠基切。鎡錤也。

---

① 《篆隸萬象名義》作“柔鋌”，此當作“鋌也”。

② 力仁，原作“方仁”，據棟亭本改。

③ 鉏，原作“錤”，據棟亭本改。

鋘 力内切。平板具。

鍁 口涣切。燒鐵久①。

鉎 所京切。鏉也。

鎒 呼高切。除草也。又奴豆切。

銃 尺仲切。銎也。

鉠 於良切。鈴聲。

鑹 古喚切。穿也。

鉌 胡戈切。鈴也。

釧 充絹切。釵釧也。

鋫 除例切。除利也。

鈵 彼病切。固也。

鏊 五高、五到二切。餅鏊也。

鉟 匹眉切。刃戈也。

錇 於劫切。椎也。

鏗 口耕切。鏗鏘,金石聲也。

鋥 同上。

鐻 渠吕切。器名也。

钀 魚傑切。鑣也。

鑈 奴頰切。堅正也。

鋷 同上。

鉞 于月切。斧也②。亦作戉。

鏟 仕間切。小鑿也。

钃 陟玉、時囑二切。鉏也。

鋈 都毒切。䤪舌也。

① 久,楝亭本作“灸”。
② 斧,原訛作“脊”,據楝亭本改。

鐶　胡關切。

鍸　戶徒切。亦瑚字。

鍔　五各切。刀刃也。

鐖　居衣切。鉤逆鋩

鉢　補末切。器也。

鐍　古穴切。環有舌。與觼同。

錡　魚倚切。釜也。與敧同。

鏬　張略切。钁也。

鍪　亡侯切。

鬲　力狄切。或作鬲。

鐳　力回切。劒首飾也。

鑰　餘灼切。關鑰也。

鉍　彼冀、彼密二切。矛柄也。

鈇　持枉切。古文紩。

鈮　奴禮切。古文樆。

鎩　戶監切。古作陷。

鎖　思果切。鐵鎖也。

鏁　俗。

鏟　楚簡切。平木器。

銅　徒冬切。鉏大皃。

鋺　於元切。鉏頭曲鐵也。

鍈　於卿切。鈴聲也。

鋒　孚逢切。刀刃也。

鍑　胡罪切。弩牙也。

鎚　都雷切，又直追切。鐵鎚也。

鏒　思感切。

鋐　户萌切。器也。

鉤　古侯切。鐵曲也。

鎍　息咨切。平木器。

鐁　同上。

錀　力屯切。

錺　普忙切。削也。

銓　七全切。平木器。又銓衡也。

銻　徒奚切。

鎮　必申切。鐵也。

鈿　徒練切。金花也。又音田。

鐻　渠离切。軸鐵也。

鑐　息臾切[1]。鏁鑐也。

鏤　力俱切。屬鏤，劍名。又音漏。

錳[2]　莫庚切。

鐈　渠驕切。鐈，鼎長足者。

鍒　莫賓切。鍒，鐵葉。

鉋　蒲矛切。平木器[3]。又防孝切。

鏩　古麥切。鐵器。

鏓　司龍切，又烏咢切。

錩　丑兩切。利也。

鋩　無方切。刃端。

鋼　古昂切。鍊鐵也。

鑟　胡觖切。鍾聲。

---

① 息臾切，棟亭本作"思臾切"。
② 字頭原訛作"鍊"，據棟亭本改。
③ 平木，原作"釆水"，據棟亭本改。

鏛　時羊切。磨也。

鏅　宿由切。鋌也。

釘　的苓切，又都定切。

鞱　吐刀切[①]。

釚　渠牛切。弩牙。

鈚　匹犂切。箭也。

鎪　師由切。鏂也。

鎪　同上。

鉅　胡鉤切。鏂鉅，鏗鏺。

鉛　役川切。黑錫也。《説文》曰：青金也。亦作鈆[②]。

鑨　盧冬切。器也。

鉖　徒冬切。釣鉖。

鈚　薄离切。鐵也。

鉼　方乎切。金版。

鍷　五圭切。鍷也。

鞋　決倪切。

鑼　莫羅切。金。

鉚　祝由切。

錨　眉遼切。器。

鈊　思林切。金名。

銑　口觥切。

鎏　力由切。美金。

鑶　昨郎切。鈴聲。

鏷　乎觥切。鐘聲。

---

① 刀，原訛作"切"，據楝亭本改。
② 鈆，原訛作"鉛"，據澤存堂本改。

鐕 兹犂切。切也。

鋏 力升切。金名。

鑐 殊倫切。器。

鋑 七桓切。鋑刀也。

鈉 而斂切。鐵也。

鉆 如針切。《廣雅》云：鏊也①。又如甚切，鍖鉆。

鍖 丑甚切。鍖鉆。

錧 公滿切。車具也。

鏻 莫短切。金也。

鍽 補輦、卑連二切。

釩 芳犯切。拂也。

鎈 相可切。金光。

鉽 時以切。劍名。

鈰② 祖里切。剛也。

鋅 同上。又金皃。

鈽 知駭切。金也。

鑷 七林、子廉二切。以爪刻版也③。

鎤 魚鬼切。以撲鋸齒也。

鋙 宜吕切。樂器也。

鋙 同上。

鏖 於塞切。兩刃戟。

鉸 古咬、古效二切。釘鉸。

---

① 鏊，原訛作「鯗」，據棟亭本改。
② 字頭原訛作「鈄」，據棟亭本改。
③ 爪，原作「瓜」，據棟亭本改。

鐆　息讚切。弩①。

鉂　食指切。箭頭。

錗　竹瑞切。

鑘　七回切。鑘錯也。

鋄　亡犯切。馬首飾。

釥　七小切。美金也。

鑕　舒養切。或作鏑。

鉼　畢領切。《爾雅》曰：鉼金謂之鈑。

鉂　色淬切。鐶。

鑄　時厠切。莊鑄也。

鬼　五罪切。金鬼也。

鈀　夕次切②。金子也。

鋺　於遠切。秤鋺也。

鍍　音度。金鍍物也。

鐠　徐兩切。

鍼　火外切。鈴聲。

錊　子對切。鍊。

鑛　古猛切。鑛鐵也。

鏴　力故切③。

鐦　徒鍊切。

錴　乎鈎切④。

鑫　呼龍切，又許金切。

---

① 《篆隸萬象名義》作"弩牙緩"，疑此有脱文。
② 夕次切，棟亭本作"夕以切"。
③ 切，原訛作"刃"，據棟亭本改。
④ 鈎，原訛作"釣"，據棟亭本改。

鋥　直孟切。磨鋥。

鋠　食振切。圓鐵。

鈗　而税切。鋭鈗。

鈶　本妹切。柔鋌。

鍥　尺制切。除草器。

鬷　死聾切[①]。金毛也。

鐆　辭類切。鏡也。

鉺　如志切。鉤也。

鑢　力預切，力魚切。

鑋　翌怒切[②]。

鋼　古路切。鋼鑄。

鉎　所諫切。

錖　徒弔切。燒器也。

鈉　呼内切。金鈉。

爛　力旦切。金光皃。

鋀　音豆。

鍒　人絹切。銀。

鑕　章溢切。鐵鑕砧。

鋊　渠驗切。金。

釟　補戛切。治金也。

鈛　胡刻切。金。

鍊　蘇禄切。

鈺　五録切。

鑠　思欲切。金。

---

① 死聾切，棟亭本作“葹聾切”。
② 翌怒切，棟亭本作“翌恕切”。

鉨　余律切。針。

鎙　音朔。鐶鎙。

鋦　區律切。鋦鈗①。

鈗②　辛律切。

鮄　浮勿切。飾也。

釻　魚厥切。兵器也。

鉑　蒲各切。金。

鎙　所革切。鐵槍。

鉏　殂鶴切。釜也。

鶴　徒骨切。

鈒　得立切。

鉻　古額切。鉤。

鍀　都盍切。

鈉　如盍切。打鐵。

鉒　舒力切。糒也。

鑈　他盍切。鑈鑪,箭。

錠　仕朔切。鎖足也。

鈠　營歷切。器也。

鎰　羊質切。二十兩。

鐭　音隩。温器。

鎘　盧的切。釜。

鈤　祖誨切。

鑡　初角切。

鍱　音葉。鐵鍱也。

---

① 鈗,原訛作"鈗",據棟亭本改。
② 字頭原訛作"鈗",據棟亭本改。

鈔　時獵切。

銦　君玉切。以鐵縛物。

鏘　七良切。鏘鏘聲。

鉑　莫伯切。鉑刃,軍器。

鑞　盧甲切。錫鑞也。

鉁　祖立切。

釙　普剥切。金釙。

鎓　于劫切,又他盍切。

钁　居縛切。鋤钁。

鐻　局虞切。軍器也。

鈯　徒鶻切。鈍也。

鐼　徒兮切。器也。

鏧　七昔切,又力宗切。

鈸　音跋。鈴也。

鑯　千歷切。干鑯。

鑯　子廉切[1]。《説文》曰:鐵器也。一曰鐫也。

釦　音口。金飾器口也。

鈂　竹深切。《説文》曰:舀屬。

鏇　徐專切。圓轆轤也。又徐釧切,轉軸,栽器也。[2]

鐴　下戛切。車鐴也。

錍　匹迷切。《説文》:錍鉴,斧也。又音卑。

銘　莫經切。《周禮》曰:凡有功者,銘於太常。

錯　七各切。鑢也,雜也。《説文》:金涂也。又音厝。

鏶　音集。《説文》:鍱也。

---

①　子,原訛作“于”,據棟亭本改。
②　鏇,原訛作“鏃”,據棟亭本改。

鐙 音登。《説文》：錠也。又多鄧切。

錠 徒徑、都定二切。錫屬。《説文》：鐙也。

鎞 必兮切。鎞釵也。

鎡 千支、子移二切。鎡錤，斧也。

支部第二百七十，凡一百七十七字。

攴 普卜、普角二切。小擊兒。

攵 同上。

徹 丑列切。通也，明也。又直列切。

徹 古文。

攱 眉隕切。勉也。

暋 同上。

敏 眉隕切。敬也，莊也，疾也。

啓 口禮切。《説文》云：教也。又開發也。

肇 直皎切。俗肇字。

敂 布格切。附也。

敄 無禹切。强也。

攺 舒枝切。亦施字。《説文》：敹也。

效 胡教切。法效也。

政 之盛切。《説文》曰：正也。

敷 芳于切。布也。亦作敷。

敟 丁殄切。常也。今作典。

敕 力米切。數也。

數 所屢、所縷二切。《説文》：計也。

攽 悲貧切。分也。

敳 五哀切。有所治。

孜 子辭切。《説文》曰：汲汲也。

敞　昌掌切。高也。

改　公亥切。更也。

敕　丑力切。誡也。今作勑。

敢　而涉切[1]。使也。

變　碑媛切。變化也。

㪅　古孟切,又古衡切。代也,歷也,復也。今作更。

敹　力幺切。簡也,擇也。

斂　力冉切。收也,略也。又力豔切。

敽　居表切。擊連也[2]。

㪉　公沓切。合會也。

敶　除珍、丈刃二切。列也。亦作陳[3]。

敵　大的切。對也。

敓　徒活切。强取也。

赦　式夜切。放也,置也。

赦　同上。

攸　余周切。所也。

斁　余石切。猒也。又都故切。

汝　亦攸字。

㪬　孚甫切。或作撫。

敩　于非切。庋也。

敉　武婢切。安也,撫也。

敭　弋章切[4]。亦作揚。

---

① 而涉切,原作“而頻切”,據棟亭本改.

② 《篆隸萬象名義》作“繫連”,疑是。

③ 陳,原作“迷”,據棟亭本改。

④ 弋,原訛作“戈”,據棟亭本改。

攈 巨云切。朋也。

救 居又切。助也。

敦 都昆切。理也。

敳 胡怪切。毀也。又古拜切。

敗 步邁切。覆也，壞也，破也[1]。又補邁切。

敗 籀文。

敕 力舘切。惰也，亂也。

寇 口候切。暴也。

敕 竹几切。刺也。

畢 畢蜜切。盡也。

斁 徒古切。塞也。

敛 乃頰切。閉也。或作捻。

收 式由切。《說文》曰：捕也。

鼓 之録切。擊也。又公戶切。

敀 枯苟切。或作扣。

攷 口道切。今作考。

攻 古洪切。善也。

敆 五雞、五禮二切。鞁敆。

鞁 布計、布采二切。鞁敆。

敲 口交切。擊也。

敠 竹角切。擊也。

敿 烏往切[2]。曲也。今作枉。

敊 火之、力之二切。《說文》云：坼也。

斀 都角切。《說文》云：去陰之刑也。

---

[1] 破，原訛作"陂"，據棟亭本改。
[2] 烏往切，原作"烏住切"，據棟亭本改。

敔 魚吕切。樂器名。

敜 巨林切。持止也。

敊 視由切。計也。《説文》曰：棄也。

斁 同上。

牧 莫六切。畜養也。

敤 口果、口臥二切。研理也。

畋 唐年、唐見二切。平田也。

敇 楚革切。擊馬也。

敭 叉萬切。小春也。

敳 公幺、公的二切。擊也。

敊 他達切。古撻字。或作達。

攺 余止切。大剛卯①，以辟鬼。

敍 徐吕切。次第也。

斆 下孝切。教也。《説文》與學同。

教 居孝切。教令也。

斅 斆 並古文。

敊 充句切。爲也。

攲 匹之、皮美二切。器破也。

敳 除耕切。敦撞也。

敹 匹幺切，又普交切。擊也。

敘 余刃切。擣也。

敆 丘含切。敆敇也。

敆 丘儀、丘蟻二切。敆也。

毇 初委切。試也。

---

① 剛卯，原作“卯”，據棟亭本補改。

敦　都鈍切。亦作頓。

㪩　式陵切。古勝字。

敲　匹胡切。敲敲,屋欲壞。

敆　匹尸切。敲敆。

敱　口皆切。摩也。

皤　波臥切。古文播。

㪢　口大切。伐也,擊也。

羘　余掌切。古文養。

扶　附俱切。今作扶。

敨　弋豉切。侮也。

敁　知今切。擣石也。

敜　女角切。

敿　千刀切。亦操字。

敹①　力小切。小長皃。

敟　丁禮切。隱也。

敠　先見切。散也。

敧　大合切。敧敧,盡。

战②　多兼切。战掇,稱量也。

敥　猗輒切。敥敨,相反也。

敜　女涉切。敥敜。

敺　丘俱切。擊也。

敳　力沒切。敳敨,不滑利。

攽　苦沒切。敳攽。

敫　山巧切。攬敫也。

---

① 字頭原訛作"敎",據棟亭本改。

② 字頭原訛作"故",據棟亭本改。

斂　陟陵切。召也。今作徵。

攲　口餓切。擊也。

敤　大可切。

敛　卑縣切。

敊　先孔切。敊擊也。

攽　扶勿切。理也。

攲　口陷切。貪也。

攭　力胡切。斂也。

敀　古伯切。擊也。

敢　古膽切。敢果也。

敲敲敲　並篆文，出《説文》。

攲　丑叔切。敦攲，痛。

敠　丑角切。敦攲也。

敹　力綜切。

攲　巨宜切。杖也。

敧　丘奇切。禮器也。

敳　都滕切。

敯　武分切。磨拭。

敊　賊安切。殘也。

敊　子泥切。箭射也。

敊　側加切。取也。

攷　苦工切。

毅　音祇。弓硬。

敜　亦殊切。投。

敊　徒年切。

敊　丈乖切。

斅　路回切。摧也。

戚　石鄰切。

攲　大何切。

攮　魯當切。

攺　吉安切。進也。

瓥　音靈。打也。

攸　多含切。

攽　泊盲切。打板聲。

敠　職由切。禦也。

敜　他果切。安也。

敁　多古切。伴也。

斁　盧啓切。

攲　昌尹切。

敨　於己切。

攺　何滿切。

敞　直孟切。磨光。

攲　口敤切。或從欠①。

敁　職刃切。動。

敗　武旦切。

攽　他旦切。無色。

敿　市戰切。治。

敊　蒲没切。

敊　力谷、力玉二切。

鼓　口八切。

_____

① 從，原訛作“徒”，據棟亭本改。

鬣　息六切。打聲。
𣀔　扶勿切。破也。
𣀮　汝羊、息羊二切。
攴　匹卓切。
𣀓　力見切。
𣁋　市玉切。
𣀭　自雪切。枯。
故　古暮切。《説文》曰:使爲之也。
敒　直信切。《説文》云:理也。

放部第二百七十一,凡四字。

放　甫望切。弃也,逐也,去也,散也。又甫往切,比也,效也。
敫　余灼切。光景流也。又古了切。
敖　五刀切。遊也。或在出部。
敖　同上。

丌部第二百七十二,凡十一字[①]。

丌　巨基切。《説文》云:下基也。
迈　居意切。今作記。
巽　先寸切。卦名。《説文》曰:具也。
𠀤　上同。
𢁉　古文。
畀　必未切。賜也,與也,相付也。
奠　大見切。定也,薦也。
其　巨之切。辭也,事也。
亣　古文。

① 十一,原作"十",據楝亭本改。

典　丁殄切。經籍也。

巺　先困切。《説文》曰:巽也。此《易》巺卦爲長女爲風者。

左部第二百七十三,凡四字。

左　子可切。助也,亮也。

差　楚宜切。參差不齊也。又楚佳切。

搓　同上。

𢀩　籀文。

工部第二百七十四,凡六字。

工　古紅切。官也,善其事。

𢀼　古文。

巨　渠吕切。大也。

𠀔　古文。

巧　口夘切。巧技也,好也。

式　尸力切。法也。

珡部第二百七十五,凡二字。

珡　知輦切。極巧視之也。今作展。

窒　先側切。窒也。今作塞。

巫部第二百七十六,凡五字。

巫　武俱切。神降,男爲巫,女爲覡。

覡　古文。

覡　胡的切。女巫也。

靈　力丁切。神靈也。

𪎭　力容切。𪎭巫也。

卜部第二百七十七,凡八字。

卜　布鹿切。龜曰卜,蓍曰筮,兆也,子也。

𠧞　古文。

卦　古賣切。八卦也，兆也。

卧　呼慣切。外卦曰卧，内卦曰貞。今作悔。

貞　知京切。正也。

占　之鹽切。候也。

卲　市照切。卜問也。

卟　公兮切。卜以問疑也。

兆部第二百七十八，凡二字。

兆　除矯切。事先見也，形也。

䣓　同上。

用部第二百七十九，凡七字。

用　余共切。《説文》云：可施行也。

甬　古文。

甫　方禹切。始也，大也，我也。

葡　皮祕切。具也。今作備。

庸　余恭切。用也，常也，功也。

甯　奴定切。所欲也。

由　弋州切。若也。

爻部第二百八十，凡三字。

爻　户交切。《易》卦爻也。《説文》曰：交也。

希　許衣切。摩也，散也。

㸚　扶袁切。蕃也。

㸚部第二百八十一，凡四字。

㸚　力爾切。二爻也。又力計切。

爾　如紙切。汝也。

爽　所兩切。明也，差也。

爽　同上。

車部第二百八十二,凡二百四十八字。

車　尺奢、古魚二切。夏時奚仲造車,謂車工也。一云黃帝已有車也。

轐　籀文。

軒　虛言切。大夫車。

輨　《字書》同上。

輜　側飢切。輜軿。

軿　步丁、部田二切。以自隱蔽之車也,輜車也,衣車也。

輼　於昆切。輼輬車。

輬　力羊切。臥車也。

軘　徒昆切。兵車也。

軺　余招切。小車也。

輕　起盈切。車也,不重也。又去政切。

輶　以帚、以周二切。輕車也。

軬　扶萌切。兵車也。

𩣏　昌容切。戰車也。

轈　仕交切。兵車若巢,以望敵也。

轋　同上。

輓　無願切。車也。

輿　與諸切。車乘也。

軾　尺弋切。車前軾。又兵車也[1]。

軛　方遠切。車耳也。

輯　秦入切。和也。

---

[1] 原本《玉篇》殘卷:"軾,舒翼反。《考工記》:輿人爲車,參分其隧,一在前,二在後,以操其軾,以其廣之半爲之軾崇。鄭玄曰:兵車或高三尺三寸。"此處"又兵車也"疑誤訓。

較　古學切。兵車也。又古孝切。

較　同上。

轛　都憒、追遂二切。車飾也，車橫軨也。

軱　竹葉切。專軱也。

輴　丑倫切。下棺車。

輴　同上。

輻　牛隕切。車軸也。

軨　力丁切。車闌也。

轠　同上。

軫　之忍切。車後橫木。俗作軨。

軸　除六切。杼木作軸也。

轙　眉隕切。車伏兔下革。

轐　步篤切。車伏兔。

輻　甫鞠切。車輻也。

肇　具營切。輪車也①。

輮　如酉切。車輞也。

輪　力均切。車輪也。

輥　古混切。車轂齊等皃。

轊　于劌切。車軸頭。

軎　同上。

軝　巨支切。轂飾。亦作軝。

軹　同上。

軹　之尒切。《説文》曰：車軸小穿也。

軑　徒蓋切，又徒計切。轄也。

---

① 原本《玉篇》殘卷作“一曰一輪車也”，此處疑脱“一”字。

輨　古緩切。轂端鐵也。

轅　禹元切。車轅也。

軸　竹留切。轅也。

𨍽　籀文。

轟　几足切。直轅轇縛也。

欑　子丸切。直轅也[1]。

軏　魚厥切。車轅端曲木也。

輗　同上。

軶　於革切。牛領軶也。亦作軛。

轙　魚倚切。車衡載轡者。

軥　渠拘、公侯、公豆三切。《説文》曰：軶下曲者。

軜　奴荅切。驂馬内轡繫軾前者。

轑　力道切。車輻也。

衡　古縣切。車搖也。

軩　音拯。韜車後登也。

軫　同上。

轕　午葛切。載高皃。

載　子代切。年也，乘也。又才代切。

範　音犯。害也。又法也。

轉　知篆、知戀二切。迴也，轉運也。

軔　如振切。礙車輪木。或作枌。

輸　式朱切。委也，更也，盡也，瀉也。

輈　之由切。重載也。

輩　布妹切。類也，比也。

---

[1]　《玉篇校釋》謂"直轅"爲誤訓，可從。

軋　於點切。輾也。

轢　力的切。車所踐也。

軌　居美切。法也，車轍也。

蹤　子龍切。車跡也。

輱　同上。

輊　竹利切。前頓曰輊，後頓曰軒。

輕　同上。

軭　丘方切。車戾也。

軧　丁禮、多履二切。大車後也。

輟　知劣切。止也。

轚　古詣切。往也。

軻　口左切。轗軻也。又苦何切。

轗　苦敢切。轗軻。亦作坎。

輼　口耕切。車堅也。

軵　如勇切。《説文》曰：反推車。今有所付也。

輇　市專切。有輻曰輪，無輻曰輇。

輲　同上。

輑　五兮切。車軹也。

軺　同上。

轏　側訕切。大車簀。

軫　苦禮切。礙也。

轒　扶云切。轒輼，兵車[1]。

輼　於云切。車後獸也。

輂　居玉切。載也。

---

[1]　兵車，原作“丘車”，據棟亭本改。

輂 仕佳切。輂,連車也。又七移切。

𨏈 同上。

輦 力翦切。輓車也。

𨌲 古文。

輓 無阮切。引也。

軖 懼王切。紡車也。

轘 胡串切。車裂人。又胡關切。

輀 如之切。喪車。

輭 同上。

轞 音檻。車行。

輔 扶禹切。相也。

轔 力陳切。衆車。

輟 子孔切。輪輟也。

軷 皮祕、扶福二切。軾也。

輫 步回切。車箱。

軖 古紅切。亦釭。

輰 餘章切。輰轞車。

轊 似醉切。

軦 烏古切。頭中骨。

輾 豬輦切。轉也。

輾 女展切。《説文》曰:轢也。

輁 巨恭切。軸也。

輡 步盲切。車也。

軬 扶遠、步本二切。車軬。

轒 古皇切。車横木。

軻 牛向切。轎軻。

軦　口莽切。軦軯。

輞　亡往切。車輞。亦作棢。

轃　巨於切。輞也。

軡　山交切。兵車[1]。

軥　丑教切。車弓也。

轇　古爻切。轇轕，長遠。

轕[2]　古曷切。轇轕。

輮　力久切。載柩車。

軸　同上。

轗　思流切。轗轅，載喪車。

輚　甫袁切。車箱。

軂　九縛切。車輞也。

輇　弋足切。車枕前也。

輠　公弔切。車轄也。

軕　他回切。車盛皃。

軴　同上。

轒　大頼切。車聲。

輆　口亥切。輆軩，不平。

軩　徒改切。輆軩。

軻　居冢切。輞也。

輗　亡校切。引也。

軲　古胡切。

轞　口咸切。車聲。

軤　於近切。車聲。

---

① 兵車，原作“丘車”，據棟亭本改。

② 字頭原訛作“轕”，據棟亭本改。

軳 步毛切。戾也。

轣 力公切。轚也。

鮀 大何切。疾馳也。

鏜 徒郎切。

軒 火乎切。姓也。

輚 仕僩切。載柩車。

輚 同上。

轍 除列切①。車行迹。

輤 此見切。或作倩。

轐 力木切。轐轤。

轆 同上。

轤 力胡切。轐轤。

輡 音坎。輡轗,車行不平。

轗 力感切。輡轗。

厙 始夜切。人姓。

轎 巨召、奇朝二切。小車也。

輠 胡罪、胡瓦二切。車脂轂②。又音禍。

轠 力回切。《漢書》:轠轤不絕。

轏 仕連、仕山二切。輞也。

輷 呼萌切。車聲。

軯 同上。

轟 同上。

轍 倉紅切。車聲。

軙 直鄰切。古陳字。

---

① 除,原作"徐",據棟亭本改。
② 轂,原訛作"穀",據澤存堂本改。

鞠　徒年切。車聲。

靜　側耕切。車聲。

輠　古禾切。車盛膏器。亦作檛。

蛝　徒郎切。鐵軸。

軠　口莖切。車鞭。

轜　魯丁切。車闌。

𨍭　七留切。

軿　必萌切。車聲。

輘　魯鄧切。軸也。

鐙　都鄧切。車羽也。

䡱　百家切。兵車也。

軘　徒年切。

耗　莫袍切。車。

軒　息營切。車也。

䡬　余封切。車行也。

轑　同上。

軫　之忍切。

轐　步紅切。車聲。

軒　羽俱切。

軌　古薨切。軾中。

𨎌　戶皆切。

䡾　吐支切。

䡴　口光切。車也。

輢　於綺、巨義二切。車輢。

䡺　戶罪切。轉也。

𨐫　息移切。車。

輿　章余切。車。

輡　似諸切。輶。

軯　匹庚、薄庚二切。車聲。

軯　剔鈴切。

轖　所力切。

軧　丁禮切。

軓　音范。車軾前。

輮　而勇切。

輌　梔夷切。

輖　力九切。

輭　而兗切。柔也。

軟　俗。

輑　莫斌切。車伏兔。

輇　步本、布体二切。車也。

輧　符善切。車。

輼　戶犬切。車弓。

輯　同上。

輐　虞遠切。

轛　陟利切。車重。

軡　音震。車也。

軕　余制切。

軸　羊刃切。車名。

軴　匹孝切。

軋　側下切。車裂也。

轊　居援切。

軷　蒲蓋反。祭神道。又蒲鉢切，轉皃。

轥　力刃切。車聲。

輅　洛故切。大車。又盧各、何格二切。

軒　中戍切。軒車。

轄　口外切。車聲。又胡瞎切，車鍵也。

軖　章移切。車器也。

輹　房六切。筐也。

瑈　同上。

軼　夷秩切。車相過也。又徒結切。

轆　盧各切。車轉聲。

轣　同上。

軑　力六切。軸也。

輳　莫卜切。轅也。

轃　渠逆切。轉。

輅　戶格切。車。

輵　鄰吉切。車。

輖　魚厥切。釭。

轍　口盍切。車也。

轐　蒲莫切。車飾。

𨌱　力谷切。車聲。

轂　上邾切。

轒　戶圭切。

輳　倉豆切。輻輳也。

轣　音歷。轉也。

軍　居云切。眾也。

輇　山員切。輇，車軸也。

輯　音渾。《説文》曰：軘輯。

轂 音穀。車轂也。

輹 音郎。轁輹，輒軨。

轁 音唐。轁輹。

舟部第二百八十三，凡一百十字。

舟 之由切。《説文》曰：船也。古者，共鼓、貨狄，刳木爲舟，剡木爲楫，以濟不通。象形。今或从舟者作月，同。

俞 弋朱切。空木爲舟也。又姓。

船 市專切。舟船。

肜 余弓切。《爾雅》云：祭也。又丑林切，舟行也。

舽 薄江切。吴船也。

舡 火江切。船也。

艒 音冒，又音目。艒艏，船名。

艏 思六切。艒艏。

艖 楚加、昨多二切。小船。

艇 音挺。小船。

舼 渠恭切。小船也。

艭 同上。

艀 蒲故切。艇短而深也。

艑 步殄切。船小也。

䑦 古侯切。䑦艫，舟名。

艬 仕巖切。大船也。

觝 丁計切。觝艡，戰船也。

艡 丁浪切。觝艡。

舶 補格切。大船也。

艫 力木切。舟名。

舭 他刀切。

艛　力侯切。舟名。

艬　布末切。大船也。

舣　音叉。艀也。

舲　口計切。舟也。

艓　渠之切。艓艠，舟名。

艠　力之切。艓艠。

艀　父尤切。小艀也。亦作桴。

艅　弋諸切。艅艎，船名。

艎　音皇。吳舟。

艨　莫公切。艨艟，戰船。

艟　尺庸切。艨艟。

艦　魚狄切。舟頭爲鷁首。

舤　音凡。舷也。

舷　胡田切。船舷。

艐　將鄰切。古津字。

艜　同上。

舰　于命切。

颿　扶嚴切。

航　何唐切。船也。

䑽　音濟。舟也。

艚　音禮。大舟。

舳　音彫。

艣　力丁切。

舲　同上，小船屋也。

舴　陟格切。舴艋，小舟。

艋　莫梗切。舴艋。

舸　各可切。船也。

舽　巨容切。船也。

艚　疾良切。

般　步干切。大船也[1]。又樂也。又北潘切。

艐　祖公切。船著不行也。又音屆，至也。

艡　魯堂切。海船也。

舯　徒紅切。舯船。

艚　昨糟切。小船也。

艎　思由切。進也。

艫　力胡切。在船後。

艙　音淪。艙船也。

艛　音遼。船也。

艐　音鄒。船也。

艘　蘇刀切。船總名。亦作艘。

艛　以周切。

艦　音籠。

艭　所江切。艕艭。

艍　五姑切。船名。

艦　音獸。船也。

艪　甫元切。舟飾也。

艗　徒禮切。船也。

舠　力鳥切。小船也。

<hr/>

[1] 　原本《玉篇》殘卷："般，蒲安反。《尚書》：乃般遊無度。孔安國曰：般，樂也。《周易》：般桓，利居貞。王弼曰：動則難生，可不進，故般桓。《爾雅》：般旋也。《説文》：般，辟也。象舟之旋，從舟從殳。殳，般旋也。《廣雅》：般，大也。般桓，不進也。舣，《説文》古文般字也。"此處"大船也"疑望文生訓。

艁 徂浩切。天子船曰艁。

艤 魚倚切。整舟向岸。

艪 音魯。所以進船。

䑜 韋貴切。運船也。

舵 徒荷切。正船木。

朕 直荏切。天子稱。

舤 音大。

䑘 七例切。

舫 府望切。並兩船。

舡 巨禁切。船。

艩 同上。

艜 丁大切。艇船。

艒 音富。

艦 居念切。舟。

䑟 直孝切。䑟船。

艆 音星。船也。

舭 音敗。鞋船。

艃 七見切。輕船。

腹 房六切。舟。

舵 音仡。船行。

艉 色列切。舟也。

艋 音習。以竹葉覆船也。

舳 音逐。

舙 五忽切。船不安。

艴 扶勿切。大船也。

舌 音活。舟行。

舻 五合切。船動皃。

艓 蘇叶切。舟行。

舣舨 二同。音伏。

舦 吐盍切。

舤 五忽切。播舟。

艝 音榻。大船。

艧 烏縛切。

艎 音習。子船。

舧 音日。舟飾。

䑴 音炭。船行。

舠 丁勞切。小船。

艐 尺久切。船名。

艦 音檻。版屋舟。

方部第二百八十四,凡四字。

方 甫芒切。法術也。《説文》云:併船也。

汸 同上。

斻 何唐切。方舟也。

万 俗萬字,十千也。

玉篇卷第十九凡一部

尸癸水部第二百八十五

水部第二百八十五,凡九百五十七字。

水　尸癸切。流津也。《禮記》曰:水曰清滌。《儀禮》所謂玄酒也。

汃　彼銀切。西方極遠之國名。《爾雅》云:西至於汃國。

河　戶柯切。河出崐崘山。

涪　扶鳩切。水出徼外,南入漢。又縣名。

潼　大紅切。潼水,出廣漢梓橦北界,南入墊江。

浅　子來切。浅水,出蜀郡。

江　古雙切。《山海經》云:水出嶓山。

沱　達何切。江別流也。又滂沱。

池　同上,俗。

池　除知切。渟水。又差池也。

湔　子田切。水名,出玉壘山。又浣也。又子賤切,水湔也。

浙　之列切。發源東陽,至錢塘入海。

沫　亡活、莫蓋二切。水名。又水浮沫也。

温　於魂切。水名。又顏色和也,漸熱也,善也。

灊　似林切。水出巴郡宕渠。又昨鹽切。

滇　丁田切。滇池。又徒年、他見二切。

淹　於炎切。水出越巂徼外,東南入若水。又久也,漬也。

沮　七餘切。水名,出房陵。又才與、子預二切。

涂　達胡切。涂水,出益州。又涂涂,露厚皃。

沅　牛袁切。水出蜀郡。

瀏　力周切。深皃也。

濊　呼活切。水聲。又於衞、於外二切,多水皃。

汪　烏光切。水深廣也。

漻　胡巧、力彫二切。浩漻,水清。

泚　且禮切。清也。

況　吁放切。寒水也。

渢　扶弓切。水聲。

汎　同上。《說文》曰:浮皃。今爲汎濫字,孚梵切。

沄　有軍切。轉流也。

沖　除隆切。沖虛也。

浩　胡道切。浩浩,水盛也,大也。

沆　何黨切。漭沆,廣皃。

泬　古穴、呼決二切。泬寥,天氣清。

濞　普秘切。水暴至聲。

潝　虛及、於夾二切。水疾聲。

瀺　仕減切。瀺灂,水聲。

灂　仕角切。瀺灂。

湫　子召切。水盡也。

滕　大登切。《詩》曰:百川沸滕。水上涌也。

瀾　力安切。大波曰瀾。

灡　力旦切[1]。潘也。亦同上。

———————————

[1]　力旦切,原作“士旦切”,據棟亭本改。

澐　禹軍切。《説文》曰:江水大波謂之澐。
漣　力纏切。《詩》曰:泣涕漣漣。淚下皃。
淪　力均切。没也。
潏　古穴切。水流皃。又潏水,在京兆。又音聿。
泓　於紘切。水深也。
洸　古皇切。水皃。
淙　在宗切。《説文》:水聲也。
波　博何切。水起大波爲瀾,小波爲淪。
漂　芳妙切。流也,浮也。
浮　扶尤切。水上曰浮。
氾　孚劒切。普博也,氾濫也。亦作泛。又扶嚴切。
汜　詳子切。水名。
湋　音韋。水名。
瀈　音韋。濁不流皃。
測　楚力切。測度也。廣深曰測。
洞　達貢、徒董二切。疾流皃。又深遠也。
激　公的切。感激也。《説文》曰:水礙衺疾波也。
灢　孚袁切。大波也。
洶　許拱切。涌也。
涌　俞種切。水滕波。
湧　同上。
洌　力折切。水清也。《易》曰:井洌寒泉。
湁　丑入切。《上林賦》云:湁潗鼎沸。鼎沸,謂水微轉細涌也。
涳　口江、口東二切。直流也。又女江切,姓也。
溶　俞種切。水皃。《楚辭》:須溶溢而滔蕩。又音容。
渾　後昆、後衮二切。水潰涌之聲也。

淑　時六切。《説文》曰:清湛也。

澂　直陵切。《説文》曰:清也。

澄　同上。

澄　同上。

清　且盈切。澄也,潔也。

湜　視力切。水清也。《詩》曰:湜湜其止。

湜　同上。

潤　莫殞切。《説文》曰:水流潤潤皃。亦音潤。

渗　色蔭切。渗漉也。

溷　胡困切。濁也。《楚辭》云:世溷濁而不分兮。溷,亂也。

淈　古没切。《説文》曰:濁也。一曰淈泥。一曰水出皃。亦汩字。

淵　烏玄切。水停。又深也。

囦　古文。

渁　似沿切。回泉也。

潅　青罪切。深皃。

漼　同上。

瀰　莫爾、奴禮二切。深也,盛也。

洣　亡爾切。亦瀰字。

潯　寺林切。旁深也。

澹　達濫、餘瞻二切。水動皃。

泙　白明切。谷名。

泏　知律切。水出皃。

瀳　才寸、在見二切。水至也。

洊　同上。又仍也。

溜　直赤、直謫二切。土得水也。

漍　同上,見《説文》。

滿　莫卵切。實也,盈也,溢也。

滑　戶八切。滑利也。又古忽切,滑稽也。

濇　所力切。不滑也。

泆　余質切。《說文》曰:水所蕩泆也。

澤　直格切。水停曰澤。又光潤也。

淫　余箴切。浸淫①,潤也。又久雨曰淫。

溽　如屬切。濕暑也。

瀸　作廉切。漬也。

潰　胡對切。亂也。

淺　七演切。水淺也。又則前切,水流也。

沴　閭計切。相傷爲之沴。又水不利也。

沵　同上,俗。

渻　所景切。減也。一曰水門名。

淖　女教切。泥也。又溺也。

澤　且遂切②。下濕也。又遵累切,汁漬也。

涅　奴結切。染也。又水中黑土。

滋　子怡切。水名。又長也,益也,液也。

湣　呼滑切③。青黑皃。又大清也。今作溜。

溜　同上。

浥　於立切。濕潤也。《詩》曰:厭浥行露。

沙　所加切。《說文》曰:水散石也。又素何切。

沙　《說文》同上。

瀨　力大切。《說文》曰:水流沙上也。

①　浸,原作“侵”,據棟亭本改。
②　遂,原作“逐”,據棟亭本改。
③　呼滑切,原作“呼漬切”,據棟亭本改。

汻 呼古切。水涯也。

澔 同上。

濆 扶文、扶刎二切。湧泉也。

浂 事几切。水涯也。

氿 居洧切。仄出曰氿泉。

淙 在公、在宗二切。水會也。《說文》云：小水入大水也。

沼 支紹切。池沼也。

漘 視均切。河涯也。

浦 配戶切。水源枝注江海邊曰浦。

沚 之以切。小渚也。亦作汦。

汦 上同。《說文》曰：水暫益且止，未減也。

湀 口決、口攜二切。湀間流泉。

沸 方味切。泉涌出皃。

澊 同上。

派 普賣切。別水名。

濘 奴定切。泥也。

漥 烏華切。牛蹄跡水也。亦宼字，同。

洼 同上。又烏佳切，汙也。

濙 胡坰、烏迴二切。絕小水也。

瀅 同上。

潢 後光切。潢汙也。《說文》曰：積水池也。又胡曠切，染潢也。

湖 戶徒切。大陂也。

汥 巨知、之移二切。水流。

湄 莫悲切。《爾雅》曰：水草交曰湄。

瀓 同上。

淢 呼域切。廣八尺曰淢。

溝　古侯切。廣四尺、深四尺曰溝。

渠　强魚切。溝渠。

瀆　徒鹿切。《爾雅》云:水注澮曰瀆。又江、河、淮、濟爲四瀆。

澟　力金切。寒也。

洐　胡庚切。溝水也。

澗　古鴈切。澗水,出弘農。又山夾水曰澗。

汕　所諫切。《說文》曰:魚游水皃。

澳　於六切。隈也。又於報切。

㵎　胡角、呼篤二切。《爾雅》云:夏有水冬無水曰㵎。

㵎　同上。

灘　他丹切。水灘也。又呼旦切。

灘　同上。

決　公穴切。判也。又呼抉切。

欒　力桓切。沃也,清也。

滴　都歷切。水滴也。

㵦　同上。

漬　七故切。所以雝水。

澨　視裔切。水名。又水邊地也,涯也。

注　之裕、徵孺二切。灌也,寫也。

沃　於酷切。溉灌也,柔也,潰也。

沃　同上。

津　子鄰切。潤也,梁也。又水渡也,古作䢾字。

津　同上,出《說文》。

橫　胡觥切。方舟謂之橫航也。《說文》曰:小津也。一曰以船渡也。

渡　徒故切。《說文》曰:濟也。《廣雅》:去也,過也。

溯　備矜切。徒涉曰溯。今馮字。

沿　余穿切。從流而下也。亦作沿。

泝　蘇故切。逆流而上也。或作遡。

洄　胡雷切。逆流曰泝洄。

泳　爲命切。潛行爲泳。

潛　慈廉切。水名。又水中行也，藏也。

淦　古南切。《説文》曰：水入船中。又泥也，淺也。古暗切，新淦，縣名。

泛　孚劍切。流皃。

汓　似流、余周二切。從也，人浮水上也。

泅　同上。

游　以周切。浮也，旌旗之游也。

湊　青豆切。聚也，競進也。

砅　理罽切。水深至心曰砅。今作厲。

濿　同上。

淒　且溪切。寒風雨極也。

湛　直斬切。水皃。又没也。又直林切。

澹　古文。

湮　於神切。没也，落也。

休　奴的切。孔子曰：君子休於日[1]，小人休於水。今作溺。

没　莫突切。溺也。

濩　胡郭切。煮也。

滃　於孔切。滃鬱，川谷吐氣皃。

洄　於回切。水澳曲也，没也。或作隈。

泱　於鷖、於良二切。水深廣皃。又弘大聲。

澍　之樹切。時雨澍生萬物。

溟　莫經切。溟濛,小雨。《莊子》云:溟者,天也[1]。

潊　所革切。細雨落。

濆　字私、子私二切。湴濆。又雨。又水名。

瀑　蒲到切。疾風也,沫也。

湒　子立切。雨下也,沸也。

潦　郎道切。雨水盛也。亦作澇。又盧皓切。

涿　豬角切。涿鹿,縣名。亦作𣲖[2]。

瀧　力公切。《方言》:瀧涿謂之沾漬。又音雙。

沠　奴太切。沠沛,水波皃。又水聲。

漊　力主切。雨漊漊也。又飲酒不醉。

溦　亡非切。小雨也。又亡悲切。

浞　仕角切。浞漬也。

浽　先悲切。小雨也。又奴罪切。

滖　先悲切。同上。

濛　莫公、莫孔二切。微雨皃。

沈　直林切。没也,濁也,止也。又式枕切,姓也。

沉　同上,俗。

滔　胡感切。滔泥也。

洅　子罪切[3]。雷聲震。

涵　户男切。水澤多也。或作涵。

涵　同上。又下啗切,没也。

---

①　今本《莊子》作"南溟者,天池也"。此處誤省。

②　"𣲖"字原挖去,據棟亭本補。

③　子罪切,原作"予罪切",據棟亭本改。

洳　如庶切。漸濕也。

洳　同上。

淹　口角、公渥二切。霑也，漬也。

洽　胡夾切。合也，霑也。

瀁　余掌切。瀁瀁，無涯際也。又古文漾。

湟　胡光切。水出金城臨羌縣。

汾　扶云切。汾水，出太原[①]。

漢　呼岸切。《漢書》云：漢水，出漢陽縣東。《傳》曰：天河也。

灘　古文。

汧　苦田切。汧水，出扶風汧縣，西北入渭。又水不流皃。又水決入澤也。

浪　力唐切。滄浪，水也。又力宕切，波浪也。

沔　彌善切。水出武都沮縣，東南入江。

澇　力高切。水名。《廣雅》云：澇，洗也。

漆　且栗切。《說文》曰：水出右扶風杜陵岐山，東入渭。

泧　古文。

滻　所簡切。水出京兆。又出涕皃。

洛　力各切。水出西山，東北注河也。

溰　夷記切。水出河南至密縣[②]。

汝　如與切。《山海經》：汝水，出天恩山。

潞　力故切。水出上黨。

澮　古會切。澮水，出平陽絳縣西。《爾雅》云：水注溝曰澮。

洈　牛爲切。《漢書》：洈水，出高城縣。

沁　先林、七鴆二切。《漢書》：沁水，出上黨穀遠縣。

---

① “云”字原挖去，據棟亭本補。原，原作“源”，據棟亭本改。
② 至，疑爲衍文。

沾　知廉切。益也。《説文》他兼切。

漳　至裳切。水出南郡臨沮縣。

淇　渠箕切。淇水,出林慮山。

蕩　達朗切。《漢書》:蕩水,出河内陰縣。又音湯。或作潒。又
　　廣兒。

沇　惟沔切。水名。亦作渷。

泲　子禮切。水名。今作濟。

溠　側架、千河二切。水名。又溠浙也。

洭　墟狂切。含洭縣,洭水所出。

澺　胡桂切。《説文》曰:澺水,出廬江,入淮。

潰　莫解切。《漢書》云:潰水,出豫章。

灌　古換切。灌水,出廬江。

漸　慈斂切。入也,進也。又子廉切。

泠　郎丁切。清也。

濞　普計、匹賣二切。《説文》曰:水在丹陽。

淠　同上。

溿　匹制切。水聲。

溧　理吉切。溧陽縣。又水名。

湞　音貞。湞陽縣。又水名。

溱　側銀切。水出桂陽。

湘　思量切。水出零陵。

溜　力救切。水出鬱林。

汨　莫歷切。《説文》曰:長沙汨羅淵也。屈平所沉之水。

淈　同上。

深　式針切。水名。又邃也,遠也。又式鴆切。

潭　徒耽切。水出武陵。

油　以周切。水名。又麻子汁也。

瀷　余力、昌力二切。水出河南密縣。

潕　無斧切。水出南陽。

潣　同上。

潡　牛刀切。水出南陽。

瀙　且進切。水出南陽舞陰。

滍　直里切。水出魯陽縣。

淮　胡乖切。水出桐栢山。

濯　直角切。澣濯。

灃　孚雄切。水出右扶風。

澧　力邸切。水出衡山。

溳　于墳切。水出蔡陽縣。

澺　於力切。水出汝南。

洶　思計切。水出新鄭縣。

潁　餘頃切。水出陽城縣。

潧　側銀切。水出鄭國。亦作溱。

洧　爲軌切。水出陽城山。

濦　於謹切。水出少室山。

渦　古訛切。水出扶溝縣。

泄　弋逝切。水名,在九江。又思列切,漏也。

洩　同上。

汴　皮戀切。水名。

汳　芳萬切。水出浚儀縣北。《説文》音下。

淩　力徵切。水出臨淮。

濼　力谷、力各二切。水在濟南。又音粕,陂濼也。

濮　補禄切。水出東郡。

菏　古河切。河澤,水在山陽湖陵南。

潐　枯鑊切。水出合鄉縣。

淨　仕耕切。魯北城門池也。又求性切。

潔　通合切。水在東郡東武陽。《説文》亦作濕。

洹　胡端切。水出汲郡隆慮縣。

汍　同上。

泡　普交、薄交二切。水出山陽。又流皃。

泗　思至切。水名。又涕泗也。

灘　紆用切。《爾雅》:水自河出爲灘。又音讎。

灈灉　並同上。

澶　視然切。澶淵,在頓丘縣南。

沭　時聿切。今海州沭陽縣。

洙　時俱切。洙水,出泰山。

沂　魚衣切。水出泰山琅邪縣。

洋　以涼切。水出崑崙山北。又音祥。

濁　直角切。水出齊郡廣縣。又不清也。

漑　柯賚切。水出東海桑瀆覆甑山。又灌注也。

灅　力追切[1]。水出鴈門。

泜　亦之切。水名。

浯　午都切[2]。浯水,出琅邪縣。

湡　魚俱切。水出襄國縣東。今作虞。

治　除之、除冀二切。水出曲城縣陽曲山。又修治也。

汶　亡運切。水出朱虛山東。

寖　子賃切。寖水,出武安縣東。又浸漬。

---

[1]　追,原訛作“進”,據棟亭本改。
[2]　午都切,原作“才都切”,據棟亭本改。

浸　同上。

漉　胡移切[1]。漉水，出襄國縣。

洨　胡交切。水出常山石邑縣井陘山東[2]。

渚　之與切。水出中丘縣逢山。又小洲也。

沶　丈脂切。水中丘。又小渚。俗作汦。

灅　力水切。水出俴靡縣南[3]。

濡　音儒。水出涿郡。又濡潤也。

濟　子計、子禮二切。水出常山。又渡也。

泲　古文。

济[4]　同上，俗。

沽　公奴切。水出漁陽塞外。又音顧。

沛　博蓋[5]、普賴二切。水出遼東塞外。又滂沛。

泧　乃見切。水名[6]。

浿　普蓋、譜賴二切。水出樂浪。

瀤　乎乖切。《山海經》曰：獄法山，瀤澤之水出焉。

濖　且於切。水出直路縣。

泒　音孤。水出鴈門。

濄　蘇果切。水名。

滱　枯漏切。水出靈丘縣。

淶　吕開切。水出代郡，東南入河。

泥　奴雞切。水出郁郅縣。又奴禮切，濃露皃。

---

① 胡，棟亭本作"枉"，澤存堂本作"相"。
② 陘，原作"涇"，據棟亭本改。
③ 《説文》作"浚靡縣"，段注改作"俊靡縣"。
④ 济，原訛作"洚"，據棟亭本改。
⑤ 博，原作"傅"，據棟亭本改。
⑥ 水名，原作"水石"，據棟亭本改。

湳　乃感切。水出西河。

瀉　於虔切。水出西河。

湤　吐過切。與唾同。又土禾切[①]，水在西河。

洵　相均切。過水中也。

澅　舒夜切。水出北囂山。

渲　恥力切。水名。

湀　七葉、子妾二切。水名。

涺　京於切。水名。

濞　渠致切。水名。

沋　禹牛切。水名。

涃　苦頓切。水名。

瀧　莫江切。水名。

湆　乃口切。水名。

汯　之戎切。水名。

汘　青田切。水名。

洍　詳理切。水名。又汜字。

洪　胡工切。大也。《説文》曰：泆也。

洚　胡公、胡江二切。水不遵其道。又洚潰也。

澥　户買切。勃澥，海之别名。又澥谷。

漠　摩各切。寂也。又沙漠。

海　呼改切。大也，受百川，萬谷流入。

渿　同上。

溥　怖古切。大也，徧也，普也。

潮　直遥切。《説文》曰：水朝宗于海也[②]。

---

① 土禾切，原作“土未切”，據楝亭本改。
② 朝，原訛作“明”，據楝亭本改。

潮　同上。

濥　餘刃切。洪水濥天①。《説文》云:水脉行地中濥濥然②。

滔　土牢切。《書》曰:洪水滔滔。

涓　古玄切。小流皃。

潒　徒黨切。水潒漾也。今作蕩。

混　胡本切。大也。又混濁。

潚　桑郁切。水深清也。

漦　力之、仕緇二切。水名。又涎沫也。

泌　步必切。狭流也③。又音祕。

汭　而税切。《説文》云:水相入皃。

演　弋展切。計也,長也,延也,長流也。又水門也。

涣　呼換切。水盛皃。

活　户括、古末二切。《詩》曰:北流活活。

浯　《説文》活。

湉　同上。

湝　户皆、古諧二切。《詩》曰:風雨湝湝。

泫　胡犬、胡涓二切。泫流也。

滮　皮留切。水流皃。

瀌　同上。

淢　呼逼切④。疾流皃。

滂　普方切。滂沱也。

漫　於留切。渥也,寬也,漬也。今作優。

濃　乃東、女容二切。露多也。亦作䆅。

澪　字廉切。魚寒入水[1]。又仕林切，澪陽，地名。

渥　烏角切。厚也，沾濡皃。

瀌　扶彪切。雨雪也。又音鑣。

泐　力得切。石散泐。

濂　里兼、里忝二切。薄也，大水中絶，小水出也。又含鑒切。

濓　同上。

滯　直屬切。凝也，淹也。亦作㳖[2]。

㳺　之是切。著止也。

瀴　古伯切。水裂也。

灦　居又切。井水也[3]。

汔　許訖切。水涸也。

涸　乎各切。水竭也，盡也。

灡　同上。

㳖　苦郎切。水虛也。

消　思遥切。消息也，盡也。

渇　口遏切。頻飲也。《説文》曰：盡也。亦作潐。

汀　他丁切。水際平沙也。

溼　尸及切。水流就溼也。

濕　同上。《説文》他合切。

湇　去及切。煮肉汁。

洿　於徒切。黃洿行潦也。

---

① 原本《玉篇》殘卷引《爾雅》郭注曰：“今作椮，冣柴木於水中，魚得寒
　入其裏，因以簿捕取之也。”此處“魚寒入水”疑有脱文。
② 㳖，原作“撪”，據棟亭本改。
③ 居又切，疑當作“居乆切”。《篆隷萬象名義》作“井一有水一無水”，
　此處“井水也”疑有脱文。

汙　同上。又一故切。

湫　子由切。水名，在周地。又子小切，湫隘也。又疾久切。

潤　如舜切。水潤下也。又州名。

準　之尹切。準平也。俗作准。

沑　仁久切。水吏也。又女六、女九切，泥也。

濆　甫問切。汾陰有水，口如車輪，潰沸涌出，其深無限，名濆。

灒　《説文》濆。

澡　且罪切。新也。

瀞　疾姓切。無垢也。

滅　莫結切。滅也。又莫割切。

沀　桑結切。沀滅也。又呼括、許月二切。

洝　於旦切。渜水也。

洰　巨記、居器二切。灌釜也，肉汁也。

湯　他郎切。熱水也。又始陽切，湯湯，水盛。

渜　奴管、奴館二切。湯也。

溚　徒荅切。沸溢也。

洏　音而。不熟而煮①。又涕流皃。

涗　始鋭切。溫水也。

涫　古亂、胡亂二切。沸也。

灦　剛限切。灦浙也。

汰　徒蓋切。洗也。又敕達切，過也。

淅　桑激切。洗也。

浚　疎有切。浚焭也。又所留切，小便也。

溲　同上。

---

① 原本《玉篇》殘卷：“洏，讓之反。《左氏傳》：宰夫洏熊蹯不熟。野王案：《説文》：洏，煮也。”此處“不熟而煮”疑有脱漏。

浤　巨仰切。乾漬米也，盪也。

瀝　力的切。漉也，滴瀝，水下①。

濼　同上。

漉　力木切。竭也，涸也，滲漉也。

盪　同上。

渌　《説文》與漉同。又音緑，水。

澱　徒見切。垽也。或作㳭。

浚　思閏切。深也。

濬　同上。

湥　古文。

潘　孚袁切。淅米汁②。又普寒切。

泔　古三切。潘也。

滓　壯里切。澱也。

潃　思酒切。米泔也。

淤　於去切。水中泥草。又濁也。

淰　奴感切。濁也，水無波也。又式稔切。

湅　子小切。釃酒也。

瀹　弋灼、余召二切。煮也，内菜湯中而出也。

漀　口冷切。出酒也。

湑　思吕切。清也，美皃也，溢也。又零露皃。

湎　亡兖切。沈湎也。

涒　他昆切。歲在申曰涒灘。

漿　子羊切。飲也。

牀　古文。

---

① 滴瀝水下，原訛作“滴瞎木下”，據棟亭本改。
② 淅，原作“名”，據棟亭本改。

渃　公娥、工雅二切①。多汁也。

淡　徒敢切。薄味也。

涼　力匠切。薄也。又力漿切,薄寒皃。

澆　公堯切。薄也,沃也。又五弔切,寒泥子也。

濞　同上。

液　余石切。津也。

灝　公道、公禫二切。煮豆汁。

潘　充甚切。汁也。

溢　弋質切。盈也,器滿也,餘也。

洒　先礼、先殄二切。濯也,深也,滌也。今爲洗。又所賣切。

潪　壯立切。和也,汗出也。

汁　之入切。液也。又時入切。

洍　亡俾切。飲也,去汁也。又水皃。

瀡　息面、須芮二切。飲也,歃也。又吮也。

泂　乎頃切。遠也。亦與迥字同②。

滄　七郎切。寒也。又滄海也。

凔　古文。

瀳　且定切。寒冷也。

淬　七内切。深也,染也,寒也。

漱　所又、思候二切。盪也。亦作涑。

沐　莫卜切。濯髮也,斬樹枝也③。

頮　火内切。洒面也。

① 工,原作"土",據棟亭本改。

② 迥,原作"逈",據棟亭本改。

③ 《篆隸萬象名義》訓作"治也"。原本《玉篇》殘卷:"《管子》:沐樹
　之枝,日中無天[尺]（寸之）陰。野王案:斬樹之技[枝]也。"此處
　"斬樹枝也"原爲顧野王案語。

沫　同上。又莫貝切,水名。

湏　古文。

洗　先禮切。今以爲洒字。又先典切。

澡　子老切。洒手也[1],治也。

汲　居及切。引水也。

濜　之純、是倫二切。沃也,清也,濜淑也。

淳　同上。

淋　力金切。水澆也。又雨淋淋下。

漚　於候切。漚麻也,久漬也。又音謳。

漬　疾賜切。浸也。

渫　息列切。除去也。又仕洽切。

湩　都貢切。江南人呼乳爲湩。

澣　乎管切。濯也。

浣　同上。

瀚　《説文》浣。

染　如琰切。染色。又如豔切。

漂　孚妙切。波浪兒。今作漂。又匹袂、普結二切[2],漂漱也。

涑　先侯切。濯生練也。又先候切,與漱同。又先卜切。

潀　仕留切。腹中有水氣。

汛　思見、所賣二切。洒埽也。

灑　所買切。汛也,大瑟也。又所綺切。

潤　余廉切。相汙也。

瀸　子旦切。相汙灑也。

泰　託賴切。侈也,驕也。又滑也。

---

① 洒,原訛作“酒”,據棟亭本改。

② 匹袂普結二切,原作“匹袂切,普結二切”,據棟亭本改。

濺　子賤切。濺水也。

涴　亡旦切。汙也。又亡罪切,水流皃。

洟　弋之、他計二切。鼻液也。古爲洟。

涕　恥禮切。目汁出曰涕。

潸　所班、所板二切。出涕皃。

淚　力季切。涕淚也。

淚　同上,俗。

汗　何旦切。小液也。又古寒切,餘汗,縣名。

涷　力見切。煮絲絹熟也。

灁　魚列切。議也。與讞同。

漕　才到切。水轉運也。又才刀切。

渝　弋朱切。變也,汙也。又水名。

減　佳斬切。少也,輕也。

滅　彌絕切。盡也。

泮　普旦切。散也,破也。亦泮宮。

冸　古文。

漏　力豆切。漏泄也。

澒　胡動切。水銀謂之澒。

漪　於宜切。波動皃。

汩　古没切。汩没。又爲筆切,水流也。

流　吕州切。《説文》曰:水行也。

涉　是葉切。徒行渡水也。

洲　之由切。水中可居也。

濱　補辰切。涯也。

瀕　蒲民切。《説文》本作頻,水厓也,人所賓附,頻蹙不前而止。亦同上。

源 語袁切。水本也。

漻 余周切。水流兒。

瀼 而章切。露盛兒。

浪 牛巾切。水名。又涯也。亦作垠。

浹 子協切。徹也,通也,洽也。

滂 孚羊切。水出箕山。

滏 扶甫切。水名。

洱 亡爾、而志二切。水出罷谷山。

溶 音容。水出宜蘇山。

沢 諸是、居爾二切。水名。

瑰 於回切。瑰没也。

湮 於禾切。山名也,瑰湮,濁也。

潊 所格切。水名。又潊潊,雨下兒。又桑各切。

滬 胡古切。水名。

謝 徐夜切。水出瞻渚山。

潭 大覃切。江南人呼水中沙堆爲潭。

涴 於袁切。水出莫靬山。

法 甫乏切。法令也。

灋 古文。

潺 仕山、仕連二切。潺湲,流兒。

湲 于元、于頑二切。潺湲。

潟 齒亦切。或滷字。

滹 許乎切。水進也。又音滸。

涯 五佳切。水際也。

溘 口合切。水也,奄也。

漫 莫半切。水漫漫,平遠兒。又散也。

潪　以世切。葱潪也。

浢　音豆。水名。

沕　亡弗切。没也。繽紛軋沕。不可分也[1]。

瀄　乎代、乎介二切。沉瀄,氣也。

湢　音逼。湢洫,水驚涌皃。

淇　仄其切。水名。

汷　音仄。流也。

瀦　音豬。水所停也。

瀍　直連切。水名。

瀛　與成切。瀛海也。

渽　他殄切。渽涊,垢濁也。

涊　乃殄切。渽涊,惡醉皃。

漭　莫朗切。平也,廣也,野也。

瀾　呼狄切。瀾沐,遑遽也。

漇　俾義切。水洲也。

沍　胡故切。閉塞也。

澠　市陵切。水名。

湃　普拜切。滂湃,水勢也。

淬　乎冷切。溟淬,水盛皃。亦作澤。

澽　遇于切。陵夾水曰澽。

洌　力見切。倩洌,疾皃。

澸　胡館切。漫澸,不可知也。

汪　於晃切。大水皃。

漾　弋沼切。浩漾渨瀁,水無際。

淳　達丁切。水止也。

濤　徒刀切。大波也。

浾　將此切。水出長沙。

沘　音比。水名。

浘　音尾。浘浘，水流皃。

漨　扶龍切。池也，澤也。

涀　先篤切。涀涀，雨聲。

濧　大內切。清也，濡也。

沌　徒損切。混沌也。

溏　達郎切。池也。

浌　丕寸切。水聲也，漬也。又音盆。

泊　步各切。止舟也。

浰　力二、力計二切。浰浰，水聲也。

渾　許韋切。竭也。

濈　子昔、子結、子末三切。水出也。

濾　巨庶切。乾濾也。

渴　乙例切。清也。

瀲　离冄切。瀲灩[1]，水溢皃。又水波皃。亦作溓。又力驗切。

溓　同上。亦清也。

灩　以冄切。瀲灩也。

瀙　乎三切。或也，聲轉也。

澚　父于切。水名。

潓　之余切。水名。

潩　俾逸切。泉水出皃。

---

[1]　灩，原作"黤"，據棟亭本改。

濜　力盍切。水名。

㳘　昌戎切。山泉下。

澴　胡涓、胡絹二切。聚流。

洊　他各切。落也，磕也。

酒　才周切。酒液也。

涠　之由切。帀也。或作周。

洘　口冷切。洘涏，小水皃也。漂流也。

涏　徒冷切。洘涏。又徒見切，涏涏，好皃。

涅　弋井切。泥也，澱也。

滷　思累切。滑滷也。

灕　力支切。水滲入地也。

澌　才代切。測也。

洭　居況切。往也。

澨　弋水切。澨澨，魚行相隨。又水流皃。

悶　亡本切。懑也。又音閔。

潗　七立、子入二切。洽潗，水轉皃。

潲　山教切。臭汁也，潘也。

遂　似類切。所以通水，廣二尺，深二尺也。

淝　扶非切。水名。本作肥。

㴼　子盈切。水名。

滰　音楚。水名。

㶃　丘月切。國名。

洣　莫禮切。水在葵陵縣。

沟　弋旬、九倫二切。水名。

潙　音爲。水名也。

洺　武盈切。水名，在新陽。

滧 呼交、呼效二切。水在南郡。

㴞 公困切。水名。又大水。

瀹 余灼切。水名。

浭 山吏切。水名。

渶 音英。水出青丘山。

漒 莫高切。水名。

涀 胡見切。水出馮翊。

邊 布堅切。水名。

潷 音筆。笮去汁也。

淨 同上。

溞 先勞切。溞溞,淅米聲。又思酒切。

㴝 力悌切。滴也。

潠 蘇困切。噴水也。又先絹切。

淋 市陵切。水不流。

鼚 匹至切。敗皃。

㴗 烏錦切。古文飲。

浖 力拙切。山上水。

汩 亡谷切。

溥 補各切。溥溇也。

灔 余廉切。進也。

瀨 力兑、力活二切。以酒祭地。或作酹。

涎 似連切。口液也

㵪 同上。亦作次。

潢 呼光切。水廣也。

洤 古文泉字。

㝠 古文幽字。

浾 恥京切。赤也。亦作經。

湶 丑涉切。湶湕,纔有水。

湕 子葉切。湶湕也。

㵡 古淡切。㵡,薄味也。

潶 呼得切。水名。

㶌 力仙切。水出王屋山。

浡 蒲忽切。渾也。又海別名也。

漧 古乾字,猶燥也。

漺 初兩切。淨也,冷也。

瀿 扶元切。水暴溢也,波也。

澎 蒲衡切。水名。又澎浡,滂沛也。

濠 户刀切。水名。

㳀 力章切。古文梁。

潫 猗拳切。淵潫,水深皃。

漻 吕鳥切。漻澥,小水別名也。

淕 力鞠切。凝雨也。

泯 彌忍、彌賓二切。滅也。又泯泯,亂也。

瀜 弋終切。沖瀜,大水皃。

㳅 力周切。古文流。

漴 柴融切。水聲也。

淞 似龍切。江名。

涫 居隆切。縣名。

洢 一移切。縣名。

潍 夷隹切。水名。

漁 語居切。捕魚也。

泭　芳無切。編木以渡也。又防無切,水上泭漚①。

渾　大兮切。研米槌。亦作溪。

溪　口兮切。溪澗。

灈　渠愚切。水出汝南吳房。

瀘　力吳切。水名。

盦　屋姑切。盦江,項羽渡船處也。

渣　側加切。渣滓也。又棠木汁。

潾　力真、力刃二切②。水清皃。

洇　於鄰切。水名。

灊　助謹切。灊湞,水勢。又慈忍切。

瀊　蒲槾切。洞也。

沺　徒蓮切。大水也。

湍　他端切。急瀨也。

澟　力甚切。寒也。

滾　于暄切。水流皃。

瀟　思焦切。水名。

洨　戶交切。渾也。

渦　古禾切。渦水也。

㳡　烏瓜切。渦也。

涐　吾哥切。水名。

灑　力多切。汜灑,水名。

涂　直都切。涂,塗也。

澹　託藍切。水名。

㳠　同上。

---

① 泭漚,原作“附漚”,據棟亭本改。
② 二,原作“一”,據棟亭本改。

瀇　式章切。水流皃。

茫　莫郎切。滄茫也。

濴　音營。水洄。

灎　呼肱切。水聲也。

瀿　蒲冰切。水聲也。

濚　烏營切。水泉皃。

瀯[1]　同上。

漴　所翁切,又色講切。

潙　音盈。魯大夫名也。

滶　古爻切。水名。

澌　息咨切。水名。又音賜,水盡。

泑　伊糾切,又音幽。山名。

添　他兼切。益也。

灆　力甘切。水清。又力敢切,葅也。

湉　音恬。水流。

瀷　虛宜切。水名。

泓　音宏。深馮,無舟涉水。

浤　音宏。浤浤汨汨,海水騰涌貌。

渭　防無切。水名,中有神,古人也。

泍　音奔。水急。又匹奔切。

潭　音貪。水也。

潯　辭林切。深也。

汸　匹凡切。深也。

洶　虛觥切。水浪洶洶聲。

<hr/>

① 瀯,原作"濚",據棟亭本改。

洴　毗名切。水澼也。

淋　虛尤切。水去皃。

灪　甫休切。水聲也。

澴　胡関切。水。

濨　藏詞切。水也。

澗　力舒切。水名。

漳　七昆切。水名。

浮　虎孤切。水名。

浓　音衣。水也。

潘　力堆切。潘澤也。

瀜　音馮。水聲。

洰　胡公切。水聲。

藻　音蕖。水聲。

涌　禿聾切。水聲也。

潨　先公切。水聲也。

沀　音丘。水也。

澎　徒冬切。水名。

滁　直余切。水名。

渘　而舟切。水名。

沟　古侯切。水聲也。

泩　音生。水漲。

漉　奴登切。水。

沐　魚休切。水。

洄　音移，又音司。

漉　式之切。水。

澔　蒲巴切。水名也。

瑭 徒郎切。溪也。

沰 胡戈切。水。

浼 音羌。水也。

溵 於斤切。水。

淐 尺羊切。水。

澢 都郎切。水。

泇 音加。水也。

洀 之游切。水文也。

㟣 山佳切。瀳米。

溔 時邪切。水也。

洯 呼瓜切。水。

㴐 音斜。水名。

滉 戶猛切。影也。

灘 音鐷。沱也。

灦 戶工切。大波也。

浟 余九切。水也。

溛 余瓦切。泥水皃。

灌 火管切。弄水也。

洴 方免切。水皃。

灴 火孔切。水風也。

溛 初瓦切。泥也。

池 弋支切。水文。又徒羅切。

汖 初委切。北方也。

渼 莫彼切。水波也。

浧 音受。水皃。

湨 音軌。水皃。

澗　戶感切。流皃。又音閃。

灡^①　同上。

渺　力感切。梨汁也。

淂　的領切。水名。

瀏　匹眇切。

洔　七悔切。清也。

浽　平表切。水。

瀬　胡減切，又音傔。

淖　音皁。水也。

澏　苦含切。流也。

灦　音顯。水也。

潒　陟兩切。大水也。

渹　他果切。水名也。

瀰　莫比切。水流皃。

港　古項切。水派也。

渺　亡小切。水長也。

汞　戶孔切。水銀滓。

灄　而涉切。水也。

洈　許鬼切。流皃。

洔　同上。

澍　常預切。溝也。

潀　詞與切。浦也。

澳　同上。水名，在洞庭。

泞　直與切。

---

① 灡，原訛作"灡"，據楝亭本改。

瀂　音魯。醎水。

澅　户卦切。水。

湕　居偃切。湕水。

㴒　户式切。露光也。

灛　赤善切。水文。

澃　薄賣切。水。

滈　户了切。流皃。

瀉　思野切。傾也。又相夜切。

潢　胡廣切。潢瀁，波也。

灡　烏感、於錦二切。大水至。

湆　音奄。雲雨皃。《詩》云：有渰淒淒。

濴　烏迥切。大水也。

灢　奴朗切。不流皃。

溚　他達切。滑也。

洯　呼決切。洯寥，空皃。

瀿　思兗切。水。

潩　羊水切。流皃。

潹　切輦切。

漣　力淺切。水。

灗　文彼切。流也。

淏　音昊。清皃。

泖　音柳。水皃。

獁　莫把切。水。

潽　偏母切。水。

潻　尸煮切。水。

澩　音款。

瀺 戶斬切。泉。

瀴 益精切。水。

㴎 府孔切。水。

灑 方買切。水。

浮 音罕。水也。

潡 徒損切。大水也。

澒 古洞切。水。

灞 布罵切。水名。

淠 匹備切。水聲也。又匹計切。

沮 子御切。濕也。

沈 音畎。水也。

汰 音泰。太過也。

瀚 音汗。海名。

漆 七旰切。清也。

渡 音渡。過江。

澅 古外切。水名。

渮 之世切。水也。

漈 節例切。水涯也。

澥 火界切。水聲。

汗 古旦切。乾也。又胡旰切。

泮 匹半切。水流也。

淀 徒練切。淺水也。

泗 莫見切。滇泗,大水皃。

漱 力淀切[1]。漱鐵。

---

[1] 力淀切,棟亭本作"郎電切"。

泅 尼九切。水在汝南。

溴 尺又切。

湕 於見切。水大也。

㴋 七肖切。浚波也。

洽 户紺切。水和泥。

瀆 音豆。水也。

泔 側亮切。泔米入甑也。

渣 助訝切。水名。

灆 音飲。水也。

湴 蒲監切。

洕 音軥。小水。

浧 古壞切。水。

減 古薤切。水。

湆 音晉。水也。

潒 羊庶切。水。

濈 匹芮切。

浰 力湅切。水。

洎 音鼻。涕也。

濾 力預切。濾水也。

澸 式預切。水。

灢 所患切。洗馬也。

滚 吐旦切。大水也。

渲 音選。小水。

淃[1] 巨眷切。水。

① 字頭原訛作"港",據楝亭本改。

辮 皮戀切。水波也。

沏 尺戀切。水。

灓 盧瞰切。湧泉也。

瀢 多睞切。水名。

澗 胡簡切。水。

淌 音唱。大波。

漊 奴候切。水漚漊。

浅 古卧切。水。

滜 於候切。㡠也，冬月以疊草水中。

㵸 居詠切。清也。

瀾 力刃切。水。

潧 慈忍切。水名。

漑 許氣切。水。

沘 呼卧切。水名。

潐 音教。水也。

溜 時及切。影也。

灢 奴朗切。

瀶 思力切。水。

湁 女立切。水動皃。

洙 音昨。水也。

縠 胡谷切。水聲也。

洑 防斛切。洑流也。

沆 池六切。水名。

瀝 莫歷切。淺水。

泂 居六切。水文也。

洶 同上。

溍 初六、思六二切。濕也。

溯 音朔。水也。

澠 音雹。水激。

濁 許角切。水激聲。

滈 同上。又音浩。

洷 直失切。水。

洁 音吉。水也。

濗 莫筆切。流兒。

潏 音述[1]。水在琅邪，任緒鉤魚處。

濶 烏割切。水名。

灡 音闕。水也。

瀱 下刮切。不淨。

瀄 丑刮切。瀄瀄。

澉 思列切。澉澉，水流也。

涃 口沒切。水深兒。

泲 盈歷切。水名。

淬 桑沒切。沒也。

潑 浦末切。水漏也。

啜 音輟。注也。

溁 矢甲切。溢也。

瀹 火麥切。流。

淂 都勒切。水。

涑 余熟切。水名也。

浴 余玉切。洗浴也。

---

① 述，原作"迷"，據澤存堂本改。

漯　他盍切。濕也。

㳛　竹洽切。濕也。

瀶　虛劫切。水。

澦　音預。灩澦，水名。

溜　仲六切。滯也。

泼　府伐切。寒也。又音弗。

沏　資悉切，又音節。水出也。

㵟　巨列切。

㧒　音忽。汲也。

汌　初乙切。流皃。

濊　火活切。水聲。

渤　蒲沒切。渤海也。

澀　所立切。不滑也。

澁　同上，俗。

澈　直列切。水澄也。

漷　下革切。水名。

滌　音迪。洗也。

汐　辭歷切。水。

瀤　羊隻切。水流皃。

渹　火麥切。水聲。

㴍　五各切。

灒　七雜切。沸皃。

氼　補木切。水也。

泣　去急切。無聲出涕也。

㵭　士力切。波。

洦　莫百切。水流皃。

氻　郎得切。泉聲也。

湨　古壁切。水名。

淰　女犸切。影動。

漉　古禄切。水名也。

涷　都聾切。露兒。又水名。又都弄切。

漙　徒桓切。《詩》云：零露漙兮。

瀡　息觜切。滑也。

漷　烏活切。取水也。

涤　音粲。水清兒。

灨　音感。水也。

瀖　音桓。波也。

玉篇卷第二十凡二十七部

林部第二百八十六,凡四字。

林　之水切。二水也。

淼　彌沼切。淼漾,大水。

㳊　力州切。水行也,篆文作流。

---

① 第,原無,據例補。下諸“第”同。

㳠　市葉切。行渡水也，篆文作涉。

〈部第二百八十七，凡一字。

〈　公泫切。水小流皃，深尺廣尺曰〈。古文作畎，篆文作甽。

〈〈部第二百八十八，凡二字。

〈〈　古會切。水流皃。廣二尋，深二仞。亦作澮。

粼　力因、力刃二切。獸名。又粼粼，清澈也，水在石間也。

〈〈〈部第二百八十九，凡一十三字。

〈〈〈　齒緣切。注瀆曰川也，流也，貫穿也，通也。古爲坤字。

侃　可旦切。和樂皃。古文作偘。又苦旱切。

坙　古庭、後鼎二切。水脉也。一曰水冥坙也。

惑　胡國切。水流皃。

㐬　呼光切。及也，至也。

𠬝　禹乙切。水流也。

㭯　力徹切。㭯㭯，水流皃。

邕　於龍切。四方有水自邕城池者。

𠂤　籀文。

巛　子來切。天反時爲巛①。今作灾、災。

州　止由切。九州也，時也，宮也，居也。

州②　古文。

劑　同上。

井部第二百九十，凡六字。

井　子郢切。穿地取水也，伯益造之，因井爲市也。法也。

刱　楚向切。造法刱業。今作創。

阱　才性切。穿地爲阱以陷獸。亦作穽。

---

①　巛，原作"〈〈〈"，據宋11行本改。

②　州，原作"夙"，據棟亭本改。

𣲷 古文。

灐 於迴切。澤地也。

㳤 者線切。古文戰。

泉部第二百九十一,凡三字。

泉 自緣切。山水之原也。

繁 扶万切。泉水也。

原 魚袁切。泉水也。今作源。

灥部第二百九十二,凡二字。

灥 似均切。三泉也。

灥 魚袁切。水原本也。

永部第二百九十三,凡三字。

永 于丙切。長也,遠也,引也。

羕 弋上切。長也。

昶 恥兩切。《廣雅》云:通也。

辰部第二百九十四,凡五字。

辰 匹賣切。《説文》曰:水之衺流別也。

覛[1] 亡革切。《説文》莫狄切,邪視也。

賑 籀文。

衇 莫革切。血脈也。或作脉。

𧖴 籀文。

谷部第二百九十五,凡二十九字。

谷 古木切。水注谿也。又余玉切。

豁 呼活切。通谷也,空也,大度量也。

𧮫 同上。

---

[1] 字頭原作"賑",據棟亭本改。

谸　且見、且田二切。望山谷谸谸青也。或作阡。

谬　力幺切。空谷也。

谾　力公切。大長谷。

谼　呼紅切。深山之谼谼,空也。

谹　胡萌切。谷空也。

谩　莫丸切。谩谻,亭名。

谻　巨由切。谩谻亭。

睿　思閏切。深通川也。古文濬。

谻　下溝切。谷名。

豄　徒鹿切。通溝也。與竇、瀆同。

谽　扶云切。谽谷,在臨汾。

谷　渠六切。谷名。

谽　力葉切。谽餘,聚名。

谼　胡東切。大谷名。

谽　呼含切。谽呀[①],澗谷也。

谽　呼勞切。谽谽,深谷名。

谽　力刀切。谽谽。

谽　側侁切。谷名。

谽　於京切。谷名。

谽　火含切。谽谽,谷空。

谽　火加切。谽谽。

谽　士諫切。谷名。

叡　呼各切。溝叡也。與壑同。

谽　呼檻切。谷名。

────────────

① 呀,疑當作"谽"。

谿　詰雞切。與溪同。

澗　直流切。谷名。

冫部第二百九十六，凡五十二字。

冫　鄙凌切。冬寒水結也。

仌　同上。

冰　卑脣切。水堅也。今筆凌切。

凓　力甚切。凓凓，寒也。

凊　七性切。寒也，冷也。

澌　先兮切。解冰也。又息移切。

㳄　古文。

凍　都洞切。孟冬，地始凍[①]。又音東。

凌　力丞切。冰室也。又力證切。

腾　同上。

泂　古迥切。冷也。

凇　相龍切。凍落也。

凓　力質切。凓冽，寒皃。

冽　力滅切。寒氣也。

冹　胡頰切。冰凍相著也。

渫　徒頰切。冹渫也。

凗　昨回切。霜雪皃。

澄　五哀切。

涇　巨井切。寒也。

凝　魚脣切。成也，堅也。

汀　他丁切，又盧打切。

---

①　地，原作“北”，據宋11行本改。

滄　楚亮切。寒也。

凄　七西切。寒也。

冶　余者切。公冶,復姓。又妖冶。

鼎　他領切。

冷　力頂切。寒也。又力丁切。

淟　他典切。淟涊。

涊　奴典切。惡酒也。

冬　都農切。冬,終也。亦作夂。

夳　他大切。今作泰。

砏碈　上彼孕切,下匹孕切。飛聲。

冱　胡故切。寒也。俗作沍。

湳　奴含切。

澤　卑吉切。寒也。

瀆　之日切。寒身動皃。

洛　下各切。洛澤,冰皃。

澤　大洛切。冰也。

隸　盧帝切。水。

逵　力竹切。

泑　方勿切。寒冰皃。

潔　公節切。俗絜字。

巖　音嚴。俗嚴凝字。

凋　丁聊切。力盡皃。

活　胡括切。

懍　渠錦切。寒極也。

准　之允切。俗準字。

況　許誑切。俗況字。

冲　直中切。俗沖字。

決　古穴切。俗決字。

減　古斬切。俗減字。

涼　力張切。俗涼字。

雨部第二百九十七,凡一百五十字。

雨　于矩切。雲雨也。

閖　古文。

𩁹　亦古文,出《説文》。

霅　丈洽切,又胡甲切。霅霅,震電皃。一曰衆言也。

靐　力回切。陰陽薄動,靐雨生物者也。

雷　同上。

𩆜靁　並古文。

𩇓　籀文。

霣　爲閔切。雷起出雨也,齊人謂雷曰霣。

𩂣　古文。

霆　大冷、大丁二切。電也,霹靂也。

電　大見切。陰陽激燿也。

𩄀　古文。

震　之刃切。動也。

𩃵　籀文。

雪　思悦切。凝雨也。

雪　同上。

霄　思姚切。雲氣也。

霰　思見切。暴雪。

霓　同上。

霖　思移切。小雨皃。亦與霰同。

雹　步角切。《説文》云：雨冰也。

霜　古文。

霝　力丁切。落也。

零　同上。又徐雨也。

霗　力各切。雨霗也。或作落。

霢　亡鹹切。小雨曰霢霂。

霂　音木。霢霂。

霎　所咸切。微雨也。又漬也。又子廉切。

霰　同上。

霰　先丸切。小雨也。

霒　雉金切。陰也。

霪　胡耽切。多雨也。

霪　同上。

霖　牛皆、牛林二切。霖雨也。

霽　子夷切。雨聲。或作濟。又才私切。

霽　同上。

霚　尤句切。雨兒。

霖　子廉、力豔二切。小雨也。

霑　知廉切。濡也，漬也。

霈　如琰切。濡也。

扄　力豆切。屋穿水入也。與漏同。

霤　力救切。雨屋水流下也。

霏　柯頞、匹各二切。雨也。

霽　子計切。雨止也。

霽　呼郭切。雨止雲罷也。

霙　千兮切。雲行兒。又霽謂之霙。

露　力固切。天之津液下,所潤萬物也。又露見也。

霜　所張切。露凝也。

霿　武公、武賦二切。天氣下地不應也。

雺　同上。

霧　武賦切。地氣發天不應也。

霚　同上。

雩　宇俱切。請雨祭也。或作𩁹。

霾　眉乖、美拜二切。風而雨止也。

霓　五奚、五結二切。雲色似龍也。

霝　右注切。《説文》曰:水音也。

霖　力今切。雨不止。

霰　丁頬、丁念二切。寒也,早霜也。

需　息俱切。須也,不進也。又卦名。

霆　豬惟切。隱也,雷也。

霏　孚非切。雨雪皃[1]。

靅　同上。

雱　普唐切。雪盛皃。

雰　同上。

霶　普郎切。霶霈,大雨皃。

霅　山立切。霅霅,雨聲。

霅　先立切。霝霅,大雨也。

霫　丑立切。霝霅。

霑　丑涉切。霑霎,小雨。

霎　子葉、所洽二切。霑霎。

---

[1]　"雨"字原無,據棟亭本增。

霅　胡夾切。與洽同。

霑　徒的切。霑霑,雨。

霖　士林切。霖霖,雨聲。

雺　孚雲切。霧氣也。

瀼　而章切。露盛皃①。亦作瀼。

霉　徒丸切。霉霉,露多。

震　乃東切。震震,露濃皃。

霞　下加切。東方赤。

霟　胡溝切。

霿　莫公切。霿霿,雨皃。亦作濛。

雩　扶尤切。雪皃。

霒　於黨、於良二切。霒霒,白雲皃。

霹　普的切。霹靂也。

靂　郎的切。霹靂。

虺　許鬼切。雷震。

霮　烏感切。

霙　職隆切。小雨也。

霭　與章切。古文。

霒　於今切。沈雲皃。

霰　所感切。小雨也。

靁　魯丁切。古文靈。

霙　於京切。雨雪雜下。

霳　盧冬切。雨聲。

霙　所江切。雨皃。

---

① 盛,原作"成",據棟亭本改。

霍　胡郭切。霅霍,大雨。又音隻。

霅　營隻切。大雨也。

霖　力占切。久雨也。

霦　碧倫切。玉光色。

霮　徒昆切。大雨也。

霋　七精切。女神。

霼　苦顔、許器二切。《説文》云:見雨而止息曰霼。

霤　職由切。

霅　因于切。雨皃。

霳　孚隆切。

霳　力中切。豐隆,雷師。俗從雨。

零　都宗切。雨。

霅　古三切。霜也。

霽　疾夷切。大雨。又七資切。

霎　息佳切。小雨皃。

雩　敕庚切。雨也。

霢　北朋切。大雨。

霪　余林切。久雨也。

霰　所板切。

霏　芳西、芳賦二切。

霮　徒感切。霮霸,雲皃。

霸　徒對切。霮霸。

霏　息委切。露也。又呼郭切,飛聲。

霦　巨殞切。雨。

霍　呼郭切。揮霍。

霏　非尾切。雲皃。

靄 於蓋、於曷二切。雲狀。

霈 匹妹切。大雨。

霆 之戌切。霆霖。

霴 阻懺切。水。

霉 胡卦切。海船也。

霮 七鴆切。雲行。

霆 補孟切。雷。

霤 古候切。大雨也。

霠 胡內切。雨。

霆 直吝切。雲。

雹 於屬切。大露也。

霯 他鄧切。大雨也。

雹 於刃切。氣也。

霮 徒紺切。久雨也。

霨 乙位切。起。

霑 乃監切。泥。

霂 莫獲切。雨。

霢 力谷切。大雨也。

霅 直卓切。大雨也。

霰 私盍切。雨下也。

霅 士甲切。大雨。

霹 匹各切。雨。

薄 匹各切。大雨也。

霵 側立切，又七立切。雨下也。

霬 同上。

霤 呼骨切。雨下。

霡　色麥切。雨。又山責切。

霡　同上。

霙　大兮切。霙雲。

雲部第二百九十八，凡十一字。

雲　于君切。山川之氣也。古文作云。

霒　於林切。今作陰。

佥皁　並古文。

靆　徒載切。不明兒。

靉　於代切。靉靆，雲兒。又於幾切。

䨠　虛豈切。靉䨠，雲兒。

曇　徒含切。西國呼世尊瞿曇。

霏　芳味切。雲兒。

霺　徒罪切。

黮　徒敢、徒紺二切。

風部第二百九十九，凡九十八字。

風　甫融切。風以動万物也。風者，萌也，以養物成功也，散也，告也，聲也。

凬飌凮　並古文。

飈　力章切。北風也。又力讓切。亦作颮。

飄　婢遙切。旋風也。又孚遙切。

飆　俾遙切。暴風也。

颷　同上。

颯　思合切。颯颯，風。

飀　力周切。高風兒。

飀　力周切。風行聲。

颮　呼没切。疾風兒。

颰　同上。

飃　古文,同上。

颹　于貴切。大風也。

颺　弋章、弋尚二切。風飛。

颶　于筆切。大風也。

飅　力吉切。飅飅,暴風。又力志切。

颲　力哲切。惡風也。

颲　力計切。急風。

颩[①]　父娛切。風自上下爲之颩颩也。

飖　餘招切。飄飖。

颼　思六切。

颬　呼出切。風也。

颼　所流切。颼颼,風聲。

飀　同上。

飉　力幺切。風皃。

颭　於回切。風低皃。

颱　尹轉切。小風皃。

颴　胡盲切。暴風也。

飅　同上。

飍　匹周切。飍飍,風吹皃。

飄　匹召切。飄飍。

颾　楚飢切。風也。

飅　丈流切。

颲　怖結切。小風也。

---

① 颩,原訛作“颭”,據棟亭本改。説解同。

飌　竹庚切。

颮　丑交切。颮飍,吹皃。

飍　呼交切。颮飍。

飁　古諧切。疾風也。

颮　甫勿切。風也。

飑　似立切。風也。

颰　蒲活切,又甫月切。疾風。

颬　呼加切。

颱　蒲公切。

飀　所乙切。秋風。

颲　於柳切。風聲。

飍　香幽切。驚走皃。

颼　所交切。風聲。

飌　奴多切。古文儺。

飂　蘇彫切。北風也。

颱　似緣切。風轉。

飂　力尤切。飕飂,風。

颿　扶巖切。古文帆[①]。

飓　巨尤切。小風也。

飍　呼肱切。風皃。

颰　楚交切。

颰　戶工切。風聲。

颬　戶冬切。風聲。

颭　香公切,又香幽切。風聲。

---

① 扶,原作“坎”,據棟亭本改。帆,原無,據棟亭本增。

颸 羊脂切。

颎 於京切。

颻 于歸切，又于委切。

颶 寺林切。姓也。

颔 古藍切。風。

颸 步迷切。風。

颹 户萌切。大風也。

颓 杜回切。風皃。

颷 息流切。風。

颰 呼觥切。風聲。

颺 魯登切。大風也。

颲 徒郎切。

颬 力丁切。寒風。

颸 思沇切，又祖緣切。

颽 苦海切。南風也。亦作凱。

颽 同上。

颶 奴罪切。風動。

风 呼果切，又徒泰切。

颴 徒會切。

颩 裴負切。

颩 職救切。風皃。

颬 户紺切。

颸 於貴切，又於歸切。

颿 可降切，又可講切。

颵 力質切。風。

飍 余律切。急風。

飈　思六切。風吼。

飅　賓栗切。風吼也。

颭　祛律切。風也。

颭　同上。又呼聿切。

飂　冰力切。風也。

颰　蒲没切。

颮　呼決切。

颬　呼獲切。熱風。

颲　古獲切。颲颬,赤氣,熱風之怪。

颭　呼劣切。小風皃。

颶　楚持切。飇風也。

颮　許勿切。

气部第三百,凡八字。

气　去乙切。求也。《説文》去既切,以爲雲氣字。

氣　去既切。候也,息也,六氣謂陰、陽、風、雨、晦、明也。又年有
　　二十四氣。

氛　孚云切。氣也,祥也,先見也。或爲雰。又夫云切。

氲　俗。

氳　於云切。氛氳,祥氣。

氤　於人切。氤氳,元氣。

氣　巨迄切。危也,切磨也。

气　去既切。古氣字。

鬼部第三百一,凡六十九字。

鬼　居尾切。天曰神,地曰祇,人曰鬼。鬼之言歸也。又慧也。

覶　古文。

魅　丑利切。魑魅之類也,屬鬼也。亦作鬽。

魂　胡昆切。陽游氣也,人始生化曰魂。亦作䰟。

魄　普格切。人之精爽也。《説文》曰:陰神也。又普各切。亦
　　作䰒。

魖　許居切。耗鬼也。

魃　步末切。旱神也。

魅　渠猗、渠寄二切。小兒鬼。又鬼服。

彪　莫覘切。老精物也。

魁魅[1]　並同上。

彔　古文。

彙　籀文。

魖　灰乎切。鬼兒。

䰥　居依切。鬼俗也。吳人鬼,越人䰥。亦作機。

魖　汝瑜切。魖魖,鬼聲。

傀　呼罵切。鬼變也。

䰰　乃多切。驚毆疫癘之鬼也。又見鬼驚也。

魏　牛冀切。懼也。

魒　必人、扶人二切。鬼兒。

魋　杜回切。如小熊也。

魍　亡兩切。魍魎,水神,如三歲小兒,赤黑色。

魎　音兩。魍魎。

魖　力丁切。神名。

魊　乎北切。短狐,狀如鼅,含沙噀人。

魈　士交切。剽輕爲害之鬼也,疾也。

魏　魚貴切。象魏闕也,大名也,高也。

---

① 魁,原訛作"魖",據棟亭本改。

齺 視由、齒由二切。惡也。

魅 眉祕切，又無弗切。

魖 魚丘切。鬼也。

魑 丑知切。鬼也。

魋 武棱切[1]。鬼也。

魗 德洪切。鬼殺人。

䰟 巨希切。星名。

魖 始人切。山神也。

䰠 即委切。鬼名。

魔 莫何切。魔鬼也。

魁 口回切。師也[2]。又北斗名。

魖 五姑切。

魖 匹姚切。星。

魂 火郎切。鬼。

魓 扶方切。星名。

魖 于嫣切。

魕 力丁切。

魖 皮彼切。鬼衣服。

魖 匹米切。

魖 去拱切。地名。

魖 古悟切。

魖 胡硬切。鬼。

魖 丑吏切。瘌鬼。

魖 力刃切。鬼名。

---

[1] 武棱切，棟亭本作"武稜切。"
[2] 師，疑當作"帥"。《集韻》作"帥"。

魏　五孝切。醜皃。

齾　初八切。羅齾國。

鬽　桑目切。鬼。

覿①　徒歷切。醜。

𢣺　五交切。

魌　巨聿切。無頭鬼。

貌　陟目切。醜頭。

魄　于目切。皃。

魊　士甲切。醜。

魊　詞惜切，又之石切。

魊　羊益切。鬼使也。

魊　縛尤切。星名。

覶　側減切。

魊　呼官切。星名。

魊　音畢。

魊　尺者切。醜魊，惡也。

醜　昌九切。可惡也。

魊　音甫。星名。

甶部第三百二，凡四字。

甶　甫勿切。鬼頭也。

畏　於貴切。驚也，忌也，懼也，難也，惡也。

畏　古文。

禺　牛具切。獸似獼猴也，目赤尾長。又母猴屬也。

---

① 字頭原訛作"覿"，據棟亭本改。

白部第三百三,凡四十三字。

白　步陌切。西方色也,明也,告語也。白屋,茅屋也。

𦊓　古文。

皢　火了切。明也,日白也。

皎　公鳥切。月白也。亦皦也[①]。

晳　先的切。白色也。

皤　布何、步何二切。素也,老人白也。皤皤,衆良士也。

㿟　乎殻切。㿟㿟,白也,鳥白也。又乎沃切。

皚　牛哀切。霜雪白皚皚也。亦作澊。

皅　普加切。草華之白也。

𥜗　去逆切。壁際見白也。

皦　公鳥切。白也。又珠玉白皃。亦與皎同。

皭　在爵、子笑二切。淨皃也,色皭皭白也。

皔　何但切。皔皔,白也。

皏　普幸切。皏皬,白也。又淺薄色也。

皬　呼曷切。皏皬也。

皪　來的切。玓皪,明珠也。

䪞　且禮切。色鮮絜也。或作玼。

皠　且罪切。高峻皃。

皁　才老切。色黑也。

皂　同上。

的　丁激切。遠也,明見也,射質也。

𤾈　直流切。父没名。

皛　胡了切,又胡灼切。明也,顯也。

---

① 皦,原誤作"皎",據棟亭本改。

皖　華板切。

皫　孚沼切。白色。

皅　傍伯切。白色。又古了切。

皜　爲委切。華也。

皫　毗照切。白色。

曖　烏代切。淨也。

暠　胡老切。

皞　同上。

皓　同上。

皪　丁歷切。白。

皫　普白切。

皛　傍伯切。

皗　直流切。

皙　昌尹切。白。

皚　多肯切。白。

皣　于輒切。

皟　側革切。

皛　扶力切。

皫　力各切。白。

皝　他朗切。明也。或作曠。

日部第三百四，凡二百四十字。

日　如逸切。陽之精也。《廣雅》云：朱明，曜靈，東君，並日名。
　　日，實也，君象也。羲和，日御也。

旻　眉巾切。秋天也。仁覆愍下謂之旻天。

時　市之切。春夏秋冬四時也。

旹　古文。

早　子老切。晨也。

昒　亡屈切。旦明也。

曙　市據切。東方明也。

昧　莫潰切。冥也。昧爽,旦也。

晰　之逝切。明也。

晢晰　並同上。

曉　火了切。《說文》:明也。又曙也,知也,慧也。

昭　之遙切。明也,光也,見也。又市遙切,昭穆也。

晤　五故切。欲明也。

晃　乎廣切。光也。

晄　同上。

曠　苦浪切。廣遠也,空也。

旭　呼玉切。日始出昕旦之时。

晉　子刃切。進也。

晉　同上。

昏　呼昆切。《說文》曰:日冥也。

昏[1]　同上。

啟　康禮切。雨而晝晴也。

暘　弋章切。明也,日乾物也。

昫　欣句、許宇二切。暖也。亦煦同。

晛　奴見切。日氣。又户顯切,明也。

暥　同上。又燠也。

晏　於諫切。晚也,天清也。

旰　於見切。日出也。

---

① 昏,原訛作"昏",據棟亭本改。

景　箕影切。光也，照也。

晧　户老切。日出也，明也。

皞　何老切。太皞，蒼精之君，伏羲氏也。又明也，旰也。

曄　爲輒切。曄曄，震電兒。

曅　《說文》曄。

暉　呼韋切。光也。或煇字。

旰　古旦切。晚也。

暆　余支切。暆暆，日行也。又縣名。

晷　居美切。以表度日也。

昃　壯力切。日昳也。

仄　同上。

晚　莫遠切。後也，暮也。

曫　力完切。日昏時。

晻　於感切。不明也。

暗　於紺切。不明也，日無光也。

瞖　於計切。陰而風。

晦　呼潰切。昧也。

皆　奴代切。日無光也。

旱　何但切。不雨也。

㫅　於了切。望遠也。或作杳、窅。

昴　莫絞切。星名。

暴　許兩切。不久也，少時也。

曩　奴朗切。久也。

昨　才各切。一宵也。

昪　皮彦切。喜樂兒。

暇　何嫁切。閑暇也。

昄 步板切。大也,善也。

暫 才濫切。不久也。或作蹔。

昱 由鞠切。日明也。

昌 尺羊切。美言也,當也,盛也,明也。

昌 籀文。

晄 于況切。美也。

暴 女版切。溫濕也,赤也。

暑 式與切。熱也。

暍 於歇切。中熱也,溫也。

曘 奴旦切,又奴達切。溫也,安也。

㬎 呼殄切。微妙也。今作㬎。

暴 步卜切。曬也,晞也。又蒲報切。

暴 同上。

麿 古文。

曝 俗。

映 於敬切。明也。又於朗切,映曣,不明也。

晞 許衣切。明不明之際也,燥也,暴也。或作烯。

昔 思亦切。往也,久也,昨也。

昝 《説文》昔。

暬 思列切。侍也。或作媟。

暱 女栗切。親近也。

昵 同上。

否 亡乙切。不見也。或作旾。

晐 古才切。備也,咸也,兼也。

昆 古魂切。昆者,同也,并也,兄弟也,咸也。

晜 音昆。兄也。與昆同。亦作㞋。

暖　奴短切。温也。

普　丕古切。包也，徧也。

曈　徒東切。曈曈，日欲明皃。

曨　力東切。曈曨。

晫　都角切。明盛皃。

睹　丁古切。旦明也。

暠　古老切。白也。

皠　口亥切。美也，照也。

旿　乎古切。文彩也。

昂　五郎切。我也，君之德也。

暾　公了切。明也。

暤　同上。

曘　力涉切[①]。日欲入也。

暮　謨故切。日入也。

晲　牛禮切。日跌也。

昳　同上。

曭　他朗切。不明也。

暲　之羊切。明也。與章同。

暵　呼但切。熱氣也。

蟒　莫朗切。日無光。

暁　呼晃切。旱熱也。

暒　似盈切。雨止也，精明也，無雲也。

晴　同上。

曤　呼郭切。明也。

---

① 涉，原作“步”，據宋11行本改。

晥 乎綰切。明星也。

昝 子感切。人姓也。

昲 孚未切。乾物也。

晅 古鄧切。乾燥也。

暳 呼惠切。衆星皃。

暡 於孔切。暡曚,天氣不明也。

暈 有愠切。日月旁氣也。

晊 之日切。大也。

曖 於代切。晻曖,暗皃。

曜 余照切。照也。亦作燿。

嘻 許已切。盛皃也,多熱也。

暶 似緣切。美皃。

昋 古惠、古迴二切。見也。亦作炅。

旴 去既切。古氣字。

哨 思遥切。古宵字。

星 先丁切。列宿也。古爲曐。

昛 巨基切。古文期。

𣆠 亦古文期。

昗 丁宗切。古文冬。

各 同上。

曆 力的切。象星辰分節序四時之逆從也。數也。本作歷,古文作厤。

曟 古文。

曝 丘立切。欲乾也。

曡 女涉切。小煩也。

晟 是政切。明也。

曋　他昆切。日欲出。

旽　同上。

晈　公鳥切。明也。

昧　莫蓋切。明也。又斗柄。

昊　胡老切。昊昊，元氣廣大也。

昉　甫往切。明也，適也。

春　尺均切。蠢也，萬物蠢動而出也。

萅　《説文》春。

曛　許云切。黄昏時。

晡　布胡切。申時也。

曃　陀愛切。曖曃，不明兒。

暕　古限切。明也。

昢　滂佩切。向晴也。

昚　市刃切。古文慎。

昺　碑景切。明也。亦作昞。

曇　徒含切。曇曇，黑雲兒。

昇　式陵切。或升字。

晁　除喬切。晁陽，縣名。

眡　都黎切。日。

晆　府微切。日色。

暀　織由切。日光也。

晫　七林切。日光也。

碁　居其切。後也。

昲　徒來切。日光。又於景切。

昗　附夫切。

昐　府文切。日光。

曦　許宜切。日色也。

睡　直韋切。地名。

昳　附夫切。日。

晭　色滓切。明。

晅　許遠切，又古鄧切。明也。

晅　徒旦切。

暚　思可切。明朗也。

暔　孚武切，又思主切。明。

㬨　五果切。明。

硬　古杏切。日高也。

㫧　力黨切。明。

昑　丘錦切。明也。

曞　來甘切。

曤　魚儉切。日行。

炅　久永切。日光也。

旰　胡管切。明也。

杲　古老切。日出也。

暐　于鬼切。日光也。

暐　同上。

晼　於阮切。

曘　奴侯切，又日朱切。日色。

昀　羊倫切。日光也。

暌　去圭切。達也。

曥　力魚切。

睲　與章切，又子郎切[1]。焦。

暄　許圓切。春晚也。

旼　莫貧切。和也。

昪　必民切。古文也。

瞀　彌賓切，又眉殞切。强也。

昭　以專切。日行也。

旫　他調切。

曜　余招切。日光也。

晗　胡南切。欲明也。

暎　於京切。明。

曚　莫紅切。曚曨也。又亡孔切，時也。

瑽　七恭切。電光。

眈　丁含切。

暖　奴卵切。溫也。亦作煖。

暖　同上。

瞒　莫本切。暗。

曤　匹表切。

旿　吾古切。明也。

晪　他典切。明也。

昫　香羽切，又香句切。日光也。

昶　丑兩切。明久。

晎　匹頂切。

昪　俱冬切。扶。

昍　呼誑切。暘明。

晛 許詠切。日中風。

睄 職救切。光。

曕 以贍切。曬也。

督 許驗切,又許嚴切。妨。

扅 所御切。

昪 皮變切。明也。

昛 其女切。暗。

晡 防晦切,又蒲没切。

暆 乞義切。日。

曖 烏蓋切。日色也。

晬 子對切。周年也。

晙 子峻切。早也。

旰 各汗切。半乾也。

旆 布蓋切。

晥 胡貫切。古國名。

曞 力制切,又力達切。日甚也。

晉 烏訝切。姓。

曍 匹妙切。置風日中令乾。

瞀 莫候切。亂明。

昮 才用切。功人也。

旺 王放切。日暈。

曎 以證切。

暝 亡定切。夜也。

曔 巨命切。明也。

旲 五愛切。

曤 子肖切。

昧　莫割切。星名。

昳　徒結切。日昃。

昷　於没切。

朏　奴骨切。

睩　力玉切。日暗。

忽　呼骨切。明。

映　古穴切。

唶　楚洽切。日照水。

吸　其劫切。乾。

昕　許斤切。旦明也。

晘　丑減切。日光照也。

曬　所賣切。暴乾物也。亦作㬥。

旦部第三百五,凡二字。

旦　多爛切。早也,朝也,曉也。《詩》曰:信誓旦旦。

暨　其器切。與也,至也,武也。《爾雅》曰:暨,不及也。

晨部第三百六,凡七字。

晨　是人切。早也,明也,昧爽也。

晨　同上。

農　奴冬切。耕夫也,厚也。

農　同上。

辳䢉辳　並古文。

乿部第三百七,凡六字。

乿　公旦切。日光出乿乿也,用也。

乾　奇焉切。健也,天也,君也。又居寒切,燥也。

鞹　知驕切。早也,旦也。又除驕切。

朝　同上。

幹　柯旦切。體也，强也。

敦　各汗切。

晶部第三百八，凡五字。

晶　子丁切。精光也。

曐　先丁切。萬物之精也，列宿也。亦作星。

曑　所今切。或作參。

曡　徒頰切。古理官也。亦作疊。

晨　市人切。宿也。亦作辰。

月部第三百九，凡二十五字。

月　魚厥切。太陰之精也。夜見光謂之月。月御謂之望舒。

朔　所角切。月一日也，北方也。

朗　力儻切。明也。亦作朖。

朤　古文。

朏　芳尾、普乃、普骨三切。《説文》云：月未盛之明。

朓　敕了切。疾兒。又晦而月見西方也。

霸　普白切。《尚書》云：哉生霸。今作魄。又布駕切，霸王也。

覇　同上，俗。

𩖫　古文。

朒　女六切。縮朒，不寬伸之兒。《説文》曰：月見東方謂之縮朒。

朘　徐兗切。短也。便朘，小兒。

期　巨基切。會也，當也，要也，時也，契約也。

𣅆　古文。

朦　莫公切。朦朧也。

朧　魯紅切。

朎　魯丁切。朎朧。

腄　胡求切。縣名,在東萊。又直瑞切。

臘　盧盍切。臘蜡。

膔　同上,俗。

膱　他敦切。月光。

膜　於京切。月色也。

膥　寺林切。姓也。

脛　古鄧切。月去也。

朊　虞遠切。

胅　直遠切。

有部第三百十,凡三字。

有　于久切。不無也,果也,得也,取也,質也,寀也。

緎　於六切。文章也。亦作彧。

龓　力公切。馬龓頭。

明部第三百十一,凡三字。

明　靡兵切。察也,清也,審也,發也。

朙　古文。

盟　靡京、眉景二切。諸侯莅牲曰盟。又音孟,盟津也。

囧部第三百十二,凡三字。

囧　俱永切。大明也,彰也。

盟　同上。

盟　靡京切。與盟同。

玉篇下十卷凡二百四十部

---

① 目次的卷二十一至二十九"从",原殘脱,據正文目次及本書體例推定
而補。

① 間，原訛作"聞"，據正文改。

口于非切第四百六十八　員胡拳切第四百六十九　齊在兮切第四百七十

干各丹切第四百七十一　开五堅切第四百七十二　片普見切第四百七十三

牀仕良切第四百七十四　毋武俱切第四百七十五　克口勒切第四百七十六①

丿普折切第四百七十七　厂余制切第四百七十八　弋夷力切第四百七十九

乀以支切第四百八十　亅居月切第四百八十一　句俱遇切第四百八十二

丩居周切第四百八十三　乚於近切第四百八十四　亡武方切第四百八十五

匸下體切第四百八十六　兂側林切第四百八十七　旡居毅切第四百八十八

兒茅教切第四百八十九　兂公悤切第四百九十　先思賢切第四百九十一

禿吐木切第四百九十二　厶相咨切第四百九十三　單時闌切第四百九十四

录力木切第四百九十五

卷第三十 凡四十七部

四思利切第四百九十六　叕知劣切第四百九十七　亞於訝切第四百九十八

五吳古切第四百九十九　六力竹切第五百　七親吉切第五百一

八博拔切第五百二　釆蒲莧切第五百三　半布旦切第五百四

九居有切第五百　丸胡官切第五百六　十時人切第五百七

卅先闔切第五百八　古公五切第五百九　寸千鈍切第五百十

丈除兩切第五百十一　皕彼利切第五百十二　甲古狎切第五百十三

乙猗室切第五百十四　丙兵永切第五百十五　丁多庭切第五百十六

戊亡寇切第五百十七　己居喜切第五百十八　巴布加切第五百十九

庚假衡切第五百二十　辛思秦切第五百二十一　辡皮兔切第五百二十二

辛綺虔切第五百二十三　桀奇列切第五百二十四　壬而林切第五百二十五

癸古揆切第五百二十六　子咨似切第五百二十七　了力鳥切第五百二十八

孨莊卷切第五百二十九　云他骨切第五百三十　丑勑有切第五百三十一

① 勒,原訛作"勤",據正文改。

玉篇卷第二十一凡三十部

冥部第三百十三,凡二字。

冥　莫庭、莫定二切。窈也,夜也,草深也。《爾雅》曰:冥,幼也。

　　郭璞曰:幼稚者,冥昧也。

---

① 第,原無,據例補。下諸"第"同。

䍠　亡耿切。杜預曰：魯邑。又冥也。又亡庚切。

夕部第三百十四，凡十二字。

夕　辭積切。暮也，邪也。亦作汐。

夜　余柘切。《傳》曰：夜暮也。君子有四時：朝以聽政，晝以訪問，夕以脩令，夜以安身。然則，夕之夜猶盡也。《説文》曰：夜，舍也，天下休舍也。

募　亡客切。寂也。

夢　莫忠切。夢夢，亂也，不明也。又莫貢切。今以爲寢想字。

夗　於遠切。《説文》云：轉臥也。

姓　疾盈切。《説文》曰：雨而夜除星見也。又作晴。

夤　弋人切。進也，大也。又惕也。

奚　籀文。

夙　思六切。早也，旦也，敬也。古作佀、佀①。

㚔　《説文》夙。

外　午會切。《説文》云：表也，遠也。

夘　古文。

多部第三百十五，凡二十六字。

多　旦何切。衆也，重也，大有也。

夥　古文。

䯽　胡果切。楚人謂多也。

夎　古懷切。大也。

矮　於果切。多也。

夛　丑加切。《説文》云：厚脣兒。又緩兒也②。

夦　奴孔切。觇夦，盛多兒。

①　佀，原作「佀」，據棟亭本改。
②　兒，原作「凵」，據棟亭本改。

尮　於孔切。大多也。或作勓。

奣　苦回切。大也。

姟　口才切。多也,大也。亦作奁。

夥　公户切。多債利也。

奊　丘一切[①]。多也。

奵　所陳切。姓也。又多也。或作莘、骍、骈、烑、牲。

㝏　奴多切。多也[②]。

夠　苦侯切。多也。

奵　丁含切。多也。

㚣　扶留切。多也。

奆　章移、之豉二切。多也。

奝　丁幺切。多也,大也。亦作奝。

烊　余章切。多也。亦作洋。

姑　昌占切。

妗　女鹽切。

夠　音勺。茵夠。

夥　力口切。多也。

夘　尺豉切。大有慶也。

奆　口罪切。多也。

小部第三百十六,凡六字。

小　思悄切。物之微也,細也。

少　尸沼切。不多也。又始曜切,幼也。

尐　子列切。小也,少也。

尖　子廉切。銳也。

---

① 丘一切,原作"丘二切",據棟亭本改。
② 多,原作"哆",據棟亭本改。

𡦼　乃口切。小皃。

𡯁　其靳切。對也。或作僅、廑。

幺部第三百十七,凡七字。

幺　於條切。幼也。郭璞云:後生也。

幼　伊謬切。稚也,少也。

麼　亡可切。小麼也。又亡波切。

㡷　思此、七紫二切。亦作徆[1],小皃。

盭　力計切。背也。《説文》云:弼戾也。亦作戾。

𢄧　乙肖切。急戾也。𢄧𢓜,小皃也。

𢆶　乙例切。《説文》云:不成,遂急戾也。

丝部第三百十八,凡四字。

丝　伊虯切。微也。

幽　伊虯切。不明也,深遠也,微也。古作㴈。

幾　居衣切。動之微也,吉凶之先見也,期也,時也,危也,尚也。又居扆切,幾多也。又巨衣切。

𢆻　巨乙切。《埤蒼》云:𢆻,蟣也。蟣音饑。

玄部第三百十九,凡五字。

玄　胡淵切。幽遠也,妙也。又黑色。

𢆯　古文。

玆　子貍切。濁也,黑也。或作黰、滋。

玈　來乎切。黑也。或作黸。

玅　彌詔切。今作妙。精也。

丏部第三百二十,凡一字。

丏　亡殄切。不見也。賓、麪字從此。

---

① 徆,澤存堂本作"佪"。

大部第三百二十一,凡五十六字。

大　達賴切。《易》曰:大哉乾元,萬物資始。《老子》曰:道大,天大,地大,王亦大。

夳　公胡切。大也。

夾　古洽切。近西廂也。又古協切。

夸　苦華切。奢也。或作媱。

奄　倚檢切。大也,覆也,大有餘也,息也。

査　禹安、禹晚二切。奢査也,大口也。

奯　許活切。空也,大目也。

奅　普教切。大也。

奰　雉慄切。《説文》云:大也。

奊　魚吻切。大也。

奢　火計切。奢盛皃。《埤蒼》云:肥大也。

契　口計切。券也,大約也。又口結切。

夵　丁計、丁奚二切。大也。

奓　飢蔱切。大也。

奘　猜紫切。直大也。《説文》火介切,瞋大聲也[1]。

奰　分勿切,又扶勿切。大也。

献　同上。

奄　視均切。《説文》云:大也。

奫　火幺、四幺二切[2]。長大皃。

夷　弋脂切。明也,平也,敬也,滅也,易也,蠻夷也。或尸字。

夯　竹加切。下大也。又舒邪切。

奔　匹萬切。上大也。

────────────

[1]　瞋大聲也,未詳,今本《説文》作“瞋大也”。
[2]　四幺,棟亭本作“口幺”。

奊　才邪切。奊奊，大口也。

羙　孚鬼切。大也。

斋　方結切。大也。亦勴字①。

㚎　口才切。大皃。

奃　丁幺切。大也，多也。

奯　九縛切。健皃。

哭　古文軍字。

奯　口交切。擊也。今作敲②。

㚒　麔域切。方也，大也。

奓　仕下切。夸奓，自大③。

太　他大切。甚也。

奰　乙獻切。大皃。

奕　弋石切。奕奕，大也。美容也，行也。

獎　昨朗切。大也，盛也。

臭　公老切，又昌石切。大白澤也。古文以爲澤字。

奚　下雞切。大腹也。

奰　皮祕切。不醉而怒也，壯也，迫也。

奭　而兖切。又作仄柔也。

斖　猗筍切。水皃。《吳都賦》曰：泓澄斖漾。漾，於拳切。

奇　巨宜切。今作奇。

尖　子廉切。小細也。

奀　音奚。獸跡。

奭　睪朱切。邪視皃。

---

① 勴，原訛作“斷”，據棟亭本改。
② 交、敲，原訛作“大、彀”，據棟亭本改。
③ 自大，原作“目大”，據宋11行本改。

奩 力鹽切。香奩也。

奱 音兹。不正。

奞 蒲罪切。大也。

奤 求阮切。

套 他皓切。長也。

奲 多又切。

奦 音務。大也。

奈 奴太切。正作柰。

奨 子隨切。

奪 徒活切。

奪 同上。

奢部第三百二十二,凡二字。

奢 式邪切。侈也,泰也,張也。亦作奓。

奲 丁可、充者二切。大寬也。

火部第三百二十三,凡二百九十三字。

火 呼果切。焜也,燧人造火於前,黄帝爲食於後也。火者,化也,隨也,陽氣用事,萬物變隨也。

炟 丁達切。爆也。

焜 麾詭切。火也,烈火也。

煋燬 並同上。

燹 先踐切。野火也。

焌 子閏、子寸、倉聿三切。然火也。

爇 而悦切。燒也。

焫 同上。

燒 尸遥切。爇也,燔也。

炪 丑出、許出二切。火光也,欝也。

䜱　力弔切。禜䜱祭天也。

烈　力折切。火猛也，熱也，威也，業也，餘也。

然　如旋切。燒也，許也，如是也，䲧言也。

燃　俗爲燒然字。

燔　扶藩切。燒也。

煒　卑出切。火聲也。煒沸，火皃。

烕　甫勿切。火盛皃。

爝　《說文》烕。

熯　而善切。火盛乾。

烝　之承切。火氣上行也，進也，冬祭也，婬也。又之孕切。

沸　扶勿切。火皃。

熮　力酒切。火皃。又燒也，爛也。

䎱　力振切。火皃。

㷊　五旦切。火也。

熇　許酷切。熾也，燒也。

熲　古迥、苦迥二切。火光也。或作耿。

炯　公迥、戶頂二切。炯炯，明察也，光也。

爚　弋灼、式灼二切。光也，電光也。

熛　必堯切。火飛也。

炐　公巧切。交木然之，以燎祭天也。

燆㷌　並同上。

㷊　徒甘切。燎也，小熱也。

炭　他旦切。燒木也，灺也，火也。

羨　俎下切，又才和切。束炭也。

炦　步結切。氣上也。又步葛切。

燋　子藥、子消二切。炬火也，所以然火也。

灰　呼回切。死火也。

炱　大來切。炱煤,煙塵也。

煤　莫杯切。炱煤。

煨　烏回切。盆中火爐也。

熄　相力切。畜火滅也。

烓　口迥、烏圭二切。煁也。

煁　市林切。竈也。

烘　許公切。燒燎也。

燀　尺善切。炊也。

齌　子奚、才悌二切。炊釜。

炊　尺垂切。爨也。

烰　音浮。烰烰,火氣盛也。

䰞　在陵、子棱二切。置魚筒中炙。

熷　同上。

熹　許疑切。熱也,烝也,炙也,熾也。亦作熙、嘻。

熺　同上。

熙　火疑切。光也,廣也,燥也。

裛　於根切。炮炙也,以微火溫肉也。

煾　同上。

煎　子連切。火乾也,火去汁也。

熬　五高切。煎也。

炮　白交切。炙肉也。

炰　同上。

煏　皮逼切。火乾也。

熦　同上。

爅　同上。

爆　步角、布角二切。爆落也,灼也,熱也。又北教切。

煬　余尚切。炙也,對火也,熱也。

煃　胡沃切。灼也。

麋　明皮切。爛熟也。

爛①　郎旰切。熟也。

燗　同上。

尉　於貴切。申帛也,按也。又紆物切。

熨　同上。

爩　子姚切。灼龜不兆也。

爐　同上。

炙　居又、居有二切。灼也,薆也。

灼　之藥切。灼灼,花盛兒。又熱也,明也。

煉　力見切。治金也。今亦作鍊。

熜　青公、子孔二切。然麻烝也,熅也。

燭　之欲切。照也。

炟　囚者切。燭熭也。

熭　才進切。火餘木也,炟也,薪也。

爐　同上。

焠　青對切。堅刀刃也,火入水也,煨也。

煣　而九切。以火屈木曲。

熑　力兼切。絶也。

熸　子刀切。焦也,燒也。

焚　父云切。燒也。

燌　同上。

---

① 此字頭及音義“郎旰切。熟也”原脱,據棟亭本補。

炎 同上。

炮 都狄切。望見火。

燎 力弔切。火在門外曰燭，於內曰庭燎，國之大事，樹以照衆也。又放火也。

熛 匹姚切。火飛也。

熛 同上。今亦作票。

爨 子姚切。火燒黑也。又炙也。

焦 同上。

灾 子來切。天火也，害也。又作災。

烖 同上。

災 籀文。

扰 古文。

煙 於賢切。火氣也。

烟 同上。又音因。

煙 籀文。

焆 於決切。火光也。

燖 似廉、似林二切。灰爛也，火熱也。

燅 同上。

熅 於文切。烟熅也，氣也，煓也。

焞 徒門切。焞焞，無光曜也[①]。又他雷切，焞焞，盛皃。又他門切。

煦 吁句切。烝也，恩也，赤色也，温也，潤也，熱也。亦作昫。

炳 彼皿切。明著也。亦作昺。

焯 之藥切。明也。

---

① 無光曜也，原作“無光曜切”，據棟亭本改。

煒　于匪切。明也。亦盛皃。

照　之曜切。明也。

炤　同上。

烗　充爾切。盛也。

煜　余六切。火焰也。又盛皃。

熠　同上。

熠　以立切。盛光也。

燿　弋照切。光也。與曜同。

煇　許歸切。燿光也。

炫　胡絢切。燿光也。

爗　爲輒切。盛也。或作曄。

燁　爲輒切。火光皃。

炗　古黃切。炗榮也。今作光。

芡　古文。

爓　與廉切。火焰也。

煌　乎光切。光明也。

熿　同上。

焜　胡本切。煌也，光也。

熱　如折切。溫也。

煗　乃管切。溫也。

煖　火園切。溫也。亦同上。

熾　尺示切。盛也。

戠　古文。

炕　口盎切。乾極也，炙也。

燠　於六切。煖也，熱也。

㷩　同上。

炔　古惠切。煙出皃。

炅　同上。又古迥切。

燥　先道切。乾燥也。

熇　口老切。燥也。

熇　苦告切。旱氣也。

熭　才鋭切[1]。曝乾也。

烕　許悦切。滅也。

燾　徒到切。覆照也。

爟　古亂切。舉火也。

烜　況遠切。火盛皃。

燵　孚逢切。燵燧，候表[2]，邊有驚急則舉之。

爝　子藥切。炬火也。

燧　似醉切。以取火於日。亦作鐆。

㸂　同上。

鐆　同上。

燺　許氣切。燎除旁草也。

煨　呼隈切。楚人呼火爲煨也。

焣　初絞切。火乾也。

焣炒　　並同上。

煓　他丸切。火熾也。

熸　子廉切。火滅也。

焮　許勤、許靳二切。炙也。

炘　同上。又熱也。

煆　許嫁切。熱也，乾也。

---

① 才，《廣韻》作"于"。

② 候，原無，據棟亭本增。

炖 徒昆切。風與火也,赤色也。

爊 於刀切。温也。

爡 力達切。毒也。

爄 丑知切。火焱也。

煟 于貴切。光皃。

煽 尸戰切。熾也。

煪 扶久切。熾也。

焲 余石切。火光也。

炬 怖古切。火皃。又把火行也。

爉 力感切。黄色也。

烔 徒東切。熱皃。

燮 女涉切。煩也。或作曄。

炳 乃困切。熱也。

烶 他冬切。火焱也。

焪 丘仲切。盡也,乾也。

熲 古頂切。温也。

爦 力兼切。爦爈[①],火不絶。

爈 以支切。爦爈。

燗 力善切。小然也。

爐 丑伐切。爐爐,燒起也。

焆 於活切,又於伐切。爐焆也。

爌 苦謗切。光明。亦作曠。

焱 乙井、乙丈二切。火光也。

炻 而甚切。亦餁字。

---

① 爈,原訛作"㷉",據棟亭本改。

煝　亡利切。炑也。

炑　許赤切。光也。又呼麥切。

炬　其吕切。火炬。亦作苣。

炁　去既切。古氣字。

焷　毗支切。焦也。

爁　力蹔切。火焱行。

烂　竹亞切。火焱也。

烯　欣衣切。亦晞字。

燤　子曰切，又子力切。火熟也，地也。

焀　許勿切。煴也。焀烌，火煨。

烌　丈出切。焀也。

爩　於勿切。煙出也。

烗　口戒切。熾也。

燉　口角切。火乾物。

燍　思移切。焦氣也。

燏　餘律切。光兒。

煐　烏來切。炫也，熱也。

炪　户灰切。光色。

煮　之與切。亦作爩①。

焙　唯辟切。陶竈冈②。

煯　於歇切。中熱也。

姚　弋招切。光也。

煠　弋涉切，又丑涉切。爤也。

灯　許交切。乾也，暴也，熱也。

————————————

① 爩，原作“鸞”，據棟亭本改。
② 冈，原作“忽”，據棟亭本改。

焇　思遥切。乾也。亦作銷。

炶　胡甘切。火上行皃。亦作燂。

熏　詡云切。火上出也。亦作熏。

熻　思亦切。乾也。亦暗，同。

燈　都騰切。燈火也。

胹　如之切。煮熟也。亦作胹。

熻　許及切。熱也。

焣　自留切。熮也。

煎　同上。

熭　子規切。亦作腏。

熻　同上。

燉　徒昆切。火盛皃。

爍　式灼切。灼爍。

焕　呼换切。明也。亦作灸。

爐　徒冬、直中二切。熏也，熱也。

焦　音缶。火熟也。

熟　市六切。爛也。

烋　火虯切。美也，福禄也，慶善也。又火交切。

烽　户東切。烽火也。

爐　魯紅切。

烘　户公切。火盛。

煩　父袁切。干煩也。

烒　弋之切。然也。

爐　洛乎切。火爐也。

爐　力魚切。燒也。

烊　亦章切。炙也。

焂　職由切。火行。

燚　子從切。火行。

炬　弋支切。火燒皃。

㼇　勒侯切。

燖　徒廉切。鉗。

㷱　力又切。

灯　的庭切。火。

炷　之戍切。燈炷也。

爙　如養切。火。

熩　呼古切。光也。

煙　之隴切。

炉　中吕切。燻。

烶　徒頂切。

㶨　呼果切。

熽　蘇弔切。火熾也。

烞　落嘯切。火光皃。

熢　非鳳切。

熞　子巽切。火。

焸　武遇切。

燐　力刃切。鬼火也。亦作粦。

炑　莫卜切。

煤　慕各切。火。

㷁　子悉切。

熇　火各切。日出赤皃。亦作熇。

熂　虚計切。

爅　莫北切。火皃。

煝　與力切。

爀　呼格切。火色也。

烞　蒲没切。煙起皃。

焥　莫割切。不明也。

爐　胡臘切。

烅　胡甲切。

煠　丑涉切。

爝　咨略切。

勳　許云切。功勳也。

爉　呼回、莫賄二切。爉爉，爛也。

燆　去堯切。火行也。

燄　火嚴切。火皃。

爔　許其切。火。

炣　口我切。

煃　去弭切。火皃。

爱　丑水切。

煭　署與切。

爇　署與切。

燋　子了切，又慈糾切。變色也。

熰　烏侯切。炮熰也。

烺　古浪切。刃也。

煾　孚誨切。火乾也。

炌　口介切。明火也。

爣　口蓋切。火也。

焝　火困切。火也。

焌　七選切。火皃。

焰　以贍切。光也。

燩　力焰切。火。

㶒　主倦切[①]。火種。

爀　户沃切。灼也。

瞖　亡結切。不明。

焀　火哭切。火皃。

㷇　下革切。燒也。

炎部第三百二十四，凡十字。

炎　于詹切。熱也，焚也。《説文》曰：火光上也。

燄　弋贍切。火行皃。

䶡　胡甘切。火行皃。

㷠　力甚切。火皃。

炛　古文光字。

粦　力仁切，又力振切。《説文》曰：鬼火也，兵死及牛馬血爲粦。

燅　似廉切。温也，湯中瀹肉也。亦作燖[②]。

欻　許勿切。暴起也。

䶢　胡甘切，又天念切。火光也。

爒　以灼切。

焱部第三百二十五，凡三字。

焱　弋贍、呼昊二切。《説文》曰：火華也。

熒　胡坰切[③]。燈之光也。熒熒猶灼灼也。亦熒陽縣。

燊　所臻切。炎盛和皃。

---

① 主，原作“土”，據棟亭本改。
② 燖，原訛，據棟亭本改。
③ 坰，原作“垌”，據棟亭本改。

炙部第三百二十六,凡七字。

炙　之亦切。熱也。又之夜切。

𤈶　籀文。

𤏮　父圍切。熟肉。或作膰①。

𤎱　力照切。炙也。

𤐓　同上。

𤑚　似廉切。湯燷肉。

𤑔　乎濫切。肉也。亦作胎。

爨部第三百二十七,凡四字。

爨　千亂切。竈也,齊謂之炊。

𤏲　籀文。

釁　許靳切。以血祭也,瑕隙也,動也,罪也,兆也。或作衅。

𢍨　巨容切。所以支曰鬲也②。又方奉切。

囪部第三百二十八,凡六字。

囪　楚江切。《説文》曰:在牆曰牖,在屋曰囪。又千公切,通孔也,竈突也。

窗　同上。

囱　古文。

悤　千公切。悤悤,多遽也。

忩　俗。

恖　古文。

黑部第三百二十九,凡八十八字。

黑　訶得切。韓康伯云:北方陰色。《説文》云:火所熏之色也。

黸　力胡切。齊人謂黑曰黸也。

---

① 熟、膰,原訛作"熱、皤",據棟亭本改。
② 《篆隸萬象名義》作"以支白鬲",此處"曰"字當作"白"。

黚　多達切。白而黑也。《漢書》五原郡有莫黚縣。

黬　之林切。《説文》曰：䵒晳而黑也。古人名黬，字子晳。又音緘。

黪　千敢切。淺青黑色也，今謂物將敗時顔色黪黪也。

賜　式羊切。赤黑色。

黭　烏敢、烏檻二切。青黑色也。

黗　他孫切。黄濁色。

黝　於糾切。玄也，黑也，微青色也。

黔　巨炎切。淺黄色。又黑也。又巨今切。

䵷　叉刮切①。黄黑而白也。一曰短兒。

黅　記林切。黄黑如金也。

黦　於勿、於月二切。黑有文也。

黦　同上。

黔　巨炎切。黑色也。

黰　干殄切。黑皺也。

黕　丁感、丁甚二切。黕點，垢濁。

黠　閑八切。慧也，堅也，黑也。

黨　丁朗切。《周禮》曰：五家爲比，五比爲閭，四閭爲族，五族爲黨。黨，五百家也。又朋黨也，助也，接也。

黷　徒卜切。數也，垢也，蒙也，黑也。

黵　丁敢切。大污兒。又黑黶也。

黴　明飢切。面垢也。又黴敗也。又莫佩切。

黤　步安切。黤姍，下色兒。

黜　丑律切。退也，貶也，下也，去也，放也，絶也。

黱　徒載切。畫眉黑也，深青也。

---

① 叉，原作“又”，據棟亭本改。

黛　同上。

儵　他狄切,又大的、尸育二切。儵儵,禍毒也。青黑繒也,急疾也。

黰　徒見切。亦作澱。逗也。

黝　郁咨切。黑木也,丹陽有黝縣。

黮　救感、都甚二切。黤黮,不明淨也。

黤　於甘、於敢二切。果實黤黯也,深黑色也。

黼　爲逼切。羔裘之縫。亦韍字。

黢　許極切。赤黑色也。

黥　巨京切。墨刑也。

剠　同上。

黓　余力切。《爾雅》:太歲在壬曰玄黓。又黑也。

䏶　莫江切。冥暗,故曰陰私也。

黴　亡狄切。草木叢也。亦作覛。

覛　同上。

黧　力該切。黧黮,大黑也。

黱　丁來切。黑也。

黰　之忍切。美髮也。

黳　於既切。深黑也。

黷　亡姦切。畫車輪。

黝　于流切。亦肬字。

黥　如欲切。垢黑也。

黵　子辭切。黑也。

黧　力兮切。黑也。亦作黎。

黶　乙角切。刑也。或作剭。

黰　亡八切。黑也。

黯　於敢切。黯然忘也。

黰　五咸切。釜底黑也。

黫　於顔、於仁二切。黑也。亦作黰。

黦　余證切。面黑也。

黐　力頰切。竹裏黑。

黠　丑合切。《晉書》有黠伯。

黭　於兮切。小黑也[1]。

黺　百昆切。黑黺也。

黼　得名切[2]，又音屏。

黊　烏圭切。汗黊也[3]。

黣　呼恢切。

黮　五凶切。黑穴也。

黅　巨今切。黃色也。

黱　大登切。黑皃。

黳　女容切。黑黳也。

黔　之刃切。黑也。

黬　居奄切。黑也。

黖　各旱切。黑也。

黗　知柱切。點黗也。

點　丁簟切。檢點也。

黶　烏忝切。黑子也。

黯　烏減切。黑也[4]。

黬　之夜切。黑也。

---

①　小黑也，楝亭本作"小黑子"。
②　得名切，楝亭本作"博名切"。
③　汗，疑當作"汙"。《集韻》作"污"。
④　楝亭本作"深黑也"。

野　常與切。黑也。

黜　火衮切。黑也。

黦　於夬切。淺黑也。

黱　徒對切。黑雲行黱黱也。

黢　普木切。色暗也。

黕　同上。

黻　紆弗切。黑皃。

黱　莫北切。黑也。

墨　亡北切。以松煙造。

黢　七戍切。黑也。

黸　吕位切。墨色。

黜　七活切。黑也。

黲　初八切。黑也。

黭　力活切。黑也。

黤　疎士、於巳二切[1]。不明。

赤部第三百三十，凡十八字。

赤　齒亦切。南方色也，朱色也。

灻　《説文》赤。

赨　徒冬、與弓二切。赤色。

烾　同上。

赨　呼木切。日出赤。

赧　女版切。面慙赤也。俗作赧。

赮　下加切。東方赤色也。亦霞。

䞣　丑貞切。赤色也。

頳泟　並同上。

赣　古旦切。赤色也。

赭　之也切。赤土也。

赥　喜力切。赤白。又怒皃。

𦸅　羊朱切。色落也。又作渝。

𧹞　呼域切。絳，似雀頭色。

赫　呼格切。赤皃，盛也，旱也。

𧹛　無匪切。赤𧹛也。

赩　許狄切。赤也。

亦部第三百三十一，凡二字。

亦　以石切。臂也，胳也。今作掖，此亦兩臂也。又《書》云：亦行有九德。

夾　胡頰切。《說文》曰：盜竊懷物也。亦持也。又音閃[1]。

矢部第三百三十二，凡八字。

矢　壯力切。傾頭也，今並作側。

奚　公節切。《說文》曰：頭傾也。《蒼頡》云：仡仡也。

臭　胡結切。《說文》曰：頭衺骩臭態也。

㚏　力結切。㚏臭也。

吳　午胡切。《說文》曰：姓也。誤也。亦郡也。又大言也。

𡗡[2]　古文。

奠　具眉切。顧也，古字謂左右視也。

㚲　俾折切。今作弼，弓㚲也。

夭部第三百三十三，凡四字。

夭　倚苗切。少長也，舒和也。《說文》於矯切，屈也。又折也。

----

① 音閃者爲夾字，訓爲盜竊懷物，與夾不同字。此字頭混同，誤。

② 𡗡，原譌作“狀”，據棟亭本改。

喬　巨嬌切。高也。又喬木。《爾雅》云：如木楸曰喬。又居喬切。

夅　户耿切。遇也。吉而免凶曰夅，故死謂之不夅。又天子所至
　　也，御所親愛也。或作婞，今作幸。

奔　布昆切。走也，以罪走出他國曰奔。今作奔。

交部第三百三十四，凡五字。

交　古肴切。共也，更也，合也，道也。或作詨。

甸　于非切。《説文》云：袞也。

絞　古卯切。絢絞[1]，繩索也，切也，縊也。又乎交切，殺也。

爻　火干切。古旰字。

褏　許維切。恣也。或爲睢。

尢部第三百三十五，凡三十三字。

尢　烏光切。跛曲脛也。又僂也，短小也。俗作尣[2]。

尫　同上。

尯　乎没切。膝疾也。

尬　布左切。蹇也。今作跛。

尥　子賀切。行不正。

尦　余昭、弋照二切[3]。行不正。

尲　佳咸、公炎二切。尲尬，行不正。

尬　公拜、公鐥二切。尲尬。

尥　平交、力弔二切。牛行，後脛相交。

尲　達奚切。不能行，爲人所引。

尵[4]　户圭切。不能行，爲人所尵尵。

---

① 絢絞，疑當作“絢絞”。
② 尣，原作“兀”，據楝亭本改。
③ 二，原脱，據楝亭本補。
④ 尵，原作“尵”，據楝亭本改。下二字同。

尳 都兮切。尳尵。

尥 於于切。股尥也。

尵 力臥、力爲二切。膝疾也。

尰 市腫切。足尰也。亦作瘇。

尰 同上。

尮 烏潰切。尮尯，病痹。

尯 他潰切。尮尯。

尲 丘僞切。尳也。

尷 飢蟻切。一足曰尷也。今爲踦。

尯 丑孝切。蹇也。或作踔。

尷 烏感切。蹇也。

尰 呼恢切。尰尵，馬病。

尵 徒隈切。馬病也。

尳 同上。

尳 在果切。

尵 丘委切。

尵 郎臥切。尵不止[①]。

尶 步臥切。仆也。又步候切。

尵 呼恢切。豬尵地。

尷 巨逆切。倦尷。

尵 於干切。辛苦行不得皃。

尷 丁臥切。尷尣也。

壹部第三百三十六，凡三字。

壹 伊日切。專壹也，聚也，合也，皆也，誠也。

---

① 不止，澤存堂本作"不正"。

劼 倚秩、於既二切。貪也。

懿 於異切。美也,大也,專久而美也。

叀部第三百三十七,凡六字。

叀 職緣切。自是也,小謹也,擅也,獨也,業也,壹也。今作專。

茻卣 並古文。

疐 竹利切。跲也,仆也,礙不行也。或作躓。一本作疌。

惠 玄桂切。愛也,仁也,從也,慈也,恩也,賙之衣食曰惠。又作憓。

蕙 古文。

丶部第三百三十八,凡五字。

丶 知柱切。點丶也,有所記而識之。

主 之乳切。家長也,典也,領也,君也,守也,天子之女曰公主也。

杏 妨走、他豆二切。相與語,唾而不受也。

音 同上。

卞 皮變切。法也。又縣名。

丹部第三百三十九,凡七字。

丹 多安切。朱色。

𠁥彤① 並古文。

膗 於縛切。《山海經》云:雞山,其下多丹膗。《説文》云:美丹也。

彤 徒冬切。丹飾也,赤色。

蚒 同上。

股 補姦切。古班字,賦也。

青部第三百四十,凡四字。

青 千丁切。東方色。四時,春爲青陽。

岑 古文。

---

① 𠁥,原訛作“同”,據棟亭本改。丹字字形有“同、同”等。

靃　呼故切。青屬。又青靃，山名。

靜　疾井切。審也，謀也，息也。

氏部第三百四十一，凡二字。

氏　承紙切。巴蜀謂山岸欲墮曰氏，崩聲也。又姓氏。

身　居月切。木本也。今作厥。

氏部第三百四十二，凡四字。

氐　丁兮切。至也，本也。又丁禮切。

䟓　於進切，又竹四切。仆也。

趹　知栗、大結二切。觸也。

𨂀　乎孝切。《聲類》云：誤也。

玉篇卷第二十二凡十四部

山部第三百四十三，凡二百九十六字。

山　所姦切。高大有石曰山。山，宣也，產也，散氣以生萬物也。

嶽　牛角切。五嶽也，王者巡守所至之山。

岳　同上。

𡶓　同上。

𡶩　古文，出《説文》。

岱　徒載切。泰山也。

猱　奴刀切。山名。又犬也。

巎　同上。

𡺄　同上。

嶹　丁了、多老二切。海中山，可居也。

――――――

① 第，原無，據例補。下諸“第”同。

嶧　余石切。山在魯國鄒縣。

嵎　牛俱切。山在吳越也。

嶷　魚其切。九嶷山，舜所葬，在零陵營道縣也。又魚力切。亦作嶷。

岷　武巾切。山名，江水所出。

崏　同上。

𥑶　同上。

𡼟　居擬切。女𡼟山。

崋　戶瓜切。西嶽。又戶化切。

巀　才結切。山，高陵也。又才葛切。

嶭　五結切。巀嶭也。

嵏　子公切。山名。

嵕　同上。

崞　音郭。山在鴈門[1]。

崵　余章切。首崵山，在遼西。

岵　胡古切。山多草木。

屺　去几切。山無草木。

嶨　苦卓切。山多大盤石也。亦作礐。又音學。

磝　午刀切。山多小石。亦作礅。

岨　七居切。石山戴土也。

岡　古郎切。山脊也。俗作崗。

岑　士今切。山小而高也。

崒　才律切。峰頭巉嵒也。

巒　力丸切。《楚辭》云：登石巒以遠望兮。

----

[1] 字頭原作"崞"，音注"音霆"。據"山在鴈門"可知字頭當作"崞"，故據棟亭本改。

密　眉筆切。山形如堂。

嵍　同上。

岫　似又切。山有巖穴。

㠏　士眼切。危高皃。

峻　同上。

峻　思俊切。嶮峻也。

陵　同上。

墮　天果切。小山也。又徒果切。

崟　宜金切。高也。

崛　魚勿切。山短高皃。又特起也。

崇　士隆切。重也，尊也，衆也，積也，序，立也。

崈　同上。

崔　才賄切。山皃。

峇　口沃切。山皃。

嶞　他果切。山皃。

㠇　力制切。巍也。

巖　午衫切。積石皃也，峰也。

嵒　宜咸切。山巖也。

纍　力罪切。纍崔，山形。又力水切。

巋　同上。

嵯　才何切。嵯峨，高皃。

峨　五何切。嵯峨。

硻　口耕切。石谷也。

崝　仕耕切。崝嶸，高峻皃。

崢　同上。

嶸　戶萌切。崝嶸。

嵜　同上。

峜　子結、才結二切。高山皃。

嵺　扶勿切。山皃。

嵍　亡刀切。丘也。或作𡸣。

峋　古后切。峋嶁,衡山也。

嶁　力后切。山頂。

嶄　仕咸切。山石高峻皃。或作磛。

峑　七全切。山巓。

嶚　力幺切。嶚嵪①,山高。

嵪　士交切。嶚嵪。

嶟　子昆切。山皃。

岬　古狎切。山旁也。亦作砷②。

崆　口公、口江二切。山皃。

崱　仕力切。崱嶷也。

峉　他罪切。山長也。

嵦　乎古切。山廣皃。

嶠　巨苗切。峻也,形似橋。

嵂　比吉切。南山道③。

巇　許奇切。嶮巇,巓危也。

壁　方賣切。陁壁,山形。

嵇　下圭切。姓也。

復　父六切。覆也。

---

① 嵪,原訛作"巢",據棟亭本正。

② 砷,原作"砷",據棟亭本改。

③ 原本《玉篇》殘卷:"嵂,比結反。《爾雅·釋山》:嵂,堂廇。郭璞曰:今終南山道名嵂,其邊若堂之廇也。"此處"南山道"疑有脱文。

豳　悲貧切。公劉邑。

峭　七肖切。嶮也。亦作陗。

嵜　巨支切。山名。古郊字。

岐　同上。

崤　户交切。晉要塞也。

嵬　牛罪切,又牛回切。高皃。亦作嶬、峞。

仚　五虧切。人在山上。今作危。

屳[①]　同上。

峉　才卜切。古族字。

嵽　才接切。山皃。

岺　所几切。古使字。

嶓　古刀切。嶓峄亭。

峄　力刀切。嶓峄。

歸　丘追切。山小而衆。

崧　思融切。中岳也。

嵩　同上。

崴　烏乖切。崴嵬猶崔嵬,不平也。

嵬　户乖切。崴嵬。

嶓　布佐、布何二切。山名。

嶹　丁安切。嶹孤山。

峡　於兩切。山足也。

嵐　力含切。大風也。又岢嵐,山名。

峔　方爾切。峽峔,山足也。又步兮切,峔嵿。

峎　力唐切。冬至日所入峻峎之山也。

***

① 屳,棟亭本作"屳"。

岭　力丁切。岭嶝,山深小皃。

巉　士衫切。巉巖,高危。

岌　魚及切。山高皃。

嶪　魚怯切。岌嶪。

崌　音居。山名。

崑　古魂切。崑崙,山名。

崙　力昆切。崑崙。

礛　魚偃切。《爾雅》曰:重巘陳。謂山形如累兩甑皃。

嶮　衣廉、衣檢二切。《山海經》云:鳥鼠同穴山西南三百六十里曰嶮嶵山。

崦　同上。

嶵　子思切。嶮嶵山。

峘　戶官切。大山也。

嶢　午幺切。高峻皃。

巃　力孔、力空二切。巃嵸,嵯峨皃。

嵸　即孔、即空二切。巃嵸。

嶜　子心切。高大皃。

嶙　力因切。嶙峋,深崖皃。又力忍切。亦作獜。

峋　思遵切。嶙峋。

岻　直夷切。山名。

崺　力爾切。崺迆,山卑長也。或作邐迤。

迤　弋爾切。崺迤。

峉　士百切。峉峇,山皃。

峇　五百切。峉峇。

崳　弋朱切。山名。

嵁　五男、苦男、五感三切。嵁崿,見《魏都賦》。

嶼　子于切。嶼嵎①，高崖也，山石相向。

嵊　丘利切。高皃。

嶔　綺金切。嶔崟，山勢也。

嗛　丘檢切。嗛嶮也。

嶮　魚檢切。山嶮也。

嶼　似與切。海中洲。

嵇　戶雞切。山名。

摧　子罪切。山林崇積之皃。

崴　於鬼切。崴䃜，高也，山高下盤曲皃。

䃜　子誄切。崴䃜也。

巑　在丸切。巑岏，銳上也，高也。

岏　牛丸切。巑岏。

嵾　仕皆切。山在平林也。

嵃　魚蹇切。殿臺之勢也。

屼　五骨切。嵝屼，禿山也。

嵽　徒結切。嵽嵲，小而不安皃。

嵲　午結切。嵽嵲。

嵝　苦忽切。嵝屼。

嶰　胡買切。山不相連也。

嶺　力井切。坂也。或作岭。

崩　布朋切。壞也，毀也，厚也。亦𨹛字。

崚　口升切②。崚嶒，山皃。

嶒　疾陵切。崚嶒。

峸　五江切。山名。又五東切。

_____

① 嶼嵎，原作“峀嵎”，據棟亭本改。

② 口升切，澤存堂本作“力升切”。

㟃　徒郎切。山名。

嵌　口銜切。坎傍孔也。又山巖。

嶚　力幺切,又洛包切。山名。

嶕　昨焦切。嶕嶢,山高。

蕉　同上。

嶑　似兩切。山名。

岭　虛語切。山也。

㠋　直主切。山名。

嵳　子臥切。山動也。

嶇　姑户切,又古胡切。

艮　五很切。山名。

隗　於鬼切。

峴　户顯切。山也。

巏　其展切。巏嵼,山屈曲。又九輦切。

嵼　所簡切。巏嵼。

峙　直里切。峻峙。

啓　水愛切,又音啓。

崹　與支切。山名。

嵶　丁冷切。山名。

峃　河滿切。山在南陽縣。

屳　當口切。山名。

嶝　都鄧切。小坂也。

岠　其吕切。大山也。

崣　於元、於阮二切。山名。

嶫　必小、彼矯二切。

峼　乎老切。

岮 音父。山名。

巀 音蘚。山名。

嶍 於已切。山。

峞 無匪切。

峺 踈士切。山。

嶵 徒對切。

峹 徒外切。山。

嵾 七計切。山名。

峒 達貢切，又徒董切。山。

崷 山皆切。

岺 古文倉字。

崍 魯台切。山。

嶡 五來切。

嵋 武悲切。峨嵋山。

崅 巨角切。山名。

崎 去奇切。崎嶇，山路不平。

嶇 音區。崎嶇。

岖 同上。

嵑 户佳切。溪谷名。亦與溪同。

崠 得紅切。山名。

嶠 巨肖切。山銳而高。

岾 丘貧切。山名。

崷 疾由切。崷崒，山皃。

峴 户經切。山。

峇 火含切。大谷也。

嶷 紀力切。山名。

峐 古來切。山名。

岯 符悲切。山再成也。

嶈 七良切。

崟 宜今切。兩山向。

崆 户萠切。山。

嵾 楚岑切。

㞤 仕今切。《説文》云:入山之深也。

岓 巨希切。山傍石。

巕 力魚切。山名。

嵢 千郎切。

峿 五乎切。嶇峿山。

峸 示征切。山。

岵 古含切。山。

峟 於緣切。山曲也。

岹 徒聊切。山。

嵣 徒凋切。山。

嶗 力刀切。山名。

岑 宜今、巨今二切。

嶓 莫波切。山。

岈 火加切。崰岈,山深之狀。

𡹞 胡溝切。

岍 口弦切。山名。

㟛 古暗切,又古南、胡耽二切。嵐㟛,山名。

㠉 徒紅切。

巔 多田切。山頂也。

𡾋 莫紅切。山。

封　府容切。山名。一名龍門山，在封州，大魚上即化爲龍，上不
　　得，點額流血，水爲之丹色也[1]。

巄　孚隆切。山名。

嵱　與封切。山名。

崣　布庚切。崩崣也。

嶆　昨遭切。山。

嵒　五咸切。

嫏　莫郎切。山。

崯　兹錦切，又音審。山名[2]。

塚　知勇切。山。

崼　成紙切。山。

嶓　莫彼切。山。

巇　宜崎切。山名。

嵍　眉否切。山。

屴　即李切。山。

崌[3]　魚舉切。山。

嶾　於謹切。嶾嶙，山高。亦作隱。

嵯　托卧切，又音朵。

巁　力罪切。山。

嵼　同上。

岉　詡詣切。山。

嵥　苦謗切。山。

弜　巨亮切。山。

---

①　爲，原作“謂”，據棟亭本改。
②　山名，原作“山各”，據棟亭本改。
③　字頭原訛作“嵼”，據棟亭本改。

罐　古亂切。山。

岇　牛仲切。山。

巓　之義切。山名。

峞　無沸切。山名。

㠠　力御切。山名。

嵤　去智切。山。

嵽　大兮切。峍嵽，山皃。

嶜　音晉。山名。

岕　音介。山名。

嶻　子入切。太白山名。

嶟①　子于切。山。

岞　仕革切。山。

崿　五各切。山名。

嵃　音直。山名。

峪　余蜀切。山。

㠥　音栗。山名。

嵑　苦葛切。山。

嶱　同上。

岉　魚厥切。山名。

峨　許月切。山。

岉　口骨切。山。

屹　魚乙切。山皃。

岦　力入切。岦岌，山皃。

嵉②　音霆。山名。

---

① 《玉篇校釋》謂此字爲“嶮”之重文。

② 字頭原作“嵉”，音注“音郭”，與上文“嵉”字誤倒，據棟亭本正。

峇　口合切。山窟也。

屇　同上。

嶭　音昳。嶭峴，山皃。

峴　魚結切。嶭峴。

𡾓𡶡　并同上。

屵　古文會字。

屻　音泛。山名。

峀　倉龍切。日欲夜。

峯　孚容切。高尖山。

仚　許延切。人在山上。

㟞　戶刀切。山戶。

嶺　鳥頂切。山名。

嵄　亡頂切。嶺嵄山。

崺　仕力切。山名。

嶵　丑小切。山皃。

崔　才回切。崔嵬，高皃。又音催。

茫　莫郎切。

屾部第三百四十四，凡四字。

屾　所因切。《説文》云：二山也。

岺　古文躋字。

嶷　音疑。古文[1]。

盒　達胡切。《書》：娶于盒山[2]。今作塗。

嵬部第三百四十五，凡三字。

嵬　午回切。崔嵬，高也，不平也。或作㟴。又五罪切。

---

[1]　音疑古文，棟亭本作"古文疑字"。
[2]　盒山，原訛作"盍"，據棟亭本改。

巍　牛威切。高大也。

傀　公回切。大皃。又美也，威也，偉也。又怪異也。

屵部第三百四十六，凡八字。

屵　牛桀切，又牛割切。《説文》云：岸高也。

嶩　女交切。崒也①。

嵺　力幺切。嵺廓②，空也，岧嶤也。亦作寥。

崖　牛佳切。高邊也。

岸　午旦切。水涯而高也，魁岸雄桀也，高也。

嵒　午旦切。厚也。

崔　徒罪切。高也。亦作隹。

崥　普昧切。崩聲。又皮鄙切，毀也。或作圮③。

广部第三百四十七，凡一百六十七字。

广　宜檢切。《説文》云：因广爲屋也。

廙　余力切。行屋下聲。又謹敬也。亦作翼。

庭　大丁切。堂墀前也。《周禮·閽人》：掌埽門庭。

廇　力又切。中庭也，屋廇也。又作霤。

庰　大本切。樓牆也，屯聚之處。

廬　力於切。寄也，屋舍也。

廦　布覓切。屋牆也，垣也。今作壁。

廱　於容切。和也。

雍　同上。

府　方禹切。本也，聚也，文書也，取也，藏貨也。

---

① 崒，原作“悴”，據棟亭本改。
② 廓，原作“廊”，據棟亭本改。
③ 《篆隸萬象名義》作“崩，毀也”，原本《玉篇》殘卷引《説文》：“崩，毀也，或爲圮字。”此處脱“崩”字頭，而誤將“崩”字音義併入“崥”字下。

庠　徐章切。《禮記》云：有虞氏養國老於上庠，養庶老於下庠。上庠，右學大學也。下庠，左學小學也。

序　似吕切。學也，舒也，東西牆也。又長幼也。

廬　力古切。府也，庵也。

廣　古晃切。大也。又古曠切。

庌　五娾切。廡也，舍也。

廡　無禹切。堂下周屋也，幽、冀人曰庌。

𢉖　籀文。

庖　步交切。廚也。

廚　直朱切。庖屋也，主也。

廄　居又切。二百六十四馬也。

厩　俗。

𢊃①　古文。

庨　昌爾切。廣大也。

庫　苦故切。庫藏也。

廥　古外切。廄庫名。又倉也。

庾　俞主切。大曰倉，小曰庾。

庮　古文逾。又徒樓切，行圍也，木槽也。

廁　測吏切。圊溷也，雜也，次也，側也。

屏　卑并切。蔽也，薄也。或作䤵、屏。

廛　直連切。居也，市邸也，百畮也。

庑　乎關切。屋牝瓦下也。

㢸　子孔、七公二切。屋中會也。

廉　力霑切。清也，堂廉也，棱也。又箭有三廉也。

---

① 𢊃，棟亭本作“𠩺”。

窒　知栗切。礙也，止也。

庬　步公、步江二切。高屋也。又力容切，縣名。

庰　於并切。安止也。又縣名。

底　丁禮切。止也，滯也，下也。

庋　步達切。草舍也，下也。今作茇。

庳　音婢。短也，卑下屋也。

庇　卑冀切。覆廕也。

庤　丈紀切。儲也，具也。或作畤、峙。

庶　式預切。衆也，幸也，冀也，侈也。庶幾，尚也。又之預切。
　　《周禮》有庶氏，掌除毒蠱。

廔　力侯切。屋蠡也。脊也[1]。

庰　徒回切。厭也。或作隤。

廢　方吠切[2]。退也，滅也，止也，放置也，大屋頓也。

庮　余周切。朽木也，臭也，久屋木也。

廑　奇靳切。少劣之居也，廕也。或作覲。

庵　烏達切。屋迫也。

庻[3]　思移切。地名。

庹　齒亦切。指也，稀也，大也，候也，不用也，踈遠也，充滿也。
　　又充夜切。亦作斥。

廟　靡召切。宗廟也。

庿　同上。

廞　欣金切。陳也，興也。

廖　力幺切。空虛也。

① 脊，原作"春"，據棟亭本改。
② 方，原作"万"，據棟亭本改。
③ 字頭原作"庻"，據棟亭本改。

廖 同上。又姓也。又力救切。

庥 許鳩切。庇庥也。

廓 苦莫切。大也,空也。

廂 思羊切。序也,東西序也[①]。

庬 亡江、亡項二切[②]。豐也,有也,厚也。

席 音夕。安也。《説文》:籍也。

庱 千漬切。下屋也。

廲 力兮切。廲廔,綺窓。

庘 於甲切。屋欲壞也。

廬 仕加切。屋欲壞也。

厮 思移切。使也,賤也。或作廝。

廋 所留切。隱匿也,求也,索也,限也。亦作搜。

鴈 莫嫁切。庵也。

嶂 之讓切。蔽也。亦作障。

廁 力曷切。庵也。

廯 思淺切。倉也,廩也。

廡 力木切。庾也,倉也。

廕 於禁切。庇廕。亦作蔭。

廥 方安切。峙屋也。

廊 力唐切。廡下也。

廈 胡假切。今之門廡也。

店 丁念切。反爵之處。或作坫。

庪 仕几切。待也。

---

① 羊,原作"幸";東西序,原作"東西空"。皆據棟亭本改。
② 項,原作"頂",據棟亭本改。"切"後原衍"也"字,徑删。

廜　大胡切。廜麻[1]，庵也。

麻　息胡切。廜麻。

庲　力才切。舍也。

庈　巨今切。人名。

庇　七漬切。耕具也，長尺一寸。

庋　居毀切。閣也。

庪　同上。亦祭山曰庪縣。

庽　于甫切。今作宇。

庁　籒文。

庵　烏含切。舍也，廁也。

庱　恥拯切。亭名，見《吳志》。

庨　許交切。庨豁，宮殿形狀。

庝　徒紅切。舍響。

床　仕莊切。俗牀字。

庾　音曳。倉也。

廝　在奚切。美兒。

庵　安盍切。山旁穴。

庳　扶宜切。

庮　音莫。空也。

庯　布吾切。屋上平。

庴　秦昔切。縣名，在清河。

庢　作惟切。姿也。又許惟切。

廚　其俱切。倉也。

庌　古洽切。廧也。

---

① 麻，原訛作"廳"，據棟亭本改。

廆　都回切。屋邪也。

廞　於景切。長廊也。

庮　苦悶切。倉也。

庁　他丁切。平也。

庽　音偏。庲也。

廳　他丁切。客廚。

廮　音憂。地名。

庲　音求。偏廈。

庌　於今切。地。

廎　丘召切。高屋。

庂　音灸。

庅　音覃。陰也。

庄　音任。

庈　魯丁切。懸通兒。

庲　音倚。庶也。

庍　古拜切[1]。

庲　音荼。庲也。

庄　作郎切。

廱　音離。廈也[2]。

廒　於其切。急也。

庲　七侯切。崩聲。

庀　匹婢切。具也。

廩　力荏切。倉廩也。

廠　尺兩切。馬屋也。

―――――――――――

① 切,原誤作"也",據棟亭本改。
② 廈,原作"廋",據棟亭本改。

廥 王委切。

廋 牀史切。

廞 魚錦切。大屋也。

庌 离與切。

厏 士雅切。

廗 子孔切。衆兒。

庘 古丸切。玩也。

崩 方登切。崩也。

庵 魚掩切。

庮 火犬切。穴。

廆 胡罪切。廦廆也。

庮 居吻切。積也。

庪 所近切。

廛 音亶。偏舍。

庍 之氏切。

庳 布体切^①。

廬 郎古切。

庲 力當切。高也。

庙 音佃。平也。

庡 於豈切。俳佪也。

廗 色倚切。

廨 居賣切。公廨也。

庇 弋勢切。食廉也。

庰 綏醉切。

____

① 《廣韻》作“布忖切”。

庥 尸位切。

庠 所訝切。

廗 都蓋切。邪廗也。

庯 音布。

廚 徒候切。

廞 魚欠切。

庴 得案切。小舍也。

厞 符沸切。隱也。

庢 七賜切。

度 唐故切。法度。又過也。

廅 口合切。廅帀。

庂 音弋。屋頭。

廠 音或,字①。

廤 音捻。壓也。

庍 方卦切。到别。

座 才貨切。

廠 先見切。舍也。

廠 同上。

厂部第三百四十八,凡五十六字。

厂 呼旦切。《説文》云:山石之厓巖,人可居。

厈 籀文。

厪 其禁切。石地也。

岵 胡古切。美石也。

厓 五佳切。水邊也。或作涯。

① 楝亭本作"古或字"。

厰　五敢、五今二切。山石下。

厜　是規切。厜㕾也,巋也。又姉宜切。

㕾　牛奇切。厜㕾也。

屟　居鮪切。水盡也。

厥　居月切。其也,短也,發石也。或作身、欮。

底　之視切。致也,至也,均也,平也。又石聲。

厱　來甘切。厱玉。或作礛。

厤　力的切。理也。亦作秝。

厲　力世切。虐也,附也,近也,危也,作也,高也,上也,磨石也。

蠆　同上。

厬　弋里切。石利也。

庤　徒尼切。唐庤石。又古銻字。

㘩　力合切。石聲。亦拉字。

厔　午的切。石地也。

厞　芳俱切。石文見也。

厝　千故切。厲石。

厖　莫江切。石大也。

厬　諧夾切。厬厞也。

厞　浮沸切。隱也,陋也。

厣　匹亦切。仄也,陋也。

仄　壯力切。陋也,傾側也。

𠅂　同上。

厌①　古文。

𠪩　丁田切。止也。亦作顚。

---

① 厌,原訛作"厌",據棟亭本改。

厭 於冉、於葉二切。合也,伏也。又於豔切,飫也。

厃 之嚴切。仰也,屋栭也。又顏監、魚軌二切。

厒 口合切。山夾有岸。

厞 於愷切。藏也。

厈 步項切。周邑也。

碫 徒亂切。古文段。

𥤋 似亦切。古席字。

厇 竹格切。亦作磔,開厇也。

厗 乃乎切。古砮字。

𠩺 都回切。亦堆字[1]。

厚 胡苟切。不薄也,重也,山陵之厚也。

𠪚 同上。

厒 宜今切。古文吟。

厊 以周、子由二切。

厎 音溪。倒地。

厠 此芮切。地。

厦 所柳切。老人也。

庢 古文猛字。

厥 徒到切。古文盜[2]。

劂 居例切。

厙 尸夜切。姓。又尺舍切。

寫 司夜切,又音寫。

厚 音礙。張幕也。又石名。

厘 古洽切。

---

① 堆,原作"推",據楝亭本改。
② 盜,原脱,據楝亭本補。

室　式質切。室也。

罨　口合切，又苦後切[1]。閉口聲也。

厄　於革切。俗厄字。

高部第三百四十九，凡九字。

高　古刀切。崇也，上也，遠也，長也。

䯧　空井切。小堂也。

亭　大丁切。民所安定之，爲除害也。《漢書》：大華亭里一亭有
　　　長[2]，留也。

亳　步莫切。殷地名。

䯧　來到切。䯧䯧，高皃。

䯧　先到切。

髞　仕交切。高足。

䯤　苦高切。

䯜　莫告切。䯜䯜也。

危部第三百五十，凡四字。

危　牛爲切。不安皃。

攲　丘知切。傾低不正。亦作敧。

䖑　午結切。䖑䖑，不安也。亦作陧。

䖑　午忽切。䖑䖑也。

石部第三百五十一，凡二百七十二字。

石　市亦切。山石也。又厚也，斛也。

磺　古猛切。强也，銅鐵璞也。

礦　同上。

碭　大浪切。文石也。又縣名。

碝　而兖切。石次玉也。亦作瑌。

砮　乃乎切。石中矢鏃也。

礜　弋庶切。石出陰山,殺鼠,蠶食則肥。

磏　力兼切。赤礪石。

碣　其列切。特立石也。又碣石,山名。

䃌　古文。

碫　都亂切。礪石也。

砻　居勇切。水邊石。

礫　力的切。小石也。

礸　同上。

磧　千的切。水渚石,水淺石見。

磣　徒對切。墮也。

磙　山指切。石墮聲。

碑　彼皮切。銘石。又卧石。

磒　尤粉切。落也。

硞　苦角切。石聲也。

硈　口黠切。堅也。

矻　同上。

硠　力唐切。硠磕,石聲。又力蕩切。

磕　苦蓋切。硠磕也。又苦闔切。

礐　口角切。石聲也,山多大石也。亦作嶨。

磿　力的切。磿磿[1],石小聲。

硻　口耕切。堅也。

---

① 磿磿,原作"磿歷",據楝亭本改。

硰　力可切。磊硰，衆小石皃。

磊　力罪切。磊硰。

礌　同上。

磛　仕咸切。磛礹，山皃。

礹　五咸切。磛礹也。亦作巖。

磽　苦交切。堅硬也[1]。

确　胡角切。磽确。亦作埆。

𥒉　同上。

礒　宜綺切。嶔㟓崎礒，石巖。

碞　牛咸、牛今二切。僭差。

碎　先潰切。散也，破也。亦䃏字。

破　普餓切。解離也，碎也，壞也。

砮　天曆、丑列二切。石中矢也。

礙　五代切。止也。亦作閡。

礱　力公切。磨礱也，磨穀爲礱[2]。

硟　思煎切。以石杆繒也[3]。

研　午田切。摩也。亦作硏、碙、摼、盇。

硯　亦與研同。

磑　莫卧切。磴也，所以礦麥。

磨　同上。

磴　午對、居衣、公哀三切。堅石也，磨也。

碓　丁潰切。所以舂也。

碴　徒荅、徒感二切。再舂也。

---

[1]　堅硬，原作"堅碩"，據棟亭本改。

[2]　"穀"前原脫"磨"字，據棟亭本補。

[3]　杆，疑當作"扞"或"杅"。《說文》："硟，以石扞繒也。"《廣韻》："硟，扞繒石也。"

礏 補左、補何二切。以石維繳也。

磰 同上。

磠 知略切。斫也①。

砭 甫廉切。刺也，以石刺病也。

砭 同上。

硯 午見切。石滑，所以硯墨。

硈 下革切。石也，堁也。

砠 且居切。土山有石。亦作岨。

磋 千河切。治象也。

磷 力鎮切。薄也，雲母之別名。又音鄰。

硌 力各切。山上大石。又石次玉。

砥 之視切。磨石也。亦作厎。

礪 思六切。黑砥石。又先鳥切。

砌 千計切。危也，階砌也。

磓 且對切。磑也。

磹 丁敢切。石磹，出蜀中。

磥 先果切。小石也。

硫 力尤切。硫黃，藥名。

砬 力執切。石藥。

礪 力勢切。嵠嵷，礪石可磨刃。

磫 千龍切。磫礶，礪石。

礶 巨俱切。磫礶。

礛 力甘切。礛䃴，治玉之石也，青礛也。或作厱。

䃴 之余切。礛䃴，青礛也。

① 字頭澤存堂本作"磠"。斫，原作"研"，據棟亭本改。

砒　牛六切。齊也。

磅　匹庚切。石聲也。

矺　竹格切。硾也。

磓　丁回切。亦作塠、鎚。

碅　丁狄切。硾也。

矸　乎旦切。硾也。

碕　巨衣切。曲岸頭。

磯　居衣切。水中磧也，摩也。

硴　方宇切。硴碝，礚。

碝　子吕切。硴碝。

硾　丈僞切。鎮也，筆也。亦作縋。

碏　赤略切。大脣皃。

磟　力木切。磟碌，多沙石。

碌　千木切。磟碌也。

礬　扶衰切。石也。

磁　疾兹切。石似鐵。

碏　苦轄切。輵磆，搖目吐舌也①，盛怒也。

碬　下加切。碭碬，高下也。

碨　烏罪切。碨磊，不平。

硙　同上。

礧　力罪切。碨礧。亦山名。

磥　同上。

礎　初吕切。柱碣也。

碣　思亦切。柱礩也。

---

① 目，原作“自”，據棟亭本改。

礩　之逸切。柱下石。又音致。

磌　之仁切。礩也，音響也。又大堅切。

碥　方顯切。將登車履石也。亦作扁。

礥　下研切。難皃。

磼　才合、才盍二切。磼磼，高也。

磜　午合、午盍二切。磼磜也。

礦　人丈切。惡雌黃。

磓　叉瓦切。好雌黃也。

硈　思賢切。石次玉。

磭　思移切。磨也。

遘　古候切。罰也[1]，碥也。

硍　乃結切。礜石也。

磤　衣謹切。雷聲。亦作轞。

礓　居良切。礫石也。

磐　步安切。大石也。

磝　午交切。或作磝。

硍　古拜切。石次玉。

确　口角切。堅固也。亦作塙。

碻　同上。

磕　力合切。磕磼，破物聲也。

硨　尺遮切。硨磲，石次玉。

磲　鉅於切。硨磲。

硠　口唐切。硍硠也。

䃈　力煎切。亦作鏈，鈆屬。

_____

① 罰，原殘，據棟亭本補。

礉 力皎切。礉碻①,垂。

硐 大公切。摩也。

磟 力竹切。磟磟,田器。

磖 徒篤切,又音逐。

礲 力中切。礲硿,石聲。又力冬切。

硿 丘中切。礲硿。又户冬切。

碊 子田、似千二切。坂也,移也。

礗 四貫切。宫名。或作厧。

硅 之纍切。石室。同②。

磂 力牛切。亦作鎦。

硍 諧眼切。石聲也。

碰 步項切。亦作蚌。

硍 故本切。《周禮》曰:凡聲,高聲硍。

磾 丁泥切。《漢書》有金日磾。

碼 音馬。碼碯,石次玉也。

碯 乃老切。碼碯。

礥 子林切,又先念切。礥磹,電光也。

磹 徒念切。礥磹。

硍 之人切。

硊 牛委切。魂硊,足曲也。

硐 口本、口冰二切。硐磳,石皃。

磳 子登、仕冰二切。硐磳。

矿 下瞎切。石皃。

硂 七泉切。度也。亦作銓。量也,次也。

---

① 碻,原作“鳥”,據棟亭本改。
② 同,未詳,棟亭本無。

磧 七昔、七略二切。敬也。《左氏傳》衛大夫名磧。

礪 莫轄切。礪硆,堅也。

礦 弋成切。瓵習也。

砃 古狎切。山側。亦作岬。

砰 披萌切。大聲。

硑 同上。

硭 無方切。硭硝,藥也。

硝 思焦切。硭硝。

砉 呼覓切。砉然,見《莊子》。

硎 苦耕切。臨硎山,見吳郡。

硜 口耕切。小人皃。又口定切。

硫 如充切。石也。

硴 於宮切,又音雄。

礜 於兮切。黑石。

礐 口革切。堅也。

硿 苦東、戶宋二切。石聲。

碪 知林切。擣石。

砧 同上。

硠 音垍。石也。

砵 音磻。石也。

磎 音溪。石也。

碁 音其。圍碁也。亦作棊。

硡 音宏。石也。

礚 胡乖切。石也。

砒 房脂、扶迷、普兮三切。石也。

硇 女交切。硇沙,藥。

碉　音凋。石室。

磴　丁鄧切。巖磴。

砯　普冰切。水擊石聲。

硼　普耕切。擊石也。

砑　烏加切。石名。

碖　音輪。石也。

硼　匹耕切。石名。

磅　同上。

磲　巨焉切。磺也。

礇　去金切。石名。

砭　音爻。

磋　七邪切。石。

碙　音康。石聲。

硄　口光切。石聲。

硠　呼宏切。石聲。

碢　徒禾切。碾輪石。

𥑟　同上。又飛甎戲也。

砣　同上。石也。

礆　魚兼切。山。

礐　於京切。石。

磕礚　二同。呼宏切。石礚礚。

碐　力登切，又吕升切。

瑛　音英。水中石也。

硻　苦扃切。石聲也。

硈　魯丁切。石。

碽　古紅切。擊聲。

硿　户工切。崩聲。

磫　祖琮切。石。

矼　古雙切。石橋也。

磤　音班。

硃　亦殊切。石。

瑜　同上。

砕　音釵。石名。

碮　音皆。山名[1]。

硓　音真。石山。

硢　與魚切。石。

砂　色加切。俗沙字。

硶　宜今切。石。

碬　居麻切。石。

磥　子林切。石。

硏　仕耕切。破聲。

砓　音浮。破聲。

硟　之由切。石。

硧　音涌。摩石。

砱　多動切。墜石。

礇　居飲切。石名。

矷　音子。石名。

砆　音武。浮石。

礧　洛罪切。不平也。

魂　口罪切。礧魂，石。

---

[1]　山名，原作"山石"，據棟亭本改。

磈　乃了切。硗石也。

磈　五罪切。石。

砲　匹卯切,又音雹。

碍　音掉。石名。

硗　同上。

硄　丘仰切。

砯　匹忍切。石。

碤　測兩切。石。

碨砈　上烏火切,下五火切。石皃。

磣碜　上張下切,下女下切。

礈　竹甚切。用石力。

磉　先囊切。柱下石。

硋　所戟切。石落聲。

祉　音止。礪石。

碜　初甚切。食有沙。

硪　音我。砐硪,山高皃。

砐　五合切。砐硪。

砪　音母。藥名。

硔　音史。石名。

碉　古晏切。水碉。

硬　五更切。堅硬。亦作鞕。

硋　五蓋切。止石。

矴　丁定切。矴石。

砑　於故切。磓砑。

砟　仕亞切。碑石也。

硎　音附。白石。

礧　先外切。小石。

磢　初磷切。水石也①。

磽　口孝切。磽礅也。

碃　千定切。

礵　音霸。

砑　音訝。光石。

砞　音迭。砲砞。

袜　音抹。碎石。

砩　扶勿切。石名。

礨　音鬱。山石皃。

硠　郎兀切。硠矹，危石。

矹　五忽切。硠矹。

磰　七曷切。巇石也。

碢　音滑。碢石也。

磟　音祿。石也。

䃉　音獨。

磩　都歷切。石②。

砅　音朴。硝石③。

礅　音孰。石名。

碤　音戚。硬碤，石次玉也。

䃕　音篤。落石也。

磏　音莫。沙磏。

碱　音摑。擊石。

_____

① 磷、石，原殘，據棟亭本補。

② 磩、磟異體，《篆隸萬象名義》訓“磩”爲“罰也，磴也”，此訓石疑有誤。

③ 硝石，棟亭本作“砅硝”。

硔　力麥切。石聲。

硌　音客。石墜。

硈　五合切。石硈硈。

礚　音臘。石墮。

砝　音劫。硬也。

磺　音瀆。石名。

磇　匹兒切。磇石。

硺　測角切。石。

礇　音郁。石似玉也。

硞　音剝。石也。

砄　音決。石也。

硺　盧盍切。石。

䂟　音略。石。

硤　侯夾切。硤石，縣名。

礰　勒可切。

碩　乎可切。司馬相如《梓桐山賦》云：礰碩。

礘　音闕。石也。

硔　口獲切。石硬聲。

磬部第三百五十二，凡九字。

磬　口定切。以石爲樂器也。或作磬。

殸　籀文。又口耕切。

謦　巨嬌切。《爾雅》云：大磬曰謦。

聲　力京切。多聲也。

磴　他曾切。鼓聲。

馨　徒到切。年九十曰馨。

罄　力冬切。聲也。

鏧　同上。

鏧　口丁切。不可近也。

𠂤部第三百五十三,凡二字。

𠂤　多回切。小塊也。

𡴀　魚結切。高危也。

阜部第三百五十四,凡一百九十三字。

阜　扶九切。大陸也,山無石也,盛也,肥也,厚也,長也。

𠂤　同上。

𨸏　丘善切。小塊也。

𨽌　胡本切[①]。大阜也,土山也。

阞　來得切。地脉理。

陵　力升切。大阜也,犯也,冢也,慄也,馳也,陵遲也。或作夌、㔂。

陰　於今切。默也,影也,水南山北也,闇也。營天功,明萬物謂之陽;幽無形,深難測謂之陰。今作隂。

陽　余章切。陰陽二氣也,好日也,山南水北也,傷也,清也,雙也。

陸　力竹切。厚也,道也,星也[②],無水路也,陸離猶参差也,雜亂也。

𨺅　籀文。古文作𡾰。

阿　烏何切。倚也,大陵也,比也[③],曲也,水岸也,邸也,丘也。

阪　甫晚、步坂二切。陂也,山脅也,險也。

陂　彼皮切。澤鄣也,池也。又碑僞切,傾也,邪也。又普何切,陂陀,靡迆也。

陬　子侯、側流二切。陬隅也。《爾雅》曰:正月爲陬。

---

① 本,原作"木",據宋11行本改。

② 原本《玉篇》殘卷引《爾雅》:"北陸,虚星也;西陸,昴星也。"此處"星也"疑有脱。

③ 比也,原作"北也",據宋11行本改。

隅　牛俱切。廉也，角也，陬也。

險　羲檢切。高也，邪也，惡也，難也，危也，阻也。

限　諧眼切。國也，界也，度也，阻也，齊也。

阻　壯舉切。險也，疑也。

陮　徒罪切。陮隗，不平也。

阭　余𠜀切。高也，地名也。

隗　午罪切。高也。又狄姓。

㟪　力罪切。磊也。

陖　思俊切。險也，高也。亦作峻。

陗　七肖切。險也，隱也。亦作峭。

隥　丁鄧切。險阪也，仰也。或作蹬。

陋　力豆切。醜猥也，隱，小也，陋陝也。

陝　諧夾切。不廣也。亦作狹。

陟　知直切。登也，高也，升也。

陷　乎監切。墜入地也，沒也，墮也，隤也。或作錎。

隰　似立切。下濕也。

𨽺　同上。

嘔　丘俱切。崎嘔。或作嶇。

隤　徒回切。壞隊下也。或作頹、𡍐。

隊　池類切。從高隊也，失也。又徒對切，部也，百人也。

降　古巷切。落也，下也，歸也。又下江切，降伏也。亦作夅。

隕　爲愍切。落也，墮墜也。

陧　午結切。危也，不安也。或作㹐。

阤　徒可切。落也，壞也，小崩也。

阣　除爾切。小崩也，毀也，落也。

傾　丘營切。危也。亦作傾。

阢　口益、口庚二切。虛也，坺也，池也。亦作坑。

隤　徒木切。通溝也。亦作瀆、黷。

防　扶方切。備也，郬也，禁也，隄也。或作坊。

隄　丁兮切。塘也，橋也，限也。又徒兮切。

陡　古文。

阯　之市、時止二切。基也。或作址。

阺　直梨、丁兮二切。陵也，阪也，理也，下也。

陘　下丁切。山絶也，限也。又縣名。

阬　午回切。崔也。亦作㞪。

隒　魚險切。重甗也，厓也，方也。又方檢切。

阨　於賣切。險也，塞也。

隘　上同。又陋也，急也，陝也。

隔　几㐌切。塞也。又障也。

障　之尚、之羊二切。隔也。或作廧。

隩　烏到切。浦隩也，水涯也。又藏也。亦作墺、澳。

附　扶付切。依也，近也，著也，益也。《説文》以附益爲坿，從
　　此。附作步口切。附婁，小土山也，今作培[①]。

隱　於謹切。不見也，安也，度也，匿也。

隈　烏回切。水曲也。

㵞　胡買切。小溪也。亦作澥。

隴　力冢切。大坂也。

陝　式冉切。弘農陝縣，在虢國。

陡　於幾切。坂名。

阸　多庭切。丘名。

---

① 培，原脱，據宋11行本補。

陫　亡俱切。陝東縣。

隇　其院切。河東安邑縣。

陭　於奇切。陭氏縣。

隉　知京切。丘名。

隃　式注、式朱二切。北陵，在鴈門山。

陕　苦篤切。大阜也。

阮　牛遠切。山名。又關名。

附　方句切。丘名。又小阜。

隔　爲説、許爲二切。鄭地，坂名。

陘　之曜切。界場也。

陼　之與切。丘也。《説文》曰：如渚者，陼丘。水中高者也。

陳　除珍切。列也，布也。或作敶、塵。

𨻰　古文。

陶　大刀切。丘再成也。鬱陶，哀思也，喜也。陶丘有堯城，以堯居之，故号陶唐氏。又陶甄。亦作匋。又音搖。

陔　古臺切。階也，隴也。亦作垓。

阽　余占切。危也。

除　直余切。去也，開也，疾愈也，殿階也。又直御切。

階　古諧切。登堂道也，上也，進也，梯也，級也。

阼　才故切。主階也。阼，酢，東階所以苔酢賓客。

隊　丈轉切。道邊庫垣也。

陛　蒲禮切。天子階也。

隙　丘戟切。閑也，穿穴也，壁際也，裂也。

陾　耳升切。築牆聲。

賑　時均切。小阜也。

際　子例切。接也，壁會也，方也，合也。

陪 步回切。貳也,隨也,加也,助也,益也,家臣也。

陴 婢支切。城上女牆也。

隍 乎光切。城下坑也,城池也。有水曰池,無水曰隍。

阹 去居切。依山谷爲牛馬圍也。亦作𦫳[1]。

陻 於古切。小障也。

陲 市規切。危也。

院 胡官切。堅也,周垣也。亦作㝔。又王眷切。

圇 力均、力昆二切。山阜陷也。亦作淪。

隌 烏感切。闇也,與晻同。

阮 所陳、所陣切。東陵也。

阰 婢吏切。山名,在楚。

隆 力中切。中央高也,隆盛也。

陀 大何切。陂陀,險阻也。俗作陁。

陞 式陵切。上也,進也。與升同。

㙂 丁戈切。小堆也。亦作垜。

碫 丁亂切。人名。或作鍛、碬。

阾 力井切。阪也。與嶺同。

𨼌 呼嫁切。裂也。或作鏬、墟。

阡 青田切。阡陌也,道也。南北曰阡,東西曰陌。或作𨙸、𡉒。

隇 於歸切。隇夷,險阻也。

墉 弋龍切。城牆也。或作墉。

𡌧 胡逼切。古域字。

𣎺 尺焰切。陷也。

𨼅 布木切。今作濮。

---

① 𦫳,原訛作"芙",據宋 11 行本正。

隬 丈加切。丘也。

隚 徒郎切。今作堂。

隝 丁了、丁老二切。今作島。

隯 同上。

㸁 魚劫切。險也,危也。今作業。

阷 辭旅切。今作序。

䧟 乎犬切。坑也。

䧖 似林切。小阜。

阽 他玷切。亭名,在京兆。

𨸖 普逼切。地裂也。

䧵 同上。

陠 普胡切。哀也。

隚 徒郎切。長沙謂隄曰隚。

陒 巾毁切。山名。亦作垝。毁也。

陓 於于切。陽陓,秦藪也。

陑 呼矩切。鄉名。

𨺩 古崩字。壞也。

隑 巨慨切,又五哀切。梯也,企立也,不能行也。

䧋 户工切。阬也。

䧲 尺善切。魯邑名。

陌 莫百切。阡陌也。

隧 似醉切。墓道也[①],掘地通路也。或作䜁。

隓 許規切。廢也,毁也,捐也。亦作墮。

隋 徒果切。落也,懈也。

① 墓道,原作“羨道”,據楝亭本改。

墮　同上。又許規切。

隮　子計、子分二切。氣也，登也，升也。

陣　直鎮切。師旅也。本作陳。

媽　亡化切。益也。

巇　音義。險也。

隁　於建切。以畜水也。

壕　胡刀切。城下道。

嶁　力侯切。縣名。

陲　音重。地名。

颿　房中切。地名。

陑　汝之切。地名。

陔　火哀切。

隅　語俱切。地名。

陒　市征切。山地名。

歍　丑申切。地名。

陻　於仁切。塞也。

敶　直珍切。列也。

墟　許魚切。

陜　音燮。國名。

阰　丑貞切。丘。

阭　如陵切。地名。

陚　以之切。地名。

阽　達堅切。地名。

沿　音沿。

阴　音潤。山穴。

阤　音坡。阤陀，不平。

阫　音裴。山名。

陳　力開切。階陳也。

陙　音周。

陬　音雕。地名。

阽　咨以切。地名。

隫　音楚。阪也。

阣　呼典切。

陡　當口切。地名。

堋　步等切。山。

陣　音里。亭名。

隬　乃禮切。地。

阭　音充。高皃。

傍　步浪切。附傍也。本作傍。

陷　徒罪切。高名[①]。

隵　池爾切。地名。

陲　市兊切。地名。

阧　當口切。阧峻也。

隞　音遶。地名。

隀　音蟲。地名。

隁　口很切。遲也。

阺　音姑。地名。

阩　音巧。地名。

隫　音惠。陲名。

陌　他根切。

――――――――――――――――

① 棟亭本作"高也"。

𨼦　音鬮。峻也。

𨽆　士禁切。𨻲𨽆也。

隐　音念。遇在岸。

隤　仕銜切。地。

阣　音蓋。又音屹。

𨽤　符逼切。𨻶山也。

阮　居六切。古岸也。

𨸏部第三百五十五，凡四字。

𨸏　扶救切。《說文》云：兩𨸏之間。

𨽰　似醉切[1]。延道也。今作隧。

𨽭　所冀切。𨸏突也。

𨽭　於懈切。陋也。今作隘。

厽部第三百五十六，凡三字。

厽　力捶切。累墼爲牆壁也。《尚書》以爲參字。七貪切。

參　千含切。相參也，相謁也，分也，即三也。又所今切，星名。
　　亦作曑。又楚今切[2]，參差也。亦作篸。

𡈼　力揆切。累也。亦作壘。

---

①　切，原脱，據楝亭本補。

②　切，原脱，據楝亭本補。

玉篇卷第二十三凡二十九部

馬部第三百五十七,凡二百七十七字。

馬　莫把切。黃帝臣相乘馬。馬,武獸也,怒也。

駯　籀文。

---

① 第,原無,據例補。下諸"第"同。

髟 古文。

騭 之逸切。牡馬也[①]，定也，升也。

駬 布戞切。馬八歲。

騲 乎關切，又爲萌切。馬一歲也。

駒 九于切。馬二歲也。

騏 胡見切。青驪馬，今之鐵驄。又火涓、許銜二切。

駣 徒高、丈小二切。馬四歲也。

騆 乎閒切。馬一目白。

驪 力支切。盜驪，千里馬也。

騜 京媚切。馬淺黑色。又山名。

騮 力由切。赤馬黑鬣。

騢 胡加切。赭白色，似鰕魚也。

騏 巨基切。馬文也。

騅 之誰切。馬蒼白雜毛色也。

駱 力各切。白馬黑鬣。

驒 同上。

駰 一人、於巾二切。泥驄馬也。

驄 千公切。青白雜毛色。

驈 余橘切。驪馬白跨。

駤 同上。

駹 莫江切。馬黑，白面也。

驃 毗召、匹妙二切。驍勇也，漢有驃騎將軍。

騧 假華切。黃馬黑喙。

駽 同上。

────────────

① 牡馬，原作“壯馬”，據棟亭本改。

驖 徒結、他結二切。馬如驖，赤黑色。

駓 普悲、步悲二切。黃白色，今之桃華。又駓駓，走皃。

騈 同上。

騿 五旦切。馬白額至脣。

駒 丁狄切。駒顙，白額馬也。或作的。

馮 亡云切。馬不純。

驔 徒點切。驪馬黃脊。

騽 似立切。驪馬黃脊。又馬豪骭。

馵 之喻切。馬縣足，又後左足白①。

䮄 於見切。馬白州也。

騿 乎旦切。馬毛長。又音寒。

騛 不韋切。騛兔，古之駿馬也。

驁 午刀切。駿馬。以壬申日死，乘馬忌此日。

驥 居致切。千里馬。

騽 同上。

騵 魚袁切。騊馬白腹也。

駿 子徇切。馬之美稱也，速也。

騋 力才切。馬高七尺已上爲騋。

驍 古幺切。勇急捷也，良馬也。

驕 几妖切。壯皃。又野馬也。亦逸也。

騹 子垂、之累二切②。馬小皃也，重騎也。

騽③ 籀文。

駂 布老切。驪白雜毛，今之烏驄也。

---

① 又，原作"左"，據棟亭本改。
② 二，原作"一"，據宋11行本改。
③ 騽，棟亭本作"騀"。

騜　胡光切。馬黄白。

騂　思營切。馬赤黄。

驓　才陵切。馬四駮皆白，見《爾雅》。

騦　才田切。馬四蹄白。

䭽　尸夜切。騹馬。

騴　於諫切。尾本白。

騝　奇連切。驍馬黄脊。

駩　七全、才緣二切。白馬黑脣。

騄　力足切。騄駬，駿馬。

駬　如始切。騄駬。

驌　思六切。驌驦，古之良馬。

驦　所良切。驌驦。

馻　唯巂切，又余準切。馬毛逆。

驎　力振切。馬黑脣。

驩　火丸切。馬名。

駒　許牛切。馬名也，駿也。

騕　於皎切。騕褭，良馬。

駃　同上。

褭　奴了切。騕褭。亦作裊。

䮈　七爾切。馬名。

騧　五角切。馬白額。

驧　力兮切。桃驧馬。

驊　下瓜切。驊騮，駿馬。

駓　皮筆切。馬肥壯兒。

駥　同上。

駥　而弓切。馬八尺也，雄也。

騐　牛窆切。馬名。又徵也,證也。

駁　布角切。馬色不純。今作駁。

駫　古熒切。馬肥壯盛兒。

駉　同上。又收馬苑也。

騯　百庚、步庚二切。騯騯,馬行兒。今作彭。

駉　五唐切。駉駉,馬怒兒。又五浪、五朗切,馬搖頭也。

驤　思良切。駕也,超也,低卬也。

騖　明白切。上馬也。

駕　格訝切。乘也,行也,上也,陵也。

騑　孚微切。驂馬也。騑騑,行不正也,疾也。

騢　乎皆切。馬和也。

駊　布可切。駊騀,馬搖頭。

騀　五可切。駊騀。

鷈　他刀切。馬行兒。

駥　巨追切。馬強行。

篤　丁毒切。馬行頓遲也。

駶　弋魚、弋庶二切。馬行徐而疾。

駸　七林、子心二切。駸駸,驟兒,行疾兒。

駀　先合切。馬行兒。

馮　皮冰切。乘也,相視也,陵也,登也。又扶風切,姓也。

騤　女頬切。馬行也,疾也。

駁　午駮切。馬行也。又無知也。

駒　居遏切。馬疾走。

驟　仕救切。奔也。

飌　扶泛、扶嚴二切。馬疾步也,風吹船進也。亦作飈。

驅　丘于切。逐遣也,隨後也,驟也,奔馳也。古作毆。又丘遇切。

馶　同上,俗。

馳　丈知切。走奔也,天子道也。

駝　大何切。駱駝。

駞　同上,俗。

騖　亡句切。奔也,疾也。

駾　他外切。馬行皃。

駟　力世切。次第馳也,奔走也。

騁　丑領切。直驅也,走也。

駃　大結、弋吉二切。馬疾走也,徵也。

駻　何但切。馬突也。

馯　同上。

駧　大貢切。馬疾走。

驚　居英切。懼也,馬駭也,逸也。

憰　呼光切。馬奔也。

駐　丈具、竹具二切。馬立止也。或作住、尌。

騫　丘焉切。馬腹縶也,虧也。或作騝。

馴　似均切。從也,善也。

騺　竹利切。馬很也。

駗　章忍、知鄰二切。駗驙,馬載重難行。

驙　知連切。白馬黑脊也。

驧　巨六切。馬曲脊。

駒　同上。

騬　市陵切。犗馬也。

駴　古拜切。結馬尾。

騸　竹扇切。馬轉臥土中。

縶　知立切。絆也。今爲縶。

騷　先刀切。動也,愁也,摩也。

駑　乃乎切。最下馬也,駘也。

駘　大來切。駑也,馬銜脱也。又大宰切,駘蕩,廣大意。

駔　在古切。駔猶驫也。又子朗切,駿馬也,會兩家之買賣,如今之度市也。《吕氏春秋》云:段干木,晉之大駔也。

駹　音龍。野馬也。

騶　側留切。騶虞,義獸,至德所感則見,馬之屬。又養馬人名。

驛　余石切。譯也,道也。

駬　而逸切。傳也。

馹　同上。

騰　大登切。上躍也,奔也。

駮　甫角切。獸似馬,身白尾黑,一角有爪,哮聲如鼓,食虎豹,出中曲山。亦駁字。

駪　所巾切。馬衆皃。又作牲、莘。

馭　魚據切。古御字,使馬也。

駃　古穴切。駃騠,馬也,生七日超其母。

騠　丁奚切。駃騠。又音啼。

驘　力戈切。驢父馬母所生也。

驘　同字[1]。

駼　大刀切。駼騟,獸如良馬。又北狄良馬也。

騟　同都切。駼騟。

驢　力余切。似馬長耳也。

驒　大何、丁年二切。驒騱,駿馬屬。

騱　下雞切。驒騱也。

────────────────

[1]　同字,楝亭本作“同上”。

駁　步忽切。馬，牛尾，一角。

騉　胡昆切。獸名。

驝　他閣切。驝駝，有肉鞌也，行百里負千斤而知水行。

駞　同上。

騔　胡揩切。雷繫鼓也。

駭　胡駭切。驚起也。

馵　除救切。競馳也。

駬　而丘切。青驪繁鬣馬，見《爾雅》。

騃　盆故切。習馬。今作步。

驐　扶元切。驐駤，止也。或作樊。

駤　竹利切。驐駤。

駛　山吏切。疾也。

駥　亡東切。驢子。

驜　魚劫切。壯皃。

驍　胡圭切。騏驍也。

騉　古魂切。騉蹄，馬名，秦有騉蹄苑。

鷪　於角切。馬腹下聲也。

騼　力竹切。健馬也。

駃　於吠切。駃駬，馬怒。

貌　莫狄切。馬多惡。

馰　丁年切。馬白額。

騥　丁老切。馬祭。亦作禂。

驜　力涉切。馬也。亦作躐。

騞　布昆切。今作奔。

牪　仄亮切。古壯字。

驧　步公切。驧驧，充實皃。

騌 子公切。金騌，馬冠也。馬鬣也。

騊 力亘切。騊騰，馬病也，馬傷穀也。

騰 徒亘切，又天登切。

騘 士洽切。騘騘，騾也。

駽 魚容切。大皃。亦作顒。

騲 千老切。牝馬也。

驫 風幽、香幽二切。走皃。

騋 德紅切。馬。

騴 於魂切。騴驪，駿馬。

驂 倉含切。驂馬。

驠 音蔡。字①。

驅 音瞿。馬行皃。

駓 平悲切。馬名。

騎 巨支切。勁也。又居企切，強馬也。

駃 力魚切，又音慮。

駂 音劬。馬後足皆白。亦作駒。

駏 音巨。駏驉，獸似騾。

驉 音虛。駏驉。

騮 音流。紫騮馬。

騟 羊朱切。紫色馬。

驫 所臻切。衆馬行皃。

駭 胡涓切。馬一歲。

馱 徒賀切。馬負皃。

驨 烏高切。馬行皃。

---

① 字，未詳。

騜　呼光切。

鹹　音咸。縣名。

驀　音磬。黑色馬。

騩　戶雷切。馬名。

駒　相倫切，又音旬。

騑　百昆切。馬走皃。

騠　戶安切。馬多皃。

騁　直耕切。馬住皃。

騆　音周。神馬。

騬　音羊。馬名。

驤　音妻。馬類。

馷　音凡。馬行皃。又音梵。

騫　音春。鈍馬。

駯　音誅。馬口黑。

騞　時俱切。朱色也。

駌　音腔。馬行皃。

駏　音邛。獸似馬。

駬　音宜。馬名。

駉　靡京切。汗馬也。

駎　音尤。馬名。

駺　音夷。馬名。

騦　息兹切。馬。

驥　巨希切。馬。

驪　音离。驢子。

騫　尺尹切。馬文也。

騀　匹可切。馬行皃。

驦 毗兩切。人姓也。

駦 甫賁切。馬走也。

骯 五黨切。馬頭高。

騂 作亥切。

駺 力唐切。馬尾白。

騁 音騁。古文。

駧 徒鹿切。馬走也。

驐 音懊。馬名。

駇 音父。牡馬也。

駱 音者。馬名。

馲 音姹。馬行皃。

騴 音燕。馬行。

騖 五豆切，又合麥反。

駢 博幔切。駢驊，馬行也。

騗 匹扇切。上馬也。

驪 力際切。馬馳。

騎 巨義切。乘也。又巨宜切。

駙 扶遇切。駙馬，官。

駈 音釁。馬重。

騯 音饒。馬走。

駯 音步。馬名。

驖 音陷。馬走。

驓 許力切。馬走。

騣 音輟。白額馬。

騀 于逼切。馬名。又音洫。

駇① 莫割切。馬走兒。

駇 北末切。馬走。又音潑。

驕 陟革切。獸。

駘 徒合切。駁駘，馬行兒。

騻 吐盍切。驪驪，馬行不進。

驟 士甲切。馬行也。

騔 音逐。獸名。

驥 音質。馬名。

騕 竹角切。馬行。

驅② 區勿切。産良馬。

駇 房六切。馬名。

騔 古忽切。騔馳，獸出北海。

馳 都忽切。騔馳。

駊 音跋。駊騞，蕃中馬也。

駐 去吉切。馬色也。

騔騔 二同。音葛。馬行兒。

駝 陟格切。駝駆，驢父牛母。

駆 莫百切。駝駆。

騵 亡各切。

騞 火麥切。行不正③。

驪 音逼。駝驪。

駕 力薛切。馬名④。

---

① 字頭原作"駇"，據棟亭本改。

② 字頭原訛作"鷗"，據棟亭本改。

③ 一作"行不止"，未詳。

④ 《玉篇校釋》謂當作"馬奔"，是。

驙 徒谷切。馬行皃。

騽 同上。

駟 悉利切。四馬一乘也。

驐 諧間切。今作閑。

驤 先郎切。馬尾白。

牛部第三百五十八，凡一百四十四字。

牛 魚留切。大牲也，黃帝服牛乘馬。

牡 莫后切。飛曰雌雄，走曰牝牡。

犅 古郎切。特牛，赤色也。

牝 毗忍、脾死二切。牝牡也，畜母也。

犢 徒木切。牛子也。

特 徒得切。牡牛也，又獨也。

牜直 同上。又池力切，見《禮記》。

牭 布外切。牛體長。又二歲牛。

犙 山含切，又且含切。三歲牛。

牭 思二切。四歲牛。又牛很也。

犉 籀文。

犕 加敗切。駷牛也，騰也。

牻 莫江切。亂也，雜色牛也。

犑 力薑切。牻牛也。

犗 力勢、力大二切。牛白脊也。

牷 達乎切。黃牛虎文也。

犖 力角切。駁牛也。

犅 力拙切。牛白脊。

牦 普耕切。牛駁如星也。

犥 普沼、扶表、普稾三切。牛色不美澤。又牛黃白色。

犉 而純切。黃牛黑脣也。

㸌 五角切。白牛也。

犖 同上。又五沃切。

㹀 居良切。白牛也①。

牭 他刀切。牛徐行。

𤙩 古訝切。㹁車也。籀文駕。

犨 尺由切。牛息聲。又牛名。又出也。

犫 同上。

牟 亡侯切。牛鳴也。又姓也，大也，愛也，取也，奪也，過也，倍也，進也，首也。

𤝔 史簡切。畜牲𤝔。

牲 史京切。三牲：牛、羊、豕。

牷 疾緣切。體完也。

牿 古督切。牢也。

牽 口田切。引前也。又挽也，速也，連也。

牢 來刀切。牲備也，廩倉也。又堅也。

犓 測俱切。養牛羊也。今作芻。

犕 皮祕切。服也，以牽裝馬也。又牛八歲也。

𤛎 甫胃切。兩壁耕。

犁 力兮切。耕具也。

𤚩 徒刀、充刀二切。牛羊無子。

牴 丁禮切。觸也，略也。大牴，言大略也。角牴，雜技樂也。或作觝。

𤙲 丸綴切②。牛蹄也。

---

① 《篆隸萬象名義》作"白斑牛也"，疑此有脫文。
② 丸綴切，原作"凡綴切"，據棟亭本改。

犋　五殄、胡結二切。牛很不從。又大皃。

牼　胡耕、口耕二切。牛膝下骨。

牶　巨禁切。牛舌病也。或作䶖。

犀　先兮切。獸似牛也，堅也，棲遲。或作犀。

犚　眉隕切。獸似牛，蒼黑，出黃山。

物　亡屈切。凡生天地之間皆謂物也，事也，類也。

牣　而振切。滿也，益也。

犠　欣宜切。純色牛。

牬　子各切。牛，肉重千斤，出華陰山。

摩　陌瓜切。牛名。

犦　步角切。犎牛也①。

㸤　平爲、平媧二切。牛名。又音陂。

㹑　公覓切。牛名，見《爾雅》。

犚　牛威、牛畏二切。牛名。

犣　力涉切。牛名。

牰　徐救切。牛眼黑。

犚　於貴切。牛名。

㸊　奇員、居辨二切。牛耳黑。

䢀　古瑕切。牛有力。

㹌　爲乖切。獸似牛，四角，人目。

犅　余鍾切。牛朕領。

犝　力追切。求子牛。

牰　似訓切。牛行遲。

牳　奴多切。獸似牛。

---

①　犎，原作"封"，據棟亭本改。

犎　甫容切。野牛也。

牻　方韋切。獸似牛，一目。

犍　居言切。犗也，獸似豹，人首一目。

犚　同上。

牠　徒和切。或作舵。

牪　徒的切。特牛。

㹗　步后切。雄也，短頭牛。

㹀　式夜切。馬名。亦作騇。

㹍　普角切。特牛也。

犁　示勢切。一角仰也。或作觢。

牸　疾利切。母牛也。

㸯　苦戈切。無角牛。

㹠　呼口切。牛鳴也。亦作呴。

牭　如腫切。水中牛。

犍　几隱切。善也，柔也。

犝　徒東切。無角牛。亦作䮵、童。

㹗　思營切。赤牛。亦作騂。

㹆　魚袁切。獸似牛，三足。

牥　甫防切。良牛名，日行二百里。又云駃駝。

犇　補門切。牛驚。

牰　書尤切。牛。

犜　音敦。牛也。

㹧　音秦。牛名。

㹎　徒郎切。牛名。

犚　同上。

㹫　音暉。犂牛頭。

犆　音繒。牛。

犙　赤唯切。牛。

犅　古郎切。水牛。

牄　七岡切。牛名。

犰　居求切。牛大力。

牰　音虯。牛角兒。

㹦　音嬰。牛也。

㸣　音尋①。牛也。

㹐　直深切。水牛。

牶　郎丁切。牛名。

斜斜　二同。呼今切。出《神咒》。

㹜　而小、而照二切。牛柔謹也，從也，安也。又馴也。《尚書》"㹜而毅"字如此。

㹖　同上。

㺃　音峰。牛也。

犐　音初。牛角。

犪　魚小切。獸名。又音鐃。

牏　音臾。黑牛。

牰　呼乖切。獸名。

牻　符悲切。使牛聲。

牭　音浮。牛黑脣。

牱　七古切。使牛也。

牴　烏口切。特牛也。又去句切。

牴　烏后切，又烏遘切。

───────────

① 尋，原作"㸣"，據棟亭本改。

牰　同上。又音口。

牳　莫厚切。牛。

㹊　烏猛切。喚牛聲。

㹈　音俟。牛。

犚　於鬼切。牛。

犞　音去。

牯　姑戶切。牝牛。

牰　音宄。牛也。

牿　同上。牛聲。

犙　音秩。人姓。

牭　音兆。人姓。

牽　苦帣切[1]。牛鼻桊。

犒　苦到切。餉軍。與犒同。

牮　牛眷切。牛件也。

犕　音譬。牛具。

犕　匹計切。牛。

𤛦　古候切。取牛乳。

犡　音飆。牛病。

犗　音介。牛四歲也。

牪　他見切。餧牛草。

犕　音叶。牛健。

牰　大果切，又音岳。

犑　音特。牛也。

犣　音拉。牛牴。

---

① 帣，原訛作"羍"，據棟亭本改。

憠　音橛。

犄　音骨。牛也。

牬　昌欲切。牴人也。

犋　巨六切。牛。

犛部第三百五十九，凡三字。

犛　莫交切。獸如牛而尾長，名曰犛牛。又力之切，又牛黑色。

犛　莫袍切。犛牛尾。或作旄。

氂　力之切。强曲毛也。千豪也。古文作庲。或作氂。又力才切。

羊部第三百六十，凡六十七字。

羊　余章切。豕屬也。《禮》云：凡祭宗廟之禮，羊曰柔毛。

芈　彌爾切。羊鳴也。又姓，楚之先也。

羔　古刀切。羊子。

羜　丈與切。未成羊。

羍　亡具切。六月生羊。

羭　與朱切。牡羊也。

羍　他達切。生也，小羊也。

羍　同上。

羝　丁兮切。牡羊[1]。

羳　雉矯切。夷羊，又羊一歲。

羒　父云切。牝羊也。

羘　子唐切。羝羊也。

羖　公户切。羖䍽，羊。

羪　同上，俗。

䍽　音歷。羖䍽。

_____

① 牡，原訛作“壯”，據楝亭本正。

羒 居謁、巨謁二切。羖羝,羊也。

羯 同上。

羠 囚以、以脂二切。犍羊也,騬羊也。

羳 扶元切。羊黄腹。

羬 揩間切。羊也。

羜 子咨切。羊名。又亭名,在汝南。

羷 於間切。黑羊也,群羊相積也。

羸 力爲反。弱也,病也,瘦也,劣也。

羏 於僞切。羊相羏羵也。或作委。

羵 子漬切。羏羵。

群 巨云切。朋也,輩也。

羛 七移切。羊名,蹄皮可以割黍。

美 亡鄙切。甘也,善美。或作媺。

羷 力冉切。羊名。

羑 弋九切。導也,進也,善也。今作誘。

羐 同上。

羮 丘向切。後陳公子名。

羌 去央切。西方國也,楚語辭也,卿也,反也,章也,强也。

羴 式然切。羊脂也,羊氣也。或作羴。

羬 午咸、渠炎二切[1]。羊六尺。又獸名。

羬 同上。

羷 胡闃切,又胡慢切。句山有獸,名之曰羷,其狀如羊,稟氣自
　　然也,不可殺之。

辣 都弄切。泰山有獸,狀如牛,一角。

---

[1] 渠炎,原作"淚炎",據楝亭本改。

羮 古衡切。常所食美也①。

羱 魚袁、牛丸二切。羱羊,大角,西方野羊也。

羢 似余切。野羊。

羫 口弄、口江二切。羊肋。

羵 扶云、扶劣二切。雌雄未成也②。

羘 普耕切。使也。亦作抨。

𦎠 方味切。人姓也。

羦 胡官切。獸似羊,惡也。

猼 布莫切。猼訑,獸也,似羊,九尾,四耳,目在背上。或作猼。

訑 大何切。猼訑也。

羳 子含切。羊鮑也。

羢 九劣切。病也,跳皃也。

羭 士宂切③。羊也。

羷 女奚切。羺羷,胡羊也。

羺 奴溝切。羺羷。

羻 力侯切。似羊,四角也。

𤚩 公候切。取羊乳汁也。

羛 音希。地名。又音蟻也。

羋 音爭。羊子也。

羷 大紅切。無角羊。

羥 口莖切。羊也。

羚 魯丁切。羊子也。

羰 戶關切。獸似羊,無口。

㹺　丑練切。尾長也。

羭　音預。羊也。

羏　音洋。又音翔。

羳　音獨。羊也。

羷　音厥。羊也。

𦎩　紀力切。

羴部第三百六十一，凡二字。

羴　式延切。羊氣臭也。亦作羶。

羼　初莧切。羊相厠也，相出前也。

屮部第三百六十二，凡四字。

屮　乖買、公瓦二切。羊角也。屮屮，兩角皃。

乖　古懷切。戾也，睽也，邪也，背也，差也，離也。今作乖。

帀　亡殄切。相當也。又亡延、亡寒二切。

𡠾　苦蛙切。不正也。

莧部第三百六十三，凡一字。

莧　胡官切。山羊細角也。寬字從此。

犬部第三百六十四，凡二百九十三字。

犬　苦泫切。狗之有懸蹄。

狗　古后切。家畜，以吠守。

獰　女江、乃刀二切。多毛犬也。又女交切。

㺲　所留切。犬名。又秋獵也。亦作蒐。

獀　同上。

狵　莫江切。犬多毛也。

尨　同上。

獢　許謁切。獢猗，犬短喙也。又許曷切，相迫懼也。亦作猲。

猗　許驕切。獢猗也。

狡　古卯切。獸名，少狗也，猾也，疾也，健也，獪也。

獫　力贍切。犬長喙也。又力儉、虛檢二切。

狤　之句切。黃犬黑頭也。

猈　步買切。狗短脛。

猗　於宜切。歎辭也，犗狗也。又倚氏，縣名。

狊　呼闃切。犬視也。

猲　於陷、於咸二切。竇中犬聲也。

猝　且沒切。犬從草中暴出也，言倉猝暴疾也，突也。今作卒。

獫　胡斬切，又胡忝切。犬吠不出也，兩犬爭也。

猩　所庚切。猩猩，如狗，面似人也。又音星，犬吠聲。

狌　同上。

默　亡北切。犬暫逐也。亦爲嘿靜字。

猴　胡鑑切。小犬[1]。又鄉名。

猥　於隗切。犬聲。又犬生三子也[2]。

獢　呼交、胡狡二切。犬擾駭也，獪也。

猱　乃刀切。獸也。

獿　同上。又女交切。

獑　山監切，又山林切。犬容頭進也，賊也。

獎　子養切。助也，成也，欲也，譽也，嗾犬厲之也。今作獎。

狻　叉板切[3]。齧也，犬食也。

狦　所姦切。惡健犬。

狠　五間切。犬鬭聲。

猵　扶元、皮眷二切。犬鬭聲也。

---

[1]　《篆隸萬象名義》作“小犬吠”，疑此有脫文。
[2]　《篆隸萬象名義》“猥、猥”訓“犬生三子”，疑此有誤。
[3]　叉，原作“又”，徑改。棟亭本作“初”。

獡　式略切。驚也。獡獡，犬不附人而驚皃。

猻　魚肌切。犬怒也，兩犬爭也。又猻氏縣。又音權。

狔　牛佳、語斤二切。犬聲。

猚　同上。

獷　鉤猛切。犬不可附也。

狀　仕亮切。形也。又書狀。

奘　阻良、阻亮二切。强犬。

獒　午刀切。犬四尺也，如人心可使者。

獳　乃候切。犬怒也。

猪　他蠟切。犬食也。亦作磔①。

獜猼　　並同上。

狎　下甲切。易也，近也，習也。

狹　同上。今爲闊狹。

狃　女久切。狎也②，習也，就也，復也，狐狸等獸跡也。

獪　古邁切。狡獪也。又音澮。

犯　扶錢切。抵觸也。

犯　古文。

猜　千才切。疑也，恨也，懼也。

犺　口盎切。健也，猾也。

怯　去業切。多畏也。今作怯。

猛　麻獷切。健也，嚴也，惡也，害也。

獜　力丁、力仁二切。獜獜，聲也。亦作鏻。

獧　古懸切。跳也，急也。

狷　同上。

---

①　磔，疑當作"磔"。

②　狎，原訛作"炊"，據棟亭本改。

狟　乎官切。狟,武兒也,威也。今作桓。

献　牛吉切。犬怒兒。又步内切,犬過。

猌　竹厄切。犬張耳。

戾　力計切。來也,至也,待也,勢也,止也,立也,法也,定也,利也,虐也,著也。

獻　古文。

猌　牛僅切。犬張斷怒兒。

犮　步末切。犬走兒。與跋同。

狢　古卜、余玉二切。獸名。

獨　大卜切。犬相得而鬭也,故羊爲群,犬爲獨也。又獨狢,獸名,出《山海經》。

献狇　二古文。

獮　思淺切。秋曰獮,殺也。亦作禰。

獮　同上。

獵　力涉切。犬取獸也。

狩　式又切。冬田也。

獠　力弔切。宵田也。又力道切,夷名。

臭　尺又切。香臭之揔稱也。犬逐獸走而知其跡,故字從犬。

猲　呼艾切。犬臭也。

狣　雉矯切。絕有力。

獲　爲麥切。得也,辱也,婢之賤稱也,旌也。

獻　許建切。奉也,進也,上也,聖也,賢也,奏也。

犴　午見、午晏二切。獌犬也,逐虎之犬也。

獌　雅弔切。猘狗也,狂狗也。

猘　居世切。狂犬也。

狛　古文。

玃　居縛切。狙也。亦作貜。

貜　同上。

狂　具王切。癲癡也。

猙　疾井、側耕二切。獸名。

獘　婢世切。獸名也，頓仆也[1]。俗作弊。

類　律位切。獸名，種類也，法也。

狄　徒的切。北狄也。

猴　乎溝切。獼猴也。

狻　先丸切。狻猊，師子，一走五百里。亦作㺏。

猊　午兮切。狻猊。亦作貌麑。

猶　以周切。㺉屬也，猶豫不定也，尚也，可也，詐也，言也。又以
　　救切。

猷　余周切。圖也。亦與猶同。

狙　且余切。玃屬也，犬暫齧人也，犬不絜也。

豰　呼木切。似犬，惡也，上黄下黑。

獌　莫旦。大獸也[2]，長百尋。又狼屬。或作㺔。

狼　來當切。獸似犬。

玃　火丸切。牡狼。

犿　同上。

獥　公弔切。狼子獥。

狛　白駕切。獸如狼。

狀　同上。

狋　余支切。獸名。

狐　戶吾切。媚獸也。又狐疑猶豫也。

---

① 仆，原作“什”，據棟亭本改。
② 大獸，原作“犬獸”，據棟亭本改。

猵 普年、布眠二切。獺屬。

獺 他達切。如猫,居水,食魚也。

獱 婢賓切。獺屬。

猨 于元切。似獼猴而大,能嘯也。亦作蝯。

猿 同上,俗。

猫 眉驕切。夏田也,食鼠也。或作貓。

狦 於結切。獒狦,獸名也。

玃 除卓切。似獼猴而黃。又作蠼。

狏 時爾切。獸如狐,白尾。

猎 秦亦切。獸名。或作獦。

狠 胡昆切。獸如犬,人面,見人即笑。

豹 之藥切。獸豹文。

玈 來胡切。韓玈,天下駿犬。

狚 且藥切。宋良犬。

豶 扶粉切。羊名。

猰 公八切。雜犬也[1]。又烏八切,猰㺄,獸名。

獟 巨表切。獢也。

㹠 才癸切。雌狢也。

狆 充山切。噬也。

獟 許苗切。犬黃色也。

猾 爲八切。亂也,黠也,小兒多詐也。

猇 胡包切。虎欲齧人聲也。又許交切。

狌 余成切。似狐也。

獦 古曷切。獦狚,獸名。

---

[1] 公八切雜犬,原殘,據棟亭本補。

狚　丁旦切。獱狚。

犴　午亞切。獸名,似貛也。

獷　胡光切。犬也。

玁　力延切。玁猭,兔走。又直山切。

猭　丑船切。玁猭。

猢　古瑕切。玃也。

獬　之喻切。鄉名。又亭名。

獋　胡刀切。犬呼也,鳴也,咆也。或作嗥。

猎　居一切。狂也。

獝　弋恭切。猛獸也。或作貐。

狒　父沸切。似人形,被髮迅走。

猓　古火切。猓猭,獸。

猋　卑遥切。犬走皃。

猣　子公切。犬生三子也。

猏①　大丁切。㹞也。

狍　步交切。獸也。

猖　尺章切。狂駭也。

獑　巨衣切。犬生一子。

玁　喜檢切。玁狁,北狄也。

狁　余準切。玁狁。

獨　音濁。猛犬。

犻　音力。犬爭皃②。

狨　如充切。

狋　音夷。

――――――――――

① 《篆隸萬象名義》字作“猰”。

② 犬,原作“大”,據楝亭本改。

猯 五胡切。

狴 邊兮切。獸名。

獼 武移切。獼猴。

㺠 同上。

玁 音窮。似虎。

㹰 音翁。豬也。

㺄 音余。歎聲。又豬兒聲。

狸 音离。似猫。

㺍 音纖。獸也。

㺗 力朱切。豬求子。

㹭 力開切。狸也。

㹨 得紅切。

犲 音柴。犲狼。

獑 士咸切。獑猢，獸名，似猨。

猢 戶吾切。獑猢。

猦 府隆切。猦狇，獸有尾，小打即死，因風更生。

狇 音母。猦狇。

㹠 音丸。豕屬。又音元。

㹻 音壘。又音柚。似獼猴。

猯 音湍。野豬。

㺲 五間切，又音簡。犬爭兒。

狿 丑延切，又音延。獸名。

狑 郎丁切。犬名。

玃 同上。

猧 烏和切。犬名。

矮 同上。

猿　音衰。犬名。

猠　莫屏切。小豕。

㺲　直閣切。獸走皃。

猇　火交切。犬驚。

猇　呼光切。狼。

獋　火交切。

獅　音師。猛獸也。

狳　與魚切。獸似兔。

㺊　音開。獸也。

狆　丑珍切。狂也。

猬　音胥。猨屬。

㺝　古憚切。

猇　音乎。犬吠聲。

猻　思昆切。猴猻也。

猩　音鞭。犬也。

猠　音奚。犬戎。

㺱　音攜。獸名。

猄　九卿切。

㹈　烏江切。㹈狢,犬不伏牽。

狢　音降。㹈狢。

狋　音抵。

猹　七何切。

猣　音蚩。狩也。

㺁　士銜切。犬聲。

猾　音當。

獖　音彭。

狓猄　上音披，下音庚。

猚　音邪。猚猚，獸也。

猚　他合切。犬食。

狋　於止切。獠姓也。

豸　直買切，又音稚[1]。俗豸字。

犼　音吼。似犬。

玁　音檻。虎聲。

狕　於絞切。獸名。

獝　以觜切。

偲　音蒽。

犤　音婢。似豕。

犰　音几。似兔。

㺗　力爲、力水二切。

狶　音喜。楚人呼豬聲[2]。

獥　音葵，又音悸。

獬[3]　何買切。獬豸也。

獚　力弔切。老獚。

獿　奴巧切。犬驚皃。

狺[4]　魚近切。犬怒。

龍　魯紅切。

玁　力爲切，又力水切。

猻猔　二同。子宋切。犬生一子。

---

① 稚，原訛作“雅”，據棟亭本改。
② 《玉篇校釋》刪“聲”字，是。
③ 字頭原訛作“獬”，據棟亭本改。
④ 此字重出，上文作“狺，牛僅切。犬張齗怒皃”。

猵 皮戀切。犬爭皃。

獩 許器切。

狏 生仕切。

猬 音胃。毛刺也。

猘 音制。

狖㺤 二同。羊就切。黑猿也。

犹 尤豆、丁角二切。

獀 音漾。獸也。

獇 桑故切。獸也。

猘 尺世切。狂犬也。

㺌 音據。

㺃 音豆。犬吠聲。

狨 音決。

獙 阻懺切。

獫 音遁。道犬。

猇 豬孝切。狩。

獺 音賴。狂也。

獁 音罵。

獍 居命切。獸名。

㺅 音即。犬生三子。

狘 許月切。獸走皃。

狟 音厄。豕也。

猏 所甲切。豕母也。

獝 許必、巨聿二切①。狂也。

---

① 二，原作“一”，據棟亭本改。

猪 居六切。獸名。

犮 音插。犬食。

猷 音弗。犬兒。

臭 丑略切。犬似兔。亦作皃。

獯 許云切。獯鬻。

狽 布蓋切。狼狽也。

狢 下各切。狐狢。

猇 思焦切。狂病。

犤 匪肥切。

狀部第三百六十五,凡三字。

狀 牛斤切。两犬相齧也。

狱 息利、息梨二切。辨獄官也,察也。今作伺、覗。

獄 牛欲切。二王始有獄,殷曰羑里,周曰圄圉。又謂之牢,又謂之圜土也。

豕部第三百六十六,凡八十字[1]。

豕 式爾切。豬豨之揔名。

㕻 古文。

豬 徵居切。亦作腈。

貆 丑凶切。土豬也。

狖 音尤。豕也。

豜 他丁、他定二切。豕兒。

豣 息工切[2]。豕也。

縠 許卜切[3]。貔子也。或作縠。

---

[1] 此部凡七十九字。

[2] 息工切,《集韻》作"息干切"。

[3] 卜,原訛作"十",據棟亭本改。

豯　下雞切。豕生三月曰豯[1]。

豵　子公切。豕生三子也。

豝　布家切。牡豕也。

豣　公田切。豕一歲。

豜　同上。

豶　扶云切。犗也。

豭　古瑕切。牡豕也。

猾　羊捶切。豕俗呼爲猾豬也。

隃　同上。

殺　營隻切。齧豕[2]。

狠　口殄、口很二切。豕齧地。

豷　於計切。豕息。

豧　芳于、芳又二切。豕息。

豢　乎串切。養豕也。

狙　才余切。豕屬。

豲　乎官切。豕屬。又縣名。

狟　同上。

豙　牛既切。豕怒毛豎。

猑　於昆切。豕名，見《爾雅》。

豦　竭於切。封豦，豕屬也。又居御切。

豥　胡來、古來二切。豕四足白也。

豟　於隔切。豕五尺。

豁　同上。

狪　徒公切。似豕，出泰山。

---

① 三月，原作"二月"，據棟亭本改。
② 《玉篇校釋》刪"齧"字，是。

猽　莫丁切。小豚也。

豨　力人切。似豕，身黃，出泰山。

貗　力俱切。求子豬。

猰　午蓋切。老豬也。

豜　山甲切。老母豕。

豠　士俱切。小母豬。

豠　同上。

豟　之涉切。良豬。

豗　呼回切。豕豗地。

豷　九物、衢物二切。豕豷地。

豩　亡狄切。白豕黑頭。

豞　呼近切。豕鳴也。

獵　力涉切。長毛也。或作鬣。

獴　莫公切。似豕也。

豵　子宋切。牡豕也。

豵　同上。

豴　火類切。

豗　呼恢切。豕。

豪　戶刀切。豬毛如筆而端黑也。又俊也，帥也。此籒文，小篆作毫。

豲　音湍。豬也。

豨　音雄。豕狩。

豤　音牽。豕也。

豲　呼丸切。野豬也。

豘　徒昆切。豬兒也。

豟　音便。豬也。

貐　音倫。獸也。

𧲝 音先。

𧲱 爲委切。豕𧲱也。

𧲒 莫厚切。豕。

豨 火豈切。豕也。

豧 音旱。

𧲳 古懷切,又丘愧切。犬[1]。

𧲚 空旱切。

𧲡 許氣切。

豞 音孝。豕。

𧳏 音衞。豕。

豭 音桾,又九云切。

𧳍 音卓。龍車。

𧳌 音雹。小豕。

豽 女滑切。豕。

𧳅 音閔。豬名。

豵 巳劣切。豕也。

𧲫 章移切。豕高五尺。丁角切,山。

𧲮 音役。

𧰷 音忽。

𧳇 徒郎切。

𧰵 古文邠字。

豚部第三百六十七,凡四字。

豚 徒昆切。豕子也。或謂之豯。

豚 籀文。

---

① 犬,原作“大”,據楝亭本改。

𧳑　爲劂切。豚屬也。

𧳜　同上。

㣇部第三百六十八，凡八字。

㣇　徒計、余利二切。貍子也，脩豪獸也。又豬也。

𢑙　古文。

𢑚　呼骨切。豕屬。

𢑛　胡刀切。亦作豪。

𢑜　胡貴切。蟲似豪豬也。或作蝟。又類也，茂皃也。

彙　同上。

𢑝　相利切。豕聲也。俗作肆。

𢑞　古文。

彑部第三百六十九，凡三字。

彑　居例切。彙類也。

彘　除厲切。豬也。

彖　他亂切。才也，豕走悅也。

嘼部第三百七十，凡二字。

嘼　敕又切。六嘼：牛、馬、羊、犬、雞、豕也。養之曰嘼，用之曰牲。今作畜。又許又、許六二切。

獸　式又切。四足，有毛，走者謂之獸。

廌部第三百七十一，凡五字。

廌　直倚、宅買二切。解廌，獸似牛而一角，古者決訟令觸不直者，見《説文》。或作觽、豸。

薦　子見切。獸所食草也。又進獻也，陳也。

灋　方業切。則也。今作法。

𢊁　交孝、呼教二切。解廌之屬。

𢊆　仕捉切。速也。

鹿部第三百七十二,凡五十六字。

鹿　力木切。麞屬。

麚　古瑕切。牡鹿。

麟　力真切。仁獸也,大麖也,麒麟也。

麚麢　並同上。

麒　渠之切。麒麟。

麎　先卜切。麞鹿之跡也。

麀　於尤切。牝鹿。

麀　古文。

麜　奴亂切。鹿麑也。

麛　亡雞切。鹿子也。

麃　古田切。鹿絕有力也。又音磬。

麖　同上。

麋　亡悲切。鹿屬。

麔　巨久切。牡麋也。

麎　市真、市軫二切。牝鹿也。

麏　几筠切。麇也。

麇　同上。

麇　籀文。

麞　之羊切。鹿屬。亦作獐。

麃　白交、普表二切。獸似鹿。

麈　之庾切。獸似鹿。

麑　五兮切。鹿子。或㹜麑,師子也。又作貌[1]、猊。

麠　五咸切。山羊也。

----

[1] 貌,原作"猊",據棟亭本改。

羷　力丁切。羷羊也，角入藥。

麝　市亦、市夜二切。麝香。

麔　居攜切。鹿屬。

麌　似與切。似鹿而大。

麗　力計切。偶也，施也，華綺也，好也，數也。

丽丽　　並古文。

丽　篆文。

麔　牛矩切。牝鹿也。

麜　力一切。牝麔也。

麙　胡官切。鹿一歲。

麑　之惟切。鹿二歲。

麠　所京切。獸似鹿。

麲　於皮切。麞麲也。

麐　語斤切。獸名，似貊而八目[1]，出《山海經》。

麇　於道切。麋子也。

麄　千胡切。疎也，本作麤。

麚　仕居切。麔子也。

麠　才兮切。麠狼，獸似鹿。

麢　音瓢。鹿屬也。

麎　莫兮切。

麃　房脂切。

麃　步交切。

麚　几英切。大麃。

麖　同上。

---

① 今本《山海經》作"其狀如貊而人目，其名曰麐"。此處"八目"當作"人目"。

麠　胡官切。

麙　音流。鹿屬。

麖　音諸。

麔　音夫。鹿屬。

麂　居履切。《爾雅》云：麂，大麔，旄毛，狗足。

麢　同上。

麚　烏口切。

麤部第三百七十三，凡四字。

麤　七胡切。不精也，大也，疏也。或作麁。

麤　同上。

塵　雉珍切。埃麤也。今作塵。

麤　籀文。

毚部第三百七十四，凡七字。

毚　丑略切。獸似兔而大也。

㲋　同上。

㺉　同上。

毚　士咸切。駿兔也，狡也。

㺉　古穴切。獸似貍。

魯　胥野切。獸名。

㺉　生冀切。獸似貍。

兔部第三百七十五，凡九字。

兔　他故切。毛可爲筆。

菟　同上。又音圖，地名。

逸　以一切。過去也，奔也，縱也，逃也，理也。

冤　於元切。屈也，不理也，枉曲也，煩冤思念也。

娩　匹萬切[1]。兔子。

覾　乃侯切。娩也。

㲈　子徇、且倫二切。狡兔。

毚　芳句切。急疾也。今作趡。

㲇　五丸切。兔子。

内部第三百七十六，凡一十二字。

禸　仁九切。《説文》曰：獸足蹂地也。或作狃。又女九切。

内　同上。

离　丑支切。山神也，猛獸也。或作螭。又力支切。

禽　其林切。二足而羽也。亦鳥獸揔名。

萬　亡願切。十千也。又蟲名。

𥝋　古文。

禼　思列切。蟲名。

㕠　古文。

禹　于矩切。蟲也，舒也，夏禹也。

㝢㝢　並同上。

𪒠　扶沸切。獸名。亦作狒、鼲。

内部第三百七十七，凡三字。

㕙　徐姊切。㕙，似牛，見《爾雅》。

𧲱　同上。

㕙　古文。

象部第三百七十八，凡三字。

象　似養切。獸中最大也。象胥，官名也。亦與像同。

𧰼　古文。

---

① 匹萬切，棟亭本作"方萬切"。

豫　弋庶切。怠也,安也,敘也,佚也,早也,逆備也。或作預。又獸名,象屬。

能部第三百七十九,凡二字。

能　奴登切。多技藝也,工也,善也。又奴臺切,三足鼈也。

羆　乃何切。獸似鼠,食之明目[①]。

熊部第三百八十,凡五字。

熊　于弓切。《説文》曰:獸似豕,山居,冬蟄。

羆　古文。

羆　鄙爲切。似熊,黃白色。

羆羆　並古文。

龍部第三百八十一,凡八字[②]。

龍　力恭切。能幽明大小,登天潛水也。又寵也,和也,君也,萌也。

龗　力丁切。龍也。又作靈,神也,善也。或作龗。

龗　同上。

龕　苦含切。龍兒也,受也,聲也,盛也。

龗　古田、丁筬二切。龍聾。

龗　同上。

龘　達荅切。飛龍兒。

龗　音龍。圭爲龍文。

龗　音沓。龍行龘龘也。

虍部第三百八十二,凡一十五字。

虍　火乎切。虎文也。

虙　浮福切。虎兒。又虙戲,太皞也[③]。

---

① 明目,原殘,據棟亭本補。
② 此部實收九字。
③ 皞,原作“腺”,據棟亭本改。

虞　牛俱切。有也,助也,樂也,望也,度也,專也,備也,誤也,安也。又掌山澤之官名。

虔　奇連切。虎行皃。又殺也,惠也,欺也,端正皃也,固也,敬也,椹也,强取也,少也。

虐　魚約切。殘也。

虠　同上。

㫰　古文。

虡　渠呂切。鍾磬之栒,以猛獸爲飾也。亦作鐻。

虞　同上。

䖏　古文。

虖　胡甲切。今作狎。

虖　荒烏切。哮虖也。又池名。

虘　昨何、才都二切。虎不柔也。

彪　補間切。或作玢。

慮　房七切。愁皃。

虎部第三百八十三,凡三十字。

虎　呼古切。惡獸也。

𪁗　古文。

虒　思移切。委虒,虎之有角者。

䖺　胡甘切。白虎也。

虪　式六切。黑虎也。又音育。

䖝　亡狄切。白虎也。

䖢　徒登切。黑虎。亦作騰。又音彤。

䝓　虛暫切。䖺屬也。又虎怒皃。

戲　士板、昨閑二切。貓也。

彪　悲虯切。虎文。

虓　魚廢切。虎兒。

虎　牛乙切。虎兒。

虤　牛斤切。虎聲。

唬　許交切。虎聲。

𧇽　公厄切。虎聲。

虩　許隙切。恐懼也。又蠅虎蟲。

麙　大乎切。烏麙，即虎也。

䲷　音烏。楚人呼虎爲烏菟。俗從虎。

虣　步到切。今作暴。

䖍　音覓。俗䖘字。

虠　去良切。

虓　音姣。虎聲。

號　音豪。哭聲。又與号同。

䖘　古呼切。息也。

𧆺　所禄切。虎行入林。

䖑　昨古切。生虎也。

𧇂　音狎。虎也。

虪　女滑切。虎行兒。

𧇳　織牛切。虎習兒。

虦　音索。虎兒。

虍部第三百八十四，凡三字。

虤　胡犬切，又五間切。虎。

𧆻　雉栗、牛巾二切。二虎爭聲。

贙　乎犬切[1]。贙，有力，見《爾雅》。

---

[1]　乎犬切，原作“平犬切”，據棟亭本改。

豸部第三百八十五，凡六十六字。

豸　直爾切。無足屬。又獸之長脊豸豸然也。

豹　布孝切。似虎也。

貙　敕朱切。似貍。又惷也。

貔　步尸切。猛獸也。

豼　同上。

貚　大丹切。貙屬也。

豺　仕皆切。似狗也。

玃　九縛切。玃，獸名。

貖　烏黠切。貖貐，類貙，見《爾雅》。

貐　翼乳切。貖貐。

貘　莫格切。白豹也。

貜　與恭切。猛獸。或作玃。

貈　何各切。似狐也。

貉貈　並同上。

貆　胡官切。貉子貆，見《爾雅》。

狖　與呪切。猨屬。

貍　力之切。似貓也。

貛　火丸切。野豚也。

貒　他丸切。似豕而肥。又他畔切。

貗　力朱切。貒子也。

犴　午旦、午諫二切。胡狗也。亦作豻。

貂　丁幺切。鼠如犬。

貉　莫格切。蠻貉也。亦與貈同。

狪　他公切。獸名。

貅　況牛切。猛獸。

豾　力才切。貍別名。

豾　倍悲切。貍屬。

貃　乙郎切。《爾雅》注云：今江東呼貉爲貃貃[1]。

貄　山吏切。貃貄也。或作鱻。

貓　眉朝切。俗作猫。

貒　息丸切。或作猯。

貎　五兮切。貒貎。或作猊。

貖　於革切。鼠屬。亦作鼶。

貜　亡旦切。大獸。亦作玃。

貀　女猾切。似豹，無前足。

豽　同上。

豦　音丘。獸名。

貛　音邕。似猨。

貜　音渠。獸名。

豵　都宗切。獸似豹，有角。

豞　音苟。熊虎之子。

貥　步紅切。獸。

豣　魚容切。獸似豕。

貄　音惟。獸名。

貃　作可切。獸。

貂　市照切，又音鄒。獸名。

獠　張絞切。夷別名。與獠同。又盧皓切。

猝　此觜切。獸也。

貓　平表切。似狐，善睡。

---

① 貃貃，原作"貃貃"，據棟亭本改。

貙　音帚。猛獸。

貁　側巧切。豸。

玁　音嚴。獸名。

豽　中板切。豸。

貴　云貴切。毛刺也。

貚　張兒切。豸。

貄　余至切。貍子也。

貊　盲百切。蠻貊也。

貆　何滿切。猛獸也。

貈　音鶴。獸名。

貑　音禿。獸名。

貔　平表切。似羊，善睡。

貒　相邀切。見《史記》。

貅　纖戎切。獸如豹。

貚　博末切。豸。

貏　皮寄切。

玉篇卷第二十四 凡一十三部

烏部第三百八十六,凡四字。

烏　於乎切。孝烏也。又語辭。

繛　古文。

焉　於連切。鳥名也,安也,疑也。又矣連切,語已之詞也,是也。

舄　七雀切。䧿也。又思亦切。今爲履舄字。

几部第三百八十七,凡四字。

几　是俞切。鳥短羽而飛也。

夙　之忍切。《說文》曰:新生羽飛也。

参　同上,今文。

鳧　父俱切[②]。鳥名。

---

① 第,原無,據例補。下諸“第”同。

② 切,原脫,據棟亭本補。

乞部第三百八十八,凡三字。

乞　於秩切。玄鳥也。或作𠃐。

孔　口董切。商姓。又嘉也,甚也,窈也,通也,空也。

乳　如庾切。以養子也,生也,字也,鳥之生子曰乳。

燕部第三百八十九,凡二字。

燕　於見切。乞也。白脰鴉也。又於先切,國名。

鷰　於見切。俗燕字。

鳥部第三百九十,凡四百二十字。

鳥　丁了切。飛禽總名也。《説文》曰:長尾禽總名。

鸞　力丸切。鳥似雉,見則天下安寧。

鳳　浮諷切。靈鳥也。雄曰鳳,雌曰皇,有五采,栖梧桐,食竹實。

鵬　步崩切。大鵬鳥。

鷗　於巘切。鷗鳳也。

鸑　午角切。鸑鷟,鸑鳳之屬。

鷟　仕角切。鸑鷟。

鷺　來故切。白鷺也,頭有長毛。

鵁　亦音鷺。

鷫　思六切。鷫鷞,西方神鳥。

𪃎　同上。

鷞　所良切。鷫鷞。

鵾　古魂切。似雞而大也。

鶴　何各切。水鳥也。

鶖　七由切。水鳥也。

鵵[1]　同上。

---

[1] 鵵,原訛作"鵵",據宋11行本改。

舸　古俄切。鴈屬，舸鵝，鳥也。

鴚鵝　　並同上。

鵞　午何切。舸屬。亦作鵝。

鴈　五諫切。大曰鴻，小曰鴈。

鴈　同上。

鴻　戶公切。鴻鴈也。

鶩　亡附切。鴨屬。又音目。

鴨　烏甲切。水鳥。亦作鸭。

鸭　同上。

鶴　古文。

鶩　烏分切。鳬屬。

鵠　胡篤切。黃鵠，仙人所乘。《楚辭》曰：黃鵠之一舉知山川之
　　紆曲，再舉知天地之圓方。

鵞　五各切。雕鵞也。

鷂　以箴切。鷂也。

鸇　之然切。鷂屬。

鸇鵃　二同上。

鷐　市眞切。鷐風，鸇。

鷞　與章切。鷞，白鷺，似鴈。

鷢　巨月切。似鴈，尾白。

鵻　思尹切。祝鳩也，急疾之鳥也。或作隼。

鴿　古合切。似鳩而大也。

鳩　九牛切。鳥名。或作勼。

鶌　九勿切。似鵲而小，黑色也。

鶻　乎忽切。鷹屬。又音骨，班鳩也。

鷐　止遙、丁交切。鷐鶵也。

䴸 古黠切。䴸鵴,即布穀也。

鵴 居六切。䴸鵴也。

鶪 同上。

鶡 苦汗、苦曷二切。鶡鴠,似鷄,冬無毛,晝夜常鳴,名倒懸。

鴠 音旦。鶡鴠。

鷚 莫彪、巨幽切。鷚,天鸙。

鵳 公覔切。伯勞。

鵧 音匹。鵧鷑,亦名鵧鳥也。又音卑。

鸒 羊慮切。鸒斯,鵧鷑也。

鷽 猗角切。山鵲也。

鴃 古穴切。寧鴃,亦名飛桑,亦名巧婦。

鶭 芳往切。鶭,澤虞,常在澤中,見人輒鳴,喚不去,有象主守之官,見《爾雅》。

鴋 同上。

鴃 余日切。餔豉鳥。

鸔 布族切。鸔,烏鸔,水鳥也。

鸔 同上。

鴛 於元切。鴛鴦,匹鳥也。

鴦 烏郎切。鴛鴦。亦音央。

鵽 知刮切。鵽鳩。一名冠雉。

鵱 力竹切。鵱鷜,野鵝。

鷜 力俱切,又音妻。

鸊 步覔切。鸊鷉,水鳥。

鷉 天兮切。鸊鷉。

鸕 力乎切。鸕鷀,水鳥。

鷀 才兹切。鸕鷀。

鸊　同上。

鷸　郁祕、於計二切。鷸鷖。

鴇　布老切。鴇性不止樹。

鴔　同上。

鶙　徒兮切。鷩鶙，山雞。

鵜　徒兮切。鵜，鶙鵜，好食魚。又名陶河鳥[1]。

鶘　户徒切。鵜鶘。

鶬　千唐切。麋鶬，今呼鶬鴰。亦作鸧。

鴰　公活切。鶬鴰。

鷒[2]　大丸切。鸛鷒也。

鳶　以專切。鷗類也。

鵑　同上。

鴡　且余切。王鴡。亦作雎。

鶪　具愚切。鶪鴝也。

鸜　同上。

鴝　古文。

鵒　音浴。鴝鵒。

鷤　巨員切。鷤鵒，亦鴝鵒也。

鶡　何葛切。鳥似雉而大，青色，有毛角，鬭死而止。

鸎　於耕切。鸎鵡鳥。

鵡　亡禹切。《禮記》曰：鸚鵡能言，不離飛鳥。

鵡　同上。又亡后切。

鷮　居苗切。似雉也。

鳪　音卜。雉也。

---

①　陶河鳥，原作“陶何鳥”，據棟亭本改。

②　此字重出，卜文作“鷒，徒丸切。鸛鷒”。

鷃　於諫切。鷃鴳也。

鵏　步丁切。鳥臼。

鴸　丁幺切,又作幺切。鴸鷯,剖葦,似雀,青班,居蘆葦。又竹交切。

鶺　子席切。鶺鴒,離鶺。

鶺　同上。

鴒　力丁切。鶺鴒。

鶏　巨於切。離鶏。亦作渠。

鴪　於鳥切。魚鮫也。

鸀　徒角切。山鳥也。又音燭。鸀玙鳥。

玙　牛欲切。鸀玙。

鷴　大堅切。《爾雅》云:鷴,蠢母。

鴷　音列。斲木也。口如錐,長數寸。

鵸　古的切。鳥似烏,一名唐屠。

鷣　式之、亡支二切。鳥似鷴而小[1],背上有文。

鴸　音朱。鳥似雞。

鶚　五俱切。鳥似梟,人面,四目,有耳,見則大旱。

鶇　徒冬切。鳥如雞,赤足。

鴖　音珉。鳥名。

鷻　同上。

鵹　力及切。天狗也,亦名水狗。

鶸　奇、輢二音。鳥名也。

䳩　必昆切。鳥如鵲,白身,赤尾,六足,出太行山。

䰨　徒賴切。鳥似烏,三目,有耳,音如豕,食之亡熱也。

鷔　五高切。有此鳥集,即大荒,國亡。

---

[1]　似,原作"以",據棟亭本改。

鷕 於遥切。鳥如山雞,尾長,赤身,其鳴自呼也。

鴡 居是切。鳥狀如烏,赤足,名鴡鵨。

鷓 之夜切。鷓鴣鳥,其鳴自呼,常南飛,似雉。

鵂 于九切。白鵂也。

鵫 竹教切。白鵂,亦名白雉[1]。

鴰 古乎切。鴰鵒鳥。

鵒 似立切。鴰鵒。

鸛 古亂切。鸛鳥,鵲屬。

鴶 達詣切。布穀也。又達兮切。

鵠 古惠、古穴二切。鴶鵠也。

鶠 大戾、大兮二切。鶠鶡應[2],仲春化爲鳩。

鶺 同上。

鳲 音尸。鳲鳩也[3]。

鴺 甫鳩切。鴺鳩也。

鵼 音域。戴鵀。

鶏 巨惟切。小鳩也。

鳺 音浮。鳺鳩也。

鸁 力戈切。飛桑也。

鸝 力知切。鸝黃。又楚雀也。

鶯 同上。

鵨 大吾切。鳥鼠同穴。又弋居切。

鶤 古魂切。雞三尺。或作鵾。

鳨 公六切。鳥名。

---

① 亦,原作“赤”,據棟亭本改。
② 應,疑當作“鷹”。
③ 鳲鳩,原作“鳴鳩”,據棟亭本改。

鷙 之利切。猛鳥也。

鴲[①] 同上。

鷙鳩 二同。似又切。鳥名。

鷸 思律切。鳥名。

鶕 子列切。小雞也。

鷱 次栗切。鳥名。

鷑 烏道切。鳥名。

鶹 力牛切。鶹鷜鳥，又名鸋鴂。

鷦 子姚切。巧婦也。又鷦鷯鳥。亦作䳍。

鷯 亡消切。鷦鷯。

鷚 力幺切。鷦鷯，小鳥在葦。

鶨 丑弁、徒頓二切。俗呼癡鳥。又徒困切。

鳿 弋拙切。水鳥也。

鶄 地口、天口二切。水鳥黑色。

鶬 至几切。鳥鷇未生毛也。

鸏 莫公切。水鳥也。亦曰鸏鳩。

鶮 柯額切。鵁鶄也。又音洛，烏鸔也。

鶪 古屑切。鶪鶺，梟屬。

鶪 同上。

鷑 古鎋切。鷑鶺。

鷸 餘律、時律二切。鷸鵗，似燕，紺色，生鬱林，知天將雨鳥也。故知天文者冠鷸。

鸐 同上。

鴭 北及、北涉二切。鳿鴭，戴鳸，今呼戴勝。

---

① 鴲，棟亭本作"鴲"。

鵖　皮及切。鵖鴡。

鷗　烏侯切。水鳥也。

䮂　皮達切。大鳥也。

鷛　羊恭切。鷛鷞，似鳧[1]，一名鶛鷞。

鴉　五革、五田二切。鴉，鳸鵲，似鳧，脚高，毛冠。

鳿　午的切。水鳥，善高飛。又五兮切。

鷛鷛鷛　並同上。

鴳　古爻切。白鴳，鳥群飛，尾如雌雞。又鳸鵲。

鵲　子盈切。鳸鵲，似舅。

鱶　止深切。鱶鴜，水鳥，似魚虎而黑色。

鴜　子奇切。鱶鴜鳥。

鵬　乎閒切。白鵬也。亦作鵬。

雗　火丸切。雗鶾，鷗鷞。

鴹　同上。

鶾　徒丸切。雗鶾。

鷂　以招切。五色雉。又以照切，鷹鷂。

鴪　以出切。飛疾皃。

鶯　於耕切。鳥有文。

鷩　必列切。鷩雉，可爲冕。又立冬入水化爲蛤。

䳂　思俊切。鳥狀如鴟，赤足，直喙，黄文，見則大旱也[2]。

䴏　牛奇切。䳂䴏，鳳屬。又鷩雉也。秦漢之初，侍中冠之。

鸐　知革切。雉屬，戇鳥。

鷕　以沼切。雉鳴也。

鶾　何干、何旦二切。雞肥皃。今爲翰。

---

① “似”前原衍“以”字，據宋11行本刪。
② 大，原作“足”，據棟亭本改。

鴆 除禁切。毒鳥食蛇,其羽畫酒,飲之即死。

鷇 苦豆切。生哺鷇,鳥子須母食之。

鸓 力追切。䶅鼠,又名飛生。又力軌切。

𪆫 籀文。

鳴 莫兵切。聲相命也,嗥也。

騫 許言切。飛舉也。

鳻 扶云切。鳻雀,似鶡。

鴍 同上。又鳥衆兒。又飛兒。

鷷 丑倫切。鷷鷷,春鳱也。

鳸 乎古切。北鳸,鳥名。

䨿 同上。

駕 汝居切。駕鴿也[①]。

鶢 于元切。鶢鶋,海鳥。

鶋 舉魚切。鶢鶋。

鶅 壯其、壯吏二切。東方雉名。

鷷 音遵。又音逡。西方雉名。

鳼 亡云切。鶉子也。

鶛 古諧切。鷞鶉也。

鷄 丈留切。南方雉名。

鷈 同上。

鵗 許衣切。北方雉名。

𪃽 巨支切。雉別名。

鶼 音兼。比翼鳥。

鳻 九彼切。布穀也。

―――――――――

① 《玉篇校釋》謂"鴿"爲"鵖"之誤。

鵝　方列切。鵝鵂鳥。

鵂　方于切。鵝鵂。

鸓　大頰切。如鵲，赤黑色，兩首四足。

鶿　子次切。鳥，青黄色，即鶬鶿也。

鶬　多敢切。鳥，青黄。

鷽　步干切。鳥形人面，名鷽鶥，宵飛晝伏。

鶥　音冒。鷽鶥。

鷿　唯辟切。小鳩也。

鵏　步昆切。鵏鳩鳥。

鶥　眉解切。鶥鷦，子巂也。

鶔　巨六切。鶔鳩也。

鶬　力唐切。鶬鳩也。

鷷　千賴切。鳩也。

鶬　音婦。雀也。

鷗　才亮切。女鷗，巧婦也，又名鷗雀。

鷭　亡結切。鷭雀，亦巧婦。

鶪　亡俱切。雀也。

鶹　力周切。鶹鷗，飛鶹。

鷳　除諷切。鶹鷳。

鶹　眉筆切。鶹肌，繼鶹。

鶯　於京切。鳥名。

鶂　古刀切。鶂鶹鳥。

鵧　匹部切。鳥名。

鶘　午胡切。鶘鼠。或作鸓。

鶴　比吉切。鶴鳩鳥。

鷍　五大切。巧婦也。

鵀　女林切。戴勝也。又音壬。

鴔　方六切。戴勝也。

碼　市亦切。碼鳥，精列。

鶝　大侯切。鶝頭鷦。

鷯　女交切。鴢鷯，黄鳥。鴢，音嘲。

鶀　其記切。鶀鵙鳥。

鵙　去其切。鶀鵙。亦作鵦。

鶋　余周切。鵑鼠也。

鶦　大胡切。

鵩　扶福切。鳥似鵲而大[①]。

鷺　力恭切。梟也。

稿　莫栝切。鴨也。

鳴　音匹。鴨也。

鴥　丑力切。溪鴥也。

鷘　同上。

鷂　弋灼切。天鷂也。

鵺　音夜。鳥名。

鶷　胡瓜切。雉别名。

鴧　烏光切。雉名。

鴪　徒忽切。鴪胡鳥。

鸞　亡奔、亡姦二切。即比翼鳥也。

鶶　徒當切。鶶鷤鳥。

鷤　大乎切。鶶鷤。

鶉　步忽切。鶉鷄鳥。

---

① 《玉篇校釋》改爲“鳥似鵲而大”。

鵏　先瓦切。鵏鵏。

鵬　莫飢切。鵬鵾。

鶄　千兮切。鶄鷖，東夷鳥名。

鴡　方于切。鴡鳩也。

鷛　雉容切。鷛鶆鳥。

鷞　市羊切。鷞鷞①。

鵂　許牛切。鵂鶹鳥。

鶜　莫交切。鶍鶜，鴟。

鶟　莫項切。鴟也。

鴟　充尸切。鳶屬。

鴟　同上。

鸎　於耕切。黃鳥也。

鶼　弋占切。鶼離鳥，自爲牝牡。

鷅　力支切。鶼鷅。

鶛　詳遵切。鶛鵙，小鳥。

鶢　許元切。鶢鶢。

鶊　古行切。鶬鶊鳥。

鶡　胡達切。鶡鶡，伯勞。

鵏　午鐪切。鵏鶏。

鶙　大乎切。鶙鳩也。

鶄　古形切。鶄鵙，鶄。

鴅　乎官切。鴅鵋，鳥喙蛇尾也。

鷉　魚俱切。鵋，鷉鷉。

鷖　於乎切。澤鷖也。

鵵　匹免切。鷹鵵二年色。

鵳　古田切。鵵鵳,鵳屬。

鷹　於陵切。鷙鳥。

鶆　力才切。鶆鳩也。

鵱　天谷切。鵱鷜也。

鵏　布乎切。鵏鶪也。

鸔　九縛切。鸔鳥,似白鷔。

鶜　莫侯切。鶜母,即鶟也。郭璞云:青州呼鶜母。

雞　古奚切。知時鳥。又作雞[①]。

鶵　仕于切。鳥子初生能啄食。

鵃　丁幺切。鷲也。

鶕　烏含切。鶕鶉也。

鵪　同上。

鶉　音淳。鶕也。

鵧　匹仁切。飛皃。或作翩。

鸅　乎圭切。鸅鸆。或作巂。

鴻　戶工切。鳥肥大也。或作鴻。

鸐　力盍切。鸐鵡,飛起皃。

鵗　他臘切。鳥名。

鴢　呼幺切。或作翢、甂。

鸅　音擇。鴰,鸅鸆。

鷲　才三切。雕也。

鵮　求炎切。鳥啄食。

鴝　乎利切。鳥。

鴉　於牙切。鳥也。今作鴉。

鴋　力的切。鳥,似鷹而大。

梟　古幺切。惡聲之鳥也,不孝鳥也。

鳦　於秩切。燕鳦也。亦作乙。

鯸　户溝切。雕也。

鵲　七雀切。或作誰。

鴯　之盛、之成二切。鵔鴯也[1]。

鵑　古玄切。鶗鵠也,又名杜鵑。

鴿　古洽切。陰陽家有《鴿治》一篇。

鷚　力灼切。鳥。

鳷　之移切。鳥名。

鶢　於元切。鶢鶋鳥。

鶵　大冬切。鳥名。

鳸　烏而切。鳥鳴也。

鵬　靡京切。鳥似鳳。

鶢　音元。鳥。

鵻　古隨切。鳥。

鶙　語俱切。似禿鶩,見則兵起。

鶕　式容切。鳥名。

鶏　烏紅切。鳥也。

鷭　府衰切,又音煩。

鴅　呼丸切。人面鳥喙。

鴳　古安切。鴳鵲也。亦作雅[2]。

鷐　時真切。鷐風鳥。

---

① 鴯,原作"肩",據楝亭本改。
② 雅,原誤作"鴉",據楝亭本改。

鶇　德紅切。鶇名，美形也。

彙　同上。

鶓　音苗。鳥名。

鷞　與章切。鳥名。

鵟　巨王切。鳥有冠。

鷾　於記切。鷾鴯，玄鳥。

鴯　汝施切。鷾鴯。

鵮　知咸、口咸二切。鳥啄食。

鱜　居希切。鳥。

鷠　魯甘切。鷠鱶鳥，今之郭公。

鱶　音縷。鷠鱶鳥。

鴽　失余切。

鵽　音臾。鳥名。

鷡　音無。鷡鵟鳥。

鴷　弋支切。

鷛　在容切。鳥名。

鸍　女冬切。

鳷　音支。鳥似鴈，一足也。

鴑　音奴。鳥名。

鴖　音苔。鳥名。

鷼　音然。鳥名。

鷒　音專，又音湍。

鷸　齒旬切。鳥。

鷱　音錢。鳥名。

鷅　息連切。鳥名。

鶰　音員。鳥名。

鷞　音商。鷞鶶鳥,舞則天大雨,出《字統》。

鶶　與章切。鷞鶶。

鴿　郎丁切。鳥名。

鷎　呼光切。雀。

鵿　音生。鳥也。

鶇　戶庚、戶孟二切。荒鳥也。

鷍　音消。鳥名。

鷗　音回。鳥長一尺,五色文。

鷓　音相。鳥名。

鴹　去良切。鳥名。

鵌　胥林切。鳥黑色。

鶳　之羊切。鳥名。

鶶　音詩。鳥名。

鵧　音非。鳥名。

鷏鷜　　上音成,下音咸。

鶿　音菇。鷀屬。

鵡　同上。

鷪　息夷切。鸒鷪,雅烏也。

鶝　音馬。鳥名。

鴇　音巧。鴇婦,本作巧。

鷱　布老切。鳥。

鸎　音賈。鳥名。

躬　音斧。鳥也。

鶷　音婦。鳥名。

鴔　音父。鴔鴔,越鳥。

鶨　乎馬切。鳥。

鷡　匹侶切[1]。鳥變。

鴖　音舅。鳥鴟,似鳩,有冠。

鼺　奴了切。鳥名。

鷤　之餌切。鳥名。

鳰　音已。鳥名。

鷾　余制切。鳥名。

鷻　之刃、之鄰二切。鷺鳥。

鷖　音懿。水鳥。

鷃[2]音晏。鷃雀。

鷚　音粲。鳥名。

鸕　亡亘切。鴟鸕也。

鳸　郤據切。鳥。

鴵　思積切。水鳥也。

鸉　音賴。

魪　音介。鳥。

鴰　音沓。

鷉　音息。

鵼　許及切。鳥名。

劼　音力。鳥似梟而小。

舅　同上。

縣　盧谷切。鳥名。

鵩　房六切。鳥名。

鶺　音積。鳥名。

鵖　居立切。鳥。

---

① 匹侶切,宋11行本作"匹沼切"。
② 此字重出,上文作"鷃,於諫切。鷃鷃也"。

鸚鸚　上音僕，下音業。鳥名。

雀　子略切。與雀同。

鴰　側八切。鳥雜毛色。

鴄　女輒切。鳥飛兒。

鷈　美畢切。鳥名。

鷸　同上，鳥如鵲。

馺　巨業切。

鸛　奴丹切。《説文》：鳥也。與難同。

鷞　音落。鳥如鴟，黑文赤首。

隹部第三百九十一，凡七十五字。

隹　之惟切。雞鴟也[1]。又鳥短尾之總名。

雅　午下切。楚烏也，一名鸒，一名鵯烏。又正也，儀也，素也，嫺雅也。

雀　子略切。依人小鳥也。又鶬黄，爲楚雀，即搏黍也。

雉　直理切。野雞也。又城高一丈三尺爲雉。又陳也，理也。

雉　古文。

閵　力進切。含閵，鳥似鸜鵒而黄。

雂　古文。

雊　古候切。雄雌鳴。

雛　仕于切。鳥子，生自食。

雡　力又切。雉之晚生子爲雡[2]。

雌　尺之切。惡鳴之鳥。亦作鴟[3]。

雓　烏含切。雓雓。亦作䳶。

---

① 鴟，原訛作“鴇”，據宋 11 行本改。

② 雡，原作“鷚”，據宋 11 行本改。

③ 鴟，原作“雓”，據宋 11 行本改。

䳮 市均切。亦作鶉。

雟 胡圭切。即布穀。又思弭切。

旌 甫誑切。鳥名。

猚 五佳切。水名。又鳥名也。

翰 何干、何旦二切。白翰雉也。又云鸒也。

雞 結兮切。司晨鳥。亦作鷄。

離 力知切。亦作鸝,倉庚也。又散也,去也,明也,麗也,遇也,兩也,判也,陳也,羅也。又力智切。

雝 於容切。雝渠也。亦作鶅[1]。

雁 於陵切。今作鷹。

雕 丁幺切。鷲也,能食草。

䧿 示規、市惴二切。子䧿,雟也。

雃 苦田、苦莖二切。雝渠也。

雂 古含、巨林二切。《傳》有公子若雂。又巨炎切。

䳚 力奚切。䳚黄,楚雀,其色黎黑而黄。亦作鵹。

雁 五諫切。鳥也。

霍 乎郭切。鳥飛急疾皃也,揮霍也。

翟 汝居切。翟,鴾母,即雒也。或作鴽。

雇 乎古切。亦作鳸。今以爲雇僦字。古護切。

䧹 弋垂切。飛也。

雉 志移切。鳥也,度也。武帝造雉鵲觀,在雲陽。

雄 户工切。傭也,鳥肥大也。

䧱 先旦切。飛䧱不聚也。或作散。又先但切。

隿 余力切。繳射飛鳥也。今作弋。

---

① 鶅,原作"雝",據楝亭本改。

雀　同上。

雄　有弓切。鳥父也。

雌　七移切。鳥母也。

罹　竹教切。覆鳥令不飛走也。或作罩。

隽　徂兖切。肥肉也。長沙有隽縣。

雛　子由切。雞雛。

隼　思尹切。祝鳩也。

鶖　亡付切。雀子。

難　奴丹切。不易之稱也。《説文》又作鵹，鳥也。

𪅀𪅀雛[1]　並古文。

雎　七余切。王雎也。又次雎，行難也。

雜　徂沓切。糅也。又同也，廁也，猝也，最也。

𪆫　才恭切。雞也。

䳱　古丹切。䳱雛，鵲。

雊　古篤切。鳥也。

雎　與居切。雞子名。

雝　充鞏切。雀也。

雔　人中切。人姓也。

䳅　仁眷切。鷖雞。

雥　七略切。䳱雥[2]。

雅　居彌切。子雅，子鳰鳥[3]。

雦　子心切。雦雞也。

翟　古迷切。谷名。

---

① 雛，原訛作"雔"，據棟亭本改。

② 䳱雥，原作"䳱雅"，據棟亭本改。

③ 子鳰，原作"子碼"，據棟亭本改。

雞　古覓切。或作鷄。

雂　千郎切。雂庚也。或作鶬。

雉　弋屬切。或作鷯。

鷕　弋去切。鷕斯鳥。或作鸒。

集　秦立切。合也。

隻　之石切。奇也，一枚也。

雓　余蜀切[1]。

雒　力各切。鵅鵋鳥。

雞　德紅切。鳥名。

雌　昌耳切。

雥　徐立切。鳥。

雤　五各切。

雂　音賓。小雀。

帷　胡廣切。田器也。

雖　似垂切，又音佳。

奞部第三百九十二，凡三字。

奞　先進切。鳥張羽自奮奞也。

奮　方㥜切。翬也，飛也，動也，朋也，奮奞也，振也，舒也。

奪　徒活切。取也，不與也，易也，怒也，諍也。

萑部第三百九十三，凡六字。

萑　後官切。老兔，似鴟鵂，有角，夜飛，食雞，鳴，人有禍。

雚　公換切。水鳥。今作鸛。

舊　巨又切。故也。又許流切，舊鵂。今作鵂。

奮　呼丸切。化也。

---

[1]　余蜀切，原作“余招切”，據棟亭本改。

虄　紆縛、於白、居莫三切。高視也，邀視皃也，度也。

𪚩　同上。

瞿部第三百九十四，凡二字。

瞿　忌俱、居遇二切。鷹隼之視也。瞿儉，驚懼之皃也。

矍　九縛切。矍矍，視而無所依之也。鷹隼得逸志也，邀視也。

雔部第三百九十五，凡三字。

雔　市由切。雙鳥也。又除尤切。

靃　呼郭切。飛聲也。又綏彼切，靃靡，草隨風皃。亦作霍。

雙　所江切。兩也，偶也。又飛鳥二枚也。

雥部第三百九十六，凡三字。

雥　才市切。群鳥也。又走合切。

𪛔　於斸切。群鳥。

集　秦立切。聚也。今作集。

魚部第三百九十七，凡三百二十一字。

魚　語居切。水中蟲。

鰖　大果、弋水二切。魚子已生。

鱉　籀文。

鮞　人之切。魚子也。

鮭　丘於切。魚也。亦作鰈。又他臘切。

鰈　他臘切。比目魚。

魼　同上。

鰯　奴荅切。魚似鼈，無甲。

魶　奴臘切。鯨也。

鱒　慈損切。赤目魚。

鱗　力因切。魚名。

鰫　弋恭切。魚名。

鰲　思於切。魚名。

鮪　爲鬼切。鮥魚名。

鮔　公登、公贈二切。鮔鱜,鮪也。

鱜　武登、武亘二切。鮔鱜。

鮸　《説文》鱜。

鯤　古頑切。魚名。又老而無妻曰鯤。

鯀　古本切。大魚也。

鯉　力耳切。今赤鯶。

鱣　知連切。鯉也,大魚也,頷下無鱗。

鱤　同上。

鱓　籀文。

鱄　市耎切。魚名。

鮦　直壟切。鱧魚也。又直久切。

鱳　力啓切。鮦也。

鱧　同上。

鏤　力侯切。大青魚。

鱺　力兮切。魚似蛇,無鱗甲,其氣辟蠧蟲也。

鰜　公嫌、胡兼二切。鱺也。

鮑　他口切。魚名。

鰷　徒堯切。白鰷魚也,似雞,赤尾,六足四目。又直流切。

鰱　卑連切。魴魚也。

鯿　同上。

魴　扶方切。赤尾魚。

鰟　籀文。

鱮　似吕切。魚名。

鮺　同上。

鱸　里然切^①。魚名。

鲅　匹皮切。鰯魚也。

魦　於堯切。鰅魚也。

鮒　扶句切。鯖魚。

鯹　巨成切。魚名。

鱏　徐林、弋林二切。鮪也。

鰭　市羊切。黃鰭魚。

鯢　五兮切。大魚似鮎，四足，聲如人。

鰼　似立切。泥鰌也。

鰌　七由切。狀如鱓而小。

鯇　戶本切。魚似鱒而大。

魠　他各切。名黃頰。

鮆　前啓切。刀魚也，短也。

鮎　乃兼切。鰋也。

鰋　於幰切。魚名。

鰻　同上。

鮎　公念切。魚也。又音陷，見《山海經》。

鯳　大兮切。大鮎也。

鯷　大計切。鮎也。

鱲　力大切，又他達切。魚名。

鱛　子林切。魚名。

鱖　居月切。魚，大口，細鱗，班彩。

鰷　徐垢切。白魚也。

魱　市演切。魚似蛇。

---

① 里然切，原作"黑然切"，據棟亭本改。

鱣　同上。

鮠　眉辯切。魚名。

魵　逢粉切。魚名。

鱸　力古切。魚名。

䰻　於于切。魚名。

鯜　七接切。魚名。

魳　布賴切。魚名。

鯋　所加切。鮫魚。

鮮　思連切。生也，善也，好也。又思淺切，少也。

鱻　思連切。鳥獸新殺曰鱻。亦作鮮。

鮪　居六切。魚也。

鰡　同上。

鱳　力各切。魚也。

鱅　娛容切。魚名。

鯽　疾得切。鰞鯽也。

鰂　同上。

鰞　音烏。鰞鯽魚。本作烏。

鱅　與恭、市恭二切。魚似鱺。

鮊　平亞切。海魚也。

鮐　他才切。魚也。

鰒　步角切。海魚也。又音伏。

鮫　古爻切。鯯屬，皮有文。

鯨　巨京切。魚之王。

鱷　同上。

鯁　古杏切。魚骨也。

鱗　力因切。魚龍之鱗也。

鮏　先丁切。魚臭也。

鮏　同上。

鯮　先刀切。鮏鯮也。

鮨　巨梨切。魚名。又鮺屬。

鰭　同上。

鮾　古文。

鮺　仄下切。藏魚也。

鮓　同上。

醝　籀文。

鱏　才枕、才箴二切。大魚爲鮺，小魚爲鱏。

鮅　同上。

鮑　步巧切。漬魚也，今謂裹魚。

鯪　力巾、力丁二切。魚連行也。

鰕　何加切。魵也，長須蟲也。

鰝　乎老切。大鰕也。

鮥　更白切。海魚也。

魧　乎郎切。魚名。又音剛。

魬　步梗切。蚌也。

鮚　巨栗切。魚也。

鰻　莫安切。魚也。

鰿　子亦切。鮒也。

鰿鰂　並同上。

鱯　乎花切。似鮎而大。

魾　步悲切。大鱯也。又敷悲切。

鯬　乎瓦切。鱧也。

鰖　于貴切。魚，似蛇，四足。

鱬　而朱切。烏似魚。

鷂　與照切。魚身鳥翼，常從西海飛來東海。

鰠　先刀切。魚似鱣。

魾　頻葵切。魚也，音如磬聲。

鰍　祖道切。魚名。

鮯　公帀切。深澤有魚，狀如鯉，六足，鳥尾。

鮡　治矯切。大鰲也。

鱵　之深切。魚名。

鱫　公襌切。黃魚也。

鮵　徒括切。小鮦也。

鮋　似由切。魚也。或作鰌。

鶻　胡八切。魚如鳥。

鰦　子夷切。黑鰦也。

鯩　力均切。魚也。

鰧　大曾切。魚似鮒，蒼文赤尾。

鷙　之利切。魚名。

鱴　力結切。鱉魚也。

魛　丁高切。蔑魛魚。

鱦　弋證切。小魚也。

鱏　同上。

鱀　巨既切。魚名，似鱏也。

鰴　雉六切。鰴鮧也。

鮧　音夷。鰴鮧。又魚名。

鯤　古門切。大魚。又魚子。

魾　方娛切。魾䰱魚也。

䰱　巨基切。魾䰱。

鱙　古八切。《爾雅》曰：鱙、鮷、鱥、鰞，小魚也，似鮒子而黑。

鮷　蒲故切。鱥鰞也。

鰞　之西切。鱥鰞也。

魟　於八切。魚名。

鯜　達丁切。魚也。

鮮　所巾切。魚尾長。

魟　呼工切。魚名。

鮃　壯耕切。魚名。

鱝　市活、普活二切。尾長皃。

鯆　夫禹切。大魚也。

魺　戶多切。魚名。

鯪　力承切。鯉也，有四足。

鯮　子公切。石首魚。

鯷　尺尸切。鮪鯷也。

鮛　尸六切[1]。鮪也。

鮂　記冢切。魚也。

鰄　口換切。魚撞罩。

鮩　步杏切。白魚也。又音並。

鱐　思六切。鮐母也。

魚乞　居乞切。斷魚也。

鮂　子律切。鰷也。

鮞　步佳切。黑鯉也。

鮋　直留、市由二切。魚名。

鱙　方韋切。魚似鮒。

---

[1]　尸六切，原作“口六切”，據楝亭本改。

鰑 與章切。赤鱺也。

䱬 扶各切。魚似鯉。

鯆 普乎切。鯆鯚魚,一名江豚,欲風則踊。

鯚 覆浮切。鯆鯚也[①]。

鱲 力涉切。魚名。

鰇 與專切。魚名。

鯧 齒楊切。魚名。

鰲 午刀切。魚名。

鯨 力當切。鯨鱧,雄鱺。

鱧 胡哀切。鯨鱧。

鱎 奇兆切。白魚也。

鰹 古田切。大鮦也。

鯸 胡溝切。鯸鮔,魺也,食其肝殺人。

鮔 亦之切。鯸鮔。

鰒 於報切。小鰌也。

鸁 力戈切。魚有翼,見則大水。

鯔 壯其切。魚名。

鰪 於臘切。鰪鰤魚。

鰤 子羊切。鰪鰤。

鋋 式延切。魚醬。

鰜 巨連切。魚也。

鮇 莫括、莫結二切。海中魚,似鮑也。

鱴 同上。

鱱 力的切。魚名。

---

① 鯆,原作"縛",據楝亭本改。

鰏 同上。

鮈 記于切。鯢鮈，魚名。

鯢 午胡切。魚名。

鰞 火嫣切。大魚也。又音爲。

鮹 思幺切。魚名。

鮡 丁幺切。魚名。

鱟 胡遘切。《山海經》云：形如車，文青黑色，十二足，長五六尺，似蟹，雌常負雄，漁者取之必得其雙，子如麻子，南人爲醬。

鮠 午戈、午回二切。魚名。

鯶 竹涉切。膊魚也，鹽漬魚也。

鮯 呼甘切。似蛤，有文如瓦屋。

鮭 古迷切。魚名。

鱛 大當切。魚名。

鱹 人用切。鮨魚。

鰤 徒合切，又所其切。魚也。

鱶 胡買切。鮦也。

鹼 魚檢切。鹼鰅，魚也。

鰅 魚容切。鹼鰅。

鮾 奴罪切。魚敗也。

釣 丁叫切。亦作釣。餌取魚。

魪 假邁切。兩魪，即比目魚也。

鱷 午各切。魚名。

鰐 同上。

鰦 子裔切。魚名。

鯑 大兮切。魚四足，音如嬰兒，食之無疾。

歔 語居切。捕魚也。

敆漁　並同上。又作灙。

鱸　洛乎切。魚名。

鰊　洛見切。魚名。

鰲　音犂。魚名。

鮀　大何切。魚名。

鮠　同上，俗。

魤　五何切[①]。

鮃　音平。魚名。

鰍　七由切。與鰌同。

鰷　音條。魚名。

鰞　無非切。魚名。

鰛　户巖切。魚。

鶲　烏紅切。魚。

鮏　莫侯切。魚。

魗　音求。魚名。

鰼　音葵。魚名。

鰤　音師。魚名。

鰓　相來切。魚頰也。

鱕　甫煩切，又音煩。魚名。

鱴　音離。魚名。

鱑　户光切。魚名。

鯖　倉經切。魚名。又音征。

鰡　音流。魚名。

鯫　音耶。魚似蛇，長一丈。

---

① 五何切，原作"五回切"，據棟亭本改。

魟 于匡切。魚。

鐺 都郎切,又都浪切。魚。

鬼 於鬼切。魚。

觧 上同。又音牛。

鯄 音求。魚名。

魨 音豚。魚名。

鰻 七尋切。魚名。

鎈 音差。魚名。

魱 音呼。魚。

鰞 音呼,又音無。

鮶 音君。蟲似魚也。

鰷 以周切。魚名。

鰄 於非切。魚。

鱶 義奇切。

魜 而真切。魚。

鮢 諸儒切。魚。

鵌 與魚切。魚。

鱺 仕咸切,又音陷。

魡 音舟。魚名。

鮑 盱鬼切[1]。魚。

魮[2] 父脂切。魮魚,狀如覆銚,鳥首魚尾,音如磬石,出《山海經》。

魶 莫六切。魚名。

鱋 居偃切。魚。

鰢 莫下切。魚名。

---

① 盱鬼切,原作“肝鬼切”,據楝亭本改。

② 此字重出,上文作“魮,頻葵切。魚也,音如罄聲”。

鰠　音象。魚名。

鱃　以水切，又音唯。

魮　疾里切。魚也。

鱓　音巽。魚名。

魈　音小。魚名。

鯰　音宁。魚名。

鰖　音妥。魚名。

鱅　音唯。

鱭　音薺。

鱝　防吻切。盤尾毒魚也，口在腹下。

鱉　音懲。魚名。

鮯　音鯀。魚名。

魬　音販[1]。魚名。

魷　先顯切。魚。

鱰　乎衮切。魚。

鰾　毗眇切[2]。魚鰾，可爲膠。

鮅　府吻切。

鯯　之利切。魚名。

鱅　直勇切。魚。

鰣　時正切。魚。

鮕　音互。魚名。

魝　力嚓切[3]。

鯿　匹亘切。

---

[1]　音販，原作"音魬"，據棟亭本改。

[2]　眇，原訛作"耖"，據宋11行本改。

[3]　力嚓切，宋11行本作"力際切"。

䲂 音化。魚也。

鰺 初陷切。魚。

鯡 音佛。海魚。

鬱 音尉。魚名。

鯡 音沸。魚子也。

鰝 胡幹切。魚。

鱖 音厥。魚名。

鰫 於陷切。

鯨 音柰。魚名。

魳 音步。魚名。

鮈 居六切。魚。

鵯 布蜜切。魚。

鮥 音洛。大魚。

鯥 力竹切。魚,狀如牛,陵居,蛇尾,有翼,出《山海經》。

徽 火韋切。徽魚,絶有力。

鯠 洛該切。魚。

鮕 胡鬬切。魚。

鯠 親悉切。魚。

録 力玉切。魚。

鱳 音業。魚盛。

鰈 魚怯切。與四魚同呼。

鮅 卑吉切。魚。

鰕 營隻切。

鮇 音未。魚名。

鯌 倉合切,又音錯。

鮁 直律切。魚。

鰏　彼力切。魚名。

鰐　音額，又音頡。魚。

鱉　并滅切。俗鼈字。

鰄　莫浮切。魚。

魛　先了切。魚。

鰰　一刃切。魚如印。

鰪　於業切。鹽漬魚也。

鰊　德紅切。魚名，似鯉。

鯣　呼蓋切。魚名。

鱻部第三百九十八，凡二字。

鱻　語居切。《説文》云：二魚也。

灙　言居切。捕魚也。與漁、歔同。

上海市浦江人才計劃資助（18PJC076）

大廣益會玉篇
（下册）

〔梁〕顧野王 撰

吕　浩 校點

中華書局

玉篇卷第二十五凡十部

鼠部第三百九十九,凡五十八字。

鼠　式與切。穴蟲之總名。

鼹　父元切。白鼠也,一名瓮底蟲。

貉　胡各切。鼠出胡地,皮可爲裘也。

鼢　扶粉切。地中行者。一曰鼹鼠也。

鼨　步丁切。鼨鼫鼠。

鼶　思移切。鼠名。

鼬　力久切。似鼠而大。

鼧　如勇切。鼨鼠也。

鼸　胡簟切。田鼠也。

鼫　市亦切。形大如鼠,頭似兔,尾有毛,青黃色,見《爾雅》。

鼨　之弓切。豹文鼠。

鼢　籒文。

────────

① 第,原無,據例補。下諸"第"同。

鼹　於革切。鼠名。

鼩　巨于切。小鼱鼩鼠也。

鼪　同上。

鼱　子盈切。鼱鼩。

鼢　胡貪切,又公含切。蚚蝪也。

鼢　同上。

鼷　下雞切。小鼠也,螫毒,食人及鳥獸皆不痛,今之甘口鼠也。

鼬　弋救切。鼠名。郭璞云:今鼬似貂,赤黄色,大尾,啖鼠,江東呼爲鼪。

鼢　之若切。鼠屬。

鼲　胡昆、古魂二切。鼠名,可以爲裘也。

鼫　户吾切。鼫鼫,鼠也,黑身白膺。

鼫　任緘切[1]。鼫鼫。

鼣　扶廢切。郭璞曰:《山海經》説獸云,壯如鼣鼠,然形則未詳。

鼣　同上。

鼶　人市切。鼠名。

鼯　午胡切。鼯鼠飛生。或爲鸓。

鼰　吉役切。鼠身長須,秦人呼爲小驢也。

鼫　胡的、胡姪二切。似鼠而白也。

鼵　徒忽切。鳥鼠同穴也。

鼤　徒廳切。鼠名。漢武帝時有此鼠,文如豹,終軍識之,賜絹百疋。

鼤　亡云、亡運二切。班尾鼠[2]。

鼭　視之切。鼠名。

鼩　之惟切。南陽呼鼠爲鼩。

---

① 任,當作"仕"。《廣韻》作"士緘切"。

② 班,棟亭本作"斑"。

鼪　所敬切。鼠名。

鼲　公禄切。鼶鼠也。

䑛　補木切。鼠名。

鼘　徒當切。鼘鼘，鼠名。

鼩　布各切。鼠也。

鼧　大何切。鼠也。

駉　公熒切。班鼠也。

鹷　力丁切。駉屬。

䠢　子徇切。鼦鼠也。

鼤　子移切。似雞而鼠毛，見即大旱。

鼆　於蓋切。鼆鼆，小鼠相銜而行。

鼲　力知切。小鼠也。

鼬　於鼵切。大鼠也。

鼦　丁幺切。古文貂字。鼠也，毛可爲裘。

鼹　音兒。鼠也。

鼲　步靈切。鼠也。

鼪　即容切。鼠。

䑕　以救切。似鼠。亦作鼬。

鼲　除久切。

鼣　普木切。鼠。

鼲　音惕。鼠也。

鼲　音雀。鼠也。

鼲　音刃。

易部第四百，凡二字。

易　余赤切。象也，異也，轉也，變也。又以豉切，不難也。

蜴　於革切。鼠屬。或作貓，又作鼶。

虫部第四百一,五百二十五字①。

虫　盰鬼切。一名蝮,博三寸,首大如擘,象其臥形也。物之微細,或飛行,或毛甲,皆以象之。此古文虺字。

蝮　孚六切。毒蛇也。蝮螫手則斷。

螣　從曾②、直錦二切。神蛇也。

蚒　如鹽切。大蛇也,肉可以食。

蟣　丘忍切。蟣蟎,仄行,即寒蚓也。

蟎　弋忍切。蟣蟎也。

蚯　音丘。蚯蚓。

螉　於公切。小蜂也。又螉蜙,牛馬皮中蟲也。

蜙　子公切。螉蜙也。

蠿　子外、所芮二切。蟲也。

蠁　許兩切。禹蟲也。《説文》云:知聲蟲也。

蛃　同上。

蛁　丁幺切。蟪蛄也,即蛁蟟蟲也。

蚼　同上。

魋　胡對切。蠶蛹也。

蛕　胡恢切。人腹中長蟲也。

蚘蛔　並同上。

蛹　與種切。老蠶也。

蝚　同上,俗。

蟯　如消、去消二切。腹中蟲也。

雖　息葵切。似蜥蜴。又詞兩設也。又推也。

虺　呼鬼切。户虺,今以注鳴者。亦爲蝮蟲也。

────────────

① 據例當作"凡五百二十五字"。
② 從曾,棟亭本作"徒曾"。

蜥[①] 先的切。蜥蜴，蠑螈也。

蜴 羊益切。蜥蜴。

蠑 永兵切。蠑螈。

蚖 魚袁切。蠑螈。

螈 同上。

蝘 於甎切。蝘蜓[②]，在壁曰蝘蜓，在草曰蜥蜴。

蜓 大典切。蝘蜓。又音廷，蟪蛄別名也。

蠸 巨袁切。食瓜蟲。

螟 亡丁切。食苗心蟲也。

蟘 徒得切。食苗葉蟲也。

𧍪蟘 並同上。

蠓 莫江切。蠓蟝，螻蛄類。

蟝 如由切。蠓蟝也。

蛣 去吉切。《爾雅》曰：蝎、蛣、蝠，木中蠹蟲。

蝠 丘勿切。蛣蝠。

蠣 力制切。蚌屬也。

蟫 大含、弋針二切。白魚蟲也。

螮 呼丁切。負勞。又蜻蛉。

蛤 胡感切。毛蠹也。

蛅 如占切。《爾雅》曰：蟔、蛅、蟴，載屬也。

蟴 息移切。蛅蟴。

蜤 同上。

載 七吏切。毛蟲也。

蟓蚓螁蚝 並同上。

---

① 字頭原作"蜴"，與下條字頭誤倒，據宋11行本改。

② 蜓，原訛作"蜒"，據棟亭本改。下三"蜓"同。

畫　口圭反。蠤也。

蚔　巨支切。土蝨也。亦作蚳。

蠤　丑介切。螫蟲。或作蠆。

蝎　胡葛切。桑中蠹蟲也。

蝤　疾尤切。蝤、齏、蝎，木中蟲也。

齏　才兮、在梨二切。齏蠐蟲。亦作蠀。

蠐　徂刀切。齏蠐。

蟦　扶非切。齏蠐也。

蠀　在資切。蠀蠐也。

强　巨羊切。米中蠹，小蟲。

蚚　巨衣切。强蚚蟲。

蜀　市燭切。桑蟲也。亦作蠋。

蠲　古玄、古迷二切。蟲也，明也，除也。又疾也。

蚎　呂説切。蟲名。

蟣　居豈切。蝨蟣也。

蜌　補兮切。牛蝨也。

蠖　於縛切。屈伸蟲。

蜎　惟船切。蠉也。亦蝗子。

蜪　他刀切。《爾雅》曰：蜪蜪，蝗子未有翅者。又音陶。

螻　力侯切。螻蛄也。

蛄　古胡切。亦螻蛄也。

虰　丑經切。蠪虰也。

蟶　同上。

蠪　力公切。蠪虰蟲。亦獸名。

蠜　父袁切。阜螽也，即蚣蝑。又負蠜，蜇也。

蛾　五何切。蠶蛾也。

蚔　丈飢切。蟻卵也。

螘　宜倚切。蚍蜉也。

蟻　同上。

䗅䗅　並同上。

蟴　所蜜切。蟋蟴蟲。

蟀　同上。

蟋　思栗切。蟋蟀。

蟋　同上。

蛬　古勇切。蟋蟀也。亦名蜻蛚。又音卭。

蛬　同上。

蟎　彌緣切①。《爾雅》曰：蟎，馬蜎。蜎中最大者。

蚋　同上。

蟷　多郎切。蟷蠰，螳蜋之別名。

蟷　同上。

蠰　乃郎、思亮、詩尚三切。齧桑蟲。

蝸　古臥、古禾二切。蟷蠰也。

螳　徒郎切。螳蜋，有斧蟲。一名石蜋。

蜋　力當切。螳蜋。又音良。

螵　毗交切②。螵蛸，螳蜋子也。又撫昭切。

蜱　同上。

蛸　思幺切。蜱蛸也。

蟯　丘良切。蟯蜋，唼糞蟲也。

蜣　同上。又其虐切。

蛃　步丁切。甲蟲也。

──────────
① 彌，原訛作"爾"，據棟亭本改。
② 毗交切，原作"毗支切"，據棟亭本改。

蟥　胡光切。蟥蚄也。

蟀　市律切。蟀蟥也。

螆　式移、式豉二切。米中黑甲蟲[①]。

蜆　户千、户典二切。蜆,繬女,小黑蟲。

蝔　父非切。蠦蝔,即負蠜,臭蟲。

蠦　力胡切。蠦蝔也。

蠰　魯丁切。螟蠰,桑蟲也。

蠃　古火切。蟜蠃,細胷蜂,即蠮螉也。

蜾　同上。

蠃　力果切。蜾蠃也。又力戈切,蜯屬。

蜨　山頰切。蜨蛺也。

蛺　古協切。蛺蜨也。

蚩　尺之切。蟲也。又癡也,笑也,亂也。

蟠　扶元切。鼠婦蟲。又步安切,大也,紆迴而轉曲也。

螽　布姦切。螽螽,毒蟲也。

螽　莫交切。螽螽也。又莫侯切,食禾根蟲[②]。又蚄蛛也。

蚸　《説文》云:古文螽。又音牟,蝤蚸也。

蟅　之夜切。鼠婦,負蠜也。

蠰　同上。

蚜　音伊。蚜蝛,委黍也。

蛜　同上。

蝛　於歸切。蚜蝛也。

蚣　先恭切。蚣蝑,斯螽。

蜙　同上。又古紅切,蜈蜙也。

─────────────

① 式、米,原殘,據棟亭本補。
② 禾根,原作"木根",據棟亭本改。

蝑 思閭、思吕二切。蚣蝑。

蝗 胡光切。《禮記》:蟲蝗爲灾。

蛚 力結切。蜻蛚,蟋蟀。

蜺 午結、五兮二切。寒蟬。

蟬 市然切。蜩也,以旁鳴者。蟬連,系續之言也。

蜩 大幺切。蟬也。

蚟 同上。

蜻 疾性切。蛣也,蟬也。又子盈切,又蜻蛉,六足四翼。

蛉 力丁切。蜻蛉。

蟪 胡雞切。蟪蛄,即蟪蛄,一名蛁蟟,亦蜓蚞也。

蟟 力木切。蟪蟟。

蚗 胡決、古穴二切。蛥蚗,亦蟪蛄也。

蛥 上列切。蛥蚗。

蠓 亡孔切。小飛蟲。

蠛 亡結切。蠛蠓也。

蟒 力約切。蜉蝣,渠蟒,朝生夕死也。

蜹 汝鋭切。含毒蛇。又蚊蜹。又音藝。

蝡 如兗切。動也。

蟯 同上。

蠨 先幺切。蠨蛸,喜子。

蛸 所交切。蛸蠨。

蚼 力輟切。螺蚵也[1]。

蛆 子魚切。蜘蛆也。又且絮、且余二切,蠅蛆也。亦作胆。

蚑 去豉切。蚑行喙息,麚鹿之類行也。又音岐。

蛂　步結切。蟦蛂也。

蜻　呼鈴切。乘飛皃。

蝙　尸戰切。蠅醜蝙。

蚕　丑善切。蟲伸行。

螄　弋朱切。螶醜螄。

蛻　尸鋭、始悦二切。蛇皮也。

蠚　丑略切，又呼各切。螫也，痛也。亦作蓸。

螫　式亦切。蟲行毒。

蠚　同上。

蜸　於各切。蚨蜸也。

蛘　弋掌切。蛘，搔也。又音羊。

蠊　胡緘切。小蚌可食。

蝕　時力切。日月蝕也。

蠗　丈卓切。小蠡。或玃字。

蛟　古爻切。蛟龍也。

虯　奇樛切。無角龍。

螭　丑支切。無角，如龍而黄。

蜧　力計切。神蛇也。

蜦　同上。

蜄　市忍切。大蛤也。亦作蜃。又市刃切。

蜌　步禮切。蚌長者。

蛤　古合切。雀入水爲蛤。亦作盒。

蜠　弋支切。蚹螺，蜠蝓也。

蝓　餘珠切。蜠蝓也。

蠯　扶幸、步支二切。蛤也。

蝸　古華切。蝸牛，即蜠蝓。

蛭　之吉、丁結二切。水蟣。

蚌　步項切。蜃也。

蜎　於犬、於沿二切。蜀兒。

蟺　市衍切。蚯蚓也。

蟉　於虯切。蟉蚴,龍兒。又於糾切。

蚴　同上。

蟉　力幽、巨糾二切。蚴蟉。

蚨　父俱切。青蚨,水蟲也。

蟄　直立切。藏也,和集也。又蟄蟄,多也。又赤粒切。

蜪　巨六切。蟾蜍也。

蝦　下加切。蝦蟇。

蟇　莫加切。蝦蟇。亦作蟆。

蟁　居丙切。蝦蟇也。

蠵　弋規切。觜蠵,似蟯蝐而薄,有文。

蠵　同上。

蟫　才廉切。蟫蠶也。

蜼　九毀切。獸似龜,白身赤首。《説文》云:蟹也。

蟹　諧買切。二螯八足[①]。

蜮　胡國切。似鼈,含沙射人爲害,如狐也。

蟈　古麥切。螻蟈,蝦蟇。又音國。

蝑　五各切。似蚸蝪。

蝄　武兩切。木石之精,如小兒赤目美髮。或作魍。

蜽　力掌切。蝄蜽。或作魎。

蝯　于元切。蝯猴。或作猨。

---

① 二,原脱,據棟亭本補。

蚼　呼口、巨俱二切。蚍蜉。

蜼　余季、余救二切。似猴而鼻仰，尾長五尺，雨則自懸於樹，以
　　尾塞鼻。

蛬　巨恭切。巨虚也。又蟬蛻也。

蠵　居月切。比肩獸。

蝙　布田切。蝙蝠，亦名蟙蠠，又名仙鼠，又名服翼。

蝠　甫服切①。蝙蝠。

螮　丁計切。螮蝀，虹也。

蝃蛥　並同上。

蝀　丁孔切。螮蝀。

虹　胡公切。螮蝀也。又音絳，縣名。

蜺　籀文。

蠻　馬姦切。南方也，蟲也，慢也，傷也。

閩　冒貧切。東南越。

蠥　宜列切。歌謠云：草木之怪謂之妖，獸禽蟲蝗之怪謂之蠥。
　　或作孽。

蜉　扶牛切。蜉蝣也。

螗　大當切。蜩螗也。

蠍　猗然切。蟲名。

蜚　扶貴切。獸如牛，白首，一目，蛇尾，見《山海經》。又蜚蠊也。
　　又音飛。

螜　乎木切②。《爾雅》曰：螜，天螻。螻蛄也。《夏小正》曰：螜則鳴。

蜏　余六切。蝮蜏，蟬皮。

蝣　思又、弋久二切。朝生暮死蟲也，生水上，狀如蠶蛾，一名

────────────
① 甫服切，原殘，據棟亭本補。
② 乎木切，原作“平木切”，據宋11行本改。

　　　　　蝥母。

蚅　於革切。蝺蠋也。

蝺　於胡切。蝺蠋也。

蠋　之欲切。蝺蠋。又音蜀。

蠾　同上。

蚕　居袁切。蚕蠣，蛸蟻。

蚆　普加、布加二切。貝也。《爾雅》曰：蚆博而頯。

蚶　古含、乎甘二切。小蠃，見水中。

蜠　巨隕、去筍二切。貝也。《爾雅》曰：蜠，大而險。

蟾　之廉切。蟾蠩也。

蛈　他結、他計二切。蝭蟷也。亦蛈蝪。

蝪　恥郎切。蛈蝪。

蟒　暮黨切。大蛇也。又莫哽切，蟒蟒也。

蟣　巨綺切。蟬也。

蜿　於阮、於元二切。蜿蜒，龍皃。又蜿蟮。又於丸切。

蛷　同上。

蛒　古額切。蟦蠀也。

蟜　居兆切。毒蟲也。

蟙　之力切。北燕呼蝙蝠爲蟙䗃。

蚇　同上。

䗃　亡北切。蟙䗃。

蝭　丁兮、大兮二切。蝭蟧，蟬也。

蟧　力幺切。蝭蟧。

蟯　同上。

蠤　仕板切。馬蠤也。

蚹　父句切。蚹蠃也。

蛣 胡八切。似蟹而小。

蠌 大各切。蛣蠌蟲。

螲 知栗切。螻蛄也。

蠡 所奇切。螺也。又力支切，蚰蜒也。

蚭 女六切。蚭蛝，班蝥。

蛝 女尼切。蛝蚭。

蜋 雉良切。蚰蜒也。

蠟 力闔切。蜜滓。

蟪 胡桂切。蟪蛄。

蝍 才一切。蝍蟍，蝍蛆，能食蛇。亦名蜈蚣。

蟍 力支切。蝍蟍。

虴 竹百切。虴蛨，蚱蜢蟲也。

蛨 亡百切。蛨虴。

蝍 子力切。蝍蛆。

螃 北朗、方莖二切。似蝦蟇而居陸。

蝶 步木切。蝶螏蟲。

螏 音速。蝶螏。

螬 布莫切。螬蟭，蜱蛸也。

蟭 子饒切。螬蟭蟲。

蝹 於筠、於云二切。蝹蜿，龍皃。

蠮 於凝切。寒蜩也，似蟬而小。

蝜 扶缶切。蝜蝂，蟲大如蜆，有毒。

蝂 補故切。蝜蝂。

蠀 子亦切。貝狹小。

蚵 胡多切。蚵蠪，蜥蜴。

蚂 亡消切。蠶初生。

蟈　杳句切[1]。蟈子,幺蠶。

蟶　大丁切。蠶二眠。

蚠　扶粉切。亦作粉,伯勞所化[2]。

蝪　尸楊切[3]。蝪蚵也。

蛙　胡媧切。蝦蟇也。又烏瓜切。

蝒　婢沿切。蝒蠻,沙蝨。

𧍙　同上。

蠻　似緣切。蝒蠻。

蟁　同上。

蛵　口殄切。蛵蚕也。

蚕　天殄切。蛵蚕,蝘蟺也。

蟻　公盍切。《廣雅》云:羊蟻蝣。

蝣　徒合切。蟻蝣。

蛺　先狄切。蝢蛷也。

螤　之戎切。蝗也。亦作螽。

蜘　竹奇切。蜘蛛。亦作鼅。

蛛　竹于切。亦作�。

蟿　七狄切。蟾蟿。

蚤　子老切。齧人跳蟲也。又作蝨。

蠙　步田切。珠名。

蝸　於爲切。形似蛇。又音詭。

蝂　百限切。蟪蜎也。

螒　俾滅切。亦作鼈。

---

① 杳,《廣韻》作"香"。

② 化,原作"作",據棟亭本改。

③ 尸楊切,原作"户楊切",據宋11行本改。

蝐　亡代切。蟎蝐。亦作蟎瞀[1]。又莫沃切。

蚎　於于切。蚨蚎,蚰蜒也[2]。

蛦　莫卜切。蟟蠰子。

蟢　思移切。蟢蜹,似蜥蜴。

蜹　音侯。蟢蜹。

蝀　直六切。馬蚿也。

蚰　與周切。蚰蜒,又曰入耳也。

蝣　同上。

蜒　以然切。蚰蜒也。

蜉　扶久切。螶也。

蚸　蚩亦、力的二切。蟛蚸也。

蠜　口悌切。蠜螽,蟛蚸,似蚣蝑。

蠜　疾鄰切。蠜,蜻蜻。

蜈　五呼切。蜈蚣也。

蠰　似兩、式亮二切。桑蠹也。

蚴　力由切。蜉蚴也,似蛣蜣。又弋留切。

蝑　式容切。蝑黍,蚣蝑。

蟗　徒篤切。蟗蜍,肥大螫蜇。又徒耐切。

蜍　與諸切。蟗蜍。

蚳　子栗切。蜻蚳也。

蚱　莊額切。蚱蟬,七月生。

蟒　古奚切,又甘田切。馬笄,螢火也,蛾也。

蝖　許元切。蝖螬也。

蜇　步庚切。似蟹而小。

---

① 瞀,原作"蝐",據棟亭本改。
② 蜒,原作"蜓",據棟亭本改。

蟛 同上。

蚑 巨宜切。蟿蚑也。

蛝 乎間切。馬蠋也。

蚊 亡云切。齧人飛蟲。亦作䘇、蟁。

蚘 巨由切。蚘蛥。亦作蚗。

蚢 胡唐切。蠶類，食蒿葉。

蝸 古迥切。蝸蟵，似蛙而小，觸之腹脹，一名胇肛。

蟵 乃泠切。蝸蟵。

蠅 於昭切。毒蛇名。

蛭 古姪切。蠸蛭。

蟌 千公切。蜻蛉也。

蚿 胡田切。馬蚿也。

蜢 莫梗切。蟲名。

蚥 方父切。蟾蠩。

蛙 口圭切。蛙黽也。

蠍 許謁切。螫人蟲。

蝩 丈恭切。蠶晚生者。

蠳 直連切。盧蠳，守宮也。

蝶 徒頰切。胡蝶也。

蜅 方武切。蜅蜻蟹。

蚟 禹方切。蜻蜟也。

蜲 於詭切。蜲蛇也。

蜍 式與切。蜲蜍。

蚆 古魂切。蟲衆名也。或作蚰。

蟼 胡日切。天雞也，一名莎雞。

蠊 力占切。飛蠊也。

蟝　子羊切。寒蟬屬。

蠆　音范。蜂也。

蜙　力竹切。魁蜙也。

蝐　于貴切。蟲也。亦作霠。

蚍　音毗。蚍蜉,大螘。

蛪　古頡切。蛪蚗,似蟬而小。

蠮　公戾切。蠮蝓。

蛞　胡括切。蛞蝓。

蜐　於結切。蜐蝓。

蠮　同上。

蚔　徂移、子爾二切。蟲也,踏也。

毐　徒酷切。古文毒字。害也,惡也,恚也。

蜳　他敦切。蜳蝸,蟲似蟬而長,味辛美可食。又名青蚨。

蝸　牛俱切。蜳蝸。

蚲　皮兵切。蚲蠆也。

蠆　以季切。蜼也,蚲也。

鯈　大幺切。狀如黃蛇,魚翼,見則大旱,出《山海經》。

蜜　彌畢切。蜂所作。

蚻　側轄切。蜻蜻也。

蛨　七由切。次蛨,蛪蛨。

蜷　奇員切。蜷局也,連蜷形。

螯　五刀切。蟹螯。或作鰲。

蜮　子六切。蜘蜮,尺蠖也,步屈也。

蟂　古幺切。水蟲。

蠵[1] 余雒切。肥蠵,蛇名,一首兩身,六足四翼,見則天下大旱,湯時見陽山下。

蛇 除嫁切。形如覆笠,泛泛常浮隨水。亦作膾。

蜉 扶九切。鼠蜉也。

螢 乎駉切。夜飛,腹下有光,腐草所化。

蟥 同上。

蝒 房中切。蟲窟也。

蜈 午乎切。似鼠。亦作鼯。

蚳 息弓切。蟲名。

蚰 羽弓切。赤蟲名。

蟬 力員切。蟲名。

蚷 强魚切。蟲。

蜊 音梨。蛤蜊。

蠷 音瞿。蠷螋。

蝬 所由切。亦作蝮。

蛦 以脂切。蟋蛦,蟲名。又鷫蛦[2],山雞也。

釜 音甫。蟲名。

蛶 戶涓切。蟲名。

蜋 音泉。貝也。

螚 乃多、奴來二切。俗能字。鼈屬。

蟘 徒登切。蟲食禾葉。

蟮 是演切。曲蟮也。

衍 以淺切。蟎衍。

蚵 同上。

_____

① 字頭原訛作"蠵",據棟亭本改。
② 蛦,原訛作"峽",據棟亭本改。

蠒 古典切。蠶蠒也。

䗃 同上，俗。

蝌 音詡。蟲。

蠋 丑主切。蟲名。

蛴 方禹切。蟲名。

蠖 色江切。蟲名。

蠏 以謝切。蟲名。

蚗 户決切。蟲名。

蜡 音造。蟲名。

蟦 音費。蟲名。

蝥 音務。蟲名。又音牟。

蟊 同上。

螠 音縊。蟲名。

蝞 眉祕切。蝞，似蝦。

蟦 丘貴切。蟲名。

䖳 且利切。似蜘蛛。

蟃 無販切。螟蛉蟲。

蝱 彌民切。蟲名。

蟔 音異，又音弋。蟲。

蝸 音麗。

蟒 力刃切。螢火也。

蝟 於胃切。蟲。

蝟 同上。

蟮 音瀉，又音寫。蟲。

蟩 居月切。井中蟲。

蜡 子亦切。蟲名。又與褚同。祭名也。

蝭 大西切。蟲名。

蠛 莫格切。小蚊蟲。

蚚 五忽切。似蟹。

蜌 毗必切。黑蜂。

蝭 知劣切,又音拙。蝭蝭也。

蠞 子結切,又音截。似蟹也。

蜇 陟列切。蟲螫也。又作蛆。

蚇 音尺。蚇蠖蟲。

蛭 竹洽切。斑身小蟲。

䘌 女力切。蟲食也。

蠖 於力切。小蜂也。

蛣 音劫。石蛣,似龜腳。

蠈 音賊。食禾根蟲。

蜏 音覓。蟲名。

蚼 九勿切,又音的。鼠也。

蟔 音色。蟲名。

蝬 營隻切。蝬蝬蟲。

蚎 音曰。蟲名。

蟨 同上。

蟍 音祿。蟲,似蜥蜴。

蛐 音曲。蛐蟮。

蟀 索没切。

虵 食遮切。毒蟲。正作蛇。

螺 音驟。蜂類。

蝭 大西切。蟲名。

蝌 苦禾切。蝌蚪,蛞蟲子也。

蚪 當口切。蝌蚪。

蚜 古牙切。米中蟲。

蚶 火甘切。蜯屬。

䖮 自含切。俗蠶字。

蠷 記良切。蠷蠶。

蛭 去王切。大蟲也。

螂 魯當切。

蠊 音康。蜻蛉也。

蝱 陌庚切。蟲名。

蝛 火咸切。似蛤。

蚚 普流切。似蟹,二足。

蝚 音柔。蟲名。

蛖 苦紅切。蟬脱蛖皮也。

靁 音雷。蟲名。

蠑 音叢。蟲名。

蠕 許云切。蟲。

蝶 而容切。蟲。

螯 音支。蟲名。

蝔 古諧切。蟲名。

蛪 胡求切。蜘蛛也。

蠥 音難。蟲。

蟰 音肅,又音脩。蟲名。

蛵 音刑。

螃 音袴。蟲名。

蚆 步加切。蟲。

蟉 音流。蟲名。

蛒蝶　二同。音舞。

蚏　步登切。蟲。

蠻　音彎。蟲名。

蠶　昨仙切。《方言》云：鳴蟬也。

蛺　以朱切。蟲。

蜪　詳遵切。蟲。

蟁　音文。蟲名。

虮　居脂切。

蜏　音透。水蜏也。

蛪　仁余切。蟲名。

螠　音蔑。蛤名。

蚜　火牙切。蟲。

蟏　音張。蟲名。

蛁　音哥。蟲名。

蛥　音該。蟲名。

蚾　薄碑切。蟲名。

蛯　烏合切。蟲名。

蜸　力之切。蟲。

蚾[①]　薄碑切。蟲。

蠊　子廉切。蟲名。

蟺　息淺切。蛇也。

蚓　音尹。蟲名。

蜷　音官，又音綰。

蜓　他典切。蟲。

---

① 字頭原訛作“跛”，據棟亭本改。

蝶 呼典切。

蝜 側尤切。蟲名。

蛃 兵永切。

蛗 職以切。蟲。

蝊 古杏切。蟲名。

蚦 即李切。蟲名。

蚷 音巨,又音渠。

蜹 呼古切。蟲。

蝆 音養。蟲名。

蟢 許紀切。蟢子。

蛪 音弩。蟲名。

蟜 居表切,又音告。

螞 莫下切。蟲。

蜯 步項切。蜯蛤也。

蚌 同上。

蟶 音野。蟲也。

蠀 先各切。蟲。

蝮 芳伏切。蟲名。

蛒 音略。蟲名。

蝿 胡瓜切。大蛇。

蛆 奴葛切。痛也,螫也。

蝪 尸尚切。俗蠰字。

蠕 許偃切。寒蠕,即蚯蚓。

蟕 即刃切。海蟲也。

蜼 同上。

蛔 音同。蟲也。

蟽 音達。蟲名。

䖵部第四百二,凡四十二字。

䖵 古䰟切。蟲之緫名。亦作蜫。

蠶 在含切。吐絲者。

䗢 五何切。蠶䗢也。亦作蛾。

蝨 子老切。蝨蝨也。亦作蚤。

蟸 之戎切。蜙蝑屬也。

䗯 古文。

蟁 知蹇切。蟲名。

蝨 所乙切。《淮南子》曰:大厦既成,鷰雀相賀,湯沐既具,蟣蝨相弔。

䗬 子列切。蜩似蟬而小,俗謂茅䗬[1]。

蟊 亡侯切。蠿蟊也,螣也。燕曰螓蜍,齊曰松公也。或作蝥。

蠿 之悦切。蠿蟊。

䗿 乃丁切。蟲也。

蠤 在刀切。𧓍蠤。今作螬。

蠹 户瞎切。螻蛄也。

蠯 邲移切。蟲蛸。亦作蜱。

蠭 孚容切。螫人飛蟲也。亦作蜂。

螽 古文。

蟁 巨於切。蟁蝶也。

蠠 亡吉切。勉也。又螽甘飴也。今作蜜。

𧖟 同上。

蟁 亡云切。齧人飛蟲也。今作蚊。

① 子列切,原作“手列切”;謂,原訛作“請”。均據楝亭本改。

蟲 同上。

蝱 莫庚切。蟲蝱也。俗作虻。

蠹 丁護切。木中蟲也。又白魚也。

螙 古文。

蠡 力兮、力底二切。蠡蠡，行列皃。薄之而欲破也，瓢也。又力戈切。

蚰 巨牛切。亦作蚑、蚚、蝼。多足蟲。

蠹 父尤切[1]。亦作蜉。大螘也。

儨 子兖切。蟲食也。

蜃 時忍切。亦作脣。大蛤也。

蠢 尺尹切。動也，作也。或作蠢、偆。

蟹 於虯切。蟹蜓也[2]。或作蝘。

蠎 乃北、乃代二切。似蚯而小，班色，齧人。

蠆 丑介切。毒蟲也。或作蠆。

蠚 於力切。小螷也。

蜼 於貴切。飛螘也。

蟯 女乙切。小蟲也。

蛅 胡監切。瓜蟲也。

蠯 步幸切。蚌也，蛤也。或作蠯[3]、魶。

蟺 牛袁切。晚蠶也。

蠱 徒何切。狀如人，羊角虎爪。

蝫 音巴。蟲也。

蟲部第四百三,凡七字。

蟲　除中切。有足曰蟲,無足曰豸。

蠱　公戶切。事也,毒也,或也。穀久積變爲飛蠱也。

蟊　莫侯切。與蚤、蟊同。

蠜　扶畏切。大蟗也。或作蜚。

蠯　婢脂切。蠯蜉,大蟗也。或作蚍。

螌　同上。

蠿　力刃切。蠯也。

它部第四百四,凡三字。

它　恥何切[①]。蛇也,上古草居而畏它,故相問無它乎。又非也,異也。今作佗。

蛇　同上。它或從虫。今市遮切,又弋支切。《詩》云:蛇蛇碩言。

訑　恥支切。今作螭。

龜部第四百五,凡五字。

龜　居逵切。文也,進也。外骨内肉,天性無雄,以蛇爲雄也。又貨之寶也。

𪔅　古文。

䶰　而三切。龜甲邊。或作胂。

䶲　之戎、徒冬二切。䶲龜。

䶰　烏郎切。臨海水吐氣,觜似鵝,指爪。

黽部第四百六,凡一十八字。

黽　眉耿切。蝦蟇屬,似青蛙而大腹。又名土鼂。

𪓐　籀文。

鼈　卑滅切。龜屬。或作鱉。

---

① 恥何切,棟亭本作“託何切”。

黿　魚袁切。似鼈而大也。

鼃　胡媧切。蝦蟇也。今作蛙。

蟈　同上。

鼉　徒何切。江水多,似蜥蜴,大者有鱗,采皮可以爲鼓也。

鼁　七由切,又七狄切。鼀鼁[1],蟾蠩,似蝦蟇也。

鼅　音知。鼅鼄也。或作蜘。

鼀　音株。或作蛛。

黽　中橋切。蝭黽,蟲名。

龜　古文。

鰲　午高切。《傳》曰:有神靈之鰲,背負蓬萊之山在海中。

蠅　余陵切。青蠅蟲。

䵭　胡雞切。水蟲。

䏰　其拘切。䵭屬。又音鈎。

黿　同上。

鼊　音壁。龜鼊,似龜而大,文如瑇瑁,可飾物。

卵部第四百七,凡五字。

卵　力管切。凡物無乳者卵生。

殰　徒木切。卵内敗也。

㲉　口木切。卵空也。

孵　芳于切。卵化也。

㲪　大亂切。不成子曰㲪。

貝部第四百八,凡一百四十三字。

貝　布外切。海介蟲也。大貝如車渠,貝中肉如科斗,但有頭
　　尾。又貝,甲也。古貨貝而寶龜。

---

① 鼀,原作"去",據棟亭本改。

贏　先果切。貝聲。

賮　几偽切。賭也。亦古貨字。

脆　同上。

財　在來切。所以資生者,納財,謂食穀也,貨也,賂也。

賄　呼罪切。贈送財也。

脢　同上。

購　亡怨切,又力制切。貨也。

貨　呼臥切。賣也。金玉曰貨,布帛曰賂。

賑　之忍切。富也。

畛　同上。

資　子夷切。取也,用也。

賢　下田切。有善行也,多也,益也,能也,持心也。又下見切,義見《考工記》。

臤　古文。

賁　彼寄切。飾也,徵也。又布門切,虎賁,勇士。又扶非切[1],人姓。

賀　何佐切。以禮物相慶加也。

賂　力故切。遺也。

貢　公送切。通也,獻也,上也,稅也,賜也。

贊　子旦切。佐也,遵也,助也,具也[2]。

贊　《説文》贊。

賮　才刃切。財貨也。

賸　弋證切。相贈也,以物加送也。

齎　子兮切。行道所用也,持也,備也,給與也,付也。又子斯切,

---

① 又,原作"人",據棟亭本改。
② 具也,疑當作"見也"。《説文》作"見也"。

歉辭。

賣　俗。

貸　他代切。施也，假也，借盈也，以物與人更還主也。

貣　他得切。從人求。

賍　悲僞切。益也。

贈　在鄧切。以玩好相送也。又助生送死。

贛　古送切。賜也。又古禫切，縣名。

賞　尸掌切。賞賜有功之人也。

賚　力代切。与也，賜也。勞賚爲勑字。今作賚。

賜　思漬切。惠也，施也，空盡也。

貤　余豉切。賍也，益也。

贏　余成切。緩也，利也，溢也，有餘也。

負　浮九切。擔也，置之於背也，違恩忘德也[1]。或作偩。

貿　亡侯切。市賣。

貳　而志切。副也，代也，敵也，並也，離也，畔也。

賓　卑民切。敬也，客也，服也，從也，協也。

賓　《說文》賓。

賨　古文。

賒　始遮切。不交賣也，貰也。

貰　待夜切[2]。賒也，貸也。

賯　謫誼切。賜也。

贄　之銳切。賣人子與人爲贅子。又以物質錢也，最也，得也，聚也，定也，屬也。

質　之逸切。信也，主也，平也，樸也，軀也。又知冀切。

---

① 忘，原作“志”，據棟亭本改。
② 待，棟亭本作“時”，疑乃“侍”之訛。

費　孚味切。損也，用也，惠也，散也，耗也。又扶味切，姓也。

責　壯革切。求也。

債　古文。

貦　午亂切。亦作玩，好也。

賈　公户切。通物曰賓，居賣曰賈也。聚也。又古雅切，姓也。

商　尸羊切。通四方之珍異謂之賓人也。亦作商。

買　亡蟹切。市買也。

賤　才箭切。價少也，卑下也，不貴也。

賦　方務切。税也，布也，量也，賦斂，擾動也。

貧　皮旻切。乏財也。

貪　他含切。欲也，惏也。

貶　碑檢切。減也，損也。

賃　女禁切。借傭也。

賕　巨留切。以財枉法相謝也，質也，請也。

購　古候切。以財有所求償。

賵　使吕切。以賣財卜問也。

貲　子离切。小罰以財自贖也，財也，貨也。

賨　在宗切。蠻賦也，税也。

賣　余六切。衒也。或作粥、鬻。

賣　古文。

贖　市燭切，又市注切。質也，以財拔罪也。

賙　之由切。給也，贍也，收也。

貴　居謂切。高也，尊也，多價也。

㞎　《説文》貴。

賻　扶句切。以財助喪也。

賵　孚鳳切。贈死也。

鳳　同上。

貽　弋之切。玄貝也。亦作詒。遺也。

睺　乎豆切。龍目,出南海。

贍　市豔切。周也,假助也。

賭　丁古切。賬也。

腝　於獻切。物相當。

賕　除碁切。余賕貝。

賒　卑遥切。貝居陸,賒也。

賵　竹几切。當也。

贇　於倫切。美也。

䐊　汝兖切。小有財。

豌　烏款切。豌賴,小財兒。

賴　乎管切。豌賴。

眩　胡狷切。今作衒。

胼　步田切。益也。

琛　丑林切。寶色。亦作琛。

賮　思徇切。益也。

賲　布老切。有也。亦作寀。粟藏。

賅　乎改、古才二切。奇也,非常也。亦作侅。

䏌　都勒切。今作得。

贇　婢世切。今作幣[1]。

峙　直几切。或作恃、庤。古文作時。

貫　古玩切。裝具也,穿也。今作貫。

賢　羊閉切。奄挐也。或作譄。

---

[1]　幣,原作"弊",據宋11行本改。

賝 力振切。貪也,難也。或作遴。

賝 力章切。賝,賦也。

賺 徒陷切。錯也,重賣也。

臉 力豔切。市先入。

䝓 思醉切。亦作粹。

䝮 眉巾切。本作錯,筭稅也。

賧 於兩切。無訾。

賮 山敬切。財。

賰 式尹切。賱賰,富有也。

賱 於尹切。賱賰。

䝼 姜魚切。賣也。

貯 知呂切。盛也,積也,福也,藏也。

臧 作郎切。藏也。

賊 子才切。

購 古候切。禀給。

賵 音綿。賵也。

賾 疾盈切。賜也。

贔 皮祕切。壯贔也。

䞨 才惡切。

腆 他典切。富也。

贔 平祕切。贔屓,作力也。

屭 虛器切。贔屭。

賧 徒感切。預入錢也。

販 方万切。賤買貴賣。

贄 脂利切。執玉帛也。亦作摯。

朧 良用切。貧也。又龍兒。

贘 先臥切。骨。

瞜 力侯切。貪也。

䫀 於敬、於庚二切。飾也。

賧 吐濫切。蠻夷以財贖罪也。

䚓 同上。

瞰 火監切。有賄瞰也。

𧴗 而晉切。牢也。

𧵽 音槻。𧵽錢。

䞓 丑政切。賣不得。

賶 士浪切[①]。

貯 音註。財貯。

𧴪 音朴。

𧷈 巨律切。

𧷎 音協。財也。

貼 天叶切。以物質錢。

貏 先筆切。分賑。亦邺字。

貶 烏邁切。貯貶也。

賊 昨則切。劫人也。

賮 方廟切。散匹帛與三軍。或俵字[②]。

賽 先再切。報也。

𧷛 市肺切。賦斂。

贋 五晏切。不直也。

䝵 火營切。貨也。

---

① 士浪切，宋11行本作“七浪切”。
② 俵，原訛作“裱”，據棟亭本改。

玉篇卷第二十六凡一十六部

羽部第四百九，凡一百二十三字。

羽　于詡切。鳥毛羽也。北方名，羽音，在冬時。又王遇切。

翬　居豉切。鳥翩也，鳥之强羽猛也。

𩙭　同上。

翡　扶畏切。鳥似翠而赤。

翠　七遂切。青羽雀，出南方。

翰　胡旦、胡干二切。飛也。又天鷄也。

翟　徒的切。山雉也。又樂吏之賤者。

翁　於公切。鳥頸下毛。又飛兒②。又老稱。或作頜。

────────────

① 第，原無，據例補。下諸“第”同。

② 又飛兒，原作“人飛兒”，據宋11行本改。

翅　升豉切。翼也。

𦐫　同上。

翄[1]同上。

翮　古責切。翅也,羽也。

翭　乎溝切。羽初生皃。

翹　祇姚切。尾長羽也,舉也。翹翹,遠羽皃。

𪁺　同上。

翩　諧革切。羽本也,羽莖也。

翑　巨俱切。羽曲也。又馬後足白。又俱禹切。

羿　胡計、牛計二切。羽也。又羿,善射人。

羿　《說文》羿。

翥　之庶切。飛舉皃。

翕　許及切。合也,斂也,聚也,炙也。

翖　同上。

翾　他臘切。翾翾,飛皃。

翚　許韋切。飛舉皃。

翏　力幼、力要二切。高飛皃。

翜　山立、山甲二切。捷也,飛疾也。

翩　匹然切。聯翩也。

翊　余力切。飛皃。亦輔翊。

翄　他盍切。高飛皃。

翄　尺之切。羽盛皃。

翱　午刀切。翱翔也。

翔　似良切。布翅飛。

---

① 翄,原訛作"嗣",據宋11行本改。

鷢　胡角切。鷢鷢,肥澤皃。

翌　胡光切。羽舞名。

翇[1]　分勿切。舞者所執也。

翌　亡綬切。今作舞。

翢　徒刀、他刀二切。纛也。

翪　子公切。竦翅飛也。亦作翪。

翪　力仙切。飛皃。

翿　徒到切。翿翳也。

翳翢　　並同上。

翛　先邀切。羽翼蔽皃。亦作毣。

翛　尸祝切。疾也。或作倐。又音蕭。

翑　呼榮切。飛皃。

翓　乎結切。飛上也。或作頡。

翩　匹仁切。飛皃。

翁　胡公切。飛聲。

翃　同上。

翍　許出切。飛走皃。

翍　許月切。翍翍,飛走皃。

翧　許元切。飛也。

翲　匹姚切。飛皃。

翃　胡萌切。蟲飛也。

翊　余勢切。翊翊,飛也。

翁　呼橫切。群鳥弄翅也。

翍　呼麥切。翁翍,飛皃。

---

①　字頭原訛作"翇",據棟亭本改。

翿　巨妖切。飛皃。

翢　奴坎切。翿下弱羽也。

翍　禹俱切。飛皃。或作翃。

翷　力仁切。飛皃。

翻　呼伯切。䎅也。

翽　胡桂切。六翮之末。

翬　同上。

翻　子登切。飛皃。

翈　胡甲切。羽翈也。

翜　所巾切。羽多皃。

翻　孚元切。飛也。

翵　布交切。五采羽。

翁　孚云切。翁翁,飛皃。

翍　普皮切。張也。亦作披。

翋　力合切。翋翋,飛皃。

翐　他合切。翋翐。

翍　力竹切。今作勠。

翼　余力切。翹也。又輔也,敬也,助也。

翊　同上。

翣　山甲切。翣也,見《禮記》。

翽　呼外切。翽翽,羽聲衆皃。

翦　子踐切。勤也,羽生也,采羽也,齊斷也。俗作剪。

翪　莊善切。鳥摯擊勢也。

翔　胡郎切。飛高下皃。或作頏。

翳　於計切。鳥名也,鳳屬也,屏蔽也,華蓋也。又障也。

翵　許堯切。或作鴞。

翻　思六切。飛皃。又飛聲。

翎　魯丁切。箭羽也。

鸅　音孚。細毛。

翩　許延切。飛皃。

飛　古文飛字。

翍　巨移切。羽也。

翀　直中切。飛上天。

翐　丑俱切。飛皃。

翾　音宣切①。飛皃。

翑　巨何切。飛皃。

翃　纖牛切。急也。

翇　芳好切。

翀　尺勇切。羽。

翶　丑卯切。毛多也。

玕　五板切。飛皃。

翌　五秦切，又音廷。

翈　魚典切。飛皃。

翇　火卯切②，火亂切。

翀　初已切。飛皃。

翄　音亥。飛皃。

翴　匹本切。飛皃。

翁　音消。

翄翄　二同。羊制切。飛皃。

翗　苦到切。

---

① 切，疑衍。

② 卵，原作"夘"，據宋11行本改。

𦐿　於劒切。

𦑈　音童,又達貢切。飛皃。

𦒞　呼爛切。飛皃。

𦑝　匹各切。飛。

𦑊　初六切。

𦒂　音臘。飛皃。

𦐔　音澀。飛皃。

𦑒　音秩。飛皃。

𦑋　音聿。飛皃。

𦒄　芳滅切。

𦑧　芳逼切。飛。

𦑨　音插。飛皃。

𦐹　女法切。

𦑍　許劣切。小鳥飛。

𦒉　許緣切。小飛皃。

飛部第四百十,凡三字。

飛　方違切。鳥翥。

𩙣　余力切。籀文翼字。

䎐　孚元切。飛也。亦作翻。

習部第四百十一,凡三字。

習　似立切。飛也,串也。又《詩》云:習習谷風。

翫　午亂切。習也,翫也。又貪悅也。

𦑡　盧合切。𦑡欱,不滿皃。

卂部第四百十二,凡二字。

卂　思進切。疾飛也。亦作迅[1]。

① 作,原訛作"竹",據宋11行本改。

煢　具營切。單也，無兄弟也，無所依也，憂思也。或作惸、嫏。

非部第四百十三，凡六字。

非　方違切。不是也，下也，隱也，責也。

靡　眉彼切。無也，好也，罪累也。靡靡，布帛之細好也。又侈靡，奢侈也。

棐　孚匪、孚利二切。別也。

靠　口告、巨篤二切。靠，理相違也①。

陫　方奚切。陫，牢也，所以拘罪人也。

棐　在臘切。惡也。

不部第四百十四，凡三字。

不　甫負、府牛二切。鳥飛上翔不下來也。又弗也，詞也。

丕　古文。

否　方久切。可否也。又彼偽、符彼二切。

至部第四百十五，凡一十字。

至　之異切。極也，通也，善也，達也，大也，到也。

坙　古文。

到　多報切。至也。

臻　側巾切。至也，及也，聚也，衆也。

臺　徒來切②。四方高也，閣也。

臮　烏解切。舍也。

臷　丑利切。忿戾也。

臸　才遁切。古人名。

臷　而力、而吉二切。到也。

蟄　音窒。

---

① 《玉篇校釋》謂當作“靠，理也，相違也”。
② 徒，原訛作“往”，據宋11行本改。

毛部第四百十六,凡七十八字。

毛　莫刀切。眉髮之屬也。

毦　而勇、而允二切。衆也,聚也。

毨　同上。

乾　胡旦切。長毛也,獸毫也。

毨　先殄切。毛更生也。又整理也。

毭　莫昆切。以毳爲罽也,數也。

氎　徒叶切。毛布也。

毲　同上。

氈　之延切。毛爲席。

毷　大幺切。毷毸。或作翢、鴟。

毸　先幺切。毷毸。

毿　他臘切。毿毽,席。

毽　都能切。毿毽也。

毰　扶殄切。毰毸[1],毛氄也。

氄　扶木切。毰氄也。

氀　力于切。毛布也。亦作氀。又力主切。

毬　巨俱切。毬毺,毛席也。

氍　同上。

毺　山于切。毬毺。

氀　同上。

毱　大當切。毱耗,罽曲文者。

耗　仁志切。以毛羽爲飾。

毼　子凶切。毼氍罽。

---

① 毰毸,原作"毸毰",據宋11行本改。

氀 几例切。方文者。亦作毼、氉。

毰 女紅切。髮多。亦作髳。

毱 如羊切。被髮。亦作鑲。

氂 力才、力咨二切。强毛也。亦作氂、綝[1]。

毫 胡刀切。長毛也。

氋 力葉切。亦作鬣。

毢 芳俱切。毢氂也[2]。

氁 古牙切。氁毠,胡衣也。

毠 所加切。氁毠。

毰 思録切。毰毸氀也[3][4]。

毸 人鍾切。毰毸也[3][4]。

氌 方云切。氌頭[5],氀。

毭 音豆。氌也。

毨 思連切。毨毹氀。

毹 之移切。毨毹也。

氊 子姚切。兜鍪氊。

氛 孚云切。毛落也。

毷 布莽切。毷氀,方文者。

毣 來丁切。長毛也。

氃 胡割切。氀也。

氉 力外、力拙二切。色斑。

毸 他臥切。落毛也。

---

① 綝,原作"綠",據棟亭本改。
② 毢,原訛作"乳",據澤存堂本改。
③④ 毰,原訛作"氊",據宋11行本改。
⑤ 氌頭,疑當作"氌毭",《博雅》作"氌毭"。

氊　妨非切。紛。

毿　先含切。毛長兒。

毥　女於切。犬多毛。

毬　巨尤切。毛毬也。

毺　音搜。氍毺,織毛。又素侯切。

毹　同上。

毧　音戎。細毛。

被　音披。毛也。

氈　汝占切,又音藍。氈毿。

毿　女庚切。犬多毛兒。

毰　博回切。毰毢,鳳舞兒。

毢　蘇來切。毰毢。

毰　思巡切。毛。

氃　於景切。

毻　湯果切。

毯　他敢切。氈毯也。

㲊　中板切。毛初生。

氅　昌兩切。鷲毛[1]。

毜　奴帶切。耗毜,多毛。

耗　布蓋切。耗毜。

毸　蘇到切。毛。

毹　傷遇切。毛毹也[2]。

毰　居拜切。細毛也。

氎　音謁。多毛。

―――――――――――――――

① 鷲,原作"秋鳥",據棟亭本改。
② 毹,原訛作"越",據棟亭本改。

毱　巨六切。毛也。

毬　音闥。毛毬。

毥　音辱。毽毥。

毨　多則切。毛少也。

罞　亡角、莫卜二切。思兒。一曰毛濕也。

毢　同上。

尭　籕文禿字。

氂　音毛，又音犛，又音貓。

毢　七芮切。斷也。亦作毻[①]。

毳部第四百十七，凡二字。

毳　齒芮切。罽衣。又毛之細縟。

氄　芳非切。紛也。

冄部第四百十八，凡一字。

冄　而琰切，又而鹽切。毛冄冄也，行也，進也，侵也。亦作冉。

而部第四百十九，凡二字。

而　人之切。語助也，乃也，能也。又頰之毛曰而。今作髵。

耐　奴代切。能也，任也。《說文》曰：辠不至髡也。

角部第四百二十，凡一百六字。

角　古岳切。獸頭上骨出外也。男女未及冠笄爲總角。又角力也。

觘　許元、先芮二切。揮角兒。又亭名。

觮　力的、力木二切。觮得，縣名。

腮　先來切。角中骨。

觠　居轉切。曲角也。又音權。

觢　之勢切。一角仰也。或作挈。

---

① 毻，原訛作“毻”，據棟亭本改。

觟 同上。

觬 午兮切。角不正也。又縣名。

觭 丘奇、居倚二切。牛角一俯一仰[1]。

𧢦 除倚切。角中。

觓 奇幽、居幽二切。角皃。

觩 同上。

觕 仕角切。《説文》：角長皃。

捔 助角切。攙捔也。又古樂切。

𧢲 同上。

觲 思營切。角弓調利也，用角便也。

𧣩 居月切。角有所觸發。

觸 昌燭切。牴也，據也[2]。

牬 同上。

𤛈 古文。

舩 職容切。舉角也。

觥 古缸切。舉角也。

衖 仕庚切。牛角長竪皃。

衡 乎庚切。橫也，平也，斤兩也，持牛令不牴也，衡門橫木也。
　　又盱衡[3]，舉眉揚目也。

奐 古文。

𧣪 丁丸切。角𧣪，獸似豕。

𧣫 竹加切。𧣫拏，獸也。下大也，角上長也[4]。或作夅。

---

① 俯，原訛作“府”，據宋11行本改。
② 《玉篇校釋》謂“據也”當作“挶也”。
③ 平、盱，原訛作“乎、肝”，據棟亭本改。
④ 《篆隸萬象名義》作“角上張也”。

觢 同上。

觙 嫣彼切。角不齊也。或作鞁。

觡 居額切。麋角有枝曰觡,無枝曰角。

觜 子移切。觜蠵,大龜也。又星名。又子鬼切。

觿 許規切。形如錐,以象骨爲之,以解結也。

觥 古橫切。兕角爲罰酒爵。

觵 同上。

觶 之豉切。酒觴也。

觗觗　二同上。

觴 式羊切。飲器也,實曰觴,虛曰觶。

觴 籀文。

觚 古胡切。禮器也。

解 諧買、居買二切。緩也,釋也,説也,散也。又諧懈切,接巾也。又古隘切,署也。《吳都賦》云:解署綦布。言非一。

觬 欣奇、欣元二切。角匕也。

觷 乎的切。以角飾筴本末也[1],伏崗角也。

觼 古穴切。環之有舌者。或作鐍。

觿 同上。

觻 女卓切。調弓也,摩弓也。

觸 同上。

觿 方吠、扶沫二切。射收繳具。

觔 同上。

觳 胡族切。盡也,盛酒卮也,族也。

觷 有勿切。角可以吹。又卑溢切,觷沸濫泉。或作潏。

---

[1] 《玉篇校釋》改作"以骨飾策本末也"。

觷　同上。

觺　五其、牛力二切。觺觺猶岳岳也。

觲　丑列切。角也。

斝　楚加切。觲也。

觔　徒兮、丁兮二切。國名。又觔觺也，角不正也。

觷　口角切。治角也。或作礐。又音學。

觼　居小切。角不正。

觻　力悠切。角不正。

觖　窺瑞、古穴二切。觖望猶怨望也。

觸　女卓切。握也。

觺　在兀切。角初生。

觲　方迷切。橫角牛。

觟　渠語切。雞觟，或作距。

觟　同上。

觟　胡瓦切。角兒。

觝　丁礼切。觸也。或作牴。

觛　胡本切。古楎字。

觟　莊限切。亦作㻤。

觟　徒和切。牛無角。亦作牠。

觟　丈爾切。獸名。

觟　彼妖切。亦作鑣。馬銜也。

觟　所巾切。二十枚也[1]。

觟　阻立切。牛多角。又角堅兒。或作戢。

觟　自尤切。雎射收繳具[2]。

---

① 二十枚，原作“一十枚”，據棟亭本改。
② 具，原作“角”，據棟亭本改。

觬　女隔切。角似雞觬。

觘　叉校切。角匕也^①。

觍　音鰥。角兒。

觓　似秋切。角。

觛^②　音喧。揮角。

觟^③　巨炎切。觜也。

觓　音訛。角也。

舵　音陀。

觰　音談。

觩　止尤、治尤二切^④。龍角。

觺　音杷。角曲。

觻　力兮切。角。

觤　音宜。角。

觺　仕咸切。角兒。

觓　音喧。角毛。

觓　音覃。角。

觩　多改切。角心也。

觺　音獷。角刺。

觛　丁但、丁爛二切。小卮也。

觎　音銑。角也。

觓　許記切。好角也。

觘　丑戾切。

---

① 匕，原作“上”，據棟亭本改。
② 字頭原訛作“觛”，據宋11行本改。
③ 字頭原訛作“鮎”，據宋11行本改。
④ 二，原作“一”，據棟亭本改。

觰 多改切。

艦 音監。

觛 音霸，又音巴。

觩 音四。角。

觕 初角切。

骼 音梏。治象牙。

觓 紀劣切。角觸。

觵 古獲切。今作楅[1]。

皮部第四百二十一，凡四十一字。

皮 被奇切。剥得獸革也，强取也。

篊 古文。

𠬶 籀文。

皯 古但、古旦二切。面黑氣也。

皽 之善切。皮也。

皸 居云切。足坼裂也。

皰 步孝切。面皮生氣也。

皺 力盍切。皺皴，皮瘦寬兒。

皺 都闊切。寬皮兒。

皵 思亦切，又七亦切。皺皵也，木皮甲錯也[2]。今作楷。

皺 布角切。皺皱，皮起也。又步角切。亦作皴。肉膹起也。

皴 扶卓切。皮起也。

䩺 無阮、無願二切。皮脱也[3]。亦作腕。

皵 千胡切。皵皵也。今作麁。

---

① 楅，疑當作"摑"，建安鄭氏本作"摑"。
② 木，原訛作"未"，據棟亭本改。
③ 皮脱，原作"皮悦"，據棟亭本改。

皸　胡官切。皷皸，箭器也。病也。

皵　他活切。皮剥也。

皵　楚累切。粟體也。

皷　亡忍切。皮理細皷皷。

皽　莊加切。皰也。今作皅。

皼　徒木切。所以貯弓。或作韇。

皴　七旬切。皵也。

皺　於亮、於明二切。青皃。

皸　徒古切。桑白皮也。今作杜。

皯　乎旦切。射皯。或作捍。

皵　扶分切。鼓也。

皮　音披。器破。

皶　口咸切。

皷　奴版切。慙而面赤。今作𩑶①。

皸　吉典切。皮起也。

皺　側救切。面皺也。

皺　俗。

皵　乎遘切。石蜜膜。

皽　音荅。皮寬也。

皺　丑革切。皺皺也。

皶　居質切。黑皶也。

皺　苦角切。𩲖皺，皮乾皃。

𩲖　乎角切。𩲖皺。

皸　匕吉切②。皮也。

---

①　𩑶，原作“皼”，據宋11行本改。
②　匕吉切，原作“七吉切”，據棟亭本改。

皴　爭義切。皴皺,皮不伸。

皴　七絶切。皮斷也。

韠　畢吉切。畫韋曰韠。

鼗部第四百二十二,凡四字。

鼗　而兗切。柔皮也,韋也。亦作㽰、㽰。

𩏛　籀文。

𩏛[1]　子徇切。羽獵韋袴。

㽰　而冢切,又人尹切。亦作㽰、㽰。

革部第四百二十三,凡二百字。

革　居核切。猶皮也,去毛也,老也,改也。

革　古文。

鞟　去郭切。皮去毛。

鞈　力各切。生革縷。

鞄　普角、步教二切。柔革之工也。

鞋　禹愠、沉萬二切。作鼓工也。或作鞾。

鞣　如周切。乾革也。

靼　多達、之列二切。柔革也,鼗也。

韃　同上。

鞼　古回、巨位二切。繡革也。亦作鞼[2]。

鞏　居壟切。固也,以革有所束也,以火乾物也。或作巩。

靸　先盍切。履也。或作靸。

鞶　步安切。大帶也。

鞔　莫安、亡阮二切。履空也。

鞮　丁奚切。單履也。

---

① 字頭原訛作"𩏛",據棟亭本改。

② 鞼,原作"鞼",據棟亭本改。

鞝　午唐切。絲履也，鞻屬。

鞅　公洽切。鞻屬。

鞻　所綺、所解二切。鞻屬。

鞡　同上。

纚　同上。

鞵　胡街切。革鞵也，革底麻枲。

鞋　同上。

靪　丁冷切。補履下。

鞠　居六切。推也，告也，養也。

籟　同上。

鼗　徒刀切。如鼓而小，有柄，賓主搖之以節樂也。

鞉　同上。

鞔　於元切。量物之鞔也，抒井鞔也。又於阮切。

鞘　同上。

鞞　布頂切。《詩》曰：鞞琫容刀。上曰鞞，下曰琫也。劍削也，刀室也。又毗移切。

鞛　必孔切。刀下飾。亦作琫。

鞎　乎恩切。輿革前。

軜　革虆切。軾中靼也。

鞇　同上。

靷　同上。

鑚　子完切。車衡三束也。或作轤。

韅　同上。

鞪　亡斛切。曲轅束也。亦作桽。

鞑　皮畢切。車束也。

鞃　之二切。蓋杠絲也。

鞋　同上。

鞈　於合切。鞻鞈也[1]，籠頭繞者。

靶　布訝切。鞻革也。

韅　呼見切。鞈在背。

韁　同上。

鞓　丑井切，又丑善切。騎具也。

鞟　古緩切。車鞁具。

鞀　徒鬭切。車鞁具[2]。

靷　余振切。以引軸。

轅　籀文。

靳　居覲切。固也，當膺也。又戲而相愧曰靳。

鞲　布各切。車下橐也[3]。或作轉。

軒　宇夫切。鞟内環鞜也。

鞅　於合、於刧二切。車上具也。

鞨　知劣切。車具也。

鞌　惡丹切。馬鞌。亦作鞍。

鞋　如用切。毳飾也，革也。或作緕。

鞉　同上。

靮　佗簟切。鞌靮也。

鞈　公洽、公帀二切。橐也，以防捍也。

勒　理得切。馬鑣銜也，刻也。

鞔　亡善切。勒、粗、鞔，係也。

靮　同上。

---

①　鞈，原作"鞻"，據澤存堂本改。

②　鞁，原作"靫"，據澤存堂本改。

③　棟亭本作"車下索也"。

鞭　卑綿切。箠也，馬策也。

鞙　胡畎切。大車縛軛靼也。

靲　呼結切。繫牛脛。

鞅　於兩切。頸靼也，強也，對心也。

靲　巨今切。靲鞻也。

鞬　居言切。以藏矢。

韃　同上。

韇　徒木切。以藏矢。或作韥。

韄　乎故切。佩刀絲也。又於虢切。

鞣　思危切。窒邊帶。

鞚　口送切。馬勒也。

䩯　居力切。急也。亦作亟。

鞻　力鉤、力豆二切。鞮鞻氏，掌四夷之樂官也[1]。

靾　以勢切。以馬贈亡人[2]。

鞇　於人切。亦作茵。車中重席。

鞗　他帀切。鞻也。

鞪　補目切。絡牛頭。

鞜　先各切。鞜鞻，履也。鞜之缺前雍。

鞻　大各切。鞜鞻，履。

鞧　呼突切。急擷。

韞　於候切。胡矛。

鞚　右律切。

鞍　大阿切。馬鞍也。

鞦　古狎切。鞦鞡，履。

----

① 官，原作"宮"，據棟亭本改。
② 亡，原作"忘"，據棟亭本改。

鞦 所加切。

鞳 徒東切。靫具飾。

靯 他古切。靯鞳,鞄。

鞳 步谷切。靯鞳也。

䩐 牛格切。履頭也。

靫 楚崖、楚加二切。箭室也。

鞏 口間切。堅也。

鞁 乃米切。彎垂皃。

䪐 徒外切。補具飾。

䩊 似足切。鞭也。

鞪 呼角切。急束也。

韔 持亮、丑亮二切。弓發也[1]。亦作韔。

䩱 皮祕、房福二切。車䩱。亦作紑、䩱、軙。

鞴 同上。

鞎 巨支切。轂飾。亦作軝。

䩞 所力切。車籍支革也。亦作䩞。

鞽 起蹻切。亦作橇。

鞧 七流切。今作緧。

韁 居羊切。馬緤。亦作繮。

靴 盱戈切。鞁也。亦履也。

鞾 同上。

鼖 扶分切。鼓也。或作鼖。

紳 尸仁切。革帶。亦作紳。

繶 於力切。五綵絲條履下也。或作繶。

鞿　荆猗切。䩛也。亦古文羈字。絡頭也。

䩹　居委切。角不齊。

鞳　胡加切。履跟。亦作鞎。

鼓　姑户切。今作鼓。

瞽　籀文。

鞜　思亦切。履也。亦作舄。

韠　爲逼切。羔裘縫。亦作絨、韍。

輸　與朱切。餘也，孹也。

縿　所銜切。旌旗旒也。亦作縿。

毿　同上。

韇　除雷切。今作胄。

鞢　之逝切。刀鞞。

鞢　大嬾切。馬帶也。

鞙　於院切。履也。

靮　丁狄切。韁也，所以繫制馬。

儵　大幺切。彎也。亦作鎣。

鞪　古核切。靶也，勒也。亦作革。

鞙　同上。

韊　力丹切。藏弩矢服也。亦作闌。

鞕　牛更切。堅也。亦作硬。

鞿　居衣切。韁在口。

鞪　莫佳切。鞋也。

鞓　他丁切。皮帶鞓。

鞓　同上。

鞘　音宵。鞭鞘。

鞦　音羊。馬頭上䩮。

韃　去戰切。霽帶韃。

鞫　其俱切。兵器也。

韉　音牋。鞍韉也。

韉　同上。

軒　居言切。乾軒。又去汙切，盛矢器，著弓衣。

韝　恪侯切。射韝，臂捍也。又古侯切。

鞣　速侯切。軟皮也。

鞣　同上。

韉　盧紅切。韉頭也。

鞋　户皆切。履也。

鞈　音夷。

鞣　而庾切。鞋鞣也。

鞮　音提。常也。

鞄　步包切。

鞦　七由切。車鞦也。又鞦韆，繩戲也。

韆　音遷。鞦韆。

鞛　布剛切。鞛鞋。

鞞　布剛切。鞋革皮。

鞋　符容切。鼓聲。

鞝　音掌。扇安皮。

鞍　初九切。鞍束也。

韄　同上。

韸　方奉切。軍器也。

靦　奴典切。車靦也。

鞡　布頂切。

鞁　徒果切。履跟緣也。

鞣 同上。

鞞 步禮切。

鞃 方奉切。軍人皮。

韼 古孔切。生皮也。

靾 余制切。以鞏贈亡人也。

鞠 於孝切。靴鞠也。

靽 音半。與絆同。

韜 奴到切。

鞹 音槐。鬼布。

鑱 士咸、士陷二切。鞍鑱。

鞧 私潤切。

鞙 許願切。履鞙也。

鞟 旨羊切。鞟泥也。

鞛 匹革切。靜也。

靺 亡達切。靺鞨，蕃人，出北土。

鞨 胡葛切。靺鞨。

鞝 音養。治皮。

鞁 皮彼切。鞍上被。

鞮 除利切。履底。

鞮 都計切。鞮鞋也。

鞴 音步。韒也。

韉 以佳、以貴二切。

鞢 思叶切。鞊鞢，鞍具也。

鞴 音伏。箭鞴。

鞠 居竹切。間鞠也。

鞣 所責切。堅硬。

韝　音榻。兵器。

鞊　音詰。

韤　亡伐切。屬韤也。

鞊　火結切。急繫也。

鞢　音室。刀鞢。

鞳　他合切。兵器也。

鞃　戶犬切。車鞃也。

鞅　音決。

鞤　扶封切。

鞲　素回切。鞲鞍皮。

鞕　戶犬切。刀鞕也。

韋部第四百二十四，凡五十八字。

韋　于非切。《説文》曰：相背也。獸皮之韋可以束，枉戾相韋背。
　　又姓。

韋　古文。

韠　卑蜜切。所以蔽前也。

靺　莫慨、莫拜二切。茅蒐染草也。又東夷樂。

靺　古文。

韢　詞季、在芮二切。囊網也[1]。

韜　他刀切。義也，寬也，劍衣也。又韜杠也。

韝　古侯切。結也，臂沓也。

韘　尸涉切。決也，指沓也。

韔　他亮切[2]，又持亮切。弓衣也。

韣　徒木切。弓衣也，韜也。又尺欲切。

---

① 棟亭本作"囊紐也"。
② 他，棟亭本作"丑"。

韐 胡加切。履根。亦作鞎[1]。

韣 大卯切。履後帖。

韤 亡發切。足衣。亦作袜。

韝 扶豆切,又扶武切。尻衣。又作韛。

韏 九萬切。中片也,詘也,曲也。

韢 子由、似由二切。收束也,堅縛也。亦作韝、揫。

韤 同上。

韍 甫勿切。今作市。

韎 蘇納切。屩也。亦作靸。

韐 古荅切。韎韐也。亦作帢。又古洽切。

韞 於昆切。赤黄之間色也,裹也。

韗 吁萬切,又于問切。靴也。

韟 呼斂切。胡被也。

韖 奴荅切。韖叐也。

韌 如吝切。柔也。又作肕。

韥 巨貴切。韥緝也。

韙 同上。

韛 布古切。車下韛。

韠 同上。

韡 同上。

韛 皮拜切。韋橐也,可以吹火令熾。亦作橐。

韍 皮祕切,又扶卜切。車軾也。

韂 尺廉切。韂屏也。

韄 於白切。韄韡,刀飾。

① 鞎,原作"鞎",據楝亭本改。宋11行本作"蝦"。

韢　素回切。

韄　直白切。韄韄也。

韏　芳袁切。群韏也。

韇　音夊。韇韇。

韑　于非切。束也。

韍　于非切。戻韍。

韗　口恩切。束。

韢　徐醉切。囊組名。

韒　私妙切。刀鞘也。

韀　音注。皮袴。

韍　平祕切。車軾也。

韗　虛願切。作鼓工。赤韗[1]。

韏　居願切。

鞠　巨竹切。裹也。

韨　音圻。

韐　音苔。

韎　音域。裘也。

韡　下瞎切。

韍　音弗。引棺繩。

韎　音亦。

鞄　步交切。

韜　音祕。弓紲也。

韝　都盍切。熱韝韝。

玉篇卷第二十七凡七部

糸部第四百二十五，凡四百五十九字。

糸　亡狄切。細絲也，微也，幺也。

𢇇　古文。

繭　古殄切。蠶繭也。

絸　古文。

繅　先刀切。繹繭出絲也。又子老切，雜文也。

繰　同上。又子老切，帛如紺色也。

線　古文。

繹　以石切。陳也，抽絲也，理也，終也，大也。

緒　似吕切。絲端也。

緬　彌善切。微絲也，思兒也，輕也。

絈　同上。又亡結切，細也。

純　市均切。絲也，美也，大也。又之閏、之允二切，緣也。又徒
　　損切。

---

① 第，原無，據例補。下諸"第"同。

綃 思焦切。生絲也,素也,緯也。

綶 口皆切。大絲也。

絖 呼光切。絲曼延也。

紇 戶結、下没二切。絲下也。《左氏傳》有臧孫紇。

絓 胡臥切。止也,有行礙也,懸也,持也。

紙 丁兮切。絲滓也。

爍 余灼切。絲色也。

繀 先對切。繀車,亦名繀車,亦名軝車,著絲於笒車。

經 古丁切。常也,經緯以成繒帛也,法也,義也。

織 之力切。作帛布之總名。又之異切,織文錦綺之屬。

絿絋 　並古文。

紝 如林切,又女林切。機之縷也。

絍 同上。

綜 子宋切。持絲交。

綹 力九切。緯十絲曰綹。

繢 丘謂切。紐繢也。

緯 于貴切。橫織絲。

紀 居擬切。十二年也,緒也,絲別名也。天有五紀:歲、月、日、
　星辰、歷數。

緷 古本切。大束也。

繈 居兩切。錢貫也。

纇 力對切。絲節不調也。

紿 徒愷切。疑也,欺也。

納 奴荅切。内也。或作衲、靹。

紡 孚往切。紡絲也。

絕 才悦切。斷也,滅也,最也。

鑑　古文。

續　似録切。繼也，連也。又似屢切。

纘　子卵切。繼也。

緂　徐翦切，又昌善切。偏緩也。

紹　市沼切。繼也，急糾也。

縚　古文。

綖　他丁切。緩也。

綎　同上。

縱　子容切。縱橫也。又子用切，恣也，放也，緩也，置也。

紓　式居切。緩也，解也。或作舒。

緛　如延切。絲縈也。

紆　於于切。曲也，詘也。

絚　胡冷切。直也。

縆　同上。

繙　扶元切。冤也。

纖　思廉切。細小也。亦作繊。

細　思計切。微也，小也。

緢　莫交切。旄絲也。

縒　且各切。參縒也。亦作錯。

紊　亡慍切。亂也。

縮　所六切。退也，止也，蹙也，亂也。

級　几立切。階級也。又次第也。

緅　几足切。纏也，連也。

綢　直留切。綢繆也，纏綿也。又他刀切。

總　子孔切。合也，聚束也，皆也，結也，衆也。

約　於略切。少也，儉也，薄也，束也，纏也。又於妙切。

纏　除連切。約也。

繞　而小切。纏繞也。

紾　徒展切。紾，轉也。又音軫。

繯　于善切，又于串切。環也。《說文》：落也。

辮　步殄切。交也。

縎　古忽切。結不解。

結　古姪切。要也。

締　徒計切。結不解。

繃　彼萌切。束也。

縛　扶玃切。束縛也。

絿　巨周切。急也。

絅　古營切。引急也。

纜　力臥切。相足也，不剚也，不均也。

給　居及切。供也，備也，足也。

綝　丑林切。善也，止也。

繹　市一[1]、布結二切。止也，冠縫也。

紌　巨周切。引急也。

緤　似接、子立二切。蠻夷貨也。

終　之戎切。極也，窮也，死也。

𣧑　古文。

紈　胡端切。累也，結也。

繒　似陵、似登二切。帛也。

絩　他叫切。綺絲之數也。

綺　袪技切。有文繒。

_____

① 市一，棟亭本作“布一”。

縠 胡木切。細纏也,紗縠也。

縑 古廉切。絲繒也。

縋 直轉切。《爾雅》曰：十羽謂之縛也。

縛 上同。

綈 徒兮切。厚繒也。

縞 古到、古倒二切。練也,白色也。

練 力見切。煮漚也。

紬 除留切。大絲作。

纚 始移切,又思移切。粗細經緯不同者。

纚絁 並同上。

綮 苦禮切。緻繒也,戟衣也。

綾 力升切。文繒也。

繡 思又切。五綵備也。

絹 胡貴切。絹,緒也。

縵 莫旦切。大文也。

繪 胡檜切。五彩畫也。

絢 許縣切。遠也。又文皃。

約 同上。

縷 且兮切。文皃。

絑 莫禮切。畫文若聚米。

絹 居掾切。生繒也。

綠 力足切。帛青黃色也。

縹 匹妙切。青白色。

絹 余祝切。青經白緯也。

絑 之俞切。純赤也。

纁 許軍切。淺絳也。

綴　知衛切。緝也。

紶　式出切。絳也，紩也。

絳　古巷切。赤色也。

綰　烏版切。貫也，羂也。

繜　子爌切。帛赤白。

緹　他禮切。帛赤色也。又音提。

綪　千見切。染草名。

縓　七絹切。紅也，赤黃也。

紫　子爾切。色也。

紅　胡公切。色也。

緫　千公切。青白色也。

紺　古憾切。深青也。

綨　巨箕切，又巨記切。雜文也。

綦　同上。

緇　側其切。黑色也。

紂　同上。

緂　他敢切。騅色。今作菼、毿。

纔　初衛、仕緘二切。雀頭色也，微黑色也。又疾來切。

綟　力計切。綠也。或作莀，草名。

紑　孚負、孚浮二切[①]。鮮絜皃。

綊　他甘切。衣綵色鮮也。又衣皃。

繻　汝俱切。細密之羅也，綵也。又思俱切，帛邊也。古者過關以符，書帛裂而分之，若今券也。

縟　如欲切。飾也。

---

① 二，原作"一"，據宋11行本改。

纚　山綺切。冠纚也。又颯纚，長袖皃。

縰　同上。

紘　爲萌切。冠卷維也，冠飾也。

綋　同上。

緉　於兩切。纓也。

統　丁敢切。冠垂也。

纓　於成切。冠系也。

緌　而佳切。繼冠纓也。

緄　古本切。織成章也，繩也。

紳　式真切。大帶也，束也。亦作䋨。

縓　宜戟切。紱綬也，綬絲也。

繟　充善切。繟帶也，寬綬也。

綬　時帚切。組也，綸也，紱也。又音售。

緺　古華、古蛙二切。綬紫青色也。

組　子古切。其小者可以爲冠。

纂　子綬切。組類也。

繤　同上。

紐　女九切。結也，束也。

綸　力旬切，又公頑切。綬也，緩也。又寬也。

綎　大丁切。絲綎綬也。

綧　同上。

綄　胡官切。綄，綬也。

暴　布各切。領連也。亦作襮。

繐　思惠切。細布也。

緦　同上。

紟　巨今、巨禁二切。單被也，結衣也。亦作衿。

繪　籀文。

緣　余泉切。媚也，因也。又余絹切，邊緣也。

綺　口故切。脛衣也。又絆絡也。

緥　布老切。小兒衣。亦作褓。

緷　子昆切。布衣名。

襆　布木切。裳削幅也。亦作襆。

緺　布何切，又怖靡切。水緺錦文也。

縧　他刀切。纓飾也。

緟　除恭切。增也，疊也，益也，複也。或作褈，今作重。

纕　思羊切。帶也，後臂也，收衣袖纕。

繲　允恚、胡卦二切[①]。維紘中繩也。

縜　于貧切。維持繩紐細者。

絨　于月切。綵繐也。

紃　囚遵切。絛紃也。

綅　思廉切。綫也，縫綫也，黑經白緯也。

紻　胡玦切。縷一枚也，褧也。亦作祄。

縷　力主切。貧無衣，醜弊也。

綫　思箭切。可以縫衣也。

線　同上。

縫　扶恭切。以針紩衣也。又符用切。

緝　且立切。縫也。亦作緝。

緅　同上。

紩　持栗切。縫衣也。又納也，索也。古作鉄。

繷　如充切。衣襞也，縮也，減維衣也。

繕 市扇切。補也,持也,善也。

紲 思列切。堅也。

纍 力隹切。繫也,綸也,得理也,黑索也。又力僞切,延及也。又力捶切,十黍也。亦作絫。

累 同上。

縭 力支切。緌也,介也,帶也。

繄 於兮切。青黑繒。

縿 所銜切。旌旗之游也。

縏 方結切。編繩也,劒帶也。

徽 許非切。美也,善也,琴張弦也,大索也。

紉 女巾切,又女鎮切。繩縷也,展而續之。

繩 市升切。索也,直也,度也。

䋲 同上,俗。

縈 於營切。旋也,收卷也。

縋 直僞切。懸索也。

絭 袪綬切。玉臂繩[①]。

緘 古咸切。束篋也,索也。

縢 達曾切。繩也,約也。

編 卑緜切,又必典切。編織也。繩編以次物也,連也。

維 翼隹切。紘也,繫也,隔也。

紱 扶福切。車紱也。亦作鞴、軷[②]。

紅 之成切。乘輿馬飾也。

綊 胡篋切。緁也。

繁 扶元切。多也,盛也。又音婆,姓也。

---

① 玉臂繩,未詳,宋11行本作"臂繩",楝亭本作"攘臂繩"。
② 車紱,原作"車紙",據楝亭本改。軷,原訛作"軾",據宋11行本改。

綒 扶元切。馬髦飾。

絥 同上。

繮 居羊切。馬縤也。

紛 孚云切。乱也，緩也，馬尾韜也。

紂 除柳切。馬緧也。

緧 七由切。牛馬緧也。亦作鞧。

緅 同上。

絆 補畔切。羈絆也。

絈 先酒切。絆前兩足也[1]。

紖 直忍切。索也。

繰絍　並同上。

縼 夕絹切。以長繩繫牛馬放之。

綐 余至切。重也。

縻 亡爲切。牛縻也。

繵 亡北切。索也。

纆 同上。

絥 弋宰切。彈彄也，弦也。又解繩也。

絏 思列切。馬韁也，凡繫縲牛馬皆曰絏。

緤 同上。

緪 公曾切。急也，駃疾也。或作搄。

繘 居律切。綆也，用以汲水也，索也。

綆 古杏切。汲繩也，繘也。

绠 同上。

繳 之若切。繒矢躲也，生絲縷也，繳也，纏也。

---

① 足，原訛作"尼"，據棟亭本改。

繳　同上。

罼　北激切。罥也。今作翻車網以捕鳥。或作羉。

綤　芳主切。治絮也。

緡　亡巾切。絲緒鉤繳也，施也。

紙　支氏切。蔡倫所作也。

絮　思據切。敝緜也。又丑慮切，調和食也。

絡　力各切。繞也，縛也，所以轉簍絡車也。

絮　女於切。縕也，塞也。或作袽。又女下切，縿絮，相著皃。

纊　苦浪切。細緜也，絮也。

絖　同上。又八十縷也。

繫　古詣、口奚二切。約束留滯也，惡絮也。又胡計切。

繲　力奚切。繫繲也。一曰絓繲也。

紕　七利切。績也，所以緝也。

紑　豐扶切。粗紬也。

緝　七入切。績也，續也。亦繏也。

績　子狄切。緝也。

纑　力乎切。布縷也。

綌　去逆切。粗葛也。

絺　丑飢切。細葛也。

縐　仄又切。縐布也，纖也。

絀　同上，俗。

絟　七全切，又千劣切。細布也，葛也。

紵　丈呂切。麻屬，所以緝布也。

綧　古文。

緦　音思。三月服也，布也。

緆　先狄切。治麻布也。亦作裼。

緰　大侯切。布也。

縗　七回切。喪服也。

絰　徒結切。麻帶也。

緶　婢連切。交枲縫衣也。

絘　乎瓦切。屝屣也。

絜　公節切。結束也，清也。

紨　方孔切。枲履也，小兒履也。

緉　力掌切。絞也，履緉頭也。

絣　方莖、方幸二切。無文綺也。

縕　於忿切。枲也，舊絮也，緜也，亂也。

紼　甫勿切。引棺索也，車索也，亂麻也。

綍　同上。

紼　同上。

緉　所兩切。履中絞。

紕　必二、扶規二切。冠緣邊飾也。又匹毗切[1]，纇也。

罽　几例切。毛布也。或作㲢、瀱。

縊　於豉切。自經也。

緎　于力切。縫也。或作韄、黬。

綏　先唯切。止也，安也。《說文》曰：車中靶也[2]。

綷[3] 子内切。周也。

繼　公第切。續也，紹繼也。

継　同上，俗。

綯　大刀切。糾絞繩索也。

---

① 切，原脱，據楝亭本補。
② 今本《說文》作"車中把也"，是。
③ 字頭原作"綷"，據楝亭本改。

綺[1]　古文。

繾　去善切。繾綣,不離散也。

綣　口阮切。繾綣也。

紗　所加切。紗縠也。

繶　於力切。絛也。或作轙。

綖　余戰切,又余旃切。冕前後垂。

緻　馳二切。密也,縫補敝衣也。

繽　匹仁切。繽紛,盛也。

綵　七改切。五綵備。

綽　齒灼切。寬也,緩也。或作婥、婥。

繆　亡侯切。縛也。

綹　九免切。縮也。

紃　七忽切。索也。

紽　大何切。絲數也。

縺　力延切。縷不解。

絷　竹立切。縷也,相絷也,連也。

緅　仄尤切。青赤色。

統　力周切。旒統也,今爲旒。

斂　力冉切。懸甂薄橫也。

繏　思縣切。懸縋索。

絇　巨於切。綵名也,履緣也。

緓　如用切。亦作鞋。

緋　甫韋切。絳練也。

繑　丘員切。幘也。

───────────

① 綺,原作“綺”,據宋11行本改。

綯　敕高切。亦作韜。

䊊　他口切。亦作斢字。

繰　子堯切。亦作蕉。生枲未漚也。

綑　口本切。亦作裍[1]。

緵　子公切。纋也。

緺　乎加切。履跟。亦作鞁、鞇。

綯　才各切。亦筰字。竹繩。

網　無兩切。亦作罔。羅也。

綵　力之、力才二切。强毛也。或作耗。

縬　子六切。縮也。

綛　巨記切。連錘也。

緙　口革切。紩也。

繬　所力切。縫也。

綡　力羊切。冠纚也。

䌥　於近切。䌥衣也。

絎　行孟切。縫紩也。

紟　力丁切。紳絲總。

綼　步狄切，又必役切。裳左幅也。

繵　以冉切。續也。

緜　亡狄切。索也。

縶　山卓切。緘也。

耗　亡到切。刺也。

綄　乎官、乎管二切。候風，五兩也。

繉　似林切。續也。今作尋。

---

① 裍，原作“綑”，據棟亭本改。

縝　丑仁、之忍二切。絲繼縷也。

縋　自遵切。繞縋也。

練　力一切。蒸練,綵色。

紙　普賣切。散絲也。

綹　力與切。綹縶,紩衣也。

繠　力若切。紩衣也。

緅　居業切。緅繠,續縫。

繠　牛輒切。緅繠也。

絯　公才切。挂也,中約也。

縭　思曷切。絹縠也。

縪　必奚切。縷并也。亦絥。

緣　於遠切。紘也。

綑　口迴切。布名。

縡　子代切。事也,載也。

緱　如止切。六彎盛兒。

綐　大外切。紬細也。

絧　徒弄切。相通兒。

緩　乎卯切。遲緩也。

穎　乎善切。綴也。又口迴切,禪也。

絚[1]　古千、古兩二切。成公四年,鄭伯絙卒。

緵　一尤切。筓之中央髮也。

絻　亡運切。喪服。或作免。

縻　丘隕切。束縛也。

緗　思良切。桑初生色。

---

[1] 楝亭本作“絙”,同“絙”。

纜　力暫切。維舟也。

總　呼骨切。微總也。

縲　力追切。縲絏也。

絘　才咨切。補也。

綶　烏何切。細繒也。

纃　思但切。纃蓋也。

練　所於切。紡纗絲。

繴　大到切。綠也。

無　亡句切。纅淹餘也。

纏　自連切。約纏謂之禪也。

絅　去月切。絅，狄衣也。亦作闕。

纤　公旦切。亦作衦，摩展之也。

綎　所除、所去二切。亦疏字。

縴　力出切。井索也。

絪　於仁切。《易》曰：天地絪縕[1]，萬物化生。絪縕，元氣也。

紱　甫勿切。綏也。

帗　同上。

繡　乃心切。繡織也。

纐　余忍切。

絞　乎交切。綠色也，嫁者衣也[2]。

絨　如充切。細布也。

綿　亡鞭切。與緜同。

繝　相俞切。絆前兩足也。

縵　烏迴切。五色絲飾。

---

[1]　地，原作“也”，據棟亭本改。

[2]　原本《玉篇》殘卷作“婦人未嫁者衣也”，此處疑脱“未”字。

紜 于分切。數亂也。

緐 扶袁切。亂絲也。

紋 音文。綾紋也。

縴 音牽。惡絮也。

繗 力仁切。紹也。

繑 去喬切。絝紐也。

緐 音婆。出《漢書》。

綱 古郎切。大繩也。

綪 側耕切。結縈也。

緉 五侯切。又隅也。

繆 眉鳩切。綢繆也。又眉救切。亦謬字。

繽 音頻。擣衣。

緮 扶又切,又音福。

緺 口和切。

縕 於侯切。

繻 色莊切。

縿 徒郎切。大繩也。

絾 市征切。織絾也。

綅 丑人切。帶也。

纚 力支切。文。

綢 音舟。綿也。

紅 陟庚切。引也。

絉 音酬。紈也。

紶 去魚切。紶繼也,束也。

纑 音體。纏也。

縥 阻近切。水急也。

緈 音稚。刺緈,針縫也。

絞 古卯切。繞也。

緺 多果切。冕前垂。

縬 竹下切。縬絮①,相著兒。

糾 飢黝切。告也。

繶 音擬。帶也。

語 魚舉切。

統 他綜切,又音桶。緫也。

縱 子用切。緩。

縗 徐醉切。凶具。

繸 以貴切。織餘繸。

紁 初訝切。

纞 音戾。綏也。又音挨。

絡 音髻。絲結。

緆 於計切。急也,一曰不成也。

絢 俱遇切。絲絢也。又音衢,履頭飾也。

綧 之閏切。亂也。

紛 戶計切。在心不了也。

纖 音葳。鍊布也。

繰 桑故切。生帛也。

繺 音給。絲也。

緮② 音要。緮繩。

紁 於孝切。亦作袑。

紁 之聿切。一也。

---

① 縬,原作"緂",據棟亭本改。

② 字頭原訛作"縹",據棟亭本改。説解不誤。

繕　音鐥。束物也。

紾　古邁切。細絲也。

絏　音泄。繫也。

肂　音聿。長皃。

絉　音術。繩也。

繡　之欲切。繡帶也。

繝　同上。

絆　音昨。索也。

縞　下革切。生絲。

綤　音粟。綢文。

綌　輕革切。紑也，織緯也。

綃　音百。補也。

綕　子葉切。綕續也。

綷　同上。

繨　音臘。繒也。

繪　音藥。絲也。

纈　胡結切。綵纈也。

辮　步革切。織絲爲帶也。

繓　子括切。結繓也。

纃　呼麥切。乖戾也。

綃　音粕。紛綃。

絫　舉禹切。

纖　亡結切。細纖也。

繴　方孔切。小兒履也。又布茫[①]。

---

① 布茫，未詳。

緊　居忍切。緺緊也。

繛　音朔。封也。

緐　普蔑切。結。

緸　於業切。

纗　子千切。正作韉。

系部第四百二十六,凡五字。

系　下計切。繼也。《説文》:繫也。籒文作𦃇[1]。

緜　彌然切。新絮也,纏也,緜緜不絶。今作綿。

繇　與招切。用也,隨也,過也。又以周切。

䌛　同上。

纛　徒到切。羽葆幢也。亦作翿。又音毒。

素部第四百二十七,凡九字。

素　先故切。白也,本也,廉也,白緻繒也。

𦃃　同上,出《説文》。

𦃄　同上。

𦃆　几足切。素屬。

䊆　弋灼切。縞也。又練也。

𦃊　力出切。紼也,索也。或作䌶、綷。

𦃋　尺約切。緩也。今作綽。

𦃌　乎管切。綽也。今作緩。

彝　弋之切。尊也。又常也。今作彝。

絲部第四百二十八,凡七字。

絲　先資切。蠶所吐。

𦃇　下計切。籒文系。

---

① 𦃇,原訛作"𦃅",據宋11行本改。

彎　碑愧切。馬彎也。

絲　古環切。織緝，以絲貫杼也。

繘　古遹切。汲綆也。亦作繘。

繈　同上。

綫　弋之切。古文彝。

湍部第四百二十九，凡七字。

湍　丁雉切。紩也。或作襨。

繂　子内切。會五綵。

黼　初吕切。《詩》云:衣裳黼黼。今作楚。

黺　方憤切。黺綵也。

黼　方宇切。白與黑相次文。

黻　方物切。黑與青相次文。

繜　方千切。湍纏也。

率部第四百三十，凡一字。

率　山律切。循也，將領也，尊也。《説文》云:捕鳥畢也。象絲
　　罔，上下其竿柄也。又力出切。

索部第四百三十一，凡三字。

索　先各切。盡也。又糾繩曰索。又法度也，散也。又所格切，
　　求索也。

繂　力出切。舉船索也。或作縳、綷。

絡　力各切。亦作絡，纏絲也。

玉篇卷第二十八凡一十二部

巾部第四百三十二,凡一百七十二字。

巾　几銀切。佩巾也,本以拭物,後人著之於頭。

帗　孚云切。拭物巾。

帉　同上。

帨　始鋭切。巾也。

帥　同上。今爲將帥字,即山律、山類二切。

帔　布達切。一幅巾。又方勿切。

幟　之利切。禮巾也。

帽　而震切。枕巾也。

幋　步丸切。覆衣大巾也。

帤　女於切。大巾也。又幣巾也。

幣　婢制切。帛也。

---

① 第,原無,據例補。下諸"第"同。

幅　甫六切。布帛廣狹。

幠　火光、莫郎二切。幏也，隔也。

幘　側革切。覆髻也。

帶　多大切。紳也。

幨　丁兼、丁頰二切。衣領耑也。或作襜。

裺　於劫切。幧頭也，橐也。

帔　披僞切。在肩背也。又普皮切，披也。

幓　所點切，又思旦切。幧也，帔也。

常　市羊切。恒也，下帬也。今作裳。

幝　古魂切。幒也。又作褌。

㳾　且勇、職茸二切。裩也。

幒　同上。

襤　力甘切。無緣衣也。亦作襤。

幎　亡狄切。大巾也，幔也，簾也，覆也。

幂　同上。

幔　亡旦切。帳幔也。

幬　直流切。禪帳也。

帱　同上。

帘　力沾切。帳也，施之戶外也。

帳　知亮切。帷也，張也，幬也。

帷　于眉切。幕也，帳也。

幕　亡各切。覆上曰幕。亦作幙。

帉　皮鄙切。幨裂也。

幭　先例切。殘帛也。又音雪。

緰　思俱切。正端列。

帖　他頰切。帛書署。

帙 除乙切。小囊也,書衣也。或作袠。

幖 俾消切。幟也,幡也。

葥 子田切。幡幟也。或作梟、帴。

帮 於元切。帮幡也。

徽 火韋切。幟也,幡也。

𢃕 力末切。拂也。

𢃽 子廉切。拭也。

幝 充善切。車敝皃。

幏 莫紅切。衣巾也,覆也,蓋衣也。

幭 亡結切。帊幞也,蓋幭也,禪被也。

幠 火胡切。大也,有也,覆也,張也。

飾 尸食切。著也,章表也。

幃 呼韋切。香囊也。又音韋。

帣 居瑗切。囊也。

帚 之酉切。掃除糞穢也。

席 似赤切。牀席也。

縢 大亙切。囊也,兩頭有物謂之縢擔。又大登切。

幰 扶忿切。以囊盛穀太滿坼裂也。又弓筋起。

幃 丈旬、豬旬二切。載米韛也。

幩 扶云切。飾也。

𢄊 奴回、奴昆二切。著也,塗也。

帑 乃胡切。金布所藏之府。又他朗切。

布 本故切。枲織也。又陳列也。

幏 公亞切。蠻布也。

𢄤 公田切。布也,出東萊。

幦 亡遇切,又莫乎切。絮布也,覆車衡衣也。

幦　莫狄切。鬃布也。

幄　於角切。帳也。

幢　直江切。翳也。或作橦。

帞　莫格切。絡頭也。

帴　七旦、七見二切。幧頭也,帹也。

幧　七消切。幧頭也,斂髮也。

㩧　同上。

帟　余石切。平帳也。又承塵也。

帢　口洽切。帽也,縑幘也。或作㡊。

帴帢　　二同上。

㡉　乎坎切。甕耳也。或作㡓。

帺　俾移切。今作裨。

幗　古誨切。帨也,覆髮上也。或作簂,又古獲切。

幔　亡教切。帨幗也。

�007E乃可切。㡣也。

㡏　力宇切。古姓也。

幠　口妖切。袴幠也。

帾　竹與切。棺衣也。亦作褚。

幡　同上。

幞　扶足切。巾幞也。

帊　匹嫁切。幞帊也。

帪　之仁切。囊也,馬兜也。

帾　丁古切。幡也。

帢　巨炎切。絹帢也。

幠　武俱切。欲空也。

帗　芳勿切。韜髮也。

幭　呼麥切。裂帛聲。

帴　尺占切。車幰也。或作裧。

幩　匹仁切。亂皃。

幭　方迷切。車幰也。又車帷也。

㡛　力制切。帛餘也。

劦　同上。

哲　尹勢切。劦也。

呰　子移切。呰布也。

幦　紆螢切。覆也。

帾　口侯切。指呰也。

襜　似廉切。覆也，巾也。

帗　呼光切。巾也。

帉　丁皎切。帉帾，繒頭也。

帾　思俱切。帉也。亦作繻。

幰　許偃切。車幰也。

帒　同上。又音幹，布袋。

帗　尸力切。亦作拭。

帗　方于切。衣帗。亦作袚。

幭　古侯切。甲衣[1]。或作褠。

帽　莫到切。頭帽也。

幝　徒亶切。衣不束也。亦作袒。

崒　子内切。五綵繒。

帗　亡運切。亦作絻。括髮也。

帗　父畏切。隱也。亦作扉。

---

[1]　《篆隸萬象名義》作"單"，此當作"單衣"。

幟　尺志切。巾也。又始志切。

帋　同上。

𢃇　於乎、口孤二切。投也。亦作𢂠。

幰　於靳切。輂也。又裏也。

幬　許格切。幬幰,赤帋也。

幰　大兮切。幬幰。又幰帷也。

帺　巨基、巨記二切。巾也。亦作幕。

𢂀　之爾切。亦作紙。

帍　乎古切。婦人巾。

𢄡　公了切。𢄡脛,行縢也。

幝　早刀切。籍也。

幧　子小切。拭也。

帿　胡鉤切。射帿也。古作侯。

幯　子結切。拭也。

幓　所甲切。幓䍦,面衣也。

幨　尺占切。帷也。亦作襜、袡。

衫　蘇甘切。衫破兒。

帔　房脂切。布帔也。

帒　丑朝切。細絲也。

帆　扶嚴、扶汎二切。船上帆。與𦨖同。

峂　徒冬切。巾峂也。

幬　他紅切。

帬　音群。與裙同。

崇　粗冬切。帛崇。又布名。

帗　音沙。細絲。

悾　苦工切。巾也。

幊 古紅切。

帴 羊脂切。

幙 音牟。女人衣巾。

帗 音怖。巾也。

幠 思于切。

帴 側巧切。

幟 音是。巾也。

幉 音揲。

幜 居永切。帛。

怰 戶犬切。

幎 都了切。絹幎也。

嶷 音擬。巾也。

忦 音介。幗也。

幗 同上。

幢 音俸。巾也。

幓 音扇。

幬 虞樹切。

幌 戶廣切。帷幔也。

幟 此芮切。巾。

峒 他紅切。

帒 徒戴切。盛物囊。

帓 亡撥、莫瞎二切。帓巾也。

帗 古合切。以席載穀。

咋 音昨。咋幬。

幟 火或切。巾被風也。

帕 人質切。枕巾也。

帗　音決。

幨　他合切。帳上幨。

幠　音託。橐也。

幗　五伯切，又音客。紩也。亦作幦。

幎　彌兗切。幕。

市部第四百三十三，凡二字。

市　甫勿切。韠也。亦作韍。

帢　古洽、古沓二切。巾也。或作韐。

帛部第四百三十四，凡六字。

帛　步百切。繒帛也。

錦　几飲切。錦綺也。

舌帛　下刮切。細紬也。

毯　他敢切。青黑繒。亦作帴。

舰　亡孝切。綵雜文。

綠帛　力足切。今作綠。

衣部第四百三十五，凡二百九十四字。

衣　於祈切。上曰衣，下曰裳。衣者，隱也。又依也，所以形軀依也。又於氣切，以衣被人也。

裁　在來切。制衣也，裂也，節斷也。

袞　古本切。衣畫爲龍文。

襢　知彥切。丹縠衣也。又王后衣也。

禪　同上。又與袒同。

褕　余招切。畫雞雉於王后之服。又弋朱切，葉褕，短度絹也。又襜褕，直裾也。

衫　之忍、之刃二切。玄服也，綠也。又單也。

裖　同上。

裏　力耳切。衣内也。

表　碑矯切。衣外也，上衣也，書也，威儀也，明也，標也。

裒　同上。

襮　古文。

襁　居兩切。襁褓，負兒衣也。織縷爲之，廣八寸長二尺，以負兒
　　　於背上也。

襋　几力切。衣領也，衣衿也。

褗　同上。

褽　於懀切。衱也，褽褔也，隱被也。

襮　布各切。領也，衣表也。亦作繛。

裺　於劍、於檢二切。緣也，被也。

袚　方于切。襲袴也。或作帗。

衽　而甚切。裳際也，衣袷也。

衿　居吟切。交袷，衣領也。

襟　同上。

褯　且立切。裙緣上也。

褸　力侯切。衣袷、裳際也，衣壞也。

襟　公殄切。袍也。

褋　徒頰切。禪衣也。

褺　同上。

襲　似立切。左衽袍也，入也，重衣也，因也，還也，掩其不備也。
　　　古文作戳。

襲　籀文。

褘　許韋切。畫翬雉於王后之服也，蔽膝也。

褧　苦迥切。衣無裏也。《詩》云：衣錦褧衣。

裒　莫候、莫侯二切。南北曰裒，東西曰廣也。帶以上也，長也。

襞　籀文。

襘　公外切。領會也。

祗　丁兮切。祗裯，襜褕也。

裯　丁勞切。祗裯。又丈流切，禪被也，牀帳也。

襤　力三切。衣無緣也。

裼　他臥切，又徒臥切。衣無袂也。

褕　同上。

袪　丘於切。袂也，衣裏也，舉也。

裂　先鵠切。新衣聲也。又都栝切。

褚　都鵠切。衣背縫也。

襰褶　二同上。

褏　似又切。袂也。又余久切。色美皃也，進也。

袖　同上。

袂　彌銳切。袖也。

袥　他各切。廣大也，衸也。

裹　爲乖切。苞也，曶袷藏物也，抱也。在衣曰裹，在手曰握。

褢　同上。

褱　同上。

袍　薄襃切。長襦也。

襃　同上。又步報切，衣前衸也。

衸　戶界、古拜二切。衣裾也，刺膝也。又衣長皃。

襜　尺占切。蔽膝也。又襜襜，搖動皃。

襝襜　二同上。

袤　尤夫切。衣袍也。

衧　同上。

褘　似林、他敢二切。衣博大也。

裾　姜魚切。被也，袿也，衣褒也。

袉　大可切。裾也。又大何切，袉袉，美也。俗作袘。

褰　起焉切。袴也。又褰衣也。

襚　同上。

襗　余石切，又除革切。袴也。《説文》大各切。

裶　市兆切。袴也，襠也，袴上也。

襡　市欲切。長襦也，連臂衣也。

襩　同上。

襱　除龍、力公二切。袴襱也，踦袴也。

裞　同上。

褍　丁丸、丁火二切。正幅衣也。

褒　布刀切。揚美也，衣博裾也。

褹　徒頰切。重衣也。又縣名。

複　方復切。重衣也，厚也，衣有著也。又複，除不役税也。

襛　女容切。厚衣也。

褆　時爾切。衣服端正皃。

袳　尺爾切。長衣皃。

袲　同上。

裴　步回切。長衣皃。又姓。

袁　宇元切。衣長皃。又姓。

裔　余制切。裾也，表也，蠻夷之揔名也，邊地也。

裗　古文。

衯　孚云切。長衣也。

褭　丁了切。短衣也。

襽　大口、上局二切。短衣也。又衣袖。

褩　多木切。衣至地也，補也。

襐 似丈切。首飾也。

襦 人朱切。短衣也。

褕 同上，俗。

褊 卑善切。急也，狹也，衣小也。

袷 古洽切。衣無絮也。

裌 同上。

襌 多安切。衣不重也。

襄 思良切。上也，除也，駕也，成也。

㐮 古文。

被 皮彼切。衾也，幰也。又皮僞切，加也，及也。

袒 女秩切。近身衣也，日日所著衣。

褻 思列切。私服也。

衷 知沖切。善也，正也，當也。

禰 刺細切[①]。裮也。

袾 尺朱、竹朱二切。佳好也。

袓 似與切。事好也。又子邪切，縣名。

褽 於貴切。袒衣也。

襞 卜役切。襞衣也。

裨 補移切。接也，益也。又婢移切，副將也。亦姓。或作裶。

裕 瑜句切。物饒也，寬也，道也。

袞 同上。

衦 公但切。摩展衣。或作紆。

裂 力祭切。殘也，繒餘也。或作挒。

袈 女加切。敝衣也。

袒 大亶切。絻衣也,肉袒也。或作襢。又除鴈切,縫解也。

襟 竹几切。紩衣也。

褫 直爾、敕爾二切。奪衣也,徹也。

補 布古切。治故也。

嬴 力果切。袒也。亦作倮、躶。

裸 同上。

裎 除貞切。袒也,衣揚也。又敕領切,禪衣也。

裼 先的切。袒也,脱衣見體也。

衺 似嗟切。姦思也,圍也。

襭 下結切。袺也,以衣袺扱物也。或作擷。

裝 俎良切。束也,裹也。

袺 公曰、古頡二切。執袵也。

褿 七刀、才刀二切。帴也,袵也。

裹 古火切。苞也。又古卧切。

褭 於韗切。囊也,纏也,衣帊也。

褔 於侯、於部二切。頭衣也,次衣也。

襀 子梨切。裳下緝也,疾也,緶也。

齎 同上。

裓 古得切。衣裓也。

緝 七入切。襟緣也。

裋 市主切。裋褕也,豎所衣布長襦。

襡 同上。

褐 何葛切。袍也,馬被祖衣也[①]。

衰 先和切。雨衣也。今作蓑。又史追切,微也。又初危切[②],等

① 祖衣,未詳。

② 又,原作"衣",據楝亭本改。

衰也。

卒 作没切。衆也,隸人給事也,行鞭也。又千忽切,急也。又子律切,終也。今作卒。

卒 同上。

褚 丑吕切,又張吕切。市官也,卒也,裝衣也。

袚 芳末切。蔽膝也。又蠻衣也。

襏 同上。

衾 丘林切。大被也。

褭 烏幺切。褭衣。又蠻夷衣也。

襚 似醉切。緌也,死人衣也。

裞 式芮切。贈終者衣被。

褮 胡坰、於營二切。衣開孔。又鬼衣也。

袕 胡决切。鬼衣也。

裧 式然切。車轀裧。又帒也。

袢 扶元切。衣無色。

褌 古魂切。或作幝。

褾 方廟切。人領巾。

襣 毗二切。犢襣,以全三尺布作,形如牛鼻,相如所著也。

袸 疾見切。褰脬衣。

潏 古穴切。袖。

襎 扶元切。綣襎,韈也,幞也。

綣 九遠、於元二切。綣襎。

綷 子憒切。襌衣也。

褹 牛勢切。袂也。

襘 子孕切。汗襦也。

褣 尺終切。襌衣也。

裾 渠物切。䘸裾也。

袼 力各切。毉袼，褔也，即小兒次衣也[1]。又古洛切，腋不縫也。

䘨 古鳥切。䘨袸，小袴也。

袸 力鳥切。䘨袸。

䘸 除莧切。解也。或作袒。

褖 他亂切。褖衣，見《周禮》。

褶 徒頰切。衣有表裏而無絮也。又似立切，袴褶也。

袡 如廉切。緣也，婦人上服也。

襈 士眷切。緣襡也，重繒也。

襓 如招切。劍衣也。

製 之世切。作也。《説文》曰：裁也。

襬 彼皮切。關東人呼裙也。

裂 力折切。坼破也。

袧 口豆切。喪服也。

襱 市容、尺容二切。襱褣，襜襬也。

褣 以恭切。襱褣。

䘯 山交切。袑也。

袊 力井切。衣袊也。宜袊，婦人初嫁所著上衣也。

袽 女居切。所以塞舟漏也。袾袽，敝衣也。又袽袱也。亦作絮。

褔 叉入切。重緣也。

衪 與支切。緣也，衣袖也。

袨 胡絢切。黑衣也。

袀 居純切。戎服也，裳削幅也，純也。

襆 布木切。裳削幅也。

---

① 次，原作“次”，徑改。

襗　才夜切。小兒衣。

褠　古侯切。禪衣。

欏　力賀切。女人上衣也。

裝　壯寄切。襦緫也。

襢　仁全切。褐也。

䄌　此見切。衣緫。亦作菁、輤。

䄧　丘蟻切。好也。亦作綺。

襝　丁兼、丁頰二切。領耑也。亦作䘳。

袩　同上。

襘　子六切。好也，鮮明也。

褈　除恭切。複也，增益也。

褓　布老切。小兒衣。

褶　亡報切。小兒頭衣。本作冃。

襽　口革切。擣也。又裹裹也。或作韏。

襪　亡月切。腳衣。

袠　除失切。亦作帙。

袟　同上。

緫　且勇切。禪也。或作緫。

裳　市羊切。障也，所以自障蔽也。

袵　於人切。衣身。

裡　同上。

襠　多郎切。裲襠也，其一當背，其一當胷。又袴襠也。

襇　公限切。量衣。又帬襇。

褘　于歸切。裹也。

裠　且席切。裠膝，裙衸也。

裿　於可切。裿弱皃。亦作㿤。

襄　奴可切。襄襄，衣好皃。

衲　奴荅切。補也。或作納。

祝　牛迷、五細二切。衣梳也。

襮　步各切。襌衣也，褕也，約也，儉也，磷也，菲也，沾也，大也。今爲薄。

褉　古祴切。衣上罳。

襹　同上。

裶　公緩切。袴襱也。

褻　力狄切。急纏。

襵　之涉切。詘也，幕也。

梳　力牛切。衣縷。

袔　何箇切。被袖也。

襡　同上。

袶　之赤切。衣被下也。袖也。又音亦。

褹　戶佳切。袖也。

褾　必了切。衣袂也。

衸　同上。

褋　方結切。袂也，敝衣也。

袸　竹與切。敝衣也。

縱　子蒙切。襌衣也。

袡　匹未切。衣袂也。

裼　尺羊切。披衣不帶。

袏　子賀切。衣包囊。

袿　古攜切。裾也，婦人之上服也，袪也。

襀　子亦切。襄襀也。

褍　戶孤切。衣被也。

褑 爲眷切。佩褑也,佩絞也。

衩 差賣切。衣衩。

袣 弋勢切。衣長皃。

襢 且括切。衣領也,冠也,衣游縫也。

衿 巨禁、巨今二切。亦作給[1]。禪衣也,綴也,結帶也。

衱 居業切。裾也。又衣領。

礿 之若切。禪衣。

祇 丁敢切。衱緣也。

祇 之移切。適也。又音岐。

衼 章移切。祇衼,胡衣也。

襂 所銜、所炎二切。圭表飾也,小襦也,禪襦也。又襂纚,毛羽皃。

衫 同上。

襸 作旦切。亦作嬻。好也,妍也。

裠 巨云切。裳也。亦作裙。

袴 口護切。脛衣也。亦作絝。

襴 音闌。衫也。

褆 音遲,又音知。

袞 扶溝、步九二切。減也,聚也。

襹 所宜切。襹纚,毛羽之皃。

祇 況于切。大袑衣。

裕 音鍾。小褌。

裕 同上,又息拱切。小袴也。

禌 子絲切。

袈 古牙切。袈裟,胡衣也。亦作毡毠[2]。

---

① 給,原作"今",據棟亭本改。

② 古,原作"白",據宋11行本改。毡,原作"袈",據棟亭本改。

裟　所加切。袈裟。

褠　户溝切。褠衫,小衫也。

衼　音江。衣帶。

褑　烏消切。褑襻也。

裙　音旬。

裓　古登切,又音亘。

橫　音橫。橫褡,小被。

褡　都盍切。橫褡。

裶　芳非切。衣長兒。

操　千到切。衣。

襉　莫紅切。衣。

褽　音煨。垢衣。

褵　力支切。衣帶也。

褍　音朵。好也。

袦　當口切。衫袖也。

襖　烏老切。袍襖也。

褱　音據。衣也。

綬　音受。衣也。

神　直勇切。袴。

襜　於琰切。

襪　芳未切。服。

裓　音故。

襰　落蓋切。

裹　金倒切。

襯　初覲切。近身衣。

袋　徒戴切。囊屬。亦作帒。

襽 女介切。紩布襦。又牛祭切，複襦也。

褡 丁塔切。衣。

絹 居緣切。褊也。

襬 所拜切。衣衱縫①。

襻 普患切。帬下系。

褕 與六切。車覆。

襯 烏迸切。裛襯也。

衪 以力切。衫。

褥 而欲切。氀褥。

袷 古莧切。衣。

㼝 於阮切。襪也。

㼩 胡坎切。甕耳。或作㼩。

裘部第四百三十六，凡四字。

裘 巨留切。索也，招也，終也，務也。又皮衣也。

裘 同上。

求 同上。用也，見也，索也。

鞦 口革切。裘也，裏也。或爲褊②。

卩部第四百三十七，凡一十三字③。

卩 子結切。瑞信也④。今作節。

卪 仕轉切。二卩也。巽字从此。

卪 子候切。《說文》云：㓞。

令 力政切。命也，發號也。

---

① 衱，原訛作“材”，據棟亭本改。
② 裏、褊，原訛作“衺、福”，據宋11行本改。
③ 一十二，原訛作“一十二”，據實收字改。
④ 瑞，原作“揣”，據宋11行本改。

卬　皮筆切。輔信也。今作弼。

釟　充豉、式豉二切[1]。有大度也。

卲　市招、市照二切。高也。

卮　牛果、牛戈二切。科卮，木節也[2]。卮果也，無肉骨也。

剹　思栗切。脛頭卩也。或作膝。

卻　去略切，又居略切。節卻也[3]。俗作却。

卷　九免、力媛二切。收也。或作絭，又作捲[4]。又渠圓切，曲也，膝曲也。

謇　羈展切。難也。謇產，詘曲也。又其偃切。

卸　先夜切。舍車也。又馬解也。

印部第四百三十八，凡二字。

印　伊刃切。執政所持之也。又信也，印謂之璽也。

归　於直切。按也。亦作抑。

卯部第四百三十九，凡二字。

卯　子兮切。事之制也。《説文》音卿。

卿　去京切。漢置正卿九：太常、光禄、太僕、衞尉、廷尉、鴻臚、宗正、司農、少府。

辟部第四百四十，凡三字。

辟　婢亦切。法也，理也，歷也。又卑益切，君也。

嬖　魚吠切。理也。亦作乂[5]。

擗　必益切。治也。

---

① 充豉、式豉，原作“充皷、或豉”，據宋11行本改。
② 木，原作“切”，據宋11行本改。
③ 卻，原訛作“卸”，據宋11行本改。
④ 捲，宋11行本作“惓”。
⑤ 乂，原作“又”，據宋11行本改。

苟部第四百四十一,凡三字。

苟　居力切。急也,自急敕也。亦作亟。

𦬒　古文。

敬　居慶切。恭也,慎也,肅也。

勹部第四百四十二,凡三十五字。

勹　布交切。裹也。

匑[1]　巨六、丘六二切。曲脊也。

匍　步乎切。匍匐,伏也。手行盡力也,顛蹶也。

匐　步北切。伏也,路也。

匊　居六切。兩手也,滿手也,四指也,手中也,物在手也。亦作
　　掬。古文作臼[2]。

勻　弋旬、居旬二切。少也,齊也。

勼　居流切。聚也,解也。今作鳩。

勿　亡粉切。覆也。

匌　力古切。匐也。

旬　似均切。十日也,徧也,均也。

𠣙　古文。

匈　盱容切[3]。膺也。匈奴,獫狁也。匈匈,沸撓聲。或作胷、胸。

𠣫　扶又、扶福二切。重也。今作復。

複　同上。

匓　之由切。帀徧也。或作周、洀。

冢　知隴切。大也,神鬼舍也,高墳也,丘也,陵也,山頂也,大社也。

匎　公合切。帀也。或作佮、合。

---

① 棟亭本字頭作"匔"。
② 掬、臼,原訛作"掬、臼",據宋11行本改。
③ 盱容切,原作"肝容切",據棟亭本改。

齁　居又切，又乙庶切。飽也，猒也，謀也。

齁　同上。

齁　丘六切，又丘弓切。齁齁，謹敬皃。

齁　巨弓切。齁齁。

齁　口怪切。太息也。或作𪝊、喟。

夋　七倫切。伏退也，止也。或作竣、踆。

匃　古曷、古害二切。乞也，行請也，取也。

丐^①　同上。

鵤　音州，又音歡。

匐　烏合切。匐綵，婦人頭花髻飾也。

𠣲　於交切。深目皃。

𠣬　音玄。人名也。

匑　旦烏切。伏行也。

匒　都合切。匒匌，重疊皃，見《海賦》。

匀　伊誘切。古文。

𢇍　古文絶字。

夐夐　二同。居先切，又音瓊。孤獨也，敬拜也。

包部第四百四十三，凡二字。

包　布交切。裹也。婦人懷妊，元氣起於人，子所生也^②。今作胞。

匏　步肴切。瓠也^③，取其團圓可包藏物也。

---

①　字頭原作“丐”，據宋11行本改。

②　元氣起於人子所生也，疑當作“元氣起於子，人所生也”。

③　瓠，原作“匏”，據宋11行本改。

玉篇卷第二十九 凡五十二部

---

① 第,原無,據例補。下諸"第"同。

長部第四百四十四，凡十六字。

長　直良切。永也，久也，常也。又知兩切，主也。又除亮切，多也。

夫镸　並古文。

肆　思利切。次也，陳也，緩也，放也，列也，遂也，恣也，踞也，量也。

镾　亡支切。長久也。今作彌、弥。

镻　大結切。蛋也，蛇毒長也。

镹　於倒、於到二切。镹䠷，長也，猝也。

䠷　乃倒、徒到二切。長也。

镽　力小切。镽䮪，長兒。

䮪　奇小切。镽䮪。

镺　午刀切。長大兒。

镸差　子邪切。今作嗟。憂歎也。或作譻。

镸立　古文。

劰　於皎切。劰㔍，長不勁。

㔍　乃鳥切。劰㔍也。

镸支　巨支切。長镸支，國名。髮長於身。

七部第四百四十五,凡五字。

七　呼罵切。變也。今作化。

眞　之仁切。不虛假也。又仙人變形也。

奠　古文。

埃　魚其切。未定也。亦作疑,嫌也,恐擬也。又古文矣。

化　許罵切。易也,教行也。以變化,成作傀①。

匕部第四百四十六,凡十字。

匕　必以切。匙也,矢鏃也。

早　布道切。相次也。

阜　竹角切。的也。阜阜,高皃也。今作卓。

𠦂　古文。

艮　故恨切。山也,堅也,很也。今作艮。

攱　丘婢、丘翅二切。顋皃,又頃也。

卬　魚兩切。望也,欲有所庶及也,爲也,待也,向也。俯卬,今爲仰。又五郎切,卬卬,君之德也。

匙　上支切。匕也。或作提②。

堤　同上。

㿙　奴道切。頭也,髓也。或作腦,亦作膃。

比部第四百四十七,凡三字。

比　必以切。類也,方也,校也,並也。又脾至切,近也,親也,吉也,阿黨也,備也,代也。又步之、毗吉、必至三切。

芘　古文。

毖　彼冀切。勞也,慎也,疏也。又泉流皃。

---

① 成,疑當作"或",建安鄭氏本作"或"。
② 提,疑當作"堤",建安鄭氏本作"堤"。

从部第四百四十八,凡五字。

从 疾龍切。相聽也。今作從。

刅 同上,篆文。

从 疾龍切。本作從,逐也,行也,重也。

幷 俾盈切。併也,雜也,兼也,合也,相從也,同也,專也。

并 同上。

乑部第四百四十九,凡四字。

乑 牛林切,又丘林切。衆也。

衆 之仲切。多也。

聚 才縷切。會也,斂也,居也,積也,六也。又才屢切,邑落名。

臮 巨冀切。與也。古文暨字。

共部第四百五十,凡三字。

共 巨用切。同也,皆也,衆也。

𦬼 古文。

龔 居龍切。奉也,給也。今亦作供。

𢀜 居勇切。固也。或作鞏。

異部第四百五十一,凡三字。

異 餘志切。殊也,怪也,分也,奇也,尤也。

戴 多代切。奉也,在首也,事也。

𢨋 籀文。

史部第四百五十二,凡三字。

史 所几切。掌書之官也,周宣王太史籀作大篆。

事 仕廁切。奉也。又職事也,營也。

𠭁 古文。

支部第四百五十三,凡七字。

支 章移切。持也,舉也,載充也。離支,自異。

帚隶　二古文。

敊　九爾、居宜二切。持去也。今作不正之剞，丘奇切。

歔　丘知切。歔嘔，不正。

赦　巨支切。橫首皃。

鼓　几羸切。文垂[①]。

叟部第四百五十四，凡一十二字。

叉　平表切。物落上下相付也。今作欙、莩。

叟　力拙切。撮也。

爰　于元切。爲也，於也，曰也。爰爰，行也。治也。

受　時酉切。容納也，承也，盛也，相付也，得也。

爭　俎耕、俎迸二切。諫也，引也，訟也。或作諍。

事　古文。

㬪　於謹、於靳二切。所依據也。今作隱。

寽　力栝切。五指也。亦作捋，取也，摩也。

叡　古膽切。進取也。籀文作叡。今作敢。

敢　古文。

亂　力換切。理也。亦作亂。兵寇也。

𤔔　古文。

聿部第四百五十五，凡六字。

聿　女涉切。手之捷挒也。

肄　余至切。習也，勞也，而復漸生也。

肆　篆文。

肄　籀文。

肅　思六切。敬也，嚴也，疾也。

---

① 文，宋11行本作"支"，未詳。

𦘒　古文。

聿部第四百五十六,凡三字。

聿　以出切。遂也,述也,自也,辭也,循也,所以書也。楚謂之聿,吳謂之不律,燕謂之弗,秦謂之筆。

筆　碑密切。不律也。

𦘤　子仁切。飾也。

書部第四百五十七,凡七字。

書　式余切。世謂蒼頡作書,即黃帝史也。象形、指事、形聲、轉注、會意、假借,此造字之本也。書者,著也,依類象形謂之文,形聲相益謂之字,所以明於萬事,紀往知來也,書之如也。

𣆀　《說文》書。

畫　胡卦切。形也,繪也,雜五色綵也。俗作畫。又乎麥切,分也,計也,策也,界也,止也。

𤲃　古文。又作劃。

𤱪　《說文》畫。

晝　知又切。日正中。

𦘕　籀文。

隶部第四百五十八,凡四字。

隶　徒戴切。又余二切。及也。亦作逮。

𨽿　徒改切。及也。亦作迨。

隸　力計切。附著也。

隷　同上。

臤部第四百五十九,凡五字。

臤　口閒、戶千、口耕三切。堅也。

緊　居忍切。纏絲急也,糾也。又作紾。

堅　古田切。固也,强也。

豎　殊主切。立也。

竪　俗。

帀部第四百六十,凡三字。

帀　子合切。周也,徧也。

師　道者之稱也,象他人也[1]。

𠦵　古文。

出部第四百六十一,凡一十二字。

出　尺述切。去也,見也,進也,遠也。又尺季切。

𧶢　麥卦切。出物也,粥也。今作賣。

糶　他弔切。賣也,出穀米也。

敖　午刀切。遊也。今作敖。

聭　丘愧切。里名。

黜　五結切。不安皃也,斷也。亦作𦗖、𨹋。

屼　五骨切。黜屼也。亦掘斷也。

𡔷　口骨切。亦作窟,地室也。

屈　丘勿切。曲也。亦作詘。

𡸸　之芮切。名山名。

叡　之芮切。卜問吉凶。

㞑　仕角切。遠也。

之部第四百六十二,凡三字。

之　止貽切。是也,至也,往也,發聲也,出也。

屮　古文。

坣　古文封字。《說文》云:草木妄生也。从之在土上。戶光切。

---

[1]　他,原作"也",據棟亭本改。

生部第四百六十三,凡八字。

生　所京切。産也,進也,起也,出也。

坐　古文。

産　所限切。生也。

隆　力弓切。高也。

窿　《説文》隆。

丰　孚恭切。豐滿也,草盛也,階梯也。或作丰,草莽也。

羪　如墨切。羪羪,草不實①。今作藥。又儒佳切。

莘　所巾切。衆也。或作莘。

㞢部第四百六十四,凡一字。

㞢　丁丸切。《説文》云:物初生之題也,上象生形,下象生根也。《廣雅》云:㞢,末也,小也。今爲端。

毌部第四百六十五,凡三字。

毌　公丸切。特穿也。

虜　力古切。服也,獲也,戰獲俘虜也。今爲虜。

貫　古亂切。事也,條也,穿也,行也。古文作貰。

束部第四百六十六,凡九字。

束　舒欲切。束縛也,从口、木。又約束。又錦五匹。又尸注切,五藏之束。

柬　古眼切。分柬也,从束、八。

稇　公疹切。小束也。或作秆②,禾十把也。

馱　大多切。馬上連囊也。

韎　于非切。束也。

勅　古得切。病也。勅桿,草生也。

---

① 《篆隸萬象名義》作"草木實羪羪",此當作"草木實"。

② 秆,原作"秆",據棟亭本改。

耤　音得。弱兒。

觚　各兒切。

藙　仕交切。蒜束。

橐部第四百六十七,凡一十字。

橐　公混切。囊也。

橐　《説文》橐。

櫜　古刀切。弓衣也。

橐　公閎切。滿也。或作罢。

橐　普到切,又普刀切。囊張大也。

橐　他各切。小囊也。

囊　奴郎切。大曰囊,小曰橐。

盅　苦本切。宫中道。

奋　《説文》盅。

橐　蒲拜切。吹火囊。

囗部第四百六十八,凡六十一字。

囗　于非切。回也。古圍字。

圜　于拳切。天體也,天圜而地方。

圓　爲拳切。周也。

團　徒丸切。團圓也。

囩　于巾、古元二切。田十二頃也。又回也。

圝　似沿、於沿二切。規也。

圌　市全、時規二切。圝也。或作箞。

回　胡瑰切。回轉也。又邪也。

囘　古文。

圖　大胡切。畫形也。又河圖八卦也。

圗　古文。

囩　余石切。《説文》云：回行也。《商書》曰：囩囩升雲者，半有半無。

國　古或切。小曰邦，大曰國。

囷　丘倫切。囷，倉也，廩之圜者。

圈　懼免切。牢也。

囿　于六、于救二切。苑有垣也。

𡆜　籀文。

図　女洽、女立二切。手取物也。

園　于元切。園圃也。

圃　布五、補五二切。菜園。

因　於人切。就也，緣也。

囹　力丁切。囹圄，獄也。

圄　魚吕切。禁囚也。

囚　辭留切。繫也。

固　古護切。堅固也。

圍　魚巾切。圉陽縣。

圍　于非切。守也，繞也，就也。

困　口鈍切。窮也，匱也，極也。

圂　胡困切。廁也，豕所居也。

囮　余周、五戈二切。鳥媒也。

𡇠　同上。

圛　口本切。束也。

囊　他各切。古文囊。

卣　音酉。中樽器也。又音由。

圖　巨萬切[1]。邑名。

圊　且盈切。圊，圂也。

函　彼力切。姓也，閉也。

匣　假狎、乎甲二切。亦作押。

刓　五丸切。削也。亦作刓。

囤　徒本切。小廩也。

圝　落官切。團圝也。

困　烏緣切。困水。古文淵。

圐　須緣切。面圓也。

匉　音泓。空也。

囥　莫分切。地名。

圉　魚舉切。養馬也。

圂　旨兗切。囚刑固[2]。

圂　匹玄切。唾聲也。

圚　音闌。

圁　苦角切。鞭聲。

圣　陟栗切。下入也。

圁　陟革切。圁圁，硬皃。

圅[3]　侯閤切。會也。

囝　女洽切。手動。

圚　烏合切。冘，聲下。

圚　音莫。見文。

圛　音繫。

---

① 巨萬切，原作“曰萬切”，據棟亭本改。
② 固，原作“周”，據棟亭本改。
③ 棟亭本作“圅”。

囜　古文日字。

囻圀　古文國字。

圄　魚欲切。古文獄字。

員部第四百六十九,凡三字。

員　胡拳切。物數也。一云官數也。又乎軍切。

鼎　籀文。

䪌　音云,又音運。物數亂也。

齊部第四百七十,凡四字。

齊　在兮切。齊整也。

𠫤　古文。

齌　且題切。等也。

齋　音齊。病也。

干部第四百七十一,凡三字。

干　各丹切。犯也,求也,觸也,干戈也。

羊　如甚切。言稍甚也。

屰　宜戟切。《説文》曰:不順也。今作逆。

开部第四百七十二,凡一字。

开　五堅切。平也。又音肩。

片部第四百七十三,凡三十九字。

片　普見切。半也,判也,開坼也。

牑　普逼切。判也。

版　布限切。户籍也,判也。

牘　徒木切。書版也。

牒　徒頰切。札也[①],譜也。

---

① 札,原作"礼",據棟亭本改。

牘　布然切。牀上版。

牖　余受切。牕牖也。

牏　之句切。築牆短版。又音頭。

牉　普半切。半也，分也。

牒　先協切。牒牒，小契。

牓　譜朗切。牌也。

牌　扶佳切。牌牓。

棟　力見切。木解理也。

牏　是朱切。牏牏，所以遏水也。

牏　力朱切。牏牏。

牊　扶來切。版也。

牒　魚劫切。今作業。

牏　且回切。牏牏①，屈破狀。

牏　徒回切。牏牏。

牏　恥格切。今作圻。

牏　於檢切。屋牏雀。

牏　步祕切。牏摸也。

牏　胡戈切。棺牏也。

牏　普麥切。或作劈。

牕　楚江切。牕牖也。與窗同。

牏　除姚切。几。

牋　子田切。表也。亦作箋。

牊　直遥切。

牏　余之切。

---

① 牏，原作"摧"，據棟亭本改。

牌　步皆切。

妝　音莊。畫妝。

凧　音梵。

牘　扶忿切。

牁　力可切。艒別名。

牆①　音受。牆棺。

牉　仕懺切。版也。

牉　徒協切。

牘　仕革切。

欣　音坎。板也。

牀部第四百七十四,凡一字。

牀　仕良切。身所安也。《易》曰:巽于牀下。

毋部第四百七十五,凡三字。

毋　武俱切。莫也。今作無。

毐　於改切。人無行也。古娭字。秦始皇母與嫪毐婬,坐誅,故世罵婬曰嫪毐。

毒　戶圭切。姓也。

克部第四百七十六,凡四字。

克　口勒切。能也,獲也,勝也。

𠧪𠧞𠧟　並古文。

丿部第四百七十七,凡五字。

丿　普折切。右戾也。

乀　甫勿切。左戾也。

弗　甫勿切。撟也,不正也。《說文》云:撟也。

---

① 字頭原訛作“牘”,據宋11行本改。

亞 古文。

乂 魚廢切。芟草也。亦作刈。

厂部第四百七十八,凡一字。

厂 余制切。抴身皃。厎①、身字並从此。

弋部第四百七十九,凡四字。

弋 夷力切。橛也,所以挂物也。今作杙。又繳射也。亦作隿。

𢐥 徒棟切。船左右大木。

牂 子郎切。繫船大弋也。又牂牁郡,亦作牂。

牁 各何切。牂牁,即牂牁也。

乁部第四百八十,凡三字。

乁 以支切。流也,丂也②,移也,徙也。

也 余爾切,又余者切。亂也③,斯也,所以窮上成文也。

𠃟 《説文》云:秦時刻石也字如此。

亅部第四百八十一,凡二字。

亅 居月切。鉤逆者謂之亅也。《説文》衢月切。

𠄌 知衛切。鉤識也。《説文》居月切。

句部第四百八十二,凡九字。

句 古侯切。曲也,不直也。又九遇切,止也,言語章句也。又古
  候切。

𠃌 《説文》句。

鉤 古侯切。曲也,所以鉤懸物也,引也。

拘 矩娛切。執也,止也,拘檢也。

𦥑 古迷切。則也。

---

① 厎,原作"虎",據棟亭本改。
② 丂也,未詳。
③ 亂也,疑當作"辭也"。

笱　古後切。所以捕魚也。

跔　丁候切。裂也。亦作剅。

朐　時召切。倒懸鉤。

朐　巨俱切。脯也,亦作胸。

丩部第四百八十三,凡四字。

丩　居周切。相糾繚也。又瓜丩起。

弖　《説文》丩。

茻　居稠切。草之相繚也。

糾　居黝切。正也[1],舉也,督也,絞也,戾也,急也,三合繩也,收
　　也,繚也,絲也。

乚部第四百八十四,凡四字。

乚　於近切。匿也。今作隱。

直　除力切。不曲也,準當也,侍也。

直　今文。

蓫　初六切。齊也,草木盛也。《吳都賦》曰:櫹蓫森萃。

亼部第四百八十五,凡六字。

亼　武方切。死也,去也,逃也,無也。作亡,同。

望　無放切。遠視也,覷也,伺也。又無方切。

亾　士嫁切。暫也,止也。

乍　今文。

無　武于切。不有也。古文作粦。

无　同上。虛无也。

匸部第四百八十六,凡九字。

匸　下體切。裹徯,有所挾藏也。

---

① 　正也,原作"止也",據宋11行本改。

匬　力候切。側匬也。又箕屬。亦作陋。

區　去娛切。域也,藏匿也。又烏侯切,受一斗六升也。

匿　女直切。陰姦也,亡隱也。

匽　於見切。匿也。

医　於計切。所以蔽矢也,盛弓弩矢器也。或作㢁。

匹　普謐切。配也,四丈爲匹。又一馬也,輩也,二也。

匫　他兮切[1]。區匫,薄也。

匾　補典切。區匾。

兂部第四百八十七,凡二字。

兂　仄林切。首笄也。今作簪。

兓　子心切。兓兓,銳意也。

旡部第四百八十八,凡五字。

旡　居毅切。飲食逆氣不得息也。

旡　古文。

旤　戶果切。《説文》云:逆驚辭也。神不福也。今作禍。

禬　同上。

㱫　力尚、力章二切。事有不善言也。又㱫,薄也,悲㱫,酸楚也。

兒部第四百八十九,凡六字。

兒　茅教切。容儀也。《説文》从白下儿也。

貌　籀文。

覍　皮彥切。弁也,攀也,所以攀持髮也,以鹿皮爲之。《説文》
　　曰:冕也。从兒。象形。

弁　同上。

㝸　籀文。

---

① 兮,原作“今”,據宋11行本改。

䚃　牛遠切。小皃。

兆部第四百九十,凡二字。

兆　公扈切。壅蔽也。从人,象左右皆蔽也。

兜　當侯切。《説文》曰:兜鍪,首鎧也。从兆、皃,象人頭也。

先部第四百九十一,凡三字。

先　思賢切,又思見切。前也,早也。

兟　丑鄭切。覘也,譯也。亦作偵。

兟　所巾切。進也。又兟兟,衆多皃。

秃部第四百九十二,凡二字。

秃　吐木切。無髮也,从儿,上象禾黍之形。

穨　杜回切。暴風也。亦作頽。

厶部第四百九十三,凡四字。

厶　相咨切。姦邪也,今爲私。又亡后切,厶甲也。

羑　以九切。訹誘也。或爲羑、誘。

篡　初患切。取也,奪也,逆而奪取曰篡。

厸　力神切。古鄰字。近也,親也,五家也。

單部第四百九十四,凡二字。

單　時闡切。大也。又丁安切。

䵐　丑理、丑忍二切。䵐然,笑皃。

录部第四百九十五,凡一字。

录　力木切。刻木也。

玉篇卷第三十凡四十七部

---

① 第，原無，據例補。下諸"第"同。

四部第四百九十六，凡三字。

四　思利切。數也，次三也。

亖　古文。

三　籀文。

叕部第四百九十七，凡三字。

叕　知劣切。連也。

𦆲　同上，吳人呼短物也。

𪗪　側律切。雞兒聲。

亞部第四百九十八，凡六字。

亞　於訝切。次也，就也，配也。

晉　烏訝切。姓也。

凹　烏合切，又烏交切。凹凸也。

凸凹　上徒結切，起也。下他骨切，起兒。

㐀　古文終字。

五部第四百九十九，凡二字。

五　吳古切。數也，次四也。

㐅　古文。

六部第五百,凡一字。

六　力竹切。數也。

七部第五百一,凡一字。

七　親吉切。數也。

八部第五百二,凡十四字。

八　博拔切。數也。

㒸　似醉切。從意也。今作遂也。

分　甫墳切。隔也,半也,施也,別也,賦也,与也,徧也。又扶問切,限也,意深也。又刈禾分齊也。

尒　而紙切。語助也,別也,詞之畢也。亦作爾。

介　居薤切。甲也,大也,助也,紹也。《說文》云:畫也。

曾　子登切。則也。又才登切,經也。

尚　時樣切。上也,庶幾也,且也,曾也,高也,加也。

公　古紅切。方平也,正也,通也,居也。

余　弋諸切。身也,我也,語之舒也。

㒼　同上。

个　柯賀切。枚也。亦作箇。

必　俾吉切。極也,果也,然也,敕也,專也。

詹　之鹽切。至也。詹詹,多言也。

八　補徹切。分也。古文別。

采部第五百三,凡七字。

采　蒲莧切。辨別也。象獸指爪分別也。

𠂹　古文。

番　扶元切。獸足也。或作蹯。又普丹切,番禺,縣名。又步丹切,番和,縣名。

悉　思栗切。盡也,詳也,審也,和也。

宷　尸甚切。定也,詳也,諦也,信也,悉也。宷知諟也。

審　同上。

釋　式亦切。廢也,放也,解也,除也。

半部第五百四,凡二字。

半　布旦切。物中分。

叛　步旦切。離也,去也,不与也,背也,別也,背邑曰叛。

九部第五百五,凡三字。

九　居有切。數也。

馗　巨眉切。九達道也。亦作逵。

旭　古文。

丸部第五百六,凡四字。

丸　胡官切。圜也,假而轉也。

䵣　於訛切。鷲鳥食已,吐其毛如丸也。

衱　胡官切,又如之切。丸屬也。

衱　芳萬切。《説文》云:其義闕也。

十部第五百七,凡八字。

十　是執切。天九地十,數之具。

廿　如拾切。二十并也。今直爲二十字。

千　且田切。十百爲千也。

肸　許乞切。嚮布也。今爲肟。

卙　慈立切。辭之集。

戠　子入、充入二切。戠戠,蟲盛也。又會聚也。

忇　力德切。十人也。

博　布各切。廣也,通也。

卅部第五百八,凡三字。

卅　先闔切。三十也。

卅　先入切。四十也。

世　尸制切。父子相繼也。又三十年曰世。

古部第五百九,凡二字。

古　公戶切。古久之言也。伏羲爲上古,文王爲中古,孔子爲後
　　古。古,始也。

嘏　加下切。大也,固也,長也。

寸部第五百十,凡十字。

寸　千鈍切。十分也。

寺　似吏切[①]。司也,嗣也,官也。

尋　似林切。繹也,理也,重也,用也,遂也。

專　之船切。六寸簿也。又紡專。亦爲叀。

射　市柘切。矢也。又作躲,以近窮遠也。又以柘、羊益二切。

尃　撫俱切。徧也,布也。或作敷。

導　徒到切。通也,引也,教也。

尉　於貴切。武官之稱也。

尃　須全切。修也。

將　子羊切。行也,欲也,或也,送也,奉也,大也,助也,養也。扶
　　侍爲將。又子匠切,帥也[②]。又七羊切。

丈部第五百十一,凡三字。

丈　除兩切。十尺也。又丈夫也,長也,扶也,長扶萬物也。

叐　丁報切。姓也。

尵　他禮切。橫首杖也。

皕部第五百十二,凡二字。

皕　彼利切。二百也。又音逼。

---

① 似吏切,原作“以吏切”,據棟亭本改。

② 帥,原作“師”,據棟亭本改。

奭　式亦切。盛也，驚視皃也。

甲部第五百十三，凡五字。

甲　古狎切。六甲也，太歲在甲曰閼逢。

胛　如甘切。甲邊。

瞺　豆戴切。瞺瞸也。亦作瑇、璹。

瞸　莫代切。亦作瑁、瑁。

䀐　下甲切。相著也。

乙部第五百十四，凡六字。

乙　猗窒切[1]。甲乙，太歲在乙曰旃蒙。

亂　力貫切。理也，兵寇也。或作𤔔也。

㐳　書以切。今作始。

乩　古奚切。今作稽。

乾　巨焉切，又柯丹切。竭也，燥也，燋也。

尤　于留切。過也，怪異也，責也，多也，怨也。

丙部第五百十五，凡一字。

丙　兵皿切。辰名，太歲在丙曰柔兆。又光明也。

丁部第五百十六，凡二字。

丁　多庭切。强也，壯也，太歲在丁曰强圉。又竹耕切，丁丁，伐木聲也。

町　他丁切。亦作汀。

戊部第五百十七，凡三字。

戊　亡寇切。戊，茂也，太歲在戊曰著雍。

成　市征切。平也，畢也，就也。

戌　古文。

---

[1]　猗，原作“徛”，據部目及楝亭本改。

己部第五百十八,凡四字。

己　居喜切。己身也,太歲在己曰屠維。

𢀒　古文。

㠯　居隱切。舒也,敬身有所承也。

巺　奇己切。長跪也。或作跽也。

巴部第五百十九,凡二字。

巴　布加切。國名。又巴蛇吞象,三年而後吐其骨,服之無心腹病。又《三巴記》云:閬白水東南遶如巴字。

祀　市招切。擊也。

庚部第五百二十,凡一字。

庚　假衡切。庚猶更也,太歲在庚曰上章。

辛部第五百二十一,凡八字。

辛　思人切。辛辢也,太歲在辛曰重光。

辠　在磊切。犯公法也。今作罪。

辜　古胡切。罪也。古作𦋊。

辥　婢亦切。死刑也,罪也。《説文》私列切。

辝　似咨切。不受也,別也,去也。字從辛,辛宜不受之辝也。

辤　籒文。

辭　亦同上。理獄爭訟之辭也。

辢　力達切。辛辢也,痛也。

辡部第五百二十二,凡三字。

辡　皮免切。辡罪,相與訟之言。又方免切。

辯　皮免切。慧也,正也,理也。

辮　普面切。《爾雅》云:革中絶謂之辮。車轡勒也。

产部第五百二十三,凡四字。

产　綺虔切。产,辠也。亦作愆,過也,失也。又作𠎝。

童　徒東切。男有罪爲奴曰童。使也，獨也。又童童，盛兒。今
　　用僮。

䟽　籀文。

妾　七接切。不娉也。字从辛。

桀部第五百二十四，凡五字。

桀　奇列切。磔也。或作栞[①]。賊民多累曰桀。

乘　是升、是證二切。勝也，四馬也，升理也，計也，覆也，守也，
　　一也。

㐱　古文。

乘　今文。

磔　竹格切。張也。《爾雅》：祭風曰磔。

壬部第五百二十五，凡一字。

壬　而林切。太歲在壬曰玄黓。

癸部第五百二十六，凡三字。

癸　古揆切。太歲在癸曰昭陽。

癸　籀文癸。

䄺　古文。

子部第五百二十七，凡四十字。

子　咨似切。兒也，滋也，愛也，男子之通稱也。

孠　古文。

𢀇　籀文。

孕　弋證切。妊子也，含實也。古文作朡。

㝈　靡辯切。生子㝈身也。

字　疾恣切。愛也，養也，生也，飾也。

---

① 栞，原作“裂”，據棟亭本改。澤存堂本作“傑”。

毃　奴豆切,又公豆切。乳也,嗀也。

孿　齒患切,又力員切。變也。又雙産也。

嬬　如喻切。稚也,少也,乳子也。

孺　同上,俗。

季　居悸切。稚也,少也,小稱也。

孟　莫更切。長也,子也,始也。

㒼　古文保字。

孽　魚列切。憂也。孽孽,盛飾皃。

孳　疾利、子思二切。孳産也。

孌　籀文。

㝀　怒乎切。子也。亦作帑。

孤　古乎切。特也,少無父也,獨也。

㝡　似利切。今作嗣。

存　在昆切。恤問也,有也,察也,在也。

疑　魚其切。嫌也,恐也,不定也。亦作疕。

㝯　公孝切。效也。《説文》又音交。

孝　呼效切。《説文》曰:善事父母者。

孡　敕來切。孕也。亦作胎。

孩　胡來切。幼稚也。

孿　力辭切。孿孖,雙生也。

孖　子辭切。亦作滋,蕃長也。亦作孳。或辭恣切,孿孖。

孾　音纓。孩也。

孛　薄背切。星也。又音勃。

孜　音兹。厚也。

㝵　音矩。孤也。

𡥀　古文好字。

掰　之列切。皇也。

㜷　音粲。二女也。

㜵　音體。小兒也。

㜱　丑證切。川也。

學　爲角切。受教也，覺也，斅也。

斈　音季。古文。

孢　乎巧切①。

孖　音敘。

了部第五百二十八，凡四字。

了　力鳥切。挂也，訖也，慧也。《説文》曰：尥也。从子無臂，象形。

乚　丁了切。懸物兒也。

孑　九月、九勿二切。無左臂也，短也。

孒　居折切。遺也，餘也，後也，短也，無右臂也。

孨部第五百二十九，凡四字。

孨　莊卷、旨兖二切。謹也，孤兒也。

孱　士連切。不齊也，愞弱也。又士限切。

孴　牛起切。盛兒。又衆多之兒。

晉　籀文。又奇字晉，子刃切。

厶部第五百三十，凡五字。

厶　徒骨切。不順忽出也，此亦作突。《説文》他骨切。

㐬　古文，今作突。

育　余六切。長也，養也，生也，養子使從善也，撫也。

毓　上同。

---

① 乎巧切，當作“平巧切”。

疏 所居切。稀也，闊也，遠也，通也，理也，分也，非親也。又所
　　去切，檢書也。

丑部第五百三十一，凡四字。

丑 敕久切。丑猶紐也。

羞 思留切。滋味也，熟食也，進也，辱也，恥也。

𢆶 夫元切。今作番，數也。

𤳎 布賀切。今作播，揚也。

寅部第五百三十二，凡二字。

寅 弋咨、以真二切。演也，瞋也①，敬也，强也。

𡩟 古文。

卯部第五百三十三，凡三字。

卯 亡絞切。茂也，冒也，二月萬物冒地出。

卯 篆文。

非 古文。

辰部第五百三十四，凡三字。

辰 市真切。震也，時也，三辰日月星也，房星也。或作晨。

厎 古文。

辱 如燭切。恥也，惡也，汙也。

巳部第五百三十五，凡三字。

巳 徐里切。嗣也，起也。又弋旨切，退也，止也，此也，弃也，畢
　　也。又訖也。

𢀒 丁角切。日月會于龍𢀒也。

㠯 余始切。用也，意也，實也。今作以。

────────────

① 瞋也，未詳。

午部第五百三十六,凡三字。

午 吴古切。牾也,分布也,交也。

啎 五故切。相觸也,逆也。

忤 同上。

未部第五百三十七,凡一字。

未 亡貴切。未,味也,六月建也,未猶不也,未有不即有也。

申部第五百三十八,凡九字。

申 式神切。身也,伸也,重也。申申①,容舒也。

𦥔 籀文。

𤰈 古文。

𨋩 弋振切。小鼓在大鼓上,擊之以引樂也。

臾 欲朱切。須臾,俄頃也。

曳 弋勢切。申也,牽也,引也。

暢 丑亮切。達也,通也。亦作暘。

畃 音荀。匀也。

䡛 敕龍切。䡛直也。

酉部第五百三十九,凡一百七十一字。

酉 弋帚切。飽也,酋也,就也。

丣 古文。

醿 莫公切。麴生衣也,細屑也。或作䴌。

酒 咨有切。杜康所作。《禮》云:凡祭宗廟酒曰清酌也。

醰 余心、才心二切。熱麴也,幽也。

釀 女帳切。作酒也。

醖 於運切。釀酒也。

---

① 申申,原作"甲申",據宋11行本改。

𪒠　芳萬切。酒熟也，釀一宿也。

酴　大乎切。麥酒不去滓飲也。

釃　所宜、所綺二切。下酒也，醇也。或作䉧。

醁　郎狄切。酴也，漉酒也。

酳　公縣切。以孔下酒也。

醪　力刀切。汁滓酒也。

醴　力弟切。甜酒也，一宿熟也。醴泉，美泉也，狀如醴酒，可以
　　養老也。

醹　如庾切。厚酒也。

醇　時均切。粹精也，專也，厚也，不澆酒也。

酎　除又切。醇也，釀也。

醠　莫公切。濁酒也。

醲　女容切。厚酒也。

酳　汝吏切。重釀也。

酤　胡古切。一宿酒也。又古胡切，又古護切，賣酒也。

𨢿　豬宜切。酒厚也。

醙　力暫切。泛醙齊行酒。

醓　古禫、余膽二切。酒味苦也[1]。

酣　口榼切。熟也，酒味厚也。或作醶[2]。

酓　於丟、火含二切。酒苦也。

醰　徒紺切。酒味不長也。又大含切。

酺　普末切。酒色也。

酨　徒戴、與職二切。酒色也，甘也。

配　普對切。匹也，媲也，對也，當也，合也。

---

[1]　《玉篇校釋》改爲“酒味淫也”。

[2]　醶，原作“酤”，據宋11行本改。

酌　之若切。盛酒行觴也，挹也，斟也，取也，益也，沾也。

醮　子肖切。冠娶妻也，禮祭也。或作礁字。

酳　余振切。少飲也。

酳　同上。

酬　市周切。勸也，報也，厚也。

醻　同上。

酢　才各切。報也，進酒於客曰獻，客荅主人曰酢。今音措。

醶　亡一切。飲酒俱盡也，醤醯也。或作醳。

釂　子曜切。飲酒盡。

酣　胡甘切。樂酒也，不醉也。或作佄。

酖　都含切。樂酒也。

醶　於據切。私也，酒美也。

醵　其庶、其虐二切。合錢沽酒醵會也。

酠　同上。

醐　步胡、蒲故二切。《說文》曰：王德布，大飲酒也。

醉　子遂切。卒也，卒度也，度其量不至於亂也。

醺　許軍切。醉也。醺醺，和悦皃也，坐不安也。

醅　匹才切。醉飽也，未醾之酒。

酳　于命切。酳也。

酳　許具切。兑酒曰酳醬。

酳　同上。

酲　陳貞切。病酒也，醉未覺也。

茜　所六切。沛酒去滓也。又櫨上塞也。

醶　且冉切。酢也。又初減切。

酸　先丸切。酢也。

酸　古文。

戴　昨載、祖代二切。酢漿也，釋米汁也。

醶　叉檻切。酢漿也。

酢　且故切。酸也，醶也。今音昨，爲酬酢字也。

酏　余支切。米酒也，甜也，清酒也。

醬　子匠切。醢也。

牆　同上，見《説文》。

酒　古文。

鹽　籀文。

醢　訶改切。醬也。

䤈　亡侯切。䤈醯醬也，醳也。

醯　大侯切。䤈醯醬。

醙　蒲桂切。檮榆醬。

醨　巨出切。醢醬也。

酹　力昧切。餟祭也，以酒祭地也。

醶　力醬切。雜味也。

醰　昨冉切。醬䤈，味薄也。

䤈　而琰切。醬䤈。

齏　在計切。酒有五齏之名，見《周禮》。或作齊。又醬也。

醍　他禮切。酒紅色。又音提。

智　同上。

醷　於力、於里二切。梅漿也。

酪　力各切。漿也，乳汁作。

醳　夷石、尸石二切。苦酒。

醆　仄限切。酒濁微清也。一曰爵也。

醒　思廷、思領二切。醉除也。

醩　子刀切。籀文糟。

醿　上同。亦作蒲。

醙　使鄒切。白酒也。

䤺　奴敢切。煮也。亦作腩。

酟　彌兗切。飲酒失度也。或作湎。

酙　力感切。藏柹也。

醝　在何切。白酒也。

醠　烏浪切。濁酒也。

醋　許角切。酢也。

酩　亡狄切。酩醁，酪淬。

醁　力的切。酩醁。

醞　下袞切。醹相沃。

醶　所檻切。酢也。

䣳　莫割切。䣳醏醬也。

醏　當孤切。䣳醏也。

酭　似由切。酒色也。

䤛　亡兮、亡安二切。

醆　叉劣切。鹹菹也。

酮　徒董切。酢欲壞。

醋　視利切。亦作嗜。

酭　于救切。報也。或作侑。

醧　於娛切。能飲者飲，不能飲者止。

酋　自流切。亦作酉，酒官也。

醲　巨氣切。术酒名。

醯　呼啼切。酸味也。

醢　同上，俗。

酳　竹芮切。今作餟。祭酹也。亦作稷。

醔　似吕切。美皃。亦作覼。

酘　徒鬪切。酘酒也。

酡　徒和切。飲酒朱顔皃。

醯　同上，俗。

醨　力支切。薄酒也。

醎　音咸。俗鹹字。

醋　音甞。

醐　戶吾切。醍醐也。

醾　無悲切。酴醾酒。

醽　魯丁切。渌酒也。

醁　力玉切。

醡　側射切。造酒也。

醡　同上。

酳　士倫切。美也。

酵　戶茅切。

醋　於今、於南二切。

醚　音彌。醉也。

酓　於林切，又於琰切。酒。

醫　音醫。

鮨　音征。醋煮魚也。

鮨　同上。

酟　音于。飲也。

酥　音蘇。酪也。

醭　音媒。醋名。

酳酏　上音离，下音衹。乳腐名。

醅　音諳，又音峇。酒色也。

醔　音擲。出酒。

醝　音桑。乳酒。

酐　火朗切。苦酒也。

醦　與久切。酒名。

酙　口下切。苦酒也。

釅　音覽。釅釅，醋味也。

醼　音揆。醨也。

醃　於炎切，又於紺切。菹也。

醹　旨善切。苦酒也。

醽醥　上音了，下匹眇切。酒清也。

酩酊　上莫迥切，下多領切。醉甚也。

醜　尺久切。皃惡。

醅　皮美切。酒色①。

醑　相吕切。美酒也。

酼　音毯。酷也，酸也。

醶　於啗切。

醜　音抽。酒名。

醶　音簡。鹹也。

醼　於見切。設也。

醷　音制。魚子醬也。

皰　平孝切。面上瘡。

酵　古孝切。酒酵。

醁　步報切。酒名。

觴　音傷。奢酒也。

———

① 《説文》爲“圮”字或體，訓“毁也”。

醮　士孝切。醉醮也。

醜　位錐切。肉酒。

醱　蒲撥切。酒氣也。

醯　口盍切。酒器也。

釄　匹卜切。醋生白。

酨　音雌。糟也。

醫　音斛。濁酒也。

醒　五鼎切。醒也。

酉部第五百四十,凡四字。

酉　疾流切。長也,酒官也,熟也,醳酒也,液也。或作醬。

尊　子昆切。敬也,重也。亦酒器也。或作樽。

算　同上。

僔　同上。

戌部第五百四十一,凡一字。

戌　思律切。誠也。

亥部第五百四十二,凡二字。

亥　何改切。荄也,依也。

豗　《説文》亥。與豕同意。

新加偏旁正俗不同例

丶,知柱切。

厂,漢音。

厽,累音。

几,殊音。

巿,弗音。

匕,化音。

从,從同。

匕,比音。

丿,瞥音。

厶,私音。

幺,於條切。

類隔更音和切

它,恥何切。今他何切。

碥,方顯切。今卑顯切。

愊,符逼切。今皮逼切。

分毫字樣凡二百四十八字

遝還上徒沓反,合也;下胡關反,返也。

刀刁上都勞反,刀斧;下的聊反,人姓。

閍閌上布盲反,宮門也;下側銜反,立侍人。

袖柚上似祐反,衣袖;下徒救反,果也。

詼誅上力癸反,祝辭;下致娛反,誅斬。

閟悶上比冀反,慎也;下莫困反,憒也。

痤座上徂和反,短也;下徂臥反,座席。

窰窒上音遙,燒瓦也;下音遷,空也。

台台上湯來反,星也;下羊支反,我也。

摋楒上蘇臺反,擡摋[1];下相慈反,木也。

榷摧上作迴反,榷節;下昨迴反,摧折。

熊羆上于躬反,獸也;下彼皮反,獸名。

寘寘上徒賢反,寘塞;下支豉反,置也。

謟謟上天牢反,疑也;下丑冉反,媚也。

滔洛上天牢反,水也;下胡感反,深也。

搯搯上楚交反,取也;下苦洽反,捻也。

挼桵上奴回反,擊也;下而佳反,木名。

雎睢上七余反,關雎;下息唯反,人姓。

綏綏上而佳反,冠也;下息佳反,安也。

---

[1] 摋,原訛作"楒",據棟亭本改。

推椎 上尺隹反，推讓；下直追反，鎚也。

絰經 上徒結反，孝絰；下古刑反，經書。

冷泠 上魯打反，寒冷；下力丁反，泠水。

打扜 上都冷反，擊也；下摘莖反，扜聲。

屏屏 上必郢反，屏障；下薄名反，屏風。

晴睛 上疾盈反，晴明；下七盈反，目睛。

否㐬 上方久反，臧否；下符鄙反，屯㐬。

桶桷 上他孔反，器也；下古岳反，椽也。

凍涷 上都弄反，水凍；下得紅反，暴雨。

寵寵 上力董反，孔寵；下勑勇反，寵愛。

揀棟 上古限反，揀擇；下都弄反，屋棟。

摠樬 上作孔反，摠集；下千弄反，樬檐。

楥援 上許願反，鞋楥；下韋元反，援引。

峻峻 上子公反，九峻；下蘇慢反，山峻。

狻猣 上素官反，狻猊；下子公反，犬子。

種種 上之隴反，本也；下之用反，耕種。

樅摐 上七弓反，木名；下七江反，打鐘也。

橦撞 上徒東反，花爲布；下宅江反，打也。

憧幢 上尺容反，往來；下宅江反，幡也。

梔扼 上章移反，木也；下烏革反，車扼。

帷惟 上于眉反，帷幔；下以隹反，辭也。

貽眙 上與之反，遺也；下丑吏反，視也。

攘榱 上汝羊反，攘臂；下音衰，屋棟也。

時峕 上市之反，時節；下時吏反，儲也。

箕萁 上居之反，箕山；下巨疑反，豆萁。

笞苔 上丑之反，笞責；下堂來反，青苔。

篡綦上作管反,篡集;下巨疑反,屨也。

笑筊上思妙反,喜笑;下天計反,讖到。

捐損上余專反,棄也;下蘇本反,傷也。

焌煖上七律反,火焌;下奴緩反,溫煖。

潛潜上昨廉反,潛藏;下所姦反,淚下。

筧莧上古典反,竹通木;下侯辦反,莧菜。

現垷上胡硯反,出也;下古典反,塗也。

緪縺上古杏反,井索;下婢連反,繩縫。

塤瑄上許袁反,樂也;下胡犬反,玉名。

撚捻上人善反,束也;下奴典反,指也。

檀擅上徒干反,木也;下市戰反,自專。

捵捵上知演反,束也;下女彥反,破也。

璿琢上音篆,璧上文;下陟角反,琢石。

梗梗上古杏反,桔梗;下符善反,木名。

鞕鞭上五幸反,堅鞕[1];下卑連反,打鞭。

爹爹上陟加反,張也;下徒可反,父也。

治冶上直吏反,理也;下而者反,人姓。

舜鞏上詩閏反,堯舜;下古雅反,酸鞏。

炧地上徐者反,火炧;下途利反,天地。

槎搓上鋤加反[2],水中浮木;下七阿反,手搓。

絮絮上思據反,緜絮;下抽據反,調絮。

歁欺上苦感反,能言;下去其反,屈也。

檬橡上莫紅反,木也;下詳兩反,木也。

旼敗上武巾反,和也;下蒲拜反,亂也。

---

① 堅鞕,原訛作“堅梗”,據棟亭本改。
② 反,原脱,據例補。

馭馭上武云反，馬名；下魚去反，駕也。

暖暖上況袁反，目大；下奴緩反，熱也。

揮襌上許歸反，指揮；下戶昆反，祭服。

髡髡上丁感反，髮垂；下苦昆反，去髮。

根挶上古痕反，根本；下戶恩反，急挶。

捾棺上烏活反，捾舩；下古丸反，棺椁。

禪禪上市戰反，禪讓；下都寒反，禪衣。

菅管上古顏反，菅茅；下公短反，人姓。

販眅上方萬反，販賣；下普班反，目白。

甬角上余隴反，花發；下古岳反，牛角。

畧晷上力著反，簡略；下居洧反，日出。

箄筭上博彌反，取魚；下博計反，甋筭。

杫祉上思志反，枡机；下勑里反，福也。

杷把上白麻反，木杷；下百馬反，執把。

暑署上商呂反，熱暑；下時據反，省署。

褚楮上丑呂反，人姓；下知呂反，木名。

樁椿上卓江反，木樁；下丑屯反，木也。

咀咀上茲冶反。罵也；下慈呂反，咀嚼。

柱拄上直縷反，梁柱；下之與反，拄杖。

枸拘上俱羽反，木名；下舉于反，拘執。

祐祜上于救反，助也；下胡古反，福也。

摞欔上洛戈反，理也；下力癸反，食器。

湎洒上免音，沉湎也；下先禮反，洒浣。

揩楷上客皆反，模也；下古諧反，木名。

浽浽上息遺反，小雨；下奴罪反，穢濁。

夯毒上於改反，無行；下徒木反，惡毒。

陪倍 上薄來反,陪從;下蒲罪反,多也。

荀筍 上祖倫反,人姓;下思尹反,竹萌。

言言 上去偃反,下語偃反。並脣皮皃。

敞敝 上昌兩反,開也;下必計反,集也。

汗汗 上胡幹反,熱汗;下七賢反,水名。

挺挻 上他鼎反,挺持;下拭然反,取也。

揣椯 上初委反,度也;下市緣反,木名。

挑桃 上土凋反,挑撥;下徒刀反,果也。

皁早 上昨早反,黑色;下作皁反,早晚。

杲果 上公老反,日色;下公禍反,果福。

囚囚 上得立反,動也;下似由反,禁人。

瞑脛 上五鼎反,直視也;下胡定反,腳脛也。

甲甲 上古狎反,兵甲;下女洽反,取物。

明朋 上眉兵反,清也;下薄登反,黨也。

未末 上亡貴反,不也;下莫撥反,木上。

夭夭 上他前反,天地;下於矯反,折也。

蒲滿 上薄胡反,草名;下莫旱反,盈也。

杳沓 上伊鳥反,冥也;下徒合反,人姓。

恩思 上烏痕反,澤也;下息茲反,念也。

竪堅 上臣庾反,立也;下古賢反,固也。

子孑 上即里反,人姓;下居列反,單也。

且旦 上七也反,語辭;下得晏反,早也。

林材 上力尋反,人姓;下昨哉反,木挺。

東柬 上德紅反,東西;下古限反,擇也。

北比 上博墨反,南北;下毗至反,黨也。

徂阻 上昨胡反,往也;下側呂反,隔也。

枝技_{上章移反}，人姓；_{下渠綺反}，藝也。

辨辦_{上平免反}，別也；_{下蒲莧反}，具也。

己已_{上居里反}，身也；_{下羊已反}，止也。

五音聲論

東方喉聲：何我剛鄂謌可康各

西方舌聲：丁的定泥寧亭聽歷

南方齒聲：詩失之食止示勝識

北方脣聲：邦尨剝雹北墨朋邈

中央牙聲：更硬牙格行幸亨客

四聲五音九弄反紐圖并序　　沙門神珙撰

　　夫文物之國，假以書、詩；七步之才，五音爲首；聿興文字，反切爲初。一字有訛，餘音皆失。四聲之體，與天地而齊生；宮、商、角、徵、羽之音，與五嶽而同起。且天地生於混沌，不同混沌之初；君子生於嬰兒，豈與嬰兒同類？夫欲反字，先須紐弄爲初，一弄不調，則宮、商靡次。昔有梁朝沈約創立紐字之圖，皆以平，書碎尋難見。唐又有陽甯公、南陽釋處忠，此二公者又撰《元和韻譜》，奧文約義，詞理稍繁。淺劣之徒，尋求難顯。猶如七匕、彡彳之字，寫人會有改張。紐字若不列圖，不肖再傳皆失。今此列圖曉示，義理易彰，爲於韻切之樞機，亦是詩人之鈐鍵也。《譜》曰：平聲者哀而安，上聲者厲而舉，去聲者清而遠，入聲者直而促。傍紐者，皆是雙聲，正在一紐之中，傍出四聲之外。傍正之目，自此而分清濁也。故列五箇圓圖者，即是五聲之圖。每圖皆從五音，字行皆左轉，中有注説之。又列二箇方圖者，即是九弄之圖。圖中取一字爲頭，橫列爲圖首目，題傍正之文以別之。

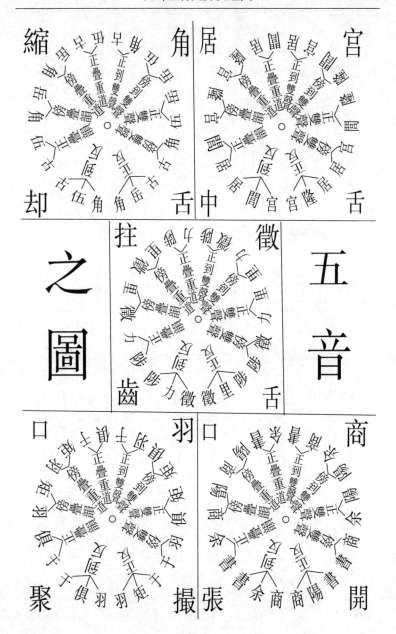

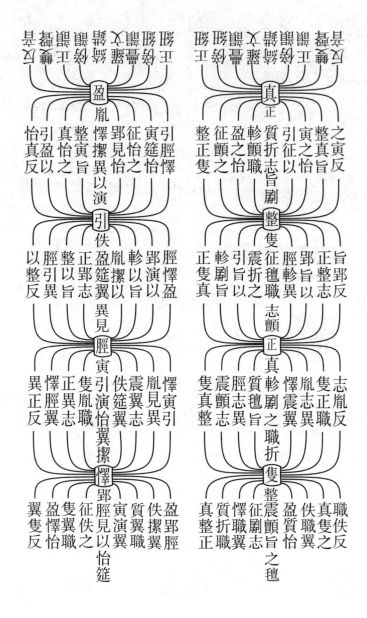

筆畫索引

犬	813	气	695		711	弓	996	盂	14	艿	469
太	218	壬	550	毕	983	丑	1009	邗	60	芳	459
友	219	壬	1006	尸	769	阡	785	邘	56	芴	484
尤	1004	升	567	氏	746	孔	840	式	13	芴	460
歹	393	夭	742	勿	574	巴	1005	玎	38	本	413
匹	997	攵	614	勻	979	防	790	卝	44	术	424
厄	770	仁	67	欠	313	屮	987	巧	622	可	309
巨	622	什	74	勾	979	防	783	邗	208	匝	163
牙	181	片	992	凡	680	防	789	正	360	市	509
屯	403	仆	78	丹	745	阞	789	玉	360	丙	1004
戈	581	仇	78	邡	61	刌	589	刋	588	斥	767
先	997	仉	83	卬	983	办	593	卟	29	厈	217
旡	997	化	983	殳	583	刕	984	扑	206	左	622
比	983	仂	81	夊	218	收	215	卉	464	厌	768
旡	997	仍	73	灬	832	弔	576	扒	202	反	219
切	585	斤	578	爰	370	以	90	执	205	丕	5
瓦	558	爪	216	汀	683	允	91	扐	208	右	158
巛	680	耂	515	卞	745	叉	218	扣	210		218
止	356	反	219	亢	621	予	93	由	29	石	770
山	356	兮	309	六	1001	幺	93	耶	59	布	960
支	614	丩	996	文	182	丞	219	圢	43	市	824
少	720	刈	588	亢	125	丛	998	功	255	尻	769
少	720	介	1001	方	638	孔	216	扐	198	本	329
曱	590	夂	683	火	724	冊	988	劢	257	亐	309
冃	542	从	984	斗	566	毋	994	扔	197	亐	309
日	700	父	92	忙	261	纟	721	去	548	齐	330
曰	307	父	218	户	377	㕚	977	甘	328	夳	684
且	568	爻	623	尤	53	号	511	艹	813	戊	1004
中	403	从	542	尢	337	卯	978	芋	462	发	816
内	542	仈	1001	心	260	**五畫**		世	1003	医	569
水	639	今	540	孔	217	玉	14	甘	995	平	309
内	832	凶	398	尹	219	王	14	卌	1003	刊	585
午	1010	分	1001	夬	219	刊	586	艾	448	邢	65
手	188	公	1001	尺	380	未	1010	芄	464	匝	568
牛	804	匀	979	弔	68	末	413	芃	469	戉	584
毛	916	月	237	引	576	示	6	古	1003	目	328

开	992	圮	33	枡	410	歹	394	虫	878	邔	58
荆	587	地	28	朷	435	列	586	曲	570	仢	808
刑	587	扠	208		589	死	397	冊	312	廷	355
医	569	㼵	561	朸	415	劜	394	叩	311	乺	919
邢	56	耳	147	臣	92	成	1004	同	542	舌	176
邟	65	芋	475	师	830	㠯	216	吕	258	竹	487
郏	60	芏	466	吏	5	歧	983	吃	175	迁	349
刜	587	芽	468	再	548	夷	722	吒	160	卅	40
戎	581	芐	450	西	543	邪	60	因	990	迄	350
祁	59	井	487	束	512	邨	61	吸	156	㐰	83
邔	58	共	984	吏	86	致	616	甹	403	休	425
巨	622	芅	444	郉	59	划	588	叿	161	伍	76
扜	200	芥	478	因	176	卲	978	轩	962	伎	76
扞	197	苉	476	西	548	至	915	㭫	963	伏	78
圬	41	芊	459	刬	585	乑	915	屼	753	白	539
圭	37	芼	474	郋	55	未	513	屾	759	伅	84
扛	195	芴	508	屄	769	北	52	屹	758	伐	78
寺	1003	芰	473	屏	769	此	359	杉	963	仳	68
扤	198	芫	463	屍	1009	乩	1004	囚	737	伍	84
圵	44	芄	444	戌	1017	虍	833	㞙	964	延	355
吉	158	芍	446	在	34	尖	720	岌	752	夘	87
扣	200	芨	465	迀	355		723	帆	963	仲	69
扗	206	芒	474		621	㓛	591	帄	962	伙	646
圪	30	芝	475	有	712	㸬	59	回	989	件	76
托	214	芎	451	存	1007	劣	255	半	988	件	90
扤	202	芑	452	而	919	吁	160	屺	748	任	74
考	381	芋	451	匠	568	早	701	岍	757	伕	78
圲	182	芟	485	布	584	号	160	网	544	乑	984
老	381	扛	424	庑	769	叿	170	肉	237	份	90
圾	42	朽	422	夸	722	吐	159	肉	237	价	74
巩	217	朴	413	灰	726	甩	1000	曲	570	伶	86
扚	200	朳	432	卤	570	吴	172	年	523	份	70
扱	199	机	439	戍	581	吷	174	朱	413	仾	69
辻	345	杋	432	尩	744	邑	702	缶	563	伵	90
扐	214	机	412	死	5	吅	708	先	998	伤	81
圯	37	杽	414	灱	743	曳	1010	牝	804	仰	73

伉	79	邻	63		734	灯	734	怅	269	记	351
伫	83	兇	398	多	719	尜	729	忏	275	弜	578
仿	71	邪	55	夛	719	㶶	61	忔	277	弛	576
优	87	兖	91	㢧	1002	灯	732	忙	263	改	109
伈	84	辿	355	㤥	112	州	680	灼	275	那	61
自	127	肝	250	色	124	戈	95	忙	273	戻	219
伊	69	刖	586	剡	591	㳇	684	忌	263	阱	680
由	698	肌	253	那	58	冲	685	他	270	阮	786
自	783	肌	237	朵	414	冰	683	怅	276	阯	787
身	746	肍	242	言	304	次	316	宇	366	阯	785
伾	68	匀	980	言	304	决	685	守	368	收	616
血	236	肶	253	序	764	汗	660	宅	365	阪	783
向	366	肋	239	庁	767	汙	656	㲾	399	艸	442
囟	125	朵	414	氏	767	江	639	灾	369	殳	789
似	88	凤	719	亦	742	汏	656	亡	370	阮	785
仔	73		338	庆	765	汕	645	字	1006	防	785
佟	69			交	743	汗	653	安	366	斗	790
邱	62	危	770	庇	766	汔	655	瓦	562	陕	788
劢	257	戎	583	皮	766	㳇	675	祁	56	阮	784
行	336	旨	328	衣	965	汣	651	礽	11	阝	788
代	336	旬	979	邯	57	汛	640	肎	243	迆	348
彴	333	旭	701	劦	257	汐	677	邡	62	奸	104
彶	332	犰	820	辛	1005	汲	659	劦	257	妣	112
他	335	刎	587	盲	164	汇	665	聿	986	如	98
辰	681	狗	818	帘	962	汎	659	聿	985	妊	108
月	553	狈	824	妄	100	汜	641	迅	346	妁	112
舟	634	匈	979	㐱	680	汙	646	昌	380	妃	105
全	542	归	978	肰	572	池	639	刔	592	好	95
全	540	兆	998	亥	1017	汝	648	旦	541	她	107
合	540	地	818	邡	58	汋	652	辰	378	妥	105
兆	623	刑	591	充	91	忏	267	玕	577	妈	104
企	69	岀	751	半	329	忏	269	玗	576	刚	593
肎	240	夆	337	羊	810	红	274	异	215	忍	282
公	548	舛	338	并	984	付	277	吕	158	㹥	591
受	985	各	161	米	533	忕	275	犳	577	㹥	258
忩	279	名	156	芐	992	代	277	㹬	576	羽	909

这	351	龙	813	卧	139	粤	308	別	398	囵	712
逈	13	豕	824	异	708	足	220	呋	155	网	544
来	515	尬	743	呀	158	呲	174	岍	756	迆	351
㒼	371	咸	93	吳	706	围	992	峡	962	围	991
芈	56	歼	396	貝	902	邮	55	岞	753	事	985
医	810	歪	13	見	142	男	92	岐	751	迕	352
辰	997	㒼	1017	㿢	127	甹	511	岠	754	劢	256
辰	1009	死	397		983	困	990	岈	756	牡	804
㤘	5	尥	744	耶	55	吵	167	岯	963	告	310
居	767	矴	1004	肶	132	冐	244	瓶	559	牠	809
乑	1010	忒	281	助	255	串	403	罕	546	制	806
邴	60	怠	282	吴	702	呐	168	妙	963	我	93
否	161	迓	352	里	46	吽	172	㟅	759	牣	806
	915	迪	352	呈	703	吽	167	帕	964	利	585
百	122	坕	35	呂	710	咜	164	岾	754	秃	527
厎	769	否	174	师	175	呋	169	峄	758	秀	998
矿	780	娄	108	吱	170	吡	161	㟓	756	秀	520
砅	781	臣	569	吃	705	困	991	岠	964	私	521
砒	773	肎	248	怀	171	听	157	岕	964	忐	280
疢	574	坙	680	吠	162	吟	161	岭	758	钦	618
底	768	邺	61	园	991	吣	170	网	543	钖	509
囱	127	步	356	吮	171	吒	175	峺	755	休	84
夽	722	述	353	呓	169	吻	153	岑	748	欧	337
应	768	㣥	745	吸	710	昀	165	岭	961	臼	216
査	724	刔	587	呃	174	哕	159	岎	958	佞	99
奄	722	叙	393	昆	328	哎	171	屹	759	征	69
咠	705	卤	548	豆	556	吭	169	岲	758	兵	215
肎	711	卣	990	迫	355	吷	170	㔋	685	邱	61
奔	722	奴	393	呀	165	㕻	172	岿	754	佉	86
夾	722	盂	553	吨	164	吳	742	岞	965	伷	85
	742	肖	240	吡	174	映	167	兜	832	估	88
夯	6	盱	702	围	989	吼	167	岜	961	何	79
灻	741	旱	702	晏	98	邑	54	囧	747	俩	71
达	348	盯	134	鄂	57	囷	991	困	991	佐	82
㧖	743	呈	158	悬	680	困	642	囫	990	伾	68
匪	568	呈	45	町	47			肉	313		

佑	85	劸	258	妥	102	犴	819		764	判	585
伻	86	伺	66	豸	836	犰	822	庋	764	尚	543
肌	994	佛	71	含	155	犴	815	庌	761	灯	733
肔	993	伽	87	坒	915	犵	815	庵	760	奔	736
肦	994	佁	79	坐	37	迉	351	戊	761	炬	732
佔	84	彼	85	爺	958	犿	817	庇	762	灼	727
攸	615	囟	737	肝	250	犹	815	床	767	她	727
佢	75	佁	76	肝	238	狄	817	庄	765	弟	95
但	86	姆	77	肚	247	角	919	庎	767	沰	684
伸	75	劬	89	肛	246	狀	823	庍	765	沷	684
㑊	89	近	348	肘	239	犿	816	庲	764	況	684
佃	76	卮	570	肒	253	狙	815	疔	382	冷	684
侭	76	往	334	肶	247	狐	822	疕	392	冶	684
佚	86	衍	335	肜	634	剄	591	疝	383	汪	640
侶	88	彴	334	肌	251	狖	819	疠	388	汧	648
佚	80	衲	333	肘	248	奉	337	疫	383	洴	664
作	74	彼	333	肭	240	彤	745	奁	161	沅	640
伯	69	縱	984	迌	355	匇	980	彣	182	沄	640
你	88	夠	333	肔	252	攽	621	庑	765	沐	658
伶	75	役	334	股	252	各	705	序	761	沛	652
低	84	彷	333	朋	249	奎	337	远	350	汸	644
佝	77	辵	345	昏	162	卵	902	辛	1005	沔	648
佟	83	刪	590	昏	963	㢩	215	乿	359	汧	666
住	82	返	347	邖	64	灸	727	宋	417	沠	662
位	91	余	1001	旬	130	悲	281	沚	357	汰	673
伭	68	創	585	甸	48	妣	719	肎	238	沢	673
伴	71	希	623	剣	584	兊	397	空	550	法	668
佇	80	兌	91	奂	215	刨	590	攺	615	沈	653
佗	80	采	1001	免	92	郌	58	斺	403	沌	663
佖	70	坐	37	郋	60	風	695	迈	353	浅	675
皁	699	谷	681	劮	256	迎	346	弃	215	沘	663
皁	699	谷	176	狂	817	系	956	忘	278	洰	662
身	93	寽	985	狅	816	言	287	衮	1008	沏	677
皂	699	侴	832	狄	824	亨	541	刻	588	沚	644
皀	533	孚	1007	狔	823	泂	683	弆	1000	沁	643
克	997	孚	217	狚	823	床	438	羌	811	沙	643

汩	649	忧	264	公	367	弞	316	阽	791	卻	978
汨	660	怦	273	㝌	368	改	314	敂	614	邵	56
冲	640	㤅	266	灾	728	弨	578	陂	783	劲	255
汭	654	仲	269	良	541	忌	280	㟅	403	剧	592
汧	644	忤	275	戾	377	㕞	578	姘	102	忍	285
汫	669		1010	启	158	弭	578	姸	97	邧	65
沃	645	忻	260	庋	377	哥	995	妍	100	甫	511
汝	615	恨	271	㢩	377	㝌	577	妖	106	邰	55
沂	660	价	269	礽	972	野	1007	妠	104	矣	574
	673	恔	273	初	585	畕	750	妲	110	癸	337
沘	675	怜	273	社	9	阤	789	妓	98	剑	680
沂	651	松	272	衤	7	陆	787	姌	107	孜	614
汳	650	恀	266	祀	7	阿	783	姎	111		1007
汾	648	㧄	269	郂	56	陲	789	妙	103	孖	1008
泛	646	悦	277	臽	166	壯	66	妠	103	纱	721
派	655	怍	276	君	156	牪	995	妊	110	灾	670
沛	649	忼	260	屎	439	妆	99	㛃	257	灾	728
汤	662	仿	273	尾	379	坒	987	妖	99	**八畫**	
次	329	忧	261	尾	380	坒	988	姎	99	郎	65
沟	664	忞	276	㞑	378	阽	786	姈	96	勋	257
没	646	快	260	屏	379	肯	542	妼	105	耖	58
汧	650	忸	264	㕷	317	姜	103	妋	97	奉	215
汶	651	怀	266	达	354	岑	403	姒	111	珏	20
沆	640	宎	369	局	164	阻	784	娞	109	珠	22
汸	638	完	367	乸	1009	陣	786	妢	106	玩	18
沈	647	冩	368	㧏	578	阳	789	妨	100	玦	27
沉	647	宋	370	刞	591	陾	788	妒	99	玼	23
沁	648	宎	367	迅	350	阼	786	妌	97	武	582
决	645	宏	366	改	615	附	785	忿	285	香	329
汩	656	宐	367	攺	617	阰	790	姎	100	青	745
渤	655	牢	805	制	587	陷	789	妞	95	玠	16
沇	649	実	366	郱	61	阣	785	她	106	玲	22
忼	268	宁	401	勦	257	陶	788	姒	102	玢	24
怖	268	㝏	370	勇	257	陀	787	好	112	玥	27
怭	267	究	400	欧	318	阬	785	剐	589	表	966
恓	274	穸	370					姏	623	玡	18

枛	434	剌	587	姃	395	弆	357	郱	65	旰	50
构	430	兩	543	妠	397	弇	681	昗	702	旱	50
柳	414	雨	685	妖	395	朱	423	肶	141	昇	621
杈	583	囷	176	殈	396	歧	357	退	345	畁	215
杭	422	廷	917	歾	249	距	356	昍	709	呫	164
枋	410	否	703		394	郉	63	旽	706	删	48
科	436	厓	767	劝	394	肯	243	昆	703	昹	50
料	567	屋	770	殳	394	斦	356	咈	164	虹	880
杰	439	矸	774	殊	396	些	359	咕	168	旺	48
述	345	矼	779	尵	743	衺	356	咁	171	虬	897
枕	419	屋	45	鄎	59	妑	357	呭	157	蚪	884
杋	432	矹	781		65	迠	354	眜	171	蚓	878
柍	428	郁	55	㞼	31	卤	308	昌	703	迪	347
杻	426	砒	774	秂	309	卤	548	門	371	典	622
杷	419	砈	771	㚆	338	效	98	呵	167	固	990
杼	421	破	780	帝	6	虎	834	呐	710	曲	570
交	743	矸	779	叁	356	炊	317	咋	708	忠	282
軋	627	砭	779	妻	110	尚	1001	旰	695	咀	154
東	440	郤	64	敀	617	坐	30	昇	706	呷	157
枀	985	厔	769	较	618	肝	128	昕	710	呻	161
丽	830	奈	724	戋	582	肟	129	昄	703	部	58
或	581	剁	587	钼	217	旺	709	昤	707	郇	63
豆	360	邬	63		583	寻	709	盼	706	唪	166
匦	895	奇	309	㷔	997	昇	137	明	712	呬	156
柬	745		723	毕	809	昳	707	吻	701	咉	175
甙	995	辰	769	炁	732	具	137	易	877	咋	168
臥	553	査	723	忞	283		215	欧	316	咏	157
邸	59	奄	722	到	915	昊	330	昀	707	听	173
毆	903	牵	723	郅	57		706	昂	704	固	990
	986	奆	722	旨	328	咏	159	旻	700	咃	171
悉	285	衮	722	述	349	味	155	昣	708	呱	154
事	984	奃	722	甌	559	杲	415	昉	706	呼	156
㪀	509	牟	329	舱	559		707	昮	730	呤	170
猷	816	或	581	非	915	杳	542	眈	708	迟	347
㪠	619	奔	722	叔	219	果	413	昳	710	呮	172
耗	918	尨	743		513	昁	709	昳	710	呴	168

往	332	呈	550	肦	249	狛	817	峃	540	卒	971
往	336	受	985	肺	254	㹜	319	活	684	兗	968
佛	335	爭	985	肷	254	狐	817	庲	766	欨	317
彼	332	乳	840	股	239	狞	821	庙	767	洛	684
所	579	㣇	310	肪	239	狑	820	废	762	弃	359
削	592		691	肬	244	忽	281	店	763	兗	359
	637	㸰	617		712	狚	821	夜	719	音	172
舠	638	牧	619	肤	239	狗	813	杳	172		745
舮	636	㪿	314	䏭	241	㚲	979		745	妃	357
舥	638	念	283	胆	239	狍	819	庙	767	妾	109
胸	514	㞋	917	肥	240	狂	814	庙	767		1006
金	85	放	614	周	158	匌	979	庙	763	盲	133
舍	540	炎	728	隼	152	匐	979	庙	766	瓿	558
金	594	忿	280	刹	591	炊	317	庖	766	放	621
刹	592	瓮	559	凬	691	狒	823	庙	766	刻	585
俞	540	忩	737	鄁	62	狒	819	府	760	於	573
命	156	胖	246	迎	353	彼	822	庈	765	郄	60
邰	63	肤	237	昏	701	狖	823	底	762	劾	257
肴	241	肮	252	迍	348	狎	820	庖	761	舫	638
俞	281		712	阜	983	狗	822	疒	387	育	1008
刜	590	肺	238	郇	56	股	745	疟	382	呡	93
觔	623	肢	240	旭	1002	咎	91	疔	383	鄖	64
欱	317	肧	237	兔	831	剁	589	疫	389	鄩	59
迲	349	肰	243	迨	354	姓	719	疝	392	勃	257
欣	318	肭	240	狉	815	匊	979	疙	388	邢	56
忿	278	肱	244	匋	563	刟	720	疕	387	刦	256
弅	984	肥	253	凬	691		978	疲	385	券	587
氅	582	朐	237	狜	815	炙	254	疚	386	券	256
效	617	肚	241	狚	823		737	卒	971	卷	978
禽	832	胁	248	臼	539	㱿	924	郊	54	並	359
斧	578	肶	248	狙	817	帬	960	劾	258	籽	538
㸲	623	肵	245	狚	819	婴	96	忝	282	烌	734
爸	92	服	253	狋	815	爹	720	奔	92	炬	732
肇	810	朏	1002	狌	821	迖	354	庚	1005	炖	731
采	426	肦	253	狓	814	列	683	瓶	560	炒	730
乱	1004	肣	250	智	308	京	52	庋	764	炳	731

炘	730	洼	669	沼	644	怭	262	房	377	屆	378
炻	735	洗	643	泇	670	恨	264	戽	567	刷	586
炊	726	沃	670	波	641	恨	263	卮	377	敝	219
煖	732	洍	639	涇	674	怫	262	衦	969	戾	379
炕	729	泟	669	治	651	怵	270	衧	967	屟	338
炎	736	洲	667	洶	668	恢	268	紅	976	屌	828
炓	734	泊	663	怵	265	怊	265	衩	977	迗	347
炔	730	泝	646	怔	273	恔	274	衫	975	屉	378
沫	639	派	652	怯	271	怪	269	衱	975	屈	987
沫	659	浮	669	怙	261	怡	261	衿	975	郆	59
泝	651	渗	643	怵	265	悔	274	袖	972	亞	995
洼	666	泠	649	怲	269	恟	269	褁	975	妶	574
沛	671	泜	652	怿	274	宗	370	扶	12	弣	577
法	661	泳	643	怖	265	定	366	祅	12	献	722
泔	657	沿	646	怦	265	宕	369	祋	11	奘	722
泄	650	洵	669	怳	277	家	367	祉	7	弧	575
沾	652	泖	672	怗	263	宜	367	祖	8	弥	576
泍	668	浲	653	怛	268	宙	370	神	12	張	575
沐	651	泡	651	怛	269	官	370	祆	10	弦	577
河	639	注	645	怦	277	宇	402	祈	8	張	577
沽	664	泣	677	怵	261	空	399	祗	6	弨	576
波	677	泫	654	快	268	歺	400	祋	583	弱	575
泙	642	泮	660	悅	268	穷	400	祊	7	弢	576
泧	656	泞	671	悩	273	妛	402	同	542	珃	1009
沾	649	沈	640	恓	275	迆	352	瓶	563	陕	788
泪	640		672	性	260	宛	368	炆	620	琳	438
油	650	沱	639	怏	266	宝	370	煬	583		994
油	667	泌	654	怍	265	宓	366	岜	749	狀	815
决	647	泳	646	怕	261	弘	366	建	355	戕	581
沢	661	泂	669	怜	273	郊	62	录	998	陌	788
况	640	泥	652	怟	276	削	590	隶	986	陑	789
泂	658	況	675	怐	270	郎	60	帚	960	牀	657
泧	673	泯	666	佟	271	勖	257	尋	1007	戕	188
泗	646	沸	644	恂	275	床	377	居	378	斯	578
泗	651	泓	641	怰	275	戽	816	屌	378	陟	788
泗	674	油	642	怜	271	肩	239	屇	379	陝	789

陕	789	姗	101		996	盂	552	捆	197	荄	203
㰥	314	卿	107	甾	47	匭	568	壴	555	垓	29
忠	279	妵	111	剄	586	赴	339	造	354	垟	44
㿠	987	妋	104	**九畫**		赳	339	哉	176	幸	810
陷	790	始	110	耇	777	垺	44	拣	208	拼	199
陕	787	峪	960	耇	532	拭	201	挺	196	捗	210
隑	788	弩	576	籽	532	城	43	括	197	按	192
降	784	孥	1007	契	722	捸	208	捄	207	挀	214
陊	784	姆	104	挈	103	垚	46	耆	381	挪	209
陎	785	迢	352	奏	330	挂	200	垱	42	垠	36
陔	786	迦	349	春	706	封	32	垯	43	根	200
限	784	娶	106	荳	13	持	191	埏	39	拯	195
每	403	肝	924	玤	25	奐	742	挺	193	操	207
妹	112	佹	925	球	26	拮	194	捱	205	拹	194
妹	102	垒	31	珂	24	拷	211	郝	55	翂	911
姑	111	那	58	弮	576	拱	190	垍	33	牵	809
呵	107	迫	350	垶	26	垣	30	垍	40	抉	316
姊	107	轫	257	砧	19	抵	193	抱	208	挓	211
妬	105	柔	409	珇	17	揀	207	拸	205	耵	151
妌	99	矜	581	俎	19	拍	206	垢	36	菜	463
姈	106	羿	219	玳	26	㧜	210	扺	206	某	413
妭	109	垒	13	珀	27	捌	207	耇	381	甚	328
妍	103		992	珍	18	坳	38	拾	192	荆	462
娍	100	叕	1000	玲	24	城	30	姚	39	茷	446
姞	96	承	190	珧	18	垤	36	挑	194	欨	317
姐	109	孟	1007	珣	20	挳	198	垵	42	荁	444
姐	107	孤	1007	珊	24	恶	284	垜	42	芢	465
妯	100	孢	1008	砲	25	批	193	挠	210	茸	458
娹	111	孩	1007	玹	24	政	614	垙	30	首	147
娜	61	孤	13	玅	17	陎	742	拘	203	萱	484
姗	96	函	539	珉	21	垅	42	指	190	革	926
姓	95	希	828	珈	18	捍	204	垎	33	苣	454
妷	109	紅	953	玻	25	拽	200	挌	200	萲	449
妵	109	糾	954	珆	25	奐	742	垳	36	茵	457
狐	106	軌	940	园	13	峒	43	挐	205	茜	452
姤	104	糾	954	型	33	垌	193	挍	201	茜	448

荏	483	荃	452	荔	449	柧	425	郟	59	砒	777
肴	479	荅	454	葡	478	柃	409	匽	997	砌	773
荐	480	荝	462	南	509	柢	413	哎	582	砒	780
荝	463	荌	455	荦	470	枸	410	哒	619	砂	779
荂	466	荀	483	荼	46	栅	418	剌	588	砅	646
苟	979	苜	461	茲	456	柳	411	歌	316	斫	579
茐	460	舜	458	林	423	柊	407	畐	541	砑	776
莀	477	茖	444	奈	406	炮	434	部	60	砐	778
葉	425	茗	458	栭	425	柱	416	匬	569	砭	773
黃	462	蓼	460	枯	411	粒	439	剄	588	硫	775
荓	460	荤	480	椔	428	样	420	郚	55	砄	782
歅	316	茭	464	枯	438	柠	409	栻	509	面	123
荁	461	茨	464	柯	438	柁	433	亜	34	耐	919
茶	455	荒	480	栖	405	柲	437		544	奐	723
此	448	荄	474	柄	437	枺	436	要	216	彪	182
芜	471	荛	468	柘	411	柯	419	速	345	囿	769
草	442	荤	470	枝	422	柩	410	叜	615	威	1004
萸	476	茾	452	柩	427		433	酊	1016	座	769
茧	477	荊	476	枰	425	柷	408	逎	308	牵	150
苗	464	荘	473	枯	435	柫	420		352	查	722
莒	471	茫	453	柤	405	柑	425	柬	988	厍	768
茵	457		668	相	131	枷	438	郞	63	郏	57
茴	477	荢	451	柛	426	招	414	厘	630	督	722
荣	450	姜	455	神	426	柀	408		769	麦	722
莛	450	荤	466	枵	414	柈	417	甬	768	衾	723
苦	448	瓴	561	柚	414	枪	419	咸	158	盈	237
荘	458	故	621	枳	411	邽	61	厝	769	脊	706
茯	447	胡	241	柍	424	昺	6	庆	768	翁	913
苣	479	剠	589	柷	439	郭	60	厖	768	旭	743
茷	456	勉	256	相	419	勃	256	威	112	旭	878
莚	481	恧	280	枬	436	軒	632	匬	568	旭	744
荏	443	莉	484	柟	405	剄	588	盃	553	犳	824
茒	479	荍	446	栖	420	軌	627	頁	113	貌	770
蓝	483	荃	464	柣	439	削	588	迶	354	觓	744
莙	460	茹	457	柞	409	邮	57	厚	769	殂	394
荇	461	茻	468	树	439	戙	581	研	781	殘	395

矞	962	旹	159	曷	706	覍	709	釘	227	囬	990
迣	349	帟	962	眅	138	禺	698	卧	221	呻	166
契	104	迖	353	眊	128	盅	551	趴	227	哣	168
柤	393	斐	98	昕	138		710	胃	238	哈	155
殃	394	岐	357	昄	128	唊	168	胄	240		167
殂	397	貞	623	眄	139	哂	167		542	姚	154
牲	396	战	618	昤	131	星	705	攽	617	叁	561
殊	396	峛	590	則	585	昳	710	枲	698	欨	316
殉	396	郵	57	卽	908	昨	702	界	48	喌	161
珍	394	叙	219	昇	330	哦	174	盷	48	呴	168
珊	397		393	盼	128	峆	164	眴	49	峰	171
癸	395	点	284	眨	139	唷	168	虸	890	哆	154
痘	396	卤	511	明	139	哼	172	虹	886	咬	169
破	395	郎	64	眠	135	眂	706	眈	48	呼	159
殆	397	甼	177	眑	129	昡	708	虯	895	咳	154
尵	744	虐	834	易	574	眗	701	虻	888	嗒	174
玜	1009	省	141	眴	135		708	蚋	895	哬	169
冒	1010	削	584	胁	134	曷	308	蚸	898	咤	160
匪	569	郮	55	昉	136	昻	702	虵	895	唆	164
匡	568	跃	139	眈	129	昱	703	思	285	囿	991
盂	553	阮	139	悬	278	陀	704	映	571	帜	962
觚	514	眛	701	映	132	昵	703	野	47	峒	755
毖	983		706	眨	133	昢	705	思	283	峙	754
陂	925		710	哇	159	咦	156	盅	551	峣	759
宝	879	肺	136	郠	58	晔	706	晃	171	峘	752
戒	582	旳	133	咭	176	昭	701	咢	311	峀	961
到	587	畀	123	禺	157	哇	157	削	586	峕	988
郅	62	臭	814	哯	164	昪	702	賦	995	炭	725
勁	255	昍	138	軟	317		709	咄	173	峞	752
韭	513	眲	140	豹	1010	咔	172	品	311	峋	962
制	587	是	360	胆	707	哰	49	峒	170	峨	756
耑	747	郢	58	冒	543	昳	50	咽	153	帡	964
背	239	昜	709	咺	154	昧	571	峒	353	罘	544
峕	357	畢	548	旱	541	咮	168	咪	153	罜	546
郝	63	旻	142	映	703	猒	48	咻	166	罾	546
类	722	眇	133	眈	708	畏	698	哑	169	罞	547

盆	551	負	904	昝	705	帟	961	钯	359	炱	725
胅	239	迥	352	逯	347	迹	345	帝	5	炶	733
胘	248	甮	980	甓	559	庚	764	郊	62	炟	724
胕	247	孷	980	挈	188	肩	764	重	896	炜	735
貼	245	龟	831	怨	281	启	766	盅	236	炢	731
胆	244	破	616	急	281	庑	766	斿	573	炯	725
胂	239	斫	579	剑	69	庭	760	施	573	烁	524
胛	250	咎	831	魚	726	麻	763	遂	354	柳	734
胑	240	敏	313	胤	240	庤	767	浘	684	烄	731
胦	247	勉	255	埃	983	疢	387	纱	721	炮	726
脱	247	狭	819	剹	980	狀	391	迸	355	炷	734
胜	242	狤	819	智	248	疣	383	差	622	炫	729
胅	241	狙	816	盈	551	痄	390	羑	813	炡	734
胙	241	狹	823	訂	289	疨	391	美	811	炬	734
胕	250	猄	819	計	291	疢	386	羡	811	沸	725
胞	245	狮	822	訃	301	疥	383	姜	95	灿	724
胍	247	風	691	訛	302	疼	390	迸	352	炤	729
胗	240	狦	818	訓	296	疫	391	叛	1002	剃	589
胟	711	狦	814	訕	290	痕	385	希	960	洭	649
胝	240	猛	815	訒	290	痹	385	料	567	妾	105
胸	242	狿	820	袞	967	庅	766	送	347	洼	644
删	247	狙	816	浹	683	疫	386	卷	578	洔	644
胲	249	狒	822	涇	683	疢	384	紅	535	洁	676
胞	246	狨	816	叡	47	疣	386	耗	538	洱	661
胘	241	忽	737	宣	541	庰	761	粉	538	洪	653
胖	244	夆	821	哀	162	屏	761	迷	348	洹	651
胇	241	狢	824	亭	770	庳	762	籼	536	浈	665
脉	249	狻	817	亮	92	这	346	粃	535	洒	647
胴	249	狡	814	邑	994	垒	33	酋	1017	酒	659
胐	248	狩	816	庤	762	咨	156	首	122	洧	650
	711	削	923	度	219	姿	105	豖	1001	洐	642
胅	252	剑	920		767	竑	359	逆	346	洫	656
胎	237	狠	814	康	763	竕	358	兹	721	洿	655
匍	979	垣	294	室	762	音	310	炑	732	洌	641
瓲	618	匐	295	庇	764	彦	182	炣	735	浃	660
匋	980	匦	1002	弈	215	彦	182	炳	728	洟	660

涇	676	浇	664	愧	263	奄	400	斜	976	屋	379
泚	640	洋	651	恂	261	审	402	祝	975	眉	378
洸	641	浒	669	恉	260	牢	402	袂	967	屑	378
洩	650	洣	664	恟	272	突	400	袜	10	屎	439
洞	641	洲	660	恈	274	窆	400	袣	11	眉	378
洇	667	洝	656	恪	277	究	401	祜	7	尾	380
洄	646	津	645	恀	271	突	398	祐	7	咫	380
洙	651	浪	661	恔	266	宠	370	祐	8	屏	379
洿	672	洳	648	恢	265	客	369	被	13	屍	379
洗	659	恇	269	恍	266	恣	370	祖	7	弭	575
涎	664	忒	270	拼	266	交	366	神	6	彊	578
活	654	恃	261	侎	272	宪	370	袖	8	昬	701
淋	669	恬	277	侘	263	宎	218	袂	11	敁	614
涎	665	佬	277	恨	264	悦	270	祝	8	盅	551
洎	656	拱	265	協	258	冠	542	祚	9	甬	577
洢	666	恈	273	悼	273	軍	633	袥	9	罔	548
洫	644	恒	13	适	370	厔	377	袘	8	猷	824
洵	650		272	宔	368	居	377	袛	7	敀	621
洐	645	使	269	宊	365	扁	312	祕	7	患	280
派	644	恠	269	宣	365	扃	377	祠	7	哈	577
洧	670	恦	275	宦	367	庖	377	袸	12	群	578
洤	665	恗	263	宥	367	衏	977	冟	533	拼	578
洽	648	恢	261	宬	366	袄	966	欨	319	哭	621
涓	674	恨	271	餕	561	衶	974	昶	681	眉	136
浸	671	怪	263	餕	620	衼	975		708	陋	784
染	659	恍	268	室	366	衫	974	聿	986	陌	790
洫	663	愧	261	宋	367	衵	969	建	352	陡	790
洮	648	恫	269	宧	366	神	976	郡	54	陣	789
洄	653	恬	261	宮	371	衲	974	帮	219	陠	788
洵	641	挺	276	穿	402	衽	966	剝	591	韋	934
泽	653	恤	262	穿	402	衿	967	退	351	陞	791
洛	648	恂	276	宛	402	衿	975	叚	219	陜	786
洺	664	衎	274	峇	369	衯	968	屐	378	胥	242
洉	673	恮	266	突	400	松	975	屍	378	陕	784
洨	652	恰	277	宏	401	衹	975	屎	379	陝	785
浓	669	桃	262	穿	398	衒	972	欣	319	陛	786

陞	785	姻	110	型	911	紃	946	珩	18	挏	202
陟	784	娴	107	馳	913	紐	945	琦	26	埩	38
峝	50	姝	108	臬	512	紱	954	玲	26	捕	199
陏	784	姝	109	勇	256	娬	316	珧	23	埂	33
陧	784	姤	103	瓹	559	絲	957	珮	18	梗	212
陒	790	姽	110	欨	318	巡	352	珣	21	捂	207
陣	790	娃	104	炱	726	甾	570	琢	827	馬	792
陯	788	姑	97	怠	281	甾	680	珞	27	振	209
甁	561	娘	106	癸	1006	逡	350	珏	27	埖	28
屮	464	姐	108	發	355			玩	24	挾	191
欨	316	姡	102	鄉	65	**十畫**		玽	27	挭	209
陌	786	娅	96	畬	889	耕	530	班	27	赶	341
陛	787	始	111	柔	415	耘	530	鉼	26	赵	340
衉	884	姚	95	敊	614	耗	532	肂	25	赸	344
除	786	娭	97	秒	580	栔	593	珢	20	起	340
陔	790	娩	96	秐	580	栔	560	敊	621	趄	343
墮	37	姰	98	役	580	挈	807	珷	23	莘	329
院	787	姼	111	怱	283	挈	189	珝	24	捎	195
陵	784	姣	105	租	580	恝	284	素	956	埕	42
娀	105	娵	109	𡈚	791	契	593	瑤	26	捍	197
娃	100	姸	104	孩	1007	泰	659	冓	548	捏	202
姞	95	姹	108	㛂	1008	秦	523	匱	997	埌	43
姥	104	姣	108	㐩	1005	門	217	祘	11	貢	903
姌	111	姧	104	象	828	珪	16	兩	372	垷	34
姮	105	娖	100	逡	351	珥	17	栞	414	挹	205
姬	108	姦	104	紆	939	琪	16	珊	913	埋	40
姷	98	挈	189	紆	952	珗	24	蚕	889	捉	193
姀	106	怒	281	紅	942	珜	27	匪	568	鼓	620
姱	106	砒	916	紈	942	城	25	髟	183	捆	204
娀	108	恕	280	紏	946	玭	19	瓵	562	埍	39
姨	109	飛	914	紇	938	珖	25	捇	197	捐	200
姪	109	羿	913	紃	944	瑰	20	欽	317	欨	313
娥	99	羿	912	約	939	畫	892	恚	280	袁	968
姶	106	羿	911	紭	940	珠	23	抓	192	殷	583
姛	96	羿	910	級	939	琋	18	捘	212	挹	196
帤	958	羿	914	紀	938	珹	17	栽	416	捌	202
								珣	15	捄	198

栒	419	逋	348	匪	569	欨	317	晉	701	郰	64
桃	406	逇	350	硒	782	剞	585	逞	354	賊	129
郴	60	哥	309	砸	780	郵	59	荊	591	時	700
勑	255	速	346	砰	777	耆	303	舂	834	貼	133
栳	429	逜	352	厧	768	唇	138	蚑	513	逞	350
栒	422	豉	620	砧	777	斎	723	蚑	619	剟	591
栺	410	垩	550	砠	773	厝	769	欶	319	眣	142
栺	432	鬲	565	砷	777	匿	569	峕	356	晅	707
栙	439	逗	347	破	780	狴	826	歔	315	眒	133
格	415	要	543	盍	550	逐	349	毒	356	映	140
核	411	悪	278	硐	778	慥	744	柴	438	哽	707
校	426	袷	965	砆	781	尵	744	挲	189	睨	139
核	421	敉	617	砟	780	慥	744	跟	356	跌	131
様	421	勑	257	砌	780	列	396	剬	589	眹	132
栟	408	酐	1016	硇	777	烈	725	桌	994	喊	173
栚	421	酐	1015	砅	780	烮	281	鹵	308	盵	137
州	435	酎	1011	砭	776	戜	582	迿	352	眐	132
根	413	配	1011	砮	778	殊	394	帮	961	財	903
楝	430	酌	1012	砥	773	殆	395	娞	98	財	906
栆	437	酒	349	硶	779	殑	395	虔	834	畛	129
栩	409	配	1011	砲	780	殊	397	郮	61	退	348
述	348	醖	1013	砡	776	殉	395	慮	834	眱	904
索	509	翅	910	砬	773	殏	396	举	510	朏	908
	957	辱	1009	砕	777	殳	396	奓	699	尋	143
軒	624	唇	160	砰	778	殺	394	党	997	眠	135
軒	631	厝	768	砜	781	狜	397	貟	903	眴	137
軖	628	厠	769	碅	780	雫	689	逍	350	晟	705
軔	625	威	730	破	772	匚	568	郿	54	眩	127
軏	626	厞	768	硁	775	郪	57	娑	110	眝	131
曺	625	厚	769	硇	780	郰	135	盺	137	
軕	625	砫	774	悪	279	東	511	睐	129	眵	138
軐	632	砵	781	欨	329	否	181	睐	132	瞇	128
連	348	夏	338	厤	768	狠	181	眐	133	眽	130
軒	632	甂	561	厧	768	剗	589	晕	360	晍	139
軔	626	砝	782	厡	769	柴	538	眿	134	眲	130
專	1003	砑	772	盉	767	致	338	眱	138	眠	132

蚰	808	秪	533	倖	85	粜	414	舫	94	般	636
豈	749	秞	529	皰	52	倕	68	皋	330	航	635
造	346	秛	525	俓	84	焦	731	躬	94	舫	637
垢	808	透	351	俱	89	恁	283	息	283	服	638
牷	805	袼	682	倣	89	倆	84	剚	590	脆	514
桃	809	笭	489	借	81	倭	70	郫	58	胍	515
效	618	笓	500	偌	89	倪	76	旳	700	胞	515
欨	317	笑	497	倡	89	倠	78	逸	352	腿	514
恪	805	笑	497	値	80	俾	75	烏	839	郤	61
㨾	807	笒	502	倯	81	倫	72	倔	91	途	353
恊	809	笆	491	然	733	倄	78	師	987	釘	608
乘	1006	笓	498	倸	87	丞	509	峽	236	針	597
勑	257	笪	491	傳	89	倗	88	峽	319	釗	587
玲	177	笡	502	倜	83	倜	76	峾	236	釙	613
舐	176	笪	501	倚	73	倎	89	與	705	釚	612
歁	319	笍	491	俺	71	倘	78	雌	125	釚	611
斜	567	笟	505	師	539	倄	72	恩	285	釷	608
秣	526	笰	506	健	73	隼	859	舁	997	釱	608
秸	528	笈	500	郕	60	隻	860	破	925	釹	611
秌	521	笒	495	殊	993	倞	70	欣	318	殺	584
稓	524	第	489	脈	993	俯	81	衏	337	倉	541
秡	529	笏	502	俊	75	倅	81	徒	333	倂	808
秥	527	笑	502	胗	993	倍	75	虒	834	攽	615
租	522	笧	501	倒	83	做	88	徑	331	欲	315
秞	525	笱	497	俳	77	倦	78	㣲	335	斜	567
秧	523	竿	494	倣	71	倢	88	程	331	郗	63
盉	551	笑	499	倬	71	倰	70	復	332	遆	353
秩	522	笱	502	條	405	倧	87	徭	332	非	1009
秨	522	笆	494	脩	254	倌	75	徐	332	甭	125
秫	530	笒	502	倘	88	倥	83	徏	335	烋	835
秏	528	俸	84	俱	72	倇	81	狂	335	弄	215
秢	526	段	219	倮	82	候	86	徍	332	釜	603
秖	525	倩	69	倱	84	健	70	坌	31	彡彡	182
㔼	586	俵	91	倡	77	臭	127	殷	553	爹	338
秕	521	倀	76	傷	77		816	舡	638	盉	893
稃	525	倰	81	個	91	射	1003	舠	637	欱	744

剖	585	粄	538	浉	663	淖	671	悖	262	宧	366
部	63	粉	535	浹	645	埞	36	悑	265	宩	551
羚	358	粍	538	浓	670	涂	640	悚	267	宷	369
鸲	358	料	567	浚	668		667	悟	261	害	368
趏	359	粪	742	涝	661	涎	648	恒	268	宸	366
竝	359	粗	535	涃	653	浴	676	恬	275	家	365
竛	358	益	551	涥	666	浮	665	悮	270	宵	368
衾	726	兼	530	浦	644	浮	641	悜	271	郠	65
旁	6	朔	711	涑	659	浽	647	悭	266	宲	367
裒	971	欱	316	浯	651	淘	674	悄	269	宴	368
斾	572	烓	726	涊	662	涽	654	悍	262	宴	367
旆	573	烘	726	酒	1010	涣	654	悝	266	柰	369
旂	573	烜	730	酒	674	浼	660	悮	275	窝	402
旅	573	烆	732	浃	661	澎	669	悦	274	宦	128
肠	573	炳	733	涟	653	流	660	悝	268	宜	401
旅	573	烔	731	洋	642	浇	670	悃	260	审	400
旗	573	烟	728	涉	660	涗	656	悁	264	宙	401
欹	316	烶	734	娑	98	涕	660	悒	262	盆	402
殳	583	焀	734	消	655	浣	659	悻	271	突	401
畜	49	焁	735	洴	673	沫	671	悟	274	窄	400
瓻	562	姚	732	涅	664	浤	668	悔	264	宲	369
瓶	812	烽	733	涅	643	浪	648	悆	270		1002
羖	618	炒	729	涓	652	浑	673	悕	273	宩	399
粉	810	炆	725	涗	665	涒	657	悙	266	容	367
羒	810	烆	732	涋	647	浸	652	悗	262	衮	402
羞	1009	烊	733	涃	653	浞	663	悙	271	宭	399
羔	810	剡	585	涓	654	洩	674	恪	275	窀	400
瓶	561	郯	60	泡	643	忍	662	悌	263	扊	401
敉	620	递	353	涔	655	涌	641	恨	270	宿	399
粲	421	恙	278	浩	640	浃	644	悇	276	窈	400
拳	188	涛	674	浓	667	浚	657	恍	275	寥	367
拳	809	减	674	涮	662	温	552	桶	271	剜	588
勒	257	涂	667	淀	642	惐	261	悛	262	宰	367
粗	535	浙	639	海	653	悸	277	害	369	寄	218
粃	535	浮	665	潵	661	恬	270	寅	368	宨	370
敉	615	涠	666	泣	663	恾	272	宼	616	寄	367

案	420	袨	972	屌	380	峷	807	娼	109	通	347
宎	366	祥	971	屖	378	陲	784	婳	104	能	833
岾	395	衍	974	屙	379	陴	787	娥	111	盎	553
俎	393	袨	971	剭	585	阾	787	娒	104	函	511
咋	393	袉	968	屢	379	陰	783	馀	106	圅	991
冡	542	袑	968	皴	925	隐	791	娌	101	迻	354
甑	562	被	969	弳	577	翢	790	媛	107	癸	1006
斳	579	祸	11	弮	575	隖	790	娩	102	迖	351
朗	711	袜	10	曹	131	怼	284	峰	102	祤	581
欪	317	袏	9	弱	182	斳	457	娧	95	蒔	581
扅	377	袱	11	弸	577	陶	786	娣	102	務	255
庲	377	袰	12	敬	578	陷	784	婿	98	桑	441
扆	377	袷	7	竣	577	陪	787	娘	101	剭	586
庫	377	桃	10	賦	786	陸	786	娞	97	鄒	62
冡	979	袍	8	毃	616	陼	785	婀	107	眥	122
扇	377	祥	8	陼	786	陘	786	笘	771	脅	240
庲	948	褶	11	陸	783	娒	112	娾	107	誉	288
袜	973	冥	718	陵	783	娛	99	娭	97	剝	590
袪	967	崔	53	陙	783	姫	105	督	309	邕	680
袒	975	冤	831	陳	790	婩	98	碧	779	烝	725
柯	974	监	553	陳	786	短	104	孟	552	納	937
袏	974	書	986	陚	787	娠	110	陶	996	純	937
袥	967	袤	727	嬰	100	娒	103	皰	924	納	938
被	971	剝	590	奘	723	姎	101	毲	926	紡	938
袥	973	勑	256	陭	786	婳	103	脅	239	紓	939
袓	970	帬	963	盉	552	娙	96	魯	709	約	941
袓	969	彔	696	牂	810	娟	100	畚	571	紇	942
袖	967	聖	33	陫	790	婞	104	聖	911	紘	943
神	972	展	378	逕	351	娌	100	羿	910	統	943
袟	973	郎	63	蚩	882	娛	97	翍	913	紐	943
祇	975	辰	378	陸	835	架	435	蚣	911	給	943
衫	965	屑	378	峕	910	婢	99	我	912	紛	946
衿	972	屓	378	峀	745	娗	98	翀	913	紃	946
祇	967		907	梾	512	娟	102	翆	919	紞	946
袧	972	肩	379	崇	10	挐	190	孤	910	紙	947
袍	967	屐	380	陲	787	筆	918	狭	914	紕	948

區	997	硔	777	螡	723	盛	551	鹵	549	䠶	129
敔	617	厚	769	靠	724	敗	618	敘	393	啨	170
堅	986	盍	550	奄	860	區	997	索	544	景	703
婜	111	硝	777	盔	553	雩	687	虖	571	晰	701
敁	557	䣄	64	瓶	561	雯	688	虛	52	晪	589
敊	617	硫	778	爽	623	霆	687	盧	834	匙	983
毦	917	硐	776	欶	316	雪	685	肅	834	畢	548
歁	316	屈	759	惢	284	逮	355	虜	834	晔	709
毁	584	硗	775	奝	723	晨	219	虙	834	晡	706
斚	566	硾	772	執	329	頃	121	彪	835	哽	707
郵	59	硇	777	熖	744	閉	217	彪	834	晤	701
酖	1011	硝	779	庵	744	匯	569	處	357	晌	128
酸	1015	砼	776	熀	744	堤	983	處	833	晨	710
酤	1012	硭	782	熸	744	愛	337	娘	620	脡	140
酜	1015	硃	780	偎	744	雉	858	雀	141	眡	134
酘	1015	硇	776	猁	825	雀	859	雀	857	瞼	136
酖	1015	碎	779	猇	826	頄	562	酕	916	脉	130
酗	1012	硌	773	猇	824	甄	562	堂	30	脭	133
酡	1015	砜	778	狽	826	輩	34	常	959	眹	905
酌	1012	硶	780	殺	825	羙	723	眶	138	胎	141
酸	1015	研	777	犯	825	蒂	962	肝	128	眺	132
酖	1012	研	780	彩	182	萼	915	眭	134	敗	616
殹	583	硨	781	犯	1009	斐	102	戦	581	販	907
殴	620	硍	776	殑	395	鄑	56	眀	132	貶	905
脣	238	助	256	球	395	菜	538	奵	620	購	907
欷	315	剝	591	殊	395	逑	353	鄄	57	昫	130
殷	583	厭	769	殊	397	逳	129	悬	285	眓	130
戚	584	厩	769	熗	744	柴	7	眶	140	眵	132
帶	959	厦	769	智	51	皆	127	賊	131	睆	134
竟	145	原	681	劲	553	彬	182	睦	158	眸	134
硃	774	瓠	515	奔	287	畯	926	眵	129	眯	132
戛	581	匏	980	舛	397	逹	350	鄅	57	眼	127
研	772	套	724	殍	396	郎	64	晸	134	眸	133
硪	777	到	586	殘	397	畹	620	睐	130	野	46
悫	279	奢	724	殖	395	歁	318	盰	138	圉	991
砣	771	匭	569	殍	396	离	832	眦	137		

啐	174	勖	257	蚵	888	猒	328	帳	959	崤	751
觥	571	晜	95	蝸	898	瓶	560	嵼	961	崢	749
啞	172		703	蚯	897	唱	157	崚	753	崧	756
卦	1002	晥	705	蛑	888	國	990	圇	989	崩	753
唭	165	眼	707	蚾	884	喝	167	棋	963	嵐	750
萁	508	睫	166	蛘	892	患	279	崀	758	崡	756
喑	163	晼	706	蛄	879	啥	157	崍	753	峒	959
喏	171	晙	709	蛆	898	喎	162	峀	758	帩	961
㽞	540	啡	171	蛆	883	唾	173	崃	755	崞	748
啉	169	睢	47	蚰	890	崚	170	崧	751	崒	748
唻	171	時	49	蛑	878	唲	166	崠	959	崒	962
晡	705	異	984	蝈	895	唯	157	崍	755	崚	963
覓	144	晪	49	圉	329	圊	991	崀	964	崚	962
	542	啾	162		991	啥	156	崖	760	崇	749
晲	701	睅	48	蛺	887	炮	125	削	590	崊	963
晿	255	趼	224	蚱	890	嗳	173	崎	755	崆	750
崍	171	趺	225	蚯	878	唸	160	俺	959	崆	963
喊	163	跱	231	蚹	887	唰	159	崦	752	崕	754
婁	101	跂	223	蚸	890	唔	153	崍	751	崛	752
婁	101	距	224	蛉	883	啗	155	崚	749	崛	749
郚	65	趾	225	蚳	881	唿	176	崒	959	崒	832
鄏	63	跀	224	蚼	886	啈	156	罡	547	崐	960
曼	218	跊	222	蚿	891	崒	160	罡	546	崞	755
啣	912		227	蚔	894	嗪	166	罟	547	幅	961
唯	164	跣	227	蛇	901	唹	167	罘	544	圇	991
晧	702	趽	224	蜒	895	唷	174	崑	752	渣	355
晦	702	跌	222	蛔	879	啖	155	崲	750	朙	712
昌	706	趹	224	蚭	888	喑	168	崟	759	圂	991
晞	703	跙	232	蚯	897	唫	163	崤	965	圈	990
唵	166	跁	226	蛁	878	喉	173	崽	759	過	346
晗	708	啅	165	蚹	897	睩	174	崔	759	喎	901
映	709	眺	49	蚴	885	唎	175	帷	959	勔	236
冕	542	眴	49	虖	162	崛	166	崊	751		257
影	792	略	49	累	945	唫	155	崥	961	秤	532
啄	162	蚶	896	罸	584	啜	154	釜	749	铻	1010
遏	350	蛄	880	鄂	58	崝	749	崙	752	豉	985

欽	319	稻	529	筊	500	覘	146	進	346	傺	74
鉆	563	桃	526	笏	254	脣	920	俍	86	值	333
釩	564	稅	524	笠	503	裋	976	帝	86	倈	334
姚	575	稞	529	笵	489	脮	994	傞	77	倊	334
姚	575	秷	524	竽	496	偵	85	遜	347	術	336
毬	918	移	522	笥	490	悠	277	倭	89	倲	334
現	144	秜	530	篒	499	倃	132	偸	68	倚	333
玻	808	秮	524		924	側	73	偛	90	俺	335
馬	802	稝	528	筐	488	傷	91	俊	81	後	332
馲	804	柳	527	第	95	俶	621	偅	79	徘	334
牼	806	透	348		496	偶	79	偏	76	徙	333
牿	805	秘	528	第	495	偈	74	皀	14	徜	334
牷	804	剷	588	笛	507	偎	81	鄂	63	得	333
牶	804	動	255	筊	491	偲	71	躲	94	徍	332
牾	808	笭	498	筋	494	偪	88	觕	94	御	334
牿	810	管	494	筭	498	遍	349	舭	94	徖	334
	920	笨	488	筜	492	偁	87	梟	853	從	335
牼	808	筍	504	瓵	558	偗	84	飲	318	衒	337
梓	807	筏	508	彙	653	僅	88	鳥	840	街	336
牸	809	笤	492	敏	614	復	90	舭	699	徖	335
觕	177	筐	496	傒	69	傁	81	廖	181	崒	188
剮	592	笪	492	倩	74	偟	82	旣	533	郳	636
秡	529	笪	497	偤	73	傀	79	兜	998	郃	636
秨	527	笛	504	偺	84	候	68	皁	330	舳	637
秲	526	笛	493	借	87	偗	72	皎	699	舴	635
秸	523	笑	496	偼	70	偸	82	皏	699	舶	634
秴	528	筍	495	傸	86	御	77	侵	80	舲	635
稤	529	笙	493	偃	77	崒	232	慨	82	舣	634
秒	523	笑	503	偪	80	偶	73	假	74	舟	634
稂	521	筆	489	便	85	傸	68	郫	59	船	634
桯	526	符	489	偵	88	傎	81	鄉	56	舷	635
秮	527	笟	501	偭	75	貨	903	偓	72	舭	635
梨	405	荼	506	偊	75	停	71	俳	75	舵	637
桐	526	竽	500	鄭	57	偬	83	偉	90	艴	637
稠	527	笭	492	旽	539	臾	742	崒	237	舐	515
秲	522	笥	996	偕	72	售	165	恩	737	舣	514

潀	676	惇	260	容	401	祴	9	扉	380	陽	783
淄	662	悴	264	寃	400	裖	9	屖	379	隅	784
情	266	㥦	274	窕	402	祿	11	屬	380		789
悾	269	悄	277	窋	400	稍	12	雁	381	隁	785
悵	264	惓	276	案	370	褆	12	厲	381	嶲	987
悽	270	惔	264	窦	398	視	142	𡉉	742	敔	584
悻	274	悰	261	窓	399	裢	9	屋	379	崒	403
惜	269	悄	282	剗	592	褔	11	犀	379	陲	789
惹	276	悾	270	鄈	57	祜	8	張	575	陸	791
	279	惋	275	密	749	裱	11	晜	1005	殿	787
惏	263	悵	271	寕	368	祝	9	張	577	隍	787
崧	272	悷	266	盔	551	裖	10	婑	577	隗	784
悚	274	祿	266	案	530	褶	10	弶	575	隃	786
惐	277	恆	262	尵	998	褆	9	舭	125	陵	789
悟	13	慇	269	鄆	55	算	215	爭	578	颷	789
倚	266	密	749	刷	591	絣	635	弸	576	隆	787
俺	270	寇	368	啟	55	閈	371	弶	577		988
悽	269	窒	369	啓	614	閆	376	焞	575	院	790
悱	263	寐	368	啟	754	閉	373	婆	101	陪	787
悼	269	寅	1009	桂	974	閅	373	鄄	62	隊	784
惝	270	寄	369	祛	970	問	156	殼	583	隊	786
惈	271	寁	370	裇	976	畫	986	隁	789	斌	107
惃	266	寂	367	裸	973	逮	347	隔	788	婧	97
惕	268	郶	63	裤	971	逯	348	陲	789	婕	100
快	275	道	348	袴	975	敔	619	娤	815	姬	108
悸	268	宿	368	裥	968	焄	733	隋	241	娸	95
快	270	宿	368	裀	973	奭	319		788	嫦	103
惟	266	窒	398	袾	969	奭	319	牷	1013	婼	100
惉	273	宣	402	綖	971	敢	619	鹹	787	貓	111
愉	266	窐	402	袷	969	尉	727	鄅	55	媄	106
惓	267	宥	402	袼	972		1003	陝	786	婋	107
愡	267	窹	401	移	968	屠	378	粆	382	婊	106
惻	273	室	399	袹	972	屈	379	將	1003	婎	104
惆	264	窀	400	祄	971	扃	686	階	786	婍	103
悟	269	窬	401	㹯	972	屋	379	隕	786	媕	102
惚	268	窒	402	犂	808	劇	589	隑	785	婕	112

婥	105	翇	911	絅	940	琴	554	綠	22	埋	34
嫵	105	弱	912	絉	944	琶	555	琚	18	堜	40
媟	96	臧	911	絈	955	堯	554	勞	256	揀	203
娟	105	狄	914	絁	941	琇	26	規	146	畢	793
姻	99	習	914	紺	947	琪	17	雅	858	馱	793
婷	102	廖	910	絔	955	瑯	25	栞	413	鄂	64
婠	107	匏	912	綺	949	珈	25	替	93	馭	798
婚	98	掰	912	絲	940	瑛	19	犇	915	揹	211
媧	110	戜	582	紷	950	琳	15	椎	859	堵	44
婬	103	瓬	561	紙	938	域	24	淲	832	城	44
婞	108	敆	619	絢	954	琦	18	挵	204	項	114
娩	109	惠	278	終	940	琢	19	捧	213	堧	40
婎	101	欼	315	絆	946	琖	18	款	314	搓	205
婢	109	郪	56	紵	947	琲	24	趾	982	堦	43
娜	107	舤	126	絃	944	琡	17	跊	982	揩	205
婇	107	郡	63	絁	949	琥	16	髡	185	損	210
婬	96	紬	580	絧	952	琨	21	髢	187	趆	344
嫺	111	蟲	441	緋	948	琟	18	勖	982	趄	344
婚	110	參	791	絟	943	琪	14	琽	622	趌	340
娩	108	遴	355	綎	952	珥	16	堯	46	趌	342
	832	剢	588	絀	942	琴	26	晝	880	越	339
婄	101	貫	988	紹	939	瑛	26	堪	35	趄	343
嫯	103	鄉	63	紴	944	琟	21	搣	207	趄	341
婠	110	鄉	61	絣	946	頊	120	揸	197	趂	344
婉	96	紭	945	絈	938	琕	23	撣	213	趏	344
綠	99	絊	953	絿	954	淨	20	堞	30	趁	343
婦	112	紺	942	巢	441	琱	19	撲	213	趁	339
蜑	898	繼	946	**十二畫**		斑	27	塔	41	越	344
袈	969	絉	955	粭	531	琿	19	搭	213	趀	339
嫒	100	綏	952	貳	904	琳	25	揗	209	趜	340
絜	947	絨	944	蟄	892	琰	16		211	趄	344
蜑	896	組	943	槧	593	琮	16	揹	211	趚	341
袈	975	紳	943	縶	948	琯	19	堰	45	趄	341
硼	912	紬	941	琫	17	琬	16	握	214	超	339
蟲	511	細	939	琵	555	瑯	25	揢	30	賁	903
瓕	911	紾	943	斌	25	琛	16	搯	203	堤	35

蕰	480	菖	468	梮	436	椆	407	軼	633	蚼	557
葱	445	蔰	450	椅	408	槐	428	軞	632		996
葡	444		475	掩	429	榴	415	軿	627	罣	544
葱	469	葐	477	椓	425	楮	407	軒	630	剩	588
蕙	451	葵	443	樓	426	椆	426	軫	625	罴	728
葶	453	菜	451	棧	422	椋	408	軨	625	覬	143
菫	474	菽	454	排	431	椁	426	軝	627	棗	512
葥	477	茳	465	椒	427	梓	429	軥	626	棘	512
葹	453	葑	479	槌	434	棓	436	軤	629	酣	1012
葦	466	葯	442	棹	427	棱	439	軳	630	酤	1011
萋	476	棒	436	椚	421	樅	428	鞋	633	酠	1016
葥	460	精	410	棋	410	捲	427	軦	630	酸	1017
漢	473		434	梱	424	棕	408	軓	632	酢	1013
落	466	栝	437	椚	434	柚	423	軤	626	酥	1015
落	456	根	421	棡	423	棺	426	軶	632	酓	1015
湃	443	楮	409	橋	411	椌	439	報	628	酌	1012
薄	470		436	樓	422	椀	423	軝	632	酶	1016
葀	472	棱	425	楝	437	探	432	軷	631	酳	1015
萱	451	椏	434	楔	412	楗	418	軺	624	彭	181
菅	451	椒	425	梘	435	棣	411	軸	629	雄	858
葵	445	桔	410	椎	421	祿	438	惠	745	喈	123
蔻	476	楷	422	棉	423	椐	409	瓶	560	厦	55
菫	451	楮	431	椑	420	極	416	惡	261	厫	768
萹	444	模	406	悆	282	逦	349	戠	725	戣	103
惥	283	椆	436	逹	349	椶	407	歇	313	奡	330
戟	581	植	417	檢	407	榴	433	惑	280	砝	777
軬	257	森	440	楛	423	棗	509	惠	745	酐	1003
朝	710	椒	512	棶	623	寠	509	剳	960	碑	775
敦	711	棶	407	猒	816	軲	629	瓠	989	碏	774
逺	349	棽	440	耗	917	軻	627	蛇	988	硬	780
葳	456	棼	440	棒	425	軨	632	逼	349	硤	782
葭	445	梦	440	採	407	軒	631	腎	238	碰	776
喪	311	焚	727	椁	432	軸	632	堅	806	硜	777
辜	1005	棟	416	捻	436	軸	631	掔	188	硝	777
葝	466	棫	409	棚	421	軸	625		189	硯	773
葷	444	椿	437	棚	422	軹	625	巺	735	硇	776

硌	771	猰	826	甄	561	奧	920	最	542	鼎	558
硪	780	狙	825	猗	181	睿	682	瓶	560	赑	707
硎	782	盉	552	雅	857	虜	834	鞁	617	睒	137
硢	779	猠	988	晉	308	魋	834	睅	128	睃	137
硾	775	猗	826	碼	997	劇	590	睜	135	腓	706
硺	779	猵	824	㷭	997	鄌	56	睨	128	睅	704
确	772	猊	825	猙	915	羙	511	睍	145	睞	1004
硫	773	猸	827	𤞤	915	粛	957	叟	142	戠	582
硭	780	猞	827	瓮	322	乳	721	量	558	喋	166
碆	777	致	616	鄙	59	削	591	聘	138	嗐	165
碙	771	猏	580	棐	439	郖	62	睛	131	嗒	155
硧	779	殘	395	斐	824	敵	615	睋	138		176
硤	771	殖	394	輩	805		620	甜	908	喃	169
厤	768	殈	395	甭	918	般	584	睎	129	閏	14
匦	997	猗	395	斐	182	棠	406	貼	908	開	372
雁	858	殮	396	悲	278	赏	559	崦	702	閑	373
敨	985	殘	394	愁	283	堂	356	映	907	睭	707
敜	617	欬	397	崜	356	掌	188	睍	904	猷	328
歆	317	裂	972	雌	860	晴	704	胜	907	閎	371
敻	142	殈	396	峬	357	晰	136	昨	907	閉	375
敏	618	殤	393		592	晱	139	睉	133	閜	375
猒	822	雄	859	紫	359	毻	919	賂	141	晶	711
厥	768	柵	396	蛍	892	脯	139	眕	903	閁	375
劂	588	猝	393	啙	359	睏	138	賑	906	閆	376
	769	殕	395	觜	245	喫	175	眴	907	閗	373
奭	623	殀	397	裝	973	敁	925	賍	908	閞	372
猋	819	殔	394	掔	811	睉	132	眩	906	閈	372
報	329	殟	396	紫	942	暴	420	貯	907	閔	374
竟	146	殜	393	悴	356	嗜	172	賍	904	閱	374
匼	568	雲	691	歸	356	睒	127	貽	906	閍	374
甌	569	雯	689	彭	182	眺	138	邅	353	罘	708
頏	744	電	689	逴	354	脛	134	睕	134	悶	282
愢	744	雾	688	斳	579	逞	354	睎	139	関	376
幝	235	雾	6	毆	583	睹	704	睇	132	閏	375
	743		687	猢	143	暑	703	睆	128	㬎	708
熉	744	悬	690	敵	619	趌	1003	眼	132	喇	174

虝	835	舒	93	番	1001	餕	322	脾	238	歆	315
遁	350	畲	47	覘	146	飲	324	腷	252	猩	821
厤	226	鉼	596	奢	92	鉤	326	脿	244	匑	980
街	336	鈇	601	耆	979	餁	320	脸	244	猩	814
衕	336	鈹	606	爺	92	飢	328	脪	579	猲	816
復	335	鉅	602	貪	136	鈕	320	胎	243	猥	814
徥	332	鈃	599	耆	703	飷	320	腊	240	猏	823
得	336	鈍	602	傘	232	雄	858	腋	245	颪	693
徛	335	鉳	608	敦	725	忽	616	腑	252	颫	693
衒	893	鈔	601	禽	832	欲	318	腤	242	猣	822
衖	336	鈉	612	尋	1003	勆	257	勝	683	猫	820
御	333	鈘	617	爲	217	腈	251	勝	255	猾	818
徧	336	鉗	602	舜	487	脹	244	脓	246	猇	813
徨	333	釿	579	瓠	514	腤	249	腔	250	猴	817
復	331	鈑	604	狴	837	脛	252	腕	253	猨	818
徨	333	鈐	597	狴	837	腜	251	腺	251	猥	819
循	332	鈅	612	豵	838	膜	712	腱	248		826
偷	334	鈲	595	狭	837	腫	245	脲	254	猏	820
御	335	欽	313	豺	838	腖	253	腊	242	猩	819
復	334	鈞	599	貆	837	腡	243	腺	249	猎	814
眷	137	殳	612	狗	837		711	腘	253	猺	821
徧	332	鈁	599	豝	837	腓	244	腏	243	猶	817
徦	333	鈗	613	豻	836	腌	243	腦	251	猋	318
徠	331	鈖	608	貀	837	豚	247	骹	620	猨	813
須	181	鈌	601	貂	836	腱	254	匌	980	猩	818
廝	579	釾	594	蜀	985	賤	249	雌	860	猵	818
厤	681	鈕	597	創	587	腓	240	覕	144	鉗	923
胅	634	鈀	598	飰	323	腜	251	虯	867	魲	923
胴	636	舒	603	餁	324	腒	251	魁	129	舠	923
艇	634	弑	584	鈍	322	脾	241	爲	832	舳	924
舑	637	殺	584	鈉	327	腪	247	猤	818	舮	921
舲	638	逾	346	餁	319	腷	245	猠	815	舣	922
舮	634	翕	910	飫	324	腫	254	猺	815	舵	923
舽	634	翎	910	飭	256		712	猱	821	觡	921
舼	637	殽	583		327	腴	238	猲	820	猏	821
翔	913	畲	540	飯	320	脽	239	狁	821	猛	818

猱 814
猭 819
欲 316
慾 281
飧 324
㹋 720
頫 120
㺀 720
㹠 720
㹸 720
翗 913
然 725
貿 904
登 557
鄒 59
証 290
詍 294
詁 290
詄 293
訶 297
訫 303
誠 305
評 300
詀 295
詛 294
評 300
詘 294
訣 288
訞 306
訥 303
詗 297
詗 302
詄 295
詐 305
詠 304
詠 298
訴 297
評 292
診 298
詅 299
詆 298
詆 301
詣 304
詢 298
詍 297
詾 294
註 299
詨 304
訏 300
訢 301
詑 293
詠 292
詞 66
詎 303
詼 305
詘 297
詖 294
詉 304
詔 299
詖 289
詒 293
馮 796
溧 683
裂 969
溽 684
就 52
鄗 57
高 770
甄 561
敦 617
敦 616
溰 683
廂 763
廁 763
裒 975
廁 761
庽 762
廋 763
廆 766
廈 764
廐 766
廊 761
廌 761
斌 183
痛 382
痺 388
痾 382
痞 385
痰 385
痙 385
痟 390
痩 386
痢 391
痗 386
痓 382
痛 389
痤 383
痡 391
痦 392
痒 388
痞 765
痧 385
痾 382
痛 382
疾 391
痠 387
瓶 559
欹 318
滄 684
庫 766
扁 765
鄗 65
鄔 63
盜 894
瓷 564
粢 536
諒 53
棄 1006
褒 968
974
竦 359
竦 357
竑 358
童 1006
詐 310
戠 582
瓿 559
竮 358
啬 176
歆 318
遂 351
竢 357
竣 358
啻 158
鄣 57
旒 572
遊 350
旐 858
翗 913
棄 547
歆 318
鄢 56
善 165
羠 811
羝 810
翔 910
艴 125
婺 108
巻 887
絭 945
普 704
甦 917
粪 148
粠 537
粔 537
糀 536
粞 538
粡 537
粭 537
前 960
尊 1017
奠 1017
奠 621
遒 349
道 350
鄝 65
遂 349
舀 539
葵 724
孳 1007
皴 925
曾 1001
飧 735
焟 733
煵 724
焯 728
煤 730
焜 729
焵 735
焷 732
焯 731
焮 730
焝 735
焰 736
焞 728
焲 731
焠 727
焇 729
欻 314
736
焱 736
焭 568
勞 258
焢 731
焥 731
渚 677
湊 646
渻 639
湉 668
湁 641
湛 646
港 671
渫 659
滋 663
湳 665
湖 644
湳 653
湶 438
647
渣 674
湘 649
渤 677
溉 670
湢 662
湮 646
湅 660

湝	671	渝	660	湧	641	憎	270	寢	258	裋	973
減	660	淳	672	潗	644	㥄	262		368	補	970
滇	659	滄	324	潘	665	愮	272	寓	366	裋	970
湎	657	湲	661	渠	669	愲	274	畝	619	裌	965
澳	656	溢	663	愜	269	悼	271	毀	584	裌	969
洫	671	滏	552	煤	261	愡	272	寊	398	綃	972
湝	654	渢	640	惶	271	惆	273	壴	402	裎	970
湞	649	盜	329	惲	266	懷	263	窒	399	裪	977
潹	673	淘	668	慄	265	愔	264	窖	399	裕	969
湢	643	淳	663	慞	277	愭	271	窗	737	梳	974
泗	673	渡	645	慌	271	愫	267	窯	401	祝	971
溴	678	濟	676	愜	274	愃	266	窞	401	褚	974
湜	642	滑	655	愊	260	悺	270	窘	400	益	553
渺	671	游	646	惰	262	悛	276	甯	402	裌	9
測	641	漉	669	惐	266	惲	260	惣	284	棋	8
湯	656	湥	649	怬	267	惼	274		368	褯	10
湋	647	渼	670	愯	262	慨	260	案	367	裿	11
湄	668	湲	670	忩	278	餌	264	家	365	裸	8
淯	651	瀄	639	惿	272	惛	263	甯	368	裯	12
溫	639	酒	664	惻	264	愇	271		623	墍	45
渴	655	滋	643	愓	268	愭	261	寯	368	禍	10
潰	646	渲	674	慍	268	傻	266	盦	366	裯	10
洳	669	涫	666	惺	273	慆	264	豪	368	褕	12
湒	670	浚	656	愒	267	割	585	寐	258	崒	10
灣	677	渾	641	惛	270	勤	258	病	259	祿	8
湍	667	津	645	愐	274	契	366	運	347	襫	11
淡	674	瀄	665	愕	272	寒	369	啟	618	幂	959
滑	643	溉	651	惴	264	蹇	978	扉	377	鄆	56
湃	662	渥	655	惛	272	富	367	棨	438	訛	542
湫	656	洭	658	愁	274	窒	370	肯	245	娬	144
渾	659	漳	641	憧	266	寅	369	啟	701	惢	286
澤	662	湄	644	愎	265	覘	144	雇	858	逮	350
溲	656	渭	657	惶	265	窠	369	廓	65	尋	1003
淵	642	潲	674	愧	270	寋	366	厥	377	畫	986
湟	648	滁	669	愾	267	寓	369	覙	145	畫	986
湺	661	梁	530	愉	267	惪	282	裓	970	敨	619

肆	25	遄	348	趙	341	搖	195	毅	107	蓋	552
瑕	20	揀	208	趌	342	搯	191	摸	206	毦	917
瑋	18	搞	196	趨	344	撡	205	塓	37	莊	478
瑂	21	塽	42	搬	196	搶	209	摧	199	蕺	467
瞀	160	戙	1013	損	205	搇	189	搚	214	黃	473
贅	748	駅	797	塒	30	塎	44	亞	92	萦	481
遨	352	舋	794	挒	213	羣	629	搇	204	薛	469
嫠	102	馱	800	塌	40	搽	205	搧	213	劙	591
瑨	21	馳	803	搨	213	登	232	墀	31	鄆	59
瑤	18	馴	797	揍	213	磂	197	搦	197	勤	256
瑓	17	馼	801	壼	570	塯	42	搎	204	蓮	446
豹	956	豹	794	填	31	搹	209	搢	211	鞁	931
遘	346	駁	796	損	196	塙	29	墥	43	鞃	928
勢	586	馳	797	遠	350	搞	213	摰	194	鞁	927
爇	219	馴	798	搰	198	揶	207	埈	548	鈔	930
葉	988	搦	203	鼓	555	埵	39	搯	212	毦	928
歐	318	搣	193	鼓	616	埖	44	虢	834	靴	930
懕	269	掫	198	歁	314	揹	213	埤	548	靳	928
颷	692	搢	201	戙	60	摘	192	惎	284	靬	929
頑	116	鄠	54	擋	206	搒	210	聖	148	靰	930
魂	696	跬	341	墱	33	塘	44	聘	148	卿	927
搇	205	趄	340	壝	32	搪	202	聝	151	觳	932
觟	982	趄	341	塩	550	搒	210	棊	777	尊	457
髟	184	趚	341	軸	741	垟	29	搴	463	靪	934
眺	982	越	344		893	搚	193	戢	582	鞉	928
肆	982	趙	340	艵	125	搇	209	鼓	618	靶	928
犖	807	趫	344		742	搭	194	歁	315	墓	46
搕	214	趔	343	塢	42	塆	41	斠	567	皷	924
摸	204	趒	340	墩	925	搯	195	趾	337	鄭	61
摜	213	趏	344	塢	45	殽	42	薂	459	蒿	447
填	32	趄	344	揯	197	尵	745	蒜	451	菄	482
搊	206	趍	344	蜑	895	殼	162	葩	482	蕀	464
捼	204	越	341	縈	956	塚	45	菩	475	蔭	486
捷	202	趑	343	搉	209	搧	213	菁	461	蒝	456
載	626	趖	342	勢	256	觳	576	蕊	472	華	627
搏	191	趙	339	搬	202	觳	1007	蓋	464	蕲	461

蓬	466	萃	232	扇	481	禁	406	樏	439	握	418
慧	284	菩	453	冀	443	禁	10	槐	433	楣	418
耆	448	蓂	471	萑	464	楂	418	楢	408	樟	406
蒅	469	蒼	480	寛	447	楚	440	槌	421	楣	417
蒚	457	翁	470	書	475	梸	410	楯	418	楷	407
蒩	353	蒯	448	郶	62	福	425	晳	699	榁	416
蒩	457	猿	471	幹	711	楝	411	榆	436	樊	407
蒔	463	蓬	449	嬰	97	械	420	榆	412	棥	440
葷	467	蘂	481	萵	482	槭	419	曹	540	樑	423
墓	39	畄	467	翦	444	楜	423	檢	429	楸	406
暮	167	襄	453	薩	471	楔	405	剹	586	椽	417
幕	959	蒿	459	陵	460	楷	406	郣	64	蝥	891
蓦	719	蓆	456	陳	474	奋	571	剹	978	裘	977
婺	101	蒺	449	菻	443	楨	415	奎	15	跧	125
嘉	472	蓉	482	薩	479	楛	420	柳	415	輊	627
賁	452	裘	484	蒸	464	翹	559	楥	421	軾	624
萱	485	蓸	475	蕪	487	椶	428	楼	433	軗	628
葉	467	蒲	484	塈	473	楊	411	槇	422	輈	628
夢	719	蔀	459	摰	453	想	284	樟	411	輕	627
蓁	444	菰	841	薵	469	楫	424	楓	423	輿	723
葝	476		514	菌	446	楯	418	緫	433	軏	632
造	484	蒒	450	葵	443	榅	432	椁	424	軘	628
葙	480	瓶	560	蕃	454	楬	427	檘	415	軛	629
蒨	448	蓄	466	蒴	450	梸	51	椸	439	輫	626
蓨	453	莕	470	楔	418	根	418	楂	425	軭	627
蔣	453	蓋	468	榛	422	椹	433	楢	406	輅	633
蒌	475	蒹	445	椿	408	楞	423	楬	437	蓊	627
蔓	861	萠	482	毻	918	楙	407	楻	425	較	625
蓓	484	蓟	445	欵	314	楞	432	楦	421	輆	629
蒠	443	蒲	444	楳	406	楣	425	椾	423	軿	624
蔦	484	蒾	475	楸	408	楸	408	楼	424	輇	626
葍	484	蔠	472	樺	431	榎	421	楎	419	殼	583
蒐	474	薯	451	楪	425	椴	422	楄	425	剷	590
蒛	442	蓉	446	椻	435	梗	428	桐	434	鄟	62
蒿	472	莘	457	搭	412	槐	424	概	437	歐	317
蓮	352	蒙	453	楠	405	楜	438	椴	410	瞀	141

匱	569	碊	778	惷	284	雺	687	甂	560	賊	908
置	51	砡	778	夐	724	猵	181	鳩	843	時	906
挈	190	碏	777	剽	589	頓	116	摯	190	睔	128
圙	587	碏	774	窠	722	盞	551	翱	911	賄	903
棗	987	碤	778	賌	725	甌	561	鄧	61	賊	581
啙	297	碱	781	厫	768	散	618	嘗	328	愳	283
尟	565	碕	774	狙	825	睍	146	當	49	䁟	908
磬	771	碐	773	猢	825	睤	65	睛	133	脆	903
豎	129	磔	776	猷	827	眥	128	眼	134	眴	908
醫	51	屢	768	孩	825	規	144	睹	129	賂	903
竪	987	碑	780	狠	825	磘	781	睦	130	賅	906
舜	557	碌	780	廈	743	督	131	瞙	137	骿	906
剺	586	硍	776	殜	396	觜	926	睞	132	睒	908
鄂	64	碢	782	殠	396	壽	357	瞤	136	戥	582
勦	256	磆	772	煩	117	歲	356	睡	137	敫	615
甄	558	碸	778	猖	397	硾	356	罨	140	賉	144
歃	318	硾	774	猥	395	腹	357	睫	127		681
賈	905	碪	774	爐	743	貲	905	睥	141	睩	132
賚	905	碘	779	魂	397	菁	921	題	560	睈	130
酲	1011	砚	772	颮	694	訾	294	趌	360	眓	135
酳	1014	碓	772	殘	395	斷	579	嗉	163	睟	136
酏	1017	碑	771	殠	393	匾	308	嘒	173	睽	139
酮	1014	碰	779	殤	397	槃	511	曉	704	睄	131
酪	1016	屟	770	顧	116	塈	34	睗	131	睞	128
酪	1013	砰	779	匯	569	粲	534	睞	706	睖	140
酬	1012	剮	782	鄂	55	虜	558	睊	138	腱	140
頍	116	碖	778	雷	689	虜	825	睏	138	睩	129
敕	621	硼	778	電	690	虞	834	睡	132	睞	140
毻	918	碉	778	電	685	鄗	59	睨	129	睗	135
歔	314	碌	780	雷	685	叔	219	睢	130	睯	131
感	285	碎	772	雰	688	虜	988	雎	859	暗	131
碩	115	碇	777	零	686	鄘	55	頤	707	嗔	171
翄	913	碌	774	零	689	齟	834	睥	135	楝	1010
碔	779	齢	124	電	686	魋	835	暖	708	嗜	159
碏	781	甀	559	靁	687	魖	835	眰	137	嗑	159
掔	189	馬	841	剷	592	業	510	賊	581	嘆	162

嗔	158	毻	917	跬	231	蛸	881	剽	585	罦	215
鄙	54	歇	314	跋	232				883	噎	170	翼	508
帷	860	暗	702	踅	229	蜈	890	嗑	162	置	545
閘	375	曬	543	跧	221	蜆	882	喫	167	罧	545
嗹	163	曉	702	跲	223	蜊	897	嗥	173	罭	546
問	372	睦	707	跳	222	蜎	885	鳴	168	睘	129
閣	374	睡	705	喋	170	蛾	880	嗁	162	罨	544
閡	374	暄	708	跪	220	蜊	893	嗂	158	翠	329
暘	701	暈	705	路	224	蛿	886	嗆	171	罳	547
閛	376	暉	702	跢	230	蛔	897	嗡	170	罪	544
閤	375	暇	702	跡	225	蜒	890	嗃	164	罩	544
嗉	155	暐	707	跤	228	蝽	880	嗾	174	罬	142
閭	376	號	309	跧	231				883	嚟	171	粯	34
閒	371			835	跸	230	蜉	886	嗙	159	遐	346
閜	375	照	729	跰	226	蚘	890	嗌	153	罹	547
暉	704	邊	354	跟	220	蜍	881	嗛	154			859
関	374	暌	707	踩	230	蛻	884	嘻	176	服	547
喝	703	暚	47	園	990	蜣	895	啄	172	蜀	880
閦	375	睞	48	遣	347	蜋	881	嗤	169	罛	546
閣	375	暕	50	睥	50	睕	48	睥	398	罯	545
閡	372	賦	50	齡	50	蜘	888	嗺	169	嶀	750
開	372	圌	991	邊	355	蛹	878	嗜	175	幌	964
電	901	畸	48	暍	49	唛	163	嗺	172	嵽	755
剷	590	婕	570	蜥	886	圖	991	慏	962	嵺	753
鄭	58	距	229	蝴	895	暆	48	幀	964	幗	962
嗝	174	跬	225	螞	883	豐	557	嶙	757	幔	963
甄	560	跱	225	蜅	891	農	710	敠	183	豺	753
愚	284	跰	231	蜢	898	園	991	嵾	758	嵊	755
嗜	168	跻	229	蛺	889	毀	311	棠	407	嶆	756
嗄	173	跨	232	蜡	893	愍	264	敳	617	鄜	65
鄐	543	跠	229	蜄	884	蒙	827	歇	314	幢	964
㬚	707	跰	227	蛺	882	暍	174	崔	760	嵩	751
暖	704	跰	226	琢	826	猷	816	嵤	130	嵺	754
		708	踻	229	蜕	879	嗣	312	崴	620	嶗	757
盟	712	跌	224	蜇	884	暈	311	嵼	758	嗛	959
煦	728	跰	223	蛵	879	槀	311	署	545	嵊	753

剶	589	揄	808	筭	494	節	488	傫	73	敫	621
嵲	960	輝	807	筓	503	筷	503	催	78	歆	315
嶀	757	輅	806	筩	503	筶	505	傄	86	傲	89
嵠	960	犕	807	筲	505	筩	491	皕	1013	曾	242
嵾	757	歃	315	筐	489	筬	501	賃	905	恝	278
幅	964	稑	520	筮	503	絲	946	傷	77	脣	711
嵥	759	稜	527	筐	506	與	216	從	84	僇	78
幀	959	萁	524	箸	501	傐	75	傂	71	傪	79
圓	989	稒	529	筀	505	儲	90	雺	509	頎	115
嵏	749	稙	520	筊	489	僅	89	傾	85	猷	823
幏	963	稑	521	筲	490	僕	89	像	79	戲	142
睪	238	遜	345	筐	503	横	90	傀	696	衛	337
黗	739	稢	530	筭	504	傳	75	傝	77		626
舤	234	秡	528	筧	503	傔	78	傺	81	衙	336
觔	235	稞	528	節	498	傴	78	欼	314	遞	353
觩	234	酚	533	箧	541	僄	77	傃	84	御	64
歆	315	稅	521	筲	506	誠	90	麻	88	微	332
骰	235	稷	525	筍	507	傭	91	傭	71	徭	334
觤	236	稒	528	箚	494	傕	87	僌	70	徯	332
觍	235	稛	522	箚	495	傸	91	傃	84	衙	920
銛	564	種	525	筱	488	毀	33	骻	94	徟	336
觭	575	稯	527	笮	491	晨	710	軀	94	徬	332
榘	436	稚	520	策	488	睸	92		258	愻	278
榘	575	稗	522	筀	501	甼	1010	躲	94	覡	144
雊	857	稔	523	等	507	鼠	875	皋	1005	覷	681
牌	575	棚	527	筝	489	牒	992	鄔	57	觠	636
燀	574	稠	521	答	495	牖	992	臱	839	艦	146
氳	695	稕	525	箹	254	楝	993	勧	856	艃	635
毽	918	稡	525	箙	507	傾	73	募	856	艉	637
氲	695	稖	528	箾	490	艃	993	雉	700	艑	637
毯	918	耄	559	筌	496	傯	993	倜	700	艅	635
頊	121	摯	195	管	499	牖	993	魃	696	肵	635
椺	806	愁	278	筮	494	傽	90	魁	697	幣	958
翃	913	稇	528	筧	489	傯	221	魀	697	嬰	98
骱	810	稄	526	箋	490	僂	78	勉	697	艀	636
辂	807	稻	527	箸	487	絡	86	魁	697	艆	636

字	頁	字	頁	字	頁	字	頁	字	頁	字	頁
僉	542		995	貉	836	腌	250	腿	252	燹	823
盦	759	珊	611	貓	838	腩	244	腶	251	颭	693
鈺	611	銍	608	亂	1004	腰	252	腥	250	颮	693
鉦	599	鉋	607	餱	322	顛	250	腦	248	颶	692
鋐	601	鉒	604	餢	327	腴	239	腪	253	颹	694
鉗	598	鈰	609	餃	321	膝	248	脇	247	颸	695
鈷	603	鉉	596	餂	321	腊	240	朘	103	颴	694
鉢	606	鉈	600	帖	321	膜	248	朕	247	颭	695
鈇	597	鉍	606	詛	324	腥	245	搔	242	獅	821
鉫	603	鈮	606	卹	327	腸	238	腬	241	猠	821
鉇	602	銀	607	餎	323	腯	249	腦	252	獚	820
鋀	605	鉘	612	餇	326	膃	248	詹	1001	猿	821
鈺	605	鉬	613	詐	321	腥	242	雎	857	猲	821
鈾	603	鉊	598	餙	327	膈	246	閩	549	獛	814
鉓	608	鈹	597	飾	960	腶	245		979	猵	821
鈸	613	鉛	604	餈	321	腨	240	彙	415	艉	922
鋮	605	鈘	580	餄	322	腷	254	臭	824	舺	921
鉆	598	甀	560	餗	323	腫	241		831	舼	921
鉏	597	鈶	619	餉	326	腹	239	臬	831	舿	921
鉀	603	鈙	916	鉋	321	股	246	劍	590	舺	921
鈿	607	歆	316	飪	326	膃	247	鮀	871	舺	921
鋏	610	愈	279	鉼	328	腿	253	魟	870	舿	923
鉽	609	僉	540	館	324	脂	241	魝	873	解	921
鉠	605	會	541	餈	321	腧	251	魟	874	猻	821
鈾	609	頌	119	飼	322	腳	239	魝	866	猾	821
鉒	605	碁	682	餅	320	腮	250	雛	857	夐	979
鈇	610	咨	682	飴	319	脖	252	勤	255	麀	830
鉄	606	豉	619	領	119	腤	250	猰	823	猻	720
鉈	612	遙	353	飰	324	腑	247	肆	985	猝	720
鈌	605	愛	337	頌	115	膆	254	獇	823	雉	859
鉚	604	狟	836	頌	120	勝	960	猿	818	鄒	55
鉑	612	貄	837	膝	244	腦	251	猏	819	睾	290
鈐	605	貃	838	脹	248	脆	712	源	820	遍	347
鈴	598	猵	836	膜	237	腔	253	皵	925	鞠	980
鉛	608	貅	836	腣	245	腪	253	鳳	840	頌	116
鉤	607	貂	836	朕	243	腷	253	鳩	841	詧	761

誆 306
誄 298
試 307
詿 294
詩 288
詰 297
誀 302
誎 305
誧 303
誇 303
詠 302
⿰言列 306
誠 290
訹 304
訿 294
詍 294
詷 291
⿰言回 307
誅 298
詵 288
誔 301
話 291
誕 295
⿰言任 303
詯 294
詬 298
⿰言舟 304
詮 290
詥 290
誂 296
訟 296
說 296
詭 297
詢 289
詣 292
詾 296
詺 306
詻 289
誃 294
詨 300
⿰言㐬 296
該 298
詳 289
詶 294
詫 302
詪 305
詡 291
裘 977
裏 966
⿳亠回大 723
裛 970
凗 683
亶 540
稟 540
稾 430
廌 763
⿸虍皿 764
[illegible] 616
⿸厂莫 764
廈 763
雁 858
虒 762
⿸厂斛 567
⿸厂留 760
⿸疒辰 389
瘏 382
瘂 389
痳 384
⿸疒來 387
⿸疒咸 392
⿸疒奇 388
痷 388
⿸疒家 384
⿸疒戔 389
痱 383
⿸疒尃 392
⿸疒栗 392
瘍 385
痺 384
痼 385
廓 763
⿸疒高 390
瘌 385
痴 387
⿸疒奉 383
痿 384
⿸疒夾 386
⿸疒卓 390
⿸疒佥 392
痓 390
痭 390
⿸疒爬 383
瘩 391
瘁 386
⿸疒咅 388
瘀 383
⿸疒卷 390
痯 386
⿸疒彔 384
廉 761
袞 969
媥 183
鄘 64
鄜 58
頏 118
⿰⿸广卑阝 55
麀 829
麂 831
鴈 828
廕 763
⿰礻鬼 697
資 903
粢 416
裔 968
靖 357
⿰立忝 359
⿰立昔 358
新 579
鄣 60
⿰音冬 310
⿰音今 310
歆 316
意 283
⿰立委 358
⿰立卑 358
竫 357
⿰立享 357
⿰立隶 357
⿰立彔 358
⿰方⿱𠂉酉 573
旓 573
⿰方攸 572
旒 573
⿰方鬼 697
⿺辶奄 354
⿰卒刂 588
⿰亢見 145
⿱𦍌炎 725
⿱𦍌車 628
羥 812
⿰羊余 812
⿰羊完 812
義 93
善 307
羨 329
巻 557
豢 825
⿱龹有 919
餋 323
⿱龹皿 552
⿰米孛 538
粳 536
⿰米每 537
粰 536
⿰米㐬 537
⿰米兑 538
⿰米完 535
粮 535
⿰米昆 536
粟 430
煎 726
猷 817
煮 733
遡 351
慈 282
巽 548
煤 726
煁 726
⿰火幸 736
煠 732
煏 726
煙 728
煉 727
⿰火咸 734
煩 118
733
烦 729
煃 735
煬 727
⿰火冒 735
熅 728
⿰火曷 732
煜 729
煨 726
煟 731
煓 730
[illegible] 573
⿰火臿 735
煍 735
煄 734
煌 729
⿰火鬼 724
煖 729
⿰火風 734
熜 727
煪 733
⿰炎甘 736
煔 736
塋 39
⿱𤇾谷 750
⿱𤇾巾 962
⿱𤇾气 915
嫈 111
煇 729
煆 730
煒 729
煝 732
煣 727
⿱𤇾虫 895
溱 649
激 650
溝 645
溤 672
滇 673
滾 667
溘 661

履	381	媾	112	槑	439	綹	946	毻	125	髟	184
遲	347	槳	430	督	709	繞	951	碧	21	劀	591
彃	577	媺	100	熒	734	統	949	瑪	21	臺	915
歔	317	媽	104	愁	279	継	948	瑚	26	墐	192
瞖	614	嫿	103	褻	573	綐	951	瑽	25	墈	31
瞥	708	嫄	110	獒	724	綈	941	瑤	21	搇	211
慭	280	嫠	102	鍵	580	綰	950	瑫	25	撕	212
彈	576	嬾	107	貀	1000	緌	944	瑲	20	搏	45
虢	576	嫩	109	緂	926	總	950	瑠	23	搏	198
膀	578	媳	110	遜	348	綱	952	璃	23	塸	45
陣	790	嫒	110	晉	1008	剿	586	瑭	16	摳	190
軑	936	嫡	109	墜	988	鄭	58	瑢	25	摼	199
軓	936	嫉	99	疊	626	勠	256	葵	815	標	194
軜	935	嫦	108	絷	938	廯	371	馘	582	駄	800
敳	615	嬬	112	紬	951	**十四畫**		摯	190	馱	801
較	936	嫌	100	綠	940	耤	530	熬	726	駈	800
嘔	784	嬉	99	綷	948	棘	532	斠	567	駔	798
裝	970	嫁	111	綆	946	菴	531	愿	283	駋	797
陨	784	娛	96	練	952	焜	532	鴇	853	駃	795
輂	338	婉	110	語	954	楊	532	槓	121	斳	802
陸	915	媚	109	綢	946	榍	532	摰	1007	駉	797
陵	789	嫋	96	緂	953	矮	531	蓥	105	駁	802
障	787	嬧	105	綊	945	輮	532	覡	143	駮	796
陸	788	縈	939	継	951	牊	531	爾	725	馹	796
陵	789	贅	908	經	938	菽	532	圖	13	馼	802
猕	11	瓠	914	綃	938	稲	531	槊	724	駚	798
虤	835	猏	910	綆	939	瑮	22	嫛	97	駊	795
敫	621	珽	914	緄	937	璡	19	匰	569	搘	214
	987	貌	914	裡	953	瑱	17	措	204	搣	208
隃	788	劉	590	綑	950	璉	18	搢	202	墆	38
際	786	鄩	61	絹	941	瑮	19	撜	201	摒	193
陼	787	勥	255	綑	951	閩	218	髦	187	摪	212
障	785	辟	912	綯	953	閟	218	髦	183	搽	205
隔	788	殘	581	綝	947	瑣	20	髼	184	塷	44
隖	784	預	119	綌	947	瑝	17	髹	185	撝	209
嫌	105	耤	580	綏	948	戠	998	髳	184	頙	122

蒜	470	楂	437	橘	405	憓	279	醒	1012	魂	779
蓏	484	榐	431	榶	411	輔	625	酳	1011	碰	774
蔣	462	榙	409	榜	434	斬	629	酷	1011	碯	779
蓙	483	榎	435	榲	424	敲	614	醙	1011	磙	779
蓤	472	柟	430	榢	417	匱	569	醇	1016	磋	773
蒵	478	樺	410	榹	431	歌	314	酺	1013	磔	771
萼	470	榥	436	楮	422	頏	118	酺	1015	磁	774
蓼	466	榻	419	榨	437	遭	346	酸	1012	碻	776
蓼	444	椴	413	榕	435	嗇	989	酳	1012	碝	776
蓰	458	楓	425	榨	409	觀	988	堅	34	磏	782
蒸	472	梭	435	榠	432	遯	351	醫	167	碥	775
檸	431	橾	405	榷	424	遬	346	嫛	109	碬	774
榛	406	榴	430	檻	432	粹	1005	戭	582	磑	776
	409	榭	427	楣	418	匰	569	愿	280	酥	124
構	416	搗	429	榻	438	監	553	屬	768	酤	124
榪	437	槐	417	檸	428	望	550	嘗	166	酮	124
榱	426	榧	406	槍	427	敧	565	遭	347	酢	124
楷	416	椵	411	桶	420	甌	565	頒	120	醜	124
樑	427	覡	622	穀	675	敯	619	磚	776	鳳	769
榐	420	夒	618	輒	625	敥	565	鹹	712	愿	282
樺	437	犳	519	輔	628	蜸	889	賑	116	皻	924
楠	413	猌	519	輕	624	緊	956	磋	777	戠	722
模	416	猌	518	輎	629		986	厭	769	盦	724
榡	432	猌	517	臾	142	喜	758	碅	779	爾	623
樺	419	榣	413	輯	632	跐	557	碯	778	劂	585
槙	433	稻	427	輓	629	戛	557	碩	115	劈	255
鄁	64	槸	429	塹	30	覼	557	硬	771	奪	724
棟	428	槍	426	槧	106	影	182	磅	780		860
榑	415	榤	422	軈	633	鄂	65	屠	768	奓	724
棟	407	榴	431	輪	632	鄣	60	碪	779	鳩	852
崊	413	楣	421	輅	629	勥	711	碭	771	廏	917
榀	405	榱	417	輵	631	羃	543	碡	771	資	904
尌	413	槁	415	輐	628	剝	592	碨	774	鴦	802
螢	896	槲	426	斡	631	奭	86	碃	781	鞚	193
橌	418	榿	432	輓	632	醏	1012	破	771	臧	92
榎	408	榇	417	輚	634	醠	1017	硾	775	豩	827

蟒	894	瞿	859	嶃	753	骹	234	稯	521	篡	498
蜩	897	舜	338	敳	619	骭	235	稭	523	策	501
蜩	883	踹	154	罳	547	骶	234	穌	533	筇	505
蛻	880		313	氉	916	骲	234	稠	529	箋	507
蛤	879	嘽	170	罳	546	骹	235	敊	533	篁	491
蜖	885	喁	166	罰	587	舞	338	稆	529	箋	488
蟀	895	嘞	168	罜	216	鄆	57	穏	526	剷	498
蜻	886	鳴	169	署	545	鍼	563	褐	522	箪	505
蜷	892		848	罝	547	錢	564	祕	533	篪	504
蜎	897	嘬	171	樓	961	製	972	稍	525	算	494
蛭	896	嘖	158	嶁	750	鋼	564	稝	522	筦	487
蜿	887	恩	282	幔	959	錇	563	稍	529	算	490
蜅	896	嗼	175	崌	757	錫	574	稢	529	箣	498
蝓	884	憶	173	嶷	749	嫁	575	種	524	箇	491
蝝	895	嘸	159	幗	961	鋰	919	稷	529	箭	487
蟎	893	嗾	162	嶉	753	榛	807	程	523	箟	499
蝠	879	喹	155	嵍	754	犕	805	穋	521	箸	506
蜢	891	嘖	167	鴲	964	牮	807	稱	524	筵	508
蜹	887	喹	175	嵳	752	犕	807	稷	524	筆	492
蟨	886	嗷	155	嵴	757	叠	563	稳	527	箪	490
	895	嗢	175	嵺	754	覞	146	稽	529	劁	508
暚	47	嘺	159	幨	959	氂	809	穄	529	筲	495
噓	156	嗲	166	察	755	愧	809	概	521	箏	493
嘷	158	幘	959	嵯	754	愴	808	程	529	箷	495
睬	47	摧	753	嶇	750	犒	805	稻	524	箙	492
唯	155	嵤	754	圖	989	犒	809	穌	527	箤	507
團	989	嶼	754	將	756	糖	807	鄑	65	箸	488
槑	413	嶀	961	隗	754	犝	804	箐	495	篓	491
嗣	165	嶄	750	參	756	犕	805	箱	508	管	499
嘍	163	幰	963	巢	750	碣	176	箈	508	箤	498
賑	992	嶒	757	圛	991	碣	176	箸	490	箞	506
翢	910	嵫	755	則	739	稧	528	箕	508	箔	491
鄟	57	敱	614	黚	741	稈	526	筊	501	箈	507
碧	772	嶂	754	圂	544	褔	529	箐	504	箈	500
暈	311	幖	960	翻	912	積	510	箸	507	箔	502
參	311	遭	352	嗣	234	積	527	筲	502	管	489

睡	746	獤	823	誖	294	漸	683	瘋	388	竭	358
餇	980	鯕	920	誧	307	裹	970	瘲	387	韶	310
勠	243	鮆	921	諫	289	鼏	684	瘢	387	端	357
頏	121	艇	924	語	288	槀	415	瘠	392	逡	359
鎏	599	艎	924	詬	301	甂	770	瘀	389	踽	359
壘	831	艏	922	誅	300	敲	616	瘦	389	颯	691
魟	867	觲	920	諟	300	歊	314	瘦	385	普	359
魿	872	艒	923	誙	303	殼	583	瘓	382	蹁	359
魠	867	獥	814	誚	297	豪	826	瘃	390	適	346
魺	863	獝	822	諲	304	膏	238	瘨	388	齊	992
魿	869	餐	321	誤	294	塾	30	瘍	386	斜	567
魮	872	獠	814	說	304	憙	283	廒	763	贏	244
遰	353	獢	814	誖	303	崖	762	瘭	386	旗	572
复	142	獎	730	誮	306	廣	761	瘖	382	旖	573
疑	1007	雓	860	誥	290	遮	349	瘥	386	施	574
猿	819	鳩	851	誠	307	座	34	廑	763	膂	244
獄	824	孵	902	誧	307	麼	721	瘘	385	頌	119
獅	820	粿	719	誘	301	廠	765	瘭	384	達	345
獼	823	矮	719	誘	299	廝	767	瘕	384	鄯	62
獀	820	綢	720	誨	288	廬	763	瘤	389	皵	925
獌	817	歒	314	詐	293	褒	743	瘴	390	辢	811
颭	694	犀	557	諫	302	厫	761	瘵	382	豩	813
颩	695	緯	839	誆	303	廎	762	瘙	387	羛	811
颬	693	奙	719	語	291	廙	760	瘯	389	羍	812
颫	692	黇	719	誑	293	腐	244	燒	835	翔	812
颰	694	鄟	59	詰	307	庬	766	甌	562	養	320
颱	691	餐	323	諰	295	庱	766	氆	916	羫	812
颭	692	熬	730	說	304	瘟	392	彭	182	羝	813
颮	693	潔	684	誾	306	瘙	386	膚	764	羢	812
颯	695	誠	290	記	296	瘌	388	塵	44	歆	318
颰	693	誄	300	誤	303	瘌	386	麗	830	頪	122
獥	822	誖	306	認	305	瘝	388	廖	763	勤	256
猻	822	誌	305	誦	288	瘙	388	雍	760	精	534
獄	824	誤	300	誤	294	瘌	391	辡	1005	糧	535
猵	819	誣	293	誖	306	瑪	794	彰	181	糢	537
獍	823	誅	301	鄹	57	瘧	384	鄭	65	緋	538

粿 538
粺 534
𠞰 591
鄰 54
粼 680
𥹲 534
粷 537
粹 535
𥻸 535
粽 537
𥻺 536
𠞯 587
鄭 54
戩 583
甂 561
𢿏 619
歉 315
蕃 50
𡑞 38
弊 216
543
幣 958
嫳 100
鄨 60
㷮 734
熆 735
燁 729
熯 734
熚 725
熜 726
熂 730
熄 726
熇 725
𤏐 731
熑 727
㷠 736
㷼 681
榮 412
甇 562
膋 242
犖 804
熒 736
煸 731
熣 727
736
鼻 934
愬 281
滎 644
漬 659
漹 653
潡 675
𣹢 667
漢 648
潢 644
滿 643
濢 642
漄 670
漆 648
𣸣 666
漸 649
滅 648
漙 678
漕 660
漱 658
漚 659
漂 641
滑 644
滯 655
漺 666
滷 549
672
滹 652
淳 661
滮 654
澆 675
漟 670
漊 647
漫 661
潩 648
㴲 670
漯 651
漶 662
漼 642
漴 666
濄 650
漡 668
溴 658
澍 676
漎 668
漖 671
𣸩 670
㴽 676
㵋 649
㵎 668
漁 666
870
潒 654
漪 660
漈 673
滸 644
𣹟 674
漮 655
滽 661
漉 657
漳 649
滰 657
渥 648
滴 645
漭 664
漵 659
漎 652
演 654
滫 676
漥 644
滵 676
滬 661
滶 666
漏 660
漝 675
漻 640
滲 642
慸 276
憒 272
㥼 275
慬 261
慲 262
慚 279
慱 272
慒 266
慪 272
慳 274
慓 267
慽 265
慸 277
𢢾 274
慺 272
慺 272
慢 262
慖 275
慛 270
慯 268
𢣂 263
㦉 267
慊 260
慵 273
慞 273
㥲 261
𢟼 277
𢢞 276
憜 262
慴 265
憀 267
慘 269
慣 275
𣪠 618
憲 283
㲉 584
寨 439
搴 188
𢣊 263
278
賓 904
𥧣 370
寬 368
賓 904
寡 368
寠 369
𡪾 367
窬 399
窠 412
𤮉 562
窻 399
窨 399
窪 401
察 367
康 366
蜜 892
寧 308
寤 258
寘 904
寣 259
寤 259
寢 258
寥 369
實 367
盧 377
肈 581
㼉 514
肇 614
綮 941
𧜩 967
褋 966
褡 976
䙀 974
禋 973
褔 966
䙅 976
䙌 967
褉 973
褆 968
𧜂 973
褐 970
𧛺 976
褍 968
褔 972
褈 973
複 968
褓 973
𧝈 976
𧛔 976
褕 965
褑 975
𧝊 973
𧜵 975
褌 971
褊 969

褘	966	腮	286	蕋	452	頗	117	緅	949	緤	938
稼	972	勞	258	鬭	788	輝	924	緙	950	綜	950
禡	9	弼	577	暈	987	翟	356	緢	939	綧	954
禛	8	鄭	61	厴	786	歆	313	緤	948	綷	948
禪	13	鳿	856	陳	785	頠	121	綝	940	綌	947
襡	8	敱	618	歐	789	戬	911	練	950	綾	955
褴	12	慇	284	隔	786	摊	914	緘	948	綃	941
褕	9	鄛	578	舜	984	㩟	912	緰	941	綣	949
禠	12	嶢	790	墜	45	翟	909	緉	948	綌	942
褯	12	隝	790	隧	788	翠	909	綺	940	綜	938
禥	12	隊	615	塀	788	嫛	912	緬	956	綰	942
廩	558	隊	789	墱	784	𪐀	512	緈	955	緱	942
書	986	靽	934	墜	29	皆	702	緁	944	綠	941
鄅	56	載	935	嬻	98	熊	833	縷	941	緭	952
劃	586	靳	936	嫣	96	態	278	綫	944	綴	942
盡	551	靮	936	嫿	108	瑞	514	緋	949	緇	942
盡	551	鞋	936	嫮	98	鄧	57	綽	949		
肂	985	軷	936	嫗	110	劉	592	綾	949	十五畫	
覡	145	輎	936	嫖	100	耤	580	緄	943	彗	558
韡	985	駬	799	爐	99	劊	586	緆	947	夐	730
頭	114	隊	825	嫜	99	種	580	綱	953	福	532
暨	710	墮	789	嫚	112	睯	130	網	950	頼	117
監	552	隋	749	嫘	102	猴	581	緺	943		532
豎	358	隨	345	翟	858	緫	581	緌	943	耦	530
睯	232	牄	540	嫺	106	珧	580	維	945	穀	531
鴉	843	墼	45	嫭	108	灻	828	綿	952	穄	531
屢	379	將	216	嬌	100	穀	619	綼	950	磉	530
剛	590	隋	791	嫞	105	遝	354	綸	943	慭	285
屢	380	皷	616	嫜	105	斳	579	綵	949	瑾	17
屬	379	歆	317	嫡	97	遺	346	綬	943	瑾	15
鳴	845	隕	784	嫰	97	嚮	168	綷	953	瑢	22
屣	381	翬	788	嬌	112	緒	942	繪	944	璜	16
屢	380	欪	318	嫪	99	緒	937	綢	939	璊	19
劇	588	頓	117	嫸	101	綾	941	緔	947	瑚	27
彄	576	蝐	236		107	緒	939	緔	948	瑝	633
彄	575		987	甉	558	綦	942	總	952	瑝	22

猷	930	蕭	458	董	473	蕧	484	槥	437	槮	413
軷	931	戢	480	蕾	455	羸	558	樋	430	槶	431
輪	928	蔄	475	琵	478	龥	217	榹	423	樃	425
靴	927	邁	345	蕤	471	槽	426	槾	434	慭	281
鞣	933	蕙	475	尊	452	椿	433	槝	423	輧	630
鞄	931	賣	464	蓫	471	橫	430	樿	428	輊	633
鞂	927	葷	464	蕾	471	槻	433	樅	420	輘	631
輅	926	覩	146	蓩	481	橋	433	樅	412	輢	631
鞋	933	賈	469	蕩	649	樾	415	埶	36	輚	630
骿	932	菩	778	薄	454	柳	430	親	143	翡	628
靼	927	曹	147	溝	446	槿	422	蕃	540	輎	631
翭	910	鄭	62	蘊	463	構	412	麩	517	韓	629
齡	52	蕪	456	蒲	466	槜	435	麹	517	輶	631
舭	52	蕖	449	濔	461	毵	710	魝	518	輠	630
斠	51	稀	462	劃	592	蕠	441	粃	518	輮	624
覃	462	蕎	466	劃	483	槽	433	魦	518	輥	625
蕀	447	蒪	456	蕇	452	橫	424	糅	515	輏	629
蕙	278	蔦	447	蕡	447	楸	407	橡	409	輢	631
嚭	456	蕖	455	蕎	478	樞	417	槲	407	輗	627
葴	467	蕉	456	蕊	483	標	414	樱	424	輗	629
蕨	465	劌	589	尊	445	欅	429	樥	410	槃	439
蓳	46	葦	461	翰	131	樞	437	樺	432	暫	703
華	509	奭	482	遛	446	楯	435	槸	407	摰	189
蕤	484	葆	473	彊	479	槭	411	槗	429	慭	279
葵	813	覆	447	冀	443	楝	436	榹	419	輪	625
蕤	453	蘋	448	蔬	453	桥	410	樟	423	縱	627
蔹	476	薜	472	蓮	353	楠	436	樘	431	輧	631
蕓	467	穀	474	蔽	455	樻	405	槎	437	輖	624
蕈	470	蕃	465	薈	557	楠	438	棒	438	輖	626
蕒	475	蔦	452	蓋	237	樗	408	樣	409	輜	630
戢	466	舜	450	縈	473	樘	416	榴	428	輬	624
搴	478	蒲	481	嫂	459	柵	438	檎	407	輙	632
蕞	467	藤	485	荳	475	樓	418	橄	430	輰	632
蕀	464	弊	216	蕎	468	慢	418	橢	420	輻	627
遯	353	猶	447	蔾	454	樧	424	榴	406	輴	626
磧	445	魔	458	蓏	456	樕	421	樛	414	輮	627

艘	635	鋜	612	嬖	1005	膒	244	魵	864	觪	922
艏	634	鋗	596	貓	837	膘	241	魧	865	觸	923
艇	637	鋂	601	㺄	837	臟	246	魴	862	觧	922
艑	637	鋈	605	貒	838	臚	249	魦	862	觼	923
腹	637	鋙	612	貌	837	膛	251	獟	816	觚	922
艎	635	銼	596	雒	837	膢	241	獢	818	觬	924
艐	636	鉛	597	貏	838	膃	247	獓	821	猵	823
磐	775	銲	598	貙	838	朡	251	獧	823	獭	821
瞥	129	鋄	607	貀	837	麻	251	獡	818	鵬	853
盤	552	鈴	603	豩	838	膚	251	獤	822	潁	650
艔	636	鋒	606	頦	116	膣	252	獠	816	頜	114
艖	634	鋅	609	糞	320	腷	246	獮	821	潁	725
艒	32	鋨	608	餏	327	朕	711	獥	820	頖	119
艘	636	銳	600	餑	327	脺	242	麅	693	歓	314
艑	634	銻	602	舖	320	膝	640	飂	692	犛	487
肆	635	鉉	607	煉	322	膒	250	飀	635	劉	587
雒	859	錚	603	餒	326	腊	246		693	皺	925
鉀	598	銀	601	鋏	327	膠	244	飇	694	請	288
鍋	611	鍐	609	餉	321	腳	243	飅	694	諸	288
錄	602	鍋	613	餛	325	頜	116	飆	692	諱	300
鋪	601	鋪	599	餓	322	魟	871	獧	818	諲	307
錬	611	鍐	609	餘	321	鮭	866	獢	813	諆	296
鋙	609	頜	114	餂	326	魳	864	獡	815	諏	289
鋇	603	劍	590	餕	326	鰤	869	獩	823	譜	305
	611	劊	592	鋭	322	魨	871	獐	819	諾	288
鋠	611	鄶	59	餅	323	魢	866	獡	814	淋	303
鋏	595	禝	682	餛	324		871	獫	815	諫	294
鋟	610	篯	682	餒	324	鮚	872	獢	818	諉	299
鋞	596	雒	860	歐	318	魦	864	豬	920	琢	299
鈔	613	稠	683	鴇	852	魶	861	犫	923	諓	291
銷	595	慇	283	鳲	848	鮮	871	犄	920	誹	293
鋽	600	頜	682	鴛	848	敏	870	觱	922	諕	306
鋥	611	窊	682	鷄	847	魣	870	觶	922	課	290
銀	604	鳮	855	膡	251	飯	872	觩	924	諤	305
	611	圕	570	縢	245	魲	869	觤	922	諳	300
鋤	598	谿	539	膊	254	魿	865	觥	920	諸	294

漆	672	澫	641	憍	268	褵	976	䵄	148	嬌	102
鋈	594	憒	275	寶	905	禩	974	嶒	578	嬙	103
漅	647	憢	265	翩	911	裕	972	彈	576	嫶	95
浩	677	憤	264	憲	369	椿	12	嬌	577	嫡	99
漳	665	憉	271	戴	581	褁	8	選	347	嫵	108
潟	661	憙	275	敊	617	禮	12	陛	790	燃	108
潄	664	憶	273	寮	369	褪	11	軼	935	嬉	100
潐	640	憓	275	審	370	禔	10	輪	935	爐	112
濙	653	憚	270	寫	368	蕫	896	赫	936	嬋	106
漊	644	慄	265	寪	368	褸	10	報	936	鴑	798
澳	645	憭	261	寧	402	褙	7	陸	749	燈	106
澓	675	憯	269	實	399	過	351	樂	427	駕	796
潏	640	憨	274	寏	401	禠	12	獎	814	駟	258
潘	657	憪	267	審	1002	禍	12	漿	657	騙	914
潙	664	憫	269	寮	400	鳩	848	醬	1013	頲	115
激	673	憬	265	窮	400	斳	579	隊	788	趆	909
潼	639	憒	263	窳	399	晝	236	嵐	403	踶	909
澈	677	憛	265	窯	398	劃	586	險	784	貓	914
塗	18	憎	270	窵	366	親	143	隙	790	瓹	914
漾	666	憮	267	曾	369	頭	121	隝	787	戳	582
潛	672	憍	264	瘢	259	槧	535	辮	785	歎	914
潾	667	慷	270	敳	370	憖	280	嫛	104	猴	910
漙	669	憔	264	窐	928	蝨	899	鑒	603	毅	582
遂	664	懊	262	頠	114	犚	806	嬈	101	瑗	913
漕	650	愉	277	靚	145	熨	727	嬉	103	瑵	911
潦	648	燃	271	翩	910	慰	283	嬉	109	暈	910
湿	642	憸	276	鳶	848	遅	347	嬅	98	髟	833
潯	642	憼	281	褠	973	劈	978	嬋	101	羷	215
潓	672	憧	268	褥	974	劈	586	嫽	112	羳	356
渾	667	憐	265	福	973	屢	381	婚	107	發	908
潺	661	憼	266	褕	977	履	380	嬅	102	皰	832
潰	644	憎	263	褐	977	履	380	嫻	97	逳	348
漢	665	愔	275	襭	970	屨	378	嬈	102	畨	882
潿	675	懂	271	襫	977	鳲	842	嬋	102		894
澄	642	憬	276	褾	974	層	379	嫘	100	摯	810
潑	676	憕	266	褥	973	彌	578	嫵	107	縶	949

稺	580	縺	944	摶	532	鬈	186	駓	793	歕	316
禟	580	縟	953	耨	531	髩	186	駒	801		555
豫	833	纏	948	稷	531	髻	184	駱	793	熹	726
麰	918	緃	944	賴	530	鬄	185	駮	798	憙	285
觷	826	線	944	覷	146	髭	187	駭	799	擇	41
歐	166	縋	945	璬	14	髻	184	駝	799	擇	193
㢗	1007	緼	951	琳	26	鬃	187	肆	793	擐	196
羿	638	緰	948	璙	14	鬃	186	憾	43	撾	206
翶	913	緩	951	璕	20	髻	186	撼	197	褔	742
瞉	619	綴	950	鬧	217	髮	184	攉	203	頰	120
樹	948	總	939	璔	16	擧	187	撟	210		742
綺	947	絡	954	蔬	835	瑳	982	撱	204	椵	741
緝	949	縿	953	璞	19	敳	617	駕	855	憖	279
緯	950	綗	943	靜	746	墲	45	蹟	360	墩	29
	955	締	940	璟	22	攉	196	鴯	853	餐	325
蝶	946	縒	939	瑸	24	撢	191	趣	340	毿	736
緰	952	繡	946	璑	22	墻	44	趄	341	撤	208
緗	951	縱	943	瑾	27	壇	37	趐	343	撿	190
緱	954	緷	946	瑀	16	撇	211	趔	340	擔	208
練	941	緷	938	璠	15	駃	795	趙	344	鸞	381
緘	945	編	945	璘	22	馹	803	趚	344	墹	43
緬	937	緞	950	璲	18	駉	795	趖	344	擔	206
緱	944	緯	938	璔	24	駋	803	趟	342	魏	698
繆	954	縕	939	璙	19	馵	797	趡	342	壇	36
緒	938	緣	944	瑪	18	駛	801	遬	343	擅	196
緹	942	遜	355	璿	26	駐	799	趙	340	壞	43
緝	947	幾	48	聲	149	駓	796	趏	342	擷	209
綢	953	毾	721	螯	892	駉	797	趀	343	墟	37
緼	948	戳	123	橙	21	駟	793	據	191	穀	886
緆	954	鼠	125	璃	15	駧	801	毻	917	穀	563
緩	952	緲	980	瑢	17	駷	801	歕	314	轂	812
絹	941	**十六畫**		璣	23	駓	798	憙	745	縠	941
總	947	璗	555	鴣	850	駥	800	擋	212	擄	202
絹	940	構	531	薰	738	馿	795	墻	45	鄯	58
緅	946	耤	531	隸	986	馱	803	操	191	鴛	801
絆	953	椰	65	搥	205	駼	795	毅	620	擗	201

磬	782	鞀	929	蕌	469	蕭	459	螡	900	鴛	857
罄	782	鞚	926	蕁	509	噩	313	橺	406	橙	405
鴌	856	鞞	934	蕘	473	頤	114	舞	622	橃	424
聰	149	鞜	934	蕨	446	薀	550	橅	416	壄	38
檠	435	鞁	930	薛	449	鵠	845	橇	423	橘	440
甏	560	鞽	932	薇	483	薛	449	橋	424	橾	432
覵	143	鞍	933	薂	459	藤	472	橺	408	機	421
聊	152	錐	859	薈	483	薩	485	樵	412	頪	118
褧	966	薑	443	鵁	849	嬈	458	麭	510	輵	957
辟	149	燕	840	薆	472		486	播	412	輳	633
聬	149	黏	51	薍	445	蕡	485	樊	216	輻	625
劓	589	黇	51	蒼	459	檙	410	憖	282	輱	629
鄹	59	甌	448	薊	444	縐	132	麩	518	頓	632
聯	148	甋	125	擎	190	橈	414	麮	517	輵	631
薜	465	薢	485	憖	280	樾	431	麨	518	暢	628
蘁	462	蕩	449	嶽	477	槓	429	欸	517	輯	624
蓮	467		468	薜	460	樹	413	橝	434	輻	624
夢	452	蘋	449	譔	473	樘	429	橴	438	輪	627
莘	454	蕾	484	蘑	381	樕	426	燃	409	輮	631
蔡	478	蕡	476	薨	398		432	橄	430	輹	633
蕅	477	蕆	456	薏	477	樞	421	橡	424	輗	631
蔛	444	蕡	468	蕹	445	樺	427	橦	418	輔	625
蕾	446	蕆	467	薦	828	散	243	橪	421	輇	624
蔷	460	蕆	482	蕡	449	禁	440	橗	409	輸	626
蒜	457	蟇	885	蕎	469	橞	410	橝	437	輚	628
靳	931	蕳	481	薪	464	樿	417	橄	439	聰	630
鞍	931	鄭	58	蕙	455	概	432	橦	429	輶	630
輔	933	薯	485	蕧	461	橑	417	檣	431	輙	624
鞭	931	蕈	483	薐	451	橒	435	橉	431	輅	633
辣	933	蓮	451	蕚	484	楷	407	樽	429	輯	633
輕	928	麃	397	薄	454	樸	415	橤	437	輣	632
鞅	927	蕥	480	蕭	465	樈	434	橧	427	墼	31
鞋	933	薐	475	蔆	444	樺	416	橝	434	毇	99
鞘	931	蓷	478	鞃	710	橙	433	樅	437	輮	625
輊	931	蒪	453	輪	891	橌	414	樿	434	辣	440
覩	929	鼓	478	翰	909	樻	409	樺	408	雜	860

稑	529	篩	490	儔	80	駒	841	鍦	612	錠	614
醟	1014	篾	497	儕	75	馼	847	錯	613	錧	609
穆	520	簸	496	儱	284	駃	845	錆	601	錠	610
穄	529	箮	499	燋	726	駚	842	錨	608	錸	605
敲	615	箵	501	鴒	849	駘	854	鍈	606	鍵	602
縠	584	篠	488	儒	69	碻	699	鍏	610	録	595
觍	126	篷	496	嬰	101	骹	965	錡	597	鋸	598
篝	489	箃	501	膞	539	翠	965	篋	605	錩	612
筐	504	篸	499	嬲	860	魈	698	鏤	602	鍥	603
篤	796	篙	498	殿	539	魅	698	錢	597	鎦	599
箾	490	簣	497	斁	876	魖	697	錞	611	鍫	535
箕	500	箾	489	斁	875	魕	698	鍋	608	鯢	144
簑	498	節	488	劓	877	魖	700	錕	603	劍	593
篰	494	箷	505	牘	994	邀	352	錫	594	歛	316
築	416	簬	497	牘	993	詯	791	鍈	596	遒	354
篓	584	簇	490	倒	79	儣	90	錮	611	瓢	561
盉	503	簾	505	餐	319	歈	319	錆	601	歔	618
箕	495	箹	492	賮	906	耑	570	鋼	607	覦	143
邌	350	筐	498	儗	90	徼	332	錁	603	屬	921
範	506	箪	495	徽	584	衡	920	錘	598	颰	694
篙	493	篇	506	縈	956	衛	336	錂	610	貘	836
箷	503	篡	507	儗	76	衜	336	錐	598	須	119
欵	329	籃	491	雔	861	冁	675	錦	965	貊	838
篴	493	篌	508	麃	917	褋	634	錍	613	貓	836
箵	506	篛	507	儕	72	褟	638	鎗	607	貐	836
劓	588	篌	500	儦	87	醴	636	鈐	604	墾	37
篡	998	蒸	500	儜	90	膒	636	錚	599	斂	616
篡	498	壆	40	儬	72	螜	882	錭	602	毈	125
筆	493	興	216	牘	700	艖	636	銘	606	縔	956
篇	506	盩	551	劓	587	艦	635	愳	279	陳	533
箕	496	輿	216	魮	126	縑	637	錞	600	錆	325
簌	488	嬰	216	剹	127	艚	638	鈹	604	餒	322
篷	354	壆	44	縹	700	錕	607	錇	610	錂	322
篷	505	嶨	165	蝅	894	錂	609	銷	603	餂	324
簫	506	嶜	748	轝	94	鎧	600	鈬	600	饌	323
篠	488	學	1008	骋	94	錤	604	錝	611	餺	326

餙	319	臚	252	鮚	861	獷	822	頮	114	諷	288
餪	322		252	魽	869	篏	736	縤	514	諰	291
餞	321	朕	246	鮇	873	獟	823	鴒	853	護	302
餜	326	膋	242	鮰	867	獦	821	鴛	842	諮	289
餛	322	膺	250	鮑	865	獄	813	鵃	843	譖	301
餳	320	膩	246	魾	865	獥	695	謀	303	諺	292
餰	325	膤	247	鮮	870	飇	693	諶	290	諦	289
餦	327	膴	250	鮎	863	飈	695	譁	298	詭	303
餧	325	膮	243	鮕	863	飉	692	謮	295	諸	296
餚	323	膝	242	鮋	867	飅	693	諜	299	謎	306
餬	325	膲	239	鮰	866	颩	692	誧	301	諠	295
餤	324	脾	246	鮭	865	颸	693	諲	299	諢	305
餟	328	膄	245	鮓	865	颷	694	諫	290	諞	295
餣	324	膰	238	穌	524	獧	813	諴	303	諱	298
餦	326	膙	712	鮑	870	獌	815	頵	304	謂	304
餓	324	朕	252	鮒	863	獨	816	諵	306	澟	668
餤	324	朣	251	鮊	864	獤	820	諺	302	褱	795
餓	327	臌	245	鮃	871	獨	979	諧	290	瑪	846
餤	322	臍	253	鮗	865	獩	817	譃	295	柬	419
館	321	膳	241	鮂	874	獫	814	諟	307	臺	30
餉	323	臘	878	鮌	867	獪	815	諹	307	韋	53
鍵	323	縢	945	鮈	869	獮	822	諿	306	褱	976
錄	327	臂	248	鮑	865	雍	821	謁	288	憨	281
錣	322	臀	712	鮫	872	鰈	922	謂	288	雑	858
盦	551	腦	246	鮟	872	艙	922	諰	291	褺	781
頷	114	撰	252	鮀	870	艖	921	諤	300	劒	592
鴒	844	膼	238	鮍	873	艉	922	諯	297	褧	967
膩	243	雕	858	鲱	873	鰓	919	謏	299	遷	351
膝	248	縺	770	鮍	863	艑	920	諠	299	甍	743
膲	242	鷗	851	鮮	866	艗	923	魂	300	劇	589
膹	242	魯	831	鮐	864	艚	922	諕	305	鄺	64
膨	247	韷	122	魦	863	艙	923	譇	299	磨	328
騰	712	頵	50	鴣	843	蟹	44	諭	307	縻	513
瑾	252	魱	868	獷	819	邂	351	謚	298	磨	772
膊	246	鯨	865	獲	816	蝦	902	諼	293	麾	513
膞	249	鮇	873	穎	522	翘	720	諄	289	盦	551

糜 530
廘 513
褻 974
廧 540
廣 761
螌 884
廞 767
廥 761
廨 766
瘽 382
癀 390
瘭 387
癜 386
癠 387
瘱 283
瘻 382
瘰 386
廩 765
廬 766
㾵 387
瘲 392
瘸 388
瘵 382
瘴 391
瘯 386
癃 386
瘤 392
瘳 386
瘮 388
褱 968
廦 760
麆 830
麈 830
麇 829
麅 830
麈 829
凝 683
癕 382
親 144
嫢 105
遵 357
辨 586
龍 833
諲 310
嫯 104
諪 310
戭 729
憙 285
鴥 844
鬳 313
劑 587
齎 992
赩 125
嬴 41
羸 95
𧇊 797
賛 908
壅 35
甍 565
敳 620
䂜 812
矱 812
勸 257
糒 534
糐 537
糙 538
糔 538
糗 534
甀 562
敿 183
糖 537
糠 537
䊅 538
糈 538
甄 560
頣 123
𤒽 730
綮 956
頫 121
頮 122
瞖 132
甑 562
煎 726
燒 724
燌 727
熺 726
燍 732
燂 728
燎 728
熸 730
燗 727
燜 735
燀 726
燆 735
𤏩 733
燋 725
燠 729
熻 733
燔 725
燃 725
燉 733
熾 729
燐 734
燇 734
燧 730
熷 726
燚 736
燓 736
燊 736
螢 893
營 371
罃 563
褮 971
翵 911
縈 945
燖 728
熼 733
燈 733
燏 732
憲 283
謷 296
羲 309
憝 280
滮 671
溥 675
濩 646
濛 647
澣 659
漱 673
澾 664
濇 643
澽 237
澷 671
澑 669
濸 676
濊 640
澯 673
濾 663
澞 662
澢 670
澸 664
澠 662
瀲 315
潞 648
澧 650
濃 655
澡 659
瀵 678
濐 671
澤 643
澴 664
澼 671
濁 651
濍 659
澁 645
澳 671
滜 656
澆 663
激 641
澰 663
澮 648
濫 668
澹 642
澥 653
澶 651
澟 667
濂 655
濱 647
澺 650
澭 651
濨 669
澻 676
澝 676
潚 654
盪 552
濭 657
澱 657
濌 675
澲 676
澒 677
懜 267
懩 267
懞 276
㦗 277
憷 276
懎 277
憾 263
懅 273
憴 272
懆 268
懌 264
懁 267
𢥁 277
𢥖 277
懊 263
憸 267
懀 271
憺 267
懈 262
懍 270
憶 268
褰 968
覭 145
歔 728
寰 370
窺 399
窻 402
窐 401
窳 401
窵 399
窯 401
窩 400
窴 401
窹 398
窨 155
窶 99

字	頁	字	頁	字	頁	字	頁	字	頁	字	頁	字	頁
窺	370	壁	30	嬗	98	縞	955	璕	19	䴥	829	擻	213
鴶	847	幦	961	嬔	103	繰	951	瓐	15	麗	829	墻	37
覬	145	避	348	嬙	109	縟	942	璵	19	璸	15	擣	195
覰	7	壁	99	鷔	854	線	942	璨	26	瓚	19	擭	204
覷	145	履	381	鴝	852	緻	949	璩	18	璿	18	擥	191
獻	816	彊	576	駕	841	縉	942	瑠	17	璹	17	壏	41
襀	974	醨	748	熳	924	緯	940	韻	120	馺	799
襈	971	鷗	844	蟊	899	縝	944	璱	20	駰	796
襊	977	嬛	577	鄻	65	繩	945	璐	15	駷	799
襋	976	彌	577	鶌	852	繹	939	璪	18	騍	793
襏	970	嚻	566	鵶	800	線	937	環	16	駱	794
襐	970	隩	788	䲝	911	纊	947	璵	15	駴	793
襆	974	輔	935	膊	913	綯	950	璈	18	騑	799
褸	966	輙	936	罱	911	縫	944	瑜	24	駢	797
褘	976		988	辥	419	繐	947	璦	26	騁	797
褙	968	鞘	936	蟹	893	纓	948	瓊	26	駾	793
褑	974	鹽	1013	臂	249	縞	941	璠	27	駺	796
褖	969	爾	790	覵	145	縟	945	璥	14	駴	798
褐	969	蟲	900	歠	619	繡	953	贅	904	驕	802
襑	967	隟	784	糧	580	縊	948	警	293	駢	795
褶	972	憨	283	麷	916	縑	941	覯	143	駾	797
禧	8	鶾	843	聲	633	緲	942	匵	569	駺	802
禫	10	隞	787	登	557	繥	955	鄴	55	駿	796
襂	11	辥	1005	醤	1013	綷	951	鄹	54	駥	796
禪	9	隱	785	蹬	224	繂	954	黿	902	駿	794
礁	11	蹬	776	貓	1000	鵁	844	斀	982	攔	205
磴	12	隊	789	糩	1008	鷈	695	醫	186	擩	195
禑	12	隮	789	壆	915	繼	939	釐	186	趆	341
機	8	嬤	109	稀	828	䤵	570	釁	185	趄	342
黤	125	嬙	103	鶋	843	**十七畫**		髻	185	越	341
鴸	857	嬌	110	縟	953	積	531	髦	185	趜	341
飄	217	嬼	105	繐	954	糢	531	髣	186	趙	343
贔	903	嬛	96	鎮	951	耬	531	鬘	185	趚	340
頮	115	嬶	111	縺	949	穇	531	攄	205	趨	340
敱	617	嬝	98	縛	940	糩	531	擡	203	趣	341
墼	38	嬒	112			稿	531				

遚	344	醫	1017	轃	932	藕	482	鹽	551	黐	517
趨	339	聲	148	鞾	927	藉	444	蘭	466	檐	417
皸	925	磬	564	鞘	932	鶓	802	蕇	451	櫷	430
壖	43	擢	194	轄	929	薰	442	隸	986	櫃	429
�	211	擨	204	鞞	927	蔜	471	檉	411	檀	411
戴	984	聸	149	鞠	927	舊	860	檴	423	檍	408
盧	570	謳	151	轁	927	歟	318	樧	410	槐	435
鵠	842	瞟	149	韒	928	蕕	477	檬	431	樣	416
虤	555	藉	480	鞋	929	薟	444	樈	427	樹	408
縶	7	墰	328	鞭	927	蓮	457	檔	422	榕	431
壔	31	顆	118	鞻	929	薮	448	椰	412	檮	415
搭	205	瞭	149	鞱	929	薄	473	薦	440	戀	283
螫	884	璩	150	鞴	928	蕢	463	檵	433	樕	437
魏	698	瞠	150	韃	51	薆	463	檟	408	轃	627
擻	208	瑠	152	矧	51	薤	463	檑	435	轅	626
覯	145	璆	150	虠	51	歜	453	檥	437	轀	633
擱	212	璘	150	黻	52	薷	476	橢	430	轒	631
擬	196	蠱	900	遽	460	薖	445	檉	422	轇	633
壕	44	嘉	477	藍	444	薺	483	檔	436	鶴	628
壙	33	臺	474	薩	478	藉	476	楷	438	鞋	631
擴	207	壽	453	蘭	456	蔡	456	檡	428	輻	632
擖	206	藲	481	藏	459	蕭	485	檑	417	轊	634
摘	193	甃	918		474	藻	443	檉	420	轒	628
擠	197	蘩	447	蔫	472	蘆	236	概	412	轔	629
盤	552	蔂	473	蘆	470	漫	476	橢	423	轄	633
蟄	885	薈	452	尌	468	漻	466	槮	421	轇	631
褻	968	葆	418	暮	289	藻	465	櫛	419	輾	628
摯	811	懃	281	藤	467	摰	458	橀	427	輣	633
縶	949	藪	454	薚	468	蔡	482	橄	439	檗	420
擲	194	艱	46	蘭	467	蜜	482	檢	439	擊	189
擤	188	韓	932	熏	467	寧	480	檜	412	歟	316
擯	207	韘	930	蓳	860	賡	474	歜	315	憖	279
穀	741	鞾	932	藏	526	褐	470	賴	121	輪	632
觳	634	鞁	931	薯	132	翰	742	麯	519	魏	697
穀	921	鞘	931	蔿	458	盍	454	豁	518	橐	989
穀	902	鞝	928	薹	228	賈	904	餅	519	畺	892

醫	328	剽	588	獳	826	鷔	863	瞶	134	闇	375
	553	礅	771	巍	698	覭	144	瞤	130	闈	373
臨	553	鄭	57	薶	396	幽	751	瞧	128	闊	374
醬	1015	磻	779	殭	397	恎	40	購	905	闋	372
黼	565	礝	781	盨	552	墾	41	賰	905	闌	371
罽	565	磵	780	駕	844	遙	199	賵	908	嚀	170
擘	930	磾	776	烈	866		351	嬰	98	闐	373
賢	736	磽	780	斁	394	彪	834	賻	908	闞	373
瘤	557	碼	774	殮	397	戲	581	瞵	140	夥	720
嗛	557	磯	775	辡	395	虞	834	瞬	131	嚪	163
翿	911	礩	782	鴯	855	虧	309	瞳	133	曙	701
醋	1014	磸	778	霋	689	颷	692	瞌	129	嚆	173
醯	1017	磻	773	霏	686	斃	957	瞬	128	曒	704
醐	1011	磷	773	霜	687	墼	612	瞷	137	曖	705
醢	1013	碏	776	霃	685	甑	561	瞷	138	瞻	709
醳	1013	磴	778	斀	620	曉	134	瞪	134	嚅	168
醴	1014	磯	774	靃	686	曤	128	瞴	134	鵂	856
醁	1015	碉	124	霝	690	曤	135	幬	174	蹟	223
醉	1015	甌	124	霊	686	聽	136	蟇	898	蹀	229
醆	1010	难	859	霰	688	瞫	131	嚏	165	蹕	224
醸	1014	鴟	854	霆	687	朕	141	嚇	163	蹋	221
醯	1012	厤	771	霖	686	難	860	嚋	158	蹂	231
醮	1016	鷗	849	露	688	瞭	133	嚌	165	蹎	227
頻	116	鵄	851	橐	686	曆	139	嚔	156	蹻	228
翳	912	斛	567	霞	688	瞶	709	闍	376	蹽	220
緊	945	窿	860	霧	688	曇	626	闉	372	蹰	229
蟄	889	罂	32	霏	690	曁	296	闌	373	蹓	222
蔾	116	邐	349	霂	687	暯	139	閣	375	蹈	221
虆	569	燴	123	霢	687	曚	708	闐	373	蹊	225
磽	772	盩	329	匵	569	顆	116	閿	142	蹌	221
磇	778	墼	92	鵝	843	曤	135	壘	711	蹢	227
磛	775	獮	825	鵁	851	遷	346	曑	711	蹐	229
壓	33	幽	827	嗇	320	罷	142	闒	373	踏	221
黶	112	殮	827	鶷	840	瞰	134	睡	709	蹔	225
磾	776	獠	825	齔	177	瞷	130	闓	375	蹙	226
鴿	845	豲	827	鴬	847	瞷	132	闔	375	鄹	58

窶 402
邃 400
竲 401
窾 402
竳 401
𥨪 399
寲 369
寱 259
鴳 844
856
鵖 849
夒 737
顧 117
襓 972
襍 966
𧜵 969
襋 966
襆 972
襕 970
襊 975
襇 973
襌 969
襖 976
襎 971
襣 972
襚 971
襘 971
襑 967
襁 966
襀 976
襈 972
襩 974
襏 971
襘 971
禮 9
襛 12
襗 11
襘 9
覬 143
黻 621
歗 314
斀 616
蟁 894
襞 969
辟 978
檗 411
甓 559
壁 356
臂 239
甓 662
擘 189
懕 285
屨 380
彌 576
蟸 899
彉 576
翳 911
隮 785
韔 934
韎 936
鞠 936
牆 540
蟗 892
弊 330
達 353
豐 987
嬉 101
嫖 105
嫌 98
嬣 102
嬭 104
嬬 101
鴑 848
嬇 105
嬣 105
嬪 98
嬥 97
顛 114
翸 912
翑 914
翼 912
翟 352
翢 912
獭 914
饕 512
隸 512
986
鴾 852
蠡 899
翟 859
鑿 596
頳 122
孺 1007
覭 144
饗 878
繕 943
績 947
縛 941
繿 953
縹 941
縿 948
縷 944
縵 941
縲 952
繃 938
繃 940
縰 943
縱 939
縝 950
縱 946
綷 952
繂 953
繅 949
繽 952
縮 939
縮 944
繆 953
縿 945
繅 937
劉 588

十八畫

櫛 532
機 532
顆 117
覷 144
璹 18
璩 17
罍 554
璼 25
璯 15
闐 217
覰 144
兢 95
瓊 15
瓆 26
璷 21
璠 20
鏊 605
黻 956
鼇 46
爾 857
攢 207
鬆 185
鬍 184
鬠 183
鬐 186
鬃 185
鬝 184
鬇 185
鬌 187
鬓 187
鬠 183
鬈 183
鬃 184
鬃 185
鬃 184
鐾 554
翹 910
鞏 932
擷 207
擻 209
擻 210
騖 802
騏 799
騤 800
騏 793
騋 794
騂 800
騳 802
騑 801
騎 802
騑 796
騲 803
騉 799
騠 802
騬 794
騎 803
騧 793
騥 794
騅 793
騐 795
騆 801
駒 798
騊 797
騇 801
騿 801
騝 795
騄 795
騤 802
搖 212
擾 196
趚 344
趞 342
趠 339
趨 341
趯 344
趡 343
趟 343
趁 342
趠 344
攄 202
藖 556
翷 913
擬 204
嚞 156
擻 212
壇 36
擅 211
攝 212
藝 556
罄 555
931
磬 556
馨 133
蟚 890
邃 346

鷉 851
豵 825
貘 826
貗 826
貐 825
殲 396
餮 321
殯 394
霨 690
霪 688
霣 686
霶 691
霣 685
霬 689
霤 686
霩 686
霶 687
霙 689
霝 686
霚 687
匭 569
鬵 565
颽 693
蠢 915
鵍 851
壘 30
齕 178
齕 178
齔 179
鵃 549
覷 143
勴 257
虪 835
鸕 835
虪 835
懟 278
叢 510
雛 859
虩 835
鵂 855
瓥 514
豐 558
噫 157
矆 130
矇 133
鶡 842
矋 138
題 114
韙 360
瞿 142
861
瞿 142
黽 902
瞷 134
矉 139
嚚 707
瞤 128
瞏 127
矎 709
矆 136
嘖 164
瞼 140
瞺 133
瞿 562
斁 616
瞍 908
鬷 543
曖 138
瞰 908
瞢 249
瞻 130
矃 129
嚅 707
闖 374
闔 371
闘 375
闐 373
闚 371
闓 372
闌 372
闇 374
臘 833
闢 376
闕 372
闒 372
曝 705
黽 902
覲 145
嚌 170
顒 115
曛 706
嚘 159
罵 801
蟹 877
顯 121
曠 701
虡 558
暴 703
曜 705
疆 50
蹐 227
蹟 225
蹠 224
蹣 226
蹲 228
蹯 229
蹼 227
蹣 222
蹞 225
蹟 226
蹝 223
蹤 228
嚙 172
蹠 220
蹥 231
蹸 230
蹢 222
蹜 224
蹻 222
蹁 231
蹐 221
蹘 231
蟘 879
蟨 896
蟯 878
蟔 895
蟦 880
蟢 898
蟛 891
蟘 899
螹 879
蟎 879
螭 888
蟫 879
蟨 894
蟟 887
蟥 888
蟦 894
蟲 901
蟬 883
蟒 891
蟝 888
蟜 887
蟦 879
蟭 888
蟝 889
蟠 882
蟡 889
蟜 892
蟞 892
蟙 887
蟮 893
蟧 894
蟧 887
蟎 891
蟦 894
顒 120
蟜 882
蟣 880
嚓 175
嚖 175
曝 169
鵲 853
歘 110
顎 122
嚚 312
鼩 312
嚜 173
嚛 155
嚬 156
嚕 172
嚥 170
嚫 175
巁 753
顒 116
嚣 547
嚲 723
嚃 545
巇 758
羀 546
羉 546
戳 748
巋 757
巂 858
褭 751
嶙 756
黠 738
黙 740
黟 739
顝 115
髃 233
髑 234
髃 234
髏 235
髊 233
髎 235
髂 234
髀 234
顑 120
蹮 221
鎛 564
鎰 563
鎛 564
鞒 1011
犢 805
騁 794
鵠 841
鶩 841
犪 805
彈 176
甛 177
穫 522
穡 520
穢 526
穩 533
穆 533

字	頁	字	頁	字	頁	字	頁	字	頁	字	頁
艙	636	鎘	601	膗	250	綠	873	譀	290	颥	513
艢	637	鏘	613	臁	254	歸	867	譔	303	廬	760
艟	634	鍚	601	臏	254	鯔	868	譓	300	鶃	850
鏧	926	鏐	600	鵬	840	鶄	850	譚	299	麻	764
艤	637	鏒	606	鵬	850	獵	819	譜	293	贊	906
艩	903	鑽	605	臘	241	獺	818	譅	306	癠	383
鴿	854	鏮	606	臈	712	鴿	120	調	298	瘵	387
鐥	596	鼓	556	鵬	852		854	讀	291	癙	391
鐏	606	綿	682	蜀	980	獷	818	譑	301	癥	387
鐄	607	夒	110	劖	586	麗	694	譙	303	癡	386
鏽	609	飄	692	鄭	59	飃	695	譏	292	瘃	387
鏉	601	遼	351	鯖	870	颭	694	譁	306	癢	382
鏂	604	獠	837	鯳	873	颮	693	譨	301	龐	762
鏗	605	貚	837	鯪	867	颮	693	論	306	瘟	387
鏢	600	獥	836	麒	866	颲	694	譒	302	鶋	851
鏰	609	獴	838	鄉	870	颫	694	譌	296	麒	829
鏚	613	獙	836	鰲	873	鯀	920	誐	305	麞	831
鏈	603	覬	143	鰊	873	鰔	922	譤	301	麛	829
鏜	599	辭	1005	鰊	874	觶	921	識	289	麲	830
鏤	607	饉	322	鯡	873	鱎	922	譜	302	麖	829
鏝	598	餹	328	鯡	865	蟹	885	譜	295	廛	830
錐	610	餾	326	鯤	866	鱉	921	譟	288	麾	829
鏍	603	饌	319	鯧	868	鯳	921	證	297	麜	830
鏦	600	饐	326	鯢	863	瓕	551	譑	296	麝	703
鐴	596	餿	327	鯰	867	螽	899	譏	293	韋	1006
鏻	610	餳	320	鯩	866	遳	350	譨	967	辯	129
鏽	599	餱	320	鯯	872	鵝	842	懟	221	瓣	514
鏇	596	饎	323	鯑	867	纀	719	鄭	58	耑	358
鏡	595	傭	325	鯛	872	纅	737	勤	257	墿	39
鏔	606	儵	324	鯛	869	劉	280	顛	118	羴	215
鏑	600	離	857	鮊	863	瀧	822	贛	51	韻	310
鏃	601	頹	119	鮸	864	譊	292	鵪	852	㶟	313
鏇	613	臏	248	鯨	864	譆	294	翿	913	鶀	849
鐸	598	臟	246	鮛	867	譄	301	廥	513	䯔	123
鏌	602	朦	251	鯪	864	譖	303	麾	915	盩	551
鏡	606	臑	251	鯥	872	講	295	廡	767	齋	521

贏	882	瀜	666	寵	368	嬈	96	戀	949	騾	795
贏	970	瀝	657	寰	705	嬾	101	纞	954	騠	803
羸	811	瀧	677	鵑	852	嬪	106	繡	941	騹	794
旝	572	瀕	660	襤	967	嬽	111	辮	955	騤	797
簷	573	瀣	662	襦	976	孅	103	鶊	848	騣	798
巓	117	瀘	667	襦	969	媽	804	巒	1006	騮	800
㠣	573	瀾	675	襟	971	離	860	**二十畫**		騣	798
罋	563	瀾	659	襟	970	雞	857	酆	55	騵	801
營	310	瀾	676	襆	9	鎮	512	鶒	846	騶	796
鶬	845	還	669	褧	11	斂	512	鶺	854	騨	802
羴	812	瀗	658	顙	118	顢	114	奮	539	騤	799
獨	813	瀞	645	翻	913	覿	145	鬥	217	騅	795
羷	811	漳	659	鶅	855	鶩	797	瓐	21	騵	797
羶	811	滾	652	屪	378	顙	114	顛	122	趣	341
顙	115	瀬	650	臏	245	歠	318	環	23	趂	339
類	817	瀧	647	鵰	848	鷄	842	瓏	16	趨	340
釋	534	瀛	662	廬	379	鵲	856	鶩	794	趣	340
糧	537	瀯	668	襞	969	鶺	853	礜	185	趣	340
糇	536	瀿	672	檗	534	彝	828	鬣	184	趚	339
覠	146	瀣	650	繁	947	纊	954	鬢	186	趙	344
檀	537	瀯	551	繰	441	繪	950	鬅	187	壖	41
穎	115	瀆	676	鵰	841	繮	946	鬍	185	擶	210
鑒	597	懶	271	疆	37	纖	954	髮	184	攖	202
爐	733	懵	274	韙	936	繰	951	髞	184	攔	210
爆	727	憤	272	轎	934	繩	945	鬐	186	攲	925
煙	734	懱	273	輔	935	繼	949	鬚	186	攁	190
爍	733	懂	260	辣	511	繮	953	鬆	186	搧	204
燺	731	懷	261	轉	935	繰	937	鵰	846	攪	208
鵝	851	懢	271	韚	934	繹	937	瓘	31	塊	45
爇	736	懂	276	輯	936	纓	940	馬	802	壞	29
澌	656	歠	369	韜	934	繳	955	驀	802	攘	190
瀉	665	竆	401	驚	793	繳	947	驊	795	壇	40
瀅	668	竁	55	隴	789	繪	949	駬	803	壞	31
瀲	642	竈	398	孼	1007	繪	941	騵	799	攢	196
瀚	673	額	120	隳	791	戀	294	騵	794	攝	214
瀨	643	窺	367	鑒	596	纏	952	駁	803	攓	190

字	頁	字	頁	字	頁	字	頁	字	頁	字	頁
翿	911	繁	459	羬	517	醋	1015	雛	859	鶵	845
馨	782	藅	469	麷	518	醴	1011	鶺	848	黀	924
馨	532	藭	467	櫯	434	釀	1011	瓊	126	鵬	846
矔	147	蘃	425	櫰	432	醳	1013	甕	919	鄲	63
聹	150	虊	397	櫰	427	醹	1015	黐	926	夒	142
蘀	483	蕭	460	槻	426	酸	1013	黐	180		861
蘠	471	蕺	459	櫳	426	醷	1013	鮎	179	朦	137
蘠	471	蘇	465	檑	436	醷	1011	鮆	180	矓	128
蘜	461	襄	451	轖	632	脣	541	鮒	179	矊	128
蘵	483	藜	483	轗	627	壓	768	鮓	177	矐	141
蘳	484	蘫	453	轥	629	鶎	855	齹	178	礐	563
鞦	932	蘁	478	轘	631	歔	619	齡	179	臉	907
轠	929	鶾	794	轒	628	磺	782	鮑	179	贍	906
鞻	929	鷓	843	黷	124	礦	775	竧	179	贃	907
鞾	934	藕	460	饗	322	礪	779	鮦	178	職	143
鞭	927	翼	481	轏	630	礫	771	鮋	178	鶹	854
韉	933	薐	459	轏	626	礩	775	鮐	178	曜	704
鞧	930	櫯	410	聲	627	儲	773	齹	549	矙	137
鬖	931	樴	429	轒	308	礚	782	鹹	549	矑	707
薔	701	槫	418	鷗	840	麻	124	鹵	541	矒	167
鬶	46	歠	858	燹	725	黱	124	齇	549	闤	374
顛	52	檴	415	鼇	513	曆	606	齃	549	鶡	849
颛	51	櫪	426	鶌	850	蠤	894	齀	549	闟	372
飆	692	權	436	䳕	585	鑒	604	齝	549	闡	376
顠	120	橺	410	頤	121	類	118	齬	549	闠	374
蘁	884	櫨	416	𧗿	635	孅	826	獻	816	闛	376
蘜	461	鴐	855	矕	564	魘	397	甗	559	闞	376
蕎	462	欄	429	藥	537	霮	685	甌	562	闠	375
驀	796	櫚	417	𧮫	553	霧	688	齾	619	顠	119
蔞	475	櫺	412	䦗	565	霰	690	盧	550	鶿	844
蘭	442	櫪	429	纂	519	靁	686	罋	835	鷉	843
蓮	348	欅	436	顙	118	靈	111	㲋	584	矓	704
蘁	454	攀	774	飄	691	霽	688	辭	957	曦	707
蘄	450	䴉	518	鵶	841	霏	690	黨	738	躝	230
蘪	455	麵	517	鶒	845	霈	690	曚	136	躁	225
藍	237	瀚	518	釂	1012	霂	690	雞	842	躅	222

矚	231	酁	60	籍	507	儺	79	鐶	602	鶠	796
躓	228	幰	960	篡	499	鐨	52	鏸	602	貗	836
躑	229	巉	752	籔	507	䠀	700	鐔	599	獴	837
顝	224	巇	755	籌	493	艃	126	鏻	611	饒	321
蠱	552	巋	754	籑	500	艉	127	鐐	594	饍	319
蠯	896	圞	990	籃	490	軆	94	鐠	598	饎	320
蠛	883	黮	740	籣	506	軇	94	鏷	602	饐	321
蠾	889	騋	739	籟	193	躲	853	鋼	611	饑	320
蠟	883	黳	739	纂	943	爓	727	鋼	600	饏	324
蠮	898	騎	740	簡	501	蠱	899	罿	150	饟	323
蠖	896	黶	738	籭	495	纇	118	鐈	607	饙	326
蠪	885	黩	740	籫	504	礫	699	鏕	612	饌	326
蟻	898	黰	741	籓	507	艬	696	鏢	613	饐	326
蠨	879	黥	739	籩	504	艭	697	鐎	596	饎	326
蟒	893	黿	738	籧	500	艪	696	鐭	612	饌	325
蠙	889	黸	738	籦	501	艫	700	鐯	609	饎	325
蠷	884	軀	235	籤	494	鰲	921	鐥	604	饞	322
蠥	892	軆	232	繁	681	警	292	鐓	600	饁	310
囁	158	鵤	841	礜	291	巇	237	鐘	596		1016
饕	321	軅	233	礜	248	嶼	127	鏻	604	鶺	849
齁	558	髉	234	璺	18	顠	121	鐏	600	腷	242
嚶	162	髎	234	䄡	710	鷎	848	鐩	596	臚	244
鶚	841	耀	574	礜	710	籍	334		611	臏	245
毃	985	懷	806	覺	144	儳	334	鐺	603	朧	250
嚱	166	犧	806	礜	310	儴	333	鐯	605		711
嚼	155	積	524	舋	922	縣	957	鑊	601	騰	798
嚵	154	穳	528	敽	617	篳	805	鐙	614	鶺	849
毲	510	穧	526	儳	72	纂	513	鐕	597	歠	318
巋	758	穤	520	曢	539	顥	181	鐴	606	鮻	874
鶅	854	䅈	519	譳	876	艦	638	鐵	606	鰈	861
罌	547	毿	520	䶕	876	鏴	598	鶺	854	鯳	873
甂	546	穭	526	䶗	877	鏴	605	廲	513	鰥	863
巇	750	黲	739	軆	87	鐃	599	邁	355	鰗	874
嶺	759	櫶	522	備	86	鎮	595	釋	1002	鰊	870
巍	760	鶖	840	㑊	82	鐧	607	雞	848	鮹	872
劖	588	鶋	851	雙	805	鐵	610	邃	353	鹹	871

蠩	893	髒	233	儸	84	爕	736	鰹	866	譖	300
蠯	887	邇	347	儶	79	觱	541	鰺	868	謝	301
蠦	891	懼	808	鵪	841	穡	126	鱇	873	譺	293
蠨	894	劗	590	鶈	117	纇	119	鰻	863	囍	307
蠟	888	穪	528	鴃	126	飜	914	鰛	868	譼	306
鷃	854	礌	519	鶃	856	顃	119	鰈	862	戴	621
嚚	312	礐	520	鵀	855	爰	533	鰷	870	毻	917
嚙	167	穱	524	巍	696	鶀	847	鶂	864	灦	684
囃	175	犨	806	魖	697	雞	852	鰤	870	劘	589
豐	757	瓚	490	魖	697	鶌	843	鰩	866	麇	513
屨	547	瓚	506	䮾	697	饉	326	鰠	870	麘	513
鷄	852	篿	633	鶌	842	饄	324	鰡	870	廬	764
嶹	751	篹	325	瞿	332	餯	321	鰝	865	瘝	392
巐	759	籔	494	鷔	849	饐	324	鰭	865	瘰	388
蠡	901	篌	491	鐵	595	饎	323	鰱	869	癇	388
騏	739	籐	508	鑑	612	鐸	323	鰟	862	龐	765
騍	740	簨	488	鐒	603	闤	326	鰳	871	瘑	390
騾	739	籐	500	鑊	596	闥	327	鰜	862	癢	390
騒	741	簹	504	鐵	610	饏	324	鰯	861	癮	391
騨	740	鐂	494	鑢	605	饘	320	魶	861	瀾	183
騮	740	簾	501	鑄	597	鶉	853	鬎	922	鷓	851
騝	740	籡	505	鶴	844	鶴	844	玃	817	鶊	850
驛	136	籓	490	鐒	610	臐	246	飈	692	爐	829
騼	738	籩	502	鏍	603	臙	252	飀	694	糲	830
鞾	741	暴	860	鐸	599	臟	245	飇	691	襬	831
黔	739	鑒	611	鐶	606	臛	240	飉	694	麝	830
黯	740	儺	70	鐲	599	騰	866	獼	821	麠	760
驔	739	儞	82	鑣	604	甗	560	艦	924	辯	1005
騲	739	儷	79	鐵	596	鰢	871	艤	315	礱	772
騳	740	鑒	597	鑰	611	鰭	865	艦	921	齋	903
髐	235	䲔	876	鐬	607	鰱	868	艟	923	顥	118
髒	236	鯣	877	鐘	601	鮮	867	邋	353	爐	573
髓	233	鯢	877	鐮	597	鰶	865	鷗	846	額	116
髁	236	雛	876	鑱	596	鯉	863	鶏	852	羕	811
髆	233	臕	994	辮	604	鰒	868	譸	293	纏	811
髓	234	儰	71	阣	125	鰐	869	謠	301	齒	179

糲	536	憿	277	鑷	512	驃	803	歔	319	欙	434
纇	938	懾	265	鷄	512	驐	804	瓛	458	欙	407
夔	338	懼	261	鑃	512	驔	794	蘿	455	權	423
鶬	847	懵	263	覷	698	騆	793	顛	474	欄	430
鶒	848	懁	267	蠢	900	驆	798	蘩	448	欔	435
燵	730	鶴	851	纘	939	驕	794	韃	929	擎	846
爐	727	騫	848	纈	955	驎	795	韛	930	覷	144
爐	725	亹	366	續	939	騶	795	韁	930	礬	55
爓	730	竈	398	緩	951	驍	801	韃	932	纗	519
爌	734	窀	401	纆	946	瞥	800	韃	929	夔	518
飆	691	竉	402	欒	938	驈	803	鞠	518	蹢	517
鶯	847	攘	259	纏	940	騵	793	韃	926	欉	407
鶼	126	覿	143	鷟	842	騹	801	韇	930	轒	630
潘	671	縻	739	戀	696	攎	833	鞻	859	鑒	599
灢	665	顧	116	纁	770	趙	342	蟟	52	轚	624
醬	1013	魔	377	垔	35	越	342	蘸	485	輻	633
灃	650	襯	976	翻	914	趲	341	麛	456	輼	630
潤	662	襀	967			趨	343	蘿	459	欒	627
瀟	639	襫	967	**二十二畫**		趣	342	邁	346	鷟	852
濯	667	襪	976	鷸	853	聲	556	藥	408	鶹	843
潤	671	襵	968	瓛	27	齎	555	蕨	469		847
瀾	676	襘	7	巃	833	罄	556	蕢	136	鷙	850
澤	652	襄	9	鶫	856	鼇	556	麯	697	囊	989
瀵	672	鶴	840	璠	15	覿	144	蘿	474	鷗	847
瀟	656	屬	380	甗	900	攞	208	虇	886	鑒	596
邊	665	屦	379	鷺	853	撥	214	蕨	534	饎	565
灘	656		813	齎	184	鰲	866	鵲	844	鷛	856
瀺	670	鷥	566	齎	184	歓	314	鷙	797	醻	1016
灘	677	驕	957	鬚	187	擟	189	蕨	442	醼	1014
灘	664	疊	900	聾	185	鷙	846	蕨	468	彤	182
瀘	661	聽	934	鬟	187	懿	745	蘋	458	邐	347
	828	贛	935	髮	187	蠱	570	蕧	475	鷲	841
瀟	641	韡	936	攤	202	鷛	570	甌	876	顥	121
澳	665	彈	487	攞	214	聽	148	慈	454	儱	712
瀺	675	鶻	846	驍	794	橐	414	欐	414	礒	776
灘	651	孀	100	驎	799	敮	618	纇	119	礦	775

觺	705	玁	820	鑿	597	鼉	517	韰	237	籬	502
巏	179	蟲	693	鸚	843	轥	629	鷲	566	讕	791
齷	180	讟	300	躞	229	糶	681	鸎	566	蟲	856
鑒	597	讝	299	躪	222	齯	180	鸎	566	纑	861
齽	180	護	306	蠳	897	鸛	843	鸎	566	關	730
矗	511	韝	53	鹽	737	鸐	842			鑱	126
釀	549	鷥	850	騭	740	躔	226	**三十一畫**		躍	876
鷗	842	讎	935	灑	503	蟺	893	**以上**		纙	957
蠱	899	蘸	935	廖	533	鷸	852	韉	931	龜	312
闚	373	澸	665	藥	861	篗	507	轤	631	魚	864
蠤	901	灝	678	夔	728	輿	216	鬱	482	鱺	862
躩	221	攘	259	罐	847	龐	126	欟	843	鸞	873
蠨	887	覂	8	鑯	605	鑭	605	顟	928	鑾	296
顳	738	嬾	108	钁	613	讟	307	醫	178	鷉	850
驖	738	巒	601	鷁	850	癮	383	彚	414	鑸	966
鶴	842	繝	955	鮸	871	鹽	553	桑	800	纜	833
籥	864	嚳	123	鑲	871	龡	1007	蘿	457	龗	831
肇	805	薑	832	謙	298			龖	831	壨	831
髖	127	**二十八畫**		鑿	602	**三十畫**		讓	927	龘	833
鱠	126	闋	218	鞿	53	鼉	800	飄	692	爘	732
蠡	681	豔	558	癮	389	驪	802	礏	781	鷯	855
鷖	828	騳	797	鷹	830	鸜	845	靊	685	灩	663
艦	635	瞿	800	戀	285	齹	178	籠	833	灠	669
鷟	854	驦	799	靧	7	齺	180	霻	691	鸝	566
鑱	608	轙	927	灜	645	齟	179	靈	685	纕	580
鑱	596	鸛	845	鸞	566	齟	408	醽	180	**疑难字**	
觚	312	欖	432	牆	540	籤	501	桑	512	屮	287
玃	836	欐	435	總	854	籟	491	桑	511	自	308
钂	327	驫	626	攀	936	籭	496	鱸	178	勿	309
饞	325	鬷	565	**二十九畫**		籫	495	鑯	180	纟	937
朧	254	醼	1016	驪	793	爨	737	鷨	849	※	1006
鱒	868	醻	1014	驌	798	讖	876	鸑	741		
鯉	869	欋	124	藟	455	鷴	828	鷞	565		
鰎	863	貗	180	夒	443	鱷	862	靐	564		
鰊	868	戱	180	鬱	440	鱸	862	疂	685		
鱸	870	鷺	834	鬱	533	鷥	840	鸒	852		
						癰	389	靄	848		
								顪	118		

音序索引

《大廣益會玉篇》音注材料來源複雜，本音序索引乃方便檢索之用，所用漢語拼音只能是對《大廣益會玉篇》反切音注的大致反映（必要時參考了《廣韻》《集韻》的反切），而並非反切音值的實際構擬。且《大廣益會玉篇》又音常見，若反映每個音注，勢必大幅增加索引體量，故本索引主要體現每個字的首個音注（兼顧常用音）。古文、俗字、異體等字依照其主字頭音注索引，如"天"爲俗寡字，索引音注與"寡"同。

A		**ǎi**		尋	709	薟	396	庵	764	**ǎn**
āi		毐	994	厚	769	曤	709	峚	551	寣	402
哀	162	庂	769	硋	780	曖	705	媕	106	埯	38
埃	34	挨	199	靉	337	礙	430	腤	250	揞	744
唉	157	脪	252	敳	826	曋	138	酳	1015	唵	166
烚	732	娾	104	喝	161	餲	533	峯	928	陪	787
欸	315	絠	946	隘	785	嗳	700	儑	90	揞	203
ái		臺	915	賹	908	戀	285	盦	551	唵	702
澄	683	覬	145	愛	337	礒	772	誱	301	厰	768
疾	391	腜	252	閡	373	簽	493	醃	532	晻	140
皚	755	謚	304	僾	71	醶	533	諳	301	罯	545
殭	394	藹	464	墥	45	鶡	877	離	857	霜	688
霖	686	譪	290	鶏	849	饜	691	鵪	852	鎾	116
敱	614	靄	690	薆	472	饡	791	鶕	852	碒	124
腇	248	**ài**		噎	161	**ān**		**án**		黤	738
愷	699	艾	448	嗳	173	安	366	玵	25	黯	740
韹	636	禾	510	瓗	26	旭	744	啽	752	灡	672
齫	178	阣	785	駿	796	侒	73	痷	259	黰	739
		悉	283	璲	150	郂	62	馨	307		

àn		醃 1014	趴 982	鈀 598	bái		皵 548
岸 760		āo	媼 109	蝨 900	白 699		辮 182
按 192		凹 1000	麇 830	bá		皂 699	bǎn
荌 455		燺 731	襖 976	犮 816		bǎi	板 427
洝 656		鷔 800	鵝 846	拔 214		另 172	钣 559
豻 836		鏖 596	軀 234	茇 467		佰 69	版 992
案 420		áo		廢 762		捭 199	粄 538
案 530		敖 621	ào	妭 109		絔 955	鈑 604
崖 760		勢 256	坳 28	坺 43		擺 199	鉼 328
狳 814		磬 160	垇 28	胈 248		bài	蝂 889
暗 702		嗸 748	幂 330	菝 467		庍 767	bàn
腂 725		遨 352	傲 70	酸 1017		退 348	半 1002
闇 373		嫯 102	奥 366	跋 232		唄 173	伴 71
騂 794		蔜 459	懊 276	鈸 613		敗 616	扶 93
罯 1016		潡 650	陕 785	魃 696		猈 814	叛 703
鮟 873		敖 621	墺 28	颰 693		牌 398	服 253
āng			987	懊 262	駁 803		稗 522	料 567
映 140		葵 815	羬 802	鲅 847		墩 43	泮 674
狳 837		赘 582	讕 301	bǎ		鼬 637	絆 946
鴦 842		熬 726	鏊 612	把 191		粺 534	婆 108
鼦 901		磝 775	饌 326	笆 494		崖 750	靽 933
áng		聱 149	鱀 868	bà		敗 616	辬 802
苪 460		螯 892	B	弝 578		灞 673	辨 586
昂 704		謷 293	bā	爸 92		犤 519	瓣 514
䖸 927		螯 982	八 1001	狛 817		bān	bāng
䖸 796		鼇 605	巴 1005	猷 817		股 745	邦 54
ǎng		翱 910	扒 202	坝 43		班 27	垹 44
泱 647		顆 115	玑 27	钯 226		斑 27	峀 50
𥬞 496		謷 234	朳 439	舥 924		媥 183	梆 435
霙 688		驁 794	芭 456	靶 928		粜 511	搒 210
駚 802		鏊 518	妑 106	耙 235		礤 779	幫 932
àng		鷔 844	犰 27	罷 545		廝 763	韸 932
柳 414		鰲 868	咖 176	罷 574		癍 385	bǎng
姎 111		鼇 902	釟 611	灞 673		簰 496	牓 917
瓫 561		ǎo	靶 631	礤 781		盤 882	膀 993
盎 551		芺 447	犯 825			彭 834	蟒 888
			馸 793				

髈 184
bàng
厐 769
玤 20
㭋 436
蚌 885
898
棒 436
棓 436
硥 776
傍 74
䧛 790
嫎 108
蜯 898
謗 293
覫 146
驜 802
bāo
勹 979
包 980
郇 58
苞 448
胞 246
狍 912
蕔 476
褒 968
齙 179
báo
雹 686
瀍 676
靁 686
㺧 827
bǎo
𠤎 983
宀 1007
保 68
怉 275
保 68
珤 18
宲 367
倸 68
堢 37
葆 458
飽 321
寚 367
鴇 794
餥 321
褓 973
鳵 843
緥 944
賲 906
鴇 843
餜 321
寶 367
鸔 855
bào
孢 1008
豹 836
疱 391
䶌 924
䤖 1016
報 329
皰 124
暴 329
虣 835
鮑 865
麭 312
瀑 647
骲 127
爆 727
醵 1016
bēi
匜 569
陂 783
杯 420
卑 218
盃 553
痺 390
栖 420
幃 961
悲 278
毰 918
碑 771
睥 50
舐 564
箄 490
匿 569
蘢 453
顐 181
襬 972
běi
北 548
恬 275
bèi
邶 59
孛 509
1007
邶 56
貝 902
沛 652
芘 485
毦 918
昁 709
犻 804
偝 72
祓 509
背 239
肺 136
昆 547
葡 623
偹 72
倍 75
狽 824
被 969
奞 724
鄁 56
誖 709
琲 24
棑 431
備 72
蓓 484
惼 265
㔨 936
糒 413
跟 223
犕 805
牖 993
誖 294
輩 534
鞁 930
輩 626
背 907
鋇 604
611
鯆 864
痡 389
鞴 935
囊 294
憊 284
糒 534
鞴 930
鞴 935
濼 672
橐 989
bēn
泍 668
奔 743
犇 807
驇 801
黪 740
驖 799
鷯 844
běn
本 413
苯 479
床 766
畚 571
畬 571
奙 413
bèn
坌 37
笨 488
揞 212
楍 427
翉 565
摩 513
輪 632
積 525
bēng
抨 256
祊 7
嵫 352
搠 591
崩 753
廟 766
輣 631
閍 374
騈 579
綳 948
嗙 159
嵭 757
痭 390
隬 788
榜 434
弸 577
嫻 106
霸 689
谤 7
鬅 7
繃 940
骿 796
běng
俸 84
菶 463
琫 17
繁 955
紺 948
鞛 927
bèng
迸 352
偑 88
堋 790
堋 39
嗪 158
趙 342
跰 226
簂 400
霁 690
菶 478
趪 342
鯆 865
鮩 867
䴦 884
䵄 900

bī											
狴	820	胈	252	拢	201	皕	1003	鞁	616	辟	1005
悜	271	匥	569	畁	621	贁	904	算	490	繴	940
蓖	474	俾	75	囨	991	偪	85	筟	499	趩	341
偪	80	秕	535	泌	654	鞁	616	頧	700	蒪	418
蓖	454	妣	103	怭	262	詖	289	魊	697	醅	1013
逼	349	畗	540	祉	7	滭	684	粃	538	躄	224
溫	662	岬	751	詙	576	愊	260	弊	216	譬	301
蓖	474	筆	986	玭	17	愎	265		543	斃	398
幗	962	痞	385	柲	437	弼	578	幣	958	擘	978
痹	575	埤	548	畐	541	弻	578	燁	725	壁	356
愧	274	鄙	54	毖	983	蓽	467	禅	13	臂	239
陛	915	屬	379	岥	357	軷	628	鄸	61	襞	662
継	951	踔	228	畢	548	愎	357	鉍	936	嬖	723
諀	300	嗶	174	欥	319	闛	372	綼	950	馥	533
畁	557	瑾	27	悲	280	蛙	884	稫	532	饆	327
鴵	847	髀	233	陛	786	嶂	750	髮	184	鵖	695
觪	922	儸	87	桨	538	幅	992	駜	795	贅	906
鑒	603	蹕	231	虙	834	鉍	606	撑	214	鷩	58
蠅	880		bì			毖	128	瘠	384	棚	438	璧	16
鵤	846	仳	959	笓	498	煏	726	鞁	926	駿	795
驆	803	忙	274	弢	578	滭	663	罤	546	簰	505
	bǐ		必	1001	紕	948	滐	665	貏	838	鼊	698
湢	674	屷	978	革	457	神	969	瘴	384	鼊	695
鼻	126	阰	787	榫	421	辟	978	斃	817	瘭	391
	bǐ		華	547	棻	538	彈	576	滗	665	襀	971
匕	983	坒	35	畢	548	婢	102	彌	578	襞	969
比	983	娝	108	閉	373	瓕	17	蓖	914	繁	947
妣	111	吡	174	閇	373	碧	21	鞞	933	韠	934
芘	983	佖	70	蜜	895	軷	927	踾	226	鰏	874
疕	392	伖	85	祥	334	鞁	925	篳	493	躄	225
沘	663	狕	822	庳	762	鞁	933	燋	726	鷝	849
妿	111	庇	762	敝	543	蒪	465	鮋	873	贔	907
彼	332	尚	543	陛	791	蔽	456	廦	760	鐴	604
柀	408	邲	56	婢	109	樫	410	壁	30	鱕	873
秕	523	郯	61	塯	30	蜚	534	避	348	髒	234
		费	257	賁	903	頣	138	嬶	99	鸊	726

鼊	902	慈	285	變	615	芰	455	苾	480	矉	130
biān		辮	267	**biāo**		浸	671	咇	168	翩	911
砭	773	**biàn**		杓	420	俵	91	胇	241	繽	949
籩	619	卞	745	髟	183	欻	316	炥	725	鑌	607
砭	773	玣	1001	彪	834	貏	838	荊	483	儺	860
梗	428	弁	997	滤	654	裱	971	蚾	884	顛	117
牑	993	抃	196	焱	819	膘	241	秘	529	麔	696
甂	559	昪	569	幖	960	膘	700	搉	197	鷸	852
蝙	886	釆	1001	颮	691	寶	908	酚	533	**bǐn**	
編	945	汴	650	滮	654	貓	837	飶	321	膍	253
邅	355	忭	276	標	414	蠡	185	秘	533	**bìn**	
匾	569	邲	65	熛	725	驃	793	頮	122	儐	72
傿	85	抃	196	瘭	387	鰾	872	秘	520	擯	207
鞭	929	狈	823	瞟	141	**biē**		瘭	388	殯	394
邊	354	柄	417	儦	70	捌	202	鱉	222	臏	252
穮	526	昪	702	薕	448	幣	577	**bīn**		髕	233
鯿	862		709	德	334	裔	723	汃	639	鬢	183
艑	862	窆	400	旗	574	彆	577	份	70	**bīng**	
邉	665	覍	997	瞟	906	补	742	邠	55	冫	683
籩	957	臯	997	穮	522	勆	256	宀	368	仌	683
邊	491	笲	498	糖	531	褙	974	玢	24	冰	683
匾	569	昪	306	飆	691	箝	507	攽	614	并	984
躚	229	彪	182	艫	922	颩	692	彬	181	兵	215
biǎn		徧	332	鑣	601	訓	306	斌	183	竮	984
导	441	開	372	驫	800	坒	38	瑞	22	屏	761
扁	312	氉	916	瀌	669	憋	282	旹	128	栟	408
匾	997	辡	1005	**biǎo**		螌	889	貟	708	掤	200
貶	905	頨	121	表	966	繁	945	賓	904	弸	576
揙	200	編	634	抄	974	鵃	849	賓	904	笲	499
萹	444	輀	632	裛	966	鷩	847	賓	904	箳	496
惼	274	獱	826	嶏	754	氅	874	豳	751	驞	740
碥	775	辮	675	蔴	484	鼊	901	827		**bǐng**	
褊	969	鯿	512	襶	974	蘪	465	濱	660	丙	1004
鍽	609	鯾	549	襫	966	**bié**		憤	273	邴	59
艑	670	辧	940	**biào**		父	1001	檳	428	抦	207
矊	127	辯	1005	受	985	別	398	霦	689	苪	471

秉	219	菠	475	秡	529	趙	341	膞	242	趰	342
併	72	綬	944	稖	525	慹	281	鰒	864	鯆	320
怲	269	筬	498	鉑	700	踣	223	襮	966	溏	552
柄	437	貘	838	亳	770	鈽	327	礴	519	浦	237
昺	706	鉢	606	浡	666	溥	665	鑄	323	鵏	852
炳	728	播	198	悖	262	襮	974	轉	633		bú
眪	138	撥	213	窀	400	駮	798	髆	877	鷝	625
窉	402	硊	782	剥	590	薄	454	鷩	566		bǔ
揀	210	橃	424	桲	428	暴	943	鑮	599	卜	622
蛃	898	皷	618	敎	620	蟧	888	餺	327	卟	622
棅	437	皤	699	舶	634	藲	533	鱒	179	沐	677
稟	540	襏	971	庲	514	矒	700	鱒	868	玕	24
鈵	610	綴	635	脖	247	鮊	864		bǒ	卧	139
餅	320	髮	187	匐	979	颮	695	庲	743	捕	199
鞆	932	騥	803	烰	735	羷	812	跛	223	哺	155
鞞	927	鱍	867	舼	125	駭	799	碆	773	捗	199
犓	519		bó	博	1002	礜	296	駁	796	晡	139
餠	180	刟	590	跑	226	撰	204	嶓	751	補	970
	bìng	佝	72	躰	94	鵏	850	磻	773	鳪	843
沰	684	伯	69	渤	677	蟆	888	簸	508	薄	456
並	359	肑	248	搏	191	曝	169		bò	闐	375
病	382	剝	592	麧	125	簿	493	籺	1009	嬎	102
竝	359	帛	965	嚩	155	鎛	599	庵	744	輔	935
偋	75	胉	514	服	547	餺	327	蔢	481	襮	972
摒	212	被	924	筋	254	爆	272	薜	449	鬘	184
評	300	泊	663	鉑	612	轉	928	檗	411	鞻	929
庲	259	柭	422	粺	538	髆	233	擘	189	藟	935
鈵	605	郣	60	駁	796	雔	236	屛	545	轉	935
	bō	勃	256	菝	467	爆	806	播	302	鸏	842
刟	593	侼	81	葡	482	簿	498	檗	534	鷝	842
㢂	355	故	614	覄	543	朦	251		bū		bù
逝	355	捊	202	䟖	86	縢	254	逋	348	布	960
帗	958	埗	38	骸	234	辮	955	庯	764	步	356
波	641	栢	412	皷	533	曑	187	哺	706	拚	191
玻	25	瓬	561	箔	500	檇	418	逋	348	莩	464
袯	971	鉤	226	膊	242	皺	924	鈽	608	怖	964

庯 767
怖 265
婄 106
蔀 588
郶 63
部 63
悑 265
蚹 888
犃 807
腤 242
瓿 559
蔀 459
踄 221
駚 802
痡 388
輔 933
篰 489
篰 488
駂 799
艀 634
鯙 867
颰 694
鮬 873
黏 518

C

cǎ
礤 781

cà
礸 556
囃 175
灖 677

cāi
赿 340
截 134
偲 71
猜 815
膱 134
蹀 229

cái
才 509
扐 257
芽 468
材 435
財 903
裁 965
尌 519

cǎi
采 426
郲 64
採 211
彩 182
倸 267
寀 370
婇 107
綵 949

cài
埰 39
菜 480
棌 407
脎 244
蔡 452
髼 185
菑 440
驂 800
鶵 849

cān
参 791
湌 324
嬠 101
逡 354
餐 324
趁 342
驂 800

cán
奴 393
叙 393
殂 249
394
戔 582
嬰 582
殘 394
腅 249
墭 39
敨 619
婜 106
鄪 62
慚 279
蕿 476
慙 279
螹 896
蠶 552
蝷 885
蹭 225
蹔 124
驚 852
蠺 899

cǎn
瞀 308
傪 79
慘 269
嫪 107
噆 161
嫸 107
憯 269
醦 124
黲 738

càn
效 98
帑 961
嫛 98
涸 678
粲 534
睽 49
漻 673
璨 1008
璨 26
謲 292
鬖 187
鵉 856

cāng
仑 540
岺 755
倉 540
滄 658
匼 568
蒼 480
嵢 756
滄 658
牄 808
雒 860
鶬 843

cáng
藏 459
474
鑶 608

càng
稓 528
賶 908

cāo
操 191
轃 440
懆 268
禮 970
敹 618

cáo
曹 308
曺 457
嘈 163
嶆 757
慒 266
槽 433
褿 12
螬 880
簪 500
艚 636
饋 328
轊 308
蠹 899

cǎo
艸 442
草 442
嘷 165
慅 277
騲 800

cào
慥 262
鄵 62
糙 538
襙 976

cè
冊 312
捩 207
莿 449
冒 308
敇 617
畟 49
338
曹 307
側 73
堋 36
萴 449
策 492
箣 312
粸 536
測 641
惻 264
蓛 464
恖 283
遫 355
筴 489
䇲 580
憤 272
嫧 98
擛 214
蔌 455
踖 557
憡 270
耫 531
簎 199
齰 177

cēn
嵾 756
髮 186

cén
岕 542
756
岑 748
跈 230
穇 525
霽 688

céng
鄫 60
嶒 753
竲 369
層 379
橧 427

菖	474	惝	270	肜	993	韂	624	琛	16	訫	290
猖	819	敞	615	漳	653	**chě**		琴	440	趁	339
淐	670	踢	230	巢	441	撦	205	腠	251	趂	339
娼	105	廠	765	鄛	58	尵	698	縥	953	惉	271
琩	18	懢	274	壈	40	**chè**		膜	243	薽	474
裮	974	氅	918	巣	750	坼	34	脭	144	晨	710
闛	371	鋹	607	樔	425	迠	354	陳	789	煁	726
鯧	549	**chàng**		輈	624	姄	96	綝	940	瘎	386
鯧	868	鬯	533	嘲	159	肵	993	瞋	131	塵	44
饕	556	唱	157	潮	654	趹	229	踸	906	陳	615
cháng		淌	675	轈	624	破	925	淋	303	陳	789
夫	982	悵	264	轈	989	渮	666	縝	951	霃	686
镸	982	眠	134	巢	696	恲	272	篸	508	諶	290
長	982	暢	1010	罺	770	聀	149	讀	296	鷐	853
埸	40	暘	50	**chǎo**		朕	254	晨	711	廛	829
苌	444	穮	525	惝	275	赺	343	鎮	512	磣	541
莴	477	誯	300	炒	730	墢	34	**chén**		鷐	841
常	959	蕩	468	昭	140	焻	735	臣	92	纑	831
徜	334	鬯	934	奭	730	輒	936	厎	1009	纑	831
場	36	鯧	312	翀	913	霆	687	辰	1009	**chěn**	
甞	328	**chāo**		熌	730	簎	506	沈	647	抻	210
腸	238	昭	164	鈔	518	徹	614	沉	647	跰	222
塲	40	帩	963	謅	304	澈	677	忱	261	墋	40
嘗	329	怊	265	麨	518	瞒	136	陣	786	磣	780
裳	973	弨	575	麷	518	䗖	922	邖	59	躇	222
蜣	888	颭	693	爥	565	徹	614	牀	808	齓	177
瑺	25	訬	296	巉	759	瞥	255	苜	454	鍖	609
瑺	280	超	339	齽	566	錪	597	郴	63	顠	119
跟	228	鈔	601	**chào**		欍	532	疣	386	**chèn**	
鋿	608	颮	693	熥	744	諵	293	宸	366	疢	384
醬	1015	勦	256	舠	923	儳	72	晨	378	疢	384
鶬	851	嘮	160	覎	147	爥	731	陳	786	舰	146
鱨	863	謙	301	趒	343	**chēn**		敕	630	闖	374
chǎng		**chǎo**		輺	629	狖	821	敐	620	嚫	173
昶	681	怊	993	**chē**		郴	65	殷	583	櫬	426
	708	晁	706	車	624	賧	131	晨	710	磻	781

chì		掣	189	鰓	320	韃	624	**chòng**		鮋	867
彳	331	飭	256	譀	305	獞	824	銃	605	瀌	659
叱	160		327	趡	344	闖	375	**chōu**		斢	617
妣	108	訵	302	嚛	173	驄	801	抽	197	幬	453
胝	253	啻	158	糦	536	鶐	853	搊	197	幬	158
赤	741	㳒	641	瀺	441	**chóng**		搊	197	幬	959
炙	741	勅	586	饎	320	冲	685	搊	209	籌	283
佁	76	靈	687	饎	326	冲	640	橊	421	鬃	184
泲	677	跮	227	鷔	850	虫	477	醻	1016	歜	617
屁	439	傺	81	**chōng**		盅	551	瞤	130	穀	583
扶	199	腟	253	充	91	种	524	酬	1016	幬	47
拆	211	瘛	385	忡	269	翀	913	篘	499	嬦	699
早	50	勑	588	茺	468	崇	749	瘳	386	籌	493
伐	72	遫	351	浺	664	崈	749	犨	805	醻	1012
刅	720	踧	224	忱	266	祌	968	犫	805	躊	224
	978	翄	910	宷	402	陣	789	**chóu**		魗	697
殊	396	稠	529	珫	24	剶	589	州	435	雔	292
庲	762	魅	695	篊	501	漴	666	菗	470	魗	692
忕	270	魓	697	舂	539	褈	973	幬	959	鸜	848
屟	439	獬	823	勭	588	媰	105	惆	264	籌	282
堇	451	瀹	549	祝	971	蝩	891	殼	583	鸜	848
翅	910	摯	189	舯	1010	緟	944	紬	941	鯙	870
眱	132	憨	284	傭	71	種	520	裯	435	**chǒu**	
眙	132	幟	963	椿	202	褈	972	綢	953	丑	1009
胎	131	瘳	189	種	580	蟲	901	酬	1012	杻	426
恀	963	瘛	385	衝	336	傭	325	稠	521	杻	426
瓝	910	潟	661	徸	334	鶒	851	愁	278	醜	698
赿	343	禓	12	膧	251	襩	968	惆	700		1016
敕	615	嫠	104	憧	268	**chǒng**		訕	294	鞦	932
蚇	890	趣	340	戆	51	埫	41	忢	285	鞦	932
痓	388	躈	228	蝽	890	㤫	272	暠	47	蹴	472
湁	653	瘛	611	寳	545	翀	913	綢	939	**chòu**	
趀	340	戥	729	窻	402	顑	121	綯	683	臭	127
晣	136	爒	729	踳	227	雏	859	鄷	58		816
搣	201	鏊	915	衝	336	寵	368	儔	75	遒	354
晰	136	鮇	850	幢	635			雔	861	臰	127

蓮 484
溴 674
殠 394
罾 828
憱 276
簉 354
簉 505

chū

出 987
初 585
袾 969
犁 808
貅 913
摴 209
樗 408
攄 202
貙 836

chú

除 786
芻 464
蒢 450
滁 669
鉏 597
媰 109
犓 805
瘯 382
豱 826
篨 489
鋤 598
廚 761
廛 830
儲 72
躇 224
躕 222
雛 857
藸 469
蹰 229
豱 826
鶵 852

chǔ

処 568
杵 420
吐 172
柠 409
處 357
楮 409
436
楚 440
褚 971
傴 335
隮 790
蟵 894
濋 664
礎 774
齭 180
齼 957
齼 180

chù

亍 336
処 359
怵 265
炪 724
欪 316
敊 619
俶 71
悇 270
珿 24
豖 45
埱 35
柷 418
豉 617
彭 182
閦 376
犓 810
920
畜 920
絀 942
琡 17
埱 342
埱 356
跦 225
竌 358
蓫 466
蓄 466
遙 354
慉 267
貜 914
頣 557
閦 376
閟 376
滀 676
趗 342
稸 526
憷 276
歜 315
黜 738
臅 244
觸 920
矗 996

chuǎ

硝 775
滐 670
嘜 171

chuà

頪 121
瀕 676
纂 738

chuāi

chuái

揣 619

chuǎi

炪 670
揣 193
敪 617

chuài

嘬 168
嚱 166
歠 166
齪 549
齪 180

chuān

巛 680
掟 193
穿 398
剶 588
猭 819

chuán

船 634
遄 346
圖 989
椯 407
椽 417
輇 627
巣 407
歂 314
傳 75
輲 627
膞 137
巢 407

chuǎn

舛 338
荈 458
僢 82

chuàn

汌 675
玔 26
釧 605
豙 368
遂 354
豩 813
劕 588
諯 297
篅 617
篅 584
鶨 846
鞻 511

chuāng

办 593
囱 737
刅 593
囪 737
窗 399
創 587
窻 737
牕 993
戧 582
窻 399
牎 581
稯 531
惷 285
瘡 389
褣 12
穃 527
鏦 600
覗 144
鏦 600

chuáng

床 438
764
牀 438
994
撞 197
噇 170
幢 961
甇 560
橦 418
譔 303

chuǎng

剏 589
倈 91
蒺 479
漺 666
磢 780
傯 87

chuàng

刱 680
滄 684
愴 264

chuī

吹 156
炊 726
推 191
犨 808
鬌 186
籥 312

chuí

垂 40
琌 509
厜 768
倕 68
𠂹 509
陲 787
椎 421
睡 707
埀 40

dá

字	页
怛	269
妲	109
苔	454
炟	724
剳	592
龘	541
饁	925
瘩	980
達	348
墶	284
靼	926
羍	738
駔	803
蟽	899
鍚	613
韃	936
韄	926
龘	833

dà

字	页
大	722
眔	130
敗	618
搭	213

dāi

字	页
鼥	739

dǎi

字	页
觫	923
觧	924

dài

字	页
代	74
叹	174
汏	656
戾	377
酓	328
岱	747
俗	964
隶	986
迨	350
玳	26
殆	397
待	332
怠	281
軑	625
酖	1011
埭	42
帶	959
袋	976
逮	347
紿	938
軚	629
噲	165
貸	904
瑇	17
跢	230
霴	1004
馱	844
席	767
戴	984
睇	706
簤	488
戴	984
黛	739
靆	637
靆	512
	986
蹛	222
黱	738
靆	691

dān

字	页
丹	745
旦	745
芇	477
妠	97
肜	745
眈	708
炂	620
眈	129
耽	147
紞	720
聃	147
耼	147
酖	1012
躭	94
單	311
媅	97
匰	569
頕	119
鄲	57
嶦	751
儋	79
擔	206
覘	143
殫	394
膻	247
甔	560
襌	969
簞	490
聸	147

dǎn

字	页
刐	591
抌	212
芟	445
瓵	563
衶	975
茿	445
疸	385
紞	943

dàn

字	页
笪	492
魭	923
亶	540
喕	51
廬	766
蒼	459
點	738
膽	238
磹	773
瘤	389
鵫	849
黵	738
弓	576
旦	710
伬	87
弨	576
但	86
担	207
苴	480
狚	819
疸	767
悬	278
旭	707
萏	446
逛	295
啖	155
啗	155
淡	658
腅	246
誕	295
窞	399
髧	184
噉	155
僤	79
蜑	931
嘽	159
潬	661
憚	265
彈	576
嘪	842
嘿	265
幝	962
澹	642
憺	267
禫	10
醰	328
榃	431
靀	689
筻	505
簅	508
膻	240
蕳	446
糂	534
醓	1011
贉	907
饏	328
黵	691
霮	690

dāng

字	页
當	49
儅	68
艡	821
澢	670
璫	17
檔	436
甔	561
瓵	514
襠	973
瞨	151
璫	881
蟷	881
簹	496
鐺	601
艡	871

dǎng

字	页
郒	54
黨	738
讜	478
灙	675
欓	429
讜	299

dàng

字	页
圵	44
宕	369
菪	481
嵣	559
逿	353
愓	268
婸	103
闣	374
碭	771
潒	654
像	267
蕩	353
蕩	649
簜	491
瑒	539
擋	212
蕩	468
盪	24
澢	551
簜	488
艡	634
譡	299
簜	503

dāo

字	页
刀	584

鶗 845	庙 766	蛁 878	碲 780	誅 295	阸 785
鷈 845	玷 19	彫 181	誂 296	慄 265	叮 169
diān	唸 160	弴 575	魡 869	経 948	玎 20
佔 84	淀 673	琱 19	銱 611	関 374	灯 734
戗 618	蜓 879	貂 836	瘹 388	牒 992	虰 538
帪 959	敠 318	蒲 484	寫 399	揲 205	釘 608
祐 973	奠 621	碉 778	藋 451	蜨 882	靪 927
玷 147	電 685	鴉 844	嗵 124	嶫 753	**dǐng**
厬 768	鈿 607	觰 635	燿 97	氎 916	灯 96
偭 83	寅 403	綢 720	蘿 451	惵 277	耵 150
裋 973	欤 318	鶥 131	**diē**	褋 966	酊 1016
滇 639	殿 583	雕 858	爹 92	壊 30	頂 113
槙 433	墊 31	鼦 877	跌 223	駄 797	頂 123
皆 185	靪 370	鵰 852	**dié**	蝶 891	葶 453
瘨 382	橝 417	鯛 869	凸 1000	牒 994	鼎 558
趈 341	嚸 160	**diǎo**	芺 462	戴 462	嵿 754
蹎 223	澱 657	屌 1008	迭 348	腟 136	鼑 458
顚 114	壂 38	帒 962	垤 36	蹀 225	濎 671
驔 799	磹 776	伀 275	昳 710	諜 299	屟 378
儖 82	霣 685	矵 522	胅 241	褶 972	顁 114
蘡 474	簟 489	蔦 448	怢 263	褻 968	**dìng**
巓 756	驔 739	鳭 964	姪 109	褋 966	肛 250
巓 179	驔 794	鵸 423	砝 781	墊 222	矴 780
diǎn	鑸 610	褾 968	眣 159	戴 687	定 366
刵 587	**diāo**	**diào**	喋 514	疊 711	娗 104
典 622	阞 789	弔 68	煠 514	艇 179	飣 326
奌 381	刂川 589	佄 68	戜 581	鏷 604	梃 734
趈 563	芀 460	区 568	笹 492	疊 51	铤 140
敁 614	刟 589	莜 464	渫 683	驖 794	腚 140
箃 498	虰 878	訋 302	軼 982	鰈 849	鋌 595
蕇 464	弫 575	掉 194	堞 30	甀 916	篊 506
點 740	矤 575	銚 780	趃 344	嬺 109	錠 614
diàn	刚 590	眺 49	盏 381	軆 629	頶 119
佃 48	凋 684	姚 575	聑 150	蹀 226	**dōng**
坫 30	裒 971	釣 601	竟 146	**dīng**	冬 684
店 763	裔 723	盌 552	跕 228	丁 1004	各 705

端 357
褍 968
䑗 920
薚 476
鍴 602
篅 495

duǎn

剬 589
断 579
㫁 579
短 574
攟 204
斷 579

duàn

段 583
𠩤 769
𨻰 787
𢯷 212
椴 422
腶 246
碫 771
踹 228
䲨 902
鍛 595
𩋫 935

duī

𠂤 783
垖 40
𠩵 769
堆 40
𥑮 777
𠪚 765
塠 40
搥 207
痽 390
磓 774
𩜌 325
頧 121
䊚 538
鎚 606
䭔 325
䜃 301

duǐ

𦙶 247

duì

兊 91
兌 91
祋 583
𨸶 790
𡹔 755
陮 784
𦺲 479
碓 772
𢉁 760
𥪑 357
䊈 538
綐 951
對 510
鋭 600
𢤊 281
𩋸 930
對 173
510
𠑖 79
錞 600
𩗗 694
憝 281
薱 468
𡽆 755
鐜 597
濧 663
𣙩 430
䯟 235
譈 301
鐓 600
㻜 514
轛 625
𩅐 689
𪑁 741
鐆 602
𩆸 691

dūn

惇 260
㼞 561
敦 616
𦿐 476
犜 807
蹲 223
𢥠 260
灘 670

dùn

伅 84
坉 41
扽 202
囤 991
庉 760
沌 663
𢻓 618
盾 141
𦰭 477
𥬠 491
遁 350
鈍 602
頓 116
𠪭 823
𠐛 89
遯 350
潡 673
𩓐 121

duō

多 719
夛 719
咄 157
𨼌 787
柮 425
桗 430
䮞 803

duó

㐵 263
𢖻 263
挩 196
剫 586
敚 615
痥 385
㥟 263
𡘋 724
奪 724
860
澤 684
𧨧 302
䐾 250
鮵 866
蠌 888
鐸 599
䪫 929

duǒ

朵 414
朶 414
挆 207
㛊 100
埵 35
㙐 42
𦁃 954
跥 230
躲 94
𨥗 604
𩑶 119
䯬 186
𧞆 976
鬌 184
𦑴 724
𩏕 53

duò

杕 437
刴 591
陊 784
垛 42
柁 433
𡻌 744
𣧙 397
𤭛 560
袉 968
𥝛 529
舵 637
隋 241
788
𤛓 809
惰 262
駄 800
𩊱 932
𢝯 262
憜 262
墮 789
𩋗 933
𣪷 619
𥳧 495
𤺊 385
𪆷 861
鰖 861

E

ē

阿 783
妸 107
疴 382
屙 379
娿 100
婀 107
㞉 379
痾 382
錒 603
䋪 952

é

吪 161
俄 77
莪 474
哦 169
峨 749
涐 667
娥 111
䑷 923
訛 296
䄉 11
睋 138
鈋 602
蛾 880
誐 307
𩵽 870
頟 114
𩑤 118
鮠 869
鵞 841
額 114
𩏥 930
𧕬 899
譌 296

字	页	字	页	字	页	字	页	字	页	字	页
鳂	874	疙	392	蟎	897	鰐	180	迻	349	坡	35
ě		堨	35	筹	506	顫	122	絅	951	疲	391
厄	978	堮	38	餓	322	轞	626	爾	623	峨	359
挧	203	惡	278	瘧	384	鱷	869	駬	795	戱	142
砨	780	樽	453	頠	114	**ēn**		邇	349	閥	376
衰	973	榨	425	噩	313	恩	285	餌	876	罰	587
旖	573	軛	626	開	371	裛	726	**èr**		廏	141
槐	424	貌	825	覤	146	熅	726	二	13	墢	35
阏	372	遏	349	餡	324	**ěn**		刵	592	蕟	458
騀	796	蝀	885	諤	300	峎	754	弍	13	**fǎ**	
è		罞	311	鞥	928	穏	528	刵	587	金	85
不	425	崿	965	歡	318	**èn**		侕	73	法	661
歹	393	崿	758	藹	470	銀	327	咡	164	砝	575
厄	770	舥	638	雒	860	餽	321	姻	111	灋	661
歺	393	餲	324	噁	167	**ér**		珥	17		828
户	393	匎	980	鍔	606	而	919	毦	916	**fà**	
厃	377	屙	762	貓	837	兒	91	肦	244	頯	119
狙	823	澅	677	鞍	928	陑	789	聏	149	髮	183
抳	197	愕	272	磔	775	挬	210	眲	132	髲	123
破	780	覵	145	豔	877	荋	463	貳	904	**fān**	
呍	164	搞	196	顎	122	袻	182	坥	237	帆	963
呃	161	趈	344	壈	38	洏	656	酮	1011	玐	1009
桠	425	搤	193	瀾	676	姉	106	餝	327	泛	668
呼	159	枑	423	虆	425	栭	417	誀	302	訉	304
晻	164	圖	991	鶍	841	胹	242	鉺	611	颭	635
咢	311	罤	544	鰐	869	炳	733	餌	322		693
客	752	餲	324	獺	825	輀	628	樲	410	潘	657
姶	111	詻	289	鱸	868	髵	185	髶	566	璠	15
恶	278	廬	764	欔	935	鬲	565	**F**		橎	412
蚅	887	彌	577	攛	206	鴯	854	**fā**		藩	447
唈	176	蜑	884	頓	119	鮞	861	泼	677	籓	490
胺	246	甋	562	嗽	164	輀	628	發	576	艒	636
塦	31	鴉	847	黷	876	覾	877	**fá**		翻	912
硆	782	髵	183	騔	126	**ěr**		王	360	旛	573
剭	584	趁	344	欋	425	尒	1001	伐	78	轓	629
鄂	58	踒	227			耳	147	妜	97	蹯	224

潰	644	鵟	802	黂	957	凬	691	梵	440	**fǒu**
躓	908	閿	218	鲼	872	風	691	鄩	57	不 915
檆	408	甂	917	**fèn**		封	32	堳	789	乑 915
獘	876	餴	319	坋	37	風	691	蘴	480	缶 563
癈	392	餫	319	扮	195	峯	759	渢	640	否 915
禭	976	餻	319	忿	280	徣	332	稦	580	妚 107
蟦	894	闠	218	坌	31	烽	102	襚	12	姇 103
簛	503	**fén**		粉	525	桻	433	蝨	893	瓿 563
糒	537	汾	648	蚠	889	蜂	808	稦	580	魚 733
灊	565	粉	410	纆	42	葑	448	鞞	934	紑 942
蹄	224	炎	728	噴	173	對	757	縫	944	偩 274
鯡	873	肦	249	債	77	狪	820	灛	669	殕 395
艬	921	粉	810	鈖	864	犎	807	鞋	932	雭 689
疊	187	衯	682	獖	818	楓	423	**fěng**		**fū**
橫	521	莐	459	蒹	547	燹	730	抙	211	夫 93
廥	513	棼	440	憤	264	豊	558	叓	543	医 569
黂	691	焚	727	奮	860	鈝	501	諷	288	邞 60
醷	876	頒	115	殯	396	鋒	606	鞾	932	帗 962
蠹	901	墳	39	膹	994	薓	440	鞼	933	妖 106
齏	832	賁	451	膹	242	豐	558	**fèng**		玞 22
fēn		幩	960	鈖	875	蠡	899	奉	215	苻 466
分	1001	鳻	848	瀵	388	鄷	55	鳳	906	枎 414
芬	483	鴌	848	糞	538	儓	87	幢	964	泭 667
衯	958	潰	644	幨	960	豑	449	鳳	840	肤 237
衯	958	横	429	懎	274	嵺	757	焨	734	袚 12
岎	403	燌	727	壏	31	灃	650	賵	905	柎 439
昐	706	皵	925	攟	196	霻	366	髓	235	甶 768
氛	695	蕡	556	瀵	656	邐	899	韸	520	秿 527
魵	917	羵	812	灖	656	飄	691	**fōu**		怤 282
衯	968	轒	627	鲼	872	靈	689	肧	237	袟 966
翁	912	豶	825	**fēng**		孌	517	呼	165	垺 42
紛	946	鐼	595	半	988	**féng**		呒	236	苵 450
棻	412	鞼	930	牡	32	芃	463	焗	735	荂 455
訜	302	**fěn**		夆	337	汎	640	殕	845	尃 1003
雰	688	粉	535	圭	987	捀	195			枹 416
氲	695	捹	210	娃	102	逢	347			殍 396

趺 225	芙 446	砩 781	蜉 886	鮄 873	蒲 891
毰 917	茉 447	蚨 885	鳧 839	澓 663	蜉 894
籵 536	佛 71	䍀 545	胕 635	蕧 482	腐 244
紨 947	孚 217	服 638	鈈 612	黻 957	紨 947
菩 470	泭 684	府 383	籽 720	鵂 856	髯 184
跗 225	刜 587	浮 641	稃 536	頮 181	撫 193
稃 522	枝 618	紼 952	福 8	復 398	魖 698
鈇 601	坿 38	珤 22	綍 948	鞴 933	䎻 565
痡 382	拂 199	巻 477	榑 415	鶏 845	簠 490
箁 489	肤 707	菔 445	輔 628	鮄 868	鯆 867
敷 614	咈 159	虙 833	稷 529	臀 186	黼 957
獛 825	㟧 750	昌 706	箙 492	鵬 850	躶 855
孵 902	帗 961	稃 808	䂿 145	羹 725	**fù**
鳺 851	彿 335	笰 495	颭 693	鴔 850	仆 78
獃 517	舩 638	韍 637	洑 359	敷 619	父 92
膚 237	佛 262	詙 303	䩅 935	箙 507	父 218
鮇 866	亞 995	烰 726	韐 936	蠱 900	付 73
麌 831	猒 722	涪 639	緮 948	**fǔ**	岵 755
鳺 849	奐 722	爰 911	珇 27	迖 355	附 785
髆 913	狍 25	綍 952	633	甫 623	坿 33
鄜 55	坺 42	緋 948	髵 184	攽 615	弣 456
髴 183	茯 447	趏 341	覆 447	拊 192	阜 783
撒 210	枹 434	塴 41	椨 423	斧 578	皀 783
藪 473	枎 420	葍 447	雺 688	府 760	㚛 359
麩 517	眅 50	栮 422	蝠 886	弣 577	赴 339
孵 518	峡 571	戜 725	幞 961	郙 57	仆 221
fú	俘 78	砩 779	箁 496	俌 72	罘 544
乀 994	采 217	幅 959	腹 637	莆 442	䬳 250
市 965	郛 54	罦 545	澓 675	蚨 891	負 904
弗 994	炥 725	復 331	馥 803	俯 81	訃 301
伏 78	袚 13	湆 668	麷 473	釜 603	袝 9
甶 698	袆 12	紱 945	輻 625	釜 893	砆 780
岎 219	獙 824	飌 692	輹 633	脯 242	賦 786
扶 191	䰗 621	楅 425	氉 916	砆 774	菩 455
	䘺 151	榑 421	簄 495	腑 252	蚹 887
	枎 438	趹 232	魖 698	頫 707	符 489

郜 59
弇 215
祰 8
軱 989
𧡬 146
誥 290
縞 941

gē

戈 581
戋 475
创 585
戓 995
㚧 106
戨 582
㤅 280
哥 309
胳 239
滒 651
割 585
[illegible] 565
滆 658
歌 314
𧍯 897
駉 841
瘯 387
鴐 841
鴿 841
謌 299
鴚 841

gé

𢂋 964
佮 72
匌 979
挌 200
革 926
茖 444
佫 333
挌 515
格 415
𢦥 582
敋 615
敆 619
𣂷 579
秴 529
䎄 532
䩐 926
葛 461
蛤 884
蛒 887
徦 333
愅 266
裓 970
隔 785
嗝 174
𦨡 921
鄗 58
槅 405
𨋕 988
閤 371
閣 371
鉿 604
鉻 612
膈 254
𢡢 271
駒 796
翮 910
𥇦 141
骼 233
頜 114
獦 818
𧝘 974
韐 935
蒎 473
蝔 889
諽 298
絡 518
䨣 686
䑪 866
鵅 846
𧭆 300
𧝘 974
騔 803
𩑈 119
轕 629
𩏂 931
𩰲 835
鎗 607
鮥 865
𩥉 803
𩏂 931

gě

哿 309
舸 636
𥴍 495

gè

个 403
1001
各 161
個 91
箇 491

gēn

根 413
哏 356
跟 220

gèn

亙 983
珢 20
詪 305

gēng

庚 1005
畊 49
耕 530
䎴 151
㹴 822
𥘶 976
羹 812
䋁 49
絙 946
鮔 862
鶊 851
鬻 565
鬻 566
鬻 566

gěng

郠 59
埂 33
挭 212
莄 481
哽 168
絚 946
梗 412
𥇍 707
䟘 249
㹹 168
䓨 467
蝩 898
綆 946
䋁 135
骾 233
鯁 864

gèng

㮓 615
䱍 140
堩 35
搄 194
㮓 425
㡌 705
𦛑 712

gōng

工 622
厷 218
弓 575
厷 218
公 1001
㓚 588
功 255
㓋 622
玒 182
忊 274
攻 616
㚣 708
㖢 170
邛 65
供 72
肱 244
疘 382
耵 151
咣 171
罖 546
宮 371
珙 16
恭 261
矼 628
躬 94
䀧 49
䝩 546
釭 600
䡗 927
涳 666
䩕 927

頓 964
䢼 94
258
觥 921
慣 272
鞃 927
櫜 989
碩 778
膭 251
簣 500
觵 921
龏 215
龔 984

gǒng

収 215
巩 217
汞 671
拜 190
拱 190
㤨 265
𤬪 560
拲 188
栱 424
拲 190
栱 427
碧 771
𥑮 984
䢚 881
鞏 629
𧏡 881
鞏 926
鮮 867
蘏 933

gòng

共 984
貢 903

箜	490	坸	36	菇	467	詁	290	梱	528
漬	673	垢	36	蛄	880	愲	272	痼	385
蕣	984	姤	102	辜	1005	鼓	555	褾	976
檛	429	菁	548	軲	629	鞁	931	舼	924
贛	904	詢	907	觚	921	榾	425	雊	859
豔	568	遘	346	鯸	835	賈	905	鋼	611
gōu		穀	576	罛	546	骰	235	轂	697
句	995	嘴	173	箍	508	榾	810	顧	116
刣	584	雊	857	筬	493	鈷	603	鴣	180
弨	995	寠	370	嫴	98	穀	411	**guā**	
沟	669	媾	112	鴣	845	稒	529	瓜	514
眴	50	彀	809	樟	427	瘔	392	刮	590
觚	514	構	416	齟	357	穀	523	昏	162
鉤	634	磟	775	膞	246	縎	940	抓	204
構	962	寠	402	澥	678	盬	550	刮	586
鉤	607	轂	812	簏	503	嶯	754	狐	106
	995	觏	143	鐻	602	戴	634	圭	368
餉	326	購	905	**gǔ**		盬	551	胍	137
溝	645	**gū**		古	1003	瞽	555	胋	254
褠	973	估	88	刕	337	瞽	931	歃	317
篝	489	泪	660	兊	998	瞽	133	趏	344
篢	495	阷	790	谷	681	鹽	550	睸	138
鞲	934	苽	462	股	239	騎	803	剮	586
gǒu		夰	722	夃	720	籛	507	絧	943
苟	457	呱	154	骨	232	鬻	517	割	592
岣	750	沽	652	牯	809	蠱	877	骱	233
狗	813	泒	652	罟	544	蠱	901	顜	120
玽	20	孤	1007	狜	816	**gù**		鴰	843
耇	381	姑	111	殻	810	固	990	騧	793
茍	460	柧	425	菇	456	故	621	譌	303
蓲	457	胍	247	殈	395	痼	385	騧	793
笱	996	觚	514	喸	166	梏	426	鰈	867
枸	436	罛	544	粘	810	牿	805	**guǎ**	
豿	837	欨	319	湨	642	梱	424	冎	5
gòu		岵	395	菁	453	褌	12	另	398
佝	77	菰	462	盻	141	顧	116	咼	398

棺	426	罐	758	邽	60	鴞	853	鞲	931	藤	467
悹	282	灌	649	茥	444	瞽	140	篝	491	檜	412
関	373	瓘	14	珪	16	**guǐ**		鶻	848	簋	497
蜎	897	爟	730	鼓支	985	癸	370	※	1006	櫃	437
關	373	瞥	136	胿	247	氿	352	**guì**		瘣	391
瘝	389	矔	128	規	93	氿	644	吞	705	檜	967
鰥	923	癯	387	鉤	995	宄	369	殈	396	鞼	935
鰥	862	罐	564	闅	901	庋	764	炅	730	驥	793
guǎn		觀	143	珪	527	牟	809	郒	62	鵙	903
阮	252	鸛	136	傀	79	佹	90	炔	730	贛	935
脘	252	鸛	845	袿	974	衏	337	湀	673	戅	52
琯	19	**guāng**		珪	530	陒	788	峽	571	**gǔn**	
筦	489	灮	729	椎	859	塊	30	桂	406	袞	965
痯	386	炗	729	㛶	356	軌	627	貴	905	惃	266
裸	974	侊	76	瑰	23	鬼	695	筀	498	蓑	484
管	489	茪	471	摫	201	恑	263	趜	343	硍	776
輨	626	洸	641	閨	371	庋	358	脆	903	耗	532
盥	551	珖	25	瞿	859	宄	370	跪	220	緄	943
錧	609	桄	424	傀	760	恖	370	臂	250	輥	625
鞤	928	胱	238	槻	433	葵	1006	嬰	97	緷	938
guàn		夔	736	嫣	95	梎	429	匱	569	髁	235
串	403	輄	628	璝	24	特	809	幗	961	錕	603
佮	75	**guǎng**		頬	116	飲	318	憒	275	鮌	872
唡	168	廣	761	蔙	116	庪	764	黂	464	稛	989
涫	656	獷	815	傀	79	袏	8	樻	421	綩	862
貫	988	軇	923	龜	901	癸	1006	概	437	稛	989
裸	8	**guàng**		鮭	869	匭	569	劌	585	**gùn**	
郧	65	侊	80	廛	830	窥	402	筀	497	涃	665
摜	193	徉	335	蟜	858	甌	569	貴	905	睔	128
慣	275	逛	345	歸	356	晷	702	擔	208	睔	128
遦	346	恑	278	瓌	23	蛫	885	瞁	134	**guō**	
槶	431	洭	664	嗺	171	漸	670		146	郭	60
奨	906	亜	92	瓌	23	觼	921	蹞	230	疕	390
館	321	僙	85	懐	427	詭	297	澮	648	堝	43
蓳	860	**guī**		鴞	565	槐	695	覿	145	崞	748
鑵	605	圭	37	鞼	926	屪	768	搗	845	渦	667

嘆	48	**hǎng**		**hào**		訶	297	毻	917	**hè**	
頷	114	肝	50	号	309	**hé**		鉌	605	何	79
憾	263	酐	1016	昊	330	禾	520	貈	836	疲	385
撼	531	**hàng**			706	合	540	詥	290	洛	684
鼾	797	沆	640	异	330	茉	476	熆	736	垎	33
薓	900	魧	126	耗	521	咊	157	潐	677	劾	611
鼾	126	筕	505	耗	532	和	157	敔	517	欱	315
歛	316	**hāo**		郚	64	秎	523	楬	422	柯	974
瓛	914	揪	207	皓	176	佮	85	熆	735	垎	524
鬜	187	茠	458	峼	754	郃	63	嶉	699	烡	732
譀	295	蒿	459	浩	640	河	639	褐	970	賀	903
顄	478	蔂	487	悎	274	沃	670	碣	773	赵	342
瀚	673	薧	398	晧	702	盇	237	蝎	880	碣	782
翰	794	薅	458	淏	672	曷	308	褐	538	嗃	164
灨	873		486	皓	700	秷	526	輅	633	赫	742
澜	671	鎬	605	鄗	57	脉	993	翮	910	覤	146
hāng		镐	682	聕	151	迨	346	魺	867	歊	319
欥	317	**háo**		暠	700	狢	824	編	955	叡	393
魂	697	鄗	57	婥	108	盉	237	謚	299		682
háng		毫	917	蔗	465		553	鞈	933	暍	699
亢	125	號	309	暭	702	荷	446	龁	178	胲	243
芫	458		835	墲	41	核	421	闔	371	瀳	675
吭	169	豪	826	璟	20	盉	551	顥	121	藚	481
远	350	貌	407	蔵	453	盍	991	髑	234	欧	164
杭	422	嘷	162	薶	510	菏	474	戁	543	壑	41
斻	638	獆	819	睥	700	勖	257	貉	875	襦	974
绗	274	隩	789	號	558	蚵	888	獬	836	爀	735
迒	350	壕	44	鎬	596	脉	253	鶡	843	嚇	141
魧	891	嶕	759	譹	306	涸	655	貘	836	幰	963
航	635	濠	666	顥	117	盇	511	瀥	655	謞	305
胻	240	籆	828	鰝	865	秴	531	齡	179	鶴	840
翃	912	**hǎo**		**hē**		郃	61	鹖	851	**hēi**	
頏	118	好	95	乬	308	詠	304	鮭	312	黑	737
绠	228	玝	1007	抲	194	蓋	464	齛	180	澡	666
魧	865	姄	95	呵	167	楁	412	**hě**		默	316
		郝	55	岢	357	榴	415	頕	118		

字	页	字	页	字	页	字	页	字	页	字	页
瘄	392	湖	644	鼝	566	瓡	515	譁	295	鮱	873
颮	695	瑚	18	鱸	876	䇷	305	鬩	375	鮭	922
嘑	158	重	570	**hǔ**		焴	736	蹦	358	話	291
滹	661	鈷	321	汻	644	扈	55	**huá**		畫	986
嚚	259	趄	345	虎	834	姻	99	茥	419	畵	986
總	952	觳	244	郒	61	楛	410	崋	748	摦	212
戯	582	縠	675	葮	479	酤	1011	鈅	602	樺	437
歑	313	醐	482	琥	16	雇	858	猾	818	霶	690
幠	960	痫	388	鄜	55	鄠	55	滑	643	話	291
戁	690	爝	727	劚	834	縠	817	磆	781	劃	586
虝	283		736	蚭	898	頊	119	鴰	965	樗	410
魱	871	褅	974	箎	504	嵅	750	華	509	譋	296
飂	692	蝦	886	滸	644	滬	661	蜗	888	澅	672
魖	696	聙	152	煳	734	嫭	99	趏	344	劃	586
颮	691	壺	477	**hù**		瓫	26	䔢	509	爐	112
譐	307	槲	407	户	377	鮕	872	欻	517	寁	401
鵐	871	箶	495	芐	450	鳸	848	蟬	898	樓	410
飄	692	縠	941	冱	684	摢	196	鏵	602	舙	177
hú		槠	429	莒	471	縠	741	瀬	676	繲	518
扟	198	醐	1015	芦	478	縠	824	驊	795	鯚	865
曲	570	餶	325	㞐	767	嚛	155	鮹	866	**huái**	
狐	817	觳	921	沍	662	鏧	519	鷨	850	淮	650
弧	575	醬	1017	帍	963	護	306	鰗	179	槐	433
瓳	561	黏	519	枑	422	頀	746	鱯	865	踝	220
胡	241	觚	507	岯	357	韄	929	**huà**		襄	967
粘	538	螶	552	焊	704	鸆	848	匕	983	褱	967
瞿	53	鸒	562	岵	748	頀	310	化	983	鞻	933
喁	167	蝴	606	怙	261	**huā**		吴	172	褢	751
貈	838	鶘	321	㡩	377	扒	209	玬	217	瀤	652
斛	567	聰	148	扆	567	花	467		583	懷	261
搰	198	鵠	841	怘	280	吪	670	咶	165	孃	103
壺	570	蘱	468	戽	545	涀	643	㝠	948	巒	549
葫	451		482	嫭	105	溳	643	眲	134	懷	806
餬	235	鶘	843	祜	7	華	232	甀	560	磙	777
	743	翃	518	笏	491	誇	295	畫	986	襖	967
猢	820	鶻	841	笏	502	嚆	170	愧	696	蘹	458

	475	桓	418	澴	670	愳	279	鄆	63	鐄	870

huǒ
火 724
[illegible] 694
734
邩 61
huò
囮 258
沎 675
或 581
活 684
咟 164
捇 197
眓 129
㪨 567
佸 84
掝 204
㦜 680
𠹖 163
𢄍 964
貨 903
𥚃 10
㰥 313
惑 280
𣨿 396
𩲈 997
瓁 997
湱 677
禍 10
絓 938
𥅦 141
㾑 392
㷔 734
蜮 885
𣩅 719
熇 725
𤢊 911
劐 589
䐸 141
𨶀 376
嚯 164
𢅸 962
𢤱 271
過 351
𩆅 722
霍 689
858
獲 816
魊 696
𩗸 695
濩 646
濊 640
㦜 267
矐 138
𧞣 681
𧭼 307
豁 681
雘 689
霩 686
矆 130
穫 522
𤸎 388
濶 676
𦅾 955
𦔯 532
騞 803
攉 214
藿 442
瀖 677
曤 704
嚄 167
鑊 596
𩞈 324
癨 392
𦒓 912
𩪇 236
靃 861
臒 130
讗 295
𧂇 442
J
jī
几 567
卬 978
叽 171
623
刉 585
圾 42
𡇒 508
芨 465
乩 1004
肌 237
枅 417
虮 897
𣱛 396
筓 508
𢻫 619
𠀠 508
唧 169
笄 489
飢 322
屐 380
姬 105
基 32
萁 443
𥆝 508
巷 759
觜 575
𤆂 734
朞 706
𪗆 359
𥫱 508
䬳 322
幾 721
畸 48
𦋐 508
稘 524
𥬌 489
𣢞 315
𨦘 602
基 473
毄 583
箕 508
僟 71
銈 608
蘻 484
踦 220
嘰 155
稽 510
躸 94
諆 296
畿 48
機 421
禨 8
墼 31
𧍪 890
𥳑 508
鏤 602
激 641
𧅡 454
䩯 931
賫 904
擊 189
磯 774
簊 508
𢡈 284
穖 532
𠥱 569
䟌 344
櫅 410
䉏 500
雞 858
齌 726
瀐 663
䰏 237
𧾈 340
蘄 454
罼 546
譏 293
齍 551
韲 513
鐖 606
饑 322
𩎠 931
躋 221
鷄 852
齎 903
𩚹 696
𪈵 856
羇 546
鑇 609
𩦤 854
𨭲 602
齏 513
羈 546
鷩 844
jí
亼 540
及 219
𠄎 219
丮 217
伋 79
汔 677
㞙 380
吉 158
岌 752
彶 332
汲 659
扱 206
㤂 281
𡰺 377
部 63
钦 314
佶 70
亟 13
咭 176
佮 90
即 533
狤 819
急 281
洁 676
姞 95
級 939
趌 344
揤 200
莋 470
蚔 890
疾 382
堲 33
詖 925
斟 1002
𣁽 1002
飲 318
䏿 246
猎 818
厝 764
𤷒 389

鵳	848	頯	114	齡	740	劎	593	箜	500	猄	577
鼲	833	綖	949	鱻	871	餞	321	畺	51	牰	1013
鑒	596	撍	204	**jiàn**		諫	290	摿	188	絳	942
鑑	596	嚓	172	件	90	蕑	485	蔣	462	趌	343
鰹	868	儉	74	芡	459	礀	780	僵	77	誩	307
鞬	833	蒯	912	見	142	獥	822	漿	657	滰	657
繝	956	薫	738	建	355	藆	463	壃	37	勥	258
囍	46	錢	597	荐	480	檻	426	薑	443	强	757
薦	485	撑	188	衦	977	濺	660	橿	433	牆	1013
鬵	566	搴	458	栫	421	荻	481	殭	397	甌	1013
轞	932	檢	439	俴	75	舶	549	犟	805	鷗	849
鐵	613	謭	299	健	70	鑑	130	螿	892	雩	258
臡	929	蹇	223	筧	254	覸	145	礓	775	醬	1013
jiǎn		謇	299	徤	332	舭	863	疅	50	**jiāo**	
劢	257	襺	973	袸	971	鷏	537	薑	443	尤	469
柬	988	繭	894	葥	460	巉	754	蘁	896	艽	469
枅	526		937	精	410	艦	638	疆	37	交	743
垷	34	靬	511	楗	418	鐗	600	繮	946	姣	105
挸	205	瞷	140	瘄	389	輚	628	韁	930	佼	79
減	685	箌	281	蕲	463	穪	528	鱂	868	郊	54
剪	592	箴	494	櫼	409	鑯	611	**jiǎng**		茭	455
湕	672	髯	183	僭	75	斸	1013	傋	84	荍	464
揃	193	傿	87	衜	336	闟	375	獎	216	晈	123
菺	357	蹇	478	漸	649	艦	550	槳	427	咬	169
減	660	圐	894	蒹	461	鑳	602	獎	814	迗	346
寋	978	攗	205	賤	905	**jiāng**		耩	531	栐	427
葉	988	鰜	549	踐	222	江	639	膙	246	椒	427
崠	706	劗	590	箭	487	豇	15	篝	488	蛟	884
筧	503	涧	656	劍	590	虹	976	講	292	焦	728
簡	488	籛	496	諓	291	牀	657	繦	938	塂	44
登	557	襇	9	澗	645	牂	188	**jiàng**		姚	835
鍵	580	蘕	925	薦	828	茳	473	匠	568	潐	658
緶	937	襺	966	闌	374	姜	95	降	784	撟	195
揽	211	鹼	549	箺	506	畕	51	犟	821	鮫	464
戩	582	譾	299	縑	637	將	1003	悸	274	蕎	466
搴	188	醶	1016	鍵	602	薑	476	屝	379	蕉	456

kuì
尯 744
匱 980
嘳 620
觖 922
喟 156
愧 270
媿 104
蕢 485
餽 574
聵 987
瞶 150
聩 149
嘳 156
潰 643
憒 263
樻 409
殨 394
謉 300
轒 633
瞶 134
餽 325
聵 149
蟦 894
髖 235
簣 505
繢 938
饋 326
髓 233
鬢 184
kūn
坤 29
昆 703
㫥 216
菎 455
𥟍 95
703
崐 752
琨 21
髡 185
蚰 899
罤 95
幝 959
焜 251
蜫 891
褌 971
瓌 21
顋 117
騉 799
鵾 840
鯤 866
蘪 455
鶤 845
鰥 315
鱞 315
kǔn
捆 204
悃 260
梱 419
硱 776
頵 117
稇 522
綑 950
壼 989
壸 989
閫 374
踂 223
麕 951
圝 990
齫 180
kùn
困 990
栝 423
庮 765
涸 653
kuò
佸 73
括 197
苦 448
适 346
栝 434
栝 434
㾯 515
葀 467
萿 466
筈 508
跍 231
廓 763
漷 651
頢 116
劊 592
礦 782
篧 491
闊 374
鬠 278
鞹 926
籗 491
L
lā
㕇 768
拉 194
搚 194
柆 439
菈 451
擸 194
摺 194
擖 194
柖 809
歠 914
磖 775
翋 912
lǎ
藞 478
là
剌 588
剿 960
砢 782
喇 174
廁 763
楋 410
揧 190
瘌 386
辢 1005
瞓 135
剺 537
糲 538
臘 712
儠 276
擸 191
縭 955
臘 241
臘 712
礙 782
瞷 137
糲 534
爉 731
鬎 924
鬣 178
蠟 888
翻 914
鑞 613
鬣 180
鶶 852
鬛 179
lái
来 515
來 515
郲 60
陝 790
萊 462
逨 351
唻 171
崍 755
徠 334
猍 820
庲 764
淶 652
梾 407
秣 917
崍 15
睞 48
棶 521
麳 532
箂 501
豨 837
騋 794
鶆 852
麳 518
鯠 873
黧 739
麳 518
lài
勑 255
莿 458
琍 15
睞 132
痳 387
賚 904
覙 143
賴 121
嚦 173
癘 823
蘋 458
嚹 173
瀨 643
瀨 11
礪 231
禧 976
籟 493
鸝 856
鱺 863
lán
婪 101
啉 169
惏 263
嵐 751
㦨 768
敹 183
攬 191
藍 444
闌 373
幱 959
懢 270
監 124
擥 189
藍 707
礛 773
躝 230
讕 298
籃 401
襤 967
攔 210
蘭 442
藍 453
欄 429
籃 490

lèi					
耒 530	瘰 694	耚 56	蠡 900	籬 504	枛 408
肋 239	**lèng**	穖 525	黐 520	醴 1011	枥 437
邦 58	輘 631	愶 270	顩 228	邐 347	鬲 565
佅 89	駿 800	褵 976	麗 763	欚 424	砬 773
茉 463	**lí**	罹 546	戀 263	歴 614	列 396
殍 397	夽 591	翟 858	孋 105	鱧 862	哩 173
㐄 917	莉 477	嫠 595	羅 547	櫪 424	唎 175
淚 660	埶 586	縭 947	黸 877	艬 635	秝 530
涼 660	秙 521	縭 945	鑠 595	鑼 862	俿 86
酹 1013	狸 820	釐 186	劙 588	**lì**	沴 663
頪 532	酨 1015	醨 1015	穭 530	力 254	捩 214
餒 326	梨 405	劙 590	籬 499	仂 81	茢 454
頪 118	棃 405	黎 65	艫 923	劜 819	智 51
536	犁 805	讌 294	驪 793	立 357	矵 553
鐳 605	郲 65	藟 46	鸝 845	㘰 830	栵 523
勵 255	竛 586	藜 449	鱺 862	吏 5	秮 528
擂 212	嫠 219	剺 519	**lǐ**	利 585	笠 503
瀨 665	蜊 897	蠡 888	礼 9	唎 830	疬 384
類 817	蛎 893	遼 347	杍 406	芰 453	粒 534
鷪 741	嚦 171	離 858	李 406	丽 830	悷 271
纇 938	箌 495	璃 25	里 46	㞚 758	剔 588
蘱 458	胒 635	糵 810	焱 623	例 88	厤 768
瘰 394	褵 263	嫠 518	郫 58	沴 643	蛎 894
襫 8	縭 953	鴷 845	剕 752	浰 643	詈 545
léng	璃 23	憨 281	俚 71	戾 816	俐 89
倰 81	摰 1007	嫠 870	陣 790	荔 449	溧 683
夿 94	黧 105	驪 801	悝 268	剚 588	裏 969
棱 425	橺 405	朦 137	娌 100	砅 646	痢 391
楞 432	貍 836	欒 739	理 19	翍 962	剃 523
磣 778	褵 12	驪 795	漣 386	迣 349	塛 42
稜 527	緑 950	攡 202	豊 557	㖤 962	蒚 447
趚 342	黎 654	蘺 442	裏 966	秡 574	菓 482
踜 230	糵 182	籬 508	澧 650	使 269	楝 511
稜 475	蘺 284	龎 765	皷 620	琍 23	嶙 758
䔖 500	藜 449	鷅 851	禮 9	茬 80	勳 856
	勳 519	灘 664	鯉 862	483	鵥 856

涼	658	趔	343	洌	683	邎	348	繗	953	蘭	465
獠	997	髎	234	挒	586	橃	428	鱗	628	藺	472
睙	132	鐐	594	捩	207	矖	704	獜	826	躙	228
睙	132	飋	692	埒	38	毷	917	聆	38	覲	146
醶	1013	鷯	846	茢	460	懢	806	瀶	645	瀾	675
諒	288	**liǎo**		裂	104	嫘	740	鰲	861	魕	697
liáo		了	1008	戞	985	獵	826	鱗	864	驎	795
佬	87	礼	972	洌	641	躐	225	鱗	829	簡	496
聊	148	肎	636	埒	35	巤	682	**lǐn**		躙	228
蒥	476	鄝	61	烈	725	鬣	184	亩	540	輷	633
媼	754	憭	261	烈	281	钄	799	僯	85	釅	901
僚	70	敽	618	洌	164	鱲	868	凜	683	**líng**	
廖	763	蔞	666	樏	742	**lín**		廩	765	伶	75
膋	242	暸	982	泙	665	屳	998	睿	736	陵	787
寥	369	醥	1016	悡	266	林	440	澟	667	夌	337
嫽	30	磝	776	劙	592	淋	659	懍	270	拎	210
撩	192	釀	124	蕳	460	痳	368	驎	116	苓	447
遼	350	**liào**		枺	409	琳	15	**lìn**		吟	170
敹	615	炓	734	唳	173	腏	252	吝	161	岭	752
嘹	166	料	567	將	239	罧	545	咳	161	囹	990
嫽	750	賚	725	裂	972	麻	384	悋	275	狳	820
寮	369	療	816	蛚	883	箖	498	賃	905	庈	765
膋	242	璙	14	浃	358	剗	591	蠃	725	泠	649
膠	150	獠	822	甄	559	鄰	54	賠	907	怜	273
瞭	133	爒	728	蚚	880	鄰	680	擯	212	玲	24
廖	760	襫	11		883	羏	736	莽	471	柃	409
籭	499	療	386	跲	226	嶙	752	遴	348	牬	808
簝	401	爒	737	颲	692	潾	667	橉	431	瓴	559
蓼	469	爒	737	鼠	125	璘	22	閵	857	軨	917
蟟	231	癈	385	駕	803	霖	687	甐	562	胗	711
蟟	887	顠	121	駕	844	鈴	865	燐	734	劢	257
蟟	887	顠	121	颲	866	臨	553	磷	773	砱	778
簝	499	**liè**		儸	70	瞵	128	轔	48	秢	526
醥	636	列	586	劽	588	膦	829	藺	857	凌	683
醪	682	劣	255	嘞	175	麐	829	蟻	894	蛉	358
廖	762	乴	680	獵	816	翔	912	籲	494	零	402

孿	389	**luō**		蓏	442	爐	744		83	臠	242
luǎn		哷	985	裸	970	邏	354	茛	452	莘	469
卵	902	剮	588	髁	94	櫚	438	庿	766	鋁	598
嬾	99	捋	192	瘰	386	玀	397	姐	106	悷	277
孌	99	爒	741	臝	41	雕	793	娌	106	綠	941
臠	240	**luó**		搮	212	轣	633	柏	417	慮	286
luàn		腡	245	樏	435	癱	391	梠	430	箻	507
睪	985	摞	207	蠃	882	襬	973	旅	573	臏	242
圖	985	蠃	244	蠃	970	纞	940	旅	573	稆	529
亂	1004	穭	526	癱	386	鸝	857	祣	11	綟	965
敵	616	薶	467	礧	782	鱳	864	痴	388	勠	255
lún		螺	895	釃	124	**lǔ**		張	577	絳	952
侖	540	蠃	432	**luò**		搜	194	絽	951	勵	257
倫	72	蠃	526	剉	589	蔓	452	僂	78	櫖	758
陯	787	羅	545	洛	648	閭	372	樓	961	濾	674
掄	208	覼	143	珞	27	玃	820	膂	244	櫚	431
蒍	475	儸	84	殍	396	甂	916	濾	647	薜	956
崙	752	攞	208	硌	773	膢	993	屢	380	孳	957
淪	641	蘿	474	慛	744	駣	800	履	380	鋁	611
惀	266	蠃	468	胳	130	苗	467	履	380	鑢	598
棆	407	灑	667	将	804	懼	273	簍	490	勵	255
侖	540	欏	409	袼	972	澗	669	簍	490	**lüé**
碖	778	戀	562	落	456	欄	433	簍	492	朡	254
輪	636	蠃	798	荅	488	獲	826	儢	82	**lüè**
綸	943	蠃	845	絡	947	獿	836	縷	944	掠	782
輪	625	蠃	868	惟	700	鏤	607	蘆	465	略	49
蜦	826	籮	494	零	686	爐	733	螻	94	蓥	593
踚	229	鑼	596	雒	860	曥	707	蔆	459	聱	306
論	289	饢	327	搴	804	簡	501	穭	526	儢	86
錀	607	驘	798	輅	926	艛	842	纑	854	鋝	598
鯩	866	**luǒ**		駱	793	鑪	798	**lǜ**		蜜	898
lǔn		刐	590	貉	957	**lǚ**		律	333	繁	951
埨	42	砢	772	鮥	873	吕	258	凸	547	蟟	883
惀	284	倮	82	篠	505	袌	356	葎	449	鋒	598
踚	50	斫	579	蠃	358	邵	58	啡	174	鷺	853
輪	532	馌	994	轠	633	侣	74	等	507		

M	蕹	457	瞞	128	蔓	476	**mǎng**	錨	608
mā	瞒	130	糒	536	縵	941	莽	487	蟊	899
媽 104	懣	279	糧	537	鬘	837	傄	84	髦	183
má	覒	145	麭	341	**máng**	莽	487	鶜	851
麻 513	韇	931	㦖	682	邙	56	蟒	487	蟊	901
摩 806	霾	687	谩	293	盲	164	蘸	473	**mǎo**
應 284	**mǎi**	鏝	598	忙	273	漭	662	卯	542
蠤 885	買 905	顢	120	龙	813	眸	704	卯	1009
廲 551	買 469	鬍	183	秥	529	瞒	135	乪	1009
mǎ	嘪 168	黪	739	盲	133	鮸	125	卯	107
馬 792	濆 649	鰻	865	茫	453	蟒	887	昴	702
肜 792	鷶 849	蠻	886	668	鶜	851	泖	1009
肜 793	**mài**	**mǎn**	庬	768	鏷	603	莪	454
馮 672	麦 517	媠	107	峬	759	**māo**	**mào**
碼 776	脉 249	尨	129	邙	62	貓	837	冃	542
螞 898	脈 249	滿	643	恾	273	**máo**	芼	463
髇 855	麥 517	篗	503	茵	474	毛	916	皃	997
鰢 871	唛 681	鏋	609	哤	161	矛	580	茂	473
mà	衇 681	彎	128	狵	813	杧	406	姆	104
鄢 64	眎 681	蘴	480	庬	763	戎	582	玬	17
傌 85	霡 681	**màn**	泷	653	庬	573	眊	128
陽 789	勱 255	浼	660	娙	103	耗	631	冒	543
傄 84	暯 1004	曼	218	萻	474	蛑	882	忞	283
獁 823	邁 345	墁	41	砝	777	堥	38	耄	381
廌 763	蝐 890	㨄	209	牻	804	蝥	750	悗	961
榪 437	霡 686	荫	484	脄	250	楙	406	偟	89
禡 9	穤 525	蔓	462	菫	474	蛑	580	逪	352
駡 545	賣 987	幔	959	朦	138	渵	665	媢	104
瘕 392	霢 690	獌	817	蛖	879	髦	183	純	950
講 305	蕇 345	漫	661	蟎	757	緢	939	覒	144
礤 777	**mán**	慢	262	窌	259	犛	810	袤	966
鬢 184	悗 262	嫚	112	顢	120	氂	810	䣕	481
髖 234	憪 262	敽	620	駹	793	氂	919	帽	962
聽 739	構 412	敽	183	覆	147	犛	183	貿	904
mái	槾 418	糧	529	鷽	739	蛑	882	媚	99
埋 40	鞔 926	緆	531			螯	17	瑂	17

醾 1015
䉾 488
䊳 535
𨰻 604

mǐ

米 533
芈 810
侎 82
洱 661
洣 664
𢘆 272
弭 575
敉 615
𣲖 642
眯 132
𢏀 575
葞 466
渳 658
𥿰 941
蔝 470
瞇 138
𢖸 334
濔 671
靡 915
瀰 642
𡾲 757
䍲 259
䦵 218

mì

冖 542
幺 937
糸 937
汨 649
苾 446
沓 703
宓 366
峚 749
祕 7
𥁑 553
覔 145
覓 145
密 749
虙 834
幂 959
塓 37
擟 214
覭 144
幎 959
覛 144
淥 358
宻 136
䒽 482
蔤 446
櫁 432
𣶍 649
滵 676
蜜 892
鼏 558
𥉺 136
簚 507
𣸣 675
鴓 857
幦 961
𦿞 482
䤍 1014
𨢿 1012
𧍧 895
謐 291
䌏 950
樒 432
𧳱 826
麛 835
冪 547
鼆 857
𩧸 799
䁱 124
𪐷 739
鸍 849
𪑅 739
𪓰 899
𪔀 899

mián

宀 365
杩 423
眠 132
𧌒 881
棉 423
𣕲 423
綿 952
瞑 132
蝒 881
臱 127
緜 956
𧩼 303
䁾 149
櫋 433
𥨽 367
櫋 417
矏 142
矈 128
𧸖 907
䫵 117
𩯉 183

miǎn

丏 721
芇 813
茾 480
免 92
沔 648
𢗖 274
俛 81
勉 255
𣦸 1006
䋉 937
𦬅 543
勔 256
冕 542
偭 75
𠴲 172
𢅳 965
湎 657
愐 267
𢟪 264
𢯑 206
鞆 928
𩑞 116
緬 937
𨡗 1014
䩋 928
鮸 864

miàn

𡧈 367
面 123
眄 133
𣳜 673
麪 517
糆 538
麵 517

miáo

苗 480
𧉧 888
猫 818
媌 111
㝠 369
𥉫 137
䈿 499
𪆕 854
鴖 846

miǎo

仯 87
吵 167
杪 438
眇 133
秒 522
𦐁 919
毣 919
𦯷 472
淼 679
渺 671
篎 493
𥡸 522
藐 448
邈 351
𨔐 351

miào

妙 103
玅 721
庿 762
廟 762

miē

咩 172

miè

𥹖 537
莧 147
覕 144
搣 193
滅 660
蔑 147
𥊻 135
𢸍 204
𥊫 132
𧷤 736
幭 960
篾 503
瀎 656
懱 267
櫗 431
䁾 132
䅾 521
蠛 883
巕 237
𦆆 955
鑖 604
衊 124
𪇰 849

mín

民 93
旻 700
旼 708
岷 748
忞 282
𢏷 577
珉 21
𥃇 134
罠 545
𧵴 907
捪 191
𢁳 632
𠰔 230
崏 748
鈱 607
琘 21
暋 708
𩁳 894
睧 134

碔	780	穆	521	軜	935	剪	476	霔	690	緇	104
篤	802	霂	686	蚋	835	屻	50	攤	202	朓	982
某	478	氁	633	珋	914	峯	509	曘	703	嫩	107
狕	827	登	557	瘰	388	湳	684	羅	547	磳	776
跀	230	穆	521	瘝	392	喃	169			饢	327
晦	47	鉬	871	魶	861	楠	405	náng		撓	207
慔	284	氊	927	漻	678	㘚	157	獽	813	獿	822
踇	224			髶	187	諵	301	聰	148		
糜	513	**N**		魶	861	雏	859	饢	323	nào	
		ná		肭	254	難	46	囊	989	夻	86
mù		苃	471				859	蠰	881	嫐	397
木	405	拏	189	nái		nǎn				淖	252
目	127	筿	491	痦	389	戁	859	nǎng		淖	643
朷	589	袤	969	媆	106	難	46	曩	702	腝	239
汇	665	誽	304				859	瀼	672	腦	252
沐	658	詉	295	nǎi		蝻	896	灢	675	橈	414
坶	29			乃	308	鵬	857			鐃	933
苜	452	nǎ		乃	308			nàng			
牧	617	砢	780	孖	308	nǎn		儾	89	nè	
炑	734	胗	253	疒	388	腩	912			疒	382
苜	127			廼	308	赧	741	náo		抐	203
海	29	nà			352	暔	703	呶	160	吶	168
莯	482	図	990	腬	252	淰	657	恢	268	肭	313
蚞	890	図	991			揇	211	硇	777	疒	382
痏	392	肭	248	nài		㛦	925	猱	747	殉	397
莯	482	衲	974	奈	724	萳	469	猱	814	肭	710
蓼	181	瓿	561	奈	406	湳	653	詉	303	訥	292
畜	130	婼	104	耐	919	腩	245	巎	747	橣	438
募	256	纳	938	漆	647	㬮	244	嶩	760	䬴	328
墓	39	捺	206	耗	918	喃	547	夒	338		553
幕	959	甂	561	桺	406	萳	506	譊	292	鰙	923
蓩	454	軜	626	萷	558	蔋	279	鐃	599	鰶	900
睦	130	豽	837	嫴	702	醂	1014	玃	814		
慔	262	衲	827	檽	977	醂	124	瓔	14	néi	
楘	439	鈉	612	鰊	873	戁	282	鵝	850	餒	960
慕	262	貀	837					巎	747	儾	87
暮	704	魶	327	nán		nàn				něi	
		蒳	450	男	92	妠	103	nǎo		娞	107
				南	509	婻	108	㑴	87	朏	245
				枏	405			瑙	26		
								㙠	983		

瓟 514	賦 616	蘽 463	婣 109	婰 108	峜 759
餧 326	詉 303	㠜 964	嶷 266	燃 108	783
颰 694	祝 974	貎 520	蠽 900	矃 701	釒 356
餒 325	羿 812	嫺 104	**niān**	**niáng**	陧 784
恁 502	輗 627	橣 421	拈 192	娘 101	耴 615
鮾 869	輨 627	褹 8	**nián**	孃 101	疖 389
nèi	唲 169	糵 530	年 523	瓤 515	涅 643
内 542	貌 837	鑷 152	郯 55	鑲 595	搭 214
㥴 577	舰 920	縿 954	秊 523	**niǎng**	苶 481
誺 291	霓 687	齥 183	秥 527	勷 578	峴 759
nèn	鯢 863	**nì**	粘 536	**niàng**	笘 506
炳 731	麑 829	伖 646	鮎 321	釀 1010	惗 267
néng	臡 242	芛 992	鮎 863	醸 483	揑 206
能 833	觬 178	匿 895	黏 519	**niǎo**	埑 42
㶳 669	**nǐ**	昵 703	**niǎn**	鳥 840	堇 458
藬 454	尼 378	唲 174	涊 684	尿 982	喦 311
něng	你 88	逆 346	涊 662	嫋 96	篎 506
㖆 172	抳 206	㣊 969	惥 767	嬈 101	敜 616
ní	苨 466	匿 997	輮 628	褭 795	塻 42
伲 90	妮 104	莉 482	趁 226	擾 205	嵲 753
呢 169	呢 704	愁 283	輦 628	嬲 93	銸 605
泥 652	柅 410	婗 108	撚 200	儍 85	硺 775
怩 264	袮 8	睨 129	鞈 932	礮 780	踂 225
欸 319	聑 1008	㥱 278	幸 628	鸋 856	蜺 883
屔 52	埿 30	惬 270	蹍 226	**niào**	魶 987
郳 60	旎 573	惄 264	灘 672	屎 380	鑈 598
倪 76	晲 704	暱 703	蹨 226	**niē**	顪 118
掜 202	鈮 606	愵 284	**niàn**	捏 203	嶭 748
跑 479	晷 1008	睼 139	廿 1002	**niè**	篞 498
蚭 888	靶 930	翍 519	沴 652	屵 760	鑈 604
猊 817	鬏 183	覤 143	念 283	聿 985	槷 770
埿 40	惄 275	繷 943	姩 108	圼 41	軏 796
婗 109	儗 76	嗯 124	唸 791	呈 45	聶 151
棿 435	儞 790	䋤 519	埝 31	茶 472	闑 372
軦 632	擬 196	膩 243	睍 701	苶 329	鑈 857
跜 229	薿 456	溺 675	意 285		齧 519

孼	1007	蟟	891	**nóng**		縠	107	**nuàn**	
𡠗	506	氄	918	莀	458	**nòu**		愞	262
囓	180	饢	323	農	710	穀	1007	稬	521
攝	214	鬞	185	莀	710	槈	418	糯	521
𨉗	354	竆	899	儂	68	㳺	675	䖝	829
𣻗	671	**nǐng**		噥	170	耨	531	**nuó**	
敜	618	薴	478	濃	655	獳	815	那	58
蠥	886	聹	140	氃	917	檽	431	𬜬	806
𦵼	534	聍	150	膿	249	譳	301	挪	209
𪐫	705	顈	121	襛	12	**nú**		捼	208
鎳	605	**nìng**		膿	139	伮	112	㛏	720
爇	731	佞	99	襛	968	奴	112	娜	107
𤁗	660	甯	368	盥	236	笯	402	𪲶	311
巕	759		623	醲	1011	帑	960	蠩	893
蹑	221	寍	368	莀	710	孥	1007	腝	251
鑷	598	濘	644	魯	710	㡢	769	檽	432
顳	118	**niú**		𪏮	710	笯	771	𪎓	696
讘	300	牛	804	𪏴	688	駑	798	難	833
钀	605	芉	477	𪏵	186	鴑	854	儺	70
nín		汼	669	鸁	854	**nǔ**		𪖨	693
𦥈	945	𩯾	697	𪎔	740	㣻	285	**nuǒ**	
訡	303	**niǔ**		𪎓	127	弩	576	㧪	206
絍	952	邥	61	**nǒng**		砮	898	㛆	961
níng		狃	815	𪎖	719	**nù**		娿	96
㚇	366	丑	17	𪎕	520	怒	281	㮪	974
㱾	311	泑	674	**nòng**		傉	91	梛	424
寧	308	莥	443	癑	384	**nuán**		**nuò**	
聲	308	紐	943	**nóu**		妠	104	迉	354
寍	401	莥	443	頭	121	**nuǎn**		㙔	40
𡔝	311	聞	375	𪗇	707	渜	656	觰	921
儜	90	𢂷	331	羺	812	㬇	708	掿	203
凝	683	鈕	597	𪎤	832	暖	704	搦	197
薴	480	鈕	320	羺	477		708	敊	618
𦏪	311	**niù**		**nǒu**		煗	729	觲	922
嚀	169	粗	535	㳫	653	餪	323	諾	288
嬣	105	糅	535	乳	721			穱	528

鰯	921		
糯	538		
nǚ			
女	95		
籹	535		
㜀	535		
nǜ			
忸	264		
衄	138		
衄	580		
恧	279		
䖏	888		
䖏	236		
朒	711		
䶊	232		
聏	149		
㠜	127		
nüè			
虐	834		
𧆩	834		
虐	834		
瘧	384		
O			
ōu			
刨	587		
堀	45		
喁	166		
甌	559		
膒	244		
熰	735		
福	970		
瞘	134		
緼	953		
檟	417		
謳	292		
鏂	604		

pēng	蹦 230	恓 274	砒 777	蠹 899	搟 203
伻 86	澎 821	陂 925	牫 808	蠹 555	毬 919
抨 199	澎 666	秛 918	蚍 892	鼙 541	睥 135
怦 265	慸 271	陂 48	郫 58	蠥 901	滗 649
姘 103	殏 396	秛 525	貔 125	鞞 53	媲 110
拼 199	篷 496	剓 590	疲 385	蠥 901	闢 372
枰 804	篣 497	釽 608	脾 787		𢯎 809
恲 266	膨 247	秛 531	埤 33	**pǐ**	稫 529
胼 578	韸 310	旆 573	蚾 897	匹 997	鈹 602
砰 777	鬅 185	秛 912	蚾 897	庀 765	擗 768
榊 429	輣 631	剽 591	笓 499	圮 33	僻 76
研 777	髼 628	鈚 605	924	仳 68	潎 674
抨 812	貏 837	鈹 597	趴 94	肌 253	擗 201
硼 778	蜇 890	渒 358	貔 836	否 161	癖 395
閛 376	蟛 891	頍 120	琶 555	呕 174	蹁 228
磅 774	鵬 840	皷 618	椑 420	胇 253	嚊 165
硼 778	龐 762	髼 185	鈚 608	疲 395	餶 323
磞 778	驉 799	駓 794	貔 837	杯 522	潎 649
轠 632	**pěng**	劈 586	脾 238	鳴 850	濞 640
péng	侙 88	錍 613	焷 732	諀 302	鲞 665
肌 251	捧 208	魾 863	槐 417	頔 117	甓 559
荸 449	唪 699	駓 794	脬 241	魤 697	膜 245
掽 620	淎 673	懯 285	貔 518	癖 387	甌 585
傰 86	**pèng**	鎞 614	椑 432	諀 555	臂 288
憉 273	鵬 872	霹 688	箆 501	醅 1016	闢 372
彭 555	**pī**	鑼 598	魾 866	鶊 842	癖 383
棚 421	丕 5	**pí**	871	**pì**	鶊 842
硼 396	坏 35	皮 924	麗 830	陕 788	癖 383
飌 693	批 197	芘 473	雙 833	屁 379	**piān**
蓬 449	邳 60	帔 963	鮍 865	毕 809	囨 991
稝 527	伾 68	剅 592	貔 836	剕 584	偏 76
篷 496	抷 210	枇 409	麗 694	侐 80	剐 591
傰 86	披 194	晨 924	髀 833	副 585	猵 818
澎 663	砒 476	岯 756	貔 518	侵 80	扁 765
蛃 897	狉 617	肶 241	貔 833	訖 302	媥 101
輣 624	狓 822	庱 764	罷 833	淠 649	痛 384
			耀 806	隔 788	

䶏	125	窮	400	秋	524	求	977	䖤	870	岖	755
慶	280	璚	15	煘	294	茓	442	裘	977	狙	817
磬	782	鷩	801	烋	524	虬	884	煎	733	沮	640
罄	564	藑	484	篍	501	泅	646	煡	733	屈	987
濪	658	檾	434	蚯	878	怬	273	絿	940	苗	464
qiōng		檈	634	萩	449	紌	940	賕	905	枯	411
芎	451	怱	279	貁	837	扭	205	献	920	砠	773
硐	778	蔓	463	楸	408	邭	61	璆	16	宜	401
营	451	訇	980	腒	251	殞	397	賕	150	祛	967
銎	597	肇	625	簌	493	俅	69	蝤	880	凹	570
碹	776	瓊	15	緧	946	弒	682	錸	602	區	997
簹	494	藑	451	縎	946	舺	920	酱	1014	筌	498
qióng		獮	820	輶	631	訅	302	觩	126	絇	953
邛	59	窀	400	踏	229	酉	1017	鮂	866	覷	145
灴	269	闀	737	鬐	186	菜	455	嚁	693	蛐	895
茕	459	竆	55	搗	840	梵	440	艍	922	笛	498
穹	400	璚	15	鞦	932	逑	348	敠	126	躯	94
柳	407	**qiǒng**		鞧	930	逎	349	鮢	871	翑	980
趙	343	𪩘	726	疌	892	釚	608	蠡	900	訛	297
栞	525	屋	379	鶖	840	康	765	**qiǔ**		隫	784
郰	636	趬	343	鰍	870	寁	369	麑	513	摨	203
顺	120	**qiòng**		鰌	863	球	16	糗	534	蛔	879
蛩	886	仴	88	醜	902	梂	411	**qiù**		嶇	755
桼	537	唒	173	穮	524	殈	395	跳	227	箛	507
傑	80	挎	212	**qiú**		毬	918	鼽	126	颱	695
駷	634	焢	731	仇	78	犰	808	**qū**		滤	652
筇	568	趬	340	扏	205	頄	117	凵	548	憷	274
悻	271	**qiū**		芁	464	烌	1014	凵	570	駈	797
愃	270	圠	52	叽	160	崷	755	曲	570	敺	618
婘	96	丘	52	囚	990	觙	923	耶	55	穋	526
軝	628	北	52	岙	160	逎	349	伹	75	謳	297
睘	129	邱	61	杁	432	酒	664	颩	695	鋸	612
榮	915	郲	61	肌	242	愀	271	阹	787	鮔	861
樃	427	吥	173	戉	583	湫	475	坥	36	趜	339
傹	82	沂	669	汗	646	蛋	891	苴	480	麯	519
鬠	185	沞	669	芁	454	裘	977	岨	748	覰	143

䠐 229
軀 93
鶌 803
麴 518
髷 235
驅 796
鞫 518
籟 534

qú

邭 60
劬 256
朐 242
斪 579
蚼 473
蚷 893
翑 996
痀 383
菃 468
翵 910
渠 645
屌 381
趜 340
蒟 462
軥 626
狚 825
跔 223
腒 242
豦 825
鞠 932
蕖 473
磲 578
鄹 56
磲 775
鼁 899
鴝 843
懅 273

鴝 843
鸜 800
璩 18
檬 422
纅 949
氍 916
瞿 142
861
䀠 902
齣 876
貜 837
鼩 902
籧 401
蘧 450
璩 341
轉 629
臞 764
灈 667
欋 423
氍 916
斸 579
籧 489
臞 240
鸜 844
礭 773
衢 336
趯 340
躍 221
蠼 893
鑺 613
驪 800
鸜 843
鼩 876

qǔ

取 218
娶 111

鋑 564
獳 181
竬 359
麮 517
驅 151
齲 179

qù

去 548
厺 548
芸 477
夯 809
欪 316
胆 244
昆 377
佢 335
屢 379
趣 339
鶋 856
䠐 227
闃 373
駿 741

quān

峑 750
悛 266
悛 262
梭 410
棬 427
睘 543
鰲 552
匱 569
騂 795
鐉 601
纆 949

quán

仝 542
全 542

佺 72
荃 452
泉 681
洤 665
牷 805
拳 188
捲 199
硂 776
痊 390
婘 103
菉 470
夐 142
犈 806
筌 498
絟 947
瑔 24
龹 542
詮 290
痵 390
蜷 892
銓 607
踡 227
蝝 893
鬈 183
彏 575
孉 103
權 411
臛 246
蠡 179
權 527
蠸 879
趯 341
顴 118
鸛 843

quǎn

く 680

犬 813
汱 673
甽 48
畎 48
烇 735
棕 535
棬 535
綣 949
蹇 479
嵳 520
藿 466

quàn

券 587
拳 809
椦 528
䊎 11
篸 506
縓 942
勸 255

quē

缺 563
蒛 444
䦆 53
灡 676
礭 782
躩 221

què

卻 978
殸 583
埆 41
狊 818
趄 359
雀 857
囿 991
硞 771
确 772

皵 925
舄 839
傕 90
潫 644
塙 29
搉 199
䧿 358
漼 648
皵 926
慤 283
榷 424
鵲 857
緢 952
趞 339
毃 772
碻 775
確 775
䧿 859
罌 748
鄹 65
闋 373
燩 732
闕 372
碧 771
鵲 853
檭 436
鶴 922
鸐 877

qūn

夋 337
囷 990
匔 980
峮 755
逡 351
竣 358
踆 225

sān
三 13
弍 13
杉 963
册 247
狮 824
毿 918

sǎn
伞 232
糁 534
糝 534
簅 495
糤 538
穇 534
繖 952
鏒 606
傘 324
馓 320
䫙 121

sàn
俕 85
橵 512
散 243
歚 858
鏾 610

sāng
桑 441
磉 780
醸 1016
罺 313
骦 804

sǎng
颡 114
桑 570

sàng
喪 311

颡 311

sāo
傮 76
搔 193
溞 665
慅 264
槮 424
梭 424
膅 242
螔 636
縿 937
臊 242
繰 937
骚 798
缫 937
鰠 866
鰠 865

sǎo
埽 31
掃 208
嫂 107
媇 107
蔝 459

sào
愮 276
瘙 387
髞 918
癪 387
臊 770

sè
色 124
翜 914
栜 418
霎 687
嗇 174
鈒 600

琗 19
瘷 388
瑟 554
嗇 540
褧 910
塞 263
澀 356
奢 540
澁 677
溹 647
槮 555
薔 446
□ 460
鞣 933
霖 691
僿 90
濇 643
懎 277
瑟 19
歃 315
澀 677
霎 691
穑 520
窸 622
蟺 895
簺 507
譅 306
繬 950
轖 632
鏼 612
譅 306
轖 930
飋 693

sēn
森 440
槮 444

shàn（shàm 栏）
參 311
薓 444

sēng
僧 87

sèng
癝 259

shā
帹 584
砂 963
沁 643
沙 643
砂 779
殺 584
紗 949
樧 959
柋 406
铩 917
殺 584
敠 584
鏒 930
菝 472
袋 976
椴 411
紗 864
徹 584
髟 186
鍛 599

shà
唰 591
厊 767
阜 152
哈 167
蓮 442
唼 166
帹 963
婕 823

徊 336
嘠 173
歃 315
趆 345
箑 491
箑 491
娷 912
蓬 355
　 508
緬 344
溹 676
甕 826

shāi
崽 755
洩 670
篩 490
籭 489
籭 489

shài
襫 977
翜 520
曬 710

shān
山 747
邖 61
芟 463
杉 408
苫 464
删 586
疝 392
衫 975
珊 24
狦 814
姍 101
脠 242
痁 384

挻 971
蕧 464
珊 226
埏 229
鄯 64
嬗 166
箾 490
摻 804
潸 660
鞡 931
霎 686
膻 140
樿 408
鋋 868
縿 945
羴 813
羶 811
攙 190
幓 931
襂 975
羴 686

shǎn
陝 785
閃 373
霎 688
婆 100
䀹 135
䀹 128
掺 212
燃 75
摼 189
規 143
醦 1014
霎 689

shàn
別 591

汕	645	譫	324	蠍	898	郋	55	赦	615	籸	536
姍	397	鱓	864	償	74	袑	968	設	291	姺	110
訕	293	籱	502	穰	320	娝	100	涂	653	莘	458
扇	377	**shāng**		**shāo**		弰	996	袘	9	牲	988
釤	604	商	313	捎	195	紹	939	賖	904	舳	922
單	998	傷	77	莦	456	覢	145	喢	175	娠	110
偏	71	商	313	弰	577	耜	531	愘	807	晨	219
善	165	蔏	449	梢	410	絮	939	躷	574	深	649
掞	213	殤	574	裑	12	潲	664	益	553	紳	943
蒨	481	湯	668	稍	524	獡	837	渫	577	叟	142
幝	964	殤	393	裑	972	**shē**		蔎	456	牮	998
銏	611	矞	313	蛸	883	奢	724	㭿	680	罤	1010
善	307	屬	921	旓	573	賒	904	鉈	613	㛶	720
剡	518	蒿	565	筲	490	骼	235	癗	392	詵	288
傷	77	螪	889	輎	629	**shé**		騇	795	嫀	105
墠	814	醙	1016	燮	102	舌	176	歟	637	辮	912
鄯	62	觴	921	筲	490	折	208	鞢	934	甡	930
煽	731	寶	905	颷	693	虵	895	攝	191	葉	473
墠	36	鬺	565	燒	724	蛥	883	麝	830	蔘	444
墡	43	賜	738	**sháo**		鉈	600	慴	265	樺	419
擅	196	蘭	313	勺	567	澁	670	桑	414	魋	697
蟮	884	鸝	855	佋	79	灘	580	欇	414	駪	798
篅	506	鸘	558	招	414	闍	372	**shēn**		姺	105
膳	241	**shǎng**		蒩	457	**shě**		申	1010	燊	736
魗	863	扇	377	祀	1005	捨	192	阠	787	嫠	711
敾	620	賞	904	韶	310	畬	323	扟	214	鮮	867
禪	9	餳	320	**shǎo**		畲	323	屾	759	曡	414
嬗	98	餦	320	少	720	**shè**		伸	75		800
甗	561	鑜	610	邲	59	坅	42	身	93	**shén**	
蟺	893	**shàng**		芀	479	社	9	呻	161	神	6
鐔	564	上	5	敜	618	舍	540	侁	73	窚	398
繕	945	上	5	**shào**		庫	630	柛	426	**shěn**	
蟮	885	尚	1001	卲	623		769	昌	1010	邥	62
贍	906	恦	276	卲	978	射	1003	軑	317	弞	316
饍	326	餉	320	邵	56	赦	615	侅	68	弞	574
蠹	307	惕	268	劭	255	涉	660	胂	239	哂	167

矤 574
矧 574
𢈈 766
宷 369
1002
笚 504
訠 302
瘆 388
槮 413
頣 116
諗 290
審 1002
瘮 388
瞫 131
蕃 479
瀋 658
㰂 436
覾 145

shèn

昆 328
甚 328
昚 706
眘 138
眒 133
欣 315
脤 241
祳 9
葚 455
腎 238
蜄 884
慎 260
闅 375
滲 642
鋠 611
嫸 101
罧 547
䵷 900

shēng

升 567
生 988
㽓 988
昇 706
狌 814
泩 669
殅 396
牲 805
陞 787
㱡 395
笙 493
甥 92
勝 255
猩 814
鉎 605
䴤 618
鵿 855
麈 830
聲 148

shéng

澠 662
憴 272
繩 945
縄 945
譝 300

shěng

眚 132
㗂 172
渻 643
媘 112
㼳 560
䚇 146
闏 375

shèng

娍 108
晟 705
盛 551
貹 907
剩 592
聖 148
墭 44
賸 421
蕂 485
鼪 877
鰧 872

shī

尸 378
失 196
𢼂 614
邿 59
厔 770
呞 169
䓀 461
施 573
屍 378
師 987
𥝾 581
絁 941
葹 453
䀹 137
湤 669
䙾 144
蓍 461
蒒 484
㚔 987
獅 821
詩 288
溼 655
瑡 26
鳲 845
蝨 882
䖨 899
簁 490
鳾 855
濕 655
䁤 147
䌤 941
鰤 870
䙚 12
䴓 546
襹 975
纚 941
鸍 844
蠡 888
釃 1011

shí

十 1002
什 74
石 770
㚤 111
拾 192
眂 135
旹 700
飠 319
食 319
祏 7
姼 111
時 700
䄷 524
宲 368
遈 354
湜 642
寔 366
塒 30
鉐 603
榯 430
蝕 884
溡 675
實 367
篒 493
湜 642
鳾 850
鼫 875
鼭 876
識 289
𡪞 367

shǐ

巿 824
史 984
矢 574
𠂒 574
豕 824
𡶓 755
峷 751
使 75
乨 1004
始 110
㹷 823
𥐘 780
𣆶 707
𦯒 478
笶 503
𥦗 402
𦲂 457
䂖 771
鉂 610
誃 294
駛 799
𨳼 375
黖 741
謻 294

shì

士 66
不 6
氏 746
示 6
世 1003
仕 69
市 53
式 622
狏 818
叓 984
迣 355
事 984
𠯓 159
侍 73
𡰳 379
拭 201
柹 405
是 360
𢂑 962
𦧇 176
洓 665
恃 261
室 366
𠤕 533
𤙖 807
逝 345
栻 430
䟑 513
眎 135
昰 360
眡 135
㫑 543
舐 176
豉 557
䟗 222

視	142	噬	155	**shòu**		俶	205	璵	18	倏	90
摋	212	遾	350	守	368	菽	482	麆	835	毹	918
崼	757	篕	503	受	985	梳	419	犢	801	莏	454
幉	964	鑄	610	狩	816	毂	633	礜	781	倢	73
弑	584	餗	533	授	193	淑	642	璹	18	術	336
惿	272	餺	326	唆	173	綎	952	贖	905	庶	762
勢	256	諟	307	售	165	筴	492	闍	376	隃	786
蒔	463	螫	884	浽	670	絛	911	**shǔ**		紓	955
軾	624	瀅	645	葆	11	疋	232	赵	345	遾	354
斳	579	謚	298	裋	976	舒	93	暑	703	庋	735
睗	131	螫	884	壽	381	薯	475	黍	519	扃	709
嗜	159	檡	428	瘦	385	倏	221	署	545	裋	970
筮	503	醋	1014	痩	385	魼	916	蜀	880	竪	987
鈝	610	謚	298	綬	943	劍	590	鼠	875	逊	345
鈰	609	嫡	105	壽	381	練	952	僧	90	鉥	597
貵	837	鞋	934	燾	994	璨	19	漆	672	腧	251
飾	327	曙	128	獸	828	疎	229	薯	485	尌	413
飾	960	翻	543	鏉	601	疏	1009	賭	905	漱	658
試	307	儲	324	**shū**		悠	280	橷	423	淋	676
逝	342	釋	534	几	839	書	986	曙	701	漉	674
誓	290	釋	1002	殳	583	薜	472	瘶	391	竪	987
遏	176	籟	503	疋	232	蔬	453	蟀	891	毀	735
餕	326	髑	791	赤	513	輸	626	癙	386	數	614
膳	249	**shōu**		妭	109	鮛	867	襩	968	穟	528
壘	831	扭	208	柗	583	櫨	417	黢	621	趜	342
適	346	收	616	叔	219	箱	497	襡	968	樹	413
禔	968	峰	807		513	篍	502	**shù**		野	741
奭	1004	**shǒu**		涎	232	甦	916	戍	581	澤	671
鎏	600	手	188	洙	651	鴾	854	抒	196	簴	505
摘	212	百	122	姝	109	**shú**		束	988	儵	89
錫	612	首	122	殊	394	术	424	荔	381	蟰	882
餝	327	昚	122	瓶	560	秫	521	述	345	禮	970
謚	298	罧	188	絑	993	秞	529	沐	651	驌	834
糗	536	艏	638	郗	61	孰	217	柔	409	**shuā**	
赭	531	頧	121	書	986	墊	30	亜	544	刷	586
檣	437			紓	939	熟	733	呴	168	叔	219

唰	175	**shuǎng**		莽	450	虓	834	鐁	607	飤	322
shuà		爽	623	嵍	487	測	683	窠	402	庹	763
誜	306	塽	623	欘	438	斯	579	鷥	855	洍	653
shuāi		慡	559	舜	487	傂	68	钄	875	浂	644
猿	821	楤	436	瞚	131	覗	145	靐	685	耟	531
痩	386	甁	559	瞚	131	絲	956	**sī**		梩	419
shuài		縔	948	鬖	184	廝	762	死	397	絫	832
率	957	顙	118	**shuō**		漇	652	厶	397	㹗	809
㽜	335	**shuí**		説	304	褆	11	**sì**		笥	490
達	345	脽	239	**shuò**		橌	406	丨	403	鈶	610
蟀	881	誰	298	朔	711	罳	546	巳	1009	舳	924
蟀	881	**shuǐ**		欶	315	澌	85	三	13	庲	766
衕	336	水	639	稍	580	漸	683	㠫	1000	竢	357
shuān		**shuì**		蒴	482	褫	8	四	1000	肆	982
栓	429	床	767	掣	190	蘄	461	寺	1003	梫	420
櫳	433	帥	958	溯	676	礋	776	卯	1000	嗣	312
篅	633	疦	391	棚	431	穓	527	似	88	鉰	604
shuàn		帨	958	碩	115	箆	499	汜	641	飼	322
腨	240	涗	656	槃	950	鍯	607	兕	832	臂	249
蹲	228	祝	9	箾	493	廝	763	佀	88	鈮	872
㴋	1007	税	524	獡	815	癦	387	伺	66	獄	824
灤	674	祝	971	槊	956	澌	668	咋	377	𤢖	828
shuāng		睡	132	鑿	612	緦	947	祀	7	駟	804
霜	687	蜕	884	爍	733	蕬	435	姒	102	椯	420
雙	861	種	525	䥖	141	甆	560	芣	471	樴	515
孀	102	啐	155	鑠	595	嶽	477	杫	420	禩	7
騻	795	說	322	**sī**		螅	890	汜	357	㪚	187
蘷	477	饐	322	厶	998	嘶	732	泗	651	蕼	465
欆	435	**shǔn**		司	66	磃	775	兕	832	㸢	397
鷞	840	吮	155	㠫	21	謕	297	孠	1007	牭	804
繻	953	楯	418	私	521	蜇	879	相	419	㸛	828
蠝	894	**shùn**		所	579	蟴	879	栖	420	蕳	455
雙	496	眴	131	思	285	騦	801	牭	804	**sōng**	
孀	636	揗	192	菥	459	虒	631	俟	70	松	412
瀧	557	順	122	絧	139	顀	120	胴	249	娀	105
灩	688	舜	487	恖	285	謝	303	建	394	蚣	882

倯 81
淞 683
菘 445
崧 751
松 334
蜙 893
嵩 751
鬆 185
蜙 882
窲 412
濍 669
憽 273
鬆 186
鬆 855
鍶 607
鬆 185
鬆 855

sǒng

捅 208
悚 267
敨 619
竦 357
從 84
愯 267
閊 375
漎 668
慫 278
摤 208
聳 149
㩳 211
㨦 267

sòng

宋 370
送 347
送 347
訟 296
誦 296
誦 288

sōu

涑 659
鄋 57
剢 592
郯 57
搜 200
捜 200
蒐 465
獀 813
獀 813
廋 763
稷 918
毯 918
蛟 893
篼 501
趟 344
醙 1014
艘 201
鎪 608
鎪 608
餿 325
餿 325
膢 242
鞍 932
颼 692
颼 692
鞍 932

sǒu

叜 218
叟 218
廋 769
傁 81
傻 81
溲 656
溲 656
瞍 133
瞍 133
嗾 162
瞍 150
瞍 150
篓 494
謏 299
箸 494
擻 212
藪 463
籔 494

sòu

嗽 172
篓 505

sū

酥 1015
稣 524
摵 209
蘇 443
蘇 764
櫯 434
蘇 390

sú

俗 75
鸛 930

sù

夙 719
殂 719
佤 83
佩 91
泝 646
泂 663
素 956
莤 1012
速 346
殐 395
傋 83
宿 368
宿 368
嗖 174
傃 81
訴 297
摆 213
嗉 163
猿 823
遡 351
窣 399
壽 986
肅 985
萩 460
蓿 452
樕 407
遫 346
剽 592
綮 956
粟 967
蜶 895
膝 253
愬 281
樕 407
樎 428
粟 511
鍊 611
餗 322
傈 265
擁 202
毹 917
蛾 888
蝤 896
繠 956
魅 698
漆 676
潚 654
緜 954
璛 27
遬 460
樇 415
艏 634
諫 305
謏 299
謝 297
觫 621
蓆 518
謍 299
磭 773
踲 224
遺 335
縲 955
翻 913
趟 344
鏍 611
颸 695
鷎 840
䴋 518
麈 829
飍 692
鸛 851
驌 795
鱐 867
鸛 840
鬻 566
橐 511

suān

狻 817
痠 387
酸 1012
狻 837
酸 1012
霰 686

suǎn

匴 568
篹 498

suàn

祘 11
笇 494
蒜 451
筭 494
算 494
簨 504

suī

夊 337
芨 473
陊 790
荽 473
荽 473
哸 171
浽 647
眭 134
葰 454
稂 525
倠 87
滾 647
綏 948
霎 689
睢 878
鏙 564
蘳 479
餿 326
韉 934
韉 936
韉 929

suí

雖 860

隨	345	殰	397	樿	408	觍	903	**tǎ**		韃	176
䜭	500	燹	730	**sǔn**		剟	591	塔	41	䇷	506
suǐ		燧	730	枸	422	鄋	62	獭	818	傝	81
夊	542	禭	12	隼	859	惢	286	**tà**		潔	651
濦	664	檅	437	笋	309	捼	204	屵	356	撻	198
膸	252	碎	781	樿	211	挼	205	沓	308	踏	227
篃	323	穗	522	筍	488	莏	481	傘	810	碟	177
瀡	678	襚	522	损	196	硔	780	幸	810	鰤	869
髓	233	篲	505	楔	422	剟	592	佮	336	諮	294
骽	233	瘱	391	膒	242	睉	707	舺	638	澾	672
靃	689	邃	400	簨	488	溹	661	猯	815	蓮	451
suì		襚	971	箰	488	潧	652	昴	910	踏	223
采	522	繀	943	撰	252	索	369	钛	563	噠	163
夆	1001	維	938	篹	488	瑣	20	搚	198	翔	910
祟	10	旞	573	簨	488	磋	773	鰆	467	鰭	176
庲	766	繐	943	鵕	841	筱	503	喈	157	篡	506
逶	349	繼	954	**suō**		嫢	898	幨	965	鰡	638
瓶	559	檖	628	抄	206	遱	342	迶	355	鋯	601
遂	349	鐩	596	莎	474	鎈	609	猶	822	韃	929
愫	267	繊	954	莎	465	虒	835	涾	656	樫	412
椽	437	闋	375	唆	166	鎖	606	婚	98	遝	351
碎	772	鐩	596	衰	970	鞣	929	敦	617	踢	221
歲	356		611	娑	98	鑅	606	傝	86	鼢	861
睟	136	轊	936	烁	284	纅	517	猲	815	謵	299
蒤	472	櫹	573	傞	77	**suò**		猲	815	鬈	183
憜	276	轊	934	趖	344	赴	343	揭	213	轕	934
歎	318	襄	10	蓑	453	膜	246	蒿	472	闒	371
隧	788	闋	791	簑	501	賸	908	萊	467	罾	556
遂	43	闋	730	搯	198	**T**		碏	772	鞳	934
蓬	471	**sūn**		諑	303	**tā**		遏	354	躂	226
誶	297	飱	324	棽	421	他	80	遝	346	鵊	856
遂	664	孫	204	縮	939	它	901	潚	677	鷉	803
憜	266	蓀	443	**suǒ**		蛇	901	榻	419	達	199
璲	16	孫	821	所	579	塌	40	鼥	916	闒	374
璲	18	蓀	443	索	509	禢	977	蹹	889	黮	740
檖	437	蓀	449		957	塌	40	翮	912	鰈	861

瑫	25	韜	325	**tī**		題	143	惕	268	詃	303
榒	427	鼜	556	努	589	蹄	220	雁	381	添	668
螗	880	**tǎo**		剔	589	騠	922	替	93	脡	176
圖	570	討	298	梯	421	鶗	843	晢	772	敁	51
篛	499	套	724	廙	997	蹏	220	悬	268	艍	176
綯	950	**tè**		踶	229	締	607	眡	301	**tián**	
詫	302	忒	281	鬄	553	鞮	932	屜	381	田	46
濤	663	蚩	879	鬄	553	題	114	捌	213	佃	76
鎝	608	慝	281	鷈	842	緹	546	蓨	453	阽	789
韜	934	貣	904	**tí**		鏏	613	睼	131	沺	667
饕	321	特	804	荑	462	鯷	863	替	359	屇	379
鼗	796	挴	205	庴	768	鶙	843	替	359	昀	135
饕	321	牿	804	荑	484	鯑	869	薙	480	畋	617
táo		犆	809	缾	562	籊	495	締	923	肸	245
匋	563	慝	283	提	192	**tǐ**		褅	969	恬	261
咷	154	聽	136	啼	162	捯	204	稊	531	晪	328
逃	349	蜮	879	罤	546	涕	660	髭	185	菾	475
庩	391	蟘	879	崹	758	悌	1008	嚏	156	菾	472
桃	406	**tēng**		媞	97	逖	1003	鷊	233	軵	631
陶	786	謦	782	瑅	16	躰	94	遰	352	甜	227
掏	215	鼟	556	慡	743	髢	1013	儵	739	填	32
萄	474	**téng**		蜺	895	緹	942	歡	318	摡	206
綯	949	滕	640	嗁	162	醍	1013	靦	144	嗔	158
詾	294	臘	878	幮	963	禮	953	鬄	185	輷	631
裪	12	縢	945	飯	323	體	94	甃	126	餂	324
轁	927	謄	290	蜳	895	體	233	籊	494	歳	619
翻	911	藤	468	綈	941	**tì**		趯	339	寘	399
綯	948	僋	90	霓	691	达	348	鬄	877	闐	373
鞀	927	騰	798	蕛	473	殢	396	禠	126	鷆	844
詷	294	籐	500	荑	462	剃	589	髢	126	**tiǎn**	
騢	793	膯	866	蒬	473	笫	497	**tiān**		劝	394
鋼	602	蟘	893	睇	136	倜	76	天	4	阽	788
飵	326	騰	834	徲	333	逖	350	兲	5	忝	265
騊	798	騰	740	綈	602	悌	263	兲	5	殄	394
檮	425	**tèng**		餱	323	逷	350	黇	476	蚕	889
幍	805	霯	690	渾	667	愁	284	跃	139	淟	684

秭	528	厮	579	**tiē**		廷	355	頲	121	桐	526
澱	662	葆	453	怗	263	庭	236	誔	301	痌	385
悐	269	斠	567	貼	908	莛	450	濎	684	鄐	63
悵	275	襶	10	**tiě**		亭	770	塼	38	窞	401
琠	14	**tiáo**		趃	887	庭	760	頲	116	甋	561
睓	708	苕	460	銕	595	窨	402	**tōng**		狪	580
舔	241	岧	756	鐵	595	嵉	758	侗	79	絑	741
腆	241	刟	590	鐵	595	筳	489	峒	964	峒	898
畽	47	迢	352	**tiè**		蜓	819	炵	731	衕	336
添	359	鹵	511	呫	164	淳	663	恫	269	胴	636
酟	124	桃	334	帖	959	婷	106	通	347	童	1006
蚺	897	珧	916	飻	321	綎	943	痌	389	桐	537
觍	907	條	405	飻	928	樗	424	蓪	469	絗	741
靦	123	捆	209	餮	556	臍	252	跬	229	狪	825
錪	601	嵍	756	餮	321	霆	685	樋	963	箽	491
鍫	596	蛁	883	餮	556	閮	374	絧	836	鉖	608
瑱	14	僚	892	**tīng**		聤	149	通	669	嗀	583
蹎	228	樤	405	汀	683	艇	876	**tóng**		僮	67
㯧	124	蜩	883	厅	765	鼮	889	同	542	鉖	606
𤳳	124	髫	187	汀	655	鼮	867	佟	83	銅	594
tiàn		鋚	595	町	1004	**tǐng**		彤	745	餇	325
瑱	176	儵	931	軒	632	壬	550	郎	63	鄲	65
堶	176	調	291	豇	824	圢	38	彤	963	董	473
忝	809	鰷	862	釘	227	芏	462	佟	271	曈	756
栝	437	鰷	870	訂	289	町	47	仝	542	潼	639
㮍	437	蠱	511	桯	939	罓	546	哃	170	瞳	704
瑱	17	**tiǎo**		桯	931	竔	502	迵	353	橦	807
趒	343	朓	711	綎	943	侹	71	胨	249	朣	251
顛	150	宨	400	綎	939	挺	196	肜	764	鵚	853
tiāo		**tiào**		輕	931	侹	83	彤	577	瞳	133
旫	708	朓	132	聽	148	涏	664	桐	412	犝	844
佻	77	姚	940	廳	765	珽	17	蚒	745	翂	914
挑	194	趒	341	**tíng**		梃	414	疼	385	羛	812
佻	262	跳	222	邒	65	脡	244	烔	731	螤	556
朓	241	窱	400	瓩	561	閮	376	浵	669	曈	1006
桃	10	糶	987	杔	424	艇	634	硐	776	韃	930

爐 733	蚝 518	歐 876	**tù**	蓷 446	㦜 266
懂 271	鯇 862	**tú**	芏 466	屢 380	悷 266
tǒng	蘣 472	辻 345	迌 355	䎬 629	頴 151
恫 43	麰 518	荼 458	兔 831	蘱 466	駾 797
㛠 107	**tòu**	徒 333	莵 484	**tuí**	**tūn**
桶 432	杏 172	途 353	（莵）831	厜 762	吞 155
統 954	音 172	庩 765	**tuān**	頹 744	吨 706
tòng	透 351	涂 640	猯 820	盋 552	陌 790
痛 382	趒 344	（涂）667	湍 667	隤 784	涒 657
宭 402	**tū**	圕 989	猯 730	墤 42	暾 706
慟 263	厶 1008	悇 804	猯 826	穨 744	黗 738
tōu	凸 1000	屠 378	猯 836	橔 430	黀 712
偷 82	秃 919	郗 64	黇 51	頺 120	黔 892
媮 100	禿 998	梌 428	煓 51	牘 993	**tún**
鋀 603	宊 1008	葖 472	**tuán**	魋 696	苗 470
鍮 603	突 400	筡 488	剸 590	癀 389	吨 164
tóu	捛 213	盫 759	摶 198	蹟 224	忳 266
投 193	捈 200	腯 241	團 989	積 998	炖 731
剅 588	唋 170	瘏 382	漙 678	籭 501	屍 378
歆 316	玖 24	塗 34	慱 272	飀 694	豘 514
殼 549	梌 438	鄌 55	靐 688	讈 296	屍 378
緰 948	埈 42	酴 1011	糰 538	**tuǐ**	軘 624
頭 113	挨 204	圖 989	鷒 843	崣 750	豘 826
酘 1013	葵 445	廜 764	（鷒）847	殼 397	啍 156
蔛 850	琜 27	闍 375	曑 123	腿 252	豚 827
蔛 476	梌 423	魋 835	**tuǎn**	僓 70	電 689
鮜 549	鈯 613	駼 798	暺 48	骽 234	閫 375
鑫 513	趃 342	鵨 845	墥 38	**tuì**	飩 322
麛 513	豵 838	鵌 850	疃 47	迆 351	焞 728
tǒu	詫 301	鶏 851	蹯 221	汭 333	豚 827
妵 111	糃 531	鷵 850	**tuàn**	悅 266	噋 156
瓴 560	珸 22	**tǔ**	彖 828	退 351	魨 871
斜 950	踤 227	土 28	褖 972	痽 744	燉 733
訄 304	鍺 612	吐 159	**tuī**	邌 351	鑮 492
黈 51	鵨 852	鞋 930	帞 629	復 332	臀 245
鈄 51	鶏 850	稌 521	屢 380	娧 95	臋 234

wèi		颭	694	**wēn**		伆	81	瀼	646	昷	710
未	1010	羋	806	昷	551	刎	587	螡	705	菀	469
郝	63	熨	727	盈	551	扢	202	膃	253	浂	645
位	91	慰	283	鄖	63	吻	153	螡	720	掆	190
味	155	緭	941	温	639	莬	479	螡	809	偓	72
峹	758	緯	938	榅	432	唒	153	**wèng**		剭	589
畏	698	尉	545	瘟	514	螉	504	瓮	559	握	191
胃	238	衛	336	輼	624	脗	248	㙍	42	喔	158
彖	698	貒	838	㹢	825	穩	525	甕	559	幄	961
喟	625	鮇	873	韫	935	**wèn**		甕	563	婉	731
菋	461	謂	288	驨	800	汶	651	甕	126	渥	655
尉	727	愇	271	鰛	549	莬	484	甕	563	媉	103
尉	1003	蝟	894	**wén**		悗	962	**wō**		楃	418
槻	146	魏	696	文	182	桼	939	喔	170	殟	397
菁	472	蠞	894	芠	479	問	156	猧	820	睅	131
棗	509	褽	969	彣	182	搵	200	矮	820	歃	315
犚	509	轊	625	蚊	891	歇	318	螡	1002	腛	250
熓	744	颹	692	紋	953	絻	951	涹	661	涹	358
稅	528	戀	279	蚉	897	譚	305	喔	162	幹	567
猬	823	霨	690	螒	148	顐	121	蝸	884	踒	223
愄	270	懀	285	蝹	106	璺	18	趯	343	箹	492
媦	99	蕓	805	螆	619	隱	321	**wǒ**		礐	165
媁	101	鐺	596	螜	565	**wēng**		哦	93	臒	248
罻	238	鯛	865	聞	148	吰	170	我	93	瀖	678
腪	253	纃	954	螞	794	翁	909	捼	212	鷽	739
糡	536	蕓	892	螞	848	螉	470	捼	212	雘	638
熻	731	薈	497	螠	148	螉	170	婑	96	鸑	799
曩	536	甕	224	闅	374	螉	820	硪	780	齷	180
媱	100	蠿	873	闅	374	螉	878	㖞	707	鸑	842
頮	121	驨	799	螝	145	螉	488	碀	780	**wū**	
蔚	468	饔	827	閿	142	額	119	矮	719	圬	41
蜼	886	罍	300	螘	876	鶲	853	**wò**		亐	963
矮	811	蔚	900	螱	899	鰯	870	伇	90	汙	656
磑	772	繶	944	螱	900	**wěng**		沃	645	扝	576
蝟	892	纇	828	**wěn**		勜	257	臥	553	杅	418
艒	637	纇	828	勿	979	塕	44	肊	133	巫	622

醎 1015
蠊 884
諴 303
䊮 537
燂 728
燖 728
瞷 132
癎 383
藖 470
𡃖 170
䮭 801
韇 962
蘞 468
嫣 804
橪 429
鷼 855
礥 775
鹹 549
臔 245
𩦺 793
鷳 847
鰔 870

xiǎn

𢁉 962
抮 203
𨚗 65
㬎 790
桄 436
毨 916
俔 274
禒 11
喊 163
筅 501
㭠 51
尟 360
跣 223
觥 923
銑 595
蘚 480
險 784
㬎 703
攇 211
鮮 872
獮 816
燹 724
攇 203
幰 962
蠔 898
嶮 755
譣 290
癬 763
灘 672
懢 275
癋 391
蠛 898
獵 819
韅 935
顯 120
蠔 897
篾 494
獾 816
灝 671

xiàn

汛 659
呀 158
臽 539
限 784
僴 276
莧 443
趼 228
哯 158
峴 754
敊 618
涀 665
陷 784
娊 104
䜣 709
現 550
硍 776
䀍 539
䀹 251
㜶 103
晛 128
骭 233
胳 243
臤 129
僩 89
獫 814
羨 329
閬 376
僩 71
徵 335
獫 814
誢 304
瓻 561
憲 283
綫 944
霓 685
廞 767
遶 349
糍 537
澱 673
憪 271
線 944
橺 414
範 506
餡 606
憲 283
驌 793
䗾 557
綖 951
灑 671
䩙 561
鐮 737
緁 939
臢 248
鹹 767
鑒 564
霰 685
獻 816
贙 506
趨 340
韉 928
騧 875
䭃 802
鑢 928

xiāng

皀 533
肛 246
相 131
香 532
舡 634
啌 163
鄉 61
葙 476
廂 763
湘 649
薌 458
瘖 391
響 168
箱 492
膷 243
緗 951
馫 519
襄 969
孃 969
驤 855
儴 333
瓖 26
纕 944
驤 796

xiáng

夅 337
瓨 559
庠 761
栙 439
殍 396
祥 8
翔 910
跭 557
䟫 230
詳 289

xiǎng

亨 541
亯 541
亭 541
蚼 878
想 284
膟 252
揁 212
㬻 702
蠁 878
饗 321
響 310

xiàng

向 366
珦 15
象 832
嚮 63
項 114
鉅 564
衖 336
鳥 832
像 79
蔘 479
閧 217
嶑 754
遂 353
蒖 478
橡 409
樣 409
襐 969
蟓 890
嚮 300
闀 376
鐌 610
鱌 872

xiāo

灱 732
枵 414
奞 913
侾 87
逍 350
哮 162
俏 335
虓 835
猇 821
猈 824
庨 764
涍 665
消 655
宵 368
毰 916
哨 705
唬 162
梟 853

焇	733	嚣	312	篠	488	蠍	891	膝	243	**xiè**
娋	105	髇	235	皢	699	**xié**			250	佅	89
翛	912	骁	794	鏢	595	叶	157	渆	670	炧	727
硝	777	瀟	667	**xiào**		劦	258	歇	313	燲	318
痟	390	蠨	883	孝	381	夾	742	擤	204	忯	278
窙	722	儦	86		1007	叓	742	頡	116	泄	656
翢	911	蔝	442	肖	240	頁	113	鞋	927	卸	978
蛸	881	獢	818	効	258	狎	822	褉	974	衸	967
猇	821	飍	693	校	426	冹	683	緦	258	屑	378
綃	938	鱟	565	笑	497	恊	258	鞢	631	屑	378
踃	228	飊	312	效	614	拾	577	韰	565	媟	99
嘐	159	**xiáo**		傚	89	纈	938	膟	248	娿	101
貃	838	忕	273	唉	167	瓺	562	諧	290	喊	173
憀	814	洨	652	詨	300	挾	191	擷	207	胁	246
誵	306	姣	105	猇	827	恊	809	薤	483	澥	674
歊	314	笍	500	漻	640	裛	970	鞵	932	屑	378
霄	685	俏	78	撨	205	脅	239	駍	796	械	426
嘵	160	鄐	63	皛	699	毒	994	鞿	927	离	832
潰	311	胶	248	嘯	158	嵒	750	劦	588	偰	69
銷	595	絞	952	鞘	936	偕	72	鄝	60	訵	305
獢	813	酵	1015	熽	734	斜	567	禭	970	緤	946
憢	265	崤	751	歗	314	窐	398	攜	191	庲	993
鞘	931	猇	818	薂	470	翓	911	獬	821	偰	71
蕭	459	涍	667	㬻	746	授	206	憰	263	渫	659
膮	242	楃	423	瀟	672	渮	654	纈	955	屟	379
膍	246	笅	491	撐	211	琕	21	瓺	562	媟	99
彇	577	殽	583	甕	551	揳	205	轐	633	綫	955
鴵	852	餚	325	邌	551	塒	43	樐	743	絜	945
瘴	387	篍	491	欚	436	嘈	175	鰼	312	嵩	832
歗	549	**xiǎo**		敹	617	嵥	755	驐	799	揟	213
鷵	855	小	720	**xiē**		渮	677	鷨	852	惎	284
鮹	869	芥	478	榪	434	憿	277	**xiě**		薢	482
髇	234	筱	488	歜	314	憿	268	寫	368	榍	418
簫	493	釥	874	揢	167	貧	908	鲁	831	偰	71
颷	693	魵	872	獥	813	絘	945	瀉	672	解	921
顠	115	皢	701	瘑	390	闍	374	檞	430	谢	661

媯	109	戀	278	新	579	腥	242	鈃	596	釁	248
榭	427	齘	177	歆	316	鮏	631	鉶	596	**xiōng**	
楔	418	懸	282	鈊	855	蜔	884	榮	644	凶	398
鳶	769	籋	504	廞	762	曐	311	鏗	596	兄	95
暬	141	蟹	885	薪	464	觲	920	脛	235	兇	398
楗	638	讗	295	嘅	170	睲	151	裦	971	匈	979
胻	246	譀	292	馨	532	箮	496	瀅	644	殈	396
渫	676	齛	180	腥	637			**xǐng**		洶	641
爇	703	譮	291	**xín**		醒	1013	省	141	恂	272
嵲	159	璇	20	燂	694	興	216	睲	141	訇	238
燮	218	蠵	894	**xǐn**		鮏	865	睲	139	訩	296
屧	381	㬭	141	伈	84	駍	795	箵	496	詾	908
解	785	歗	126	遱	353	曐	711	**xìng**		說	296
緤	946	譀	305	**xìn**		鄭	62	杏	414	誮	296
覕	929	齏	513	囟	125	鮏	865	性	260	**xióng**	
鞢	934	躃	222	伈	89	**xíng**		姓	95	狨	826
薤	485	躞	225	囟	125	荊	587	荇	461	雄	859
薢	472	鱠	869	玧	26	刑	587	幸	743	赨	893
嶰	753	讘	295	信	290	邢	56	欥	318	熊	833
獬	822	**xīn**		訫	290	行	336	莕	461	灘	833
壁	44	忄	260	奞	860	形	181	倖	85	**xiòng**	
邂	351	心	260	岼	237	邢	56	悾	266	莧	709
廨	766	邝	62	胼	241	瓶	562	研	581	詗	297
糊	538	辛	1005	馸	802	侀	81	唪	174	夐	142
澥	653	沁	648	頗	121	型	33	悻	274	趛	340
懈	262	忻	260	顐	121	郉	62	婞	100	**xiū**	
謝	292	杺	432	譀	305	峃	755	鞓	560	休	425
燮	218	昕	710	釁	737	泂	645	澤	662	修	181
襄	969	欣	314	**xīng**		陘	785	絎	950	庥	763
瀣	535	炘	730	星	705	鈃	564	嚕	175	淋	669
韄	933	昕	138	胜	242	衚	337	緈	939	烋	733
篲	503	伩	808	垶	29	娙	96	撴	211	脩	254
儶	82	訢	808	牲	807	程	419	觥	697	羞	1009
懱	278	訢	290	騂	313	甄	562	諄	300	脲	240
劈	585	鈊	608	惺	273	蛵	896	繂	939	瘷	390
贄	601	焮	730	蛵	879	符	497	嫺	111	朡	240

翾 914
趨 340
讓 291
鶱 851
顝 119
韀 919
譞 295

xuán
纟 721
玄 721
臦 568
勾 980
玹 24
罦 547
圓 989
淀 642
琁 15
旋 573
嫙 97
璇 15
駹 800
曤 705
璿 16
縣 123
懸 284
璇 140
颰 693
濙 664
櫋 420
蟷 889
蠻 889
璿 15
鏇 613
櫏 412
瞏 16
蠠 893

xuǎn
咺 154
咺 707
肩 766
烜 730
愃 266
鍹 547
選 347
靦 145
翼 544
篁 502
颮 694
癬 383

xuàn
旬 130
昡 964
泫 654
恎 275
抅 203
炫 729
陥 788
睊 39
眩 127
袨 972
約 941
珣 19
靬 632
昫 130
衒 336
眩 906
渲 674
絢 941
靬 934
楥 421
楦 421
衙 336

鉉 596
旋 207
乾 934
輯 632
閱 218
頌 119
膇 711
儇 276
鞝 929
舷 835
寰 370
縼 946
鞢 933
韉 936
韗 935
饌 949
蹼 228
瀿 658
繯 940
縣 128
縣 127
譞 297
趫 343
贊 835

xuē
削 584
疦 391
靴 930
屦 381
薛 449
屦 381
薛 449
轊 930

xué
穴 398
觖 883

祅 971
蚭 894
紞 944
學 1008
嘼 911
泉 645
慶 925
濘 645

xuě
雪 685
雪 685

xuè
血 236
咥 164
映 167
迭 354
坎 40
峽 758
狖 823
沋 672
莔 483
殁 395
威 730
肮 137
狄 914
菀 469
胭 136
瓍 911
関 376
跩 221
訣 301
翅 344
戵 695
滈 676
觳 317
瓍 695

譃 295
譳 304
窨 399
觳 930
濥 676
夒 142
釄 1014
懁 276
護 306
殻 162

xūn
坃 31
煮 733
勛 255
塤 31
嵃 403
勳 255
　 735
薰 442
壋 31
獯 824
曛 706
臐 243
壎 31
蠵 896
纁 941
醺 1012

xún
旬 979
巡 345
枬 435
旬 979
郇 56
荀 483
钧 1010
峋 752

洵 653
恂 261
姁 98
紃 944
珣 21
毬 918
旼 317
揗 209
蚼 897
循 332
尋 1003
馴 797
詢 289
襑 976
鄩 56
潯 788
鬵 610
撏 201
潯 642
繵 951
駒 801
樳 434
燖 808
膥 248
　 712
譚 289
鴆 851
褕 967
鸄 565
篿 500
薄 668
縜 950
瞻 906
鐔 863
巂 566
灉 639

剡	585	褾	966	匽	997	躽	94	易	574	yǎng	
掩	193	跰	227	彦	182	餤	736	崸	753	卬	983
蔹	458	蝘	879	彦	182	諺	292	徉	333	仰	73
眼	127	蝷	893	姂	108	廐	767	迲	355	佒	86
哋	172	闇	373	晏	701	瞻	709	彸	813	坱	34
偃	77	噞	166	唁	162	鳽	844	洋	651	抰	199
酓	1011	嶮	753	侹	84		856	徉	578	岟	751
俺	270	錪	609	俺	71	覶	518	样	421	怏	268
算	215	屔	411	這	351	嘛	173	烊	733	荓	479
院	790	酓	178	宴	367	艷	125	陽	783	柍	424
婘	102	襺	11	郾	57	駺	795	揚	195	秧	523
琰	16	襺	976	趼	224	簪	701	崵	748	羏	618
掞	193	嬮	96	俺	335	鷗	840	筆	502	觖	125
撽	205	歖	177	隁	789	鴈	908	鉾	720	痒	382
梅	429	甋	559	淹	102	驗	796	楊	411	紻	943
栻	408	鰋	863	堰	45	醼	1016	戭	582	眏	907
罨	806	厴	900	硯	773	曆	326	敭	615	蛘	884
嵃	753	鳱	515	雁	858	讌	306	暘	701	傟	87
庵	993	黬	739	嗲	162	驦	794	禓	10	餇	323
衙	893	儼	71	焰	736	鷰	840	眻	708	勔	255
遃	351	鰻	863	焱	736	豓	558	瘍	392	愓	272
漹	672	顱	877	綖	949	讞	180	蕩	477	鞅	929
愝	274	巘	752	歐	317			暢	628	養	320
愝	270	顩	115	鳫	841	yāng		諹	307	鍸	933
炭	377	孍	107	傿	75	央	53	錫	601	勸	257
陳	785	縜	950	湺	674	殃	394	鴹	855	瀁	648
婝	97	曮	707	掩	966	胦	247	鞝	931	瀁	382
棪	436	鬝	180	雍	914	袂	11	檟	552	蟻	898
㛋	532	鰜	869	聃	152	鉠	605	颺	692	yàng	
駇	795	鬜	740	鴈	841	儌	87	婸	801	妛	925
罨	151	灔	663	暖	131	雍	821	鍚	601	恙	278
厭	769	yàn		罠	723	yáng		鸉	854	軮	628
瞳	139	晏	98	諵	299	羊	810	鯣	868	眻	134
噴	167	犴	816	燕	840	伜	82	霷	688	詇	305
施	574	牪	809	虘	565	勃	257	鷼	841	羕	681
演	654	莚	481	罠	906	垟	44			眻	137
						莘	470				

煬 727
㺊 823
㦹 276
䬬 322

yāo

幺 721
夭 742
穾 980
吆 169
妖 99
坳 38
枖 414
祅 10
要 216
𡝗 99
枆 422
訞 300
葽 462
喓 163
腰 252
𦦡 216
𧩄 300
䙅 976
𧍵 891
𦁧 954
𡢽 216
邀 352
𩵽 863
𩓐 120
䳬 845

yáo

爻 623
芺 474
肴 241
垚 46
䂚 778
𠃷 743
姚 95
珧 23
𦓝 46
烑 732
堯 46
軺 624
傜 77
摇 195
䔄 453
嗂 158
𠌯 77
徭 334
遥 353
㫐 572
愮 261
𣪻 936
瑤 21
𢷓 190
榣 413
暚 708
僥 86
銚 596
䚺 314
褕 965
𦽖 474
䁘 140
嶢 752
䰫 698
𣤧 314
窯 398
䌊 514
𦼬 444
𨂝 222
繇 956
謠 292
繇 956
飖 692
蘨 465
𤢟 575
𩕢 115
鷂 847

yǎo

㫏 702
仸 78
拗 211
苭 472
杳 415
殀 395
狕 822
眑 136
窅 128
窈 400
偠 85
䆙 400
𠡒 982
溔 662
𩡛 795
𥈰 139
𣢾 318
䆗 539
𤛫 808
𣃶 574
觓 127
䳊 844
嚙 172
騕 795
齩 178
鷕 847
𪘏 179

yào

㑤 89
宎 366
𥾛 721
宧 366
穾 400
𡧚 366
窔 400
𥿨 954
葯 442
箹 493
嗅 173
𠜑 591
𩊽 933
𧆞 126
𪖯 126
獟 816
𩴼 698
𧼈 344
藥 463
曜 705
燿 729
鰩 866
𤂖 665
𥈖 134
𦆭 955
𧢕 144
𧬏 300

yē

𤝟 818
𤎯 732
噎 159
𩛰 324
蝘 892
鄓 870
蠮 892

yé

邪 60
耶 151
𦳏 460
梛 434
𦯬 470
琊 25
釾 599
爺 92
𦺓 472
鋣 599
擨 208

yě

也 995
乜 995
冶 684
埜 440
野 46
墅 43
𣻛 670
壄 38
𤱈 898

yè

曳 1010
夜 719
枼 425
𢇀 764
𠯋 174
掖 201
𢚦 959
偞 70
液 658
𢾆 618
殗 396
腋 245
楪 425
殜 396
業 510
暍 703
裛 970
痷 388
𣄠 573
煠 732
𥝍 531
曄 702
曅 702
僷 70
𤸱 387
燁 729
𦂋 956
𠞊 589
鄴 56
瞱 140
䈎 488
𤳕 509
700
𨻶 788
嶫 752
𧕿 894
𨦸 605
餣 322
謁 288
𣰉 918
𡎨 112
瞸 135
𦢊 993
鍱 612
擪 189
𣩰 396
鎑 613
饁 320
𩶘 874
爗 729
𠪴 50

鹢	850	堅	34	猭	815	廖	377	屭	694	矣	574
䴕	951	嫛	109	泝	651	珽	20	鄾	60	苢	447
嵲	510	廤	765	洇	669	萱	476	燚	731	扅	205
歋	319	漪	660	怡	261	甌	562	騛	801	狔	822
驜	799	嬟	109	宜	367	扅	733	頤	114	庡	766
臈	123	磬	777	卮	377	柩	429	巇	757	笖	502
籎	508	噫	155	袘	972	胰	130	螔	884	倚	73
鷁	857	癔	386	陎	789	移	522	誻	123	庡	377
鱲	873	瑿	1015	酏	13	脿	245	辝	419	逸	354
鱹	873	繄	945	柂	433	痍	384	檥	416	佅	86
yī		窫	369	柏	419	兼	93	嶷	748	訑	307
一	4	橢	415	咦	156	沱	670	簃	496	庢	765
弌	4	瞖	299	幬	964	貽	906	夥	854	崺	752
伊	69	黟	739	徲	332	蛦	893	鮧	866	悆	278
肊	553	簛	507	狋	819	飴	320	駬	801	钆	853
衣	965	鳦	853	狓	817	詒	293	鮧	868	鈘	606
依	72	譩	301	迻	347	羠	811	䶹	358	庽	768
陒	785	鷖	801	埃	983	鄈	65	彛	956	旖	575
咿	166	齸	118	炬	734	椸	439	鐼	602	痔	388
劮	69	鷾	841	湏	660	閶	375	饋	319	憶	269
洢	666	鹥	843	恞	271	眙	702	戀	957	攲	565
浓	669	齸	740	屭	377	跠	229	鷬	922	鳲	856
嫉	109	**yí**		屭	379	歋	314	欏	407	輢	631
蛜	882	乁	995	姨	109	飴	319	讉	304	嶬	755
陭	786	匜	568	瓵	559	義	93	蟻	847	嵃	881
猗	814	㠪	379	貤	125	荑	456	鱶	871	鼓	620
郼	62	台	163	椸	408	嵠	754	**yǐ**		螘	881
揖	190	圯	37	杅	411	歁	314	乙	1004	錡	597
壹	570	夷	722	酏	1013	疑	1007	乚	840	礒	772
	744	臣	125	欨	329	舨	923	以	90	塵	881
椅	408	杝	993	跎	138	籹	367	目	1009	蟻	881
楲	422	沂	651	眱	130	轙	932	迤	348	顗	115
欹	317	互	367	樊	759	遺	348	苡	447	簈	502
蛦	882	坨	44	迤	302	箷	503	肔	252	艤	637
禕	9	衪	522	宧	366	儀	74	攺	617	轙	626
檥	430	佅	86	宷	367	奊	320	攼	318	嬄	100

字	页	字	页	字	页	字	页	字	页	字	页
濱	654	罃	310	瀯	668	嶸	759	雍	760	咏	167
檼	416	攖	202	覺	145	饓	323	澭	661	泳	646
轍	928	蘡	475	罃	292	歟	318	慵	273	㳕	436
yīng		罌	563	臀	250	瘦	382	楱	429	俑	78
英	467	嚶	162	鏊	597	**yìng**		慵	806	勇	256
郹	64	廮	762	瀛	201	映	703	舑	599	埇	44
啨	170	瀯	673	蠃	476	倖	75	亯	541	涌	641
渶	665	瓔	1007	蠅	902	倰	89	戱	583	恿	271
媖	106	瓔	22	瀛	662	硬	780	雝	35	㦷	635
瑛	19	櫻	406	潆	668	詇	288	𪊱	189	㦷	582
楧	406	礯	778	蝾	893	塍	103	獬	836	惥	278
㶼	708	譻	288	蠃	904	撜	199	癰	383	硧	779
膺	712	𦗬	808	礦	777	賏	908	壅	23	詠	292
磞	778	鶯	847	癭	390	瑩	19	罋	50	湧	641
瞙	137	膺	235	籯	490	鞕	931	雝	858	塎	41
雁	858	蠮	888	**yǐng**		鮙	866	鏞	599	蛹	878
帯	962	纓	943	邴	58	瞪	709	貕	837	溶	641
嫈	111	鷹	852	郢	58	鯭	132	癰	760	通	341
楧	537	鸎	851	妖	574	膿	249	𪘶	35	踊	221
甖	562	鸚	843	炏	731	䲆	903	鱅	864	聞	375
篿	682	**yíng**		剟	591	懦	276	鷛	847	蜻	878
霙	688	迎	346	涅	664	應	302	饔	319	禜	9
闍	376	俓	83	梬	436	禩	977	𪐥	189	趰	343
鍈	606	盈	551	廮	765	鱦	866	驪	740	踴	230
罃	563	荧	477	摛	208	𪊧	740	癰	383	**yòng**	
蘡	456	滢	818	蛃	918	**yōng**		龥	53	用	623
嫚	98	楹	416	䁤	134	𠕒	680	**yóng**		峬	758
飀	694	脀	247	醳	1017	邕	680	犻	837	用	623
膺	238	塋	39	舝	681	硧	777	喁	163	澭	651
應	283	熒	736	頴	146	庸	623	顒	115	灉	651
譍	310	萤	133	影	182	搈	189	驈	800	罋	1012
灐	668	縈	514	穎	650	廱	58	鰅	864	灄	651
瀯	668	嬴	95	饁	323	隘	787		869	**yōu**	
罌	562	螢	893	穎	522	塘	30	**yǒng**		汲	615
鸎	849	營	371	臀	249	獞	819	永	681	纟	721
鄂	61	縈	945	瀯	672	彫	182	甬	511	攸	615

呦	162	厴	769	默	739	襆	11	瘕	823	秄	527

徻	334	鲵	144	兪	832	鋙	609	域	37	瞓	50
畬	47	獌	820	雨	685	窳	399	堉	45	罳	546
逾	346	澞	662	瓮	832	噳	163	菸	463	稢	530
腴	238	嬩	111	邪	58	嶼	753	菁	455	鈺	611
渔	651	璵	15	萮	478	貐	836	彧	182	愈	279
庾	761	闍	375	俁	70	悆	282	唷	174	颭	692
渝	660	輿	624	禹	832	膂	234	忩	281	瘀	383
愉	267	歟	313	唹	176	稶	530	欲	314	袞	969
瑜	15	鍋	604	圄	990	衙	493	咸	767	煜	729
榆	412	螻	884	瓜	515	麌	830	道	348	褕	977
硬	779	鱛	931	祤	11	趣	340	煜	729	預	119
虞	834	鱮	871	掄	203	御	609	淯	676	輶	629
愚	284	諤	302	敔	617	齬	178	惐	277	棫	712
蝓	890	騟	800	匦	569	圄	685	悇	277	霫	687
腧	808	闍	375	圉	329	籅	494	域	24	雓	860
艅	635	旟	572		991	**yù**		馭	798	蛸	886
甀	560	藉	471	郿	59	玉	14	赵	344	鍼	563
斂	619	藕	471	庚	761	聿	986	捐	214	篒	507
碢	779	鸒	844	萬	454	玉	14	棫	409	鉏	612
蜮	897	鶂	854	楔	412	昱	680	棜	428	獄	824
粂	1001	繻	742	殀	397	忬	266	遇	346	餐	323
渔	666	歟	869	斞	567	弄	215	跃	231	瘀	388
	870	鱟	874	庽	764	抭	204	噁	158	嫗	110
窬	399	簴	494	寙	366	郁	55	喻	161	緎	948
蒲	466	鷽	796	瑀	20	昱	316	徛	335	緒	941
蜗	892	鸒	853	楀	408	育	1008	御	333	瑀	844
蝓	884	鷸	851	與	216	昱	703	飫	324	賣	905
雛	859	灅	874	傴	78	悇	275	鐙	557	薁	482
餘	321	**yǔ**		瘐	386	聿	352	歆	318	魊	698
敔	870	与	567	窳	399	梇	413	焴	729	瞳	135
諛	292	异	216	語	954	砡	774	寓	369	噢	166
翩	810	序	764	麌	469	峪	758	裕	969	嚍	160
撖	208	宇	366	嶼	757	飫	327	喬	313	幬	964
踰	557	羽	909	語	288	浴	676	肂	955	蟜	1008
瞻	135	忥	282	瘉	386	屌	380	蓶	464	鉛	597
踰	221	甶	685	傴	88	陾	787	鬻	543	雒	860

蔓	861	鷲	840	雲	691	顛	52	雜	859	籫	496

<table>
<tr><td>蔓</td><td>861</td><td>鷲</td><td>840</td><td>雲</td><td>691</td><td>顛</td><td>52</td><td>雜</td><td>859</td><td>籫</td><td>496</td></tr>
<tr><td>斂</td><td>621</td><td>護</td><td>861</td><td>鄖</td><td>58</td><td>巔</td><td>52</td><td>蘿</td><td>468</td><td colspan=2>zǎn</td></tr>
<tr><td>鉞</td><td>605</td><td>籫</td><td>507</td><td>賁</td><td>452</td><td>霿</td><td>685</td><td>籬</td><td>506</td><td>昝</td><td>705</td></tr>
<tr><td>惟</td><td>805</td><td>鸇</td><td>850</td><td>糕</td><td>530</td><td colspan=2>yùn</td><td>儸</td><td>861</td><td>寁</td><td>370</td></tr>
<tr><td>暗</td><td>131</td><td>籫</td><td>507</td><td>桙</td><td>411</td><td>孕</td><td>1006</td><td colspan=2>zāi</td><td>揝</td><td>211</td></tr>
<tr><td>閱</td><td>374</td><td>釁</td><td>566</td><td>筠</td><td>503</td><td>鄆</td><td>55</td><td>巛</td><td>680</td><td>裁</td><td>582</td></tr>
<tr><td>嘆</td><td>174</td><td colspan=2>yūn</td><td>湏</td><td>650</td><td>倶</td><td>87</td><td>扚</td><td>728</td><td>饕</td><td>322</td></tr>
<tr><td>樾</td><td>431</td><td>壺</td><td>570</td><td>惲</td><td>273</td><td>惲</td><td>260</td><td>弌</td><td>582</td><td colspan=2>zàn</td></tr>
<tr><td>嬳</td><td>109</td><td>蒀</td><td>459</td><td>絪</td><td>532</td><td>運</td><td>347</td><td>灾</td><td>728</td><td>戬</td><td>320</td></tr>
<tr><td>嶽</td><td>747</td><td>氳</td><td>695</td><td>賑</td><td>992</td><td>曆</td><td>380</td><td>災</td><td>728</td><td>劗</td><td>590</td></tr>
<tr><td>頥</td><td>115</td><td>熅</td><td>728</td><td>雲</td><td>467</td><td>量</td><td>705</td><td>哉</td><td>176</td><td>賛</td><td>903</td></tr>
<tr><td>龠</td><td>312</td><td>稒</td><td>526</td><td>澐</td><td>641</td><td>腪</td><td>253</td><td>栽</td><td>416</td><td>槧</td><td>439</td></tr>
<tr><td>腀</td><td>745</td><td>輼</td><td>627</td><td>賴</td><td>530</td><td>痕</td><td>383</td><td>栽</td><td>728</td><td>暫</td><td>703</td></tr>
<tr><td>蒖</td><td>469</td><td>齋</td><td>723</td><td>橒</td><td>435</td><td>縕</td><td>948</td><td>哉</td><td>475</td><td>蹔</td><td>578</td></tr>
<tr><td>蠖</td><td>880</td><td>蝹</td><td>888</td><td>簣</td><td>496</td><td>醖</td><td>1010</td><td>湶</td><td>639</td><td>酇</td><td>54</td></tr>
<tr><td>躍</td><td>805</td><td>頵</td><td>115</td><td>緝</td><td>944</td><td>覟</td><td>143</td><td>賊</td><td>907</td><td>攢</td><td>207</td></tr>
<tr><td>鸙</td><td>846</td><td>蠹</td><td>570</td><td>攨</td><td>110</td><td>餫</td><td>321</td><td colspan=2>zǎi</td><td>鏨</td><td>341</td></tr>
<tr><td>爚</td><td>112</td><td>蘊</td><td>463</td><td>乛</td><td>309</td><td>鞲</td><td>926</td><td>宰</td><td>367</td><td>覽</td><td>146</td></tr>
<tr><td>籥</td><td>489</td><td>稳</td><td>533</td><td colspan=2>yǔn</td><td>韻</td><td>310</td><td>崽</td><td>286</td><td>蹔</td><td>227</td></tr>
<tr><td>癯</td><td>387</td><td>贇</td><td>906</td><td>允</td><td>91</td><td>翷</td><td>178</td><td>窜</td><td>367</td><td>瓚</td><td>659</td></tr>
<tr><td>鷟</td><td>736</td><td colspan=2>yún</td><td>抎</td><td>194</td><td>韗</td><td>178</td><td>辞</td><td>149</td><td>嫧</td><td>96</td></tr>
<tr><td>驖</td><td>795</td><td>云</td><td>309</td><td>奫</td><td>722</td><td colspan=2>Z</td><td>跇</td><td>228</td><td>瓆</td><td>17</td></tr>
<tr><td>蕭</td><td>460</td><td>匀</td><td>979</td><td>狁</td><td>819</td><td colspan=2>zā</td><td>驲</td><td>802</td><td>禶</td><td>9</td></tr>
<tr><td>逾</td><td>355</td><td>邒</td><td>58</td><td>茐</td><td>465</td><td>帀</td><td>987</td><td colspan=2>zài</td><td>鎜</td><td>597</td></tr>
<tr><td>渝</td><td>657</td><td>芸</td><td>452</td><td>蚖</td><td>897</td><td>师</td><td>175</td><td>再</td><td>548</td><td>贊</td><td>903</td></tr>
<tr><td>躍</td><td>221</td><td>囩</td><td>989</td><td>唱</td><td>154</td><td>趣</td><td>344</td><td>在</td><td>34</td><td>趲</td><td>342</td></tr>
<tr><td>鴧</td><td>125</td><td>沄</td><td>640</td><td>暉</td><td>154</td><td>嗦</td><td>166</td><td>載</td><td>626</td><td>讃</td><td>299</td></tr>
<tr><td>爚</td><td>725</td><td>妘</td><td>110</td><td>靴</td><td>330</td><td>噈</td><td>167</td><td>戴</td><td>1013</td><td>饡</td><td>320</td></tr>
<tr><td>襘</td><td>7</td><td>沟</td><td>664</td><td>愠</td><td>268</td><td>蒩</td><td>481</td><td>瓢</td><td>60</td><td>禶</td><td>975</td></tr>
<tr><td>爍</td><td>938</td><td>昀</td><td>707</td><td>陨</td><td>784</td><td>歃</td><td>314</td><td>酨</td><td>217</td><td>爨</td><td>185</td></tr>
<tr><td>蔓</td><td>485</td><td>昀</td><td>49</td><td>輯</td><td>625</td><td colspan=2>zá</td><td>滅</td><td>664</td><td colspan=2>zāng</td></tr>
<tr><td>籥</td><td>500</td><td>耘</td><td>530</td><td>殞</td><td>396</td><td>拶</td><td>211</td><td>縡</td><td>951</td><td>壯</td><td>995</td></tr>
<tr><td>赿</td><td>340</td><td>抎</td><td>150</td><td>蒕</td><td>463</td><td>乶</td><td>915</td><td colspan=2>zān</td><td>臣</td><td>569</td></tr>
<tr><td>踰</td><td>224</td><td>夠</td><td>720</td><td>磒</td><td>771</td><td>師</td><td>310</td><td>臘</td><td>250</td><td>庄</td><td>765</td></tr>
<tr><td>闟</td><td>373</td><td>紜</td><td>953</td><td>賱</td><td>907</td><td>礃</td><td>775</td><td>簪</td><td>812</td><td>牂</td><td>810</td></tr>
<tr><td>鑰</td><td>606</td><td>眃</td><td>49</td><td>賨</td><td>685</td><td>噴</td><td>164</td><td>鐕</td><td>598</td><td>臧</td><td>92</td></tr>
</table>

猙	812	甄	560	雉	858	橐	430	庌	766	制	587		
綪	953	艓	52	职	94	袯	974	沢	661	秖	217		
趰	342	證	297	絘	938	礜	797	祉	8	侄	83		
橙	195	**zhī**		稙	520	塘	44	指	190	炙	254		
葐	237	之	987	淔	457	摭	195	砋	780		737		
輡	631	支	984	提	8	箦	502	洔	644	忐	279		
徵	550	屮	987	絘	938	蟄	40	恉	260	挓	198		
籂	500	只	313	楮	416	樴	421	咫	380	茞	457		
饁	325	汁	658	蟄	896	臓	245	砥	773	秩	439		
臁	250	芝	475	輒	633	蟄	949	笓	502	制	587		
醬	1015	帚	985	蚳	827	櫙	417	紙	947	咥	991		
窀	401	吱	170	蜘	889	職	148	楴	435	峙	754		
響	1015	卮	570	趦	441	蹠	220	趾	225	庤	762		
崢	867	枝	413	鵄	853	蹢	222	訨	304	庢	762		
癥	390	隶	985	糒	538	蟻	887	軹	625	洷	676		
飄	693	廷	917	鴲	846	蟙	94	茝	957	陟	784		
zhěng		知	574	斫	1011	齫	178	蚔	898	茞	470		
掟	212	肢	240	織	938	藏	466	晷	297	桎	426		
輭	626	衼	11	鷙	854	蘵	466	㩒	616	致	338		
疊	626	秖	527	鼅	902	躑	222	㿉	186	峙	356		
整	360	胝	240	**zhí**		癲	517	褙	970	晊	705		
zhèng		胝	240	拓	195	齫	178	薇	478	秩	522		
正	360	疧	387	直	996	**zhǐ**		聸	906	跌	746		
証	360	衼	975	直	996	夂	337	**zhì**		恎	270		
証	360	衹	975	值	80	口	328	阤	784	袟	973		
政	614	衹	7	釗	612	止	356	至	915	姪	112		
諍	578	栺	410	埴	29	旨	328	伎	76	胵	701		
敨	620	秖	525	執	329	阯	785	志	279	桪	419		
証	290	隻	860	埴	758	址	32	杝	418	陖	926		
埸	16	脂	243	植	417	抵	199	迣	355	眰	138		
墿	45	夂	720	殖	394	芷	442	夛	836	晰	701		
鄭	54	疷	384	斫	220	底	768	垁	915	時	49		
筬	506	蘵	456	蚔	887	帋	963	忮	267	秲	526		
鋥	611	梔	412	胑	245	沚	644	迣	349	稙	521		
諍	292	酓	1015	馘	582	泜	655	郅	57	稙	526		
鴸	853	躯	94	圍	991	香	329	帙	960	偫	72		

鬻	689		542	侏	86	筑	465	枓	567	炷	734
騆	835	咮	153	挟	208	炢	732	柠	961	祝	8
盩	552	洲	335	茱	450	逐	349	忬	271	眝	131
盩	329	紂	946	珠	23	窋	399	宔	370	註	359
鮉	871	酎	1011	株	413	笁	507	炷	734	竚	358
騆	801	呪	709	栽	582	舳	637	砫	776	宔	551
鶲	980	皺	925	袾	10	洀	675	眝	371	著	470
譸	293	晝	986	彤	182	垫	45	袮	974	竺	496
鶩	566	菷	479	蛛	889	瘃	384	陼	786	斸	810
驥	626	桐	407	腊	249	瘃	384	渚	652	紵	947
鸞	566	詀	294	絑	941	溚	677	袞	732	尌	555
zhóu		詉	306	跦	224	荊	461	許	300	跦	150
妯	100	書	986	誅	298	蛏	890	貯	371	軴	633
軸	625	紐	947	鈺	598	鮢	873	幡	961	拄	908
zhǒu		甓	559	軎	632	貀	1000	塵	829	貯	907
扭	203	腗	151	豬	824	魏	698	黜	740	跓	230
肘	239	韋	931	諸	288	篁	498	鸒	566	冊	311
肒	239	稸	525	駐	801	燭	727	屬	380	崔	754
帚	960	腏	253	鵝	844	餸	327	囑	174	筑	493
拽	210	瘃	389	鉥	871	蠋	887	矞	566	註	299
菷	457	馵	799	藉	455	蠋	955	zhù		耡	530
痝	391	苻	504	藸	452	騄	803	宁	371	屛	794
鯛	564	儔	88	絭	520	趨	340	苧	454	鼓	616
箒	502	皺	925	瀦	662	躅	222	助	255	筯	498
鄋	64	喌	153	濐	663	鱍	866	住	82	腧	993
貐	838	綯	947	櫧	431	媚	97	佇	80	鈺	604
歸	867	颸	694	虆	427	欘	419	竚	41	飳	326
zhòu		幬	263	竈	902	厮	579	苧	454	壴	910
儔	85	膡	249	麞	831	蠋	887	杼	421	箸	490
帜	559	籀	508	櫧	773	纜	955	狅	814	跓	936
伷	89	瘳	383	zhú		躅	222	迬	354	駐	797
神	332	鮨	877	竹	487	鐲	605	注	645	筷	504
宁	383	驟	796	茱	461	zhǔ		泞	671	澍	647
怞	261	zhū		竺	270	丶	745	壴	555	絭	947
宙	370	朱	413	紂	954	主	745	枳	439	霆	690
胄	240	邾	65			拄	211	柱	416	蠘	571

字	页	字	页	字	页	字	页	字	页	字	页
斲	579	仔	75	緇	942	籽	532	毗	137	璁	911
碏	773	圭	570	薙	558	批	193	藏	243	緵	950
斶	876	囟	570	輜	624	玭	448	歘	397	鍐	611
錣	603	孖	1007	鄭	64	呰	159	摯	1007	襟	974
濁	651	孜	614	髭	187	好	898	漬	659	蹤	878
懢	277		1007	蕢	468	秭	524	殨	395	縱	939
窋	155	邮	63	錙	599	疕	385	背	233	鬃	185
鑿	99	甾	47	諮	289	泚	663	眦	137	騌	627
諑	217	甾	570	橢	430	第	489	鸞	849	豵	825
搒	205	茲	456	鷔	847	梓	409	靖	811	踨	228
擢	194	帗	962	鎡	604	釨	609	髊	233	鬉	186
鞁	928	咨	156	璾	26	㑇	254	纝	1007	鬆	186
斀	616	姿	105	賷	686	紫	942	**zōng**		駿	800
爥	236	兹	721	顊	181	笓	502	宗	370	騣	566
穛	510	屵	942	齜	877	葘	457	嵏	338	鰼	867
玃	818	欧	315	鯔	868	椔	435	倧	87	騌	877
濯	650	鄮	62	齋	521	訾	294	稯	524	**zǒng**	
騅	803	菑	463	禥	970	趾	226	陵	789	捴	201
欘	439	淄	662	鶅	848	訿	294	揔	208	傯	201
諑	302	椔	433	鰦	866	滓	657	堫	35	傯	761
鸀	828	鄑	59	齋	970	梓	409	葼	463	蓯	448
繁	946	嗞	161	顝	686	鋅	609	嵏	748	椶	752
鐯	606	嵫	752	黵	739	鼒	1006	崚	748	庞	766
繳	947	腦	251	**zí**		**zì**		傯	334	總	939
蘀	483	葵	724	摯	463	芓	451	鬉	819	轃	628
蠗	884	滋	643	**zǐ**		自	127	椶	433	**zòng**	
濁	640	媸	111	子	1006	臫	127	蹤	45	昮	709
鐲	599	貲	905	朿	509	字	1006	磫	779	縱	954
騅	840	胔	921	孖	790	訾	174	稯	524	傯	83
籱	507	稵	527	仔	757	荢	451	椶	412	從	335
鸀	844	資	903	学	1006	殈	396	輚	627	猔	822
霍	690	穊	531	玼	26	姐	108	蝬	897	獴	826
齱	177	嘼	463	矷	779	呰	189	箘	498	瞛	134
钄	899	嵫	50	秄	522	牸	807	騌	916	稯	527
zī		緕	529	胏	254	傳	89	糉	734	猣	822
屵	570	褯	975	姊	107	恣	281	鰀	636	粽	537

综	938	菹	480	**zǔ**		燢	733	遵	346	欑 439
豵	826	蒩	236	阻	784	騷	794	樽	429	**zuǒ**
糉	537	蠤	237	俎	19	鵻	794	鳟	564	屮 218
瘲	392	**zú**		俎	568	檇	424	繜	944	左 622
zōu		足	220	祖	7	瞩	140	鷷	848	佐 82
郰	59	崒	751	阻	51	**zuǐ**		**zǔn**		庅 743
耶	59	卒	971	組	943	沝	647	劐	587	豻 837
陬	783	崪	971	詛	294	觜	359	撙	201	纗 955
菆	458	捽	204	禣	10	摧	753	噂	452	**zuò**
掫	25	猝	319	**zù**		嶉	753	噂	157	作 74
鄒	59	踤	175	粗	534	觜	697	**zùn**		坐 37
蜘	898	捽	200	虪	835	**zuì**		捘	172	阼 786
箃	501	崒	748	齟	568	羧	338	洬	642	庂 257
緅	949	族	573	駔	798	晬	962	捘	191	岝 758
鄹	59	椊	429	**zuān**		誶	356	稕	529	迮 346
艁	636	猝	393	鑽	927	最	542	墫	915	怍 265
齱	227	欶	318	鑚	626	晬	709	賭	137	柞 409
麤	513	稡	525	钻	927	祽	10	灗	642	侳 73
騶	798	傶	90	**zuǎn**		罪	544	鐏	600	剉 586
廤	513	摵	208	偐	72	皋	1005	鷷	185	郕 64
緅	512	嘁	166	繤	943	祽	971	鱒	861	胙 241
鯫	177	箤	507	纂	943	絟	948	**zuō**		祚 9
zǒu		摵	213	籫	490	蕞	467	娷	101	堲 37
走	338	槭	411	纘	939	醉	1012	**zuó**		莋 481
掫	201	踤	222	**zuàn**		檇	818	咋	964	㑲 744
棷	425	臟	246	鑽	598	嶵	749	昨	702	崕 754
zòu		觼	922	**zuī**		鑗	612	柞	806	座 767
丩	977	髪	187	陳	168	錊	610	稓	522	袏 974
奏	330	蝍	892	廢	764	纂	505	笮	955	趄 344
揍	330	箓	496	厜	379	嫢	878	莋	481	飵 321
剢	589	鏃	601	朘	246	酔	957	筰	907	醋 1012
腠	231	臟	246	檓	724	**zūn**		笮	491	噿 174
鯐	863	鮩	867	梭	435	尊	1017	鈼	612	繫 539
zū		躄	174	唯	170	罇	1017	涻	675	
租	522	薛	178	蕞	475	僔	78	繓	950	
菹	452	籫	496	檝	433		1017	酇	584	
葅	453			燋	733	嶟	750